山东大学重点学科建设基金资助

东方考古

第 *12* 集

山东大学文化遗产研究院　编

科学出版社
北　京

内 容 简 介

《东方考古》是山东大学文化遗产研究院编辑的关于考古学和古代东方文明研究的系列丛书，分集陆续出版。本丛书以中国东方地区和东亚地区考古学为重点，广泛吸收国内外学者的最新研究成果，体现考古学研究的新思路、新理论和新方法。

第12集收录36篇研究论文和1篇调查报告，内容涉及盐业考古和新技术考古等方面的研究。

本书可供历史学、考古学等方面的专家学者和大专院校相关专业师生参考、阅读。

图书在版编目（CIP）数据

东方考古. 第12集/山东大学文化遗产研究院编. —北京：科学出版社，2015.12

ISBN 978-7-03-046523-8

Ⅰ.①东… Ⅱ.①山… Ⅲ.①考古学－研究－亚洲－文集 Ⅳ.①K883-53

中国版本图书馆CIP数据核字（2015）第285373号

责任编辑：刘 能 / 责任校对：邹慧卿
责任印制：肖 兴 / 封面设计：陈 敬

科学出版社 出版
北京东黄城根北街16号
邮政编码：100717
http://www.sciencep.com

中国科学院印刷厂印刷
科学出版社发行 各地新华书店经销

*

2015年12月第 一 版 开本：787×1092 1/16
2015年12月第一次印刷 印张：32 3/4
字数：770 000

定价：180.00元
（如有印装质量问题，我社负责调换）

目　录

Contents

夏鼐先生与甘青地区史前考古

栾丰实

（山东大学考古系）

　　1944～1945 年，夏鼐先生作为中央研究院和中央博物院筹备处等机构组成的"西北科学考察团"的主要成员，赴甘青地区进行了近两年的田野考古工作。两年中，他野外调查和发掘的足迹遍及河西走廊、兰州周边和洮河流域及青海西宁地区，考察所涉及的内容极其丰富，既有新石器时代和青铜时代的遗址、墓葬，也包括历史时期的城址、墓葬、寺院、碑刻等。本文将主要回顾和讨论夏鼐先生关于甘青史前考古方面的工作和成就。

一

　　甘青地区是我国最早开展田野考古工作的区域之一[①]，而这一地区系统的史前考古工作始于瑞典学者安特生。1921 年，在中原地区发现和确立了以红陶和彩陶为基本特征的仰韶文化之后，安特生和一些学者认为，仰韶文化的彩陶与中亚地区的同类器物、纹饰之间存在着密切关系，前者很可能是从后者传播过来的。针对这一问题，为了寻找仰韶文化与中亚新石器文化之间联系的证据，1923～1924 年，安特生从黄河中游地区一路西行，最后选择了到中西交通的必经之地——甘青地区开展田野考古工作，以期解决上述问题[②]。

　　安特生在甘青地区的考古工作，主要集中在三个不同的区域，即青海西宁及周边地区、兰州周边和洮河流域、河西走廊地区（图一）。

　　青海的青海湖及西宁周边地区是安特生首先开展工作的区域，他先后发掘了十里铺、罗汉堂、朱家寨、卡约和下西河、马厂等遗址，后来提出了马厂期和卡约类遗存。他认为卡约及下西河一类遗存的陶器型式与寺洼不同，但时代大体一致，故将其暂归入寺洼期。对此，安特生当时就明确指出："异日更作较详研求，则所谓寺洼期者，当有再分之可能。"

---

①　安特生初到甘肃开展考古工作时，尚没有成立青海省，所以当时发表的资料均称为甘肃。1928 年，青海省成立，以后对这一地区一般合称为"甘青地区"，这里为了引文方便，统一称为"甘青地区"。

②　安特生：《甘肃考古记》，文物出版社，2011 年。以下未加注明的引文，均出自本书。

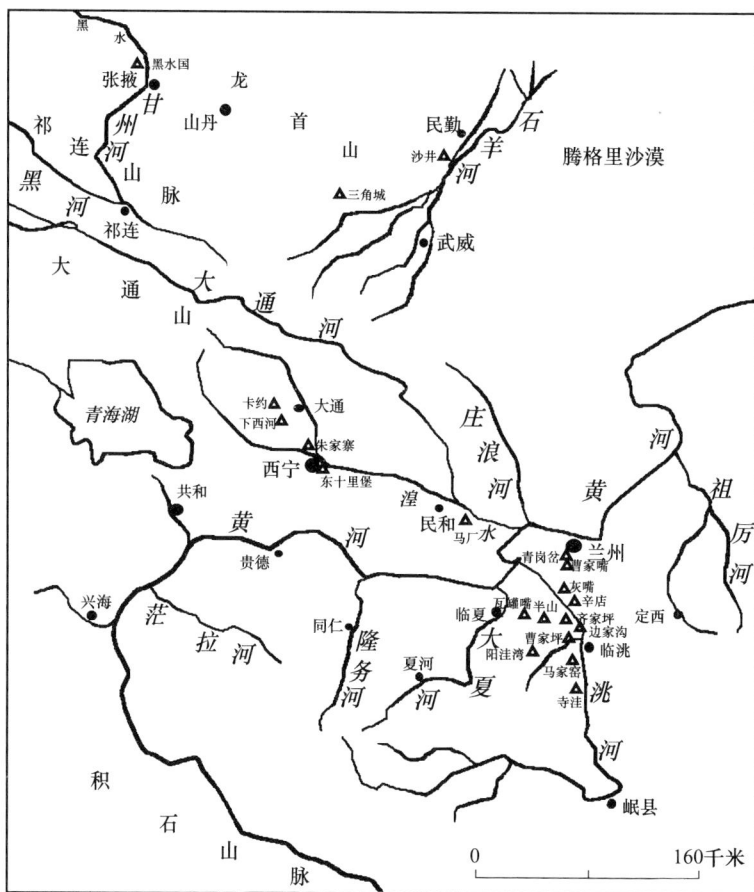

图一　安特生和夏鼐在甘青地区调查和发掘的史前文化遗址

　　兰州周边和洮河流域的考古发现最为丰富，安特生在这一区域调查和发掘了一系列新石器和青铜时代遗址。如辛店、齐家、马家窑、半山、瓦罐嘴、边家沟、寺洼、曹家坪、范家坪等。根据洮河流域调查和发掘所发现遗物的文化内涵和特征，安特生随后提出了齐家期、仰韶期、辛店期和寺洼期等四个文化期。

　　河西走廊地区的工作集中在武威、民勤和张掖一带，调查发现的遗址和进行的发掘工作不多。如安特生调查过三角城，发掘过柳胡村和沙井等遗址。其中的重点是沙井遗址，既有居住址也有墓地，发现的铜器小件甚多，故安特生认为沙井一类遗存在已知的各期遗存中时代最晚，遂提出了沙井期文化的名称。

　　综上，安特生在甘青地区共发现和确认了七种新石器和青铜时代文化遗存，除了认为其中的寺洼和卡约同时，暂合并为一期，尚有六种。齐家、仰韶、马厂期属于新石器时代末期和新石器时代与铜器时代之过渡期，辛店、寺洼和沙井期属于紫铜时代及青铜时代之初期[1]。经过分析和排比，安特生将这六期遗存的相对年代关系依次排列为：

---

①　安特生：《甘肃考古记》，文物出版社，2011 年，21 页。

齐家期—仰韶期—马厂期—辛店期—寺洼期—沙井期

前三期为新石器时代末期的铜石并用时期，后三期则属于青铜时代。在上述分期中，除了有发掘的地层关系证明辛店期晚于仰韶期之外，其他各期之间的先后关系都是依据出土遗物的分析得出。安特生分析出土遗物的方法是，先以铜器的有无为标准划分前三期和后三期：即认为"绝无金属遗物之存在"的"齐家、仰韶及马厂三文化期"时代较早，将其放在前面；认为发现铜器的辛店、寺洼和沙井三期时代较晚，则排在了后面。而对前后三期内部各期早晚关系的排定，前三期主要是依据彩陶的有无和多少，后三期则根据铜器的发现情况加以确定。

安特生认为齐家期早于仰韶期的理由主要是：齐家坪的陶器均为单色，没有彩陶；仰韶期彩陶片，多散见于地表，而打破遗址的大道深谷中极少发现，他以此间接证明仰韶期的彩陶片散见于齐家期文化层之上，而大道深谷中发现的少量仰韶期彩陶片则推定为上部地层崩塌所致。但是安特生也注意到，在齐家坪一件残陶器领部发现有细长三角形彩绘，形状和颜色均与沙井期的同类纹饰近似，对此，他用"偶然之相符"予以解释。而将马厂期排在仰韶期之后，则是因为其彩陶更为发达，陶器的质料、形式及花纹与仰韶陶器相近，与齐家差别较大。

至于辛店、寺洼和沙井三期遗存，因为都出土了一定数量的铜器，故认为其时代整体上晚于不出铜器的齐家等文化期。关于这三期遗存年代早晚的排定，安特生采用了极为简洁的方法，即"就其铜器之多寡，而定其年代之先后"。发现铜器极为稀少的辛店期，排在了最早的位置。虽然辛店期出土了较多彩陶，但陶器的质料、形式和花纹等与齐家、仰韶、马厂三期决然不同，而辛店甲址的层位关系证明辛店期晚于仰韶期；寺洼遗存和卡约遗存的铜器较多，但两者陶器差别较大；把沙井一类遗存确定为甘青史前文化最晚一期，主要是因为该期发现的铜器数量多而精备。

至于甘青史前文化绝对年代的确定，安特生的依据有二：一是与近东的遗址进行比较，二是与可靠的中国史料进行比较。前者主要与斯堪的那维亚的克利特比较，后者则以安阳殷墟为推定的可靠支点。两相结合，他将甘青史前六期的绝对年代推定在公元前3500～前1500年之间。同时，他在分析比较时还注意到了区域和遗址等级的差别问题。

综上，安特生在甘青地区的田野考古调查和发掘，规模和范围远远超过了此前在河南和辽宁的工作。他对甘青地区史前文化的研究，特别是甘青新石器和青铜时代六期文化的提出和相互之间文化序列的排定，是中国史前文化考古学编年研究的开创性工作。这一研究成果，不仅代表了当时的最高水平，而且成为后来各种研究的基础。

二

19世纪末和20世纪初，以调查、发掘中国西北地区的古遗址（包括古城址）、古墓葬和石窟寺等为主要内容的科学考察工作，基本是由来自欧洲的西方学者所主导，如D. A. 克列缅茨（俄）、S. A. 赫定（瑞典）、A. 斯坦因（英）、伯希和（法）等在新疆和甘肃等地的考察和发掘工作。后来，这一工作引起中国学界的广泛关注，遂于1927年由中国学术团体和瑞典人S. A. 赫定合组成立"西北科学考察团"。对甘肃、新疆和内蒙古等西北地区进行了多种学科的科学考察，涉及地质学、古生物学、地理学、气象学、考古学、历史学、民俗学等多个领域，取得了一系列科学成果。

抗战期间，随着中东部地区的大片国土沦陷，中央研究院历史语言研究所撤至西南地区，田野考古工作主要集中在西南的云南、四川和西北的陕西、甘肃、青海地区。1944～1945 年在西北地区开展的田野考古工作，就是其中较为重要工作之一。

由中央研究院历史语言研究所、中央博物院筹备处和北京大学文科研究所合组的西北科学考察团，成立于 1943 年 4 月，主要由向达、夏鼐和阎文儒三人组成。因各种原因，拖延到 1944 年春，向达和夏鼐才抵达兰州开始野外考察工作。

综观考察团在甘肃近两年的田野考古工作，向达只参加了前期半年，并以与地方的联络、接洽工作为主，并未实质性地参与田野调查和发掘工作。阎文儒是以北京大学文科研究所研究生的身份参加考察工作，也没有参与兰州周边和洮河流域的史前考古调查和发掘以及青海西宁的考察工作。所以，在将近两年的时间里，只有夏鼐一人自始至终坚持在田野工作一线。从 1941 年初回国至 1950 年夏进入中国科学院考古研究所的近十年时间内，西北地区的两年野外考古可以说是夏鼐这期间最重要的考古工作。他在当时极其恶劣的社会环境条件下，争分夺秒，全力以赴，表现出了卓越的田野工作能力和高超的研究水平，得到了学界特别是史语所掌门人傅斯年的高度评价。后来，傅斯年亲自提出破格晋升夏鼐为史语所研究员以及在傅出国期间由夏鼐代理史语所所长职务等，即是对其高度信任之例证。

夏鼐在甘青地区的田野考古工作，可以分为四段：

第一段为 1944 年 4 月 17 日～1945 年 1 月 15 日，赴敦煌地区开展田野调查和发掘工作。

第二段为 1945 年 3～5 月，主要在兰州郊区和洮河流域进行考古调查和发掘工作。

第三段为 1945 年 6 月 28 日～11 月 11 日，赴河西武威、民勤、永昌等地开展调查和发掘工作。

第四段为 1945 年 11～12 月，赴青海西宁做短期考古调查。

以上四个阶段的田野考古工作，以第一、二、三段最为重要，所用时间也最长。其中，第二至四段野外考古工作均与史前考古有关。分析和复原夏鼐几次史前考古调查和发掘的区域及具体遗址，与安特生当年的调查和发掘区域高度吻合。所以可以说，夏鼐在甘青地区史前考古工作的主线，基本上是循着安特生当年的田野工作足迹而展开的（图一）。20 世纪 20 年代安特生到过的史前遗址，夏鼐多数亲临其地，并对其中一些重要遗址进行过发掘。

以洮河流域的调查和发掘为例。夏鼐先后调查过临洮何家庄大坪（原属洮沙县，1950 年并入临洮县）、灰嘴遗址（安特生发掘过）、四时定墓地（属临夏，安特生发掘过）、辛店遗址（分为 A、B、C、D、E 等地点，各不相同，安特生发掘过）、堡子嘴（辛店）、核桃湾（齐家）、梁家堡（仰韶）、杨家坪（齐家）、董坪（仰韶）、齐家坪（安特生发掘过）、瓦罐嘴（仰韶，安特生发掘过）、边家沟（安特生发掘过）、王家坪（仰韶、齐家）、寺洼山（A 区、B 区及附近遗址，安特生发掘过）、吴冯家、靳家坪（分 A、B、C 遗址，B 为仰韶）、毛家坪（仰韶）、马家窑（仰韶，安特生发掘过）、临洮旧城垣皇坟（仰韶）、排子坪（仰韶，安特生调查过）、半山（包括多处遗址和墓地，安特生发掘过）、梁土墙（辛店）、魏家嘴（齐家）、阳洼湾（仰韶、齐家）、曹家坪（齐家，安特生在几个地点发掘过）、二十里铺和圆轱辘嘴等。

夏鼐在临洮地区发掘了6处遗址，按先后次序分别为辛店遗址A区（墓地，4月8日）、B区（遗址，4月10日）和C区（齐家文化遗址，4月11日），寺洼山遗址A区（4月26～29日）和B区（4月30日），齐家坪遗址（5月8日，夏先后三次调查齐家坪），半山附近的边家沟遗址（5月10日）和瓦罐嘴遗址（5月11日），齐家坪附近的阳洼湾遗址（5月13日）。以上6处地点中除了阳洼湾之外，均为安特生发掘过的遗址，而且分别是安特生甘青史前文化六期中的命名地。

关于安特生甘青地区史前文化六期划分方案中齐家早于仰韶的结论，在这之前就有中外学者提出过异议。夏鼐在西北考察期间，只身一人踏着安特生的足迹，用实地调查和发掘来一一核对安特生20年前的工作。夏鼐在最先发掘了辛店遗址之后，就对齐家期和仰韶期的相对年代关系产生了疑问。如发掘辛店B区仰韶期遗址时，他在地表发现了1片疑为齐家文化陶片，发掘辛店C区齐家文化遗址时，在表土中发现2片仰韶期彩陶片，并在属于齐家文化的灰土坑中发现1片仰韶期彩陶片，认为"似可证明其（指齐家，引者注）时代不能早于仰韶，只能同时或较晚"[1]。

随后发掘的寺洼山遗址，在沟西的A区发现了寺洼期墓葬打破仰韶期文化堆积的地层关系。同时，在寺洼期的陶器中还发现有采用仰韶期彩陶碎片作为掺和料的现象。由此可以确证寺洼期晚于仰韶期，增添了新的地层证据。

夏鼐认为，甘肃仰韶和马厂似属一期，可名之为半山马厂期，为新石器文化遗存，与河南的仰韶文化有相似之处，亦有不同之处，似较齐家为早。除了辛店的地层证据外，他认为齐家的陶器形式和白灰面均与龙山文化较为相似，也可证明其时代较晚。

在齐家坪遗址的发掘中，从距地表1米深的位置发现了1件仰韶期彩陶片，当时夏鼐就认为这"足证齐家期已在彩陶文化之后"。最后在阳洼湾遗址的发掘中，"于1号墓内填土发现彩陶二片，齐家期之较后，更得一明证矣"[2]。

从以上发掘和认识的过程中，我们可以看出夏鼐是如何通过实地调查和发掘，进而推翻安特生关于齐家期与仰韶期之间先后关系论断的。

事实上在安特生提出甘青史前六期说之后，已有学者不同意安氏关于齐家和仰韶期相互关系的观点[3]。夏鼐独自一人在甘青地区执著地开展史前考古调查和发掘，也是抱着解决这一问题的目的而来。他所开展的史前考古工作，紧紧地围绕着当年安特生开展野外工作的区域，而实际发掘的多处史前遗址，均是当年安特生发掘过的。

应该加以说明的是，夏鼐发掘阳洼湾遗址的2座齐家文化墓葬，本身具有很大的偶然性。夏鼐在5月10日和11日分别发掘了边家沟和瓦罐嘴两处遗址之后，决定结束洮河流域的发掘工作，并于第三天（5月13日）返回临洮县城。而恰好第二天（5月12日）傍晚，一村民在阳洼湾斜坡上发现了墓葬，并携回从墓葬中取出来的齐家期双耳瓶及单耳瓶各一件。夏鼐由此临时决定延期回城，第二天就组织发掘村民新发现

---

① 《夏鼐日记》卷三，华东师范大学出版社，2011年，307页。
② 同①，329页。
③ 如刘燿：《龙山文化与仰韶文化之分析》，《中国考古学报》（第二册），1947年，251～282页。

的阳洼湾墓葬，因为时间紧迫，只发掘了其中 2 座齐家文化墓葬。从而有了后来在考古学界广为流传的夏鼐由两块陶片改订了安特生甘青史前文化六期年代的传奇。

由上述发掘和认识过程可知，即使夏鼐最后没有发现和发掘阳洼湾的齐家期墓葬，也可以由辛店遗址、齐家坪遗址提供的地层证据，得出齐家期晚于仰韶期的结论。

后来夏鼐在分析甘肃仰韶文化和齐家文化的关系时，除了肯定后者晚于前者之外，也提出了另外的看法。如对辛店和齐家坪遗址发现的彩陶片，便认为"他们混入齐家期的遗物中，若不是较古的仰韶文化的遗物，便是邻近残存的仰韶文化区的输入品。……当时的情形似乎是这样的：齐家文化抵达陇南的时候，甘肃仰韶文化的极盛时代已过去了。在有些地方，齐家文化便取而代之；在另外一些地方，齐家文化并没有侵入，当地的仰韶式的文化仍保守旧业，但各地逐渐各自演变，并且有时候与齐家文化相混合，相参杂。这个假设对于目前所知道的事实，可以解释得较为满意。因为我们知道在齐家坪及朱家寨二处，齐家陶片与晚期的仰韶陶片混合在一起，但是齐家坪以齐家陶为主，而朱家寨以仰韶陶为主。又这两种陶器，在旁的遗址也有混在一起的"[①]。

Xianai and Archaeological Work in Gansu and Qinghai Region

Luan Fengshi

(Department of Archaeology, Shandong University)

In order to search for its cultural relationship between Yangshao Culture and central Asia , Johan Gunnar Andersson(安特生)conducted intensive archaeological investigation and excavation in Gansu and Qinghai region from 1923 to1924 after he found out Yangshao Culture in Henan region. He found out and established a series of archaeological remains of prehistoric and Bronze Age, and scheduled them in Chronological Order, namely Qijia *period - Yangshao period - Machang period - Xindian period - Siwa period - Shajing period*. This pioneering research was highly focused on by the academic circles both at home and abroad at that time.

Xianai（夏鼐）conducted archaeological work in Gansu and Qinghai region from 1944 to 1945. In addition to surveyed and explored the Han and Jin tombs in Hexi Corridor region, he followed the footsteps of Johan Gunnar Andersson, investigated, reviewed and excavated a series of neolithic and Bronze Age sites by himself in Lanzhou-Tao River, Xining region and Hexi Corridor region that Andersson had worked. He revised the wrong Chronological Order of Qijia period and Yangshao period that established by Andersson according to the excavation results of Xindian, Qijia, and Yangwawan sites. At the same time, he put forward some new viewpoints of prehistoric culture in this region, thus laid a foundation of Neolithic and Bronze Age archaeological research in Gansu and Qinghai region.

---

① 夏鼐：《齐家期墓葬的新发现及其年代的改订》，《中国考古学报》（第三册），1948 年，111 页。

先秦时期胶东与辽东文化交流及其演变

王富强　孙兆锋　李芳芳

（烟台博物馆）

胶东半岛与辽东半岛作为北方伸向海洋的两个触角，早在距今 6000 年以前，人们便在此逐海而居，开启了漫长而又艰苦的探索、认识和利用海洋的历史进程（图一）。

目前的考古发现表明，两个半岛的早期聚落都各自依附于泰沂山系和辽河平原而产生的，从大的文化区系上分属于东方文化区和北方文化区：胶东半岛的早期聚落是大汶口—龙山文化族系触摸海洋而形成的具有海洋特色的地方聚落群，而辽东半岛的早期聚落则是以筒形罐为标识的北方文化族系探知海洋而形成的滨海聚落体。因此，两个半岛都有着各自的文化发展脉络：胶东地区包括白石村一期、邱家庄一期、紫荆山一期（北庄一期）、北庄二期、杨家圈一期、龙山文化文化时期（杨家圈二期）、岳石文化时期（照格庄类型）、珍珠门文化时期及西周和东周等；辽东地区分得比较细，大致包括小珠山一期、小珠山二期、小珠山三期、三堂一期、小珠山五期、双砣子一期、大嘴子三期、于家村晚期、双房早期、尹家村一期等（表一），于家村晚期至尹家村一期为东北青铜短剑文化系统。这是我们论析两者文化关系的考古学依据。

表一　胶东、辽东考古学文化发展阶段对照表

时代	胶东文化谱系			辽东文化谱系
新石器时代	白石村一期			
	邱家庄一期（北庄早期）			小珠山一期
	紫荆山一期	北庄一期一段		
		北庄一期二段		小珠山二期
		北庄一期三段		小珠山三期
	北庄二期	北庄二期一段		
		北庄二期二段（杨家圈一期）		三堂一期（小珠山四期）
龙山文化时期	杨家圈类型			小珠山五期（双砣子一期）
岳石文化时期	照格庄类型			双砣子二期（大嘴子二期）
珍珠门文化时期	珍珠门文化			大嘴子三期文化

20 世纪八九十年代，随着中国考古学区系类型学说的确立和田野考古工作的实践，环渤海区域的考古工作在苏秉琦先生的指导下取得了一系列重要的考古发现和研究成

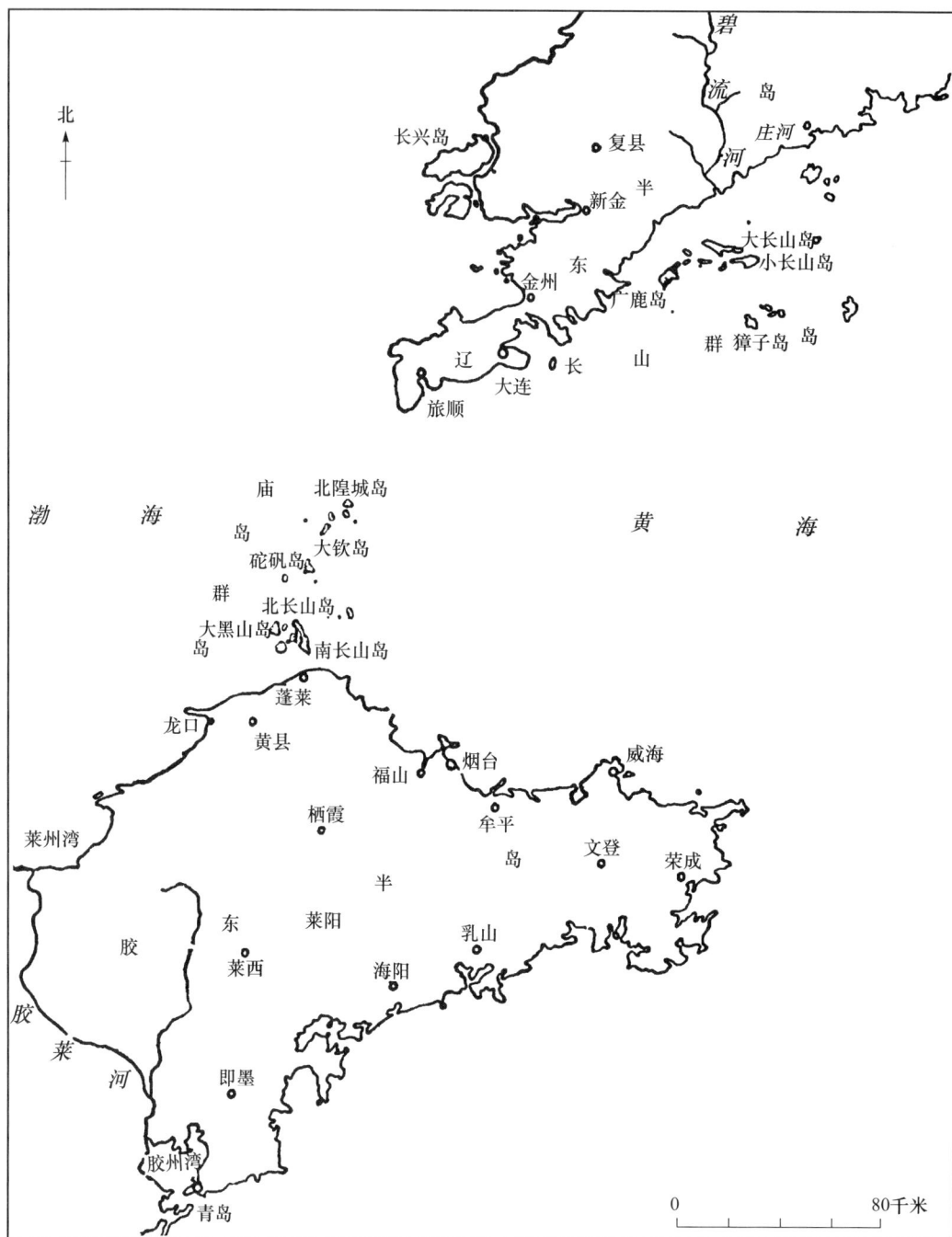

图一　胶东、辽东位置图

果，特别是胶东半岛和辽东半岛的考古收获，不仅缕清了新石器时代文化的发展谱系，而且两个半岛的文化关系和海上交流也引起了学界的广泛关注和探讨，并取得了几点共识：一是两半岛史前文化发生关系的时间大约在北庄一期的早段或稍早的邱家庄一期；二是从两半岛文化影响的主次来看，以胶东地区影响辽东地区为主；三是两半岛文化交流的主要通道是庙岛群岛这一海上路桥；等等①。总体上看，学界对两地新石器时代文化交流的讨论较多，而对岳石文化以后尤其是青铜时代文化交流的讨论较少，且以大文化时期单纯器物因素的讨论为主，没有做细致的梳理。因此，本文在这些研究成果的基础上，结合近年来的考古新收获，将胶、辽海上文化交流的时间拉伸到东周时期，以更广的视野分三大阶段考察两个半岛滨海聚落的分布形态、文化影响和成因、海上交流路线及其演变轨迹等，以求更全面地剖析其文化交流与发展的历史进程。

一、早期文化交流的始源和演变

已有的考古资料表明，胶东地区与辽东地区的最早文化遗存发现不多。胶东地区最早文化遗存为白石村一期②，仅有 1~2 处；辽东地区目前没有准确的早期文化遗存资料，只是在讨论小珠山一期文化时，提出存在"再细分的可能性"③。无论如何，从历史逻辑看，最早滨海聚落尚处在了解海洋的探索过程中，估计聚落址不可能很多。另外，我们在已发掘的遗址中也没有发现明确的文化交流迹象，虽然部分柱坑式柱洞和少量石器有相同或相近的现象，但可能是自然环境和生产活动的相同或相似所致，所以这个阶段两者之间应处在各自独立发展的时期。

大约到了邱家庄一期和小珠山一期，胶东和辽东开始出现交流的迹象，这就是在庙岛群岛的北庄等遗址中发现了两者的混合遗存。也正是这个时期开始，胶东地区到紫荆山一期（北庄一期），辽东地区到小珠山三期，两个半岛的聚落址明显地增多，胶东地区达 80 余处，其中庙岛群岛有 8 处，几个主要岛屿都有这个时期的遗址④，辽东地区也有近 40 处（图二）。在两地聚落不断扩张的情况下，人们探知海洋的范围逐渐扩大，双方交融的机会自然呈不断增多的态势，胶、辽文化交流因此进入了一个初期发展阶段。

主持北庄遗址发掘的张江凯先生在《论北庄类型》⑤一文中将北庄遗址早期遗存分为早、中、晚三期，早期归于邱家庄一期，中期分三段为北庄一期，晚期分两段为北庄二期。辽东地区所对应的大致是小珠山一期、二期、三期和四期（三堂一期）等⑥。北庄早期、北庄中期（北庄一期）、北庄晚期（北庄二期早段）都发现了相对应的小珠山一期、二期、三期的平行斜线纹、叶脉纹、网格纹、"Z"字纹等筒形罐，以北庄中期发现的个体最多，北庄早期、北庄晚期的晚段发现的较少。辽东地区在小珠山中层（小珠山二、三期）发现了北庄一期二、三段的盆形鼎、觚形杯、实足鬶、蘑菇状小口

① 严文明：《胶东原始文化初论》，《山东史前文化论文集》，齐鲁书社，1986 年，63~95 页；安志敏：《辽东半岛的史前文化》，《大连考古文集》（第一集），科学出版社，2011 年，9~17 页；栾丰实：《北辛文化研究》，《海岱地区考古研究》，山东大学出版社，1997 年，27~53 页；佟伟华：《胶东半岛与辽东半岛原始文化的关系》，《考古学文化论集》（二），文物出版社，1989 年，78~95 页。
② 烟台市博物馆：《烟台白石村遗址发掘报告》，《胶东考古》，文物出版社，2000 年，28~90 页。
③ 中国社会科学院考古研究所等：《辽宁长海县小珠山新石器时代遗址发掘简报》，《考古》2009 年 5 期，16~25 页。
④ 烟台市博物馆：《山东省烟台市第三次全国文物普查成果汇编》，黄海数字出版社，2012 年，282~306 页。
⑤ 张江凯：《论北庄类型》，《考古学研究》（三），科学出版社，1997 年，37~51 页。
⑥ 中国社会科学院考古研究所等：《辽宁长海县小珠山新石器时代遗址发掘简报》，《考古》2009 年 5 期。

罐和角形把手以及红衣黑彩波浪纹等复彩陶器等（图三）。

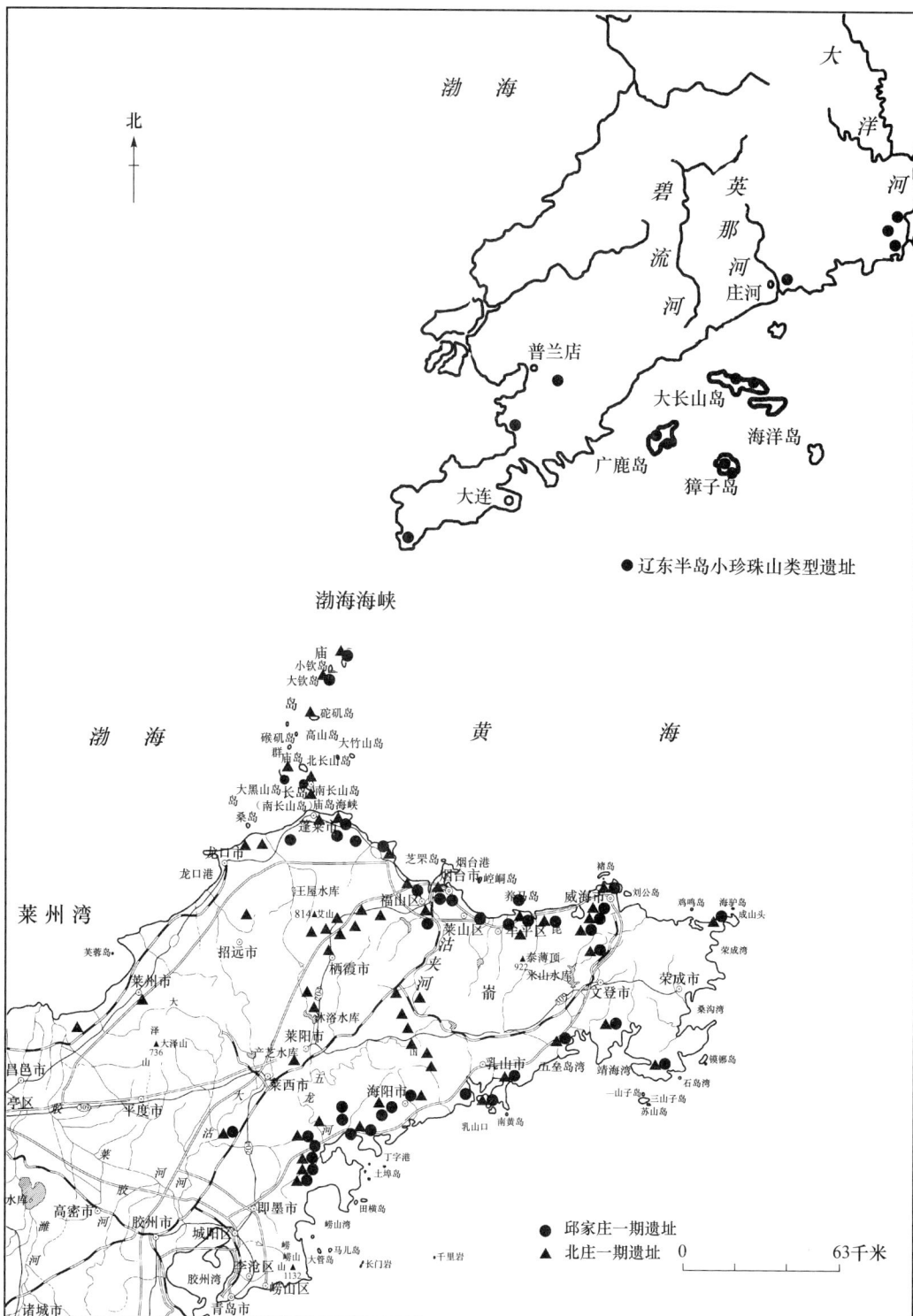

图二　胶东、辽东早期遗址分布图

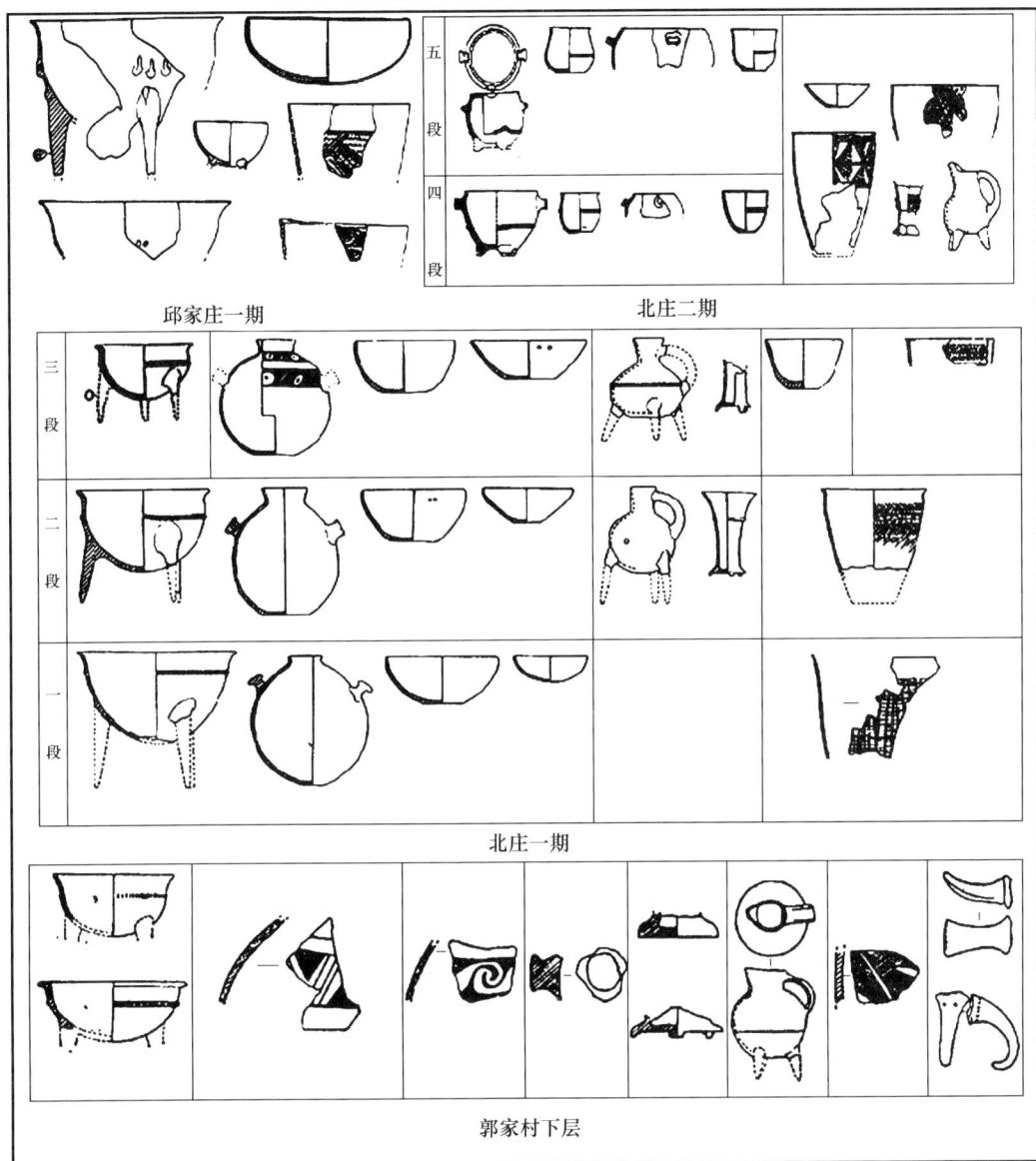

图三　胶东、辽东早期陶器

　　值得注意的是，胶东地区到了杨家圈一期（北庄二期的二段），辽东地区到了三堂一期（小珠山四期），两者之间只有少量彼此的因素，大部分面貌截然不同，两个半岛的交流出现了减弱的趋向，而胶东地区恰恰这时贝丘消失，聚落骤减，仅有十余处，特别是濒海区域随着贝丘聚落的遗弃，聚落址更是寥若晨星①。这时胶东地区可能正处在一个大的变革时期，社会形态、经济结构等纷纷发生变化，因而也影响了两个半岛文化交流活动的发展，或许这正是两个半岛文化交流减弱的一个主要原因。

　　综上，从邱家庄一期和小珠山一期交汇于庙岛群岛开始，到北庄一期（三段）、北

---

① 　王富强：《胶东地区新石器时代遗址的地理分布及相关认识》，《北方文物》2004 年 2 期，1～10 页。

庄二期早段和小珠山一期、二期、三期形成了一个初期文化交流的漩涡，再到北庄二期晚段和三堂一期文化交流的减弱，反映了两个半岛在适应和利用海洋的探索过程中相互影响和交流的原生的自然形态，也是两个聚落群向海洋伸展的必然结果。同时，我们清晰地看到，在文化交流的早期是双方均向庙岛群岛扩展，胶东文化到达了群岛的最北端，辽东的文化因素到达了群岛的最南端，势均力敌（图四）；到了北庄一期

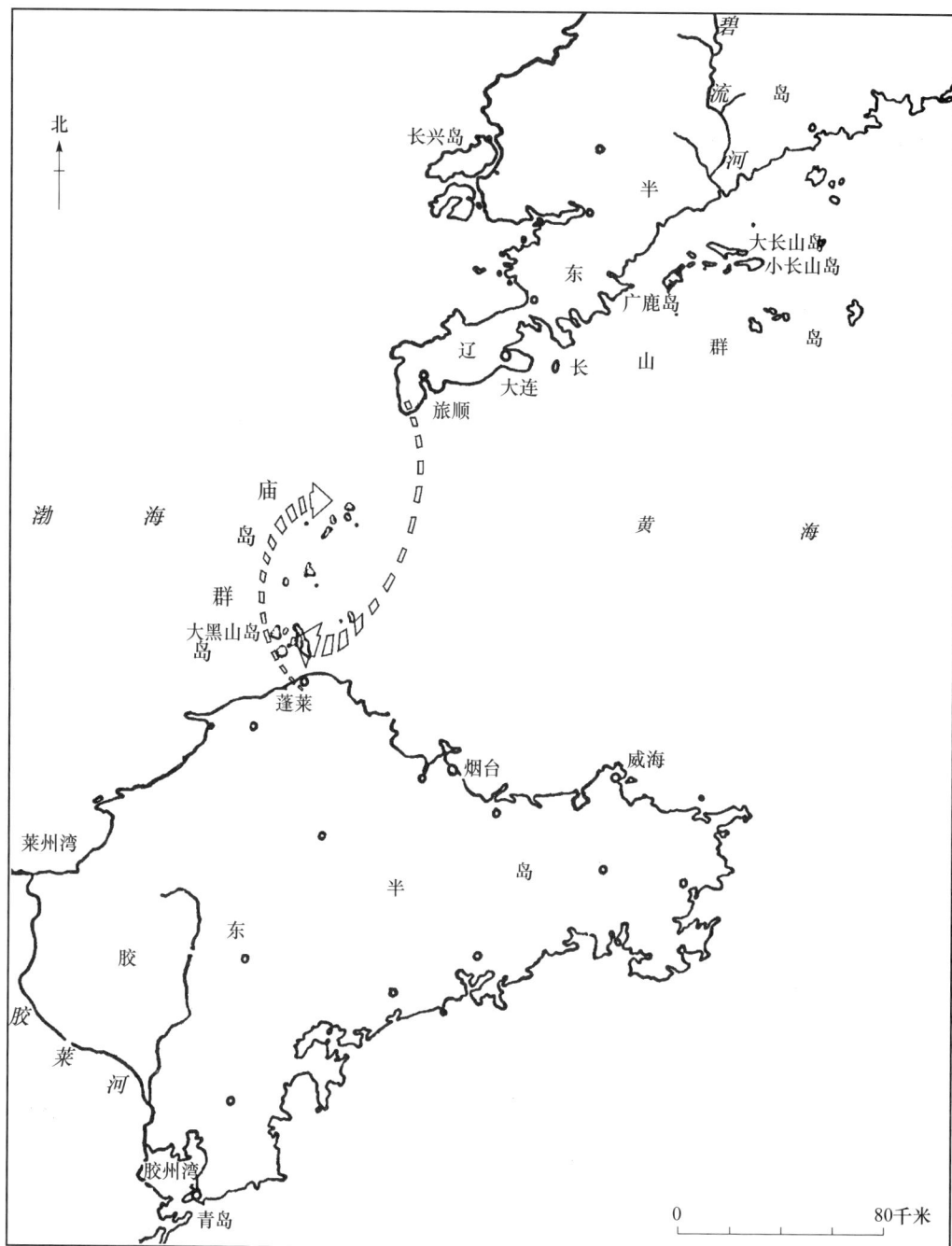

图四　邱家庄时期胶东与辽东文化交流态势图

的二、三段和小珠山二、三期，胶东的部分文化因素则登上了辽东半岛的南岸及海岛，但辽东的东西没有在胶东半岛海岸落脚，应该说这时文化交流的漩涡是向辽东半岛旋转的（图五）。当然，两者文化的交流不仅有主次之分，而且其演变也是有起伏的，这种起伏正如前文所说是与其聚落的演变息息相关的。总体上看，胶东和辽东虽然存在

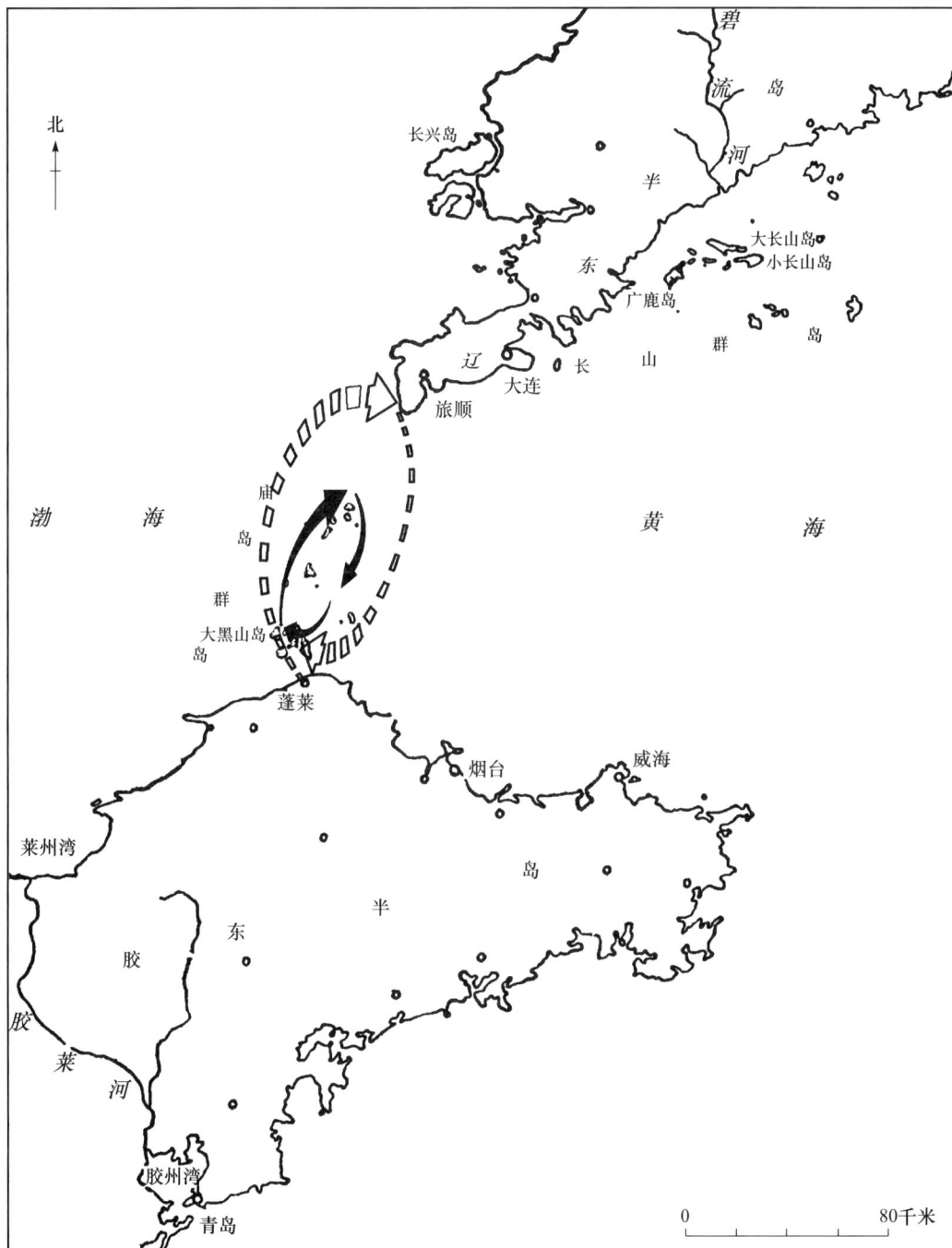

图五　北庄时期胶东与辽东文化交流态势图

彼此或强或弱的文化影响，但各自的文化面貌没有发生大的动摇和改变，仍归属于两个不同的文化体系。

二、龙山时代文化交流的活跃与发展

龙山时代是中国第一次文化大融合的时期，又被称作铜石并用时代，每个文化板块的聚落址显著增多，胶东和辽东也不例外。胶东半岛目前发现的龙山遗址达 100 余处，仅北岸滨海地带和庙岛群岛就达 30 余处[1]，辽东半岛沿岸也有近 20 处，同时，聚落的规模也不断扩大，这为两地文化的交流提供了源源不断的动力（图六）。

早在 1909、1941 年，日本的鸟居龙藏等在辽东半岛的老铁山、四平山等一带山上就发现了一批积石墓，建国后大连市考古工作者又先后发现了十余座这个时期的积石墓，时代为三堂一期到龙山文化时期，出土了罐、豆、壶、杯等遗物，陶质分泥质、夹砂，陶色为黑陶和褐陶，多为明器，并随葬石锛、石矛、石纺轮等工具[2]。近年来，胶东半岛也在文登市旸里店小北山等山巅也发现了石棺墓[3]，时代为大汶口文化晚期到龙山早期，随葬品组合为罐、豆、壶、杯等组合，也是泥质黑陶和夹砂褐陶，也多为明器，也有石锛、石斧、石纺轮等工具，应该是同一族属的墓葬。因此，这时胶东半岛与辽东半岛的文化交流已较前一个时期发生了质变，不再是简单的文化影响，而是胶东的部分族群在前期探索的基础上已渡过了庙岛群岛在辽东定居下来。其后辽东地区又在老铁山墓地、将军山墓地、大嘴子一期等地发现一批含龙山文化中晚期的墓葬和遗址，大嘴子、双砣子等一些遗址的下层和上层都有龙山文化的遗物，如罐、豆、壶、杯、盖、鬶、鼎、石刀等，这些器物几乎与胶东龙山文化完全相同，而且种类也呈增加的态势，显示了胶东龙山文化对辽东影响的力度在不断加强（图七）。随着定居点的增多，影响的进深到龙山文化晚期已越过了辽东半岛的中部到达丹东一带。从这些遗址和墓地的地理分布看，这些遗址和墓地主要分布在辽东半岛西南的渤海沿岸，或者说胶东龙山文化族群首先是在靠近庙岛群岛的渤海沿岸登陆并定居下来，而后向其东、北方向辐射，这从另一方面反映了庙岛群岛在胶、辽文化交流中的重要地位。

此外，目前，山东地区在大汶口文化晚期已发现了水稻，胶东地区在杨家圈遗址的龙山文化早期遗存中发现了水稻，辽东地区也在龙山文化早期遗存发现了水稻[4]。显然，稻作传播的北方线路还是十分清晰的：随着胶东的龙山族群沿庙岛群岛北上定居，稻作农业几乎是传到胶东的同时也传播到了辽东半岛，其后继续东传到朝鲜半岛和日本列岛。

① 烟台市博物馆：《山东省烟台市第三次全国文物普查成果汇编》，黄海数字出版社，2012 年，282～306 页。
② 〔日〕鸟居龙藏：《南满洲里调查报告》，1909 年；〔日〕滨田耕作：《东亚考古学研究》，1930 年；旅大市文物管理组：《旅顺老铁山积石墓》，《考古》1978 年 2 期，80～85 页。
③ 烟台市博物馆等：《文登市旸里店墓地发掘简报》，《海岱考古》（第七辑），科学出版社，2014 年，1～13 页。
④ 栾丰实：《海岱地区史前时期稻作农业的产生、发展和扩散》，《海岱地区早期农业和人类学研究》，科学出版社，2008 年，41～56 页；靳桂云等：《辽东半岛南部农业考古调查报告——植硅体证据》，《东方考古》（第 6 集），科学出版社，2009 年，306～316 页。

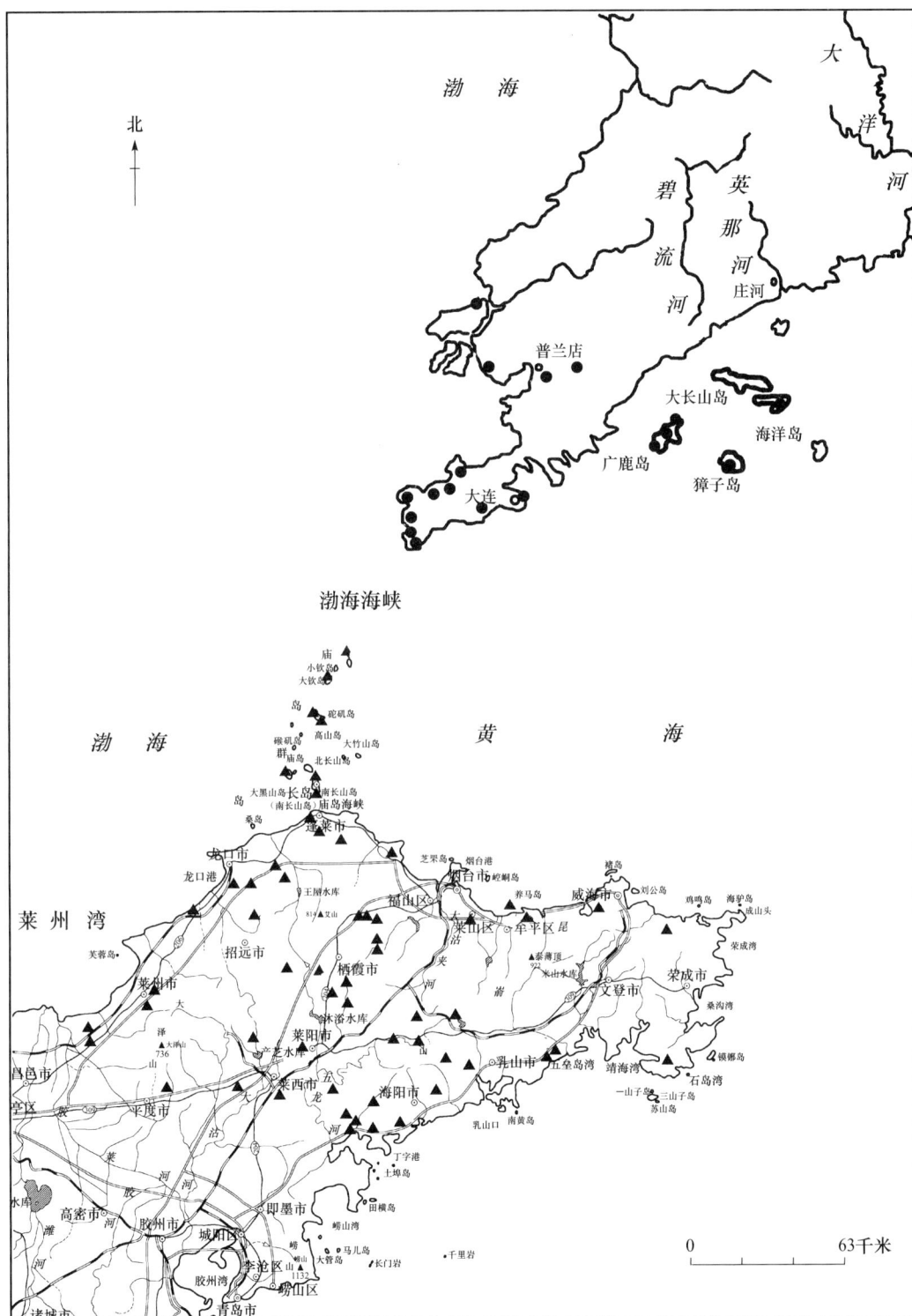

图六 胶东、辽东龙山文化遗址分布图

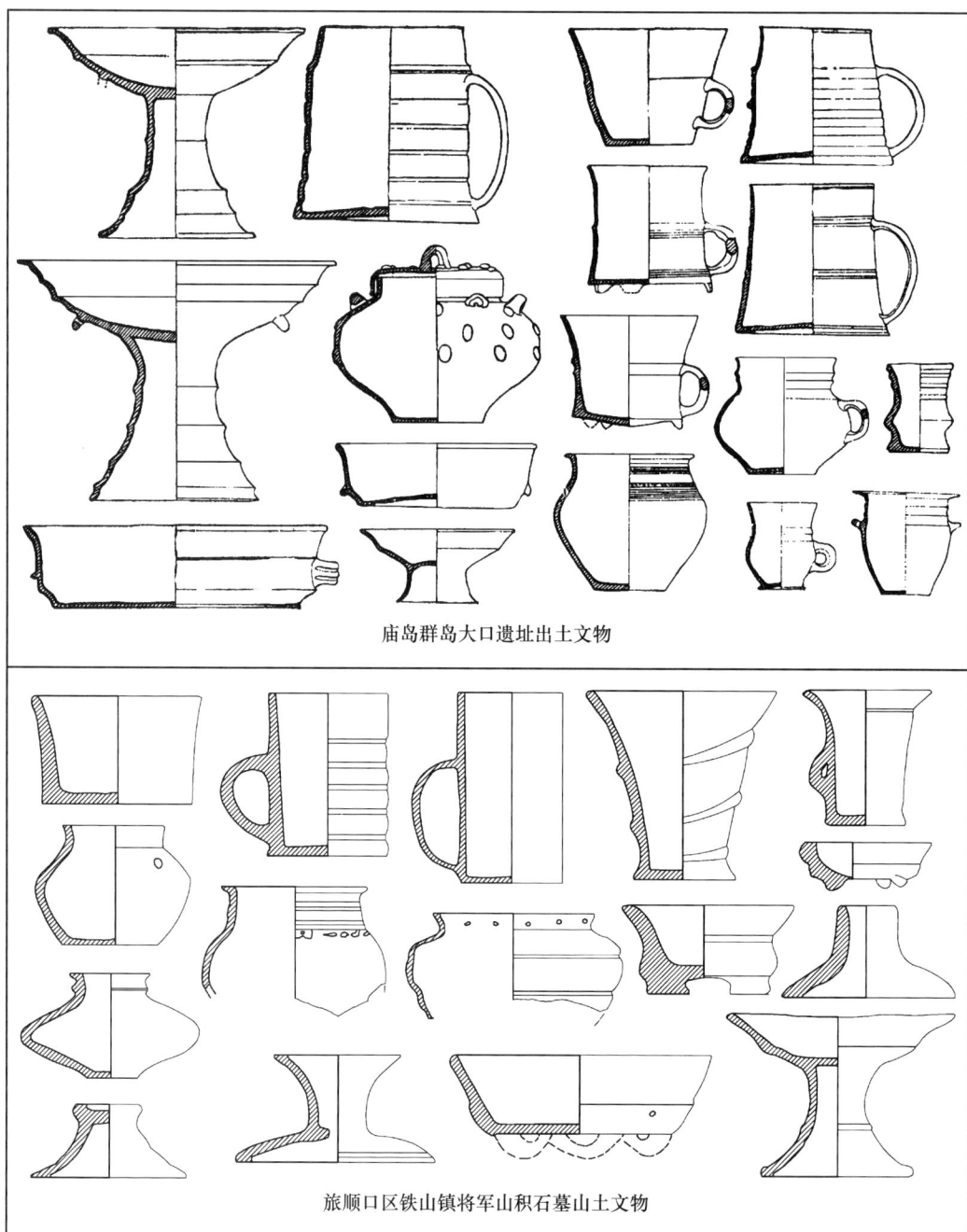

庙岛群岛大口遗址出土文物

旅顺口区铁山镇将军山积石墓山土文物

图七　胶东、辽东龙山文化陶器

　　基于上述考古发现，龙山时代胶、辽文化交流进入了一个快速发展的活跃期，是包括社会生活和生产等全方位的交融。也正如许多学者所言，这种交流是以胶东北上辽东为主流（图八），而且是伴随着族群的迁徙和定居而日趋活跃。从此，他们相互交融，相邻为安，庙岛群岛作为胶、辽文化交流的海上路桥真正架构起来，成为来往最便捷的海上通廊。

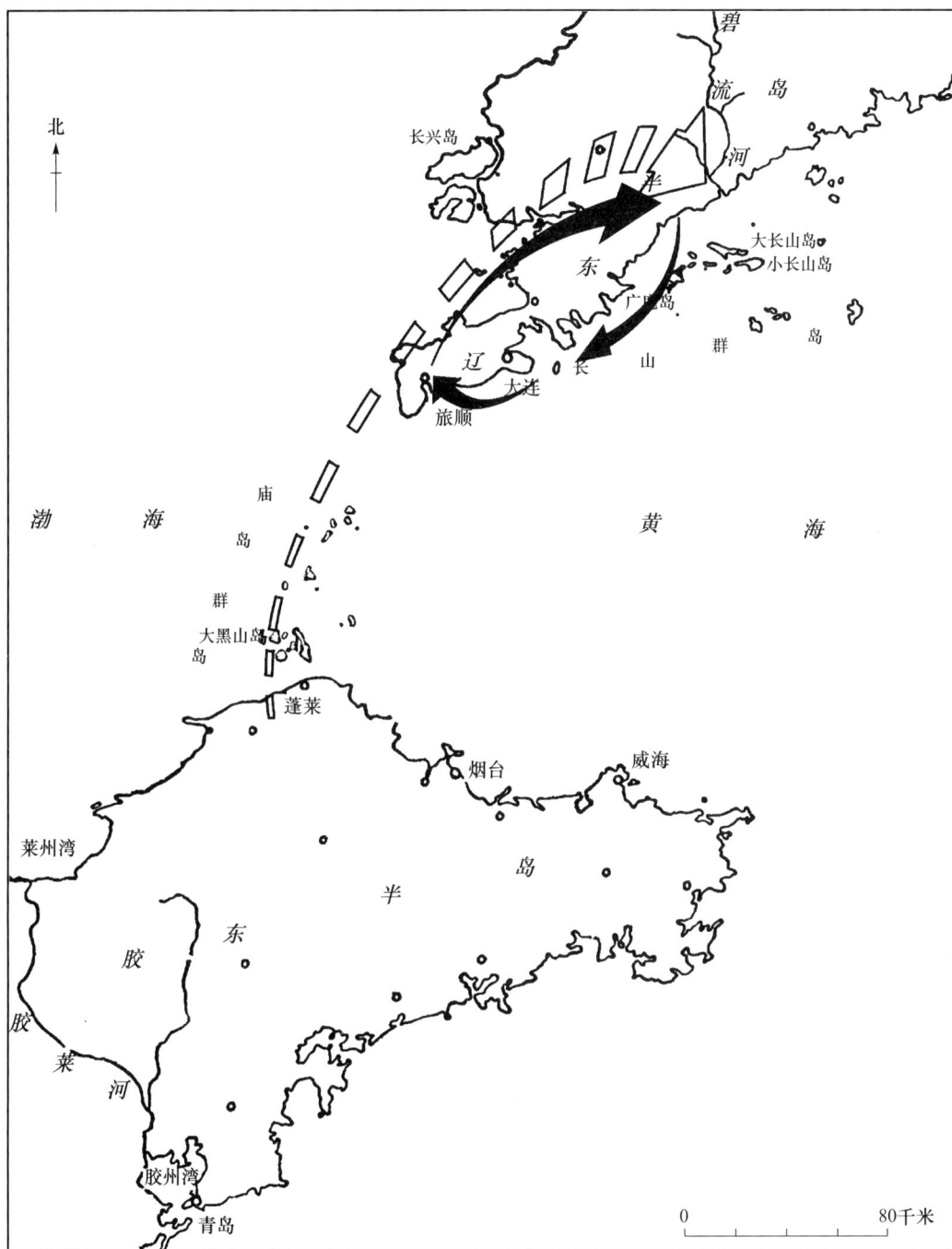

图八　龙山时期胶东与辽东文化交流态势图

三、青铜时代文化交流的消退与融合

距今 4000 年左右,两个半岛几乎同时步入青铜时代的门槛,胶东地区相继为岳石文化、珍珠门文化和齐文化,辽东地区依次为双砣子二期文化、大嘴子三期文化、青铜短剑文化和燕文化。

（一）岳石文化时期

这类遗址发现近 100 处，北部滨海地带有 30 处左右，庙岛群岛也有 7 处[①]；辽东半岛沿海这个时期的遗址发现有 20 处左右。宏观上这个时期两地的聚落与龙山时期相比没有发生大的变化，两个半岛依然延续龙山时代的交流态势（图九）。

由于辽东半岛这个时期没有一个标准的分期，难以分早晚进行比较分析。总体上观察，胶东地区岳石文化延续时间比较长，大约到了商代中期，辽东地区可能还要晚一点。从目前的考古发现看，这个时期胶东仍未发现辽东文化的实物，而辽东地区岳石文化的东西还是大量存在的，诸如双砣子二期、小黑石二期、大嘴子二期、大砣子二期等[②]，都发现了岳石文化的典型器物，如子母口器盖、尊形器、豆、子母口罐、三足罐、甗、彩绘陶器、石锛、弧背直刃半月形石刀等，而且在发现的遗物中占主流（图一〇）。这说明胶东龙山时期在辽东南海岸建立的聚落或定居点依然在延续。

（二）珍珠门文化时期

此时胶东地区的遗址骤减，目前共发现 30 处左右，但北部沿海和庙岛群岛仍有 20 余处，庙岛群岛有 4 处，主要集中在莱州、龙口等西部海岸[③]。辽东地区南岸与之对应的是大嘴子三期文化，已发现 10 余处地点，其中有相当一部分是石棺墓墓地。这个时期两个半岛在齐文化和燕文化东进的历史背景下，原有的地方文化遭到了强力的挤压，这是两个半岛聚落减少的重要原因，同时也带来了两半岛文化交流的新变化（图一一）。

珍珠门文化的早段在商晚期，晚段在周初。陶器群以夹砂红陶和红或灰褐陶为主，另有少量的泥质灰陶和红陶，器类有大口罐、壶、甗、鬲、碗、钵、簋、豆、杯等，大型器物较多，以平底器为主，圈足器有所增加，罐、壶、甗、鬲、碗、盆等为主要器皿，口沿部流行弦纹装饰；石器群中以直背弧刃和梭形石刀，也有少量斧、锤、锛、铲等；骨器群发现较少，仅有少量镞、针、锥、铲等；铜器有铜镞[④]（图一二）。大连大嘴子三期文化时代是商末至周中晚期，延续时间较长，分期不明确。陶器群的陶质相近，但陶色以夹砂灰褐陶为主，并有少量的黑皮陶和泥质灰陶，器类包括壶、罐、碗、盆、豆、簋、甗、舟形器、杯等，壶、罐等大型器物较多，以平底器为主，圈足器占较大的比例，口沿部的装饰纹样较多，有波浪、三角、网状、弦纹、刺点等多种装饰，彩绘陶依然存在；石器数量较多，有斧、铲（钺）、刀、锛、镞等，以斧、铲、刀、锛、镞为主，骨器数量也比较多，包括锥、针、镞、笄、鱼卡、铲等，铜器有铜镞[⑤]（图一三）。从器物群类上二者相同和相近的有罐、壶、甗、碗、杯等部分器物，以及石斧、石铲、石刀、骨针、骨锥、骨镞、骨铲和铜镞等，但整体面貌还存在较大差异，分属于两个文化体。

---

① 王富强：《胶东岳石文化时期滨海河岸聚落》，《海洋遗产与考古》，科学出版社，2012 年，19～27 页。
② 陈国庆等：《大连地区早期青铜时代考古文化》，《大连考古文集》（第一集），科学出版社，2011 年，163～169 页。
③ 烟台市博物馆：《山东省烟台市第三次全国文物普查成果汇编》，黄海数字出版社，2012 年，282～306 页。
④ 同③，82～306 页。
⑤ 大连市文物考古研究所：《大嘴子》，大连出版社，2000 年，127～266 页。

图九　胶东、辽东岳石文化时期遗址分布图

通过上述考古发现可以看出，这个时期的文化交流在齐文化和燕文化挤压下显得异常复杂，一方面各自的文化传统得以延续，另一方面在两大代表王化势力的文化体挤压下又发生了不同情形的异化，其中胶东地区受到的影响更强、演变的节奏更快些，开启了两个"东嵎之地"被中原文明融合的文明化进程。也正是在这种历史大势下，辽东地区的文化因素第一次沿庙岛群岛登上了胶东半岛北岸的西部，比如龙口楼子庄

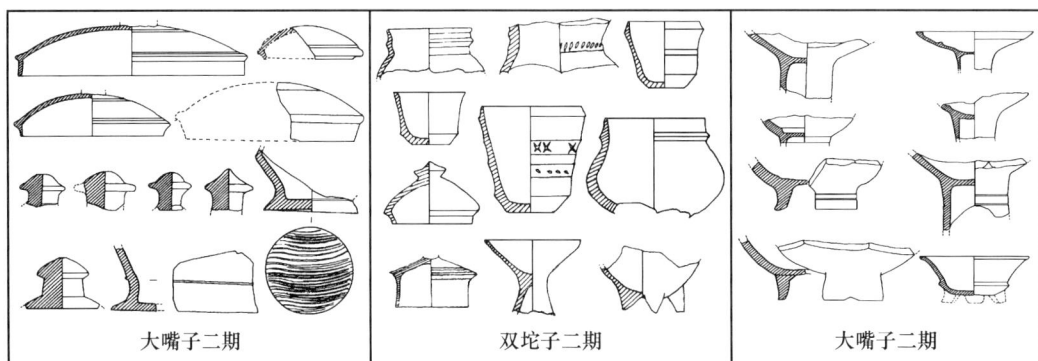

大嘴子二期　　　　　　　双坨子二期　　　　　　　大嘴子二期

图一〇　辽东半岛岳石文化陶器

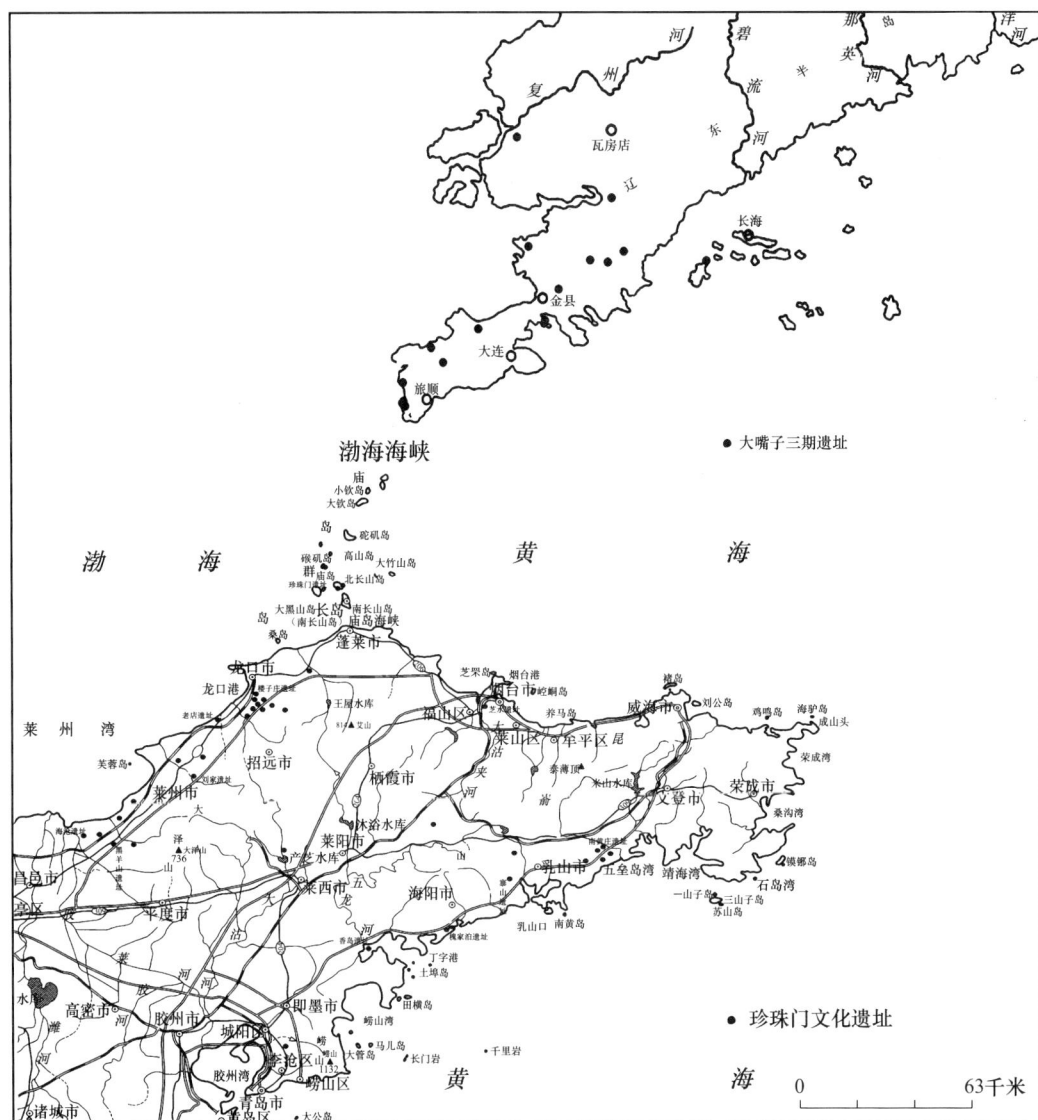

图一一　胶东、辽东珍珠门文化时期遗址分布图

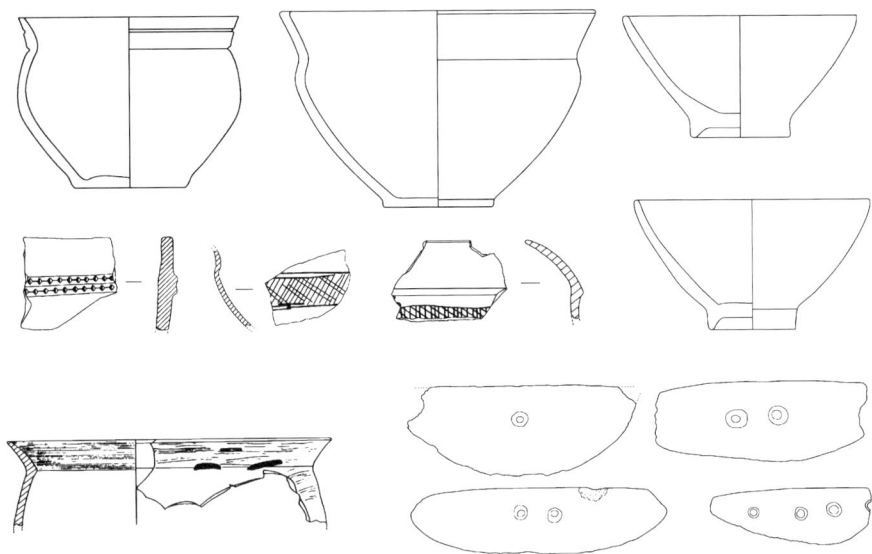

图一二　胶东珍珠门文化遗物（龙口楼子庄）

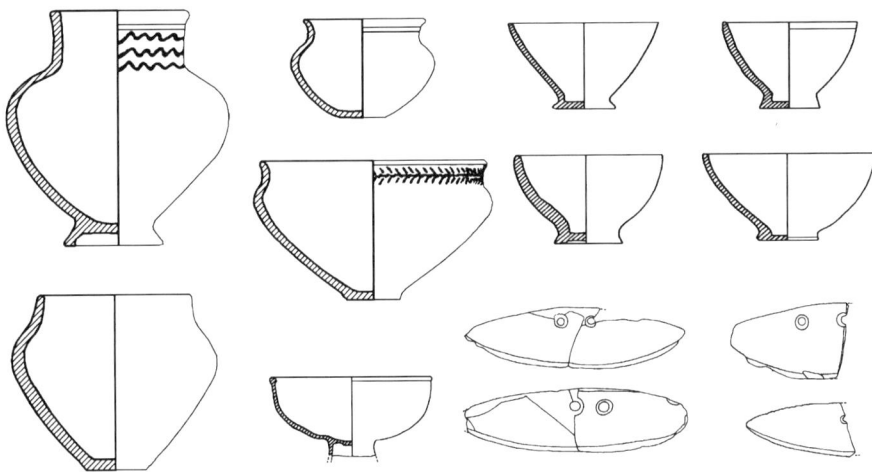

图一三　辽东大嘴子三期文化遗物

遗址和烟台芝水遗址梭形石刀等应是来自辽东，而大嘴子等遗址发现的甗、碗、石铲等是胶东地区的典型器物。无论怎样，这个时期两个半岛你中有我、我中有你，一改过去单向交流的态势（图一四）。除了外部压力外，更重要的是数千年的海上交流也为两半岛的土著共同应对外部压力奠定了基础，这或许是这个时期两者亲近关系的重要渊源。

（三）周代

西周中期以降，胶东地区由于齐国对东方的经营采取了"因其俗，简其礼"的怀柔政策，其向半岛的推进的频率和速度明显加快，齐文化自西向东逐渐建立了"礼化"了的地方方国，大约在春秋时期整个半岛（含庙岛群岛）基本齐化。考古发现表明，

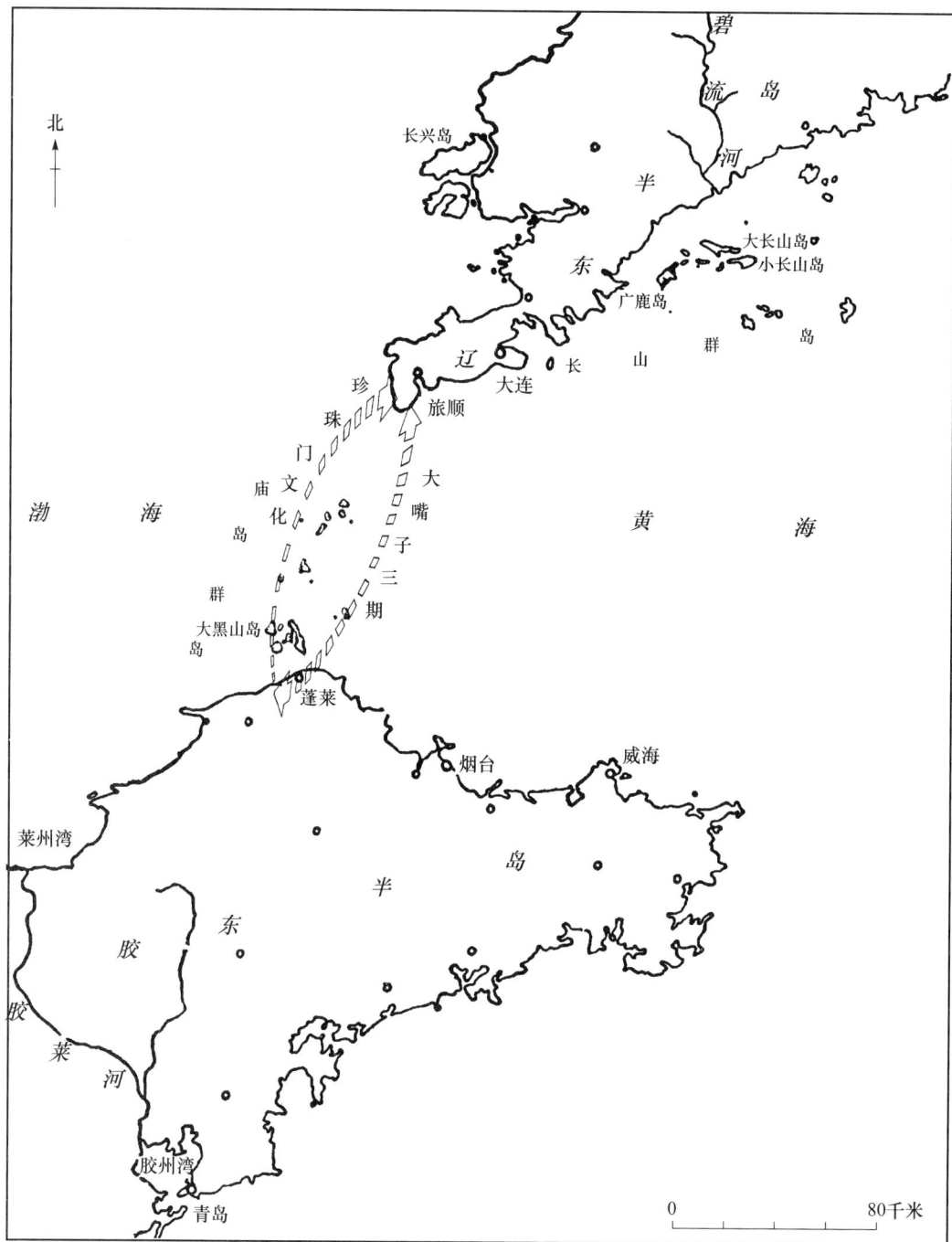

图一四　珍珠门文化时期胶东与辽东文化交流态势图

胶东西部很快建立了如前河前和归城甚至包括庙岛群岛的北城子等东进的堡垒，并在贵族阶层的引领下周王朝的礼制得以确立，齐文化的青铜礼器和陶器等占据了主流，地方文化因素虽在民间乡野得以延续，但也被改造异化，只是作为民间文化传统孑遗保存下来。胶东半岛东部大约在西周晚期和春秋早期也开始了"齐化"，我们在乳山市南黄庄遗址和墓地发现了具有浓郁地方特色的遗存，同时又含有齐文化深深的印记，也就是两套文化的混合体，其后在春秋中晚期齐文化对东方的改造基本完成（图一五）。值得注意的是，南黄庄墓地多为石板（石椁）墓与辽东地区这个时期石板墓相近，这会否是辽东半岛与胶东半岛一支有亲缘关系的族群融合的结果呢？即便如此也同样难逃被"齐化"的命运。

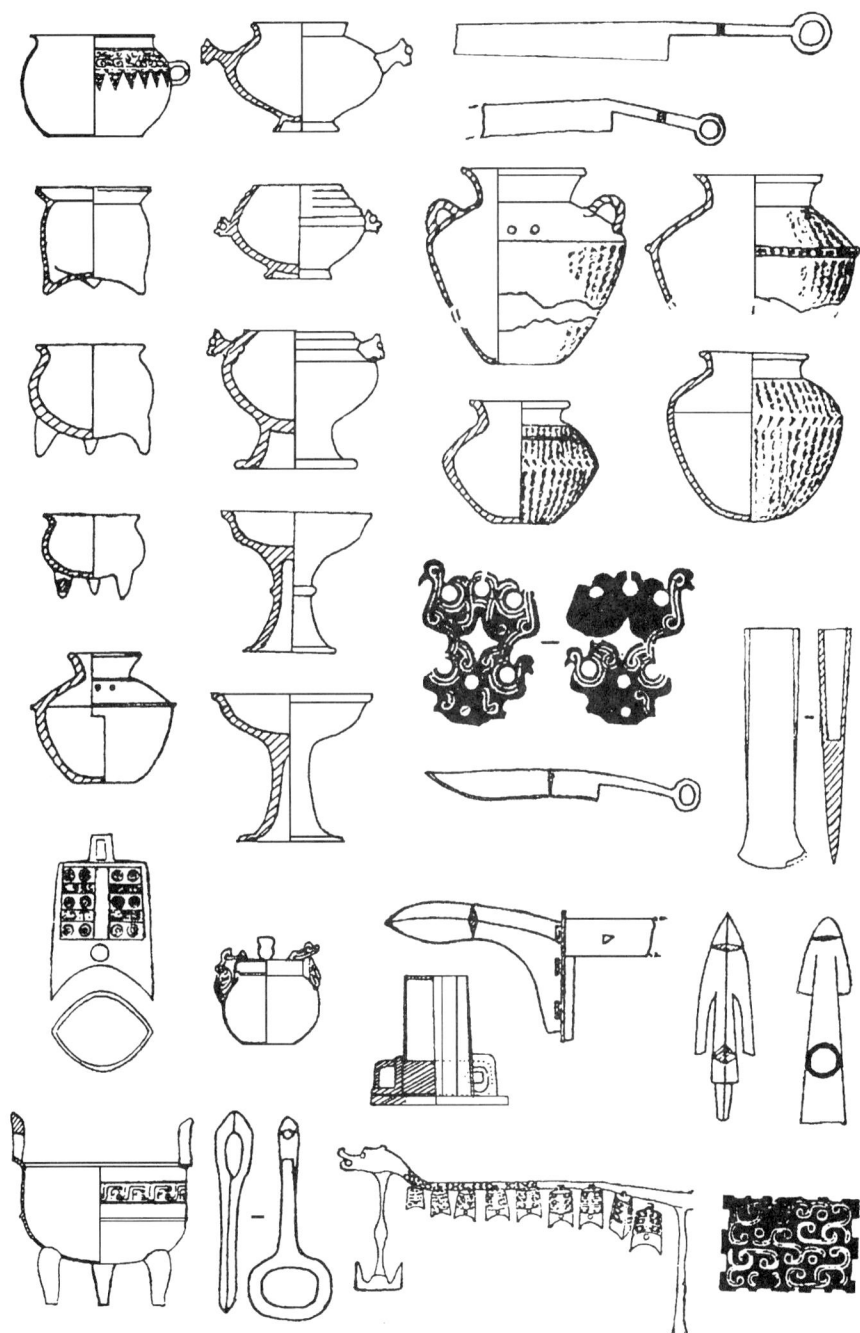

图一五 A　胶东周代遗物（蓬莱阁柳庄墓地）

AaⅢ壶　　　　　AⅦ铜壶　　　　Ⅳ铜盖豆　　　　Ⅰ盖豆　　　　Ⅳ铜鍪

BⅢ铜戈　　　　　BⅣ铜戈

CⅢ豆

Ⅱ鍪

AⅠ敦

陶俑　　　　　　陶俑　　　　AaⅡ匜

石璧

Ⅳ铜敦

玉蚕形器

骨镰

AⅢ铜剑　　BⅣ铜剑　　Ⅵ石璜　　AdⅤ铜镞　　AⅤ铜矛　　Ⅳ铜衔　　BⅡ盘

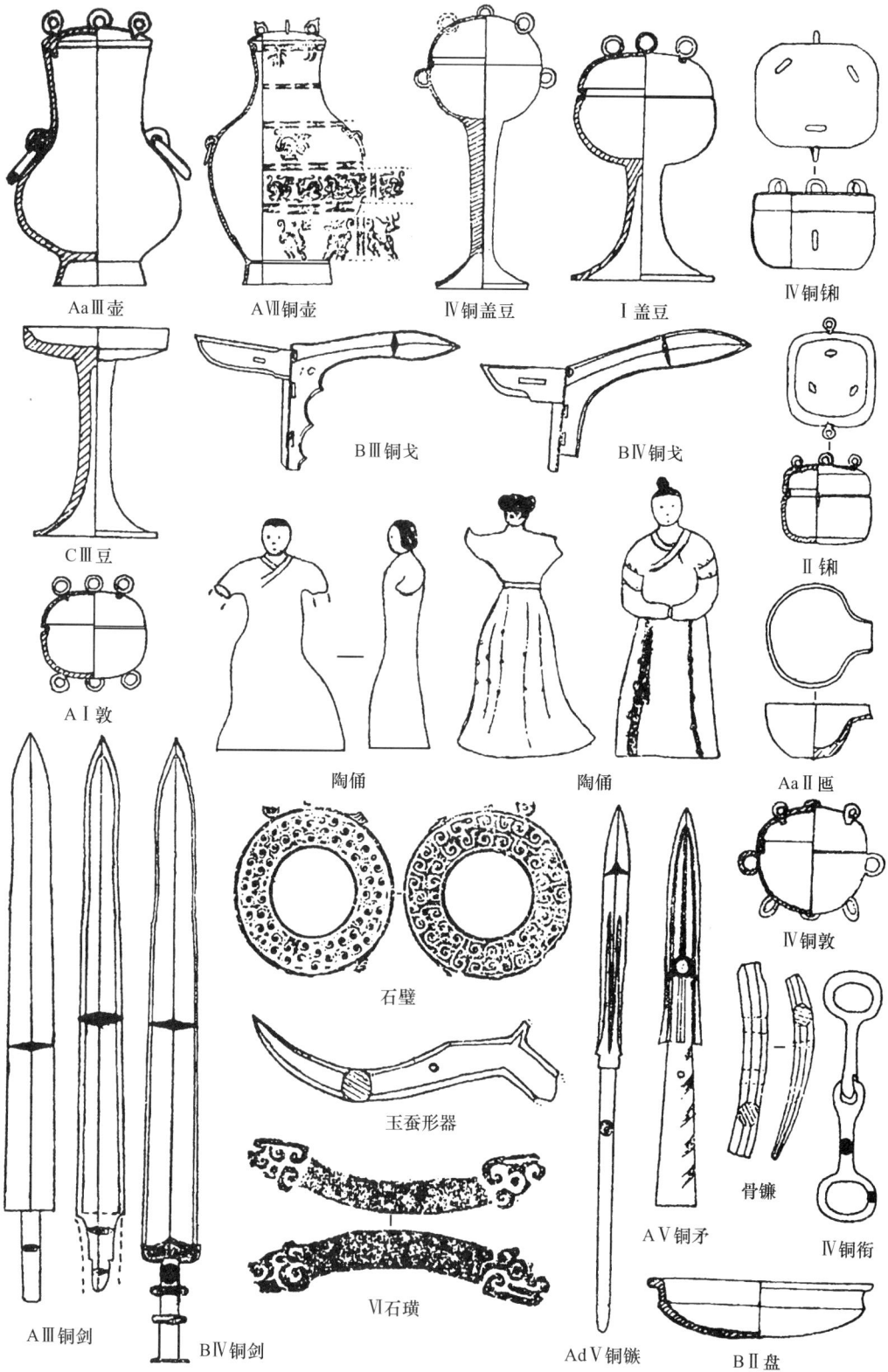

图一五 B　胶东周代遗物（长岛王沟墓地）

图一五C　胶东周代遗物（黄南庄墓地）

　　这个时期辽东地区相对比较单纯，由于地理位置的独特性，燕文化的东进较齐文化迟缓一些，因而这个地区的地方文化延续的时间更长，如牧城驿、双房、尹家村等墓地，这就是其独自发展起来的青铜短剑文化（图一六），并与胶东地区文化面貌迥异，应该说与燕文化体抗衡了相当长的时间，直到战国中晚期才融入到燕文化的体系中。

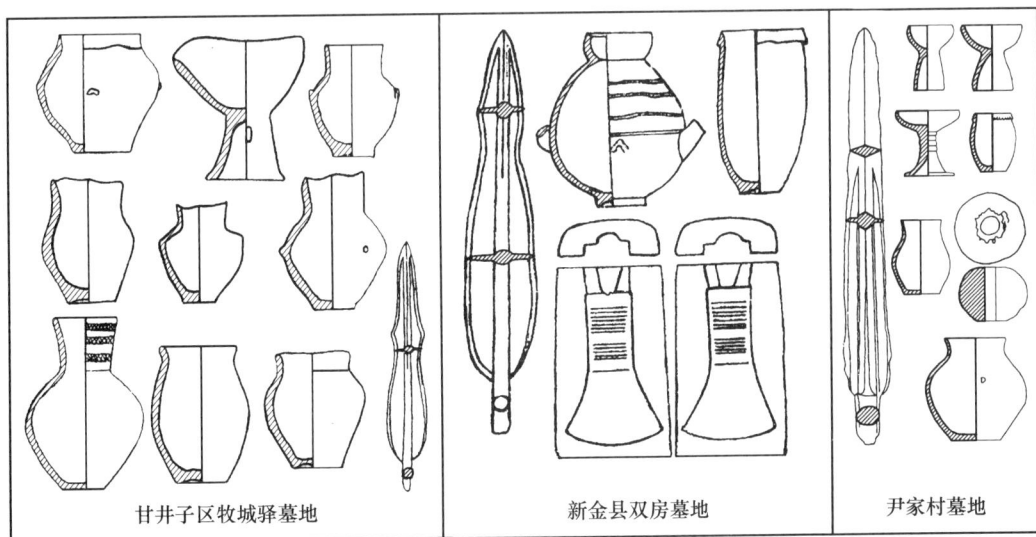

甘井子区牧城驿墓地　　新金县双房墓地　　尹家村墓地

图一六　辽东周代遗物

　　有鉴于此，胶东与辽东这个时期因封邦建国等政治、经济、军事的影响而归属于不同的政治集团，两半岛的文化交流出现了接近断裂的现象（图一七）。直到秦帝国建立和汉帝国的强盛，胶、辽两大组群最终被融入到秦汉文明的历史长河中。而一些顽固的地方势力也被排挤到朝鲜半岛和日本列岛等新政治和疆域框架下的"夷地"。

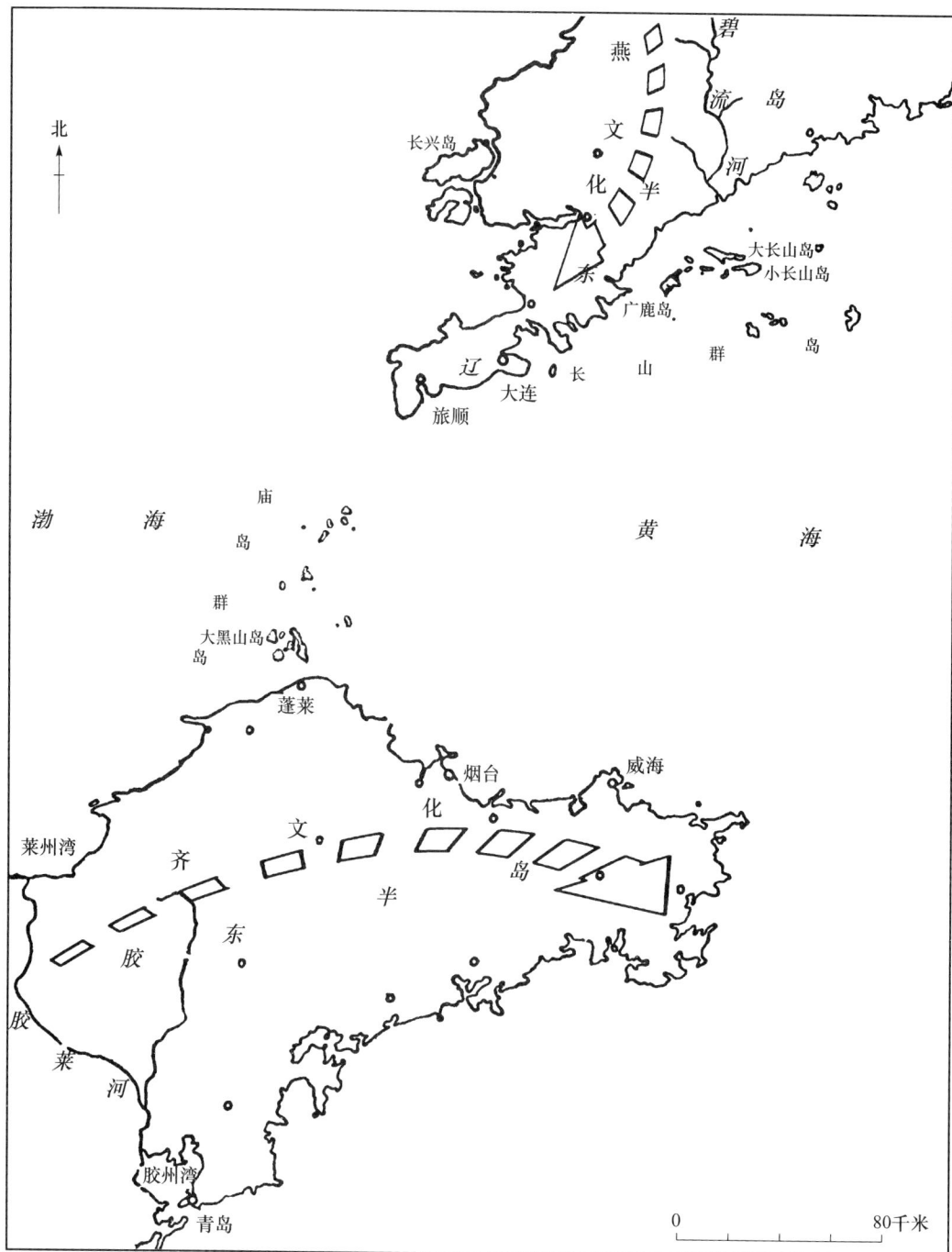

图一七　周代胶东与辽东文化交流态势图

四、结　语

胶、辽海上文化交流及演变代表了中国海洋文化的早期形态，也是探索中国海洋文化的重点区域。假如站在两个陆地观察，这种交流是完全依托于陆地文化而展开的；如果浮在庙岛群岛看，这个岛链的文化遗存则呈现出由各自母体文化衍生出汇聚和交融的形态，并最终演化为海上交流的文化通廊，这或许是中国海洋文化交流产生和发展的基本特征。

胶、辽海上文化交流强弱是以各聚落群的强弱为基础的，庙岛群岛就是这个天平的支点，当胶东半岛强于辽东半岛时，自然以单向传播为主。胶东聚落之所以能在辽东强势登陆，其聚落群的强大是主因。当然，两半岛均处在其文化体的边缘，具有相对的松散性，也是一个重要原因。

大约从龙山时代开始到战国晚期，辽东地区文化的发展较胶东始终存在一定的滞后性，如龙山、双驼子一期、大嘴子三期及其后青铜短剑的“燕化”等，如果把视野往外放开到朝鲜半岛和日本列岛也是如此，这是我们在把握海洋文化交流时值得关注的问题。

综上，胶东半岛和辽东半岛海上文化交流反映了两大组群漫长而复杂的纠结关系，在研究东方和北方文明化进程等课题研究中都具有重要的学术地位。

Cultural Communications between Jiaodong and Liaodong Peninsula and Its Change during the Pre-Qin Period

Wang Fuqiang　Sun Zhaofeng　Li Fangfang
(Yantai Museum)

During the Pre-Qin period, cross the bridge of the Miao Archipelago (Miaodao qundao), cultural communications between the Jiaodong and Liaodong Peninsula happened widely and profoundly. Based on the archaeological evidence and related research, the communication process was analyzed from the point of settlement pattern change in three periods in this paper. It aims to understand, in a broader view, the process of the cultural communications among Chinese ocean civilizations, including changes of directions and trajectories of the communication and the mechanisms. It is suggested that the communications were determined by the strength of settlement groups and it is clear that, while the groups from the Jiaodong Peninsula were stronger in cultural influence, the communication took the single-direction which was from the Jiaodong to the Liaodong Peninsula and this phenomenon continued from about the Longshan period to the Warring States period. It is also suggested that it is possible to understand the characters of Chinese civilizations of developing from multi-origins to the integral whole by the study of the cultural communications between the groups on the two peninsulas.

广富林文化的本土与外来因素*

（上海大学文学院）

广富林文化是分布在太湖地区、约当龙山时代晚末期的一支考古学文化，自 1999 年辨认出来之后，于 2006 年被正式确认定名[①]。与此同时该文化日益受到研究者重视，在文化面貌、年代分期、分布范围、文化来源等方面都展开探讨，尤其在文化来源方面，其主体被认为是中原地区的外来文化。新世纪以来，广富林遗址持续进行大面积发掘，相关资料也陆续披露，使得我们能够更加了解广富林文化的具体面貌和文化内涵。本文拟据近年考古发掘的材料，在前人研究的基础上，分析广富林文化中的本土与外来因素，以认识其文化性质及在太湖地区早期文化发展序列上的地位。

目前太湖流域发现广富林文化遗存的遗址主要有上海松江广富林[②]和浙江湖州钱山漾[③]两处，其中广富林遗址自世纪之交开始即经过多次发掘，积累了丰富的物质遗存材料，是我们讨论的主要对象。除此之外的太湖及杭州湾以南地区，在骆驼墩[④]、绰墩[⑤]、壶瓶山[⑥]、小东门[⑦]等遗址也有相关遗存出土，也是广富林文化的重要组成部分。

---

* 本文得到 2012 年度国家社科基金重大项目"中国国家起源研究的理论与方法"（12ZD&133）、郑州中华之源与嵩山文明研究会委托重大课题（DZ-2）及 2014 年度重点课题（Z2014-2）的支持。

① 陈杰：《"环太湖地区新石器时代末期文化暨广富林遗存学术研讨会"会议纪要》，《中国文物报》2006 年 7 月 14 日第 7 版。

② 上海市文物保管委员会：《上海市松江县广富林新石器时代遗址试探》，《考古》1962 年 9 期，465～471 页；上海博物馆考古研究部：《上海松江区广富林遗址 1999～2000 年发掘简报》，《考古》2002 年 10 期，31～49 页；上海博物馆考古研究部：《上海松江区广富林遗址 2001～2005 年发掘简报》，《考古》2008 年 8 期，3～21 页；上海博物馆考古研究部：《上海松江区广富林遗址 2008 年发掘简报》，《广富林考古发掘与学术研究论集》，上海古籍出版社，2014 年，64～97 页；广富林考古队：《2009 年广富林遗址发掘又获重要成果》，《中国文物报》2010 年 4 月 16 日第 4 版；广富林考古队：《2010 年广富林遗址发掘再获丰硕成果》，《中国文物报》2011 年 5 月 6 日第 4 版；上海博物馆考古研究部：《2011 年广富林遗址发掘又获丰硕成果》，《广富林考古发掘与学术研究论集》，上海古籍出版社，2014 年，109 页；广富林考古队：《2012 年上海广富林遗址考古获重要成果》，《中国文物报》2013 年 6 月 21 日第 8 版。

③ 浙江省文物考古研究所、湖州市博物馆：《钱山漾——第三、四次发掘报告》，文物出版社，2014 年。

④ 南京博物院、宜兴市文物管理委员会：《江苏宜兴骆驼墩遗址发掘报告》，《东南文化》2009 年 5 期，26～44 页。

⑤ 苏州市考古研究所：《昆山绰墩遗址》，文物出版社，2011 年。

⑥ 浙江省文物考古研究所等：《绍兴陶里壶瓶山遗址发掘简报》，《浙江省文物考古研究所学刊》，长征出版社，1997 年，126～154 页。

⑦ 浙江省文物考古研究所：《宁波慈城小东门遗址发掘简报》，《东南文化》2002 年 9 期，17～30 页。

一、文化面貌概况

目前资料显示，广富林文化遗存包括房址、墓葬、灰坑、灰沟等遗迹和陶、石、骨、玉器等遗物。

房址在广富林和钱山漾遗址已发现多处，有地面式和干栏式等不同形态。钱山漾遗址发现较为完整的由土坯泥墙、木骨泥墙和木构营建相结合的地面建筑 F3，由东西向和南北向各 4 条墙槽分隔出 9 个长方形房间，包括东部的 2 列 3 排和西部的 1 列 3 室共约 290 平方米；房址正南部发现有 50 个柱洞围成东西向、面积约 30 平方米的长方形单元，可能是附属建筑。广富林遗址也有一处保存较好的地面式双间房屋 F12。房址东西约 13 米、南北约 4 米，面积 52 平方米；中部一道隔墙把 F12 分为两间，东间约 19 平方米、西间约 33 平方米，两间各有朝南门道一处，两侧均发现小柱洞。F12 的周边还发现有室外活动面、散水、陶片坑、葬狗坑等附属遗迹。此外在钱山漾和广富林遗址都发现有疑似为干栏式的建筑迹象，其中钱山漾的 F4 在东西长 9 米、南北宽 4.5 米的范围内分布有 59 个柱洞，发掘者推测为一种露天无墙无顶的长方形架空平台的建筑。

广富林遗址发现小型墓地，墓葬均为长方形土坑竖穴墓，长度在 2～2.4 米、宽 0.6 米、深 0.15～0.32 米，葬式为单人仰身直肢葬，头向不一，有东北、西南和东南等不同方向。随葬品不多，最多的 M35 随葬品共 9 件，大多数墓葬没有随葬品。

灰坑有平面呈圆角方形、椭圆形、不规则形等常见形态，还出现一类带有特殊现象的灰坑遗迹。如钱山漾遗址 H151，长 3.68 米、宽 1.6～1.72 米、深 0.34 米，斜弧壁、近平底，坑底中部东西向分布着 4 处石块，石块下部分别叠压 3 个柱洞，发掘者推测该灰坑为架设有简易顶棚的石器磨制加工场所。另外有两个灰坑形制较小，坑底各置一大型砾石，可能也是作为磨制石器的加工场所。

遗迹之外，广富林文化的出土器物主要有陶器和石器，也有少量的玉器、骨器和牙器。

陶器以夹砂陶为多。根据钱山漾遗址的统计，陶器中夹砂陶占 60.4%、泥质陶占 39.6%，且灰陶系的数量超过红陶。陶器制法有轮制、泥条盘筑加慢轮修整两种。约半数以上的陶器有纹饰，素面陶约占 41%。常见纹饰有绳纹、篮纹、弦纹、刻划纹、附加堆纹等，装饰技法有堆贴、刻划、压印、拍印等。附加堆纹一般见于瓮的肩部、刻划纹也多见于器物肩腹部和鼎足表面，鼎、釜的圜底盛行交错绳纹。拍印几何形纹饰尤其值得注意，此时出现的少数拍印纹饰有方格纹、折线纹、叶脉纹等。主要器类有鼎、釜、鬶、豆、盆、罐、盘、尊、钵、杯、器盖。陶鼎口沿一般有凹槽，腹部垂鼓或深弧，足部为侧扁形或圆锥形，足尖有捏捺痕迹；陶釜为鼓腹圜底，器表饰交错绳纹；陶鬶有捏口流、朝天流，足部为袋足或平底；豆为浅腹高喇叭形足；盆的形态为弧腹平底或斜直腹平底；罐的腹部一般均为大圆鼓腹；钵为平底或圜底；器盖有平顶捉手、圈形捉手和大穹顶形等不同形态。各种器物中以鼎、豆、罐的数量为最多。

石器均磨制，据钱山漾遗址出土物鉴定，石器材质主要有沉积岩和变质岩两种，前者数量较多，有泥岩、硅质岩、砂岩和杂砂岩等；后者数量较少，主要为堇青石斑点板岩。器形有斧、锛、凿、刀、犁、镞等。

广富林文化的陶器和石器数量众多、种类丰富、形态多样，是我们进行文化因素分析的主要对象。

二、器物形态的分析

一般来说，陶、石等器物形态变化多，是人们不同审美情趣和文化风格的体现，因此器物形态的文化因素分析是认识考古学文化的最主要和最常见手段。本文对广富林文化中最主要的陶器和石器两类器物进行细致辨析，以充分认识广富林文化的不同文化因素构成。

（一）陶器

器形主要有鼎、釜等炊器，鬶、尊、杯、壶等水器，豆、盘、碗、钵等食器以及罐、盆、瓮等盛储器。

1. 鼎

以夹砂灰陶为主，鼎足形态以侧扁足最为流行，也有少量的圆锥足、扁方足和翅形足、鸭嘴状凿形足。扁侧足截面扁圆，一般素面，足根内壁通常有椭圆形凹窝，足尖有捏捺。翅形足和鸭嘴状凿形足数量较少。根据鼎足和腹部形态的不同，可将陶鼎的主要形态分为三型。

A 型　圆锥足垂鼓腹鼎。夹砂黑陶，圆锥足根内壁有椭圆形凹窝，圜底饰交错绳纹（图一，1）。

B 型　侧扁足垂鼓腹鼎。夹砂灰陶或棕褐陶，沿面略凹弧，斜方唇，唇面有一周凹槽，鼓腹下垂。肩腹部多有凹弦纹，圜底有纹饰（图一，2）。

C 型　侧扁足深弧腹鼎。夹砂灰陶，沿面略凹弧，大口微束颈，腹深弧，有的近直腹；扁侧足截面椭圆，足根内壁有凹窝，外缘上部一般有按捺窝；上腹部有弦纹。圜底饰交错绳纹（图三，1）。

其中 A 型圆锥足鼎不论是腹部的垂鼓还是足部的圆锥形，都是良渚文化风格的延续，唯在器表纹饰上，A 型鼎在腹底外部装饰有交错绳纹，与良渚文化素面的做法略不同（图一，23）。B 型侧扁足垂鼓腹鼎亦在器腹、足部等形态上延续钱山漾文化同类器的风格，足底捏捺的做法也与钱山漾文化相同（图一，24），这是江淮文化影响钱山漾文化后在太湖地区继续存在的表现[①]。C 型侧扁足深弧腹鼎则与太湖地区传统文化有所区别，尽管足部的侧扁形态也是对钱山漾文化的继承，但腹部的纵深大于腹径、腹壁略弧乃至直壁形态以及鼎足承接在腹侧下部而非上伸抱腹，都与淮河流域禹会村遗址所出相近[②]（图三，8），显示其与北方外来文化的联系。

---

① 曹峻：《钱山漾文化因素初析》，《东南文化》2015 年 5 期。
② 中国社会科学院考古研究所、安徽省蚌埠市博物馆：《蚌埠禹会村》，科学出版社，2013 年。

广富林文化	良渚、钱山漾文化

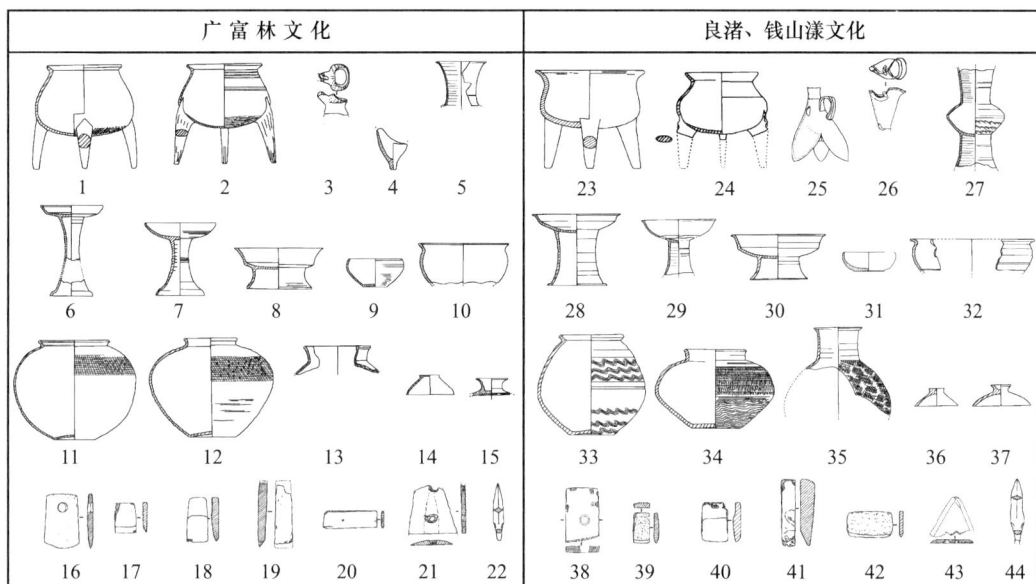

图一　A组器物群

1. 圆锥足垂鼓腹鼎（钱山漾 T1001 ⑤ A：10）　2. 侧扁足垂鼓腹鼎（钱山漾 M1：3）　3. 捏口流袋足鬶（广富林 TD9：18）　4. 捏口流鬶袋足（广富林 IT1339 ④：53）　5. 尊（钱山漾 T0403 ⑦：37）　6. 折腹细高把豆（广富林 H115：1）　7. 弧腹细高把豆（钱山漾 T1001 ⑤ C：18）　8. 圈足盘（钱山漾 T1001 ⑤ C：22）　9. 钵（钱山漾 M1：1）　10. 弧腹平底盆（广富林 IT0546 ⑨：38）　11. 折沿罐（广富林 IT1339 ⑥：17）　12. 直口罐（广富林 TD8：3）　13. 高领罐（钱山漾 T0801 ⑥ B：25）　14. 平顶器盖（广富林 G47：6）　15. 圈形捉手器盖（钱山漾 T1003 ⑥ C：27）　16. 石钺（广富林 H42：1）　17. 常型石锛（钱山漾 H133：3）　18. 有段石锛（钱山漾 T0901 ⑥ B：14）　19. 石凿（广富林 T1433 ⑥：7）　20. 长方形石刀（广富林 IT1339 ③：12）　21. 石犁（钱山漾 T1002 ⑥ C：8）　22. 柳叶形石镞（钱山漾 T1003 ⑥ B：4）　23. 圆锥足鼎（新地里 M70：6）　24. 侧扁足垂鼓腹鼎（钱山漾 T1101 ⑦ A：47）　25. 袋足鬶（钱山漾 T1001 ⑧：41）　26. 袋足鬶（钱山漾 T1001 ⑦ B：37）　27. 尊（钱山漾 T03 ⑨ A：13）　28. 折腹豆（钱山漾 T0901 ⑧：25）　29. 弧腹豆（钱山漾 T04 ⑫：24）　30. 圈足盘（钱山漾 T0901 ⑧：21）　31. 钵（钱山漾 T0802 ⑦ B：51）　32. 平底盆（钱山漾 T1101 ⑦ B：75）　33. 折沿罐（钱山漾 T1001 ⑨ A：43）　34. 直口罐（钱山漾 T1102 ⑩：27）　35. 高领罐（钱山漾 T01 ⑦ B：11）　36. 平顶器盖（钱山漾 T0901 ⑨ A：30）　37. 圈形捉手器盖（钱山漾 Q3：4）　38. 石钺（钱山漾 H170：4）　39. 常型石锛（钱山漾 Q2：5）　40. 有段石锛（钱山漾 T0901 ⑨ A：26）　41. 石凿（钱山漾 T1001 ⑧：42）　42. 长方形石刀（钱山漾 T0801 ⑧：17）　43. 石犁（钱山漾 T0903 ⑪：12）　44. 柳叶形石镞（钱山漾 T0902 ⑩：9）

2. 釜

广富林文化新出现圜底的陶釜，与陶鼎一样成为重要的炊器。根据形态不同分为二型。

A 型　垂鼓腹圜底釜。夹砂陶，折沿，沿面宽大且凹弧，沿内侧经修整，圆唇，垂腹，圜底，通体拍印篮纹（图四，1）。

B 型　弧腹圜底釜。夹砂灰陶，折沿，沿面平，内沿略向上翘，圆唇，弧腹，圜底。口沿下有两道凸棱，腹部及底部饰错乱绳纹（图四，2）。

圜底釜是太湖地区在广富林文化时期新出现的炊器，此前并不见于该地区的早期文化中。而形态相似的圜底釜在太湖以南的闽江流域则是特征性极强的器形，尤其在昙石山文化中最为常见 ①（图四，5、6）。因此圜底釜应该是受到闽江流域文化影响而出现的新器形。值得注意的是，B 型弧腹釜腹壁略直，圜底略平，器表满拍小方格纹，与昙石山文化的尖圜底器形又有些区别，显示出自身独特的特点。这类陶釜与马桥文化中常见的一类印纹硬陶罐具有非常相似的特征，应是此后马桥文化同类器的萌芽。

3. 袋足鬶

广富林文化出现两类不同的袋足鬶，根据流口形态可以分为二型。

A 型　捏口流鬶。未见完整器，有一口部残器，口部捏成封口流状；另一袋足残件为肥袋足，有乳状足尖（图一，3、4）。

B 型　朝天流鬶。仅存流口，为细砂白陶，流较高，流口内敛，流下有三周凸弦纹（图三，2）。

其中 A 型袋足鬶显然延续了良渚、钱山漾文化同类器的形态，将口部两侧向内捏合相叠形成封口状流（图一，25、26）；而细砂白陶的朝天流袋足鬶则明显受到黄河中下游一带龙山文化的影响（图三，9）。

4. 平底鬶

广富林遗址新见一种平底鬶，为夹砂黑陶，直领，口部有流，鼓腹，底内凹，上腹有把手（图二，1）。

5. 尊

钱山漾遗址发现一件尊颈残件，泥质灰陶，侈口平沿，高领，领内壁有多道旋痕（图一，5）。尊的形态显然也是良渚、钱山漾文化的遗风（图一，27）。

6. 单把杯

泥质灰陶，仅存下半部。杯身下部内收，近底部外撇，凹底。杯身饰竖条纹，近底部饰弦纹。杯底有轮旋痕，中心有乳状凸起（图三，3）。该件器物与中原王油坊类型龙山文化中的同类器具有相同的特点 ②，是受到北方文化影响而出现的（图三，10）。

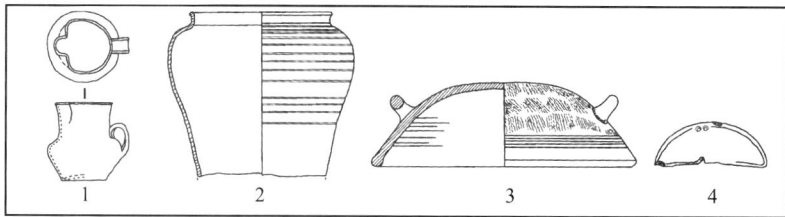

图二　B 组器物群

1. 平底鬶（广富林 TD8：1）　2. 鼓肩深腹瓮（广富林 TD9：13）　3. 器盖（广富林 I T4020 ⑤ a：1）
4. 半圆形石刀（钱山漾 T0802 ⑥ C：14）

---

① 福建省博物院：《闽侯昙石山遗址第八次发掘报告》，科学出版社，2004 年。
② 中国社会科学院考古研究所河南二队等：《河南永城王油坊遗址发掘报告》，《考古学集刊·5》，中国社会科学出版社，1987 年，79～119 页。

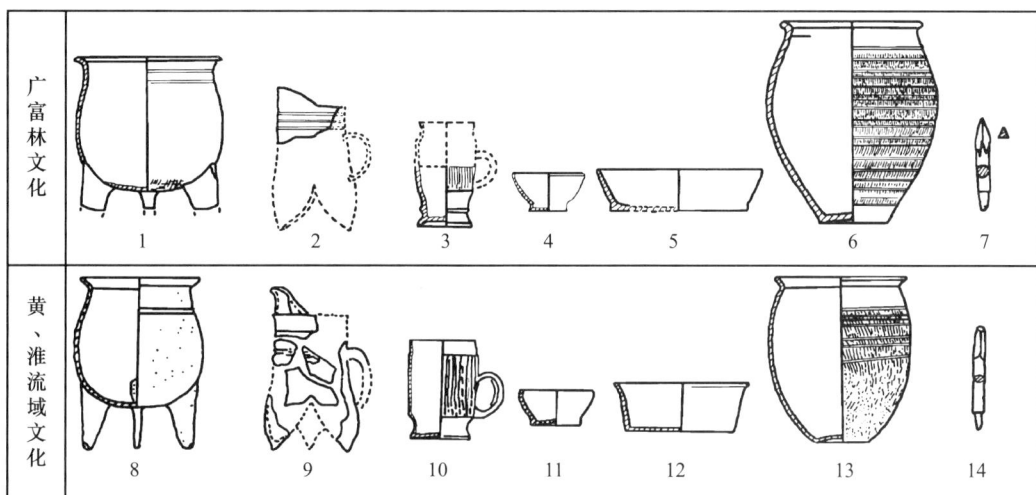

图三　C组器物群

1.侧扁足深弧腹鼎（广富林 TD9：6）　2.朝天流袋足鬶（广富林 H43：2）　3.条纹单把杯（广富林 ⅠT0546⑧：
37）　4.斜腹碗（广富林 ⅠT1433⑤：6）　5.斜直腹平底盆（广富林 ⅠT0545⑧：13）　6.深弧腹瓮（钱山漾
T1001⑤C：21）　7.三棱形前锋石镞（钱山漾 T1003⑥A：6）　8.侧扁足深弧腹鼎（禹会村 JSK7：3）　9.朝天
流袋足鬶（王油坊 T24③C：24）　10.条纹单把杯（王油坊 H38：18）　11.斜腹碗（王油坊 T21②：4）　12.斜直
腹平底盆（王油坊 H37：3）　13.深弧腹瓮（禹会村 HG5：6）　14.三棱形前锋石镞（王油坊 H43：9）

7. 壶

广富林遗址出土小口壶，领较矮、小口略侈、垂腹圜底，上腹部饰两道弦纹（图
四，3）。与该件器形相似的陶器也较多见于闽江流域的昙石山文化（图四，7），应是
南方文化传播而至。

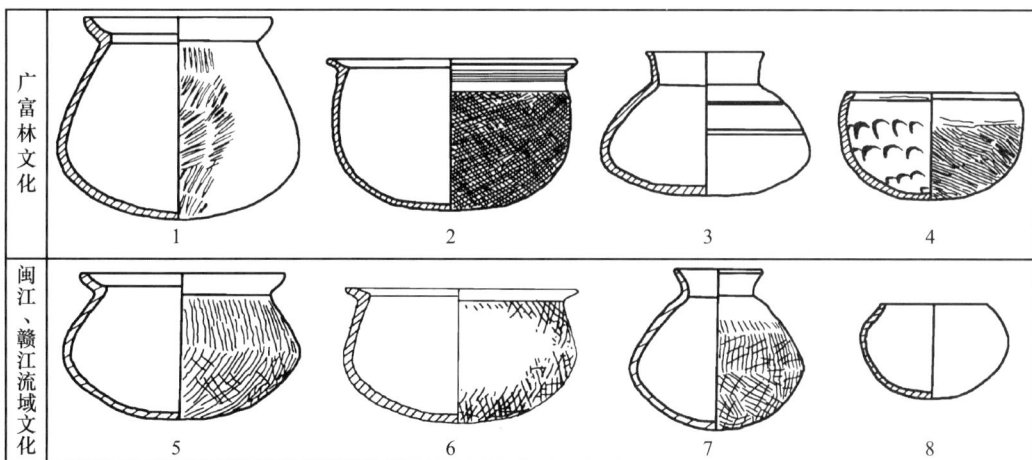

图四　D组器物群

1.垂鼓腹圜底釜（广富林 H566：11）　2.弧腹圜底釜（广富林 G85：5）　3.鼓腹圜底壶（广富林 ⅠT5406⑤a：1）
4.鼓腹圜底钵（广富林 H193：1）　5.垂鼓腹圜底釜（昙石山 M102：5）　6.弧腹圜底釜（昙石山 M37：2）
7.鼓腹圜底壶（昙石山 M128：4）　8.鼓腹圜底钵（社山头 F15：15）

8. 豆

广富林文化的陶豆均为喇叭形细高把豆，依豆盘形态不同可以分为二型。

A 型　折腹盘豆。方唇，浅折腹，细高柄，柄上部有两周凸弦纹（图一，6）。

B 型　弧腹盘豆。敞口，弧腹略深。盘腹饰多周细凸棱。喇叭形细高柄中部饰二周凹弦纹。豆柄内壁有多道旋痕（图一，7）。

陶豆的形态显然也传承自钱山漾文化。折腹盘和弧腹盘都能在钱山漾文化中见到（图一，28、29），只是广富林文化中这两种形态的豆盘都与细高把柄搭配，而不见钱山漾文化中的粗矮豆把。

9. 圈足盘

敞口、折腹，盘腹较深（图一，8）。该器形与本地区良渚、钱山漾文化的同类器没有区别，是传统文化的继续（图一，30）。

10. 斜腹碗

泥质黑陶，敛口弧腹，假圈足，底微内凹，素面（图三，4）。从器形特征来看，很可能是北方文化继续南下影响的表现（图三，11）。

11. 钵

广富林文化的陶钵出现平底与圜底两种形态。

A 型　平底钵。泥质黑陶，敛口鼓肩，斜弧腹，平底内凹，肩部有组合弦纹（图一，9）。该类陶钵应该是良渚、钱山漾文化传统因素的继续（图一，31）。

B 型　圜底钵。多为手制，内壁有明显的手制痕迹，制作粗糙。敛口、平唇，圆弧腹、圜底，器表饰粗绳纹（图四，4）。该类陶钵与太湖以南的赣江流域拾年山遗址[①]所出同类器相似（图四，8），应该是此阶段受到来自南方早期文化影响而发展出来的文化内涵。

12. 罐

广富林文化中的陶罐非常发达，材质既有夹砂罐也有泥质罐，口沿多样，有折沿、卷沿、直口、高领等，但腹、底形态大体相同，均为大圆鼓腹、小平底内凹。器表纹饰多为方格纹、小方格纹，也有少部分饰弦断篮纹。根据口部形态可分为三型。

A 型　折沿罐。折沿，沿面内凹，圆肩鼓腹，腹下部弧收，底内凹，最大径在腹上部。上腹部饰小方格纹（图一，11）。

B 型　直口罐。圆唇，直口略卷，广圆肩，下腹部弧内收，底内凹。上腹部饰小方格纹（图一，12）。

① 江西省文物考古研究所、厦门大学人类学系、广丰县文物管理所：《江西广丰社山头遗址发掘》，《东南文化》1993 年 4 期，9～35 页。

C 型　高领罐。高领略外侈，下腹部残（图一，13）。

广富林文化陶罐是钱山漾文化陶罐的继承和发展。折沿、直口、高领的口沿形态，以及圆鼓的腹部都是钱山漾文化的继续，而钱山漾文化中出现的平底略内凹的倾向，在这时则一致发展为小底内凹；器表纹饰则由方格、小方格纹代替水波纹而成为主流纹样。此前钱山漾文化的陶罐结合了本地区良渚文化的鼓腹和北方外来小平底两种特征，形成极具特色的新器形并成为具有自身发展序列的本地因素[①]。而这一特色在广富林文化得到了继承和进一步发展。除了一般的泥质灰陶罐之外，此时陶罐还出现橘黄、紫褐等多种不同颜色，且多拍印方格纹、叶脉纹等几何纹饰。这些新特点又成为此后马桥文化大量出现"泥质红褐印纹陶"的先声，显然是文化因素承上启下的过渡阶段。

13. 平底盆

广富林文化中数量较少，且无完整器。依腹部形态可以分为二型。

A 型　弧腹平底盆。泥质灰陶，侈口折沿，圆弧腹，口沿内侧有一周折痕（图一，10）。

B 型　斜直腹平底盆。敞口斜直腹，平底，近底部略内收，使底部显得外侈（图三，5）。

这两种平底盆中，A 型盆的圆弧腹、平底形态都为良渚文化同类器的特征（图一，32）；B 型盆的斜直腹、大平底显然是受到北方龙山文化影响的结果（图三，12）。

14. 深腹瓮

大多为夹砂陶，也有泥质陶。根据腹身形态可以分为二型。

A 型　鼓腹瓮。泥质红陶，大口折沿，沿面略凹弧，深鼓腹，小平底微内凹，腹部饰弦断绳纹（图三，6）。

B 型　鼓肩瓮。夹砂灰陶，直领，厚圆唇，圆肩，深腹，下腹以下残。肩腹部饰多组弦纹（图二，2）。

深腹瓮中的 A 型鼓腹瓮承袭了钱山漾文化中的外来因素，即中原龙山文化中的深腹罐，说明此时太湖地区持续受到北方龙山文化的影响（图三，13）。而 B 型鼓肩瓮的圆鼓肩、深收腹形态的陶罐，却不见于同时期周边文化，应该是在接受外来文化基础上新创生出来的器形。

15. 器盖

根据形态的不同分为三型。

A 型　平顶捉手覆碗形器盖。捉手平顶略凹，盖沿平，尖圆唇，素面（图一，14）。

B 型　圈形捉手覆碗形器盖。泥质红陶，仅残存圈形捉手（图一，15）。

C 型　覆钵状大型器盖。该类器盖形体较大，口径在 30 厘米以上。夹砂红褐陶，

---

① 曹峻：《钱山漾文化因素初析》，《东南文化》2015 年 5 期。

覆钵状，圆唇，近顶部有对称錾手，或为舌状或为环形耳，也见无錾手的（图二，3）。

A、B 型器盖都是良渚、钱山漾文化时期常见的形态（图一，36、37）。而 C 型器盖曾因顶部有烟炱而一度被认为是炊器陶釜，但 2008 年广富林遗址的发掘中发现其与大型陶瓮相叠共出、且器口大小正相合适，发掘者由此认识到此类"钵形釜"应是覆盖大型陶瓮的器盖。此类器盖不见于其他考古学文化，是广富林文化中新出现的器形。

（二）石器

陶器之外，广富林文化的石器也很有特色，主要器形有钺、锛、刀、犁、镞等。

1. 钺

为平顶弧刃，上部有一个圆形钻孔，孔内留有管钻时留下的错缝台阶（图一，16）。石钺为良渚文化的典型器，在钱山漾、广富林文化时期得以延续使用（图一，38）。

2. 锛

石锛延续本地区的传统，包含常型锛和有段锛。

A 型　常型锛。短长方形石锛，通体精磨（图一，17）。

B 型　有段锛。段比较浅，磨制精细（图一，18）。

3. 凿

长条形，单面斜刃（图一，19）。

4. 刀

可分为二型。

A 型　长方形。略残，双面刃，刃略凹弧，双孔（图一，20）。

B 型　半圆形。多为残器，从 1 件完整器来看是半圆形，器扁平，凹弧刃，近背中部有两个对钻圆孔（图二，4）。此型石刀是广富林文化新出现的器形[①]。

5. 犁

均为残件，近三角形，底边平直，两侧边起直刃。犁身中部有一双面琢制的圆孔，残断处另有两个双面琢制的圆孔（图一，21）。石犁也是太湖新石器时代的特征石器（图一，43），是广富林文化继承区域传统的表现。

6. 镞

可分为二型。

---

① 在正式发表的报告或简报中，半圆形石刀均始见于广富林文化地层；而 2012 年广富林遗址山东大学发掘区在钱山漾地层中发现了半圆形石刀，见王清刚：《2012 年度上海广富林遗址山东大学发掘区发掘报告》，山东大学硕士研究生学位论文，2013 年，32 页。本文暂依正式发表材料。

A 型　柳叶形。镞身为柳叶形，截面菱形，圆铤或椭圆铤（图一，22）。

B 型　三棱形前锋。前锋三棱形，圆柱状镞身，圆锥状铤（图三，7）。

A 型镞是良渚、钱山漾文化中的常见器形（图一，44），B 型镞则是在钱山漾文化时期受到北方龙山文化影响而出现的，在广富林文化中继续存在（图三，14）。

三、本土因素与外来因素

以上陶器和石器代表了广富林文化的具体面貌和内涵。根据各器物的形态特点，可以将这些陶、石器分为四组，分别代表不同来源的文化因素。

A 组器物群包括陶器中的圆锥足垂鼓腹鼎、侧扁足垂鼓腹鼎、捏口流袋足鬶、尊、豆、圈足盘、平底钵、折沿罐、直口罐、高领罐、弧腹平底盆、A 型和 B 型器盖，以及石器中的钺、常型锛、有段锛、凿、长方形刀、犁、柳叶形镞等。这组因素的器形与良渚文化、钱山漾文化的同类器相同或者相近，代表了本地区新石器时代晚期以来的传统（图一）。B 组器物群有陶器中的平底鬶、鼓肩深腹瓮、覆钵形器盖和石器中的半圆形石刀等，这些器形不见于此前本地区的良渚、钱山漾文化，也不是同时期其他地区考古文化的典型器，应该是广富林文化新发展出来的文化内涵（图二）。C 组器物群包括侧扁足深弧腹鼎、朝天流袋足鬶、直条纹单把杯、斜腹碗、斜直腹平底盆、深鼓腹瓮和石器中的三棱形前锋镞等，这组器物与黄河流域的王油坊类型龙山文化、海岱龙山文化和淮河流域的禹会村类型所出都非常相似，是太湖地区受到北方文化影响而产生的文化因素（图三）。而 D 组器物群包括垂鼓腹圜底釜、弧腹圜底釜、小口垂鼓腹壶和鼓腹圜底钵，这些圜底器是太湖以南的闽江、赣江等流域新石器时代晚期考古学文化中的常见器类和器形，显然是来自南方的文化因素（图四）。

这四组器物群中，A、B 组器物群不见、或少见于其他地区，代表太湖地区传统的本土因素；C、D 组器物群则来自太湖以外的其他地区，属于外来因素。本土因素包含了以圆锥足鼎、侧扁足鼓腹鼎为主的炊器，以鬶、尊为主的水器，豆、盘、钵等食器，罐、瓮、盆等盛储器以及钺、锛、凿、刀等生产工具，涵盖日常生产生活的方方面面，种类最丰富、数量也最多。相比之下，来自北方的 C 组器物和南方的 D 组器物的种类则较少，只有深弧腹鼎、圜底釜、朝天流鬶、单把杯、斜腹碗、斜直腹盆、深腹瓮和三棱形前锋石镞等少数几种器物；各器物的数量也不多，广富林遗址的朝天流袋足鬶、直条纹杯更都是孤件[1]。我们计算了钱山漾遗址所报告广富林文化遗存的数据[2]，在所有可辨认器形和文化因素的 87 件标本中，属于本地 A、B 组因素的标本有 70 件，属于外来 C、D 组因素的标本仅有 17 件（表一）。虽然这种统计并不完全，但仍一定程度反映出代表本地文化因素的 A、B 组器物群占有绝对优势，而外来文化因素虽然存在，

① 上海博物馆考古研究部：《上海松江区广富林遗址 2001～2005 年发掘简报》，《考古》2008 年 8 期，3～21 页。

② 钱山漾遗址第三、四次发掘报告中第二期遗存陶器器形统计表（151 页、表4-2-2）是目前唯一完整报告遗址中广富林文化陶器器形的统计表。但该表有些器形的分类并不能判断其文化因素归属，例如"泥质罐""夹砂罐""盆"等未作进一步的分类，无法加入统计。因此本文仅能根据该表中能够判断文化因素归属的标本进行计算。这种统计虽然并不完全，但仍不失为一项有益的参考。

数量上却并不占有大多数。

表一　钱山漾遗址广富林文化因素数量统计表

文化因素	器形（数量）	小计
A 组因素	垂鼓腹鼎（15），袋足鬶（2），豆（16），弧腹盆（3），圈足盘（3），尊（1），平底钵（2），器盖（4），锛（7），长方形刀（2），犁（4），柳叶形镞（6）	65
B 组因素	器盖（2），半月形石刀（3）	5
C 组因素	深弧腹鼎（5），深腹瓮（1），直条纹杯（2），三棱形前锋镞（3）	11
D 组因素	圜底釜（6）	6

因此可以说，广富林文化是太湖地区在主要继承本地文化因素的基础上、融合少部分外来文化因素的一支新的考古学文化。虽然这其中来自北方龙山文化的因素非常亮眼，但正如学者已经指出的，龙山文化的南下并未同化太湖地区，而是作为催化剂使当地的文化呈现新的面貌[1]。因此广富林文化（钱山漾二期文化遗存）"不是一种突然形成的移民文化，它应是本地文化和外来文化逐渐融汇的结果"[2]，其文化性质仍以土著性为主。

四、在太湖地区文化发展序列上的地位

钱山漾遗址的发掘表明，广富林文化遗存叠压在钱山漾文化层之上、同时又被马桥文化层所叠压，说明其时代处于钱山漾文化和马桥文化之间。据钱山漾和广富林遗址的 ^{14}C 数据，发掘者认为广富林文化的年代落在距今 4100～3900 年范围内[3]，也正上承距今 4400～4200 年的钱山漾文化、下接距今 3900～3200 年的马桥文化。可见从年代上看，广富林文化是太湖地区串起钱山漾文化与马桥文化的中间一环。

而从内涵上看，广富林文化同样也是太湖地区文化发展序列中承上启下的重要环节。文化因素的分析结果显示，广富林文化的主体来自本地土著文化。尤其是 A 组因素中的鼎、豆、罐，是广富林文化最为常见的器物组合。其中最为典型的侧扁足鼎，其垂鼓的腹部和细高侧扁抱腹的足部特征在钱山漾文化中就已经较多存在，且侧扁足是钱山漾文化除大鱼鳍形足、舌形足之外数量最多的鼎足形态[4]。侧扁鼎足的最初出现甚至还可以再向前追溯到良渚文化时期，在庙前、茅庵里、福泉山、文家山等良渚文化晚期遗存中就已经有不少侧扁足的发现并引起学者关注[5]。因此侧扁足鼎并不是广富林文化时期的舶来物而是源于本地的传统器物。陶豆也是自良渚文化以来的常见食器，均为浅折腹或浅弧腹，细高喇叭形豆把在历史延续中没有太多的改变。陶罐更是广富

① 栾丰实：《试论广富林文化》，《徐苹芳先生纪念文集》，上海古籍出版社，2012 年，129～147 页。
② 浙江省文物考古研究所、湖州市博物馆：《钱山漾——第三、四次发掘报告》，文物出版社，2014 年，455 页。
③ 上海博物馆考古研究部：《上海松江区广富林遗址 2008 年发掘简报》，《广富林考古发掘与学术研究论集》，上海古籍出版社，2014 年，64～97 页。
④ 同②，49 页。
⑤ 浙江省文物考古研究所：《庙前》，文物出版社，2005 年，358 页。

林文化承接本地传统的表现,从良渚时期的圆鼓腹圈足或大平底、到钱山漾文化的圆鼓腹小平底、再到广富林文化的鼓腹小平底内凹,虽然底部形态不断演变,但其圆鼓的腹部始终未变。因此广富林文化中大量存在的侧扁足鼎、浅盘豆、鼓腹罐均是延续太湖地区基本的传统器物组合和文化基因。尽管钱山漾文化独特的大鱼鳍形足鼎在广富林文化中没有得到继承,但正是大鱼鳍形足鼎的式微与侧扁足鼎的崛起,昭示着太湖地区完成了从钱山漾文化到广富林文化的新老交替、前后接续。

另一方面,广富林文化中以鼎、豆、罐为基本组合的文化传统,在此后的马桥文化中同样得到进一步传承与发展。马桥文化的炊器仍以鼎为大宗,且其数量最多的垂鼓腹圆锥足陶鼎就是继承广富林文化同类器而来,与此同时亦出现弧腹、斜直腹的凹弧形、舌形足等不同形态的陶鼎,器表遍饰绳纹;食器中种类和数量最多的器形同样是各式陶豆,传统中浅盘折腹、弧腹的形态在马桥文化里继续存在,不同的是豆柄增加各式云雷纹的装饰,同时出现腹部较深的豆盘形态;而各类陶罐则是马桥文化直接传承本土因素的表现,圆鼓腹、小平底内凹的陶罐作为太湖地区新的地方特色,经广富林文化的进一步发展之后在马桥文化中成为印纹硬陶的主要器形,占据着非常重要的地位。可见马桥文化炊、食、盛器中的鼎、豆、罐等主要器形的形态与组合,均来自对广富林文化传统因素的继承与发展。毫无疑问广富林文化中的本地因素在太湖地区早期文化序列上是承上启下的关键环节。

当然,广富林文化中也存在着部分外来文化因素,这其中就有来自北方黄、淮河流域的龙山时代诸考古学文化。在北方文化因素中,斜腹碗、绳纹深腹瓮、三棱形前锋的石镞等器形是在钱山漾文化时即已出现;深弧腹侧扁足鼎、白陶鬶、单把杯、斜直腹平底盆等则是该时期新出现的器形。可见太湖地区从龙山时期中晚期的钱山漾文化到末期的广富林文化,持续不断地受到了北方龙山文化的南下影响。但必须注意的是,这些代表外来因素的器物数量都不多。而且这其中还存在着一个现象,即钱山漾文化中非常醒目的、具典型北方龙山文化特征的绳纹袋足鬶,却不见于广富林文化,说明龙山文化的南下影响此消彼长,也体现了太湖地区在接受来外文化时的选择性和时代性。

除了北方黄、淮河流域的龙山文化之外,广富林文化中还出现了来自太湖以南地区的文化因素。闽江、赣江流域东南沿海一带以釜、钵等圜底器为特征的南方文化开始出现在太湖地区,而且在此基础上所创生出的新器形成为此后马桥文化中的主流器形之一。同时广富林文化中的拍印方格纹、篮纹、条纹等印纹陶纹饰也很有可能来自南方的闽、赣地区[①]。这部分因素虽然为数不多但意义不可忽视。相对于独立单纯的良渚文化和主要面向北方开放的钱山漾文化来说,广富林文化中出现的较多南方因素表明,在龙山时代末期太湖地区进一步同周边展开文化交流。这是在龙山时代各区域文化相互交流、碰撞的大背景下,东南地区在自身文化发展序列及文明化进程上的重要阶段。

总之,随着时代变迁,自身文化的传承发展和外来文化的融入在一定程度上改变

---

① 宋建:《长江下游地区的早期印纹陶研究——以广富林文化和马桥文化为中心》,《中国考古学会第十四次年会论文集(2011)》,文物出版社,2012年,208~219页。

了太湖地区土著文化的面貌，但是自新石器时代以来形成的文化传统并没有在历史中湮灭。新的环境下，广富林文化中持续发展的土著传统血脉不断吸收新的文化因素并扬弃发展，使太湖地区本土文化在新的阶段呈现新的面貌、焕发新的生机。

Local and Immigratory Elements of the Guangfulin Culture

Cao Jun

（College of Liberal Arts, Shanghai University）

At the late Longshan periods, the Guangfulin Culture, which contains abundant and complicated elements, is an important section of the early cultural sequence around the Lake Taihu area. By approach of cultural element analysis, 3 groups of cultural elements have been identified: being developed locally, being originated from north and south respectively. As the main one, the local elements not only define the indigenous nature of the culture, but also serve as a key connecting between the Qianshanyang Culture and the Maqiao Culture. Although being subordinate, the elements from outside are also of great significance as they had pushed the cultures around Lake Taihu area into a new stage.

论曲阜鲁国故城遗址西周时期
殷遗民墓的腰坑殉狗

印　群

（中国社会科学院考古研究所）

山东曲阜鲁国故城遗址发掘于 1977～1978 年[①]，该遗址发掘了两周墓葬 128 座，这些墓葬被发掘者分为甲、乙两组，其中甲组墓属于殷遗民墓，这些甲组墓皆为长方形的竖穴土坑墓。在该遗址西周殷遗民墓里经常发现腰坑殉狗的现象。本文拟对曲阜鲁国故城遗址西周早、中、晚期殷遗民墓腰坑殉狗现象进行探讨，以揭示腰坑殉狗殷遗民墓墓主地位、文化传统性及腰坑殉狗葬俗的嬗变等。

一、考古发现的西周时期曲阜鲁国故城遗址殷遗民墓

1. 腰坑殉狗殷遗民墓

曲阜鲁国故城遗址进行了早、中、晚期具体考古分期的西周时期甲组墓共 13 座，其中有腰坑殉狗的 6 座。在这 6 座殷遗民墓中，西周早、中、晚期的各 2 座，都是陶器墓。详见表一。

表一　曲阜鲁国故城遗址西周腰坑殉狗殷遗民墓统计表

墓号	墓葬规格（米）	墓向（度）	葬具	殉狗位置数量	殉狗头向	随葬品	腰坑长、宽（米）	年代
M120	陶器墓，墓室面积：2.53×1.58（约 4 平方米）	177	一椁一棺	腰坑 1	南	陶鬲 4、豆 4、簋 4、罐 4、尊 1、罍 1；石、蚌器等	1×0.4	西周早期
M124	陶器墓，墓室面积：2.5×1.37（约 3.43 平方米）	175	一椁一棺	腰坑 1	东	陶豆 2、罐 1 和石器	0.7×0.5	西周早期
M310	陶器墓，墓室面积：2.4×1.25（3 平方米）	172	一椁一棺	腰坑 1	南	陶鬲 3、盂 1、罐 1；蚌器	0.7×0.4	西周中期

---

①　山东省文物考古研究所等：《曲阜鲁国故城》，齐鲁书社，1982 年。

续表

墓号	墓葬规格（米）	墓向（度）	葬具	殉狗位置数量	殉狗头向	随葬品	腰坑长、宽（米）	年代
M320	陶器墓，墓室面积：2.35×1.1（约 2.59 平方米）	172	一椁一棺	腰坑 1	南	陶鬲 1、盂 1、豆 4；蚌器	0.61×0.42	西周中期
M113	陶器墓，墓室面积：2.7×1.3（3.51 平方米）	南	不详	腰坑 1	北	陶罍 1	0.8×0.51	西周晚期
M316	陶器墓，墓室面积：2.8×1.5（4.2 平方米）	165	一椁一棺	腰坑 1	南	陶豆 1	0.7×0.45	西周晚期

2. 非腰坑殉狗殷遗民墓

在曲阜鲁国故城遗址的 13 座进行了具体分期的西周殷遗民墓中，有 7 座非腰坑殉狗殷遗民墓。这 7 座墓都未见随葬青铜器，发现随葬品的皆为陶器墓。详见表二。

表二　曲阜鲁国故城遗址西周非腰坑殉狗殷遗民墓统计表

墓号	墓葬规格（米）	墓向（度）	葬具	随葬品	年代	备注
M301	陶器墓，墓室面积：2.8×1.33（约 3.72 平方米）	0	一椁一棺	陶钵 1	西周早期	
M501	不详	不详	不详	陶鬲 2、簋 4、豆 3、罐 1	西周早期	
M107	陶器墓，墓室面积：2.3×1.2（2.76 平方米）	189	一棺	陶鬲 4、簋 4、豆 4、罐 5	西周早期	
M119	陶器墓，墓室面积：2.6×1.3（3.38 平方米）	183	一椁一棺	陶豆 2、罐 1、罍 1	西周中期	
M138	陶器墓，墓室面积：3.1×1.5（4.65 平方米）	180	一椁一棺	陶罍 1；陶工具 2 和蚌器	西周中期	
M328	陶器墓，墓室面积：3.12×1.97（约 6.15 平方米）	95	一椁一棺	陶鬲 1、罐 4	西周晚期	
M317	墓室面积：2.8×1.6（4.48 平方米）	172	一椁一棺		西周晚期	被盗

二、腰坑殉狗殷遗民墓与非腰坑殉狗殷遗民墓之比较

1. 腰坑殉狗殷遗民墓西周早、中、晚期的对比

曲阜鲁国故城遗址腰坑殉狗殷遗民墓从西周早期到晚期合计 6 座，西周早、中、晚期每期各 2 座，这 6 座墓的葬具中，除西周晚期的 M113 葬具不详外，其余 5 座皆为二重葬具；该遗址 6 座腰坑殉狗殷遗民墓从西周早期到晚期墓向皆向南；随葬陶器从早期平均每墓 9 件，至中期平均每墓 5.5 件，到晚期平均每墓仅 1 件；墓室面积西周早期平均约为 3.72 平方米，中期平均约为 2.8 平方米，晚期平均约为 3.86 平方米，中

期比早、晚期各小了约 1 平方米；西周早期腰坑殉狗殷遗民墓腰坑殉狗头向南和向东者各为 50%，西周中期腰坑殉狗头朝南的达 100%，西周晚期腰坑殉狗头向南和向北者各为 50%；西周早期腰坑殉狗殷遗民墓腰坑最长的是 1 米，西周中期腰坑最长为 0.7米，西周晚期腰坑最长为 0.8 米，西周早、中、晚期腰坑平均长度分别为 0.85 米、约 0.66 米和 0.75 米。

曲阜鲁国故城遗址腰坑殉狗殷遗民墓从西周早期到晚期葬具较一致；墓向始终一致皆向南；随葬陶器数量由早至晚递减，到晚期减至仅 1 件；墓室面积早期和晚期基本一致，中期较小；西周早、晚期腰坑殉狗头向差别大，中期则一致向南；腰坑无论是最大长度还是平均长度，都是西周早期的较长，中晚期的较短。

2. 非腰坑殉狗殷遗民墓西周早、中、晚期的对比

曲阜鲁国故城遗址非腰坑殉狗殷遗民墓从西周早期到晚期合计 7 座，西周早、中、晚期分别为 3 座、2 座、2 座。这 7 座墓的葬具中，除西周早期的 M501 葬具不详外，其余早期的 2 座中，1 座为单棺，另 1 座为二重葬具，中期的 2 座墓都是二重葬具，晚期的 2 座皆为二重葬具；该遗址 7 座非腰坑殉狗殷遗民墓，除西周早期的 M501 墓向不详外，早期的 2 座墓墓向一座朝北，另一座朝南，中期的 2 座墓墓向皆朝南，晚期 2座墓的墓向 1 座朝东，另一座向南；随葬陶器从早期平均每墓 9.33 件，经中期平均每墓 2.5 件，到晚期除了被盗的 M317 外，晚期墓随葬陶器 5 件；墓室面积除了墓室面积不详的 M501 之外，西周早期平均为 3.24 平方米，中期平均约为 4.02 平方米，晚期平均约为 5.32 平方米。

曲阜鲁国故城遗址非腰坑殉狗殷遗民墓西周早期是单棺和二重葬具各占 50%，西周中期葬具皆是双重，晚期的也一致为二重葬具；墓向早、晚期差异明显，在西周中期一致性相对较强；随葬陶器数量早、晚期相对接近，中期数量较少；墓室面积由早期经中期到晚期逐步增大。

3. 腰坑殉狗殷遗民墓与非腰坑殉狗殷遗民墓的对比

曲阜鲁国故城遗址腰坑殉狗殷遗民墓能辨明的葬具由早期到晚期皆为二重，而该遗址非腰坑殉狗殷遗民墓西周早期墓中，单棺的与二重葬具的各占 1/2，中期的都是二重葬具，晚期的也全为二重葬具；该遗址全部腰坑殉狗殷遗民墓的墓向由西周早期至晚期始终一致都朝南，而非腰坑殉狗殷遗民墓西周早期能辨明墓向的是 50% 朝北，50% 朝南，中期全部墓葬墓向都朝南，晚期墓葬墓向则 50% 朝东，50% 向南；西周早、中、晚期曲阜鲁国故城遗址腰坑殉狗殷遗民墓平均每墓随葬陶器分别为 9 件、5.5件和 1 件，而非腰坑殉狗殷遗民墓西周早、中期平均每墓随葬陶器分别为约 9.33 件、2.5 件，到晚期随葬 5 件陶器；曲阜鲁国故城遗址腰坑殉狗殷遗民墓墓室面积西周早、中、晚期分别平均约为 3.72 平方米、2.8 平方米和 3.86 平方米，而非腰坑殉狗殷遗民墓墓室面积西周早期平均为 3.24 平方米，西周中、晚期分别平均约为 4.02 平方米和 5.32 平方米。

该遗址腰坑殉狗殷遗民墓墓向早、晚期与非腰坑殉狗殷遗民墓墓向差异大，中期则一致；腰坑殉狗殷遗民墓与非腰坑殉狗殷遗民墓葬具在西周早期差别较大，中、晚期则一致；该遗址腰坑殉狗殷遗民墓与非腰坑殉狗殷遗民墓西周早、晚期随葬陶器相比，西周早期随葬陶器数量十分接近，到晚期随葬陶器数量差别颇大；腰坑殉狗殷遗民墓与非腰坑殉狗殷遗民墓的墓室面积在西周早期很接近，从中期至晚期差别越来越大。

三、结　语

（1）曲阜鲁国故城遗址腰坑殉狗殷遗民墓与非腰坑殉狗殷遗民墓的墓主虽然同为殷遗民，但腰坑殉狗殷遗民墓的墓向有明显的一致性，从早期到晚期皆不变，而非腰坑殉狗殷遗民墓西周早期能分辨墓向的是 50% 朝北，50% 朝南，中期全部墓葬墓向都朝南，晚期墓葬墓向则 50% 朝东，50% 向南，其西周早、中、晚期的墓向都有变化。墓葬方向之选择与决定，在任何一个民族里皆是十分严肃而又审慎的。埋葬制度是源自灵魂不死之观念的，埋葬方向亦是该观念的一种表象。墓向是祖先崇拜与灵魂信仰的一种表现，墓葬定向的原则亦是一个文化共同体的一种重要表征，墓向上的一致性是共同传统的反映[①]。由此看来，该遗址腰坑殉狗殷遗民墓的文化共同传统应体现得相对较强，而非腰坑殉狗殷遗民墓的文化共同传统则表现得相对较弱，其葬俗受传统影响较小。

（2）西周腰坑殉狗殷遗民墓腰坑殉狗头向无论早、中、晚期都有 50% 以上向南，而中期腰坑殉狗头向则皆朝南，而南向也是该遗址西周腰坑殉狗殷遗民墓共同的墓向，反映出该遗址腰坑殉狗殷遗民墓腰坑殉狗的头向与墓向之间存在着关联，似有一定程度的共性。

（3）曲阜鲁国故城遗址腰坑殉狗殷遗民墓随葬陶器数量由西周早期至晚期递减，晚期仅随葬最少数量的陶器，仅是西周中期的 18.18%，早期的 11.11%，折射出该遗址腰坑殉狗殷遗民墓墓主的地位在下降，到晚期其随葬陶器已至数量底线，即墓主似已成为平民下层。

该遗址非腰坑殉狗殷遗民墓墓室面积从西周中期到晚期大于腰坑殉狗殷遗民墓墓室面积的程度在逐步加大。腰坑殉狗殷遗民墓和非腰坑殉狗殷遗民墓墓室面积在西周早期很接近，到西周中期，非腰坑殉狗殷遗民墓的墓室面积明显大于腰坑殉狗殷遗民墓，至晚期前者墓室面积更大于后者。该遗址非腰坑殉狗殷遗民墓墓室面积到西周晚期比西周中期大 1.3 平方米，而比西周晚期腰坑殉狗殷遗民墓的墓室面积大 1.46 平方米。按照古人“事死如事生，事亡如事存，状乎无形影”[②]之观念，墓室应是死者生前居室的缩影，也标志着墓主生前的地位。在西周中、晚期非腰坑殉狗殷遗民墓墓室面积不断增加的同时，腰坑殉狗殷遗民墓和非腰坑殉狗殷遗民墓随葬陶器数量由西周早期数量几乎一致，到晚期非腰坑殉狗殷遗民墓随葬陶器数量是腰坑殉狗殷遗民墓平均随葬陶器数量的 5 倍，反映出在腰坑殉狗殷遗民墓墓主地位下降的同时，非腰坑殉狗殷遗民墓墓主的地位在上升，二者有明显反差，这些暗示出到了西周晚期，非腰坑殉狗殷遗民墓墓主的规格明显高于腰坑殉狗殷遗民墓墓主，前者似应属于平民中上层。

---

① 王仁湘：《我国新石器时代墓葬方向研究》，《中国原始文化论集——纪念尹达八十诞辰》，文物出版社，1989年，320、329、331 页。
② 《荀子·礼论》，引自《荀子集解》卷十三，见《诸子集成》第三册，河北人民出版社，1986 年，251 页。

（4）该遗址腰坑殉狗殷遗民墓无论是腰坑最大长度还是平均长度，皆是西周早期较长，中、晚期较短，反映出西周早期腰坑所殉狗的个体较大，到中、晚期则较小，腰坑所殉狗由个体较大变为较小，这也暗示出到了西周中、晚期腰坑殉狗所受到的重视程度在下降。

作为周王朝在山东重要封国的鲁国是被选定的接受殷遗民的诸侯国之一，所谓"分鲁公以……殷民六族。條氏、徐氏、萧氏、索氏、长勺氏、尾勺氏。使帅其宗氏，辑其分族，将其类丑。以法则周公,用即命于周"①。作为周王朝一项重要举措的对殷遗民所进行的分化迁徙，史书亦载"成周既成，迁殷顽民"②，其目的显然是要使之归化，即让他们逐步融入周文化。通过对西周曲阜鲁国故城遗址腰坑殉狗殷遗民墓的研究，揭示出在周人的统治下，殷遗民墓腰坑殉狗葬俗趋于衰落，坚持腰坑殉狗葬俗的殷遗民墓墓主地位由西周早期至晚期实际在下降，最终文化传统性较强的腰坑殉狗殷遗民墓墓主似成为平民下层，而文化传统性相对较弱的非腰坑殉狗殷遗民墓墓主在葬俗上易于变通，其地位似提升为平民中上层。

Discussion on the Dog's Waist Pit Martyrdom Phenomena in the Graves of Yin Adherents in the Old City Ruins of Qufu in Lu State in the Period of the Western Zhou

Yin Qun

（Institute of Archaeology, CASS）

The Old City ruins of Qufu in Lu State in Shandong Province was excavated from 1977 to 1978, the graves of Group Jia (甲) belong to Yin adherents. The dog's waist pit martyrdom phenomena in the graves were often found. This article is to discuss the dog's waist pit martyrdom phenomenon, to reveal the identity and cultural tradition of the grave owner and the evolution of the dog's waist pit martyrdom phenomenon. The graves of Yin adherents with the dog's waist pit martyrdom phenomena had the relatively strong traditional culture, but the graves of Yin adherents without the dog's waist pit martyrdom phenomena had the relatively weak traditional culture. Under the rule of Zhou people, the grave owners of Yin adherents with the dog's waist pit martyrdom phenomena seemed to be declining their status from early to late, they were reduced to the lower level of common people, but the grave owners of Yin adherents without the dog's waist pit martyrdom phenomena got the higher position, followed by the burial custom of the declining trend.

---

① 《左传·定公四年》，引自《春秋左传正义》卷五十四，见《十三经注疏》（下册），中华书局，1980年，2134页。
② 《尚书·多士》序，引自《尚书正义》卷十六，见《十三经注疏》（上册），中华书局，1980年，219页。

蚌埠双墩一号春秋墓土丘、土偶墙及相关遗迹试析

三 木*

（山东大学历史文化学院）

双墩一号春秋墓位于安徽省蚌埠市淮上区小蚌埠镇双墩村，是一座带高大封土和阶梯墓道的圆形竖穴土坑墓，其西南 80 米有另一座高大封土。该墓随葬品丰富，包括大量铜器、陶器、漆木器以及玉、石器等。墓主为钟离君"柏"，墓葬年代大约为春秋中晚期。该墓的发现，为研究钟离国的历史及淮夷文化的地域特征等提供了珍贵材料。该墓被评为 2008 年"全国十大考古新发现"。

除大量精美的随葬品外，双墩一号墓最引人关注的重要发现，是在发掘中揭示了6 层独特而复杂的遗迹，自上而下分别为：五色封土、玉璧形白土垫层、放射线遗迹、土丘及土偶、土偶墙和"亚"字形墓室。这些独特的墓葬结构鲜见于以往的考古发现，其中又以土丘、土偶墙遗迹最为特别。本文尝试对土丘、土偶墙及相关遗迹进行分析和探讨，并试图提出一些不成熟的看法和意见，希望得到专家学者的批评指正。

一、土丘及五色封土

双墩一号墓共发现土丘遗迹 18 个，均叠压于放射线遗迹之下，在距离墓口0.7～1.4 米深的填土中，沿着墓坑边一周宽约 2 米的范围分布。土丘大小不等，整体呈馒头状，底径 1.5～3 米。从剖面可以清楚地看到，每个土丘都是用五色土由中心向外逐层堆筑而成。与之同层的还有近 900 个土偶（图一）[①]。

综合发掘者的描述与图示，我们认为将这些土堆称为土丘是合理并且具有启发性的。这些明显突出的土堆，就形制和特征而言，完全符合"丘，土之高也"[②]"小陵曰邱（丘）"[③] 的定义。我们认为这一特殊遗迹，为辅助墓主灵魂升天以获新生的媒介。

---

* 作者简介：许晶晶，男，笔名三木，安徽合肥人，现为山东大学历史文化学院考古系硕士研究生，学习方向：中国新石器时代考古。

① 安徽省文物考古研究所、蚌埠市博物馆：《春秋钟离君柏墓发掘报告》，《考古学报》2013 年 2 期，239～307 页。
② （汉）许慎：《说文解字·丘部》，九州出版社，2001 年，470 页。
③ （清）王念孙：《广雅疏证》卷九下《释邱》，中华书局，1983 年，299 页。

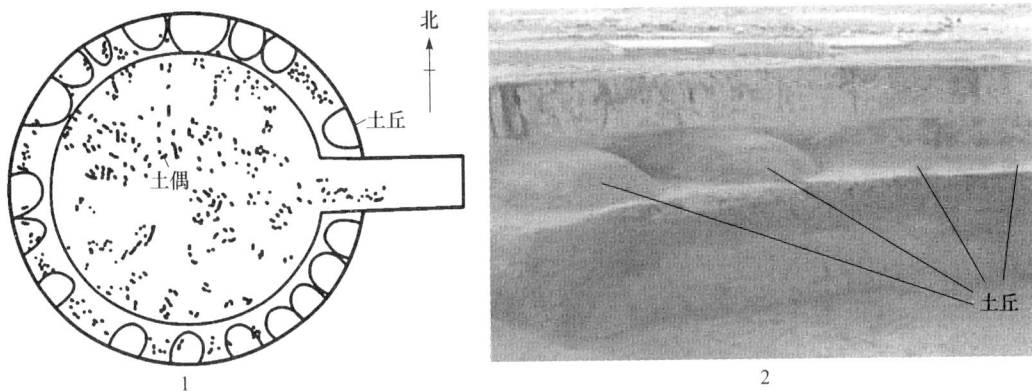

图一　双墩一号墓的土丘遗迹及细部

先秦古籍中关于"丘"的描述众多且往往与神话传说相联系，或为仙人的居处，或为传说中某些英雄人物的出生地，极具神力。如黄帝即生于寿丘而居于轩辕之丘[①]，颛顼以帝丘为都又建冢于顿丘[②]等。这些称为"丘"的场所，多数并非是特定的地点，而是泛指地势高峻的地方，大多时候丘即为山，比较著名的有青丘、令丘以及三丘（蓬莱、方丈、方壶）等奇山。传说最多、最具传奇色彩的是昆仑之丘：它是上帝的下都，由神陆吾经管；山上有九尾虎身、人面虎爪之神；山上有名叫土蝼的食人兽，有钦原鸟，有沙棠树，有薲草。钦原鸟，蠚鸟兽则鸟兽死，蠚木则木枯；沙棠树，可以挡水，人吃了不会溺亡；薲草葵状，味道像葱，人吃了可解乏[③]……登昆仑山可保不死，攀昆仑山则遇上帝……

丘之所以有这些神秘特质应该是由于其地势高亢、与上帝接近的缘故。由此，便引申出了以丘作为媒介来祭祀天地的行为，此时，丘即为祭坛或祭台。《逸周书·作雒解》云："（周公）乃设丘兆于南郊，以祀上帝。"作为沟通天地媒介的丘，有圜丘（圆丘）和方丘之别：圜丘礼天，方丘祀地。《太平御览》卷二十八引《三礼义宗》云："冬至日祭天于圆丘"，卷二十一引《礼》曰："祀皇地祇则于方丘。"不同季节（冬、夏）使用的丘有严格区别，《周礼·春官·大司乐》曰："孤竹之管，云和之琴瑟，冬至日于地上圆丘奏之。孙竹之管，空桑之琴瑟，夏至日于泽中方丘奏之。"冬至日奏乐祭天的结果是"天神皆降"，夏至日奏乐祀地的结果是"地祇皆出"[④]。可知，作为祭祀天地的媒介，不同形状（圆、方）的丘在用制上有着严格的区别，但同等地表现了帮助祭者与天地交通的能力。双墩一号墓中的土丘模型应该就是帮助墓主更自如地沟通天地、神游宇内以获新生的。

至于土丘的数量，我们认为是营墓匠的有意安排。筑墓者之所以选择18这个数

---

① （汉）司马迁：《史记》卷一《五帝本纪》，中华书局，1982年，2页，司马贞索隐案引皇甫谧云："黄帝生于寿丘……居轩辕之丘……"
② （汉）司马迁：《史记》卷一《五帝本纪》，中华书局，1982年，12～13页，裴骃集解引皇甫谧曰："（颛顼）都帝丘……"，又引皇览曰："颛顼冢在东郡濮阳顿丘城门外光阳里中……"
③ 袁珂：《山海经校注》，上海古籍出版社，1980年，47页。
④ （汉）班固：《汉书》卷二五《郊祀志》，中华书局，1962年，1266页。

字，我们的猜测是：18 因为与 9 的关系而被赋予了吉祥的意义。

与土丘功能相似的遗迹，有墓葬的高大封土。

该墓的馒头形封土较大：顶部直径 17 米，南北底径 56 米，东西底径 70 米，高 9 米。与众不同的是，该封土和墓坑填土均采用黄、灰（青）、黑、红、白五色颗粒状土混合堆筑。其中，黑色土和白色土来自异地①。显然，该墓的封土和填土具有特殊涵义。

中国传统的方色理论表现为以五色配五方，即东方青色、南方赤色、西方白色、北方黑色和中央黄色，这也是天子大社的配土规制，是中国传统文化的一个重要组成部分。方色理论强调的是五色与五方的一一对应关系，与该墓无关。

然而，以五色土杂封的礼俗却见于古代的封禅仪式。最早的封禅制度已不可考，明确见于文献记载的封禅礼始于秦始皇时期。在以后的朝代中多有封禅行为发生，以西汉武帝朝最多。武帝元封元年（前 110 年）四月第一次祭祀泰山，这是史籍中第一次明确提及封禅的用土制度，即"五色土益杂封"②，是如祀天地之礼。尽管君主封禅的目的多被认为是致太平而告成功，在于为天下祷告，然而检校古籍便可探明封禅之于主祭者的益处。有些君主的封禅行为，与其说是为天下谋福祉，倒不如说是为个人图利益，其以武帝朝的记录最为明确。

汉武帝的封禅行为多为术士的迷信思想所驱使，其本人对封禅的企盼更多的是希冀自己能够神化成仙、长生不死，这在《史记·封禅书》和《汉书·郊祀志》中均有记述，可知并不虚妄。元光二年（前 133 年），深泽侯的舍人李少君曾上书武帝说，祭灶可以招致神物，招来神物可化丹砂为黄金，以这些黄金制作饮食器可延年益寿，这样就可以看到蓬莱山上的仙人，见到仙人之后再去封禅可保不死，就像黄帝一样③。元鼎五年（前 112 年）秋，武帝幸临雍城并郊祀上帝，齐人公孙卿伪托死人申公的名义劝谏武帝封禅，认为捞得宝鼎之后可与神灵交通，此时适宜封禅，封禅便可登天成仙④。元封元年，齐人丁公以同样的理由奉劝武帝封禅，他说封禅是合当不死的意思，秦始皇没有这种造化，所以没能够登上山顶行封祭礼，（武帝）若是要登山，上到一定高度（不用登顶），趁着风雨不兴的时候行礼就算是上山封祭了⑤。在丁公等人的劝诱下，武帝开始"令诸儒习射牛，草封禅仪"⑥。同年四月，武帝第一次封禅泰山，并于其后共八次巡幸、封禅泰山，成为中国历史上封禅泰山次数最多的皇帝。

可见，封禅对于主祭者确实有祈求上帝、庇佑不死的功能。这样的期待正是汉武帝屡次祭祀、封禅泰山的原因，正如太史公所言："天子益怠厌方士之怪迂语矣，然终羁縻弗绝，冀遇其真。"⑦封禅可佑永生的原因在于：在祭祀天神的过程中，"封"起到了助力人君与上帝交流的作用。"封"与丘相似，地势高峻接近上帝。许多人君

---

① 安徽省文物考古研究所、蚌埠市博物馆：《春秋钟离君柏墓发掘报告》，《考古学报》2013 年 2 期，239～307 页。
② （汉）司马迁：《史记》卷二八《封禅书》，中华书局，1982 年，1398 页。
③ 同②，1385 页。
④ 同②，1393 页。
⑤ 同②，1397 页。
⑥ 同②，1397 页。
⑦ 同②，1404 页。

的封禅行为，尤其是武帝之前，或多或少都会受到这一私利的驱使；只是，作为一个心照不宣的秘密隐于为民祈福的借口之下罢了[①]。我们认为双墩一号春秋墓的五色封土与封禅筑坛相同，以祈求墓主魂灵升天而永生为目的，或许带有为臣民祈泰安的意思。

二、土偶墙与土偶

土偶是双墩一号墓出土数量最多的遗物，计2200余件，是一种未经烧制的泥塑。表面多有明显的"十"字形或"井"字形索痕，顶部有提系扭结痕，这些痕迹更像是草茎而非绳索。土偶多为圆锥体或方锥体，也有不规则形的，直径10～15厘米、高20～25厘米（图二）。其中，与土丘同层的土偶近900件，余下的全部出土于土偶墙遗迹。土偶墙叠压在土丘遗迹层下，位于二层台内缘，用3～4层土偶平砌而成，高34～40厘米。土偶墙与墓壁间的环形走廊部分，以黄色泥沙封填。在墓道两侧，土偶墙均有一个方形转角（图三）[②]。由层位关系知，该墓葬系先垒筑土偶墙再堆砌土丘，因此，土丘层的土偶或为筑墙剩余者。

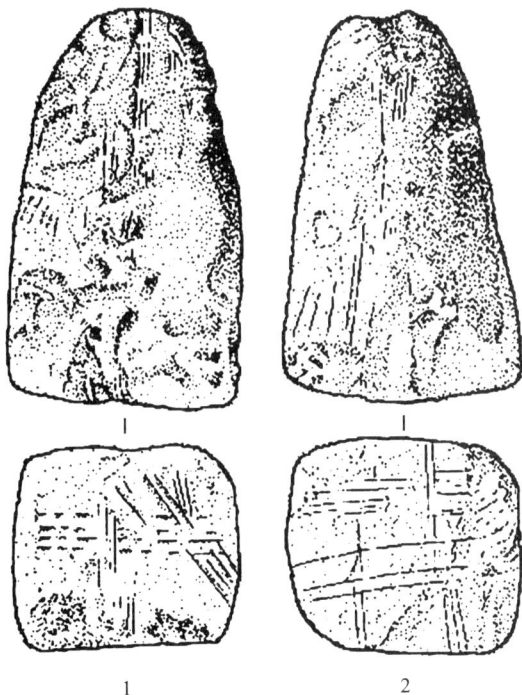

图二　双墩一号墓出土土偶

① 唐玄宗与贺知章讨论封禅用玉牒的一段话可作证明。"玄宗开元十二年……玄宗问：'前世何为秘玉牒？'知章曰：'玉牒以通意于天，前代为祈长年，希神仙，旨尚微密，故外莫知。'"（宋）欧阳修、宋祁：《新唐书》卷一四《礼乐》，中华书局，1975年，352页。
② 安徽省文物考古研究所、蚌埠市博物馆：《春秋钟离君柏墓发掘报告》，《考古学报》2013年2期，239～307页。

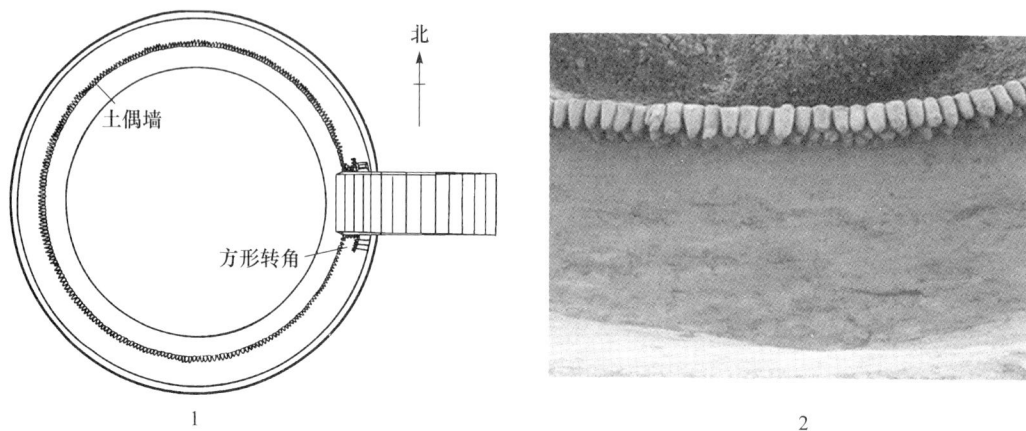

图三　双墩一号墓的土偶墙遗迹

　　这些所谓土偶并不具备"人"的基本形象特征,因而绝非"人偶"或"偶人"①。我们认为它们应该是作为"鬼偶"的形象出现的, 这或许是远古的一种厌胜之术。鬼怪本无影无形, 即使古人有所描述, 终是捉摸不定, 而驱鬼行为本身则是希望被驱之鬼具体化, 使之可观可感, 于是产生了以土木偶代鬼怪的做法②。既然鬼怪无形无影, 故不必刻画细部, 仅以上小下大的土块代替是可以接受的, 且由于土偶数目巨大, 似乎也不存在详细雕饰的必要性。

　　睡虎地秦简的《日书·诘咎篇》,对于古人的驱鬼术多有记载。需要指出的是, 云梦《日书》的《诘咎篇》不见于天水《日书》,可见其中驱鬼、避鬼的厌胜之术系楚地风习, 而非"秦人"之俗③。因此, 采用云梦《日书·诘咎篇》的相关记载解释经年处于"吴头楚尾"的钟离国国君墓的相关遗迹具有可靠性。

　　《日书·诘咎篇》第 3 条④:

> 人无故鬼藉其宫, 是是丘鬼。取故丘之土, 以为伪人犬, 置墙上, 五步一人一犬, 环其宫。鬼来, 扬灰击箕以谋之, 则止。

所谓"伪人犬"即偶人、偶犬, 因以土为之, 故为土偶人、土偶犬。为防止丘鬼进入屋室, 可以在围墙上间隔摆放土偶人和土偶犬。万一丘鬼进来了, 要向它洒灰并敲打簸箕吓唬它。相似的记载还见于第 13 条:

> 人之六畜无故而皆死, 欲鬼之气入焉。乃疾靡瓦以还□□□□□已矣。

---

① 《战国策·齐策三》有"有土偶人与桃梗相与语", 戴侗《六书故》言:"偶, 象人也", 王充《论衡·自然》曰:"偶人千万, 不名为人者, 何也? 鼻口耳目, 非性自然也。"可知, 无论"偶人"或者"人偶", 必以人工制作的类人的形态特征为标志。

② 刘信芳:《〈日书〉驱鬼术发微》,《文博》1996 年 4 期, 74～80 页。

③ 王子今:《秦人屈肢葬仿象"窟卧"说》,《考古》1987 年 12 期, 1105～1106 页。

④ 睡虎地秦墓竹简整理小组:《睡虎地秦墓竹简》, 文物出版社, 1990 年。为便利论述的需要, 本文将原书中的简序和异体、假借字全部略去; 同时将原书中整理的每一篇完整简文记为条, 第 3 条即为第 3 篇简文; 在保持简文原意不变的基础上, 对部分句读有所修改。下同, 不再说明。

为了阻止欲望之鬼的鬼气进入家宅而致六畜皆死，可以使用碎瓦片摆绕家宅四周。

由以上可知，于宅居四周绕摆土偶、砖瓦等物，可以阻止鬼祟侵凌。这种做法产生的原因，大概是出于围墙可以阻隔外物的联想。双墩一号墓的土偶墙，与之原理相当：墓室之于墓主相当于居宅之于生人，即"宫"；垒土偶墙即于住所四周摆绕物件以阻鬼入。这里土偶的属性特征（即作为"鬼偶"）被淡化，更倚重的是以其垒墙的形式特点。然而，为什么最终形成这种无间隙、高34～40厘米、厚3～4层并附有两只方形转角的模样呢？这可能与保护墓葬的需要有关。

中国古代墓葬，尤其是先秦两汉时期多以封填白（青）膏泥和积石积炭来保护其中的棺椁和随葬品，这些措施在一定程度上也起到防盗的效果。还有一种比较少见的"积沙墓"，是为防盗而采用沙土填充墓室的一种形式，比较著名的有河南辉县固围村的第 1 号战国魏国贵族墓①、西安北郊汉代积沙墓②，这是利用沙土的流动性对墓葬进行保护。双墩一号墓为我们展示了另一种墓葬保护措施：以黄沙土封填土偶墙与墓壁间的环形走廊。沙土有蓄水功能，充满水分后形成的静摩擦力可以支撑沙堆长期不变形、不坍塌，而非干燥时"一盘散沙"的模样。这样处理的结果与积炭相似，一方面可以吸潮，防止地下水侵蚀墓室；另一方面坚固的湿沙堆可以抵砺墓葬以防坍塌。于是，为了将沙堆紧紧束缚在环形走廊内，必须将土偶垒砌成壮观的墙体，分层而紧致，同时修建方形转角以防沙土流入墓室。鉴于驱鬼厌胜和保护墓葬的双重效力，古人设计了如此规模宏大又与众不同的土偶墙遗迹，其构思之精巧令人印象深刻。

至于与土丘同层的土偶，我们认为这大概是"埋偶以代埋鬼"的实例。仍以《日书·诘咎篇》为例，第 17 条：

> 杀虫豸，断而能属者，渍以灰，则不属矣。

斩杀虫蛇类动物，其身首分离后又可自行连接在一起；向其喷洒土灰，它就再也不能接连起来，就死了。

类似的记载比较多见，又，第 39 条：

> 人无故室皆伤，是桀迀之鬼处之。取白茅及黄土而洒之，周其室，则去矣。

这是以白茅和黄土浇洒居室一周驱鬼的一个表现。

第 49 条：

> 鬼婴儿恒为人号曰："予我食"，是哀乳之鬼。其骨有在外者，以黄土渍之，则已矣。

这是又一则以黄土掩埋的形式驱逐鬼祟的例子。类似的还有，如第 14 条于房间内洒沙以止寒风，第 34 条以灰喷洒于幼殇裸体鬼身上而止其进入房间，第 36 条喷撒土灰于门上可止不辜鬼，第 59 条以白沙救天火，第 70 条用沙子填埋血井等。这些沙、土、灰发挥作用的原因在于其可掩埋他物。

---

① 中国科学院考古研究所：《辉县发掘报告》，科学出版社，1956 年，70、72 页。
② 陕西省考古研究所：《西安北郊汉代积沙墓发掘简报》，《考古与文物》2003 年 5 期，25～33 页。

民族学调查中有类似的案例可供参考。人们在驱鬼巫术中多用泥土塑造鬼的形象：如西双版纳傣族有一种让小孩生病的"断路鬼"，在驱鬼时即由巫师捏一个泥人象征鬼，请神驱鬼之后把鬼偶打烂，就把通往鬼的道路切断了[1]；美姑县彝族的毕摩在举行禳除鬼怪的巫术中就包括以线绳缠系泥鬼的程序，最后的处理则是将泥鬼埋于土坑中[2]。其他例子还有不少，不再枚举。

双墩一号墓中填埋的大量土偶当与上述诸例类似，为驱鬼的厌胜之术。由柏残存的数颗牙齿知其亡故于 40 岁左右[3]。国君英年早逝，王室以为鬼怪作祟，若想灵魂升天，必欲将鬼祟驱除，于是煞有介事地进行一番驱赶，再将土偶掩埋以示鬼除。由于是在土丘层填埋土偶而非墓室（墓室位于土丘层下且二者间隔土偶墙遗迹），因此并不会产生"于墓室埋鬼以驱鬼"的矛盾。

关于埋偶示意驱鬼的论述，还可以从土偶上的植物茎痕得到验证。这些痕迹表明起初当有草茎捆缚土偶，由于年代久远、地底湿暗，终致腐朽不见。缚偶犹如捆鬼，这也是厌胜术。先秦传说中，神荼和郁垒执鬼饲虎使用的工具"苇索"就是一种草茎[4]。

三、其他相关遗迹

该墓葬的另一重要遗迹为白色粉石英黏土矿物砌筑的垫层。垫层处在墓口外的生土与封土堆之间，直径约 60 米、厚 0.2～0.3 米，稍小于封土堆底部。平面似玉璧形，即以白土垫层为肉，墓坑为好，非常壮观（图四）[5]。参照描述及图示，可知发掘者名其为玉璧形白土垫层较为精当。以璧随葬之俗在我国源远流长，无论是用玉璧敛尸、将玉璧置于棺盖上，还是用图形绘影的艺术表现形式替代玉璧实物，这些做法产生的根源在于玉璧是通天的信物，通过它，灵魂就可以升往天界。双墩一号墓以墓坑为好，则墓主的灵魂可由之穿梭于天地之间，寄予灵魂升天获得新生的渴望。

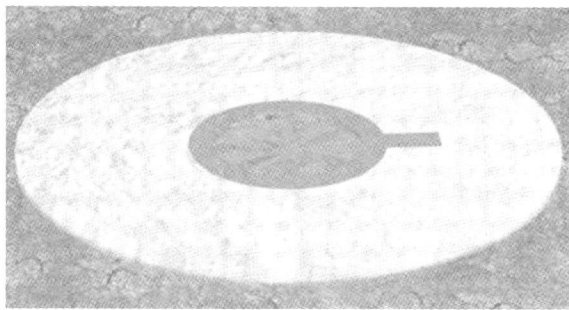

图四　玉璧形遗迹复原示意图

---

① 宋兆麟：《巫觋——人与鬼神之间》，学苑出版社，2001 年，265 页。

② 转引自宋兆麟：《原始巫术的物化形态》，《民俗研究》1999 年 1 期，6～13 页。

③ 安徽省文物考古研究所、蚌埠市博物馆：《春秋钟离君柏墓发掘报告》，《考古学报》2013 年 2 期，239～307 页。

④ （汉）王充：《论衡》卷二十二《订鬼篇》，上海人民出版社，1975 年，344 页，引《山海经》曰："沧海之中，有度朔之山。上有大桃木，其屈蟠三千里，其枝间东北曰鬼门，万鬼所出入也。上有二神人，一曰神荼，一曰郁垒，主阅领万鬼，恶害之鬼，执以苇索而以食虎。"

⑤ 同③。

　　墓道朝东是楚墓的特色。双墩一号墓的墓道共 14 级，也位于墓坑正东[①]，由此亦可见其受楚俗之影响。有学者在综合分析的基础上指出，坡形墓道的性质和作用有三：一是便利营墓人取土、上下；二是作为墓主灵魂出走的通道；三是权力的象征[②]。尽管其论述是针对坡形墓道而言，然而，纵览其论证，我们认为其结论可移用于对阶梯墓道的分析，至少前两条结论对于阶梯墓道是适用的。既然墓道是墓主魂灵往来天地的通道，那么其朝向就决定了亡灵出走的方向。朝东即朝向初升之太阳，寓意新生。因而双墩一号墓的墓道是为便利柏灵魂转世而设，同样体现了祈求灵魂升天重获新生的美好愿望，墓主头向正东[③]也应是出于这样的考虑。这一猜想可以得到放射线遗迹的佐证。

　　放射线遗迹位于墓口以下 0.7 米深的填土中，被沿墓坑一周宽约 2 米的深色填土带所围绕。这一遗迹是由深浅不同的五色填土构成，从中间的小圆向四周辐射，共有 20 条（图五）[④]。由于东南角的 4 条射线似有扰动，因而昔数未必如今。以圆圈图案和放射线作为太阳之形加以崇拜的习俗古今中外皆有，相关的文献记载与考古发现恒河沙数。我们认为些放射线图案是太阳的模拟，同样助益灵魂升天。

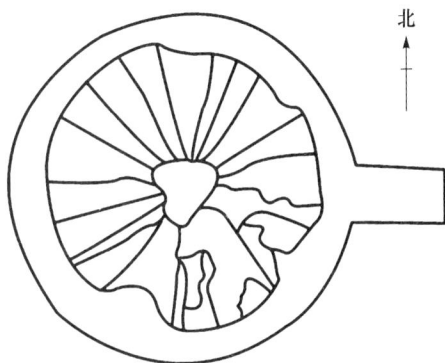

图五　双墩一号墓的放射线遗迹

　　将上述诸遗迹层层揭露以后便露出"亚"字形墓室。主棺椁在墓坑底部正中略偏北，且高于四周。墓主之东、西、北三侧各殉三人，南侧仅殉一人，殉人多随葬小铜刀和加工过的陶片。南侧殉人之南有两个器物箱（图六）[⑤]。之于如此特异的墓室布局，冯时先生有过详尽深邃的考察，认为"这种设计思想与墓上五色封土所具有的文化内涵彼此

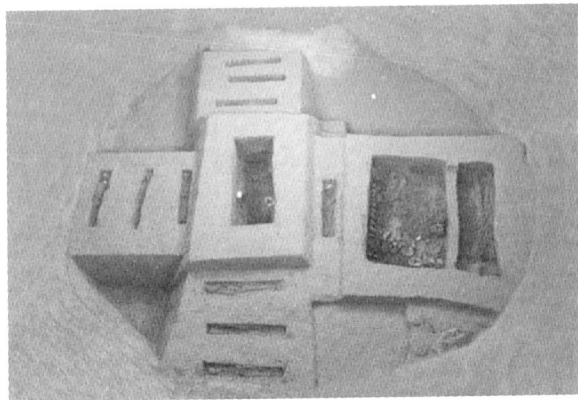

图六　双墩一号墓的"亚"字形墓室（镜向东）

①　安徽省文物考古研究所、蚌埠市博物馆：《春秋钟离君柏墓发掘报告》，《考古学报》2013 年 2 期，239～307 页。
②　韩国河：《简论坡形墓道》，《郑州大学学报（社会科学版）》2000 年 5 期，107～111 页。
③　同①。
④　同①。
⑤　同①。

呼应,展现了一种墓主人灵魂不死而往来天地的宗教追求"①。我们认为冯先生的分析鞭辟入里、论证充分，并对其观点表示认同。

四、结　　论

通过以上分析，我们认为蚌埠双墩一号春秋墓确实是经过了"精心构思、精心设计、精心准备、精心施工"②。墓葬的每个遗迹都有其特定含义：土丘与五色封土应该是辅助墓主灵魂升天重获新生的媒介，土偶墙及土偶可能是作为驱鬼的厌胜术发挥作用。这些认识的得出可以得到玉璧形白土垫层、放射线遗迹及"亚"字形墓室等其他遗迹的支持。于土偶墙内填封沙土可能是保护墓葬的一种措施。

附记：在撰写本文的过程中，安徽大学张爱冰教授曾给予细致的指导；山东大学栾丰实教授亦提出宝贵的修改意见，于此，特向二位老师致以谢忱。

A Brief Study of Tuqiu, Tuou Wall and Related Vestiges of Shuangdun No.1 Spring and Autumn Tomb in Bengbu City

San Mu

(School of History and Culture, Shandong University)

The owner of Shuangdun No.1 Spring and Autumn Tomb was the king *bai* (柏) of *Zhongli* (钟离) State. Vestiges discovered in this tomb were fairly special, among them, *tuqiu*(土 丘) and *tuou* wall (土偶墙) had never appeared in the history of Chinese archaeology. According to our study, tuqiu and five-colored *fengtu* (封土) were constructed to help the king's soul to go up to heaven, so that he could obtain a to tally new life. These two vestiges embodied specific magical thinking and beautiful will. *Tuou* wall and *tuou* may be designed to drive off evils and ghosts who were supposed to have killed the king. Only if they were banished, could the king rest in peace. Other related vestiges provided supports to all these knowledge. Another purpose of building *tuou* wall may be taking advantage of wet sand surrounded by it to protect the tomb from collapsing.

---

① 冯时：《上古宇宙观的考古学研究——安徽蚌埠双墩春秋钟离君柏墓解读》之"七·'亚'形墓室所见之宇宙观"，《历史语言研究所集刊》第八十二本第三分，2011 年，399～491 页。需要指出的是，尽管从引文看似乎冯文对五色封土的考察结论与笔者相近，然论证逻辑与引征材料实与拙作大相径庭，不可不做说明。
② 这是张忠培先生在参观、指导发掘时说的话。

汉代"水陆神灵交战图"识读
——兼谈东汉祠堂画像的空间位置变化

肖贵田　　滕　卫

（山东博物馆）

　　笔者曾将山东长清大街 M1 中一幅带有神话色彩的交战图命名为"水陆神灵交战图"，以此为线索，又将武氏祠中左石室屋顶后坡东段石、"武氏祠南道旁画像石"和"蔡题一石"这 3 石画像确定为"水陆神灵交战图"的半幅图，或为水神一方、或为陆神一方。在此基础上，笔者对武氏祠左石室屋顶后坡佚失的西段石画像进行了复原，即该石上层画像内容应是以鹿驾车为主导的陆生神兵阵营，正持械向东行进，与屋顶后坡东段石上层的以鱼驾车为主导的水生神兵阵营相配，组成了一幅完整的"水陆神灵交战图"。同时还对武氏祠散存的"武氏祠南道旁画像石""蔡题一石"和"蔡题二石"等屋顶石进行了配置，认为武氏祠还存在一种新的屋顶形制，即两面坡屋顶的一个坡面由 4 块画像石组成，这种屋顶坡面形式未曾为前人所提及。相关内容已发表[①]，本文再从该类图像的渊源、空间布置、内涵等方面试做讨论。

一、水陆神灵交战图

　　目前可确认的"水陆神灵交战图"有 4 幅：长清大街 M1 中 1 例，内容完整；武氏祠中 3 例，均只刻画半幅图的内容[②]。

　　长清大街"水陆神灵交战图"位于 M1 前室第 1 小室的东横梁上，以观者为参照（下同），可将该幅画像内容分为三段：左段是以鹿驾车为中心的列队、右段是以鱼驾车为中心的列队，中段为水陆神兵交战的场面（图一）。

　　左段：最左端为 1 辆四鹿驾的车，向右而驰，车上 2 人，御者肩生双翼；右前有 2 位骑鹿的导骑；导骑上方有 2 只同向飞行的大鸟。中段：导骑右前为 1 虎面右，双手持刀、盾；虎左上侧 1 狐面右，双手持刀、盾；虎头顶 1 飞鸟；虎右下 1 兔面右，手持钩镶。再往右，上侧 1 兔面右，双手持刀、盾；其右下又 1 兔，身向左，头向右作

①　肖贵田：《武氏祠石室屋顶后坡画像的配置》，《中国国家博物馆馆刊》2014 年 12 期，77～86 页。
②　蒋英炬、吴文祺：《汉代武氏墓群石刻研究》，山东美术出版社，1995 年，81 页左石室"第十六幅"、130 页"武氏祠南道旁画像"和"蔡题一石"。

图一　长清大街 M1 "水陆神灵交战图"
（山东博物馆拓片）

扭身状，右手持长刀，刀锋砍在右前方 1 蟾蜍的左腿上，蟾蜍扑地；扭身兔的右上侧有 1 戴冠的鱼形兽（鱼身、有四肢）面左，双手持刀、钩镶，身前 1 蟾蜍四肢朝天地躺在地上。鱼形兽身后右侧 1 虎面右，持盾，与 1 双手持刀、盾的大蟾蜍打斗；大蟾蜍后 1 小蟾蜍右手持钩镶向左行进；虎蟾打斗场面下侧有 1 龟形兽（蛇头、小耳、披甲）面左持刀，与另 1 双手持刀、钩镶的蟾蜍共同刺向虎的下肢；其右后 1 大龟形兽（三角头、披甲）双手持刀、盾向左行进。右段：左前端为 2 位骑鱼的导骑，上下并列；两导骑的鱼尾间分别有 1 蟾蜍和 1 螃蟹；导骑后有 1 辆四鱼驾的云车，不见车辕和车轮，车上 2 人端坐，车下云气纹。

　　该幅画像清晰刻画了两方交战阵营的特征：左方为陆生动物的阵营，除车骑为鹿外，另有兔、虎、狐、鸟等 9 个动物，其中 6 个参与了械斗；右方为水生或两栖动物的阵营，除车骑为鱼外，另有蟾蜍、鱼形水兽、龟形水兽、螃蟹等 10 个动物，其中 8 个参与了械斗（有 2 个蟾蜍受伤倒地）。鉴于交战双方身份特点及画面情节的神话性，故名之为"水陆神灵交战图"。

　　武氏祠中的 3 块画像石虽然残缺各半，但内容与长清大街 M1 画像有惊人的相似性。

　　左石室屋顶后坡东段石第 1 层画像内容相对完整，阵营以三鱼驾车为中心，车的上下有游鱼、游龙、羽人及骑鱼荷棨戟的从者，前方列队约刻画了 17 个形象，有鱼、蟾蜍、龟、龙、人形蟾、人形鱼、骑鱼人等，半数以上持矛、戟、刀、盾等兵器（图二）。此阵营均为水生或两栖动物，刻画应是水神战队一方，虽然没有交叉刻画陆

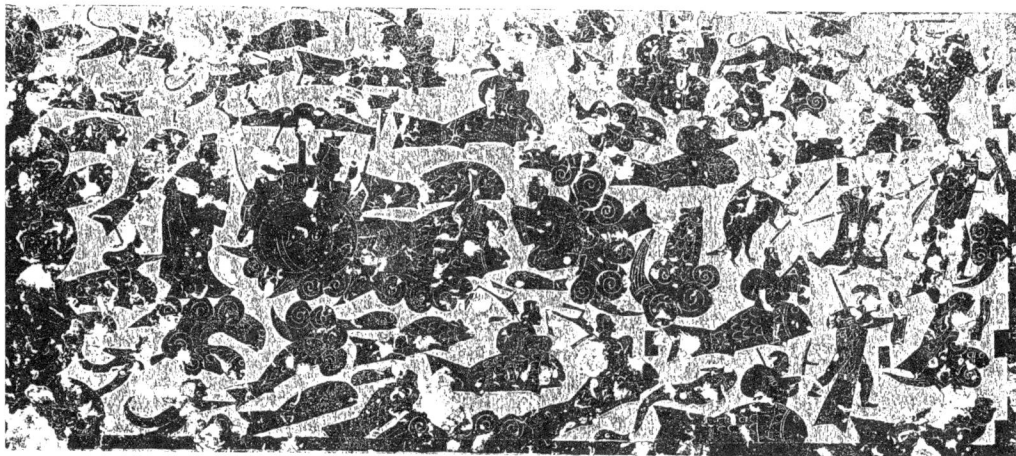

图二　武氏祠左石室屋顶后坡东段石 "水陆神灵交战图"
（摘自《中国画像石全集 1》第 64 页）

生动物一方，但 4 条躺地或半躺地的鱼，已暗示了交战的惨烈，他们应是战斗中的死者或伤者。该石图像与长清大街 M1"水陆神灵交战图"中右方列队内容基本一致，前者士兵阵容较后者更为庞大。

蔡题一石左侧残缺，画像仅保存 1 辆四鱼驾车和 1 辆前导云车，车上下有骑鱼持棨戟从者、游鱼、带翼飞鱼、羽人等，构图与上两幅相似，虽然缺少士兵列队画面，但其表现内容无疑是"水陆神灵交战图"中水神战队一方。

武氏祠南道旁画像石左侧残，三鹿驾的主车尚存三鹿和一小块车轮，其前另有 1 辆一鹿驾的前导车和骑鹿持棨戟的导骑，车上下有众多骑鹿从者，或持长矛或持棨戟；最前端交战列队约刻画了 14 个动物，有飞鸟、虎、鹿、兔、狐、野猪、马等，仅见兔、狐持兵器，持械的动物较少（图三）。虽然此幅画像交战痕迹不甚明显，但其构图与长清大街 M1"水陆神灵交战图"中左方列队内容相似，刻画的应是陆神战队一方[①]。

通过上述 4 幅图像，基本可以确立"水陆神灵交战图"的标识性元素：如鱼驾车、鹿驾车、陆生动物群（有的参与骑鹿的人）、水生或两栖动物群（有的参与骑鱼的人）、持械动物等。这些构图元素又形成了一定的图式：①有两方对阵的车队，即鱼驾车—鹿驾车相向而行；导从分别为骑鱼者、骑鹿者，不掺杂其他类动物坐骑；②有两方相对而立的士兵列队，一方是以蟾和鱼等为代表的水生（或两栖）动物神兵，另一方是以兔和狐等为代表的陆生动物神兵；一般持兵器，有酣战或对峙的场面；③有标志神性的形象，如羽人、云车、神化或拟人化的动物等。

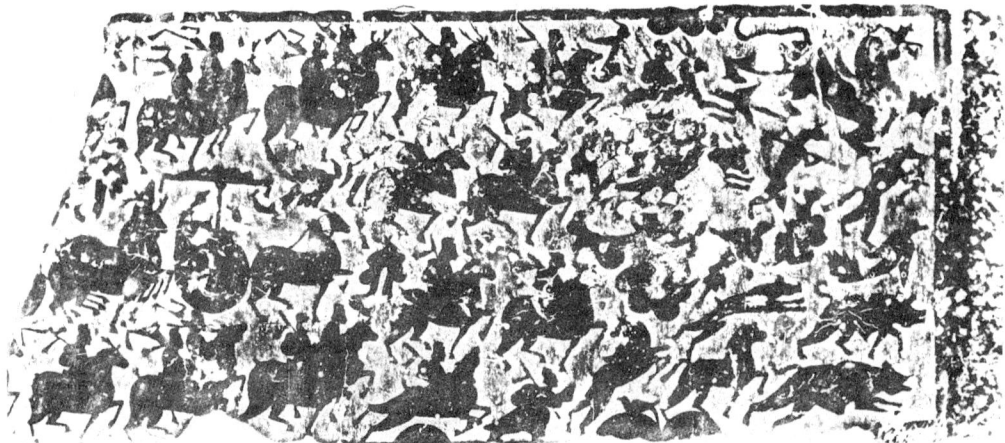

图三　武氏祠南道旁画像石"水陆神灵交战图"

（摘自朱锡禄《武氏祠汉画像石》第 68 页）

二、"鱼驾车—鹿驾车"对阵图与出行图

由于图像的不完整性，导致以往学者曾对水陆神灵交战图进行了误读，将半幅的

---

① 肖贵田：《武氏祠石室屋顶后坡画像的配置》，《中国国家博物馆馆刊》2014 年 12 期，77～86 页。该文对武氏祠三石画像内容有详细的描述。

"陆神图"称为狩猎图、山神出行图，将半幅的"水神图"称为河伯出行图、海灵出行图、海神出战图。"水陆神灵交战图"构图元素和图式的确立，不但可以准确地辨识出同类图像，也为探讨该类图像的渊源及演变历程提供线索。4 幅"水陆神灵交战图"中，武氏祠左石室屋顶后坡东段石所在石祠被认定为武开明（卒于 148 年）祠堂，大街 M1 年代被推定为东汉晚期墓葬，可知"水陆神灵交战图"约是东汉中晚期的作品。如果仅考察该类图像部分构图元素的话，则还可找到年代比之更早的、与之关系十分密切的另外两种图像，其一为鱼驾车—鹿驾车对阵图，其二为鱼驾车—鹿驾车出行图。

（一）鱼驾车—鹿驾车对阵图

该种图像同样以鱼驾车和鹿驾车为中心，两列车队相向而行，形成对阵的局面，不过交战的迹象不甚明显。实例有长清孝堂山和滕州西户口等祠堂东壁画像石[①]。

长清孝堂山石祠东壁画像由上而下分成 6 层，第 6 层左段又分上下两列，上列即为鱼驾车—鹿驾车对阵图。该列画像左段：1 辆三鱼驾的四维车面右行，车上人物残泐不清，车后上下排列 3 鱼，车右上 1 鱼；车前上下排列 2 骑鱼导骑，上者持幡、下者持戟；再右前，上者 1 鱼、中者 1 龟、下者 1 鱼；再右前，上、下各 1 鱼，左侧队伍均面右而行。本列右段：1 辆三鹿驾的四维车面左行，车上 2 人，车左上 1 鹿；车前，上 1 骑鹿者，持幡，下 1 虎；再左前，上 1 奔鹿，下 1 骑鹿者（鹿身躯残泐），持戟；再左前，上、下各 1 鹿，与左段前端的 2 鱼相对，右侧队伍均面左而行（图四）。

1958 年在桑村镇西户口村出土了一批画像石，其中一石上有"东王父"和"泰山君"榜题，陈秀慧女士曾对滕州地区汉代祠堂做过复原研究，将该石视为西户口 1 号祠堂东壁石[②]。该石画面有 10 层，第 4 层为一幅鱼驾车—鹿驾车对阵图。画面左段：最左侧 1 辆一鹿驾的车向右行，车上 2 人，前为御者、后者持便面，车右上侧有"泰山君"榜题，车前 1 骑鹿的导骑；右段：画面残泐较甚，但依稀可辨，最右侧 1 辆车，向左行，车上有人，车前以二鱼或三鱼驾车，再前模糊不清，可见鱼的形状，两车队之间刻竖线相隔（图五）。

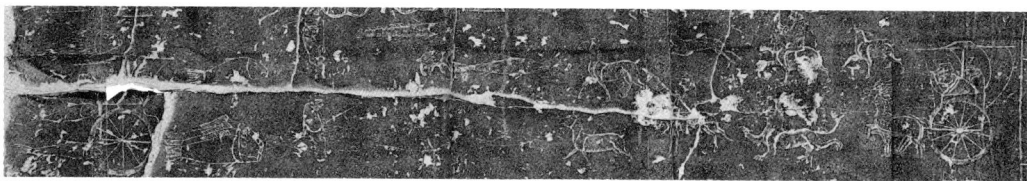

图四　孝堂山石祠东壁"鱼驾车—鹿驾车对阵图"

（山东博物馆拓片）

---

① 桑村镇西户口村原隶属滕州，今隶属枣庄市山亭区，以往报告多称"滕州西户口"，为避免称谓上的混乱，今仍沿袭旧称，不再改动。

② 陈秀慧：《滕州祠堂画像石空间配置复原及其地域子传统》，台北艺术大学美术史研究所中国美术史组硕士论文，2002 年，119 页；燕燕燕：《滕州西户口一号、二号祠堂画像石中榜题图像考》，《中国汉画学会第十三届年会论文集》，中州古籍出版社，2011 年，404 页。

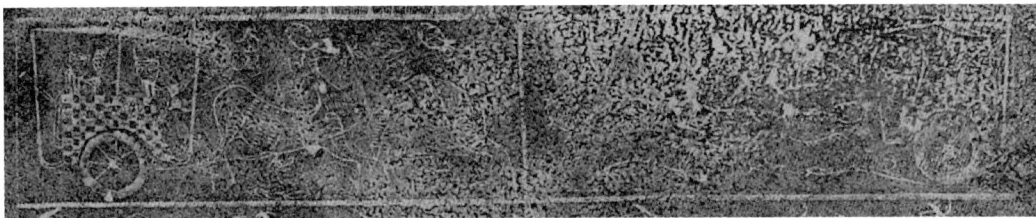

图五　西户口 1 号祠堂东壁 "鱼驾车—鹿驾车对阵图"
（滕州市汉画像石博物馆拓片）

　　上述"对阵图"与"水陆神灵交战图"相比，两者在整体构图方面有着极大的一致性：如两方阵营分别以鹿驾车和鱼驾车为中心、分别代表着陆生动物和水生动物相向而行，水、陆对阵的架势分明。但两者的区别也很明显，前者内容简约，西户口仅见鱼和鹿两种水陆生动物，孝堂山稍多，除鱼、鹿外，水生的还见龟、陆生的有虎；最大的不同是，前者两阵营械斗的迹象不明显，孝堂山画像各阵中仅见一名持戟者，长戟 45° 角向前，似乎有两阵拼杀之意；西户口画像则不见持械者。为与"水陆神灵交战图"相区别，故将此种图像名为"鱼驾车—鹿驾车对阵图"。

　　目前最早提到东王公的纪年文物是收藏于日本的一件东汉"元兴元年"（105 年）的神兽铜镜，刻有"寿如东王父西王母"字样，但镜上未见相对应的东王公像[①]。平阴实验中学 5 号石右上角画像虽然无榜题，但被视为西王母、东王公画像，除旁侧侍立的鸟首人身、马首人身神怪外，东王公像本身不见任何神性特征，此东王公像位于祠堂后壁，十分罕见，报告作者将其推测为东汉章和时期的作品[②]，可备一说。滕州西户口祠堂东壁第 3 层有"东王父"榜题，明确地指向本层正中持便面者为东王公，其着装与凡人一致，亦不见任何神性身份标志，若无榜题，就难以识别；虽然东王公像已出现在祠堂东壁，不过尚未列于祠堂东壁石的最顶端，似乎还不能与位居祠堂西壁顶端的西王母画像平起平坐。这些特点均说明滕州西户口 1 号祠堂东壁画像具有东汉早期画像石特征，推测其年代与元兴元年神兽铜镜、平阴实验中学 5 号石年代相当，在公元 100 年前后。孝堂山石祠是迄今保存地面上的最早的一座祠堂建筑，祠堂内最早的题记纪年为永建四年（129 年），一般学者认为石祠建造于东汉早期[③]。从图像内容的空间布置推测，孝堂山祠堂较之下文的肥城—平阴类型祠堂年代略晚一些，可具体到公元 80～100 年之间。

　　（二）鱼驾车—鹿驾车出行图

　　该种图像亦以鱼驾车和鹿驾车为中心，但两车队同向而行，而不是呈对立的局面，

①　李淞：《论汉代艺术中的西王母图像》，湖南教育出版社，2000 年，35 页；高萍：《汉代铜镜中的东王公图像研究》，《中国汉画学会第十二届年会论文集》，中国国际文化出版社，2010 年，38 页。
②　平阴县博物馆：《山东平阴县实验中学出土汉画像石》，《华夏考古》2008 年 3 期，32～36 页。
③　蒋英炬：《孝堂山石祠管见》，《汉代画像石研究》，文物出版社，1987 年，204 页；罗哲文：《孝堂山郭氏墓石祠》，《文物》1961 年 4、5 期，44 页，推测孝堂山石祠年代约在 1 世纪间；《中国画像石全集》编辑委员会：《中国画像石全集 1·山东汉画像石》，山东美术出版社，2000 年，14～15 页图版说明，将孝堂山画像年代标为"东汉章帝时期，即 76～88 年"。

实例有肥城栾镇和平阴实验中学祠堂画像石。

1956 年肥城栾镇村发现两块画像石，其中一块刻有鱼驾车—鹿驾车出行图，位于该石画面最上列的右段，向左行进：最前端为 1 辆三鱼驾车，车上 2 人；其后 1 辆一鹿驾车，车上 2 人，最后 1 羽人骑鹿（图六）。

1991 年平阴实验中学内发现了一批画像石，其中 1 号石有鱼驾车—鹿驾车出行图，但两驾车队不在同一列画面中，分别布置在该石画面的右下端和右上端的对称位置上。鱼驾"车"出行图（此处不是车而是船）位于画面最下列右段，向左行进：最前端上下 3 鱼，后 1 辆三鱼驾的船，船上 2 人，前为御者，2 人间 1 桅杆，船下及后侧 2 鱼，后另 3 鱼。鹿驾车出行图位于画面最上列右段，向左行进：最前 1 人面右恭迎，后 1 鹿向左、头向右回顾，再后 1 骑鹿者，再后 1 辆一鹿驾的轺车，车中 2 人，最后 2 骑鹿者（图七）。

此两幅图像较之西户口、孝堂山祠堂上的"鱼驾车—鹿驾车对阵图"，虽然主车的构图元素的变化不大，但图式上已有了极大不同。主要表现在：画面更为简约，两主车同向而行，没有形成对阵的局面，平阴实验中学画像中的两主车甚至没有刻画在同一个列队中；两幅图像中均仅有鱼和鹿两种动物，难以形成水、陆生动物"群"的概念。鉴于此，本文将此种图像命名为"鱼驾车—鹿驾车出行图"。栾镇祠堂石上有"建初八年"（83 年）题记，年代明确。虽然实验中学祠堂石没有纪年，但无论雕刻技法还是画像构图，均与栾镇石极为一致，一般将两者视为同一时期的作品，即年代为"建初八年"前后。

上文通过构图元素为线索，按"倒推"的方式，将"鱼驾车—鹿驾车出行图""鱼驾车—鹿驾车对阵图""水陆神灵交战图"关联在一起，并进行了比较，可以发现此三种图像存在一个因袭相承的脉络：早期的"出行图"（83 年前后），鱼驾车队和鹿驾车队出现在同一幅或同一列画像上，同向而行，代表动物仅有鱼和鹿，或随行，或为驾

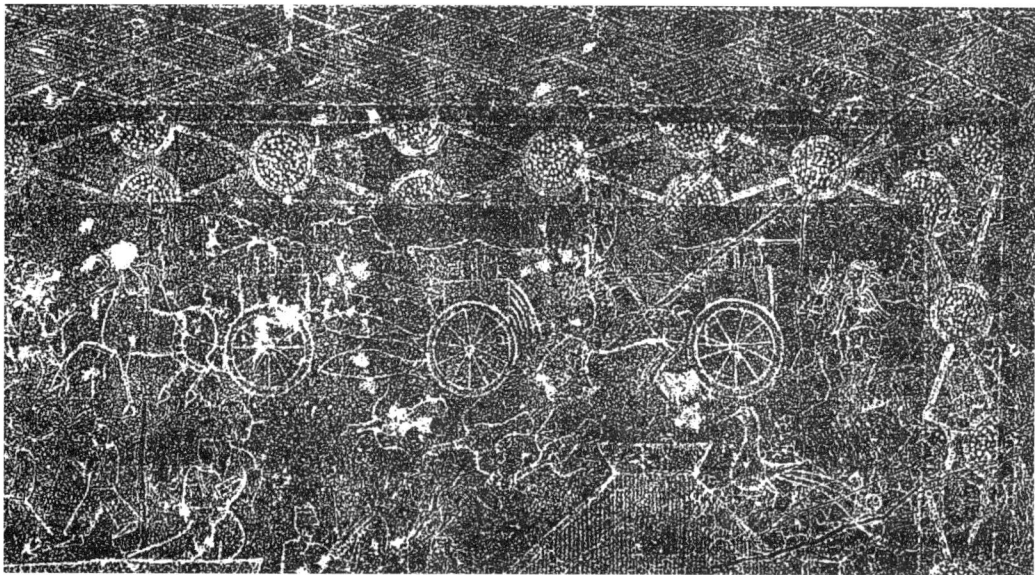

图六　肥城栾镇"鱼驾车—鹿驾车对阵图"

（摘自王思礼《山东肥城汉画象石墓调查》图一）

图七　平阴实验中学祠堂后壁画像
（摘自邢义田《汉代画像胡汉战争图的构成、类型与意义》图40）

乘，不持兵器，画面气氛和谐；中期的"对阵图"（100年前后），鱼驾车队和鹿驾车队在同一列画面上相向而行，除了鱼、鹿之外，各自车队中还增加了其他种类动物，并且出现了持兵器者，水陆动物对阵的架势初显；晚期的"交战图"（东汉中晚期），在同一列画面上（有的分属不同画像石）仍以鱼驾车和鹿驾车为中心分为相向的两方阵营，画面的焦点为车队前端分野清晰的水、陆动物群，大多持器械，有打斗或对峙的情节。在这个演变的脉络中，最基本的构图元素是同图并存的鱼驾车、鹿驾车和随行的鱼、鹿或骑者；在此基础上渐渐衍生出其他新的元素，如双方由单一的鱼、鹿演变为水、陆动物群，由和谐的同向出行演变为血腥的相向对抗等。由此可看出，"水陆神灵交战图"的源头可以上溯到"鱼驾车—鹿驾车对阵图"，甚至是"鱼驾车—鹿驾车出行图"。目前，三种图像只出现在济南以南的鲁南地区，范围不大，传播不广。

三、关联图像

鉴于上述三种图像均具有"鱼驾车—鹿驾车"这个相同的元素，图式的演变亦存在前后承袭的关系，暂将它们视作同类题材加以讨论，在下文叙述中合称为"鱼驾车—鹿驾车图"。为了更好地理解图像在建筑空间中的意义，不妨来考察一下鱼驾车—鹿驾车图空间位置及其关联图像。

（一）肥城栾镇祠堂与平阴实验中学画像

肥城栾镇祠堂石发现于墓葬中[①]，是后代人利用汉代祠堂石修筑的墓葬。该石画像

---

① 王思礼：《山东肥城汉画象石墓调查》，《文物资料丛刊》1958年4期，34～36页。

分两大层（图八）。第1层右段为鱼驾车—鹿驾车出行图；左段为胡汉交兵图；第1层
与第2层之间有狩猎图。第2层正中为双阙楼阁人物图：楼阁内上两层人物似在奏乐，
最下层一人端坐，其他人作侍奉状或拜谒状，楼阁两侧分别是持规与矩的伏羲、女娲，
作人身蛇尾之状。

平阴实验中学1号石亦发现于一座晋墓中，原是汉代祠堂后壁石[①]，该石画面布局
与肥城栾镇石大体一致，由上而下分两大层。第1层画像又分上下两列（图七）：第1
层上列右段为鹿驾车出行图，左段是电母、雨师和雷神出行图；下列为胡汉交兵图。
第2层画像亦分上、下列：上列正中为双阙楼阁人物图，三层楼阁的上、中层为端坐
人物，下层为车马出行图，楼阁顶部有羽人饲鸟图；双阙右上为人身蛇尾的伏羲女娲，
右下二人持兵打斗；双阙左上有对揖的狐狸（？）、捣药的玉兔，左下为乐舞杂技；下
列右段为鱼驾船出行图，中段为狩猎图。

（二）长清孝堂山与滕州西户口祠堂画像

长清孝堂山祠堂结构保存基本完整，画像主要分布在3个壁面和隔梁上。祠堂后
壁画像分4层：第1层为车马出行图，有"大王车"榜题；第2层为三联的双层楼阙
人物图；第3层为孔子见老子图，有"孔子"榜题；第4层为车马出行图，有"二千
石"榜题。祠堂东壁画像分6层：第1层三角锐顶上列为持矩伏羲，下列为风伯吹屋、
雷车出行图；第2层为车马出行图，有"相""令"榜题，与后壁第1层相连；第3层
为历史故事图，有"周公"榜题；第4层分三段，左段庖厨图、中段乐舞百戏图、右
段人物拜谒图；第5层为两列相对而行的车骑图；第6层分两段，左段上列为鱼驾

图八　肥城栾镇祠堂后壁画像

（摘自邢义田《汉代画像胡汉战争图的构成、类型与意义》图8）

① 平阴县博物馆：《山东平阴县实验中学出土汉画像石》，《华夏考古》2008年3期，32～36页。

车—鹿驾车对阵图，下列有鹿、兔、人物等听琴图，右段刻画楼阁和赈粮的场景。祠堂西壁画像亦分6层：第1层锐顶上列为持规的女娲，下列为西王母仙境图；第2层为车马出行图，与后壁第2层相连；第3层为人物拜谒图；第4层为胡汉交兵图，有"胡王"榜题；第5层为狩猎图；第6层刻六博、宴饮图。祠堂中部三角隔梁石两面均刻画像：东面刻泗水捞鼎故事，西面刻七女为父报仇故事，底面为日月星辰图像①。

陈秀慧女士对滕州西户口1号祠堂进行了复原，该祠堂为单开间平顶建筑，现存三石，即东壁石、西壁石、屋顶石，后壁石不明②。东壁画像分10层：第1层为人面神兽图；第2层为孔子见老子图，有"孔子""老子"榜题；第3层为东王公画像，有"东王父"榜题；第4层为鱼驾车—鹿驾车对阵图；第5层为狩猎图；第6层为山林野兽图；第7~9层均为人物端坐图；第10层有划船垂钓图（图九）。西壁石画像亦分10层：第1层为西王母画像；第2~5层以建鼓为中心，有玉兔捣药、蟾蜍抬碗、乐舞等；第6~10层为人物拜谒图、庖厨图、六博图等。

（三）武氏祠左石室画像

按蒋英炬、吴文祺两先生的复原，左石室为两面坡顶双开间祠堂，后壁正中另开小龛，结构相对复杂，画像遍布祠堂内壁，包括三角隔梁、屋顶坡。后壁画像分5层：第1层为孔门弟子图；第2层为车马出行图；第3、4层为历史故事图；第5层为伏羲、女娲等神灵图。后壁小龛正壁画像分2层：第1层为双阙楼阁人物图；第2层为车马出行图。东壁画像分6层：第1层锐顶为东王公图；第2层为孔门弟子图，与后壁第1层相连；第3层为车马出行图，与后壁第2层相连；第4~6层左段分别为乐舞图、车骑图、庖厨图，右段为历史故事图。西壁画像分4层：第1层锐顶为西王母图；第2层为孔门弟子图，与后壁第1层相连；第3层为车马出行图，与后壁第2层相连；第4层为水陆攻战图。

左石室屋顶构件现存3石。前坡东段画像分2层：第1层羽人出行，刻羽人驾三龙云车；第2层为祠主夫妇升仙图，画面右段刻西王母、东王公端坐云端，祠主夫妇分别乘车奔向两位神仙。前坡西段画像分4层：第1层为羽人、神兽出行图；第2层为雷神出行图，左侧羽人拉鼓车，雷神持锤，风伯、雨师、电母随行，右侧有天罚图；第3层为诸神出行图，右侧刻画持五兵的神兽；第4层为诸神出行图，刻画神人背虎负牛、拔树执牛尾的场面。后坡东段画像分3层：第1层为水陆神灵交战图中的半幅图像，以"鱼驾车"为中心的水神队列；第2层，残甚难辨；第3层，残甚，可见带翼神人，有的持锤、有的戴三角斗笠③。

① 《中国画像石全集》编辑委员会：《中国画像石全集1·山东汉画像石》，山东美术出版社，2000年，22页，图四二。
② 陈秀慧：《滕州祠堂画像石空间配置复原及其地域子传统》，台北艺术大学美术史研究所中国美术史组硕士论文，2002年，119页。
③ 朱锡禄：《武氏祠汉画像石》，山东美术出版社，1986年，图三〇、图三二、图二八；同①，图八七~图八九。

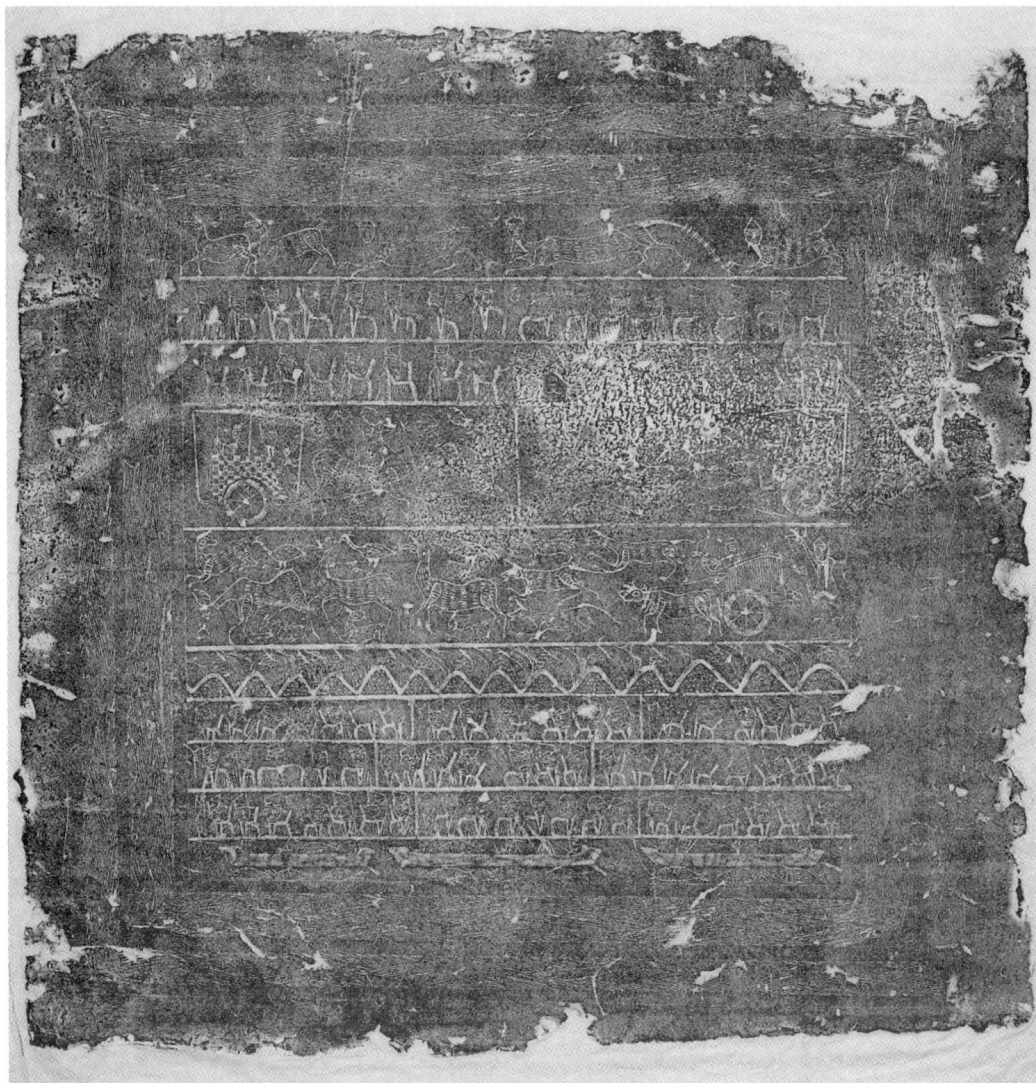

图九　西户口1号祠堂东壁画像
（滕州市汉画像石博物馆拓片）

（四）长清大街M1前第1小室和中第1小室画像

2005年山东省文物考古研究所在长清大街村发现了2座大型汉画像石墓，其中M2已破坏，仅收集3块画像石，M1虽然被盗，但墓葬结构保存相对完整。M1墓室东西10.12、南北10.68米，共由9个小室组成，其中前室2个、中室4个和后室3个，前室、中室为石筑，后室为砖室，根据墓葬形制、出土器物和画像内容判断，该墓为东汉晚期遗存①。

---

① 党浩、李胜利、李勇：《大街南汉画像石墓》，《山东省南水北调文物保护工作报告（2004～2006）》，10页；为内部资料，正式资料尚未发表，画像石实物移交至山东博物馆收藏。

大街 M1 的画像均刻在横梁石上，墓门南向，本文以最西侧小室为第 1 室，以北横梁画像为第 1 幅画像，并按逆时针方向分别叙述。由于资料未正式发表，故仅对 M1 前第 1 室和中第 1 室的画像布局略做介绍。前第 1 室共 5 幅画像：第 1 幅门楣画像，正中 1 羊头，两侧各 1 伏地的鹿；第 2 幅北横梁画像，为七女为父报仇图；第 3 幅西横梁画像，为狩猎图；第 4 幅南横梁画像（门楣的背面），为车马出行图；第 5 幅东横梁画像，为水陆神灵交战图。中第 1 室共 4 幅画像：第 1 幅北横梁画像，右段为楼阁拜谒图、左段为庖厨图；第 2 幅西横梁画像，为胡汉交战图；南横梁画像，为献俘图；东横梁画像，为车马出行图。

综合上述不同时段、不同建筑类型的实例，将重要的关联图像分别编号，以方便讨论。A：鱼驾车—鹿驾车图，即上文讨论的三种图像；B：联阙楼阁人物图（一般为双阙重楼，也有三联楼阙的）；C：车马出行图；D：伏羲、女娲图（有的为日、月神或玉兔、九尾狐、人面兽身等神兽）；E：狩猎图；F：攻战图（有胡汉交兵图，也有均为汉人形象的攻战图）；G：风、雷等诸神出行图。除 A 外，其他六组图像是画像石中常见的题材，根据以往的研究，大致可将这些图像内容分为三大类：其一，祠主（墓主）内容，即 B、C 图，刻画祠主（墓主）画像或表现祠主（墓主）受祭、亲人祭祀的活动；其二，杀伐内容，即 E、F 图，表现亲人进行的血祭活动或祠主（墓主）生前武功或象征祠主（墓主）在顺利进入死后世界过程中清除障碍的活动；其三，天界或仙界等神话内容，即 A、D、G 图，刻画诸神形象，以示对祠主（墓主）的护佑。

四、关联图像的位置变化

上述 8 例 A 组鱼驾车—鹿驾车图，除大街 M1 出自墓葬外，其他画像均出自祠堂建筑。先看看不同时段 A 图在建筑空间中的位置变化：早期，鱼驾车—鹿驾车出行图位于祠堂后壁画像的最上层右段（也见鱼驾车在最下层右段）；中期，鱼驾车—鹿驾车对阵图位于祠堂东侧壁中下层；晚期，水陆神灵交战图则位于祠堂顶部。从祠堂后壁到祠堂侧壁、再到祠堂顶部，这种空间布局的位移，不仅反映了画像自身的演变，也反映了整个祠堂空间象征意义的逐步变化。下面以 A 图为线索，并以 A 图变化分为早、中、晚三期，分析一下关联图像在不同时期祠堂建筑空间中的位置变化规律（附表）。

（一）早期

鱼驾车—鹿驾车出行图现有平阴实验中学和肥城栾镇 2 例，与之风格相似的画像石在肥城和平阴还发现多例（如肥城另有 3 例、平阴另有 2 例），均是祠堂后壁画像，均为阴线刻，其中肥城西里村的 2 例有纪年，分别为永平十一年（68 年）、永平十六年（73 年）[1]，初步可以推断该类祠堂年代为公元 1 世纪后半早期阶段，代表这时期祠堂的一个地方类型，即肥城—平阴类型。从图像出现的频率和占据画面的位置可知，肥城—平阴类型祠堂后壁中心内容是 B、C 图，这也是山东东汉祠堂后壁恒定的主题。

① 肥城县文化馆：《山东肥城发现"永平"纪年画像石》，《文物》1990 年 2 期，92 页；杨爱国：《幽明两界——纪年汉代画像石研究》，陕西人民美术出版社，2006 年，38、39 页。

该类祠堂后壁最具特点的图像是 D 图，为常见组合图像，山东其他地方类型祠堂后壁则几乎不见该组图像；E、F 图也是常见组合图像；A、G 图出现在后壁较为特别，时有时无，为不稳定的组合图像。

祠堂后壁原是刻画祠主肖像的位置，主要供在世亲人瞻仰和祭祀，而一旦加入 A、D、G 图像组合，则赋予了后壁更丰富的功能：不仅表现了亲人所在的现实空间，也再现了祠主死后的理想世界，有神灵相随、护佑。这一特点在平阴实验中学出土的另一块祠堂后壁石（原报告编为 5 号石）上刻画得十分明显，占据石面中心的是双阙楼阁人物图，其右上侧有三足乌、九尾狐和戴胜西王母、戴冠东王公及侍奉的人身兽首神（图一〇），可知后壁空间已延伸至仙界了，但 D 组的伏羲女娲图像未在该石上出现。5 号石是凿纹地凹面线刻，当比上述阴线刻画像石年代同时或略晚[①]，虽然两者雕刻技法不同，但两者画像具有传承因素，同为凿纹地凹面线刻的平阴实验中学 4 号石中 B 组双阙楼阁图的右侧依然可见 D 图中持矩的人面蛇身神。这似乎可以看到肥城—平阴类型祠堂后壁画像的演变轨迹，即 D 图位置曾一度为西王母东王公图像所替换。这一迹象早在阴线刻的平阴实验中学 1 号石上已有体现，B 组双阙楼阁图右上侧除了有 D 图之外，对称的左上侧还有异兽（狐？）和捣药的玉兔，玉兔捣药图是西王母隐形存在的象征。

迄今仅发现肥城—平阴类型祠堂后壁石，其他构件尚不清楚，目前未见有人对该类祠堂进行复原。因此，祠堂左、右侧壁和顶部画像情况不得而知。不过，从肥城—平阴类型祠堂后壁画像内容来看，已基本囊括了后世祠堂所表现的神仙界、人间、地

图一〇　平阴实验中学 5 号石画像
（摘自平阴县博物馆《山东平阴县实验中学出土汉画像石》图版七：1）

① 平阴县博物馆：《山东平阴县实验中学出土汉画像石》，《华夏考古》2008 年 3 期，32～36 页。报告者将该石断为东汉章和时期，鉴于东王公图像已在该石上出现，笔者判断其年代在公元 100 年前后。

下的内容,如 D 图伏羲女娲、玉兔捣药,A 图羽人骑鹿、鱼驾车,G 图的雷电之神等均已显示后壁空间的神仙特性,其他几组图像则刻画是现实或地下世界内容。犹如西汉帛画一样,在一张平面的画幅上体现了上天入地的理想,不过除 B、C 图画像外,此时其他各组图像的建筑空间位置的象征意义似乎还不十分明确。后壁画像的包罗万象,似乎也在暗示本地早期祠堂左、右壁和顶石可能没有刻画、或仅刻简单的几何纹样①,可能是西王母画像在祠堂侧壁出现之前的一种祠堂样式,这也是本文推测孝堂山祠堂略晚于该类祠堂的一个重要原因。

（二）中期

鱼驾车—鹿驾车对阵图现有长清孝堂山和滕州西户口 2 例,均为阴线刻画。孝堂山祠堂为双开间两面坡顶建筑,画像主要分布在后壁、东西侧壁和三角隔梁上,屋顶没有画像;滕州西户口 1 号祠堂为单间平顶小祠堂,画像亦主要分布在三墙壁上,顶石仅侧面有画像,是滕州地区现存最早的祠堂画像石之一。从画像特征而言,两祠堂延续了肥城—平阴类型祠堂风格。

与早期祠堂石相比,孝堂山和西户口两祠堂关联图像的建筑空间位置大致有如下变化。A 组鱼驾车—鹿驾车图移至祠堂东壁的中下部。B 组联阙楼阁人物图位置未变,依然是祠堂后壁的中心画像②。C 组车马出行图依然在祠堂后壁,与 B 组图像紧密相连。D 组伏羲女娲图由后壁移至西壁最高处,与西王母主神为伴。E 组狩猎图由后壁移至两侧壁。F 组攻战图由后壁移至侧壁或顶石。G 组风、雷等诸神出行图由后壁上层移至东壁侧壁上层。总言之,象征祠主的 B、C 图位置没有变化,表现杀伐内容的 E、F 图由后壁移至侧壁,表现神话内容的 A、D、G 图亦由后壁移至侧壁,其中 D、G 图位于两侧壁最高层。这些变化应与民间神话信仰息息相关,两汉之际西王母信仰兴起,象征人类繁衍的伏羲女娲地位也逐渐为掌管长生的西王母神所代替,甚至成为后者的陪侍;同时,建筑空间的象征意义也逐渐形成,三面墙壁的最高点为象征仙界的西王母等诸神所占据。本文讨论的 A 图神性尚未很好地体现,仅处于东壁中下位置,与同为杀伐内容的 E、F 图位置大致相当,其实在早期的 2 例祠堂画像石上,A 图与 E、F 图关联在同一列画像中,似乎暗示:在和谐的鱼驾车—鹿驾车出行图中已隐藏着血腥和凶杀的因素。

（三）晚期

水陆神灵交战图有 3 例来自武氏祠,其中 1 例为左石室屋顶石。与早、中期祠堂石相比,左石室中关联图像有如下变化。A 图出现在屋顶上;B、C 图依然是后壁中心图像;D 图又在后壁出现（似是个例）;E 图不见、F 见于侧壁和三角隔梁;G 出

---

① 山东省石刻艺术博物馆杨爱国先生私下也曾提及此想法,即肥城、平阴一带早期小祠堂的左右侧壁可能没有雕刻画像。为什么迄今仅见后壁石,无一例侧壁石呢?除破坏外,可能还缘于人们对无画像石块（或几何纹画像石）的不重视,故而不收集、不关注。因无直接证据,故仅为一种猜想,暂存疑。

② 滕州西户口 1 号祠堂后壁虽已不存,但滕州其他年代稍晚的祠堂后壁画像中,楼阙人物图始终占主导地位,西户口 1 号祠堂后壁画像自然不会例外。

现在屋顶。从中可看出最显著的变化是屋顶石装饰画像后，具有神性的 A、G 图出现在祠堂顶部，与两侧壁锐顶上的西王母、东王公图像共同营造了祠堂顶部的神性氛围。鲁南地区单开间平顶小祠堂的顶盖石虽然发现不多，但大约在东汉早期即出现装饰，主要是简单的日月图，其象征意义十分明确，寓意天界；东汉中期以后祠堂平顶盖石上图像内容渐显多样，除日月外，还有星辰、龙虎、羽人及莲花等；两面坡屋顶内容更是复杂，不仅有诸多天神、瑞兽，甚至还有仙界的西王母、东王公等神仙。祠堂顶部作为天界或仙界的寓意日趋丰富，A 图以特殊的空间位置最终突显了自己的神性特征。

到东汉中晚期，画像石祠堂的空间象征意义基本确立：后壁呈现的是祠主画像和祠主活动的空间，对于在世亲人而言，是祭祀先人的场所，对于祠主而言，是死后栖居之地；屋顶和两侧壁最高层呈现的则是天界（自然的或神话的）和仙界，死后升入仙界也是世人祈求长生的一种方式，天界诸神是祠主死后世界的护佑神；两侧壁中下部呈现的是祭祀、褒扬等内容，成为联系生者与逝者的一座桥梁，对于在世亲人而言，画像表达的是一份孝心和怀念，对于祠主而言，是在享受自己往世的这份荣耀、并接受在世亲人的供祭。

从肥城栾镇—平阴实验中学祠堂、到孝堂山—西户口祠堂、再到武氏祠石室，几组关联图像的空间位置经历了从平面走向立体、空间象征意义从模糊走向明确的过程。后壁是祠堂画像的核心内容，B、C 图是后壁上的稳定图像，本文讨论的 A 图，是祠堂中的辅助图像，具有不稳定性，同其他神性图像一样，扮演着祠主死后世界守护神的角色，其杀伐的血腥情节似乎正是诸神在护佑祠主奔向理想境地过程中历经险阻的具体表现。同其他诸多图像一样，或许 A 图原有的故事情节与祠主并无关联、也无关紧要，出现这里，仅具有象征的意义。

出自墓葬的 A 图仅见大街 M1 一例，在分析祠堂关联画像后，便不会奇怪 A、B、C、E、F 等图像组合出现在墓葬中的现象，B 组双阙楼阁人物图占据着类似祠堂后壁的中室北隔梁的位置，A、E、F 这些展示猎杀和攻战场景的图像，既是颂扬墓主生前武功的内容，也是保护墓主死后世界安宁的护佑活动。

五、河伯与泰山君

汉画中，单独存在的鱼驾车图或鹿驾车图并不少见。关于鱼驾车图，一般视为河伯出行的场景，也有认为是祠主（墓主）升仙的情景，"鱼驾车"是升仙的工具[①]。关于鹿驾车图，汉时即有"仙人骑鹿"的传说，带翼羽人骑鹿图像也是画像石上常见题材，"鹿驾车"亦被视为升仙的工具。

"鱼驾车"和"鹿驾车"并存于同幅或同列画像中的现象，除上文所举山东境内的8 例外，其他地区暂未发现。从该类图像特征而言，两辆主车上的人物不应是祠主（墓主），应分别是两位掌握着不同权力的神仙。鱼驾车图的驾乘和侍从以水生或两栖动物为特征，故其主神当来自水中，鹿驾车图的驾乘和侍从以陆生动物为特征，则其主神

---

① 李陈广：《南阳汉画像河伯图试析》，《中原文物》1986 年 1 期，102～105 页；宋艳萍：《汉画像石中的"鱼车图"》，《四川文物》2010 年 6 期，51～56 页。

应来自山上；从以往汉画题材研究来看，最可能的两位神仙是"河伯"与"泰山君"。有两例实物的榜题可作其旁证。其一是一面铜镜，背面浮雕画像，有1辆三鱼驾的云车，车上1人，其旁榜题"何伯"二字，鱼车后还有1骑鱼者随行。"何"通"河"字，此鱼驾车的主神为"河伯"[①]。另一例即是上文所讨论的滕州西户口1号祠堂东壁画像第4层的鹿驾车旁榜题"泰山君"（图一一），可知此鹿驾车的主神是"泰山君"。河伯为水神，统领水生灵异；泰山君是山神，自然统领陆生灵异。此三种"鱼驾车—鹿驾车"图像恰恰出现泰山周边地区，不应只是巧合，应与当地神话传说有关联。

河伯与泰山君的关系，汉代文献尚无确切的记载。不过东晋干宝的《搜神记》中倒是有两篇相关的传说故事。其一，卷四《胡母班致书》故事，胡母班为泰山人，经泰山之侧，泰山府君召胡母班，让他遣书给河伯，并称河伯是他的女婿。泰山府君与泰山君同为泰山主神，两者应有渊源或同指一人。其二，卷四《灌坛令当道》故事，灌坛令即姜太公，周文王做梦，梦中一女子自称是"泰山之女，嫁为东海妇"。此两则传说显示，水神河伯与泰山神有着很亲密的亲戚关系。另外，六朝道书《洞真太上太霄琅书》卷六"为同义救厄疾谢罪请福寮出官诀"中祭问冥府各路神仙时列举了"太山府君二十四丞狱吏""主簿河侯、桥梁水之神、河伯水帝、水丞水府"等名称，则早期道教也已将泰山府君和河伯同列为阴间冥神。尽管魏晋以来的民间传说、道教文献与汉代画像中"鱼驾车—鹿驾车"图内容甚不相合，但也给后者主神身份的判断提供了一些线索，或可能汉代存在一个泰山神与河伯交恶的传说，至魏晋以后却演变成另一个两者结为秦晋之好的故事。

泰山具有双重神性，一为神仙居所、上可通天，二为冥府之地，可主生死[②]。泰山双重神性观念产生时间的早晚学术界尚无定论，顾炎武认为泰山的"仙论起于周末，鬼论起于汉末（指西汉末）"[③]。事实上，东汉以后泰山传说中的神仙观念渐渐变淡，而

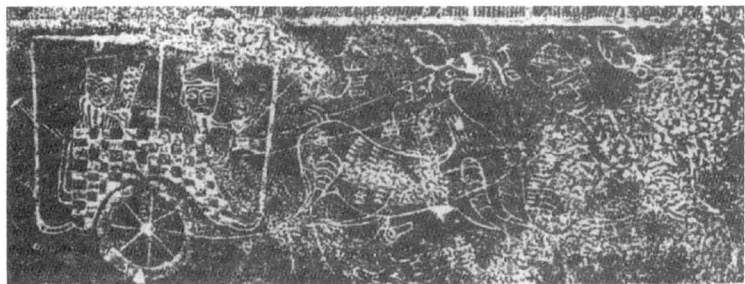

图一一　西户口1号祠堂东壁"泰山君"画像

（摘自燕燕燕《滕州西户口一号、二号祠堂画像石中榜题图像考》图四、图五）

---

① 李陈广：《南阳汉画像河伯图试析》，《中原文物》1986年1期，102～105页。

② 刘增贵：《天堂与地狱——汉代的泰山信仰》，《大陆杂志》1997年5期，193～205页。

③ 顾炎武著，黄汝成集释，栾保群、吕宗力校点：《日知录集释》，上海古籍出版社，2006年，1718页，卷三十"泰山治鬼"条。

冥府观念逐渐加强，泰山神为冥府主宰，魏晋以后泰山神的地位逐渐下降[①]。河伯与泰山神一样也兼具两种神性，早期传说中常游走于天界或仙界，至于何时演变为冥府属吏，暂难考证，有学者认为当源于汉代已产生的"河梁""冥河"观念，"河梁"和"冥河"是死人魂魄受苦役的地方[②]。联系本文讨论的三种"鱼驾车—鹿驾车"图像，水陆神灵由和谐到杀伐场面的演变，是否与泰山君、河伯两种神性观念的变化有关？在图像演变的前期，鱼驾车里的河伯同鹿驾车里的泰山君同为仙界的领路人，同向而行；后期，两者或其一者身份发生了变化，其一变为死者通往仙境的阻碍，因此引起了一场杀斗。人间的杀伐场景是画像石上常见题材，信立祥、邢义田两先生曾有专论，一般不是现实描绘，而多具象征意义[③]。水陆神灵交战图的粉本可能来自民间神话故事，刻于祠堂、墓葬中后，图像原有的故事涵义慢慢淡去，最后仅具丧葬观念的象征意义，即祠主（墓主）在诸神的护佑下，历经险阻，最终顺利升入仙境或理想的地下家园。当然，这只是笔者的一点推想，关于水陆神灵交战图的具体内涵，尚需进一步探究。

2015 年 7 月 9 日于济南

附表 关联图像的空间位置变化一览表

内容 ＼ 位置 ＼ 地点	肥城栾镇	平阴实验中学	长清孝堂山祠堂	滕州西户口祠堂	武氏祠左石室	长清大街 M1
	仅存祠堂后壁（画像 2 层）	仅存祠堂后壁（画像 2 层 4 列）	后壁（4 层）、西壁（6 层）、东壁（6 层）、三角隔梁	存西壁（10 层）、东壁（10 层）、屋顶石前侧（平顶）	后壁（5 层）、后壁龛（2 层）、西壁（4 层）、东壁（6 层）、两面坡屋顶、三角隔梁	前第 1 小室和中第 1 小室横梁（墓葬石室有 6 个，前室 2、中室 4）
A：鱼驾车—鹿驾车图	后壁第 1 层右段	后壁第 1 层上列右段、后壁第 2 层下列右段	东壁第 6 层左段上列	东壁第 4 层	屋顶后坡东段第 1 层	前 1 室东横梁
B：联阙楼阁人物图	后壁第 2 层全部	后壁第 2 层上列	后壁第 2 层	缺（推测在后壁）	后壁小龛正壁上层	中 1 室北横梁右段
C：车马出行图	后壁第 1 层中段	后壁第 2 层上列楼阁图下侧	后壁第 1、4 层，东、西壁第 2 层	缺（推测在后壁）	后壁小龛正壁下层，后壁四 2 层、东、西壁第 3 层	前 1 室南横梁，中 1 室东横梁
D：伏羲、女娲图	后壁第 2 层楼阁图左右上角	后壁第 2 层上列双阙图左右上角（左上角为兔、狐）	东、西壁第 1 层上列锐顶、隔梁石底面	西壁第 1 层西王母像旁侧	后壁第 4 层右段（似是个例）	无

① 萧登福：《汉魏六朝佛道两教之天堂地狱说》，台湾学生书局，1989 年，359～361 页。

② 同①，363～364 页。

③ 信立祥：《汉代画像石综合研究》，文物出版社，2000 年，129～143 页"战争、狩猎及庖厨画像"、328～334 页"桥上交战图"；邢义田：《画为心声——画像石、画像砖与壁画》，中华书局，2012 年，92～135 页"七女为父报仇画像"、315～390 页"胡汉战争图"。本文将"鱼驾车—鹿驾车"图视为护佑祠主安宁的观点源自邢义田先生《汉代画像胡汉战争图的构成、类型与意义》一文的相关论述。

续表

地点 位置 内容	肥城栾镇	平阴实验中学	长清孝堂山祠堂	滕州西户口祠堂	武氏祠左石室	长清大街 M1
	仅存祠堂后壁（画像2层）	仅存祠堂后壁（画像2层4列）	后壁（4层）、西壁（6层）、东壁（6层）、三角隔梁	存西壁（10层）、东壁（10层）、屋顶石前侧（平顶）	后壁（5层）、后壁龛（2层）、西壁（4层）、东壁（6层）、两面坡屋顶、三角隔梁	前第1小室和中第1小室横梁（墓葬石室有6个，前室2、中室4）
E：狩猎图	后壁第2层楼阁图上侧	后壁第2层下列中段	西壁第5层	东壁第5层	无	前1室西横梁
F：攻战图	后壁第1层左段（胡汉）	后壁第1层下列（胡汉）	西壁第4层（胡汉）、隔梁石	盖顶石前侧	西壁第3层，三角隔梁西面	中1室西横梁、南横梁（胡汉）
G：风、雷等诸神出行图	无	后壁第1层上列左段	东壁第1层锐顶下列	东壁第1层（人面神兽）	屋顶前坡西段第1~4层	无
备注	D、E图包含在B图之中	C图包含在B图之中	各组图像相对独立	缺祠堂后壁石	各组图像相对独立	各小室叠涩顶石刻画几何纹

Analyze on the "Amphibious Gods Warring Map" in Han Dynasty and Talk about Space Position Change of Stone Relief in Ancestral Temple in Eastern Han Dynasty

Xiao Guitian   Teng Wei

（Shandong Museum）

This article establishes stone relief images "fish driving - deer driving" land animals - aquatic animals as basic composition elements, and then names eastern stone relief of Xiaotangshan in Changqing and Xihukou in Tengzhou as "fish driving-deer driving against map" and stone relief of Luanzhen in Feicheng and experimental middle school in Pingyin as "fish driving - deer driving travel map". The aim is to explore the evolution trajectory of stone relief image "amphibious gods battle map" by means of backward, which means in early period a simple synthetic "travel map" was on the after wall corner of ancestral temple and in middle period a simple "water camp-land camp against map" was on the eastern wall and in late period a complex "water camp-land camp battle map" was on the top. At the same time, through the analysis on space position change of other related images in different stages, the article discusses the symbolic meaning of the image space position. The author thinks "fish driving-deer driving map" contenting both war and mythology means temple lord got the gods' protection after smoothly entering the death world, and its specific content may be related to folk fairy tales: Hebo and Taishan.

北朝清河崔氏乌水房家族墓研究

王佳月[*]

（北京大学考古文博学院）

士族是北朝重要的社会阶层，在政治、经济、文化方面都承担着关键性角色。北魏孝文帝末年，以魏晋旧籍并当世仕宦为依据，确立了卢、崔、郑、王、李五姓之地位[①]，此后这五姓经营婚宦，社会声望日隆，成为北方第一流门第。

从宗族构成看，北朝士族多数在汉代便已形成郡望，至曹魏西晋渐次凝成，由于宗族发展，郡望下复分成多个房支，至北魏中叶以后虽泛称郡望，却实以房支为单位活动。宗族始终呈现绵延强盛的稳定迹象，但内部房支的际遇变迁及地位升降却各有其时，靠彼此前仆后继来维护世为著姓。

因此，对高门望族及其定著房支的个案研究，成为深入解析北朝社会的重要途径。历史学对士族课题已有长久的关注及成熟的研究方法，但考古学却尚未建立起以考古视角考察士族的方法和体系。20 世纪 80 年代起，历史时期考古学更重要的任务是通过类型学研究墓葬发展规律及区域文化差异，通过学者们的不断努力如今已基本呈现[②]。然而在这种研究下，士族成员的墓葬被按照形制与器物规格，参考生前地位，分别纳入等级序列以资宏观总结，而不再将士族作为一个特殊的社会群体观察。

本文希望基于以往魏晋南北朝考古发现与研究成就，以士族房支为线索，考察家族墓地的特点、变动及原因，力求还原更为丰富的家族面貌，为考古学与历史学结合对中古大族的研究提供个案探索。

之所以选择清河崔氏乌水房作为研究对象，理由有二：

其一，崔氏在孝文帝后渐居五姓之首，而乌水房是清河崔氏在北朝最为重要的房支之一。北魏时，这一房支的代表人物为崔光及其侄崔鸿。崔光历任中书侍郎、侍中、中书令、中书监、司徒，晚年进太保，谥文宣公，一生位高权重，诸子亦出仕高位[③]。

---

[*] 王佳月，北京大学考古文博学院 2010 级硕士研究生，主要研究方向为汉唐考古，现任职于北京大学考古文博学院信息中心。本文是在作者硕士论文《北朝崔氏墓研究》（2013）第二章基础上修改而成。

[①] 《资治通鉴》卷一四〇齐明帝"建武三年（496 年，北魏太和二十年）春正月条"："魏主雅重门族，以范阳卢敏、清河崔宗伯、荥阳郑羲、太原王琼四姓衣冠所推，咸纳其女以充后宫。陇西李冲以才识见任，当朝贵重……时赵郡李氏，人物尤多，各胜家风，故世言高华者，以五姓为首。"中华书局，1956 年，4393 页。

[②] 参见李梅田：《魏晋北朝墓葬的考古学研究》，商务印书馆，2009 年；韦正：《六朝墓葬的考古学研究》，北京大学出版社，2011 年。

[③] 《魏书》卷六七《崔光传》，中华书局，1974 年，1487～1506 页。

光弟敬友为梁郡太守，子鸿为散骑常侍，著有《十六国春秋》，谥文贞侯①。因此，这一房支在北朝士族中的代表性不言而喻。

其二，乌水房墓地为已发掘北朝士族墓地中规模最大者。目前已有不少北朝士族的家族墓地经过发掘，如崔氏、李氏②、高氏③、封氏④、邢氏⑤、甄氏⑥等，一家族内已确认者四至十余墓不等。但由于条件限制，多数墓地未能全部发掘。乌水房墓地于1973年及1983年两次发掘，共清理19座墓葬，出土墓志7方⑦，对其家族面貌的反映必然较为完整。

一、乌水房家族谱系及墓地发掘情况

（一）文献与墓志整合的家族谱系

据《元和姓纂》及《新唐书》卷七十二《宰相世系表》所梳理的崔氏谱系⑧载，崔氏自汉代崔业居于清河东武城，渐成清河郡望，崔业六世孙崔泰一支从清河东武城本宗分化出来，迁居郓县并以此为籍。而居于东武城的成员，至曹魏有崔琰仕至尚书、中尉，致使家族兴旺，崔琰后代至北朝形成清河大房、小房、青州房数个重要房支。

乌水房则是迁居郓县的崔泰之子崔景后代，与清河大小房、青州房血缘相对疏远。《新唐书》卷七十二《宰相世系表》二下，崔氏条载：

> 南祖崔氏：泰少子景，字子成，淮阳太守，生挺……荫生聊城令怡，字少业。怡生宋乐陵太守旷，随慕容德度河居齐郡乌水，号乌水房。生清河太守二子：灵延、灵茂。灵茂，宋库部郎中，居全节，生稚宝。稚宝，后魏祠部郎中。生逴，字景通，北齐三公郎中。生周司徒长史德仁。德仁生君实。

另据乌水房墓地第二次发掘出土的崔猷墓志称："祖乐陵太守旷……父清河太守灵环……故太傅领尚书令文宣公即君从父兄也"，知崔旷另有一子灵环，这一支亦葬于家族墓地中⑨。故梳理乌水房谱系如下（表一）：

① 崔鸿谥号史书无载，子崔混墓志"黄门文贞侯之长子"。赵超：《汉魏南北朝墓志汇编》，天津古籍出版社，2008年，326页。
② 石家庄地区革委会文化局文物组：《河北赞皇东魏李希宗墓》，《考古》1977年6期，382～390页。另有赞皇县西高村的李元茂家族墓，2011年发掘，资料尚未发表。
③ 河北省文管处：《河北景县北魏高氏墓群发掘简报》，《文物》1979年3期，17～25页。
④ 张季：《河北景县封氏墓群调查记》，《考古通讯》1957年3期，28～36页。
⑤ 孟昭林：《记后魏邢伟墓出土物及邢蛮墓的发现》，《考古》1959年4期，209～210页。
⑥ 孟昭林：《无极甄氏诸墓的发现及其有关问题》，《文物》1959年1期，44～46页。
⑦ 山东省文物考古研究所：《临淄北朝崔氏墓》，《考古学报》1984年2期，221～243页；张光明、李剑：《临淄北朝崔氏墓地第二次清理简报》，《考古》1985年3期，216～221页。
⑧ 参见林宝：《元和姓纂》卷三，中华书局，1991年，125页；《新唐书》卷七十二《宰相世系表》二下"崔氏"条，中华书局，1975年，2729～2817页，下文均引自此。
⑨ 张光明、李剑：《临淄北朝崔氏墓地第二次清理简报》，《考古》1985年3期，220～221页。

表一　清河崔氏乌水房世系表（仅列文中相关成员）

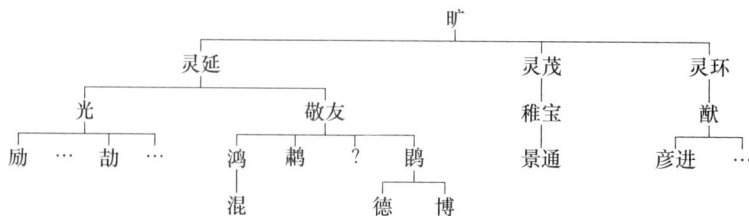

```
                             旷
        ┌────────────────────┼──────────────┬──────────┐
      灵延                               灵茂        灵环
   ┌────┴─────┐                          稚宝      ┌──┴──┐
   光        敬友                        景通      猷
 ┌─┴──┐  ┌──┬───┬───┐                          ┌──┴──┐
 励…劼… 鸿  鹔  ?  鹍                        彦进…
        │         │
        混       德 博
```

　　永嘉之乱，清河崔氏留居北方原籍，后燕分裂后，东武城、鄃县的数个房支随慕容德南渡至青州。鄃县崔旷定居青州时水①，时水即乌水②，故号为乌水房。刘宋时侨设冀州清河郡鄃县，居"澅水里"③，可谓在文献中北朝清河崔氏居葬地最为明晰的房支。北魏平青齐，曾作为平齐户被迁往平城④，后例得还乡，重返乌水。

（二）家族墓地要素及发掘报告存在问题

　　历史学对士族的谱系、家族婚宦史都已研究成熟，而考古材料恰恰补充了士族在乡里的生活资料。在北朝，士族虽离乡仕宦，但并不放弃地方基础，有成就者生前活动于城市，死后亦归葬，因此乡里的家族墓地能够系统地显示家族状况。

　　家族墓地由墓葬排布、墓葬形制和随葬品三要素组成，各具一定特点。宿白⑤、徐苹芳⑥、李蔚然⑦、韩国河⑧都已对汉魏南北朝家族墓地的排布规律进行分析，罗宗真⑨、韦正⑩对东晋士族墓葬形制、随葬品进行了讨论。如韦正总结东晋家族墓特点有：同一墓地按一定规律排列，不同家族排布规律不尽相同；家族墓地内墓葬规模区别不大、墓葬形制有一定规则，但出现规格与社会地位并不相称的情况；每个家族的随葬品亦有一定原则。

　　可见，家族有自己的墓葬文化。而实际上，一家族内兴衰起落，早晚墓葬亦呈现变化。在此先要解释本文两个用词：

　　秩序：本文将同一葬地的统一特点称为该家族墓的秩序，以体现家族成员对这一特点的认同和遵守，并通过成员对某些特点的执行情况，考察家族变动。它不一定是这个家族早先就具备的传统，但一经建立后就被有条不紊地执行，也会因历史原因消亡。

① 《魏书》卷六七《崔光传》（1487 页）："东清河鄃人也。祖旷，从慕容德南渡河，居青州之时水。"
② （北魏）郦道元著，陈桥驿校正：《水经注校正》卷二六"淄水"条："时水出齐城西南二十五里，平地出泉，即如水也。亦谓之源水，因水色黑，俗又目之为黑水。"中华书局，2007 年，626 页。
③ 崔博墓志言"卒于澅水里"，释文见赵超：《汉魏南北朝墓志汇编》，天津古籍出版社，2008 年，459 页。
④ 崔猷墓志："魏威南被，阖门北徙，便堪冒险。"释文见李嘎：《北魏崔猷墓志及相关问题》，《考古》2007 年 1 期，70～78 页。
⑤ 宿白：《北魏洛阳城与北邙陵墓》，《文物》1978 年 7 期，42～52 页。
⑥ 徐苹芳：《中国秦汉魏晋南北朝时代的陵园和茔域》，《考古》1981 年 6 期，521～530 页。
⑦ 李蔚然：《论南京地区六朝墓的葬地选择和排葬方法》，《考古》1983 年 4 期，343～346 页。
⑧ 韩国河：《论秦汉魏晋时期的家族墓地制度》，《考古与文物》1999 年 2 期，58～74 页。
⑨ 罗宗真：《六朝考古》，南京大学出版社，1994 年，112 页。
⑩ 韦正：《六朝墓葬的考古学研究》第五章第二节之"家族墓葬分析"，北京大学出版社，2011 年，283～288 页。

变动：考古学常以某一形制为线索论演变，但本文以族为线索，同一家族可能出现不同类型的墓葬、器物。它们与家族原有秩序不合，并非自然演变的结果，反显示了家族秩序遭遇渗透或破坏。由于大多数房支不会兴盛过久，因此讨论家族秩序常遇到变动，而非演变。

以上，对一房支内墓地排布、墓葬形制、随葬品的特点进行总结，考察秩序变动及原因，能够深入解读这一房支的面貌，并为相关研究打下基础。

乌水房墓地位于今山东省淄博市临淄区大武公社窝托村南约400米，依黄山北麓，北濒乌河，乌河西南的山前平地一直被认为是崔氏聚族而居处①（图一）。墓地前后经两次发掘：1973年该处辛店发电厂施工，在厂东南部发掘14座墓葬，简报编号M1～M14，出土乌水房成员墓志6方②；1983年又在该处清理5座墓葬，简报编号M15～M19，出土乌水房成员墓志1方③。

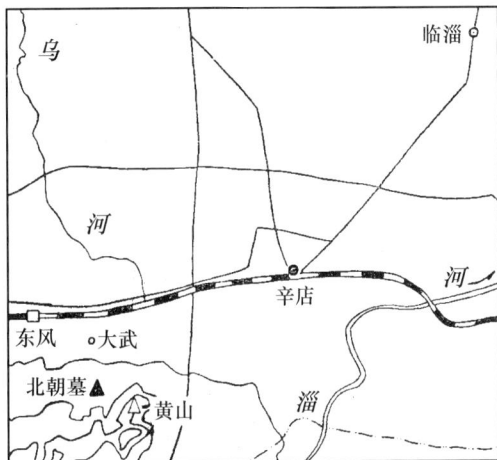

图一　乌水房墓葬位置

由于旷子灵茂一支已在早时迁往平陵④，居住于临淄的乌水房成员，应包括崔旷二子灵延、灵环的后人。据崔猷墓志出土，又崔德墓志云"葬于黄山之北、黑水之南、太保翁之墓所"、崔鹏墓志云"窆于先君旧兆"⑤，知这个葬地至少葬有崔光、崔敬友、崔猷三兄弟及他们的子孙辈。

这批墓葬不仅印证了文献中对这一房支居葬地的记载，而且由于其规模、形制，在北朝家族墓中既重要又特殊。

据简报，19座墓葬均为石室墓，墓道朝向西北，由墓室、墓道或甬道组成，多单室，个别墓附一耳室。其中18座墓室平面呈圆形或椭圆形，墓顶内收成穹隆状，有的穹隆顶中心呈方口形，上覆盖一石板；仅M5墓室平面呈方形，墓顶似四角攒尖状。多为单人葬，也有夫妇同穴合葬墓（表二）。因早年盗掘和毁坏，这些墓多顶部坍塌，葬具、尸骨无存，随葬品放置凌乱。出土随葬品近300件，以陶器为主，还有铜器、铁器、瓷器、钱币、陶俑等，并出土有纪年墓志7方。

---

① （清）张承燮等：《益都县图志》卷七《疆域志上》："时水，即今之乌河。故唐宰相世系表谓之乌水房，源出临淄西南二十五里之矮槐树庄，在金岭镇东十余里，西北流径镇东北，县与临淄以水分界，水西南聚落无大于镇者，当即崔氏聚族之所。"中国文史出版社，2006年，109页。

② 山东省文物考古研究所：《临淄北朝崔氏墓》，《考古学报》1984年2期，221～243页。

③ 张光明、李剑：《临淄北朝崔氏墓地第二次清理简报》，《考古》1985年3期，216～221页。

④ 近历城。（唐）李吉甫《元和郡县图志》卷十齐州"全节县"条："本春秋谭国之地，齐灭之。汉以为东平陵县，属济南郡。宋省'东'字。后魏为东陵，至唐省。"中华书局，1983年，277页。

⑤ 崔鹏墓志释文见赵超：《汉魏南北朝墓志汇编》，天津古籍出版社，2008年，320页。

表二　清河崔氏乌水房墓葬形制举例

形制	圆形	椭圆形	方形
数量	18		1
墓例	M3（崔混墓）	M16	M5（崔德墓）
墓葬平面图			

关于这 19 座墓的年代，其中 6 座有墓志出土，纪年明确；此外简报根据出土陶瓷器等随葬品的情况，对另 7 座墓的年代也做出了推断[①]；尚有 6 座墓由于早年破坏严重，墓内器物无存，属于北朝何期已难知晓（表三）。

表三　清河崔氏乌水房墓葬年代情况

情况	纪年明确						简报推断						难以判断
	北魏		东魏		北齐		北魏			东魏		北齐	北朝
年代	延昌元年	孝昌二年	天平四年	元象元年	天统元年	武平四年	比M1略早	与M1同时	比M3略早	?	?	?	?
	512	526	537	538	565	573							
墓葬	M15	M1	M14	M3	M5	M12	M10	M17	M7	M4 M16	M6 M9		M2/M8 M11/M13 M18/M19
墓志	崔猷	崔鸿 张玉怜	崔鹨	崔混	崔德	崔博	?	?	?	?	?		?

但是，由于当年的条件限制，这批墓葬的发表情况并不理想，简报中有诸多疏漏：

如墓葬的纪年错误。第二次发掘的简报称两次发掘的崔氏墓"经历了北朝时期百余年的时间（崔猷墓最早，493 年；崔博墓最晚，577 年）"。然而实际上，崔猷墓志载："以（永平）四年二月廿五日遘疾终于洛阳晖文里宅，春秋五十八。延昌元年十一月廿八日葬于本邑黄山之阴"[②]，则墓地中纪年最早的崔猷墓为延昌元年（512 年）。而崔博墓志载："以大齐武平四年岁次癸巳十月癸巳朔十日壬寅窆在黄山之阴"[③]，则墓地

① 关于崔氏未出墓志各墓的年代推定说明：临淄崔氏墓除 6 座年代确定外，仅 7 座墓或多或少出有器物，多残破，且由于当时条件所限，报告发表仅给出部分器物照片和绘图，因此，依据简报发表的随葬品情况再次订正 7 墓的年代非常困难，且墓地的主要延续时间在北朝阶段，器物演变差之毫厘，残破之后更难以确定。因此，本文在对出土器进行考察后，认为简报的推断大致有所依据，故沿用简报对 7 座墓的大体时代推断。
② 崔猷墓志，释文见李嘎：《北魏崔猷墓志及相关问题》，《考古》2007 年 1 期，70～78 页。
③ 崔博墓志，释文见赵超：《汉魏南北朝墓志汇编》，天津古籍出版社，2008 年，459 页。

中纪年最晚的崔博墓为武平四年（573 年）。简报对两个年份都记录有误，纪年范围应为 512～573 年，约 60 年。

再如墓葬的墓向错误（图二）。第一次发掘的简报明确指出"十四座墓葬都是朝西北方向的石室墓"，但 M1 崔鸿墓的平面图却将墓向标为东南[①]。第二次发掘的简报指出 M16"坐南向北，方向 315°"，是朝向正西北，但 M16 的平面图却将墓向标为正东北（本文中研究时所用图已修改为正确墓向，如表二 M16）。

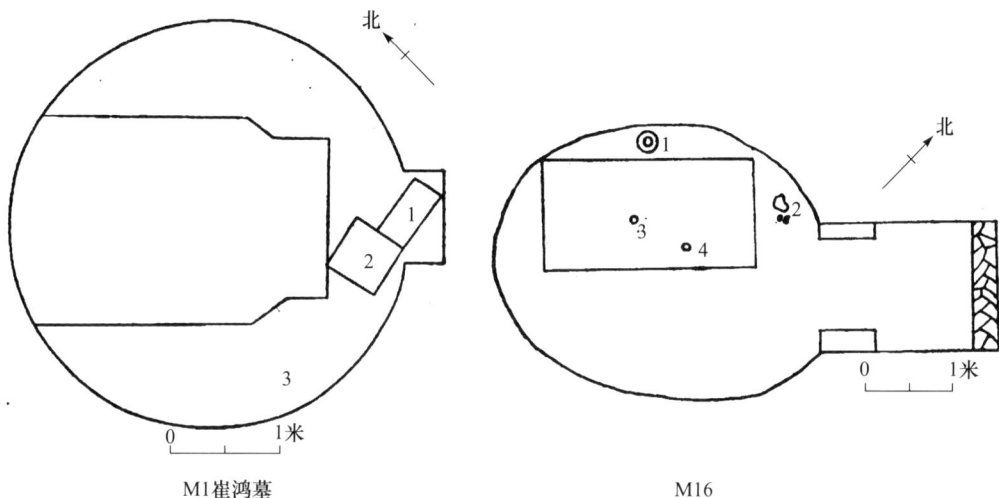

图二　乌水房简报墓向标注错误示例

再如墓葬平面图的缺少。在发掘的 19 座墓中，只有 M1、M3 给出了平、剖面图，M16 给出了平面图，其余 16 座墓葬或平面圆形或"平面略呈圆形"，都没有具体图纸，亦不清楚墓葬大小及墓内棺床、随葬器物的位置。

最后是墓地平面图的缺漏。魏晋南北朝是家族墓发展的重要时期，而作为当时著姓清河崔氏乌水房，其家族墓地的发现意义不言而喻。但遗憾的是，这片墓地最终没有留下平面图，也不清楚两次发掘的位置关系。只有第一次发掘的简报，曾描述过 M1 与 M3、M3 与 M5 的位置关系。

关于以上两次发掘报告中纪年、墓向的错误，本文在讨论时都予以更正。

下文将首先结合北朝大族家族墓的排布规律，对乌水房墓地排布进行复原尝试，然后在此基础上讨论这一房支墓地秩序的变动及原因。

二、北朝家族葬地的排布规律

在古代，族墓地的形态受亲族关系、土地关系两方面的影响[②]。自战国至北朝的族

---

① 另，第一次发掘简报称崔鸿墓"墓室中部用碎石砌成棺床，南端紧贴墓室的南壁"，看来墓道在北，可证图方向标记错误。故简报称"十四座墓葬都是朝西北方向"指墓道朝向。

② 俞伟超：《古史分期问题的考古学观察》，《先秦两汉考古学论集》，文物出版社，1985 年，1～33 页。

墓地大变化，一直是以社会最上层的君王贵族为变革先锋。

商周时期为族坟墓，包括公墓（贵族墓地）与邦墓（国人墓地），是宗法制度下以血缘关系为纽带的同宗同族聚葬。战国以来，随着君权独立及贵族势力加大，导致了独立王陵和贵族家族墓出现[①]，而西汉以后土地的自由买卖最终导致族坟墓的崩溃，以家系为中心的独立墓地在社会各阶层广泛建立[②]。但是，这一时期的家族构成以小家庭为主，秦的法律规定父子或兄弟成人婚后必须分家，这就影响了家庭结构和规模，此风延至汉代，人们对家族的观念亦以核心家庭（父母及未婚子女）或主干家庭（父母及已婚子女）为主[③]，因此无论王陵或是百姓家族墓，都基本以夫妻及一两位子辈的成员墓葬构成。

东汉以降，大家族逐渐发展形成，这类家族墓地遂出现多辈数个主干家庭共存的情况，使墓地规模扩大。从现有的资料看，汉代与北朝的大族墓地存在排布方式的不同，为了更好地确定北朝墓地的排布规律，这里有必要先根据考古材料追溯这一变化及原因。

（一）东汉至北朝大族墓地的排布变化

关于两汉至南北朝家族墓地排布，主要有徐苹芳、李蔚然、李如森、韩国河等学者进行过研究。徐苹芳最早指出有三种：第一种是夫子兄弟一行顺排，如东汉弘农杨氏、西晋吴郡周氏、东晋琅琊颜氏家族墓等；第二种是前后左右按长幼辈分排列，如东晋琅琊王氏、北魏河间邢氏家族墓等；第三种为坟院式茔域，主要流行于魏晋至唐的西北地区[④]。

其后，李蔚然在讨论南京地区六朝墓排葬方法时，将一行顺排具体为"尊者居右"，如琅琊颜氏；将前后左右具体为"尊者居中（或居前）"，如琅琊王氏[⑤]。

这里需要明晰一下描述墓地时"前后左右"的含义。

以南京象山东晋王氏家族墓为例[⑥]。象山共发掘墓葬 11 座，出土墓志所表明的墓主，均系东晋"尚书左仆射、特进卫将军、都亭肃侯"王彬的继室、子女、孙辈。其中象山南麓的 M1～M5，墓道均向南，居南一排西端的 M1 墓主为彬子兴之，东端的 M3 为彬女丹虎（丹虎比兴之年长），而居北一排东端的 M5 为彬孙闽之（墓位关系见表四）。

据王兴之墓志言："葬于先考散骑常侍、尚书左仆射、特进卫将军、都亭肃侯墓之左。"而王丹虎墓志言："葬于白石，在彬之墓右。"显然王彬墓在二墓之间，可能更靠南。

李蔚然在《论南京地区六朝墓的葬地选择和排葬方法》一文中已经指出，东晋时期"埋葬习惯为死者头向墓门（即头向甬道）"，故王丹虎是葬于兴之右侧"同当时的尚右习俗是完全一致的"。

① 赵化成：《从商周"集中公墓制"到秦汉"独立陵园制"的演化轨迹》，《文物》2006 年 7 期，41～48 页。
② 李如森、刘云伟：《试论战国族坟墓制度的崩溃与衰亡》，《吉林大学社会科学学报》2000 年 4 期，89～92 页。
③ 李卿：《秦汉魏晋南北朝家族、宗族关系研究》，上海人民出版社，2005 年，44～53 页。
④ 徐苹芳：《中国秦汉魏晋南北朝时代的陵园和茔域》，《考古》1981 年 6 期，521～530 页。
⑤ 李蔚然：《论南京地区六朝墓的葬地选择和排葬方法》，《考古》1983 年 4 期，343～346 页。
⑥ 象山 M1 发表于《文物》1965 年 6 期，M2～M4 发表于《文物》1965 年 10 期，M5 发表于《文物》1972 年 11 期。

　　则家族葬地中所谓左右，应指安葬墓主的左手和右手侧。而墓主头向则指示墓地前方。则象山王氏家族墓是长辈居于前排，每排长者居右的典例。

　　本文要讨论北朝乌水房崔氏葬地排布，关注点在两汉至南北朝具有代表性大族的葬地上，会发现这些门阀大族墓地的形式在各时期较为统一，发展脉络清晰，相较以往研究可以总结出更多细微的规律。

表四　汉魏南北朝大族家族墓地排布情况

年代	地区	家族	墓数	已知墓主	墓向/头向	排布（正方向↑）	同排尊者居位	墓距
东汉	陕西潼关	弘农杨氏①	7	M2 震 M7 震长子牧? M3 震次子让? M5 牧长子统 M6 让子著 M1 牧次子馥 M4 震四子秉子彪	南/?	河岸断崖（M4 M1 M6 M5 M3 M7 M2） M5　M7 M4　M1　M6　M3　M2	东	各墓墓距为15~27米，墓地南北长约106米、东西宽约167.1米
	陕西华阴	司徒刘琦②	4	M1 琦	东/?	▲ M4 ▲ M3 ▲ M2 ▲ M1	北	
两晋南朝	江苏宜兴	吴郡周氏③	6	M6：宾? M5 处子玘 M4 宾子鲂 M1 鲂子处 M2 处子札? M3 处子靖?	东/?	北 M6 M5 M4 M1 M2 M3 0　20米	北	M1与M2：28米，墓地东西长70米，占地5.7万平方米

---

①　陕西省文物管理委员会：《潼关吊桥汉代杨氏墓群发掘简记》，《文物》1961年1期，56~66页。

②　杜葆仁、夏振英、呼林贵：《东汉司徒刘崎及其家族的清理》，《考古与文物》1986年5期，45~56页。南端的M1墓主刘琦于东汉顺帝阳嘉三年（135年）十一月罢司徒后不久逝世，而这一排最北端的M4被认为是西汉晚期至东汉初期，年代逾百年，则这4座并排墓葬亦属于刘氏家族不同辈分。

③　罗宗真：《江苏宜兴晋墓发掘报告》，《考古学报》1957年4期，83~105页；南京博物院：《江苏宜兴晋墓的第二次发掘》，《考古》1977年2期，115~122页。

续表

年代	地区	家族	墓数	已知墓主	墓向／头向	排布（正方向↑）	同排尊者居位	墓距
两晋南朝	南京郭家山	太原温氏①	4	M9 峤 M12 峤子式之 M13 式之子嵩之？	南／？		东	M10 与 M9：11 米；M12 与 M10：8 米；M13 与 M12：22 米
	南京老虎山	琅琊颜氏②	4	M1 谦 M3 谦弟约 M2 约子綝 M4 镇之	南／南		西	M1 与 M3：25 米；M3 与 M2：11 米；M2 与 M4：15 米
	南京象山	琅琊王氏	11	其中 4 座： M1 彬子兴之 M3 彬女丹虎 M5 彬孙闽之	南／南		东	总占地 5 万平方米
	南京司家山	陈郡谢氏③	4	M6 琰 M5 琰二弟子温 M4 琰三弟球	南／？		东	未载
北朝		河间邢氏	4	前排西：伟 前排东：伟兄蛮	南／南		东	各墓间距都在 60 米左右
	河北赞皇西高村	赵郡李氏—李元茂家族	9	M2 元茂 M51 元茂三弟叔胤 M52 元茂四弟仲胤 M8 叔胤子弼 M7 元茂子秀之 M6 元茂二弟宣茂子蒨之 M4 叔胤子翼 M3 元茂子子云	东／东		北	

---

① 南京市博物馆：《南京北郊东晋温峤墓》，《文物》2002 年 7 期，19～33 页；南京市博物馆：《南京市郭家山东晋温氏家族墓》，《考古》2008 年 6 期，3～25 页。

② 李蔚然：《南京老虎山晋墓》，《考古》1959 年 6 期，288～295 页。据简报称几座墓葬均为"凸"字形，南北向，"北偏西 20 度"，M2、M3 保存完好，为男女合葬，M2"死者皆为头向墓门（头南脚北）"，M3"头向墓门（即头南脚北），男右女左（即墓东女西）"。由此判断，颜氏墓道朝南，而非北偏西。因此颜氏一墓之内固然尊者居右，但墓地却呈现尊者居左。李蔚然云"颜氏家族的排葬次序是以尊者居右而定"有误。

③ 南京博物馆：《南京南郊六朝谢琰墓》《南京南郊六朝谢温墓》，《文物》1998 年 5 期，4～18 页；南京博物馆：《南京司家山东晋、南朝谢氏家族墓》，《文物》2000 年 7 期，36～49 页。

续表

年代	地区	家族	墓数	已知墓主	墓向/头向	排布（正方向↑）	同排尊者居位	墓距
北朝	河北景县	渤海高氏	16	M1 翼兄孙长命？ M5 翼孙潭 M13 祐孙雅	南/南		？	未载
	河北景县	渤海封氏①		M1 封魔奴？	南/？		？	
	河北磁县	上党尧氏②	3	南墓：峻母 北墓：第三子峻		▲ M（峻） ▲ M ▲ M ▲ M（尧赵氏）	？	
	河北赞皇	赵郡—李希宗		M2：宪二子希宗 M4：宪五子希礼	南/	▲ M1 M2 M3 M4 M5 ▲ ▲ ▲ ▲	西	M1：西端稍北 15 米处
	河北平山	博陵崔氏③		M2 仲方 M1 仲方妻 M3 仲方子	南/南		东	东南距崔昂墓 4.5 千米；M1 与 M3：26 米 M1 与 M2：2 米

从上表可以看出，两汉至南北朝有代表性的门阀士族，其家族墓地经历了从父子兄弟一行顺排到按不同辈分的多排形式，而这个变化在已知材料中最早出现于象山的东晋琅琊王氏墓地，北朝诸多大族如河间邢氏、赵郡李氏、博陵崔氏等，都采用的是多排形式。

关于家族墓地这种变化的原因，由于土地关系在西汉已经解放，这里则主要表现为亲族观念上的变化。

----

① 封氏家族墓分布图由北京大学韩爽绘制。

② 磁县文化馆：《河北磁县东陈村东魏墓》，《考古》1977 年 6 期，391～400 页；磁县文化馆：《河北磁县东陈村北齐尧峻墓》，《文物》1984 年 4 期，16～22 页。

③ 河北省博物馆、文物管理处：《河北平山北齐崔昂墓调查报告》，《文物》1973 年 11 月，27～38 页；河北省文物研究所、平山县博物馆：《河北平山县西岳村隋唐崔氏墓》，《考古》2001 年 2 期，55～70 页。

东汉以来，在上层群体中，父系世系意识逐渐强化，表现如一些大族成员墓碑开始能够上溯数世祖先名讳及仕宦，甚至追寻出虚无缥缈的氏族来历，父系观念也导致了家传家谱的出世①。一些大家族开始多辈葬于同一墓地，一行顺排强调了他们的共同祖先：潼关杨氏墓地的杨震、宜兴周氏墓地的周宾、郭家山温氏墓地的温峤、象山王氏墓地的王彬等，这些墓地的早期入葬者，多功业高显，生前光环一直笼罩着后辈子孙的归所。归葬子孙强调他们共同的父系来源，而在序列延伸上并不计较父子叔侄的先后②。

至北朝时期，社会上已普遍形成追溯父系的风气，同族内的成员关系也被重视，尤其大族往往同居共财，以不同支系的联合来维持家族地位，这些都引起了家族墓地的排布变化。北魏迁洛之后，孝文帝严谨地规划了北邙陵墓，最为系统地总结了这种变化。他将道武、明元、太武、景穆、文成、献文、孝文子孙墓地划分在瀍东高地的不同区域，形成了庞大的拓跋皇族墓群，各子孙族葬群"内部的次第，大约是以父子（女）辈左右夹处，兄弟辈并排成列为其特点"，其中父子墓位关系有数种，但皆不同排，而兄弟同排俱按长幼顺序排列③。

拓跋氏洞悉汉人大族之形态，以北魏最大家族的身份地位，再次引领了家族墓布局的变化。北魏以降，河间邢氏、赵郡李氏、博陵崔氏等大族墓地中，都以多排形式区分辈分，并往往以拥有杰出人物的兄弟数人为首，开启新的家族墓地。

（二）北朝大族墓的排布规律

由上文可知，北朝时期的大族墓应为按不同辈分呈多排布局，现进一步分析各家族墓的具体情况，以总结北朝大族墓的排布规律。

1. 河北赞皇西高村赵郡李氏李元茂家族墓地

这一墓地目前所见最早入葬者，为李元茂兄弟四人，而西侧第二排，为四人的子辈（表五）。东排最北端 M1 出元茂墓志、南端 M51 出三弟叔胤墓志、M52 四弟仲胤墓志，则元茂与叔胤墓之间的 M2 已可确定是二弟宣茂墓，知元茂四兄弟按照长幼自北向南入葬。但其子辈则并未围绕于自己的父亲身后，如 M8 为叔胤子弼，M3 为元茂子子云。

表五　赵郡李氏李璨支世系表（仅列文中相关成员）

```
                              璨
        ┌──────────┬──────────────┬──────────┐
      元茂          宣茂          叔胤        仲胤
   ┌───┼───┬───┐  ┌───┬───┐    ┌───┐       │
  秀之 子云 子羽 子岳 藉之 志 …   弼  翼     子仁
```

---

① 侯旭东：《汉魏六朝父系意识的成长与"宗族"问题》，《北朝村民的生活世界——朝廷、州县与村里》，商务印书馆，2005 年，86～107 页。

② 当然，两汉时期尚存在多种复杂的家族排葬方式，如根据墓道方向有相背、相向、向心等聚葬方式，韩国河和赵晓华曾就个案进行过讨论。这种情况正说明了两汉时期家族意识尚处于萌生和发展阶段，人们对家族葬的安排标准不一。由于这些聚葬墓地出土家族成员信息较少，且基本不见于史载，更非代表性的大族，故本文不予讨论。

③ 宿白：《北魏洛阳城与北邙陵墓》，《文物》1978 年 7 期，42～52 页。

但通过墓志考察子辈五人的生卒年，可得如下结果[①]（表六）：

表六 赵郡李氏李元茂家族成员生卒年

墓号	8	7	6	4	3
墓主	弼	秀之	藉之	翼	子云
与长辈关系	叔胤长子	元茂长子	宣茂长子	叔胤次子	元茂次子
生年	479	479？	479	483	484
卒年	526	527	532	528	524
享年	48	48	54	46	41
归葬	534	552	534	？	525

虽然子辈各墓主的排列并无父系规律，也无卒年或葬年规律，但其生年却明显由北向南依次变晚。李弼虽为叔胤长子，却与元茂宣茂长子基本同年，可能月份更长，而元茂次子也确年少于叔胤次子，故赞皇李氏家族墓的第二排，是按照子辈在家族内的大排行，从北向南安排墓位的。这个顺序自出生之时便已落定，因此即使丧年、迁葬年月有差，天保三年（552 年）归葬的李秀之，仍在李弼与李藉之之间留有墓位，使得第二排墓葬彼此之间等距。整个墓地显现出多排、尊右、等距的严格规划。李弼应为同辈最长，则 M8 在第二排最北端，而 M3 之南应有李氏其余诸子按辈分排定的等距的最终归所。

2. 河北景县渤海高氏家族墓地

该墓群共编号 16 座，较为明显地按房支分为三组，俱为后燕司空渤海高庆的后人。

其中，葛庄村西 5 座一组为高翼一支，最北的 M5 为隋开皇二年（582 年）高潭夫妇墓，墓志载其父季式、祖翼，则高翼墓应为最南的 M3[②]，高翼四子除第二子慎降周外，余三子应俱在墓地中，若以右为尊，则第二排东起 M4 为乾、M6 为昂、M7 为季式。大高义村西六座一组为高祐一支，M8、M9 最南并排，M10、M11 第二排，M12、M13 第三排，M13 为东魏天平四年（537 年）高雅墓，雅为和璧子、祖祐，则二人墓亦分别位于第二、第一排中。野林庄北 3 座一组为高翼长兄一支，南北等距排列，M16 被破坏出土高六奇墓志，记其父长命、祖永乐，则其南的 M1 为高长命墓，再南 M2 为高永乐墓。

各房支关系如表七[③]：

---

① 其中，李秀之墓志记享年为"春秋□有八"，阙一字，其比子云年长，故阙字为"卌"，按常规计算出生于 480 年，这可能于去世月份有关。李翼墓志未载卒葬年，云"晋阳之甲始兴，石头之难终及，春秋卌有六，卒于河阴"，指亡于武泰元年尔朱荣发动的河阴之变，与史传合。

② 简报已推断 M3 为高翼墓，因《北史》载乾弟为翼"大起冢"，M3 封土便较一般的大出几倍。

③ 罗新在分析高六奇墓志时，已根据墓志及史传指出高翼、高祐、高允三人的共同曾祖为高庆，见罗新、叶炜：《新出魏晋南北朝墓志疏证》，中华书局，2005 年，533 页。

表七　渤海高氏世系表（仅列文中相关成员）

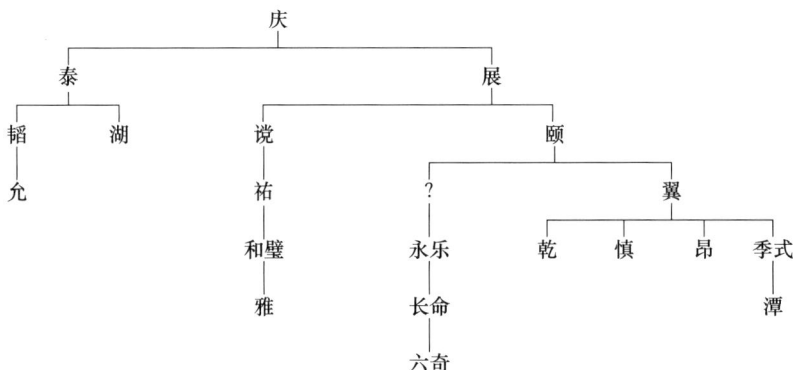

```
                                庆
                ┌───────────────┴───────────────┐
               泰                              展
           ┌────┴────┐                ┌────────┴────────┐
          韬        湖               说               颐
          │                          │          ┌──────┴──────┐
          允                        祐          ?            翼
                                     │                ┌───┬───┼───┐
                                   和璧         乾  慎  昂  季式
                                     │         永乐                │
                                    雅           │                潭
                                              长命
                                                │
                                              六奇
```

高祐卒于太和二十三年（499 年），而高翼兄弟至东魏初年亦各立家族墓地，与这几支在魏末的兴起有关。三组墓地均以南为尊，同组之内等距分布。

3. 河北景县渤海封氏家族墓地

景县封氏墓群，原有封土 18 座，现可辨认编号 15 座墓葬。1948 年因平整土地被村民挖开 4 座，出土封懿后人封魔奴、封隆之妻祖氏、封延之夫妇、封子绘夫妇墓志共 6 方，后又出土封孝琰夫妇墓志、封祯墓志等，惜墓位均不详。玄之因谋乱被诛，乞留弟子魔奴不至绝种，但魔奴被仍刑为宦人，将族子回养为己子[1]。则景县的封氏兆域所葬为封放一支后人，自魔奴至祯五辈（表八）。

表八　渤海封氏世系表（仅列文中相关成员）

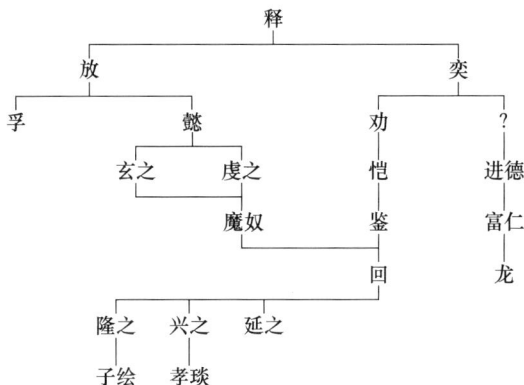

```
                             释
                   ┌─────────┴─────────┐
                  放                   奕
            ┌──────┴──────┐      ┌──────┴──────┐
           孚            懿     劝            ?
                     ┌────┴────┐  │       ┌───┴───┐
                   玄之      虔之 恺     进德    富仁
                     └────┬────┘  │              │
                       魔奴      鉴            龙
                                   │
                                   回
                        ┌──────────┼──────────┐
                      隆之       兴之       延之
                       │          │
                      子绘      孝琰
```

据村民回忆，挖开墓室"都是用青砖砌成，呈方形，南北比东西稍长，圆券顶。墓门在墓室南壁的中部，以砖封门"。则墓葬南向，墓地中墓位南疏北密，可证墓地是以南为尊，向北发展。封魔奴是入葬该茔域的第一人[2]，故疑南端 M1 即其墓。由于封

---

① 《魏书》卷三二《封懿传》，中华书局，1974 年，761 页。
② 周铮：《河北景县封氏墓群丛考》，《文物春秋》1992 年 2 期。

土多泯灭残缺，各排墓位并不如西高李氏齐整，现状约可看出4～5排。

4. 河北赞皇南邢郭村赵郡李希宗家族墓地

李希宗与诸弟的葬地位于南邢郭村，而李宪墓志于清同治年间出土于该地西北约15千米的段村，志文有"虽复赐地城傍，陪陵有托，思乡动梦，归本成礼。越以元象元年十二月廿四日合葬於旧莹"，应是于元象元年（538年）已归葬段村旧茔。而李希宗深受高欢礼遇，他于武定二年（544年）葬黄石山东①，并将诸弟归所也带到了此处。希宗兄弟按长幼排列，但希宗墓位在西，似乎并不呈尊右规律。

5. 河北平山博陵崔氏第二房家族墓地

这一墓地属崔氏另一郡望，即博陵二房崔挺一支，位于河北平山县上三汲乡之上三汲村和其西北的中七汲村之间，已知入葬最早的崔昂，可谓北齐时期这一支最显赫的成员，他与该墓地其他成员如宣靖宣默等人为从父兄弟，他的墓志亦言"安厝旧茔""族墓层冈"，说明已有祖辈或平辈成员入葬该茔域。而宣靖宣默归葬于崔昂墓之西侧，似乎也与年龄有关。按出土墓志，三人生卒年情况如表九：

表九　博陵崔氏二房挺支成员生卒年

墓主	崔昂	崔宣靖	崔宣默
与长辈关系	孝芬二弟孝伟子	孝芬子	孝芬子
生年	508	518	520
卒年	565	534	534
享年	58	17	15
归葬	567	579	579

故此这一墓地，崔挺长子孝芬后代居于西侧，挺次子孝暐子嗣居其东，从尊右的原则考虑，也应是因为崔昂更为年长。

故此，北朝时期新的家族墓排布形式大致稳定，可总结如下几个特点：

（1）多排。墓地按辈分分成不同的排，长辈一般居于前排。北方大族墓目前所见多以南为尊，如河间邢氏、渤海封氏、渤海高氏、上党尧氏、河内司马氏、博陵崔氏等，但也有其他情况，如赵郡李氏的李元茂家族墓地以东为尊、李希宗家族墓地亦有可能以北为尊②。

（2）朝前。以墓道所朝方向为墓地前方，靠山墓地会选择朝向平原。而魏晋南北朝时期，墓主头向一般与墓道方向一致。如东魏高雅墓、北齐崔昂墓所葬墓主头朝墓门。

（3）尊右。一行顺排墓地中便存在，但主要体现在墓地开创者居右。至多排形式，每排都有严格的尊右原则：早期入葬墓地的一辈，可能以长幼为序，生前安排墓位，

① 李希宗墓志释文见赵超：《汉魏南北朝墓志汇编》，天津古籍出版社，2008年，363页。
② 简报认为西北的M1可能为其父李宪衣冠冢，但也有可能是希宗长兄李希远墓。

且长者往往居右。晚期入葬的子辈、孙辈，以这个房支的大排行为序，亦长者居右，生前安排好墓位。

（4）等距。墓地在早先规划中，每排便按墓葬多少，对墓位做了等距离的安排。这其实也是家族墓地的传统，从汉代的弘农杨氏家族墓地，到北朝赵郡李氏家族墓地，显示了墓地的规划性。多排形式出现后，由于成员多寡，子辈间距会更为密集。

三、乌水房族葬地的排布复原

（一）墓地布局

现在，我们已可确定北朝大族墓的基本规律，它亦应为乌水房所遵从。

从简报得知，乌水房19座墓均为西北向。

其中，第一次发掘的简报描述了3座墓的位置关系：

M1为崔鸿夫妇墓，M3为崔鸿长子崔混墓，M3在"一号墓西北约10米处"。

M5为崔鸿之侄崔德墓，"位于三号墓之西北"（图三）。

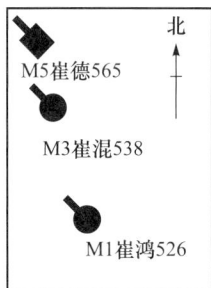

图三　乌水房三墓位置关系示意

而第二次发掘简报没有记录与第一次发掘的位置关系，仅说明M16"位于墓地清理范围的北部"，不知是仅指第二次发掘，还是指整体崔氏家族墓的发掘。

关于墓葬所在的地势，简报已经言及，崔氏墓地"依黄山北麓，北濒乌河"，而据《辛店发电厂志》记载："辛店电厂所在的打虎山北麓是一片丘陵阶地，厂区地势南高北低，逐渐倾斜。海拔高度100米以下，最低为80米，内部高差20多米。"[1]

根据北朝时期家族墓地的布局规律，清河崔氏也应采用按辈分多排安葬的形式。而从崔鸿、崔混父子的墓葬关系看，该墓地尊者居于东南。且崔氏茔域内，南高北低。说明墓地是延山势由较高的东南部向较低的西北部发展，墓地朝向平原。

另外，崔猷、崔鸿及子侄的墓志证明该墓地至少葬有乌水房三辈成员，即至少有三排，每排沿"西南—东北"方向延伸，墓地延续时期为北魏至北齐（图四）。然而与其他几处北朝大族墓地不同的是，乌水房墓道朝向西北，即墓地发展方向。长辈一排位于墓地的最后方，且地势较高。

（二）墓地安葬成员

本文第一部分已指出，从出土的6方墓志看，乌水房内安葬的成员包括崔光、崔敬友、崔猷兄弟三人及他们的子、孙辈。那么崔旷和二子灵延、灵环是否在此茔域之内？乌水房成员更为具体的墓位安排又有无迹象可循呢？

首先将简报所见乌水房各墓情况列于表一〇：

---

[1]　裴锡林主编：《山东辛店发电厂志》，内部资料，1页。

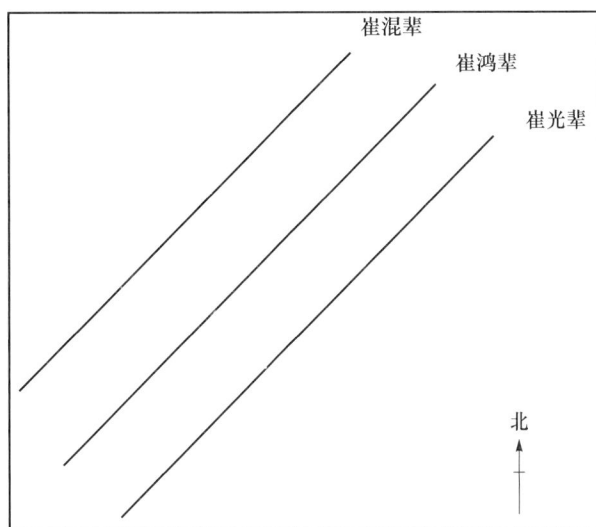

图四　乌水房墓地三排示意

表一〇　乌水房各墓具体情况（均为石室墓）

时代	建墓年代[①]	墓葬	墓主	墓向	平面	砌法
北魏	延昌元年（512）	M15	崔猷	西北	略呈圆形	
	比1号墓略早?	M10		西北	圆形	形制、结构及砌法均和一号墓相同
	崔鸿夫妇墓同时?	M17		280°	略呈圆形，南北长4米、东西宽3.8米、高4米	墓门向外凸出
	孝昌元年（525）	M1	崔鸿	西北	圆形，内径5.8米、高约7.3米	墓壁用不规则的条石经加工后，作"人"字形斜砌，并用石灰抹缝。墓顶亦用条石作"人"字形斜砌，内收成弯隆顶。墓门门洞用四块方石上下并排封堵
东魏	天平四年（537）	M14	崔鹏	西北	圆形	墓壁和墓顶砌法与一号墓相同；墓门没有门扉，而由不规则的石块堵塞，墓室右边有一耳室
	比三号墓略早些?	M7		西北	圆形	形制、结构和一号墓基本相同，但其墓壁是先用高40厘米左右的宽石板竖砌一周，再横砌二层石板，然后再用不规则的石条按"人"字形斜砌
	元象元年（538）	M3	崔混	西北	圆形，直径3.8米。墓顶坍塌，残高4.5米	墓壁和墓顶的砌法与一号墓相同；墓门由门框、门楣、门扉构成
	?	M4		西北	圆形	形制、结构和砌法与三号墓相似
	?	M16		315°	椭圆形，南北长3.75米、宽3.1米、高3.67米	全墓石条砌成，石条厚20~30厘米不等，横排砌成"人"字形。墓圹下壁直，上收成穹隆顶。方形石门用三块大型素面磨光青石块砌成；墓室内西侧有一石砌棺床

———————————

① 未出墓志的各墓年代为简报推断。

续表

时代	建墓年代	墓葬	墓主	墓向	平面	砌法
北齐	天统元年（565）	M5	崔德	西北	呈正方形，边长 3 米，四壁高 2.8 米	墓壁用规整的宽长石板叠砌，东、西、南三壁的中部各有一方形长石柱竖立壁间，以加固墓壁。墓室顶部可看出用边为斜坡状的长条石板错缝叠砌成，可能为四角攒尖顶（墓门为两扇门扉）
	武平四年（573）	M12	崔博	西北	圆形	形制、结构和砌法与一号墓相同，但在墓壁上加抹一层白灰泥；墓门内两侧的白灰泥面上各彩绘武士像一尊。墓室右边有石板平铺的棺床，左边壁下一方形石案
	？	M6		西北	圆形	形制、结构和砌法与三号墓相似
	？	M9		西北	圆形	形制、结构和砌法与三号墓相似
北朝	？	M2		西北	圆形	形制、结构和砌法与三号墓相似
	？	M8		西北	圆形	形制、结构和砌法与三号墓相似
	？	M11		西北	圆形	形制、结构和砌法与三号墓相似
	？	M13		西北	圆形	形制、结构和砌法与三号墓相似
	？	M18		西北	略呈圆形	
	？	M19		西北	略呈圆形	

关于家族墓内成员的确认，已有较为成熟的讨论方式。东汉杨氏家族墓地发掘后，简报依据墓葬年代和相关人物卒年，认定了最早的 M2 为杨震墓，最晚的 M4 为震孙彪墓。王仲殊先生又检宋人金石学著录中记载潼关有杨震等四碑，依据杨氏成员的史载仕宦、卒年，并参考墓葬年代及陶瓶朱书解除文纪年，推定了另三碑主人为统、馥、著，认为三人应葬 7 墓之内。并进一步依据其他成员卒年等情况，给出了华阴杨氏墓地家族成员排布的两种可能情况[1]。宜兴周氏墓地简报亦据出土玺印、墓葬年代、规格等推定各墓墓主。

可见，确定墓地内的家族成员，以卒年和墓葬年代比对、生前地位和墓葬规格比对最为重要。

故此首先要理清 19 座墓葬的所属辈分（世系表见表一）。

崔光辈已知三人。崔猷据出土墓志载，为光从父弟，永平四年（511 年）"遘疾终于洛阳晖文里宅"，春秋五十八，延昌元年（512 年）葬。崔光最年长，据《魏书》本传，正光四年（523 年）薨于洛阳宅邸，年七十三，其宅亦在晖文里，次年还葬本乡[2]。崔光弟敬友，其传附于光后，以母忧去官，居于乡里，"延昌三年（514 年）二月卒，年五十九"[3]，小崔猷 2 岁。如此看来，崔光辈三人，俱亡于北魏后期。

子辈从文献及墓志可知者，崔光有子十一人：劢、勗、勔、劝、劼、勃、勍、劬、勤、勠、勉。崔敬友有子四人：鸿、鹔、？、鹍。崔猷有子四人：彦进、彦发、详爱、藁。崔鸿虽然史传阙载卒年，但出土墓志记其北魏孝昌元年（525 年）"薨于洛阳仁信

---

① 王仲殊：《汉潼亭弘农杨氏冢茔考略》，《考古》1963 年 1 期，31～33 页。

② 《魏书》卷六七《崔光附子劢传》，1500 页。

③ 《魏书》卷六七《崔光附弟敬友传》，1501 页。

里"①，春秋卅有八，次年归葬。崔鹔据墓志，武泰元年（528 年）"终于京师"，"春秋卅三"②，至东魏天平四年（537 年）归葬。

在子辈中，崔鸿应为最年长者，亦属去世较早，而亡于北魏末年的崔励、崔鹔，都非正常死亡。崔励为崔光长子，"建义初，遇害河阴，时年四十八"，小崔鸿三岁。遇害河阴即指建义元年（528 年）尔朱荣在河阴害灵太后、幼主、诸元氏宗亲及公卿已下两千余人事。崔鹔亡于同年，应同罹"河阴之变"。因此励若归葬，也应和鹔同时于东魏初年进行。崔猷长子彦进，据猷志载其时年廿二，尚较鹔年少。史传尚载崔光数子于东魏时出任官职，则子辈除崔鸿外，大部分成员应卒葬于东魏建立之后。

孙辈见于文献的已寥寥无几，崔励二子挹、损，崔昂子权，史传皆几字带过。崔鸿长子子元，于永安中向朝廷献其父所著《十六国春秋》，"后谋反，事发逃窜，会赦免。寻为其叔鹔所杀"③。子元即崔混字，墓志记载更详："寻值孝庄失御，天步仍艰……于兹挂帻，归养故乡"，"天平之季……忽有群凶，密图不逞，以君德望既重，物情所属，希藉声援，潜来推逼。君……造次之间，未能自拔，遂被推迫，低眉寇手。……以元象元年（538 年）二月五日奄至物故，时年卅四。"④崔混于北魏末年辞官归乡里，却作为青齐大族卷入东魏天平二年（535 年）的前青州刺史侯渊叛乱中，崔混支持侯渊反对高氏擅权。叛乱很快平息，崔混逃亡后获释回乡，却终被恐惧于灭门之祸的四叔崔鹔所杀，以此向高氏表示忠诚。

崔鹔及子崔德、崔博史传无载。据崔德墓志，似乎生前并未出仕，北齐河清四年（565 年）"丧于五仿里"⑤，春秋卅三，同年葬。崔博只任职过地方官，"春秋五十六，卒于溮水里"，北齐武平四年（573 年）葬，长崔德 5 岁。

崔混为崔鸿长子，在孙辈中应属年长者，被杀时年纪尚轻，故孙辈的大部分成员应亡于北齐建国以后。

至此，我们可以在墓葬布局上得到进一步的推测⑥：

（1）北魏时期的 M15（崔猷）、M10、M17 应属崔光一辈，位于墓葬的长辈一排。

（2）北魏 M1（崔鸿）及东魏时期的 M14（崔鹔）、M7、M4、M16 应属于子辈，位于墓地第 2 排，长辈一排的西北。

（3）东魏时期的 M3（崔混）及北齐 M5（崔德）、M12（崔博）、M6、M9 应属于孙辈，位于墓地第 3 排。

（4）而其余 6 墓属于北朝，具体年代不清，也应归属墓地内某排。

各墓所属辈分推定后，需考虑一辈之中的长幼排列。根据上文对北朝墓的讨论，可知各排都呈现尊右秩序，按生年顺序自右至左安排墓位，子孙辈虽父系不同，但以家族内大排行为准。现将上述乌水房可知生卒年的家族成员，按不同辈分列于表一一，

---

① 崔鸿墓志释文见赵超：《汉魏南北朝墓志汇编》，天津古籍出版社，2008 年，185 页。
② 崔鹔墓志释文见注 ①，320 页。
③ 《魏书》卷六七《崔光附佺鸿传》，1505 页。
④ 崔混墓志释文见注 ①，326 页。
⑤ 崔德墓志释文见注 ①，427 页。
⑥ 关于 M7、M4、M16、M6、M9，它们笼统地属于东魏北齐时期，具体是东魏或是北齐，对本文关于墓地布局的推测并无太大影响，因此权依简报。

一辈之中以生年为序，列姓名、墓号、生年、卒年及享年：

表一一　乌水房家族成员生卒年

长辈					子辈					孙辈				
人	墓	生	卒	享	人	墓	生	卒	享	人	墓	生	卒	享
光		451	523	73	鸿	1	478	525	48	混	3	505	538	34
猷	15	454	511	58	劢		481	528	48	博	12	518	573	56
敬友		456	514	59	鹔	14	485	528	43	德	5	523	565	43
					彦进		491							

　　首先看长辈一排。现知 3 座墓都为北魏晚期，似乎属于崔光兄弟三人的可能性为大。除 M15 年代确定之外，简报根据出土物，认为 M10 比 M1 崔鸿夫妇墓略早，M17 与 M1 同时。从三兄弟卒年看，可能 M10 属崔敬友，M17 属崔光。

　　但细看，M17 却存在很多早期因素（表一〇）。一是墓向为 280°，"坐东向西"，与其他墓整齐的西北向略有出入。二是第二次发掘的 5 座墓，除 M16 为椭圆形外，余皆描述为"略呈圆形"，M17"南北长 4、东西宽 3.8、高 4 米"，形制上与 M15 相近，而没有第一次发掘的以 M1、M3 为代表的诸墓规整。

　　其次，从规格上，M17 显然差 M1 远甚。崔鸿墓"内径 5.8 米，高约 7.3 米"，体量较 M17 大得多。崔混墓志称其父为"黄门文贞侯"，则鸿卒后曾获谥"文贞侯"，为史书阙载。而其伯父崔光德隆望尊，生前进位太保，死后谥"文宣公"，地位远在鸿之上，身后之所更非 M17 所能委托。

　　光与鸿丧年相近，在形制和规格上似乎不应出现上述现象。

　　此外，出土的同类器物也能显示出年代信息。据第二次发掘简报称，M15 与 M17 各出素烧瓷盘一件，"形制相同，平唇，口微敛，浅腹直壁，大平底。素烧无釉，胎骨较粗，呈褐色。口径 26.6、高 4.2 厘米"。这似乎可以和崔猷、崔敬友卒年相近相印证。而 M10 出土陶盘两件，盘底微内凹，盘内饰波浪纹或弦纹，口径在 33 厘米左右，与两墓差别较大（图五）。

　　M10 虽然没有墓葬规格的描述，但从出土器物上看，明显与其余诸墓水平不同。首先是出土了鎏金带扣、铜铃、云母金箔等。简报称"从墓葬出土的云母金箔来看，

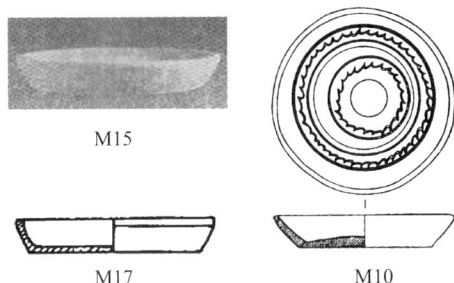

图五　乌水房墓地 M10、M15 出土瓷盘及 M17 出土陶盘（比例不同）

虽然残存的较少，但据河北景县北魏高雅墓出土的云母金箔的情况，很可能亦为'雍尸'之用，所以墓主人的社会地位应该是较高的"。另外出土的陶俑"形象生动，衣服纹褶类似云冈和龙门石窟的佛像"，还出土了著名的十二时俑，各带莲瓣形龛台，外表施白粉，并有涂朱。高雅墓即为诏葬①，故这些都显示出 M10 与众不同的精心安排和较高的地位。而作为乌水房北朝时期最为尊崇的崔光，正光四年薨于洛阳，"肃宗闻而悲泣，中使相寻，诏给东园温明秘器，朝服一具，衣一袭、钱六十万、布一千匹、蜡四百斤，大鸿胪监护丧事。车驾亲临，抚尸恸哭。……赠太傅、领尚书令、骠骑大将军、开府、冀州刺史，侍中如故。又敕加后部鼓吹、班剑，依太保、广阳王故事，谥文宣公。肃宗祖丧建春门外，望辀哀感，儒者荣之"。正光五年还葬本乡后"又诏遣主书张文伯宣吊焉"②，可谓是尽享哀荣。

故此，本文认为第一次发掘的 M10 是崔光墓的可能性较大，而第二次发掘的 M17 或为崔敬友墓。

再来看子辈一排。从上文讨论可知，这一排以各人在家族中的大排行安排墓位。其中，最年长的为崔敬友长子崔鸿，生于478年，墓位 M1，按照尊右的原则，应位于这一排最西南端；敬友次子崔鹓生于485年，小鸿7岁，墓位 M14，应在 M1 东北稍远处。而崔猷长子彦进比鹓年少，因此 M1 与 M14 两墓之间应安排的是崔光之子的墓位。据崔光长子劢生于481年，则安排的是崔光于481～485年间出生的数子，包括崔劢至多约五人。而 M14 的东北，则有年少于崔鹓的光、猷、敬友诸子。

最后来看孙辈一排，也是以大排行决定墓位。崔鸿子混最为年长，生于505年，墓位 M3，按照尊右的原则，应位于这一排最西南端，而崔博、崔德系崔鹓子，崔博生于518年，小混13岁，按理应葬于混东北较远处，但墓位 M5 却"位于三号墓之西北"，且墓葬为方形，说明它在墓群中是极为特殊的，容后文讨论。而崔德生于523年，小混18岁，他的墓位 M12 若无问题应位于 M3 东北较远处。

（三）各墓的位置关系及排布图

至此，可以考虑关于墓地发掘的两个问题了：即墓号与墓葬位置的关系、第一次发掘与第二次发掘的位置关系。

墓号与墓葬位置的关系：由于第一次发掘了 M1 崔鸿墓，M3 崔混墓在"一号墓西北约10米处"，M5 崔博墓"位于三号墓之西北"，墓号似乎有一定规律，初步考虑越往北编号越大。而上文讨论子孙辈的排行时，已经说明了 M14 崔鹓墓在 M1 崔鸿墓的东北稍远处，M12 崔德墓位于 M3 崔混墓的东北较远处，这也符合越往北墓葬编号越大的情况。因此推测，对乌水房的第一次发掘，是确定这15座墓后，从墓地南部向北部逐次编号的。第二次发掘也应是确定墓位后，按顺序编号，其中 M16"位于墓地清理范围的北部"。

第一次发掘与第二次发掘的关系：如前所述，子辈最年长的 M1 崔鸿、孙辈最年长的 M3 崔混，墓位都应在其排的最西南端。因此，在二墓的西部，应该不会再有乌

① 河北省文管处：《河北景县北魏高氏墓群发掘简报》，《文物》1979年3期，17～25页。
② 《魏书》卷六七《崔光传》，1498页。

水房家族成员的墓位了。而第二次发掘又出现了北魏时期的墓葬，因此应在第一次发掘的东北方向，位于各排墓葬的延伸方向上。这似乎也从一定程度上证明了第一次发掘的 M10 属于长辈中最为年长的崔光，按尊右原则，第二次发掘的 M15 崔猷墓、M17 显然位于其东北。

由以上讨论，在遵从北朝大族墓多排、尊右、等距的框架下，可将清河崔氏乌水房葬地排布给出如下两种复原图，其中属于北朝但具体时代无从推断的墓葬则按序号情况穿插其中，并将第一次与第二次发掘用虚线间隔：

图六为假设乌水房墓地不包含崔光祖、父辈的排葬情况。这亦有可能，目前入葬最早的崔猷墓志没有片语记载父祖墓、家族茔地的状况，而崔旷仕南燕、灵延灵环仕刘宋，并曾于皇兴年间内徙为平齐民，史载崔光"年十七，随父徙代"，而北魏政府允许平齐民"例得还乡"的官方时间，据考证约在太和十一年末至十三年间（487~489年）①，此时崔光已年近四十，父辈去世并葬于平城的可能性较大。这种情况下，崔光兄弟为第一辈入葬者，亦是家族墓地的策划者，以其当世地位，是乌水房成员当之无愧的核心。考虑到第一辈父系不同，按第二次发掘有一定序号规律，将 M17 复原为临近 M10，而将崔光从父弟的 M15 崔猷墓放在此排最东北，以示与前二者父系上有所区别。

图七则为设想乌水房墓地存在比崔光更早辈墓葬的情况。青齐士民作为降民迁往代北，时北魏对入国南人"禁制甚严，不听越关葬于旧兆"②，清河张谠延兴四

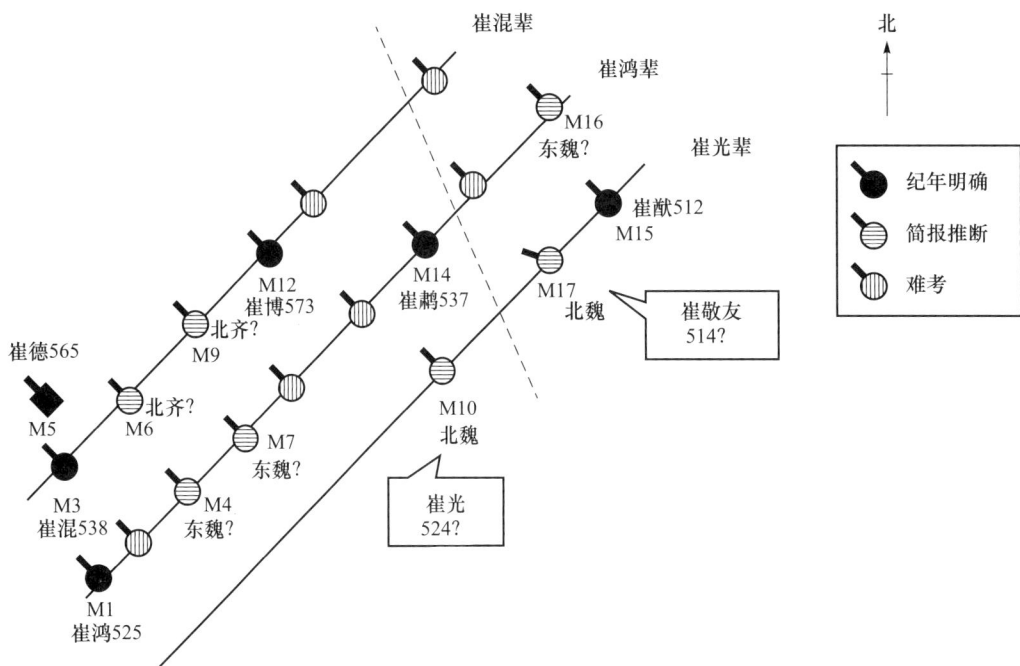

图六　乌水房墓地排布复原图（一）

① 李嘎：《北魏崔猷墓志及相关问题》，《考古》2007 年 1 期，70~78 页。
② 《魏书》卷八六《孝感传·赵琰》，1882 页。

年（474 年）卒，"子敬伯，求致父丧，出葬冀州清河旧墓，久不被许"[1]，曾强烈抵抗魏军的清河崔氏，更不可能与乡里取得任何联系。迁洛后，至宣武帝时期，开始有汉族士人从平城迁葬回原籍。如太和八年（484 年）卒葬于平城的弘农杨氏杨阿难[2]、太和十七年（493 年）卒的河内司马氏司马绍[3]，都先后于永平四年（511 年）迁葬故里，太和七年（483 年）卒葬于平城的封魔奴，于正光二年（521 年）迁葬回蓨县[4]，墓志和墓葬资料显示，自他们归葬伊始，原籍的族墓地正重新建立起来。那么崔氏亦有迁葬可能，尤其是北魏后期乌水房的崛起，也使得崔光等人有实力将父辈在平城的墓葬迁葬回乌水，那么灵延、灵环的墓葬可能在难以判断具体年代的 M2、M8、M11、M13、M18、M19 中。考虑到迁入茔地初期墓葬并不规整的情况存在，第二次发掘除 M16 外都"略呈圆形"，因此二人墓葬为 M18、M19 的可能性更大，与 M15 崔猷、M17 崔敬友（？）同建在宣武帝时期。在更长一辈存在的情况下，M17 若为敬友墓，则必然位于M15 崔猷墓之东北。

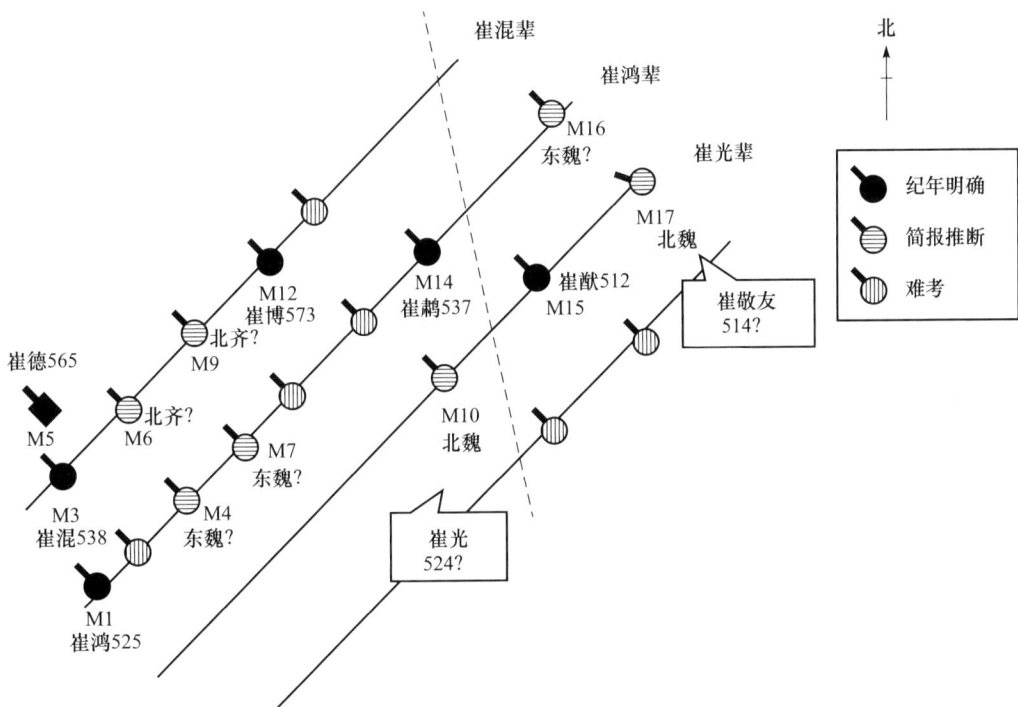

图七　乌水房墓地排布复原图（二）

---

① 《魏书》卷六一《张谠传》，1369 页。

② 杨阿难墓志释文见赵超：《汉魏南北朝墓志汇编》，天津古籍出版社，2008 年，62 页。

③ 北魏司马绍墓志释文见注 ①，59 页。室山留美子认为，葬于平城的司马楚之、司马金龙没有返葬温县，是因楚之为陪陵墓，金龙则以王礼下葬，墓葬规模壮丽，遂未迁葬。见氏著《北魏汉族官僚及其埋葬地的选择》，《日本中国史研究年刊（2007 年度）》，上海古籍出版社，2009 年，83 页。

④ 封魔奴墓志释文见注 ①，125 页。

四、乌水房族墓地的秩序变动及原因

（一）乌水房秩序的核心内容

首先，这一秩序应包括北朝大族墓的基本规律，即多排、朝前、尊右、等距。

其次，是家族特有的秩序，被族内成员认同。有若干内容，我们可以以贯彻数量的多寡来验证这个秩序在本房中的地位。

乌水房最鲜明的特点，是平面圆形的石室墓和墓室由不规则条石按"人"字形砌筑。在已发掘的 19 座中有 18 座都被极好地贯彻，而在北朝的其他墓葬中，这样的情况几乎没有出现[①]，或许显示了乌水房具有自己的营墓工匠系统。同时，M1 崔鸿墓"内径 5.8 米，高约 7.3 米"，M3 崔混墓"直径 3.8 米。墓顶坍塌，残高 4.5 米"，形成高狭的墓室空间，第一次发掘简报称其余圆形墓形制同于 M1、M3，似乎表示这些墓严格继承了平面和高度的特征。

再有，就是世系的认同上，本文在第一部分已述，乌水房属清河鄃县，与清崔其他几房出自东武城不同，乌水房出土的 6 方崔氏墓志，只有较晚的 2 方对世系追述出现了错误，而该墓地以外，北朝尚未发现其他墓志自称清河鄃县崔氏的情况。

此外，随葬品上也有一定的特殊性。北朝许多大族都有自己特殊的丧葬内容，以彪炳门第。如河北赞皇李氏家族墓、山东寿县贾思伯墓出土仿铜的陶礼器[②]，河北景县封氏墓群出土数个高大的青瓷莲花尊[③] 等。乌水房墓地的 M5、M12、M19 都出土了青瓷豆，为北方墓葬少见。而最为独特的是，北魏的 M10、M17 中出土了十二时俑，北齐的 M12 则出土了双首连体俑、跪伏俑等神怪俑，皆为北朝墓葬所仅见，应代表了某种家族墓葬文化（图八）。

（二）乌水房秩序的变动过程

明晰了乌水房秩序的核心内容，就可以通过各时期墓葬对这套秩序的执行程度来观察整个家族墓地的发展。由于上一节已将墓地排布进行了复原，因此能够更直观更完整地看到乌水房内墓葬秩序从早到晚经历了初建、成熟、动摇三个阶段。

初建期墓葬为北魏后期，以 M15、M17 为代表。墓葬排布上，应已确定崔光一排的排布顺序，规划好墓位；墓向西北，但 M17 出现了 280° 的情况；墓葬形制上认同圆形，墓壁用不规则石条作"人"字形斜砌，但可能因技术所限，都表现为"略呈圆形"，而墓室的高度尚未被强调；世系认同上，崔猷墓志追至"七世祖岳，元嵩，晋散骑侍郎"，并称郡望"东清河东俞人"。

---

① 已发表的北朝墓葬，目前仅见济南南郊的八里洼北齐壁画墓描述为"人"字形砌筑，墓室"四角抹圆，四壁微呈弧形凸出"近似圆形，怀疑它与青齐地区的崔氏有很大关联。简报见邱玉鼎、佟佩华：《济南市东八里洼北朝壁画墓》，《文物》1989 年 4 期，67～78 页。报告据出土物进一步推测为北齐墓葬。

② 朴南巡的论文对此现象进行了分析，认为这与汉人士族帮助异族统治者恢复旧礼制有关。见朴南巡：《赞皇北朝李氏家族墓葬的初步整理和研究》，北京大学硕士研究生学位论文，2013 年。

③ 张季：《河北景县封氏墓群调查记》，《考古通讯》1957 年 3 期，28～36 页。

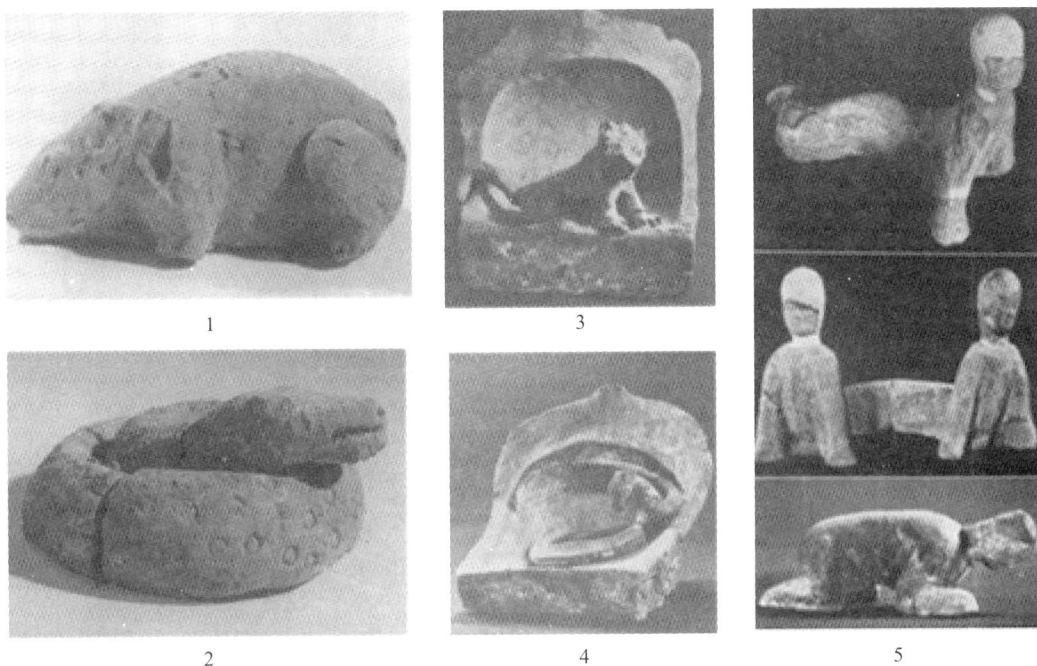

图八　乌水房出土陶俑
1. M17 出土鼠俑　2. M17 出土蛇俑　3. M10 出土虎俑　4. M10 出土蛇俑
5. M12 出土人首蛇身俑、双首连体俑、跪伏俑

成熟期墓葬为北魏末期至东魏，以 M1、M14、M3 为代表。墓葬排布上，位于子辈所属的次一排，应也按照排行规律，出生即安排好墓位；墓向上都为西北向，未再出现特殊的描述；墓葬形制上呈规整的圆形，墓壁用不规则石条作"人"字形斜砌，且墓室的高度似乎被特意强调；世系认同上，崔鸿墓志称"齐州清河人"，崔鹔墓志称"清河俞县人"，崔混墓志称"东清河鄃人"。

动摇期墓葬为北齐以后，以 M5、M12 为代表。墓葬排布上，应都位于孙辈一排，但 M5 脱离了这个规划，而位于 M3 西北；墓葬形制上，M5 也开始出现世俗流行的方形墓，墓壁用规整的宽长石板叠砌；世系认同上也出现了很大变化，M5 崔德墓志称"清河武城人"，并称"十二世祖琰，魏中尉九世祖岳。晋司徒。六世祖荫，燕司农卿。曾祖零延，宋库部郎关内侯。祖敬友，梁郡太守。魏太保文宣公之弟孙，奉朝请鸥之子"，本文第一部分已说明，崔琰是清河大小房、青州房共祖，而崔德却把九世祖以上的世系追在崔琰之后，世系与郡望都出现冒认现象；M12 崔博的情况也是如此，墓志称为"清河武城人"，"十二世祖琰，魏中尉。八世祖岳，晋司徒"，更将崔岳错言为八世祖。

（三）变动的历史原因

乌水房秩序的变动过程，显然与这一房支在北朝的兴衰息息相关。

在太和初年结束平齐民身份后，乌水房成员从平城回到了齐州东清河郡鄃县，虽然清河大房自崔宗伯被孝文帝列为四姓代表，在北朝一直仕宦显赫，但北魏后期的乌水房并不逊色。崔光在孝文帝时期即受赏识，任侍中、著作郎，与李彪共撰国史，这是家族恢复元气之始。宣武帝时期，仕宦渐显，至延昌元年（512 年）迁中书监，二年授太子太傅，成为孝明帝的老师，三年（514 年）迁右光禄大夫。崔鸿亦于延昌末加中坚将军，迁中散大夫、高阳王友、司徒长史。这一时期亦是乌水房墓地最初建立之时，崔氏始以"东清河鄃县"地望自矜。

延昌四年（515 年）宣武驾崩，崔光与于忠等迎孝明践祚，以功封博平县开国公，迁车骑大将军、仪同三司，在孝明一朝位极人臣。正光二年（521 年），光任司徒，三年进位太保，四年去世，已是七十三岁高龄。朝廷赗赠甚丰，并"赠太傅，领尚书令、骠骑大将军、开府、冀州刺史，侍中如故。又敕加后部鼓吹、班剑，依太保、广阳王故事，谥文宣公"，丧葬尽享哀荣。这一时期，崔光诸子多封爵或出为州刺史，崔鸿至孝昌初年领齐州大中正，乌水房达到最为鼎盛的阶段，家族墓地的秩序被愈加规范并严格执行[①]。

然而北魏末期，崔光、崔鸿相继去世，新起者崔劢、崔鹔等人罹河阴之难，使乌水房在政治中心遭受了很大的打击。北魏分裂后，东魏朝政由权臣高欢把持，清河崔氏各房支有了不同的政治走向。清河大房崔□自高欢信都起兵便归附，后以功封武城县开国公，继续地位显赫[②]。但乌水房显然没有及时参与到这场政治变革中，因此失去了在新政权中的地位。东魏天平五年（535 年），前青州刺史侯渊发动叛乱反对高氏，青州房的崔光韶坚决反对，乱平后受到嘉奖，除征东将军、金紫光禄大夫[③]，但乌水房的崔混支持侯渊，险些给房支带来灭顶之灾，遇赦后仍为其叔崔鹔所杀。崔混此举或招致高氏怀恨，高澄便曾对崔鸿《十六国春秋》述诸僭伪而不及江东表露不满[④]。至魏齐嬗代，崔光诸子"爵例降"[⑤]，仅崔劼"天保初，以议禅代，除给事黄门侍郎，加国子祭酒，直内省，典机密"[⑥]，并在北齐至度支尚书、仪同三司。但乌水房在朝中已更无他人，崔德未曾出仕，崔博仅任鄃县令、徐州长史，故至崔劼去世，乌水房于北朝政治中彻底凋零。

虽然东魏时期乌水房就已衰落，但家族墓地的秩序动摇却较之滞后，显示了他们在乡里仍然具有雄厚的地方基础。正因如此，崔劢、崔鹔在亡于河阴之变十年后，仍凭借族人之力得以归葬墓茔；崔混因参叛乱被四叔所杀，但鸿、鹔两支仍按部就班地安顿在族墓地中，显示了血缘至上的家族秩序。至北齐中叶，这个家族的秩序变动以崔德墓全面地显现出来，墓位排列、墓葬形制、乃至籍贯。崔德、崔博不再称"清河鄃县"，固然与北齐天保七年将东清河平原广川三郡并为东平原郡、将鄃县并入贝丘县有关[⑦]，然而士族引以为傲的籍贯并不会因居住地而改易。崔氏放弃鄃县而冒入东武城，

① 以上崔光诸人仕宦见《魏书》卷六七《崔光传》，1487～1506 页。
② 《北史》卷二四《崔悛传》，中华书局，1947 年，871 页。
③ 《魏书》卷六六《崔亮传附光韶传》，1484 页。
④ "齐文襄尝言肇师合诛，左右问其故，曰：'崔鸿《十六国春秋》述诸僭伪而不及江东。'左右曰：'肇师与鸿别族。'乃止。"《北史》卷四四《崔亮附崔肇师传》，1635 页。
⑤ 《魏书》卷六七《崔光传》，1500 页。
⑥ 《北史》卷四四《崔光附子劼传》，1624 页。
⑦ 《北齐书》卷四二《崔光附子劼传》载："曾祖旷，南渡河，居青州之东，时宋氏于河南立冀州，置郡县，即为东清河郡人。南县分易，更为南平原贝丘人也。"中华书局，1972 年，558 页。

祖辈追述亦出现错误，显然表明了清河崔氏两个支系的地位差别及乌水房在北朝的最终没落。

五、结　　论

根据上文讨论，本文认为北朝士族以房支为单位，家族墓地在符合当时大族墓葬排布规律的基础上，拥有家族自身的墓葬秩序，并随房支兴衰而变动。

以清河崔氏乌水房为例，它的秩序包括墓地排布、墓葬形制、随葬品特点。

乌水房墓地延续时期为北魏至北齐，发掘简报中虽然缺失墓地平面图，但它应符合北朝大族墓地排布的基本规律，即多排、尊右、朝前、等距。综合乌水房墓地发掘情况及成员相关记载，可知乌水房墓地至少有三排墓位，每排按“西南—东北”方向延伸；长辈居东南，墓向西北，墓葬朝西北部的平原开阔地带发展。一排之中尊者居右。

此外，乌水房在墓葬形制和随葬品上，构建了自己独特的墓葬秩序，表现出第一流高门的家族文化。其核心秩序在于平面呈圆形的石室墓室、“人”字形砌筑方式、对墓室高度的强调及成员对“清河鄃县”世系的强调。值得一提的是，随葬品中独特的神怪俑与十二时俑也彰显出某种更深层的家族文化。

根据这个秩序的执行情况，可将乌水房墓葬秩序的变动分为三期：初建期为北魏后期，随家族兴起而形成特色；成熟期为北魏末期至东魏，缘自北魏末期乌水房达到鼎盛，东魏虽家族政治地位衰落，但仍能凭借雄厚的乡里基础维持秩序；动摇期为北齐，随着乌水房仕宦地位与乡里基础俱衰落，秩序不再被尊重。

The Burial Criterion in Branch Wushui of Qinghe Cui Family

Wang Jiayue

（School of Archaeology and Museology, Peking University）

This paper is a case study about the burial criterion in branch Wushui of Qinghe Cui family during the Northern Dynasties. The first part gives an overview of the branch Wushui's family tree and the family graveyard. Then the second part analyzes the changes of the great families graveyard's layout from the Han Dynasty to the Northern Dynasties and summarizes the rules as well. Furthermore, the third part gives a recovery research of the branch Wushui's family graveyard based upon its rules and the relevant history documents. Finally, by pointing out the key criteria of the this family's grave, especially the round tomb chamber, the last part concludes how and why the family's burial criterion changed.

青州北宋城门和明代城墙遗址的
发现意义与保护利用措施

李　森

（山东大学历史文化学院）

　　读过《齐鲁晚报》《潍坊晚报·青州读本》关于青州发现北宋城门和明代城墙遗址（图一）的报道[1]，笔者对山东省文物考古研究所和青州市文物局联合考古发掘取得的这项成果，十分兴奋。可以说，这是一个极有价值的重要发现。作为一名长期关注和思考青州古城历史文化的当地人，笔者想就此谈点不成熟的意见，旨在抛砖引玉，庶几能够推动问题的研究向着纵深发展。

图一　山东青州发现明代城墙遗址

---

① 孙方凯：《青州发现宋明两朝古城墙》，《齐鲁晚报》2013 年 11 月 1 日第 6 版；董晓源：《衡王桥显古迹，明时城墙宋时城门叠罗汉》，《潍坊晚报·青州读本》2013 年 11 月 1 日第 1 版。以下所引两文，不再标注出处。

一、北宋城门遗址

考古发掘出土的这处城门遗址，确是一个明代以前的建筑遗存。谨按青州南阳城于明清两朝均设四座城门，在《嘉靖青州府志·府治图》上不见此处开有城门，《光绪益都县图志·城内坊巷》中也没有与它相对应的街巷[①]，这都反映出该城门遗址年代的久远，可以断定这是目前所见青州最古老的城门遗址。其时间上限为宋代，下限在元末。最值得称道的是，这一发现从根本上解决了笔者多年来研究宋代青州城门所处位置的困惑，为重新确认青州古城格局和范围提供了重要坐标参考，对北宋以来整座青州城的认识产生了全局性影响，意义非凡。

北宋时的青州城，地位非同一般，系京东东路治所，"大镇"[②]"善藩"[③]"剧藩"[④]"海岱名都"[⑤]的记载屡见于有关宋代典籍，可谓一个时期人们的普遍共识。明道（1032～1033年）中，知青州夏竦《青州州学后记》明确指出青州乃全国首路——京东路的首城，规模宏大，居民众多："国家制天下，肇有十八路，京东首焉。西起甸服，东渐淮海，南略涑泗，北际河濮，关防之要，控制之重，城闉之大，室居之盛，青复首焉。"[⑥]景祐四年（1037年），夏竦又于《青州龙兴寺重修中佛殿记》中再次说道："（青州）城萦带山岳，控引川渎，气候高爽，风物懋盛，雅俗杂处，修途四达，富焉庶焉，东夏之都会也。"[⑦]将青州优越的自然条件、便利的交通状况和富庶的都会风貌表露无遗。根据笔者研究，北宋青州城基本上确立了后世青州城格局，当时的青州城已由唐代的北城南郭形态发展为两城格局。对此，宋青州益都人王辟之《渑水燕谈录》有着言简意赅的描述："青州城西南皆山，中贯洋水（今南阳河），限为二城（即北城东阳城、南城南阳城）。"[⑧]历史上南阳河两岸都是城区的朝代只有北宋，青州城此时达到了建城史上的巅峰期。

考古发现的这处宋代城门遗址于文献中可寻到蛛丝马迹。熙宁十年（1077年），一代文豪苏轼在青州所赋《和人登表海亭》中有"谯门对峙压危坡"[⑨]诗句，意即青州南、北两城的城门对峙峙立于陡峭的南阳河两岸。这个城门遗址正是"对峙"的两"谯门"之一——南城的北门。按"谯门"指建有城楼能够瞭望的城门，可知这处城门遗址上还曾有座城楼。苏轼称之"谯门"，并非正式名称，门名作何？囿于史料，有待续考。这里明言两"谯门"位置关系是"对峙"，可推知此城门遗址对岸就是北城南门——

① 冯惟讷等：《嘉靖青州府志》卷1《府治图》，上海古籍书店，1965年；法伟堂等：《光绪益都县图志》卷3《城内坊巷》，光绪三十三年益都县刊本。
② 脱脱等：《宋史》卷303《胡顺之传》，中华书局，1977年，10045页。
③ 《宋史》卷281《寇准传》，9528页。
④ 范仲淹：《范文正集》卷17《青州谢上表》，文渊阁《四库全书》第1089册，台湾商务印书馆股份有限公司，1986年，744页。
⑤ 王安石：《临川先生文集》卷47《内制》，中华书局，1959年，498页。
⑥ 夏竦：《文庄集》卷21《青州州学后记》，文渊阁《四库全书》第1087册，226页。
⑦ 《文庄集》卷21《青州龙兴寺重修中佛殿记》，文渊阁《四库全书》第1087册，228页。
⑧ 王辟之：《渑水燕谈录》卷8《事志》，中华书局，1981年，100页。
⑨ 王文诰辑注，孔凡礼点校：《苏轼诗集》，中华书局，1982年，2610页。

青州历史上著名的"南楼"，现今已是翠和家园小区了。范仲淹知青州曾赋《南楼》诗云："南楼百尺余，清夜微埃歇。"① 寇准知青州时还特意让临朐县主簿赵贺经过这两座谯门，以示褒扬。《宋史》载：赵贺"有干力，知州寇准且知贺。淳化（990～994 年）中，调丁壮塞澶州决河，众多逸去，独贺全所部而归。临朐父老张乐迎贺，准使由谯门过，曰：'旌贺之能也。'"② 如今这处与南阳河相依千年的城门遗址终于重见天日，真乃青州历史文化之幸事。熙宁六年（1073 年），密州教授孔平仲西赴济南，道经青州赋诗以纪行程，又给我们提供了若干具有珍贵史料价值的信息。如《寄梦锡》云："南城趋北城，道路无所隔。"《晚集城楼（南楼）》又云："高楼百尺修木尾，对面南山翠相倚。""下视黄埃浊波起，车马纷纭只蝼蚁。"③ 由此可知，当时这两个谯门之间，车水马龙，川流不息，热闹非常。

滚滚的南阳河水之所以未将两岸交通隔阻，系因宋代河上建有多座桥梁，仅见诸记载者即有石桥、木柱桥、飞桥（又名虹桥）、钓桥和南洋桥。如《宋史》载：景德三年（1006 年）"八月，青州山水坏石桥"④。《渑水燕谈录》云："先时，跨水植柱为桥，每至六七月间，山水暴涨，水与柱斗，率常坏桥，州以为患。明道中，夏英公守青，思有以捍之，会得牢城废卒，有智思，叠巨石固其岸，取大木数十相贯，架为飞桥，无柱。"⑤《续资治通鉴长编》称：熙宁十年（1077 年）青州于南阳河"南岸置钓桥"⑥。《齐乘》载："曾肇《南洋桥记》曰：'……南洋河，今桥所在是也。'"⑦

青州城在北宋至少曾三次重修，据《续资治通鉴长编》载：庆历四年（1044 年），知青州陈执中上言："'奉诏权罢修州城，契丹虽遣使再盟，然未保情虚实，恐未可遽废防守之备。况秋稼大成，人心乐于集事，旧城比已兴工划削，高下可窥，若遂中辍，它日不免重困于民，乞遂乘时完缉。'奏可。先是，有言执中率民钱修州城，民甚苦之。故有诏罢其役也。"⑧《续资治通鉴长编》又载：熙宁十年（1077 年）"诏修青州城，建楼橹，南岸置钓桥"⑨。《宋史》云：宋末，知青州曾孝序"缮修城池，训练士卒，储峙金谷，有数年之备，金人不敢犯"⑩。

宋青州南城有几个城门？是怎样安排布置的？谨按宋时南城是有西门的，这可见诸宋代文献记载。如宋潘自牧《记纂渊海》明谓："范公泉，在（青）州城西门外。"⑪ 作为西门城楼的"西楼"亦见诸有关文献，如知青州寇准有诗名《青州西楼雨中闲望》，又曾赋《中书秋日有怀青社旧游因书一首》云："曾倚西楼吟暮雨。"⑫ 西门既然存

---

① 范仲淹：《范文正别集》卷 1《古诗》，文渊阁《四库全书》第 1089 册，770 页。
② 《宋史》卷 301《赵贺传》，10000 页。
③ 孔文仲、孔武仲、孔平仲著，孙永选校点：《清江三孔集》卷 24，齐鲁书社，2002 年，363 页。
④ 《宋史》卷 61《五行志》，1324 页。
⑤ 《渑水燕谈录》卷 8《事志》，100～101 页。
⑥ 李焘：《续资治通鉴长编》卷 283《神宗》熙宁十年（1077 年），中华书局，1992 年，6925 页。
⑦ 于钦：《齐乘》卷 2《山川》，乾隆四十六年益都县重刊本。
⑧ 《续资治通鉴长编》卷 151《仁宗》庆历四年（1044 年），3683 页。
⑨ 《续资治通鉴长编》卷 283《神宗》熙宁十年（1077 年），6925 页。
⑩ 《宋史》卷 453《曾孝序传》，13319～13320 页。
⑪ 潘自牧：《记纂渊海》卷 17《京东东路》，文渊阁《四库全书》第 930 册，404 页。
⑫ 寇准：《忠愍集》卷中，文渊阁《四库全书》第 1085 册，686 页。

在，正北门又发掘出来，则今万年桥东应该还有一个面临南阳河的东门才比较合乎空间逻辑。窃喜这个推测竟被以往发现所证实。2002 年青州市政公司在沿南阳河埋设污水排泄管道时，于万年桥东百余米处 1 米多深河床下，挖出了当年虹桥几十根深置河底的松树木桩。翻检《光绪益都县图志》中的《城内坊巷》和《城外坊巷》还在此处标注着"天桥址"（南岸）、"天桥"（北岸）。可见，历史上著名的虹桥位置就应在这里了。这样看来，南城仅在南阳河沿岸便有三座城门——正北门、西（北）门、东（北）门。这是为加强南、北两城联系，才辟出了多个城门。考虑到城南、城东都应设有城门，则宋时青州南城至少建有五座城门。按，元朝南阳城（即宋青州南城）有五座城门，很可能沿袭的是北宋城门建置。

元地理学家于钦《齐乘》载：青州北城东阳城"东西长而南北狭"[①]。这启示出与此形态相符的《光绪益都县图志·城外坊巷》中的"古东阳城故址"至少是元时轮廓。笔者发现《元史》还有"（至正）十八年（1358 年）春……益都土门万岁碑仆而碎"[②]的记载。"万岁碑"虽仅一见，却可考知。据《齐乘》载："碑亭，旧城（指东阳城）北，世祖皇帝平李璮后，赈恤青人，民立圣德碑，翰林阎复子静文。"[③]青州在元代唯有世祖平李璮碑立于城北，此外别无其他皇帝碑刻，"万岁碑"即翰林阎复所撰"圣德碑"无疑矣。值得注意的是，"古东阳城故址"中还标有"土城口"（图二），这不就是《元史》所载"益都土门"吗？这座"土门"是元东阳城的一座北门，它基本与南阳河南北两岸的宋代"天桥址""天桥"在同一轴线上。以往研究者大多仅关注"土城口"西的镇青门和车辕门（又名武曲门），而忽视了它作为"土门"的存在价值，但这恰是说明"古东阳城故址"至少系元城轮廓的关键因素。按金元时青州治南阳城，东阳城以"旧城"状态存在，这表明当时并未对此地已有的古东阳城进行大的修补，金元东阳城墙和城门沿袭着宋代风貌。明洪武十一年（1378 年）山东都指挥使王德重修东阳城，当然还是在宋元城池轮廓基础上的大规模修缮。

既然青州南城沿南阳河设有三座城门，则三门外都应建有各自独立的桥梁。那么，两"谯门"间的这座桥梁是何桥呢？由《嘉靖青州府志》所示表海亭位置来看，它与这座宋门遗址隔河相望。《齐乘》云："表海亭，府城北南洋桥北，惟古台存焉。"[④]元初名儒郝经《青州山行》诗："饮马南洋桥……酌别表海亭。"[⑤]由此可知，两谯门间的桥梁乃南洋桥无疑。因为南洋桥与表海亭近在咫尺，所以郝经才会有如此吟咏。南洋桥是否也是一座虹桥呢？目前还不得而知。不过，它曾一度是座钓桥。据《宋史》载："青州河贯城中，苦泛溢为病。（王）居卿即城立飞梁，上设楼橹，下建门，以时启闭，人诵其智。"[⑥]对此，《续资治通鉴长编》称：熙宁十年（1077 年）"诏修青州城，建楼橹，南岸置钓桥，从转运使王居卿请也"[⑦]。两相对照，可知这里的"飞梁"非虹

① 《齐乘》卷 3《郡邑》。
② 宋濂等：《元史》卷 45《顺帝纪八》，中华书局，1976 年，941 页。
③ 《齐乘》卷 4《亭馆》。
④ 《齐乘》卷 4《亭馆》。
⑤ 郝经：《陵川集》卷 3《古诗》，文渊阁《四库全书》第 1192 册，38 页。
⑥ 《宋史》卷 331《王居卿传》，10647 页。
⑦ 《续资治通鉴长编》卷 283《神宗》熙宁十年（1077 年），6925 页。

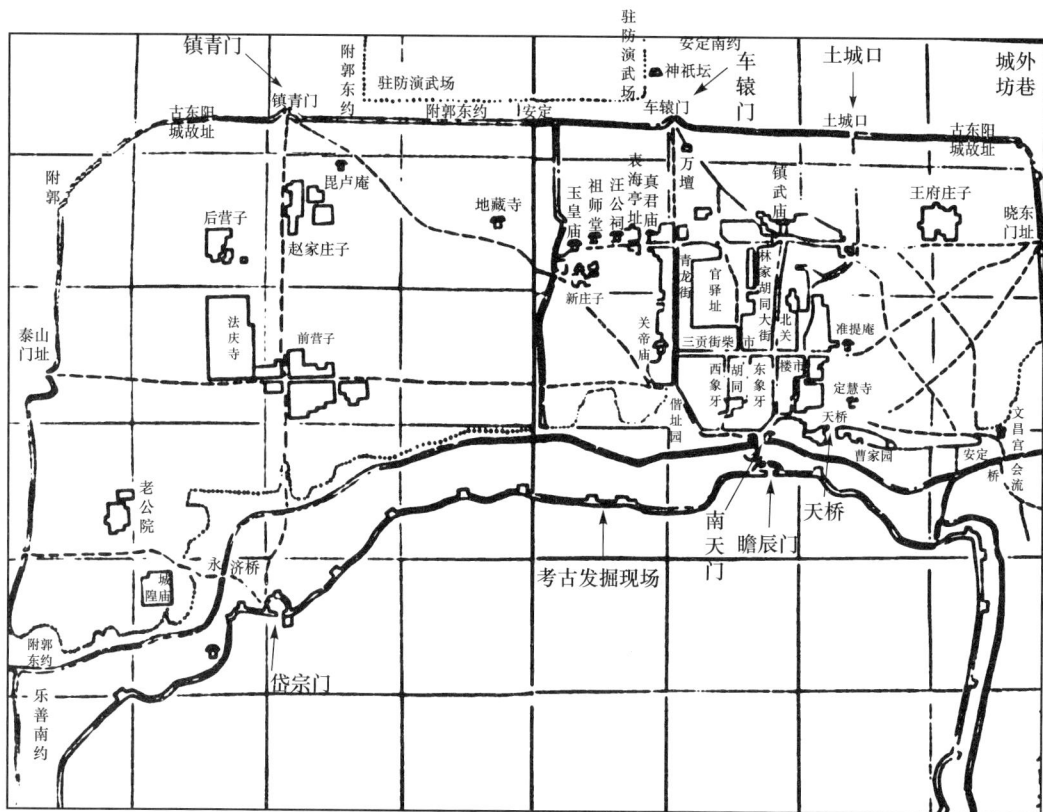

图二　城外坊巷

桥，而是一座钓桥。又由《嘉靖青州府志》知：这次修南洋桥勒立了"曾肇撰修桥记，米芾书（丹）"[①]的石碑。曾肇系"唐宋八大家之一"的曾巩之弟，米芾更是"宋四书家"之一。今后的考古发掘工作还要注意寻找这通立于河畔的珍贵碑刻。

宋代城门遗址的发掘揭示，直接暴露出这里就是北宋青州南城的正北门。如前所考，两"谯门"位置关系是"对耸"，则此城门遗址与东阳城"南楼"两点构成一线当无疑义。由于两"谯门"间的南洋桥在沟通南、北两城交通上发挥着重要功能，它必然与两城内的主要街道相衔接，这便确立了一条贯通南、北两城的中轴线。这条中轴线北端直达北城北门车辕门，南端的南城南门则在新建的石坊路南头附近。需要指出的是，此中轴线并非一条绝对直线，而是大致直线，因为车辕门与北宋城门遗址存在着近百米的偏差。笔者认为之所以如此，原因是古代城池中的城门未必都是完全正对的。仅以清代南阳城为例，北门瞻辰门与南门阜财门即非南北正冲，亦有着近百米的偏差。这可能是受当时城内建筑影响，不得已而让城门稍微有所偏移。贾继闵先生《青州表海亭与南洋桥故址考》一文认为"宋南洋桥故址应在今石坊大桥东侧"[②]，但验诸考古发现的宋城门遗址，南洋桥故址却当在石坊大桥西侧。贾先生正是依据与车辕门的

---

① 《嘉靖青州府志》卷 11《关梁》。
② 贾继闵：《青州表海亭与南洋桥故址考》，《潍坊日报·今日青州》2012 年 4 月 11 日。

南北正对关系来推测南洋桥位置的。结合《光绪益都县图志·城外坊巷》可知，这条中轴线左右还存在着两条小轴线：一是镇青门和岱宗门南北对应呈一条轴线。二是土城口（土门）与"天桥"所衔接的南城东北门在一条轴线上。这三条轴线便是构成宋代以降青州城格局的主框架。一般认为，镇青门、车辕门为明山东都指挥使王德重修东阳城时的遗迹，现在从城门对应关系来看，这两座城门宋代就已在此位置，它们不是王德新辟城门无疑。

据《光绪益都县图志》载："（洪武）十一年（1378 年），都指挥使王德修东阳城。《嘉靖（山东）通志》：'时拓地建齐藩，故修此城。（南阳城）官廨、庙宇大半移建，宋元以来故址遂湮'"。[1]明初"拓地建齐藩"是青州历史上城市结构发生巨大变化的主要原因，它造成了宋元以来数百年城市格局的大破坏。事实上，南阳城区范围的消长变化，正发生在元末明初。《齐乘》载：元益都路"府城五门，周二十里，俗称南阳城"[2]。而《光绪益都县图志》云：明南阳城"周十三里有奇……门四"[3]。对比之下，发现一个重要历史信息，明比元南阳城周长少了近七里，这可不是个小数字，这片城区哪里去了？这个问题还没有人关注和研究，笔者认为这片少了的城区就是现今的东关。

种种迹象表明，青州东关一带在宋金元三朝应为城区，而非附郭。众所周知，南阳城向西因南阳河阻隔已无发展空间，向西南则距角楼村汉墓群较近，向正南在 20 世纪 90 年代初所建神话艺术宫曾出土宋明时期壁画墓葬，这三个方位无疑都不会是城区范围了。现在只有城东的东关一带，有可能属于宋金元城区了。证之以宋代王曾宅第、元代真教寺都地处东关，以及金山东东西路统军司和元益王府第皆在南阳城东门内的历史事实，问题已是一目了然。

王曾系北宋宰相，青州人。欧阳修《集古录》云："当皇祐至和之间，余在广陵，有敕使黄元吉者，以唐明皇自书《鹡鸰颂》本示余，把玩久之。后二十年，获此石本于国子博士杨褒。又三年，来守青州，始知刻石在故相沂公宅。"[4]可知青州确实建有王曾宅第。又据清段松苓《益都金石记》称："按王沂公宅，在今东关寿昌寺后，无复屋宇，惟老鸦脚树一株而已。"[5]清乾隆五十四年（1789 年）青州知府张玉树曾立碑于王曾故居遗址前，碑曰："宋宰相王文正公故宅。"其地在今东关粮市街中段路南，积儿巷东侧。令人费解的是，宰相王曾宅第怎么会在明清南阳城的外郭东关，而非城内呢？真教寺乃元代三大伊斯兰教寺院之一，位处今东关昭德街上，它为何也建在了南阳城外郭呢？

山东东西路统军司系金王朝为防备南宋而设在青州的最高军政机构，元代益王买奴更是以宗室藩王坐镇青州。由《嘉靖青州府志》知："府治东门内，金统军司廨也"，"益王府第……即今东隅阛阓基。"[6]令人蹊跷的是，山东东西路统军司和益王府故址居然都位于明清南阳城东门和东城墙附近？如此紧靠城门与城墙，根本不符合尊崇重视原则。《光绪益都县图志》载："至正十七年（1357 年）三月，毛贵陷益都路，买

① 《光绪益都县图志》卷 6《大事志下》。
② 《齐乘》卷 3《郡邑》。
③ 《光绪益都县图志》卷 13《营建志上》。
④ 李逸安点校：《欧阳修全集》卷 139《集古录跋尾》，中华书局，2001 年，2218 页。
⑤ 段松苓：《益都金石记》卷 4《已亡金石目录》，光绪九年益都县重刊本。
⑥ 《嘉靖青州府志》卷 7《古迹》。

奴偕马睦火，并投东关井中死。"① 很显然，买奴之所以"投东关井中死"，正因益王府地近东关的缘故，这也是东关当时属于城区而非附郭的佐证之一。

毫无疑问，明清南阳城东城墙已非宋金元南阳城东城墙，而是向西推移后划除了原属城区的东关一带。东门外护城河也是明初叶大旺重修南阳城所开凿，宋金元时尚无。由于城区缩小，城门自然随之由五门减少为四门了。这样一来，一系列疑惑都破解了，所有的问题皆得到了合理诠释。

综上可知，明清时期作为南阳城附郭的东关在宋金元诸朝属于城区，这使得我们对历史上青州城区范围的认识更加全面了。可以说，北宋青州城是青州历代最大的城池。唯惜宋末金初接连不断的兵燹战乱对这座城市的摧毁是致命性的，直至清末青州城区的范围再没有能力恢复到鼎盛期的规模。

报纸报道称："宋代城门叠压在明代城墙的下面，由城门、城墙、瓮城、石铺路面组成。"发掘者判定这处城门遗址时代为北宋的依据：一是城门两侧残存城墙系用宋代花纹青砖垒砌而成。二是"在挖掘过程中，现场收集了很多陶器、瓷器碎片，据此初步断定出城门及石铺路为宋朝的"。笔者现场考察亲见，宋城门遗址比明城墙向北凸出近 5 米，表明此城门突出城墙外，门洞上方为平台，平台南的城墙上建有城楼。这种形制的城门在北宋张择端《清明上河图》上可以寻见概貌（图三），这正是其为宋朝城门的重要证据之一。此城门宽 3.5 米左右，似与文献所载宋时青州城气势存在出入，其实考古发现的南宋都城临安（今杭州）钱塘门也宽仅 4 米，况且这处城门遗址上还曾建有高大的城楼。这样推算起来，就与文献记载趋于接近了。发掘显示，石铺路上的车辙痕迹颇深，有的地方竟达 8 厘米左右，这绝不是存世仅 160 余年的北宋一朝所能造成的，这是个人推断城门使用时间下限晚至元末的原因之一。事实上，明城墙直接叠压在了宋城门遗址上，就需要考虑宋城门在金元两代仍然继续使用，还是早已废弃？发掘者认为"随着朝代的更替，宋代城门被废弃。"这显然说得不够明确。元初郝经《青州山行》诗云："饮马南洋桥，摩玩米芾记。"② 由此可知，金末元初南洋桥尚存，仍属交通要津，这处城门当然还在使用。

至于此城门的毁废原因，笔者推测是元末战乱所致。考南阳城在元末曾遭受过两次战争严重破坏：一是据《元史》载，至正二十二年（1362 年），元朝廷派遣名将察罕帖木儿自济南率领大军东攻青州，当时南阳城为红巾军刘福通宋政权益都行省治所。察罕帖木儿命诸军环城列营，凡数十处，大治攻城器具，百道并进，城内红巾军全力拒守。元军挖出深沟，筑起长围，"遏南洋河以灌城中"③。最后元军穴地而入，占领南阳城。二是由《元史》知，至正二十七年（1367 年），朱元璋命大将徐达率军猛攻青州南阳城，元朝守将普颜不花"捍城力战"④，拼死抵抗，但因内缺粮草，外无援兵，几天后城池被徐达攻破。南阳城在短短五年时间里两次饱受战争创伤，这处城门难免遭到战火殃及而毁坏。数年后，叶大旺重修南阳城遂将其废弃。

---

① 《光绪益都县图志》卷 47《人物志》。
② 《陵川集》卷 3《古诗》，文渊阁《四库全书》第 1192 册，38 页。
③ 《元史》卷 141《察罕帖木儿传》，3388 页。
④ 《元史》卷 196《普颜不花传》，4430 页。

图三　北宋张择端《清明上河图》中的汴京城门楼

　　中国古代城池中瓮城的设置兴盛于五代、北宋。宋代州城大多设有瓮城，起着屏障城门的作用。因受地域限制，青州宋城门遗址外的这个瓮城规模极小，甚至并未建造。报纸报道说："在宋代城门北侧14米处，考古人员还发现一早期石墙，与宋代城墙遗址方向一致呈东西向，用大石块垒制而成。该石墙叠压在宋代城门北侧路土的下面，考古专家判断，石墙的时代应早于宋代城门。"由于宋城门遗址外必须有座桥梁与它对应，而熙宁十年（1077年）朝廷曾应京东路转运使王居卿之请修建青州城，当时于南阳河"南岸置钓桥"，因此这处石墙或与钓桥基址有关。但要继续发掘，看其长度和范围再定性质，也不排除是固岸长堤或者城防辅助性建筑——羊马墙下的鹊台的可能。

二、明代城墙遗址

　　明代南阳城墙被考古发掘出来，展示了一段明城墙的真实风貌，我们可以清晰看见，它是砖包土结构。关于南阳城的建置沿革史，《光绪益都县图志》载："建始之年不可考，唐宋以来皆因之。本土城，明洪武三年（1370年），守御都指挥叶大旺甃以甓石，增崇数尺，周十三里有奇，高三丈五尺，池广亦如之，深丈有五尺。门四：东曰'海晏'（旧名海岱），南曰'阜财'（旧名云山），西曰'岱宗'（旧名泰北），北曰'瞻辰'（旧名凌霄）。天顺间，都指挥高源、知府赵伟、徐郁修城楼、台、铺。正德七年（1512年），佥事牛鸾、知府朱鉴；嘉靖八年（1529年），知府江珊，相继修。嘉靖十三年（1534年），兵备佥事康天爵增筑西门月城。国朝康熙五十五年（1716年），知府陶锦修城东门及南门楼，又修东南隅文昌楼。六十年（1721年），重建楼垣。乾隆四十七年（1782年），知府李涛请帑修。道光二十一年、二十二年（1841、1842年）知府方用仪、署知府英桂倡捐重修。"[①]南阳城毁于近世，此次考古发掘前仅万年桥

---

① 《光绪益都县图志》卷13《营建志上》。

东南侧和范公亭三贤祠附近城墙遗迹尚存，显示着巍峨壮观的雄姿。

南阳城因濒临南阳河而得名，又由于明城池轮廓形似卧牛，俗称"卧牛城"。该城至迟金朝已得其名。于钦《齐乘》所引金人李余庆《齐记补》中首次明确提到"南阳城"之名，即青州"（金）天会（1123～1137 年）中……治南阳城"[1]。对于南阳城的始建时间，目前权威说法是《光绪益都县图志》编纂者们的考证结论——北魏孝明帝熙平二年（517 年）重修东阳城，同时于阳水之南筑南郭[2]。但笔者研究发现，这仅是一个建立在理论上的推测而已，其实南郭此前业已见诸正史。如《宋书》载：明帝泰始三年（467 年），北魏蜀郡公拔式统率数万大军包围青州东阳城，"十月，进攻南郭"[3]。这条资料明确无误地告诉我们，刘宋时的东阳城已是一座建有南郭的城池。再如《魏书》载：宋少帝景平元年（423 年），北魏寿光侯叔孙建率军"攻东阳，平其北城三十许步"[4]。从东阳"北城"可推导出南阳河南岸应当建有南郭，这座"北城"是相对于南郭而言的。此时上距东晋青州刺史羊穆之于义熙六年（410 年）建造东阳城不过 13 年，因而我们有理由认为东阳城及南郭应是同时建造。于钦就曾推测南郭与东阳城"或皆羊穆之所筑"[5]，看来确实有些道理。

明代大规模修缮南阳城的时间存在两种说法，即洪武三年和四年（1370、1371 年），均见《光绪益都县图志》及所援引的明代文献。这一年的出入，笔者认为应该分别是开工和竣工的时间。那么，明初为何要重修南阳城呢？这是因为该城经过元末农民战争的破坏，已经残破不堪了。当时在山东都指挥使叶大旺主持下，对南阳城进行了全面修复，从"已出土 180 米长明朝城墙遗址"来看，墙体雄伟坚固，无疑是青州历史上建造质量最高的城墙。笔者认为明南阳城建造质量较高并不断重修的原因有三：一是元末明初出现了中国历史上最后一次大规模的城池建造运动，这也是历史上用砖石筑造城池的最大一次筑城运动。南阳城被"甃以甓石"，正是这一时代背景下的产物。二是青州政治地位重要的缘故。太祖洪武元年（1368 年）于青州置山东行中书省，辖全省 6 府 15 州 89 县。九年（1376 年）山东行中书省改名山东承宣布政使司，西移济南，青州由省会降为府治。一般认为这是青州地位的大下降，其实不然。明王朝建国后在政治上实行分封制度，洪武十五年（1382 年）太祖第七子齐王朱榑就藩青州，建造了规模宏大的齐王府，这个亲王府邸实乃一座城中城，其北门"广智门"距离出土的这段明城墙不过数百米。齐藩废后，汉王朱高煦又被诏封青州，他是当时除成祖朱棣、太子朱高炽外，大明王朝的三号人物。朱高煦虽未奉诏就藩，但这足以表明青州在明统治者心中的分量。弘治十二年（1499 年）宪宗第七子衡王朱祐楎就藩青州，传六世七王，直至明亡。由此可见，明代南阳城不仅曾系山东行中书省治地，更是齐藩、衡藩所在，政治地位十分突出。三是南阳城很可能是动用军队修筑而成。洪武三年（1370 年）升青州卫为山东都卫指挥使司（八年改都指挥使司）。都卫指挥使司

---

① 《齐乘》卷 3《郡邑》。

② 参见《光绪益都县图志》卷 5《大事志上》。

③ 沈约：《宋书》卷 88《沈文秀传》，中华书局，1974 年，2224 页。

④ 魏收：《魏书》卷 38《刁雍传》，中华书局，1974 年，866 页。

⑤ 《齐乘》卷 3《郡邑》。

节制方面，长官称都指挥使，正二品，执掌全省军政。叶大旺身为首任山东都指挥使，乃地方最高军事长官，可以直接动用兵力修建城池。此后重修东阳城、南阳城的王德、高源官职也是都指挥使，而且齐王府的修建任务还明载是由军队承担完成。毫无疑问，动用军队比征调民夫修建城池更有效率，可以事半功倍。

颇需一提的是，这次修城较之元朝有四个大变化：一是将城池从周长二十里缩减为十三里，去除了原属城区的今东关一带。也就是说，叶大旺重修南阳城不是扩建而是缩建。明初因元末战乱，青州人口骤减，城区几为废墟，这是城市规模压缩的根本原因。南阳城这次虽系缩建，却具有划时代的意义，不仅是青州历朝城市建设中修建质量最高的一次，而且比同时重修的济南城规模还大。洪武四年（1371年）全面修缮济南城，土城墙变砖城墙，全城周长十二里四十八丈，高三丈二尺。青州南阳城较之济南城不仅周长略长，还高出三尺。二是将整座城池"甃以礧石"，变成砖城。三是增加城墙高度并开凿护城河。既比原来元城墙"增崇数尺"，又开凿了"广三丈五尺，深丈有五尺"的护城河。其中，东门海岱门外护城河在宋元时尚无，系明代新开凿。四是城门由元代五门减少为四门，即废弃了考古发现的这处宋迄元末的城门及东北门。又于这两座废弃城门之间新创了万年桥南的凌霄门。顺便指出，与凌霄门隔河正对的东阳城南门——南天门亦非宋元城门无疑，它是王德修东阳城时为与凌霄门对应而新辟的城门。在这四个变化中最大的变化是压缩了城区规模，将元南阳城缩建为明"卧牛城"了。

还应补充说明的是，南阳城何时由土城变为砖城。明康天爵《增筑青州府城记》称：该城"历唐、宋、金、元，率皆覆土。明洪武辛亥（1371年），始加甃礧"[1]。此说恐有不妥。据《元史》载："（中统）二年（1261年）……李璮擅发兵修益都城堑。"[2] 对此，《元文类》则明确说道："益都因涧为城……今更包以砖石。"[3] 李璮乃金末红袄军首领李全、杨妙真夫妇之子，他调动军队将益都城（即南阳城）"包以砖石"，凭借坚城，对抗朝廷。这说明早在蒙元时青州南阳城已由土城变为砖城，这就从根本上动摇了明初"始加甃礧"的传统说法。那么，为何康天爵对李璮"包以砖石"往事未置一词呢？这有两种可能：一是经过元末战乱，百年前的砖城已基本被毁，鲜为人知；二是康氏有意对前朝叛臣修城之事不屑一提。窃以为后者可能性较大。因叶大旺是对元城墙"增崇数尺""甃以礧石"，所以明城墙内所包之土城墙，即元城墙。我们今后的考古发掘工作，需要留意寻找元砖城遗迹。概而言之，南阳城墙包砖始自蒙元李璮割据山东时，此前一直为土城，正式大规模砖砌城墙则在明初。

文献中的明代南阳城资料颇值一提。明人吴斌在《青州歌》中高唱："青州高城雄九州，城门天上飞琼楼。""嵯峨城阙帝子宫，天人遥镇沧海东。"[4] 康天爵《增筑青州府城记》盛赞道："南枕山麓，北距河流，雉堞翬飞，楼观云丽，隐然东方一巨镇也。"[5] 清《咸丰青州府志》则评云："倚山俯涧，基址壮阔，雉堞排密，积谷屯兵，可容十万，所谓天

① 《光绪益都县图志》卷13《营建志上》。
② 《元史》卷4《世祖纪一》，69页。
③ 苏天爵：《元文类》卷50《张宏行状》，张元济等：《四部丛刊初编》（景印元刊本），上海商务印书馆，1929年，16～17页。
④ 吴斌：《吴韫玉集》，《北京图书馆古籍珍本丛刊》（影印清抄本），书目文献出版社，1988年，382页。
⑤ 《光绪益都县图志》卷13《营建志上》。

府之国，古王伯所争都。山东之地以青州为根本，济南为门户，此言非虚论也。"[1]

关于"水门遗址"，报纸报道："由长方体的巨石垒成"，"东西长26.2米，与明代城墙一体而向北突出3.1米，残高2米，与益都县图志对照吻合，基本确定为益都明城的水门遗址。"但就笔者现场考察情况来看，这不是水门遗址，因为既未发现水门涵洞，又见遗址内部系夯土结构。这实际上是一个明朝城台遗址，它与其西60米考古发掘出土的清代城台在形制和规模上明显不同，是其未被视作城台的重要原因。众所周知，城台亦称墙台，是城墙上每隔一定距离就修建的凸出墙外的台子，平面有长方形、半圆形两种，因外观狭长，状如马脸，俗称马面。城台一般依据需要而设，大多建在城墙外侧陡峭崖边，砌有垛口，可以瞭望、放哨、屯兵和存放战备辎重（如滚木、雷石），主要功能是加强城池防御能力。当敌人逼近、准备登城时，守兵可凭借城台，消除城下死角，自上而下三面攻击敌人。由《光绪益都县图志·城内坊巷》知，清南阳城共建有24个城台，仅北门瞻晨门与西门岱宗门之间即有5个城台和1个"水门址"。考古发掘的这处城台遗址正是"水门址"（图四）西第一个，因其地近"水门址"，导致误判。这个城台遗址系砖石结构，下面石砌，上部包砖（几乎全佚）。笔者于遗址上

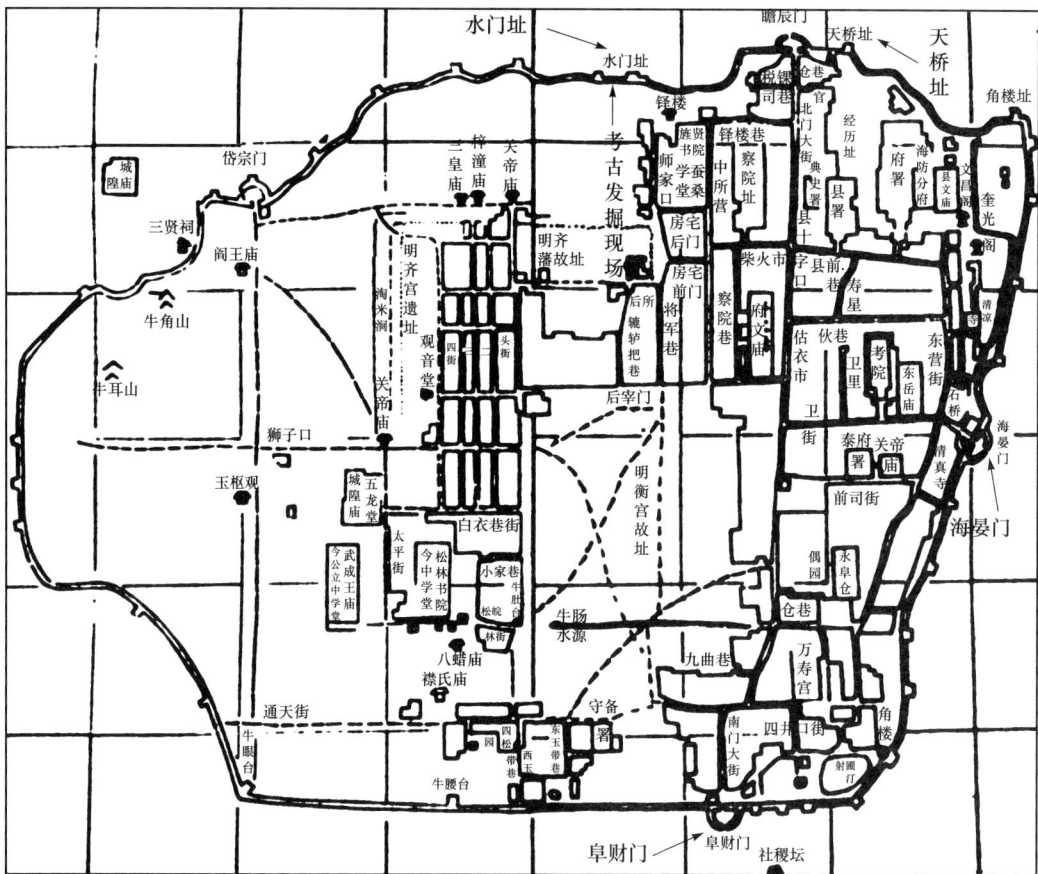

图四　城内坊巷

① 毛永柏等：《咸丰青州府志》卷23《形胜考》，咸丰九年刊本。

看到一件残留腐朽木柱的柱础，谨按城台有实心、空心两类，空心者墙体开窗，守兵可躲藏其中攻击敌人。这个柱础表明此城台或属空心城台，但这要进一步清理后才能做出判断。考明南阳城在这一带曾有一个水门，据《嘉靖山东通志》载："张仙洞，在阳溪（南阳河）北岸，与（青州）府城水门相对。"[①]对此，《光绪益都县图志·营建志》说得很明白，这是"旧水门"；《城内坊巷》图中也标注得很清楚，此乃"水门址"。可知这个明水门在清代业已废弃，清人所见自非全豹，很可能当时就搞错了。我推测这个"水门址"位于万年桥西铎楼西北，地当今衡王桥附近，如果进行发掘或许还能找到。清南阳城于"东北角楼下（有）大水窦，泄城内阴沟之水"[②]。此大水窦承担起了前朝水门的作用。不过，还有一种情况不当忽视，那就是这处北宋城门遗迹可能被明清人误作了水门址。由于城门洞内石铺路面上存在着明显的长期水流冲刷痕迹，极易导致这是水门的失实认识。如果这一推测不误，就会出现颠覆性结论——这里压根就没有什么所谓的"水门"。

三、保护利用措施

作为青州首个考古发掘出来的宋代城门遗址，其对于整座青州古城研究具有弥补缺环的重大意义和牵一发而动全身的学术价值。回首反观出土的这段明代城墙，竟是如此的雄伟大气。对照《光绪益都县图志·县城全图》（图五）可知，明清城墙坚实厚重，固若金汤，兼有防御、防洪双重功能，具有重要的历史、艺术、科学价值。这是青州文明发展的见证，是宝贵的不可再生资源。有鉴于此，笔者建议对这处文化遗存尽快采取保护和利用措施。

首先，组织专家考察现场，召开学术研讨论证会。申请将遗址公布为山东省级文物保护单位，划定明确保护范围，城墙延伸区内不得搞任何建设，已经在建的工程项目立马叫停或限制建筑规模，切实保护好这一难得的文化遗产。

其次，在科学保护规划基础上，赋予遗址适当利用方式，做到保护与利用并重，达到文化遗存长久传承目的。北宋城门和明代城墙在青州古城修复建设之际，应世而出，保护利用，正当其时。令人欣喜的是，遗址的发掘成果及周边环境适合就地建设考古遗址公园。目前看来，对这处文化遗存最大的威胁是风吹日晒雨淋，考古遗址公园可采取沿城墙上方建造长廊的方式对墙体加以保护。北宋城门属于珍贵历史遗迹，更需加倍用心呵护，可在遗址上加盖木质城楼或搭建大型顶棚，起到保护和标识城门位置的双重作用。采用考古遗址公园这种开放保护方式无疑是合理的，既能使遗址在自然状态中呈现当年风貌，又可彻底拉近公众与考古的距离，让越来越多的人直击和触摸文化遗产，了解脚下的历史，感知城市的兴衰。这样在保护好遗址的同时，又为青州旅游业注入新活力，实现了文化遗存的社会价值，收到保护与发展双赢的功效。

最后，争取加大考古资金投入，继续扩大发掘范围，进一步加强对遗址布局结构和功能的深入探索。须知挖出有价值的东西不易，研究起来更难，这项工作还需积极

① 《嘉靖山东通志》卷6《山川下》，《四库全书存目丛书》（史部）第187册，齐鲁书社，1997年，807页。
② 《光绪益都县图志》卷13《营建志上》。

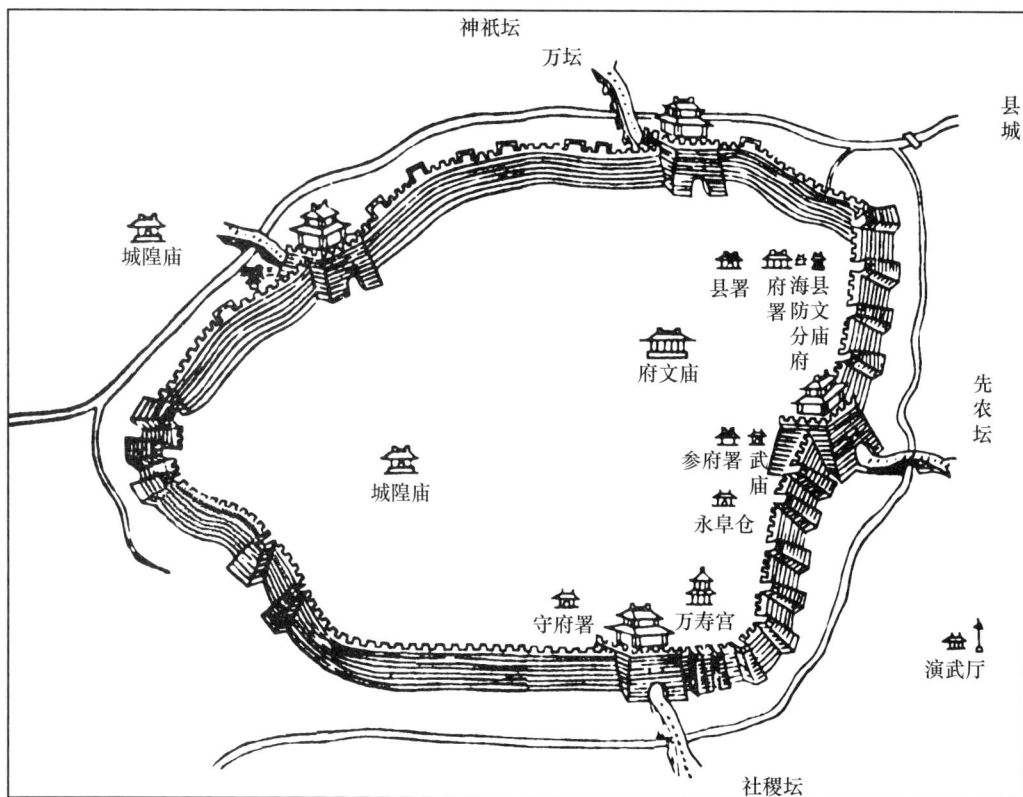

图五　清光绪年间益都县城全图

跟进。要以这次考古发掘为契机，展开对整座南阳城城墙的摸底调查，这对研究青州历史文化将有深远意义。还要注意结合城墙和城门自身特点，从古代交通，甚至文学角度，寻找更多与青州城有关的历史文献资料，以便让社会各界对青州古城有更深的了解，为将来遗址的全面展示和申报全国重要考古发现做好充分准备。

On the Significance of Discovering Sites of Earlier Song Gate and Ming Wall in Qingzhou and Strategies for Protection and Utilization

Li Sen

(School of History and Culture, Shandong University)

With the discovery of the site of Earlier Song gate, we have fundamentally solved the problem on the location of Qingzhou gate, got an important reference coordinate which could be used to reconfirm the pattern and region of the ancient city, even more, an overall influence on the recognition of the whole Qingzhou city followed. By the conjunction of archaeological discoveries and documentary records, the following academic problems have been solved: (1)As so far, Earlier Song gate is the oldest site in which we have found, it should be existence from Song Dynasty to the end of Yuan Dynasty; (2) According to the corresponding relation, we found that the old site of Dongyang city which was reconstructed in Ming Dynasty followed the outline of the city in Song and Yuan Dynasties, and the site of Earlier Song gate and the shafts gate were on the south-north axis which ran through the whole Qingzhou city; (3) In the early Ming Dynasty, Shandong regional military commander Ye Dawang conducted the repair project of Nanyang city on a large scale which made it once be the best-quality in the history of Qingzhou. However, the project downsized the city and, in consequence, the area now called Guandong which belonged to urban district in Song, Jin and Yuan Dynasties had been the city walls from then on. Finally, we made three actionable suggestions: (1) applying to list the Earlier Song gate and the site of Ming wall under Shandong provincial key cultural relic protection units; (2) paying equal attention to protection and use, constructing a local archaeological park; (3) expanding the scope of the excavated, and strengthening the research on the layout structure and functions of the site for a comprehensive show and application for the national important archaeological discovery.

山东长清灵岩寺地界石碑考略

王 晶 刘丽丽

（济南市考古研究所）

　　山东长清灵岩寺有一通金代明昌六年（1195 年）的《灵岩寺田园记碑》，因风雨剥蚀，字迹多已无法辨认，致使碑文难以完整通读。碑阴所刻山场、土地示意图的范围也不甚清晰。2012 年灵岩寺管理部门在一次取土时，发现了《□建常住地界公据》石碑，后移植到天王殿东侧的碑林中。笔者经过辨识、比对文字，基本能与《灵岩寺田园记碑》相互印证出完整的文字内容。结合《灵岩寺田园记碑》碑阴示意图，大致能看出所示山场、土地范围的走向，更主要的是从这两通碑刻文字中，可以看到宋金时期寺院管理的艰难状况，以及利用刻石的形式记录山场、土地所属，成为一种诉讼官司的石质证明档案材料。这类材料以往发现较少，本文欲对此进行释读分析，拟填补这方面的资料空白。

一、碑 文 资 料

图一 《□建常住地界公据》石碑

（一）《□建常住地界公据》石碑

　　2012 年出土，为青石质，中间部位有石英夹层，石质一般。圆首方碑，下植碑座。右上角残缺，致使额题的第一个字残失。碑残高 125 厘米，宽 66 厘米，厚 6 厘米。额书"□建常住地界公据"，2 行，每行 2 字，字纵 6 厘米，横 6 厘米，行距 2 厘米，字距 4 厘米。正文开始的三字"济南府"单独一行，字较大，纵 5 厘米，横 4 厘米。正文楷书 24 行，满行 55 字，字纵 1.5 厘米，横 1.5 厘米，行距 1 厘米，字距 0.5 厘米（图一）。碑文如下：

□建常住地界公据

　　济南府据十方灵岩禅寺主持传法妙空大师净如状，为本寺系观音菩萨道场祈福之地。

先蒙朝廷拨赐山场地土，于乾德年立碑□说四至去处，汯为地畔广阔，被人侵占。至天圣二年，本寺申官，与四畔人除侵占过地外，共指山顶及河中心、官道官路为界；至绍圣年后，本寺门人主持其界至内地土，又被王冲贤等十一户侵冒典卖。至靖康元年，本寺只据天圣二年□文，对照王冲贤等□□冒占本寺地土具状，经府县陈诉。至阜昌[①]二年三月二十八日，蒙本县东巡检承准皇□判府国大夫总□王钧百诲地标，拨王冲贤等冒占本寺山场地土，并依古碑届至，归还本寺交割了。当切见天圣二年碑文，元在五花殿西露地，安顿以缘，风雨飘坏，即今字画讹缺，切虑已后无凭无据。今□到天圣二年碑文，乞赐善录出给公据，付本寺，别立碑，永□寺门照证。使□寻将天圣二年四月十五日碑文照证得灵岩寺先准。

朝廷拨赐到山场产业，并有古碑照证，分明缘以去处。慈僻山后多被乡民侵占，寺门今将前后古来界至碑文。老主首、老旧僧行、庄客地邻人，逐一诲四至地界捡踏，除乡民已侵欺过地土外，□据即官常住见官地。至於地邻等人逐处步量，正定界至，各有状，在官立碑下项：一从神宝、方山顶分水，直东蓦过天门；至朗公山分水，直东北蓦棋子岭。从棋子岭分水，至仙台大岭；自仙台大岭分水，至燕子山南头大道分水为界。从大岭向下西至大涧中心，从涧中心向西北下水河□流，屈曲至石门；自石门屈曲西北中流至水磨；自水磨中流至骆驼项山之脚下小古道。向西上蜻蜓坡，及至本寺山神堂前，向西北汯小古路，至覆井坡西南、东西涧东头为界。从涧东头直西照涧南石塚为界，一百八十五步；石塚去大官道钧一百四十步；从石塚照直北冲小涧头，从小涧屈曲西北至寺庄南东西涧；从东西涧向西，蓦过南北大路直西，至涧南崖眉约一百三十五步。从崖眉分水西南，至大河东崖嘴约三百八十步。从东崖嘴蓦过大河照西岸流水小沟头为界，从小沟屈曲向西南，蓦侯丘古道，屈曲西南至侯丘正北，汯古沟直西上小土山分水，至沤麻坑正北□脚，上老婆山顶，直北下来至老鸥峪次下东北，至石嘴，汯石嘴下来至大风窟，直下至罐窟。从罐窟古溶下至牛心弧堆向东下；汯流大涧中心，至两羌涧头约一百六十五步。从两羌涧上北岸直北，至小水沟约三十五步。汯小水沟向东屈曲钧五十五步，正北冲上土崖分水为界约九十一步，到龙虎涧中心为界。从龙虎涧中心向东北入大河中流为界，寻汯大河中流至赤崖脚下为界，汯赤崖脚直北，至河□尽头迤逦，至野狐屈涧口约二百二十七步，至车朝小沟口为界，从车朝小沟口向东北，至南北大官路约二百三十步。从官路直□至靳庄南、东西古涧中心为界，约四百五十七步。从古涧东尽头照东，从北豹峪第三六搜脚岭分水为界，从搜脚大岭向上至大山顶分水为界，从大山顶迤逦至黄尖次，至神宝、方山各分水为界。奉判给须至指挥者右给公据，付十方灵岩禅寺，仰准此□□，别立碑文，久远照会。阜昌二年四月初七日给使上石知阁僧智深知客僧道德知藏僧道琏首座僧子昭□□僧子方维那僧法韶副寺僧惠光监寺僧宗日上石。

---

① 北宋末年，金兵大举南侵，打到济南时，时任济南知府刘豫降金。当时金兵急于攻克大宋，无心管理侵占地盘。两年后，刘豫在金朝的卵翼下建立"齐国"，于公元 1130 年立"大齐皇帝"，改年号为阜昌元年，至阜昌八年（1137 年）被金人废除（王晶、张幼辉编著：《济南巨观——华阳宫》，济南出版社，2008 年，9 页）。

（二）《灵岩寺田园记碑》石碑

为青石质，蟠螭碑首，下植碑座。碑首为四龙身躯交互，二龙各垂两边，雕刻极为苍劲雄浑，且刀法细腻，大气恢弘，体现早期风格。此碑在灵岩寺天王殿东侧，保存完整，只是字迹风蚀严重，斑驳难以辨认。立于金明昌六年（1195 年），碑高 214 厘米，宽 92 厘米，厚 32 厘米。碑阳文 26 行，满行 51 字，字径 2 厘米，正楷书。额篆"灵岩寺田园记"3 行 6 字，字径 13 厘米（图二）。碑文如下：

图二　《灵岩寺田园记碑》碑阳

灵岩寺田园记碑
十方灵岩禅寺田园记

乡贡进士周驰撰；承务郎、守秘书丞、兼尚书礼部员外郎、骁骑尉、赐绯鱼袋赵沨书；翰林学士、朝散大夫、兼同修国史、护军、冯翊君开国侯、食邑一千户、食实封一百户、赐金鱼袋党怀英撰额。

济南灵岩自法定禅师肇建道场，于今几千载矣。峰峦奇秀，祠宇雄丽，号天下四绝之一。比丘恒二百余众，虽四方布施者源源而来，然其衣食之用，出于寺之田园者盖三之二。其地实亡，宋乾德间所赐也；逮天圣初稍为人侵冒，主持者不克申理，但刻石以记其当时所得顷亩界畔而已。其后绍圣间，掌事者稍怠，左右□□遂伺隙而取之。时长老妙空者，虽讼于有司，其地未之能归也。至废齐时，始徵天圣石记，悉归所侵地。然石记字画已皆驳缺，寺僧□其岁久，愈不可考；因请于所司，□令主守故老与夫近邻，共立界至。迄今阜昌碑石存焉。圣朝乾德间，复有指寺之山栏为东岳火路地者，既而省部委官验视，考之阜昌碑文，不得遂其诈，因符移府司，府司乃印署文帖给付焉。大定六年，朝廷推恩，驰天下山泽以赐贫民。由是诸山林旧所固护者莫敢为主，樵者薪之，匠者材焉；凡森郁丛茂之处，皆濯濯如也；惟灵岩山林，以其有得地之本末，故独保完。明昌三年，提刑司援他山例许民采伐，由是长老广琛讼于部于省，才得地之十一二也。五年，琛复走京师，诣登闻院陈词，蒙奏，断用阜昌、乾德所给文字为准，尽复旧地。省符既下，于是□事僧悟空陈于府，再给公帖矣。将复刻石以为后人之信，遂丐文历下，周驰乃为序其始终之实而书之。或曰，世人所以不能脱世网而逃死生者，以其贪爱为病也，如来有药为之对治，止于一舍而已。故深于道者，视躯命犹视外物，况外物乎？见众生饥饿，虽刲割支体，了无靳惜。今琛公以土地之故，至取必于朝廷而后已，斯无奈违于其教欤？愚应之曰"不然"。夫刲割支体以啖众生可矣，若刲割众生支体以淡众生，岂理也哉？抑尝闻，客有捐万□□□以遣累者，盖初无难色。及有人托守斗粟，则不敢纵鸟鹊耗之一禽，何则？自为、为他之理异也。且夫寺之常住所以瞻养十方□□□也，渠盖不得已而为众主持□尔，非所私有也。如视其湮没而弗与保护，因而绝大众日用之资，乃曰吾能以舍为心。然则所舍者□谁物耶？知是理乃知琛公之举弗违佛教矣，惑者释然。因并书其言以告来者，使谨守焉。明昌六年十月二十有三日记。

首座僧悟伦、书记僧普迁、智藏僧广藏、智阁僧蕴奥、殿主僧宗坚、监寺僧宗微、副寺僧广仲、维那僧悟空、典座僧正寅、直岁僧志巧、库头僧觉允、当山主持传法嗣祖沙门广琛立石。

碑阴：灵岩寺田园记内容布局自上而下为"济南府长清县灵岩寺明昌五年上奏断定田园记碑阴界至图本"，按：此文字在最上部，示标题作用，共13行，每行2字，每字纵横各2.5厘米；灵岩寺田园记示意图（按照刻石文字规定的内容所示），按：在碑阴的中部，占碑身纵60厘米的范围；文字在碑身的下部，正楷，共21行，满行16字，每字纵横1.5厘米（图三）。碑文如下：

今具本寺拨赐田园验古碑公据界至自神宝方山之巅东踰石门过朗公山东北□棋子岭至大仙台曲屈而南超青□越界碑升燕子山大岭而西下泧大涧中流入□水河北折过石门水磨骆驼□山东□下小古道西北上蜣螂坡至山堂□□□古路过石塚至覆井坡西南东西涧之东北至小涧又西北至寺庄南东西涧□□大□升崖眉之脊西南过崖□踰□□入小沟绝侯丘古道南上土山过沤麻坑升老□山之顶北□□老鸥谷石嘴大虫窟□

图三 《灵岩寺田园记碑》碑阴

窟东过牛心孤堆泧大涧之流至两□□东上□北□小水沟登土□而北下□□龙虎涧中流东北入大河顺流过□崖之□北尽河圈过野狐窟至车朝小沟□东□至大道□轨而北至靳庄南东西古涧□流而上东抵豹谷第三岭逐陟其背迤逦东登大山顶东上黄尖復至方山之巅□上诸山□以分水岭为界

二、碑刻文字内容释读

从两块碑文内容上看，《灵岩寺田园记碑》前部与《□建常住地界公据》叙述的是同一个过程。两者结合起来读，我们大体知道这样的内容：当时主持灵岩寺的和尚是妙空大师，有僧人二百余众，虽然布施四方源源而来，但僧人的衣食还是主要依赖于寺院的土地所获。灵岩寺自古就是观音菩萨的道场。宋乾德（963～968年）时，朝廷拨赐山场土地给灵岩寺，并且立碑说明了范围。但是后来土地不断被人侵占。宋天圣二年（1024 年），灵岩寺曾申请官方，与周边判明地界，根据山脉走向的分水岭、河道中心、官道官路等标识比较明显的物体为界，并刻于石碑（早已遗失）。至绍圣（1094～1098 年）年间，寺院主持管理疏散，灵岩寺的土地又被王冲贤等十一户侵犯典卖。妙空大师任主持后（靖康元年，1126 年），根据天圣二年的碑文，找出王冲贤等人侵犯寺院土地的罪状，陈诉于府县，也没能实现土地归还。阜昌二年（1131 年），本县东巡检王钧百审理此案，根据天圣二年的石碑内容，为寺院索回了被侵占的土地，足见天圣二年的石碑在当时的重要性。石碑原在五花殿西侧，风吹日晒，字迹漫漶，考虑到碑文被侵蚀后再无凭可依，寺院住持乞求官方将馆藏的天圣二年石碑文帖拿出来，重新镌刻成碑文，并与周围相关邻居共立界限，按照官方的文帖仔细步量，把四至边界正式规定下来，"地邻人"各持一份，永远作为寺院地产的证明。后续具体的四至范围，云云。

《灵岩寺田园记碑》除简约描述了碑前所发生同样的过程外，又记述了齐阜昌二年（1131 年）至金大定六年（1166 年）之间所发生的事情：到现在齐阜昌的碑刻[①] 还在。到了金天德（1149～1153 年）间，省部委官员视察工作，看到了阜昌碑文并进行了考究，做出了今后"不得遂其诈"的指示，交付于济南府，府司立马给予署文帖，明确所有被侵占土地归还。到了金大定六年，朝廷推恩天下，将所有的山场土地赐给贫民，"樵者薪之，匠者材焉"。一时将繁茂的森林都砍伐得空空如也。唯有灵岩山林，有赐山场土地的刻石为证据，没有受到破坏，保存得很完整。明昌三年（1192 年）提刑司准许山民采伐山林。当时主持灵岩寺的广琛长老陈诉于部省，才保留住百分之一二。到了明昌五年（1194 年），广琛和尚多次奔走京师，诉讼陈词，终于得到朝廷的恩典断决，以天圣、阜昌刻石文字为准，"尽复旧地"。省里的文件下来了，事僧和尚悟空趁机又陈诉于济南府，府又给出公帖。为了让后人相信，重刻碑石[②]，请周驰撰写文字。后面加进来作者对此事的一些看法云云。

三、碑文内容所示地理范围

两通碑所说的四至地名，基本是一致的，距今已有 800 多年的历史了。这些地名多已消失、误传、更改，不再是原来的称谓了。笔者实地考察，几次采访当地百姓，还有个别的地名是原名，如：神宝、方山、天门、朗公山、靳庄、侯丘（今侯集村）等，其余的全不是原名了。笔者根据碑文中叙述的山脉、河流的走向，古代的官方大道、碑文地名遗用名称以及历史上遗留下来的重要遗迹，结合实地考察，圈定了宋金时期灵岩寺的山场、土地边沿范围：从灵岩寺北面的神宝寺、方山、朗公石至东北方向的棋子领，南折向下至现在的武庄水库，再西折顺武庄至万德河水中心，至万德与北大沙河汇集处，又向西南方向延伸。按照现在的村庄名称其范围大致为：武庄水库往西的武庄村、大刘村、峪口村、北纸房村、万德村、小侯集村；北折大侯集村、石都庄；再东折靳庄、八宝峪、神宝寺、方山分水岭。范围内的中间村庄有灵岩村、六

---

① 即《□建常住地界公据》石碑。

② 即《灵岩寺田园记碑》。

律村、小万德村、义灵关村，东西约 13 千米，南北约 3 千米，实地面积近 40 平方千米，实属辽阔壮观。

四、名人撰书《灵岩寺田园记碑》

撰文者周驰，字仲才，济南人。大定中住太学，屡以策论魁天下。贞祐之兵，济南陷落，驰不肯降，携二孙投井而死，乡人葬之宅后之寿乐堂。书丹者赵沨，字文儒，东平人。大定二十二年进士，官至礼部郎中。学道有所得，尤工书法，自号黄山。赵秉文云："沨之正书体兼颜、苏，行草备诸家体，其超放又似杨凝式。"时党怀英小篆，李阳冰以来鲜有及者，时人以沨配之，号曰"党赵"。篆额者党怀英，字世杰，原籍冯翊人，因其父为官泰安，死后妻子不能归，遂定居泰安。大定十年进士，官至翰林学士承旨，擅长文章，尤工篆籀，当时称为第一。济南今存名碑较多，而萃三名人于一碑者，首当此碑。足见寺院的掌事者对《灵岩寺田园记碑》设计制作的高度重视。

五、碑刻形成的历史背景

两通碑刻记叙了北宋时期灵岩寺土地、山场被周围侵占及陈诉府司、收回的经过。其实，这些事件的发生有它的历史背景，从碑刻文字内容上看，充分显露了当时寺院与世俗社会之间的矛盾。当时的灵岩寺实际上变成了拥有大量山场和土地的大地主，利用山场和土地的拥有权，租赁给当地的农民，以此获利。久而久之，相互之间的贸易关系就会出现摩擦，产生矛盾，进而发生抢占、哄抢、典卖的现象是在所难免的。另据宋熙宁三年（1070 年）《敕赐十方灵岩寺碑》牒文载："……齐州灵岩寺在山谷，去州县遥远，有僧行一二百人，遂其四方烧香，送供人施利至多。诸处浮浪聚集，兼本寺庄田不少，全藉有心力僧人主持主管。"从这段文字中看到，灵岩寺虽然距州县遥远，但四方香客来供奉者不少。很多地方有土匪性质的"浮浪"之人，侵占寺院的山场及土地。这种事情都出现在朝廷的牒文里，可见"侵占"之事实属规模了。因地理位置的原因"距州县遥远"，远离地方政权，政府鞭长莫及，难以改变，致使常年被侵，导致多年陈诉。为此，朝廷指派"有心力僧人主持主管"。惊动朝廷来为灵岩寺寻觅主持，说明朝廷也没有上好的办法解决此事，只能靠"有心力僧人"自己来解决。为此，从社会制度和地理位置上，决定了灵岩寺定被"浮浪"之人所侵害。作为寺庙的内部管理，为杜绝后患，从根本上解决问题，寺僧只有仿效前世的做法，以石刻的形式记录下灵岩寺四至的具体走向，并且精确到步数，从而看出僧人在文字上不留缝隙，在证据上一丝不苟，为将来继续打官司做好文字上的苛刻准备，实属难得。

六、碑刻形制的设计与制作

《□建常住地界公据》碑的设计制作，是非常简单而随意的。随便找到一块尺寸不大、质量很差、厚度很薄的块石粗落加工而成，导致碑文的字体很小，不宜辨识。从形体和规格上看，很容易当做一块不起眼的小碑碣来对待。按照《灵岩寺田园记碑》记述："逮天圣初稍为人侵冒，主持者不克申理，但刻石以记其当时所得顷亩界畔而已。其后绍圣间，掌事者稍怠，左右□□遂伺隙而取之。时长老妙空者，虽讼于有司，其地未之能归也。"从这段碑文上看出，此立碑时间以前"天圣刻石"所发挥的作用，只是"刻石以记其当时所得顷亩界畔而已"，虽然依据该刻石"讼于有司"，但最后的结果是"其地未之能归也"。"天圣刻石"没有给寺院带来实实在在的利益。但又考虑到"天圣二年碑文，元在五花殿西露地，安顿以缘，风雨飘坏，即今字画讹缺，切虑已后无凭无据"，要把当年朝廷赐予的山场土地传承记录下来，想到了重新刻石，没有寻找规格石材，没有邀请名人撰写，让一个会写字的人书丹，竟然连书写者的名字都没有留下。纵观这些行为，说明当时的管理者对这个问题有认识，但没有引起高度重视，才制作出《□建常住地界公据》如此规格的石碑来。

《灵岩寺田园记碑》的制作就大不一样了。该碑形体高大，龙首碑座，名人撰书题额，雕刻极具精工，造型丰腴气势，显现出碑刻的重要。从文字中查原因，因为《□建常住地界公据》碑以后，碑刻文字所示内容给寺院带来了巨大利益。"……既而省部委官验视，考之阜昌碑文，不得遂其诈，因符移府司，府司乃印署文帖给付焉。大定六年，朝廷推恩，驰天下山泽以赐贫民……樵者薪之，匠者材焉；凡森郁丛茂之处，皆濯濯如也；惟灵岩山林，以其有得地之本末，故独保完。"在朝廷浩荡推恩的形势下，阜昌石刻居然保障了灵岩寺的山场不被采伐破坏，实际成了灵岩寺山场不被破坏的免死牌。进而，"……明昌三年，提刑司援他山例许民采伐，由是长老广琛讼于部于省，才得地之十一二也。五年，琛复走京师，诣登闻院陈词，蒙奏，断用阜昌、乾德所给文字为准，尽复旧地"。至此，阜昌刻石的作用发挥到巅峰，促使寺院的管理者把它当做贵重之物。适时《□建常住地界公据》尚还完整[①]，但寺院管理者决定重刻田园界碑，是有意而为之，是对界碑文字认识的高度提升，并做了精心的研究设计。从规模、形制、雕刻、规格和名人篆书题额上，都做了周密的计划，烘托碑刻之重要。这就是两通碑刻"身世"不同的缘由。

该碑的正面讲述了灵岩寺被侵占的山场土地收回过程和在朝廷颁赐活动中所起到保护山场的作用；碑阴精心布局碑刻文字规定的山场土地示意图；其下镌刻碑文文字规定范围，构成完美的"地契图文"证据，很难从其中找出瑕疵，形成历史上铁的资料证据。

七、结　语

《□建常住地界公据》《灵岩寺田园记碑》的存在，反映了灵岩寺在宋金时期的山场、土地管理情况，这种文图达意的碑刻在实物中少见，特别是早期反映寺院山场土地方面与周围关系的碑刻，更是风毛麟角。同时也反映了宋金时期的社会关系、官方处理民间纠纷的过程、当时的民间口语[②]等各方面的信息，对研究宋元时期的行政管

---

① 《灵岩寺田园记碑》："……迄今阜昌碑石存焉。"
② 《□建常住地界公据》石碑：照直北冲、荸过、从两羌涧上北岸直北等。

理、地属关系、地契约束和民间口语等，都有一些值得参考的重要价值。

Examination on Boundary Monuments of Lingyan Temple at Changqing County, Shandong Province

Wang Jing　Liu Lili

（ Institute of Archaeology, Jinan ）

Lingyan temple is one of the early Buddhist temples in Shandong, including many temple architecture, buddhist statues, and a lot of early inscriptions. Inscriptions on monuments- "official credential of □ building permanent boundary" and "the Lingyan temple gardening literature" reflected the relationship between the land and its surrounding region in Song and Jin periods, and the hard process of being occupied and sold by "fulang"(浮浪) people and being returned by stating to government department. At the same time, they also reflected life relationship and contradiction under the social system which showed the government's lazy attitude to deal with local affairs and the rigorousness of specifically verifying physical data. All these have important reference value to study the administrative management, property right relation land deed constraints in the Song and Jin periods.

康定古经堂壁画调查与研究[*]

李春华[1]　张帆洲[2]

（1.西南民族大学民族博物馆；2.西南民族大学西南民族研究院）

一、研究历史与现状

康定县古经堂分布于以康定县塔公乡、沙德乡、营官镇为中心的木雅地区核心地带。20世纪30年代，有学者在该地进行过民族学调查，并对相关文物进行了记录。20世纪70年代以来，中国国家博物馆、四川省文物考古研究院、故宫博物院、西南民族大学、美国康巴援助基金会、联合国教科文组织的有关部门等多家单位先后对该区的典型遗存进行了调查。2009年7~8月，在甘孜州第三次全国文物普查过程中，普查小组对康定县展开了较为详细的考古调查。根据既有考古工作的基础和调查成果，可以确认康定县分布有大量的、保存较好的民居古经堂，这为初步了解康定县民居古经堂壁画的分布规律及壁画的文化内涵奠定了基础。

近年来虽有学者对民居古经堂壁画行了初步探讨，但为数不多，其研究多集中于壁画绘画题材探讨、绘画技法研究、讨论不同地区的文化交流以及壁画保护研究等。康·格桑益希曾提到：17、18世纪至19世纪初，民间经房和家庭经堂的出现，使佛画、佛塑、佛龛流行于整个社会，与民间纳祥祝福的题材结合，影响了乡土风很浓的地方神祇造像[①]。美国康巴援助基金会（Kham Aid Foundation）的有关部门进行了木雅地区古建筑调查（survey of ancient and historic buildings in Minyak），主要涉及沙德乡、朋布西乡和普沙绒乡，对古建筑及古经堂基本情况有具体描述，对于康吾民居古经堂、壁画内容以及相关信息都有提及[②]。罗文华曾提出对于康区经堂碉房壁画遗迹的关注[③]。

2010年7月中旬，西南民族大学与康定县文化旅游局组成联合调查组，对四川省甘孜藏族自治州康定县沙德乡、朋布西乡境内分布的古经堂壁画展开调查。我们在与居民的交流过程中体会到西藏建筑勘察设计研究院高级建筑师木雅·曲吉建才活佛对

* 本文得到了教育部人文社会科学研究青年基金"康定古经堂壁画调查与研究"项目（10YJC780008），西南民族大学考古学一级学科硕士学位点建设项目的资助。

① 康·格桑益希：《藏族美术史》，四川民族出版社，2005年，2页。
② 该资料由美国康巴援助基金会（Kham Aid Foundation）副主席伍帮福老师推荐，主席 Pamela Logan 提供。
③ 罗文华：《四川甘孜地区民族与考古综合考察综述》，《故宫学刊》（总第二辑），紫禁城出版社，2005年；故宫博物院、四川文物考古研究院：《穿越横断山脉：康巴地区民族考古综合考察》，四川出版集团天地出版社，2008年；罗文华主编：《木雅地区明代藏传佛教经堂碉壁画》，故宫出版社，2012年。

木雅地区古建筑及古经堂壁画的热爱及强烈的保护意识，并深刻影响当地居民，在其提倡下许多民居及古经堂壁画得以有效保护；同时，康定县相关文化部门同样多年致力于古建筑及壁画的保护；美国康巴援助基金会对于古建筑及壁画亦做了部分保护清洗等工作。正是以往相关学者的研究和保护工作，为经堂壁画的深入研究奠定了基础。

二、年代与分期

由于古经堂壁画绝大多数并没有题记，因此对其年代的断定存在较大的困难，本文以壁画本身所反映的流派、技法、细节等因素为基础，通过与现存的其他藏传佛教绘画资料进行细致的比较，结合相关佛教史研究，对康定县古经堂壁画的年代进行判定，并初步探讨该区域壁画的发展谱系。

关于壁画分期的探讨，以往学者多以前、后弘期的佛教史分期为主线。不过，以往研究存在时间跨度大、朗达玛灭佛以后到后弘期的空白时期难以确定等问题。有鉴于此，本文结合相关文献记载，将康定县古经堂壁画的年代大体上分为三期，即：帕木竹巴时期（包括早、晚两期，晚期包括由第悉藏巴统治的24年）、甘丹颇章时期。

帕木竹巴时期早期大致是在公元14世纪中叶（1354年）至15世纪下半叶；帕木竹巴时期晚期大致是从公元15世纪末至17世纪中叶（1642年），1617年，第悉藏巴的军队在拉萨大败格鲁派及蒙古联军，次年（1618年）第悉藏巴统治全藏；甘丹颇章时期大致是从17世纪中叶（1642年）至19世纪末叶（1888年）。

（一）帕木竹巴时期早期经堂壁画

帕木竹巴时期早期绘画承袭了尼泊尔风格，整幅壁画布局上是典型的平铺棋盘式布局。这种绘画风格流行于萨迦巴时期及帕木竹巴大部分时期（公元13世纪末至公元15世纪末）。这一时期康区在吸收了尼泊尔及中原地区的新艺术风格后，逐步凸显出康区自己的特色，"这种在藏地自己的土壤中壮大起来的绘画艺术，在表现独立发展势头的同时，也表现出强劲的传播能力。在藏传佛教文化圈东端的康区和北面的青海及东南部的云南都有卫藏夏鲁、江孜绘画样式影响的例证"[1]。江孜、夏鲁两寺的绘画样式正是来自尼泊尔，并改造形成的。此期绘画红、绿和红、蓝两色对比的背景极为明显，人物高鼻深目，体态雄健，四肢短小。康吾民居经堂壁画正是此期的作品（图一～图四）。

相比较同时期的绘画作品，康吾民居经堂壁画有着典型的时代特征。例如绘于蒙元时期的敦煌莫高窟第465窟，其东坡《阿閦佛》[2]、窟顶南坡《供养菩萨》[3]与康吾民居经堂壁画主尊造型具有相同的长椭圆形头光及背光，主尊的手掌及脚掌都是红色。还有，绘于元末明初的青海瞿昙寺的《金刚手菩萨》[4]，无论是从画面布局、细节刻画上，还是布局造型上都与康吾民居经堂壁画有着相同之处，特别是金刚手菩萨身着的

① 于小冬：《藏传佛教绘画史》，江苏美术出版社，2007年，163页。
② 同①，109页。
③ 同①，109页。
④ 同①，167页。

图一 康吾民居经堂壁画东墙阿閦佛、
大宝法王、萨迦班智达像

图二 康吾民居经堂壁画北墙释迦牟尼佛像

图三 康吾民居经堂壁画南墙毗沙门天像

图四 康吾民居经堂壁画西墙护法神像

袈裟，在样式、技法、用彩上都与康吾民居经堂壁画主尊的袈裟属同一类型。绘于 14 世纪的唐卡《高僧大德》①则具体表现了棋盘式布局的特点，其主尊的狮子座及莲台的表现与康吾民居经堂壁画如出一辙。

康吾民居经堂壁画所绘上师形象分别是萨班·贡噶坚赞和攘迥多吉。萨班·贡噶坚赞是藏传佛教萨迦派"萨迦五祖"之一的第四祖，生于 1182 年，卒于 1251 年。萨迦派形成于 11 世纪，至宋末元初，势力仅局限于卫藏一带。后由于元统治者的扶持，势力开始进入康区并迅速拓展。1244 年，萨班应蒙古王阔端之邀赴康区。之后，萨迦派第五祖八思巴受到忽必烈的接见并被封为国师、帝师。八思巴本人十分重视萨迦派在康区的传播与发展，曾三次往返康区，不仅直接建立自己的统治据点，而且在康区广建寺院道场，萨迦派势力在康区得到迅速拓展。

攘迥多吉是藏传佛教噶玛噶举派黑帽系第三世活佛，生于 1284 年，卒于 1339 年。噶玛噶举派形成于 12 世纪初，在康区颇具影响。忽必烈在召见萨迦派八思巴的同时，也召见了噶玛噶举派第二世噶玛拔希。在噶玛拔希之后的几世传人都主要活动于康区，

① 于小冬：《藏传佛教绘画史》，江苏美术出版社，2007 年，164 页。

且均受到元统治者的召见。比如，三世攘迥多吉1332年进京，1334年返藏，途径康区，平息了地方战乱；四世乳必多吉受元顺帝召见，1364年返藏途中游遍康区，建寺塑像。由于统治阶层的重视，噶玛噶举派在康区获得快速发展。

壁画所绘两尊上师在康区活动年代各不相同，该画绘制年代的上限应根据活动年代晚于萨班·贡噶坚赞的攘迥多吉的生卒年代进行推断。另外，萨迦派与噶玛噶举派在木雅地区的兴盛及贡嘎寺的一系列佛事活动，尤其是14世纪下半叶黑帽系第四世活佛乳必多吉（1340～1383年）[1]到该寺并赠与佛像及新贡嘎寺的修建，应是此期影响沙德地区并促成康吾民居经堂壁画内容主题的可能因素之一，即该壁画的绘制年代上限应推至14世纪下半叶以后。

元末明初时的木雅地区，创建于15世纪初的格鲁派在该地未见端倪，活跃于该地区的萨迦、噶举两教派势力随着整个藏区的教派实力趋势此起彼伏，不同程度地影响着信教群众的教派取舍。13世纪下半叶，随着八思巴成为蒙古国师，萨迦派成为掌管政教两权的显赫教派，并在此时传入今甘孜州境内。康区是噶举派早期活动的地方，元末西藏帕竹地方政权取代萨迦地方政权后，今甘孜州除德格外萨迦派势力受到冲击。康吾民居经堂壁画中噶玛噶举派黑帽系三世活佛攘迥多吉居于正中、萨迦第四祖居其左侧的安排，除去当时经堂所有者的主观意愿，与噶举派、萨迦派的政权先后转承关系相对应，可见与此时期的教派势力影响不无关系，进一步印证了壁画绘制时间的推断。康吾民居经堂壁画正是帕木竹巴时期早段藏传佛教绘画作品的代表。

（二）帕木竹巴时期晚期经堂壁画

帕木竹巴时期晚期经堂壁画，由于格鲁派的兴起与盛行，开始出现大量的以格鲁派人物为主题的作品。这一时期的藏传佛教绘画作品比较特殊，画派杂乱，风格多样，让人很难抉择绘画的准确定位。但是这一时期也有着自己独特的时代特征，棋盘式布局不复存在，原本坐于棋盘小格中的人物跃上云头，"诸神于云端和风景之中，布局动跃多变，宝座有向里透视的侧面……画面加进大量的花卉、祥云"[2]（图五），"汉地的青山绿水加进主尊身后的背景，以往红、蓝和红、绿两色的对比为主的画面变为石绿色调"[3]。这一时期优秀画师层出不穷，形成勉唐、钦孜、噶赤三大流派。其中，南喀扎西创立的噶赤派流行于康区。马达民居经堂壁画正是这一时期的优秀作品。在尼泊尔风格没落的15世纪中叶到17世纪，新产生的勉唐派、钦孜派以及噶赤画派，不再简单地追求对佛菩萨本身的精工细画，而是对佛菩萨、祖师所在的环境（画面背景）进行了设身处地的考虑和艺术加工，马达民居经堂壁画蓝绿色的山水背景正是在藏汉交往日益频繁的大环境下产生的（图六～图八）。

与同时期的藏传佛教绘画作品比较，马达民居经堂壁画具有典型的时代特征。例如北墙主尊萨迦班智达·贡嘎坚赞坐下法台的两个向里透视面，在伦敦维多利亚·亚

① 王森：《西藏佛教发展史略》，中国藏学出版社，2002年，106页。
② 于小冬：《藏传佛教绘画史》，江苏美术出版社，2007年，225页。
③ 同②。

图五　马达民居经堂壁画北墙萨迦班智达像及法座

图六　马达民居经堂壁画北墙局部

图七　马达民居经堂壁画东墙局部

图八　马达民居经堂壁画南墙局部

伯特博物馆收藏的绘于 16 世纪的唐卡《文殊与弥勒两菩萨》[1]中就有表现；北墙主尊萨班·贡嘎坚赞坐下的多闻天王也表现出明显的时代特征，是彻底的汉式造型；布达拉宫所藏的明代唐卡《布顿·仁钦像》[2]（图九）和萨迦寺所藏的明代唐卡《金刚喜像》[3]（图一〇）的背景都加入了石绿石青的汉式山水；扎什伦布寺所藏明代缂丝唐卡《罗汉像》[4]（图一一），主尊桌前的供具简洁，不似后期供具的多样复杂。

马达民居经堂壁画内容以藏传佛教格鲁派创始人的生平事迹为主，夹杂着萨迦派的一位主尊，这一时期，新兴的格鲁派虽暂无政治地位，但宗喀巴大师的影响力几乎已遍布全藏。1409 年初，宗喀巴在扎巴坚赞等人的大力支持下，在拉萨大昭寺举办了一次规模巨大的传召大法会，这就是此后 500 多年相沿一年一度在拉萨举行的传召大法会的创始。宗喀巴对宗教的改革在西藏佛教史上占有重要的地位。同时帕竹政权希望借助宗喀巴的宗教改革，对其他各个教派产生影响，以巩固自己的统治，因此扎巴

[1]　于小冬：《藏传佛教绘画史》，江苏美术出版社，2007 年，229 页。
[2]　西藏自治区文物管理委员会：《西藏唐卡》，文物出版社，1985 年，63 页。
[3]　同[2]，86 页。
[4]　同[2]，46 页。

图九　布顿·仁钦像唐卡

图一〇　金刚喜像唐卡

坚赞有意识地培植宗喀巴的声望，把他抬举到全西藏佛教各派的总领袖的地位。正是在帕竹第司的支持下，格鲁派后来居上，发展成了藏传佛教一大派别。马达民居经堂壁画大致绘于帕木竹巴时期晚段，集中体现了这一时期经堂壁画的绘画风格。

（三）甘丹颇章时期经堂壁画

甘丹颇章时期，格鲁派与蒙古和硕特部联合建立了甘丹颇章政权，格鲁派在政治上处于领导地位，在宗教上也处于领袖地位。特别是 1653 年，顺治帝赐金印、金册，并封五世达赖为"西天大善自在佛所领天下释教普通瓦赤喇怛喇达赖喇嘛"后，格鲁派的地位更是得到了前所未有的巩固。这一时期旧勉唐派已经衰落，接替它的是新勉唐派。新勉唐派在绘画风格和布局上多承袭了旧勉唐派，但新勉唐派更

图一一　罗汉像唐卡

注重法度。《造像量度经》是有关造像尺度的经典 [①]，新勉唐派所开创的标准式样也大致与此相关，并且开创了许多新的藏传佛教绘画领域，如虹化、尸陀林主、上师供养图、历史事件等。新勉唐画派继承旧勉唐画派的精华，同时也融合了噶赤派的绘画风格，比如以汉族化的青绿山水作为背景。相较于帕木竹巴时期的作品，甘丹颇章时期的作品布局略显呆板。标准样式、世俗化的、火爆浓艳又千篇一律的作品成为了绘画的主流，构成了一个漫长时代的不变的审美风尚，并以数量的优势占尽西藏画史的风头 [②]。这一时期，经堂壁画遗存比较丰富，有俄巴绒二村民居经堂壁画、瓦约民居经堂壁画、沙德东北民居经堂壁画、瓦约西北民居经堂壁画、下赤吉西西南民居经堂壁画、下赤吉西雄龙民居经堂壁画等（图一二～图一七）。

这一时期的壁画大致可分作两种形式：一种是单尊佛菩萨组合而成；另一种则是以宗喀巴的生平事迹为主题的绘画。

第一型的绘画我们以俄巴绒二村为例，对比同时期的藏传佛教绘画其他作品，我

图一二　俄巴绒二村民居经堂壁画南墙局部

图一三　瓦约民居经堂壁画西墙局部

图一四　沙德东北民居经堂壁画南墙局部
马头明王像

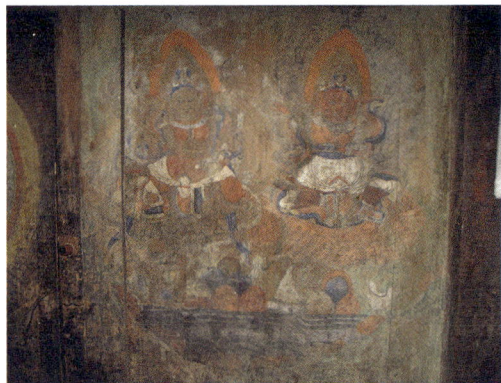

图一五　瓦约西北民居经堂壁画北墙局部
多闻天王、广目天王像

---

① 李翎：《佛教造像量度与仪轨》，宗教文化出版社，1998 年，12 页。
② 于小冬：《藏传佛教绘画史》，江苏美术出版社，2007 年，269 页。

图一六　下赤吉西西南民居经堂壁画西墙局部

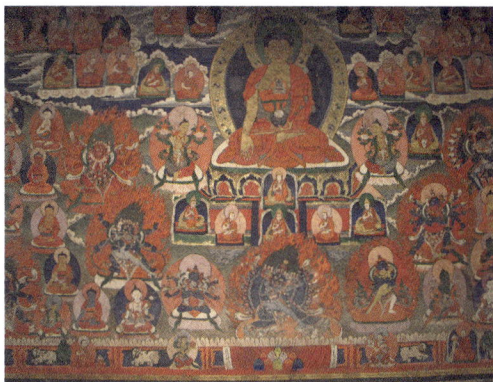

图一七　下赤吉西雄龙民居经堂壁画西墙局部
释迦牟尼佛像

们可以看到这种"标准样式"的广泛运用。例如扎什伦布寺所藏清代唐卡《弥勒佛土图》①（图一八）主尊弥勒菩萨的须弥狮子法座呈束腰型，俄巴绒二村北墙药师佛的法座具有同样形制；布达拉宫所藏清代乾隆年间唐卡《四臂观音》②（图一九），背光卷草纹以金色为主，嵌上各种颜色、大小不一的摩尼宝，这样的形制在俄巴绒二村的绘画中也是常见的。布达拉宫所藏清代唐卡《弟斯桑结嘉措像》③（图二〇），其画面虽是一个整体，但杂糅了西藏历史上不同时代的人物，并力图使其看上去是一个整体，但又因布局过于零散及人物众多而难以聚合一处；而且这一时期，四大天王着装的彻底汉化也是一个重要的标志，例如布达拉宫所藏清代唐卡《四大天王像》④（图二一～图二四），天王身着汉式甲胄。

　　此时期该类型的壁画，多见二圣六庄严等八人的形象。此八人是大乘佛教发展至公元 1 世纪左右的八位大师，二圣指功德光和释迦光，他们是两位研究戒律的律藏大师，所著《律宗论》被称为五部大典之一。六庄严指龙树、世亲、无著、陈那、法称和圣天六位论师。其中龙树所作

图一八　弥勒佛土图唐卡

---

① 　西藏自治区文物管理委员会：《西藏唐卡》，文物出版社，1985 年，94 页。
② 　同①，96 页。
③ 　同①，78 页。
④ 　同①，125～128 页。

图一九　四臂观音唐卡

图二〇　弟斯桑结嘉措像唐卡

图二一　四大天王像——东方持国天王像唐卡

图二二　四大天王像——南方增长天王像唐卡

图二三　四大天王像——西方广目天王像唐卡　　　　图二四　四大天王像——北方多闻天王像唐卡

的《中观论》对格鲁派的佛学发展起到了不可替代的作用，龙树菩萨的思想深刻地影响了阿底峡和他的弟子宗喀巴，《中观论》亦是五部大典之一。无著论师，相传由弥勒菩萨口授无著著述的《现观庄严论》，无著请弥勒传以大乘法门，弥勒叫他牵住自己法衣，带至兜率天内院，传以般若经和弥勒五论。据说，无著在天上不过片刻，人间却已经历 50 余年。复还人间后，无著弘扬弥勒所传诸论，并开大乘佛教瑜伽行派。《现观庄严论》便是弥勒菩萨所传，无著根据记忆书录而成。关于这一点，学术界有争议，有人认为此论乃无著或世亲所造；也有人反对，认为此论的观点，跟无著世亲不是一个体系。但不管著者是谁，《现观庄严论》作为五部大典之一，在佛教界的地位之重要是无可怀疑的。世亲论师所著的《阿毗达摩俱舍论》是佛教世界观的重要论典，它以四谛为纲，以哲学的视角，对宇宙间许多天体现象进行研究和推测。这部典籍对藏传佛教特别是格鲁派的影响是显而易见的。法称论师的《释量论》是重要的因明学著作，也是五部大典之一。二圣六庄严开创了佛教的许多学说，如中观、唯识等，格鲁派对于自己的法脉源流极为重视，故而此时期的壁画常见此八人和弥勒菩萨的形象。

　　第二种类型的壁画，我们以下赤吉西西南民居经堂为例，与同时代的宗喀巴生平绘画作品相比，下赤吉西西南民居经堂壁画似乎也被固定在了"标准样式之下"。例如，布达拉宫所藏清代唐卡《宗喀巴画传》[①]（图二五），因为篇幅局限及宗喀巴大师事

————————

① 西藏自治区文物管理委员会：《西藏唐卡》，文物出版社，1985 年，65 页。

迹丰富，故而画面局促，人头攒动，看上去颇为热闹。宗喀巴大师或独坐、或二弟子胁侍左右，头戴黄色班智达帽，双手结转法轮印于胸前，各拈莲茎，开莲花于耳际，上承智慧剑及般若经函。并且常常可以看到脚踏青牛的阎魔金刚作为护法神，如布达拉宫所藏清代唐卡《宗喀巴像》[①]（图二六）、《宗喀巴应身像》[②]（图二七）及《宗喀巴及其早期八弟子》[③]（图二八）等作品。

图二五　宗喀巴画传唐卡

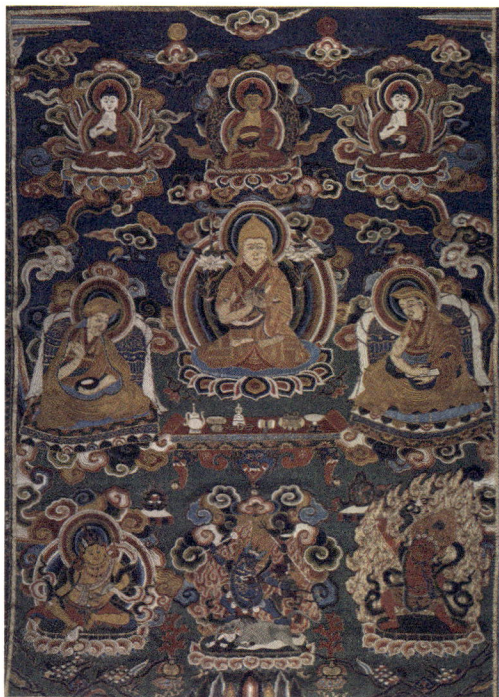

图二六　宗喀巴像唐卡

三、壁画绘画的时代特征因素分析

康定县发现的这十处经堂壁画具有鲜明的时代特征，具体包括以下几点：

第一，布局的转变。康定县发现的这十处经堂壁画遗存，早期的壁画受西域、印度及尼泊尔风格影响，习惯上用几何形对画面进行分割，画面整体设计追求对称、均衡。后来由于不断与中原地区交流融合，原先的棋盘式格局被打破，清丽动跃的汉式

---

① 西藏自治区文物管理委员会：《西藏唐卡》，文物出版社，1985 年，68 页。

② 同①，73 页。

③ 同①，67 页。

图二七　宗喀巴应身像唐卡

图二八　宗喀巴及其早期八弟子唐卡

山水格局开始形成，并逐步取得画坛的统治地位，开始广泛流行。但这种风格灵动脱俗的绘画最终还是衰落，被一种更加容易掌握，更世俗，更方便流传的"标准样式"所取代，这种"标准样式"不仅创作更加简单，更为密宗信仰提供了可靠的佛像修持依据。

第二，绘画内容的不断丰富。早期绘画主尊表现更多的是佛菩萨、罗汉等人物，随着藏传佛教的发展，及各个教派的不断扩张，绘画主尊开始丰富。康吾民居经堂壁画中，藏传佛教人物只有两尊，即萨班·贡嘎坚赞和第三世攘迥多吉，后来的马达民居经堂壁画则出现了除萨班·贡嘎坚赞之外的其他藏传佛教人物，如宗喀巴、达赖、班禅及阿底峡大师等后弘期佛教人物。

第三，藏传佛教绘画流派的转变。卫藏绘画在后弘期早期更多地接受了印度波罗王朝的影响，藏传佛教绘画很大程度上表现出了尼泊尔特色，包括绘画中的人物亦是高鼻深目，形似南亚人。但随着中原地区与藏区的往来日益密切，这种尼泊尔风格逐步衰退，取而代之的是在藏地自己兴起的噶赤派、勉唐派，特别在藏东地区，来自汉地的影响更为突出。

第四，西藏地方政权的更迭及教派的兴衰。具体来说，西藏各时期的地方政权与藏传佛教各教派有着千丝万缕的联系，当某一政权达到全盛时，其所支持的教派也必将获得前所未有的发展，随之而来的就是该教派在各地方建寺立庙，扩大其信仰圈，并与当地的传统教派展开争夺，反映在壁画中便是某一时期某一教派或几个教派的内容占据了大部分的篇幅。

康定县藏传佛教民居经堂壁画作为藏传佛教绘画史中重要的组成部分，必然受到汉文化、藏传佛教文化等多种因素影响，而留下现在的绘画遗迹。笔者以为，影响民居经堂壁画的因素大致有以下几点：

第一，不同教派的影响。"在西藏，宗教影响了一切，无论民间文化还是宫廷艺术都打上了宗教的烙印。藏传佛教绘画史构成了西藏绘画史的基本内容，所以严格地说西藏世俗绘画史是缺失的。"[①] 从这段话可以看出西藏绘画受到了藏传佛教不同教派的影响。

第二，地域因素的影响。在藏地各地方皆拥有大小寺庙，这些寺庙又分属于不同的教派或者一个寺庙有多个教派传承，并且拥有在此地域内享有一定名望的活佛或大师，这些活佛和大师在这一地区的藏民心中的地位是无可比拟的，故而这些大师的生平事迹或形象也是画入壁画的一大主题。所以藏传佛教绘画具有一定的地域性。

第三，文化交流因素的影响。自吐蕃王朝以来，藏地便与周边的国家与地区交往密切，如印度、尼泊尔、中原王朝、西域各国、中亚、克什米尔等地，其绘画风格与主题亦受到影响。如康吾自然村民居经堂壁画，即属尼泊尔风格壁画。

藏传佛教究其根本仍是佛教的一支，所以它的发展也必然受到整个佛教世界发展的影响，这样的思想改变同样会反映在绘画上。如阿底峡尊者传入藏地的中观唯识二宗是极为推崇弥勒的，所以噶当派以及后来由噶当派产生的新噶当派的壁画中多可见弥勒菩萨形象。

The Investigation and Preliminary Research of the Oratory Murals in the Kangding County

Li Chunhua[1]   Zhang Fanzhou[2]

(1.Research Institute for Nationalities in Southwest China, Southwest University for Nationalities; 2.School of Tourism and History and Culture, Southwest University for Nationalities)

The old residential oratory murals is different from the mural painting of Tibetan Buddhist temple. The article in the field survey information on the basis of their predecessors, the relevant findings, try to study both the age, murals subject, techniques related to painting style and content for the history of Buddhism in the Kangding county. The old residential oratory murals with a main theme of the Ming and Qing dynasties, are subject to the relevant contents and the history of Buddhism significance.

---

① 于小冬：《藏传佛教绘画史》，江苏美术出版社，2007 年，15 页。

黄河三角洲战略下的盐业考古研究与盐业遗产保护

王守功

（山东省文物局）

21世纪以来，山东渤海沿岸盐业考古逐步受到重视，盐业考古不断取得新的成果。如何进一步做好考古工作，并利用考古资料，深化古代盐业流程、工艺、管理及社会作用等领域的研究，成为盐业考古的重要课题。

2009年，国务院通过了《黄河三角洲高效生态经济区发展规划》，黄河三角洲的开发建设正式上升为国家战略。黄河三角洲战略的实施，使盐业遗产保护面临严峻的挑战。如何在黄河三角洲战略实施过程中做好盐业遗产保护，并使之在区域经济、文化、社会及环境发展、改善中发挥应有的作用，是黄河三角洲战略开发期文化遗产保护的重要任务。

本文从黄河三角洲历史文化区位重要性分析入手，探讨盐业遗产研究与保护的现状及存在问题，努力探索盐业遗产研究与保护利用相互结合的新途径，以期引起社会和学术界对这一问题的关注和重视。

一、黄河三角洲独特的历史地位

（一）深厚的历史文化底蕴

黄河三角洲位于黄河的下游，其北侧主要是黄河改道后形成的冲积平原，南侧为古济水、小清河、潍河、胶莱河等河流冲积形成的平原。在该区域的南部，山前地带的环境孕育了新石器早期文化，早在距今9000～7500年的后李文化时期，就有邹平孙家、彭家庄、寒亭前埠下等重要遗址。到北辛文化时期，邹平西南庄出土的遗物独具特点，是西南庄类型的命名地。大汶口文化时期，由于该区域临河临海，渔业成为人们生活的重要组成部分，文化面貌有明显的地域特点，以傅家、五村遗址为代表，大汶口文化与其他区域存在明显的差异。该区域到龙山文化时期文化达到高峰，有边线王、丁公等两个龙山文化城址 [1]。丁公遗址的发掘被评为年度"全国十大考古新发现"。

---

[1] 栾丰实：《海岱地区考古研究》，山东大学出版社，1997年。

夏商周时期，该区域是爽鸠氏、季萴、逢伯陵、薄姑氏所在。由于其独特的地理位置及盐业资源，成为商周王朝非常重视的区域。在渤海沿岸，存在大量的盐业遗址群，近年来，共发现与制盐相关的文物点 1000 余处，商周王朝在海岸线的内侧设置了管理盐业的机构，寿光、阳信、滨州、潍坊北部等地出土的商周时期随葬青铜器墓葬，大多与盐业的管理与运输相关[①]。2008 年寿光双王城盐业遗址群的调查发掘被评为年度"全国十大考古新发现"。

大量的传说及史料表明，该区域是齐国早期文化重要的分布区域，博兴、高青等县的许多城址与齐国早期的都城及邑城有关。近年来南水北调工程中发掘的陈庄遗址发现了西周时期的祭祀台基、贵族墓地、车马坑，出土了带"齐公"的铭文，是齐国早期文化研究的突破，被评为年度"全国十大考古新发现"[②]。

两汉时期，该区域有许多汉代城址，与汉代郡县设置相关，文献中也有相关的记载。

汉代以后，该区域最具特点的是佛教文化。在博兴、高青等地，集中分布了北朝以来大量的佛教寺院遗址，比较著名的有高青县的胥家庙，博兴县的龙华寺、瞳子、丈八佛等。大量寺院的存在，表明该区域佛教的昌盛。

近现代以来，该区域保存了很多具有地方特色的建筑与反映当地习俗的遗存，如无棣县的吴式芬故居、惠民县魏氏庄园，寒亭西杨家埠木版年画旧作坊等。

（二）盐业考古研究的重要区域

该区域在地质时期储存了大量的卤水资源，自古以来就是我国制盐的重要区域。据初步调查资料，该区域制盐业可追溯到龙山文化时期，商周时期制盐业非常发达，齐国也因"鱼盐之利"而称霸诸侯。秦汉统一后，该区域一直是中央王朝直接管理的制盐场所，直至今天，制盐及盐业化工仍是该区域重要的经济支柱。发达的制盐业，为我们留下了不同时期的制盐作坊、居民生活区、墓葬区、管理机构区等不同类型的遗存，为古代盐业研究提供了宝贵的资料。

新世纪以来，随着盐业考古的不断深入，考古学者注意到该区域制盐业在中国古代历史发展中具有的重要作用，并开始进行盐业考古学研究。2003 年，结合南水北调工程建设，考古工作者对拟建的寿光双王城水库库区进行了系统的区域调查，发现不同时期的盐业遗址 83 处，其中绝大部分有商周时期的遗存。此后，在对该盐业遗址群的 014 遗址进行发掘时，发现商、西周及宋元时期比较完整的制盐作坊遗址。大量的勘探、发掘资料表明，该区域是商周以来重要的制盐作坊遗址。

寿光双王城盐业遗址群的发现与发掘，引起了考古学界的广泛关注。考古工作者以此为契机，对山东渤海沿岸进行了更多范围的区域调查，该区域的盐业考古研究已

---

① 燕生东：《商周时期渤海南岸地区的盐业》，文物出版社，2013 年；王青：《环境考古与盐业考古探索》，科学出版社，2014 年。
② 山东省文物考古研究所：《山东高青县陈庄西周遗址》，《考古》2010 年 8 期；李学勤等：《山东高青县西周遗址笔谈》，《考古》2011 年 2 期。

经成为学术界关注的焦点[①]。

（三）文化遗产保护的核心区域

山东省文物部门十分重视黄河三角洲区域的文化遗产保护工作。在山东省文物局制定的《山东省文化遗产片区保护规划大纲》及《山东省文物博物馆事业发展"十二五"规划》中，专门将黄河三角洲区作为文化遗产保护"七区两带"中的一个重要区域。

《规划大纲》中所划定的"黄河三角洲片区"包括东营、滨州、潍坊、德州、淄博、济南等6个地市、19县区。该区域文化遗产保护应以盐业遗产保护为重要内容，主要工作是对渤海沿岸的盐业遗址群进行勘探发掘，完成相关保护规划，在此基础上进行遗址公园建设，形成环渤沿岸古代海盐业展示带。这条展示带的形成包括以下内容：①对沾化等地烧制制盐工具的窑址进行调查勘探发掘工作，以此为基础，制定窑址群保护规划；②对渤海沿岸反映海岸线变迁的贝丘堤及周围遗址进行调查勘探工作，制定贝壳堤及相关遗址保护方案；③以寿光双王城盐业遗址群为中心，进行商周盐业遗址公园及遗址博物馆建设；④以昌邑鄌邑故城和火道—廒里盐业遗址群为中心，进行齐国盐业遗址公园及遗址博物馆建设；⑤对其他盐业遗址群保护规划的编制（以考古调查、勘探、发掘为基础）；⑥对与制盐管理相关的遗址如滨州兰家、李家坞子等进行遗址保护规划的编制工作；⑦制定渤海沿岸盐业遗址展示带的整体规划（包括道路网的构建、环境整治等）；⑧结合黄河三角洲战略开发，对工程涉及的盐业遗址进行考古调查、勘探、发掘、保护与规划工作，并与整体规划展示相结合。

（四）发展中的"黄河三角洲高效生态经济区"

黄河三角洲地区同样得到山东省经济社会发展的高度重视。2008年山东省政府率先制定了《黄河三角洲高效生态经济区发展规划》，2009年12月国务院通过了该规划项目，使黄河三角洲的开发建设正式上升为国家战略。

黄河三角洲高效生态经济区地域的范围，包括东营和滨州两市全部以及与其相毗邻、自然环境条件相似的潍坊北部寒亭区、寿光市、昌邑市，德州乐陵市、庆云县，淄博高青县和烟台莱州市，共涉及6个设区市的19个县（市、区），总面积2.65万平方千米，占全省的1/6。作为我国最后一个尚待开发的大河三角洲，黄河三角洲后发优势明显，在总结珠江三角洲、长江三角洲经验教训的基础上，其高效生态的发展模式可能为我国未来区域经济的发展提供新的范例。该区域的发展对山东地区政治经济发展具有重要的意义：首先，黄三角地区涵盖了东营、滨州两市全部以及德州、潍坊、烟台的部分地区。黄三角城市群的发展对提升整个山东半岛城市群的生态水平、科技含量有着极其重要的意义。其次，以高效生态为主要特征的黄三角，将成为山东省经济发展新的增长点，并改变山东经济大而不强的格局。最后，充分整合海陆资源

---

① 北京大学中国考古学研究中心等：《鲁北—胶东盐业考古调查记》，《华夏考古》2009年1期；山东大学盐业考古队：《山东小清河下游2010年盐业考古调查报告》，《华夏考古》2012年3期；鲁北沿海地区先秦盐业考古课题组：《鲁北沿海地区先秦盐业遗址2007年调查简报》，《文物》2012年7期。

后的黄三角将成为山东省构建半岛蓝色经济区、连接天津滨海新区、面向东北亚的桥头堡。

通过以上分析不难发现，具有深厚文化底蕴的黄河三角洲区域，既是学术界关注的盐业考古研究的重点区域，也是山东地区文物保护规划中盐业遗产保护利用的核心区域。黄河三角洲高效生态经济区的开发建设，无论对课题研究还是遗产保护利用都提出了严峻的挑战。

二、盐业考古主要成就、存在问题及工作建议

（一）主要成就

近年来，黄河三角洲地区进行了大量盐业考古调查、勘探、发掘和研究工作，主要成果表现在以下几个方面：

（1）盐业考古调查取得新的收获。通过调查，发现盐业遗址 1000 余处。调查资料表明，黄河三角洲地区的盐业遗址多成片分布，分布情况可以分为不同的盐业遗址群，每个群代表了某个时期的一个盐业生产组织单位，寿光双王城盐业遗址群的发掘资料表明，每个盐业遗址至少代表一个或几个盐业生产单位（盐业作坊），盐业遗址群范围的大小和数量的多寡，是盐业生产组织单位大小的表现。潍坊滨海区和昌邑市盐业遗址调查资料表明，东周时期盐业遗址群内存在管理单位、生产组织单位、生产单位等不同等级的遗址，说明齐国对该区域盐业生产管理更加规范。

东营刘集、垦利县刘家遗址两周盐业遗址的发现，将盐业遗址的分布范围扩大到山东最东北端。

（2）通过考古勘探发掘资料，对与盐业相关的问题进行了探讨。考古工作者在进行考古调查、勘探、发掘、资料整理的同时，对不同时期制盐工艺进行研究；对古代社会盐业管理进行探讨；对制盐业在社会进程中的作用进行分析。可以说，盐业考古从一开始，就将考古学研究与古代史研究紧密结合起来了。

（3）课题研究不断深入，科技手段在制盐工艺研究中发挥了重要的作用。黄河三角洲地区盐业考古始于 21 世纪初北京大学与山东省文物考古研究所以盐业研究为课题对渤海沿海的盐业调查。长期以来，大量的考古工作都是围绕课题进行的。在进行考古工作的同时，注意了与其他学科联合。寿光双王城盐业遗址群发掘时，科技考古工作者直接参与了考古发掘过程，大量样品的采集与测试、分析，为古代制盐工艺、盐业管理等诸多问题提供了直接的证据。

（4）跨区域、多学科、多单位的联合使盐业研究不断取得新成果。到目前为止，围绕黄河三角洲区域盐业考古，已经完成了四个省部级以上的课题研究，并召开了两次国际学术研讨会。四个课题分别是：北京大学考古文博学院与山东省文物考古研究所等单位联合承担的教育部人文社会科学重点研究基地北京大学中国考古学研究中心课题"鲁北沿海地区先秦盐业考古"；国家科技部"中华文明探源工程（二）"重大项目"技术与经济研究"课题及国家文物局"指南针计划"之"山东渤海沿海盐业考古研究"；山东大学考古系承担的国家社科基金研究项目"山东北部地区先秦时期的盐业

考古研究"；山东省文物考古研究所承担山东省社会科学规划研究项目"山东渤海南岸古代盐业考古学研究"。

2010年4月，在山东寿光召开了"黄河三角洲盐业考古国际学术研讨会"，参加此次会议的海内外学者近60人，其中来自美国、法国、日本等国家的学者8名，港台地区的学者2人。会议就世界盐业考古的现状、成果和发展方向进行了探讨，为山东地区盐业遗存的保护与研究工作提出好的方法和建议。2014年6月，山东大学文化遗产研究院召开盐业考古学术研讨会，对近期盐业考古情况进行了交流和讨论。

（二）存在问题

21世纪以来，山东地区盐业考古得到了考古学界的高度重视，调查、勘探、发掘及研究工作从无到有，进行盐业考古研究的专业人员也不断增多。但是由于山东地区盐业考古起步晚、基础差，还存在一些问题，主要表现为：

（1）一些区域的调查工作还有待深入。近年来，区域调查工作主要局限在广饶、寿光、昌邑、潍坊滨海区，其他区域的调查工作主要是围绕基本建设工程的文物保护工作进行的，缺乏系统性，一些区域如滨州、东营及德州的东部地区盐业考古调查还没有开展，形成区域空白。据不完全统计，在黄河三角洲地区盐业遗存分布的范围大约为2500平方千米，目前已经完成区域调查的面积约1000平方千米，调查任务还十分艰巨。

（2）大量调查遗址没有进行勘探，文物点的数量和面积还存在未知成分。就目前进行过区域调查的遗址看，大部分遗址不仅仅发现了陶器，还在断崖上发现了地层和相关遗迹。但是，由于没有全面勘探，遗址的数量和性质还有待确定。在以往发掘的遗址中，如寿光双王城遗址014遗址，在调查、勘探时均确定为一个遗址，通过发掘发现其为不同时期的两个盐业作坊遗址，其中北部的制盐作坊为商代晚期，南部的制盐作坊为西周时期。在北部制盐作坊周围，有宋元时期的盐灶及房址。07遗址面积较大，有汉代至宋元不同时期的盐业作坊。沾化杨家遗址原作为遗址，经过勘探发现其中有很多的盐业作坊，并且这些遗址之间不是连续分布的。在滨州、东营、德州等地市，由于黄河冲积，盐业遗址埋藏较深，遗址的范围和内涵更不明确。因此，盐业遗址数量、性质的确定，需要进行较详细的勘探和试掘工作。

（3）由于发掘资料的限制，不同时期制盐业考古发掘与研究程度不平衡。近年来，发掘工作大多是配合基本建设工程进行的，因此就存在遇到什么遗址发掘什么遗址的问题。总体而言，目前发掘的遗址主要集中在商周及宋元时期，宋元时期的遗址往往除了一些遗迹外很少有遗物，因此盐业研究也主要集中在商周时期。在一些盐业遗址群中，有龙山时期的遗存，从地理环境看，该区域不适于农作物生长，因此这一区域的龙山文化遗存应该与制盐业相关，但是由于缺乏主动发掘，对龙山时期遗址的性质还不能确定，影响了盐业起源的研究。东周时期渤海沿岸是齐国盐业的重要区域，调查发现了大量的盐业遗址群，但由于发掘面积限制，对东周盐业遗存还缺乏初步的认识。2014年，山东省文物考古研究所曾对昌邑唐央东周时期盐业遗址进行过发掘，但由于发掘面积小，发现的烧土遗迹还无法断定是盐灶还是陶窑，因此也影响了对其他遗迹的性质判断[1]。由此可见，山东盐业考古发掘和研究还存在很大的不平衡。

（4）制盐工艺研究有待深入。由于在中国盐业考古才刚刚起步，因此还有许多需要解决的技术层面的问题，同时由于早期盐业的复杂性，各地制盐工艺也有所差异。目前制盐工艺研究主要依据商周时期盐业遗址的发掘资料进行研究。由于发掘者对每个遗迹的用途还缺乏了解，只能根据自己的知识进行判断，无论哪个环节出现判断的失误，就会影响对整个制盐工艺的理解。因此，应结合对遗迹作用的判断，对每个遗迹、每类遗物（如盐池内的草木灰、废弃的白色矿物质、盐灶周围灰坑、柱洞类遗迹底部残留物、盔形器的残留物等）检测、化验和分析，以此相互印证，以求分析判断的正确性，进而进行制盐工艺的研究。

（5）盐业考古还缺乏课题引领，发掘、研究者各行其是，缺乏总体观念。目前山东地区进行盐业研究的有山东省文物考古研究所、北京大学考古文博学院、山东大学历史文化学院、山东师范大学及相关地市的业务部门。尽管早在"十一五"期间，山东省文物考古研究所曾做了盐业考古课题研究规划，但是由于种种原因，课题规划没有得到很好的落实。在调查发掘方面，各单位基本都是单独进行，发掘与实验室检测脱节；研究上，由于资料没有及时整理发表，研究者也只是依据自己占有的资料，相对独立地完成分析研究；总体把握上，科学研究没有与经济社会发展相结合，仅仅停留在研究层面，没有得到社会的重视。

总之，黄河三角洲地区的盐业考古还存在很多问题，能否认识并解决这些问题，是今后山东地区盐业考古发展的关键。

（三）对今后工作的建议

（1）做好现有资料的整理工作。目前山东地区通过调查发现盐业遗址1000余处，经过勘探的遗址近300处，经过发掘的遗址近10处，发掘面积超过2万平方米。但是，到目前为止，调查、勘探及发掘资料除个别发表简报外，大部分还没有整理，盐业研究缺乏基础资料。因此，调查、勘探、发掘资料的整理成为盐业考古的瓶颈问题。就盐业遗址而言，统计系统调查，大型居住遗址、一般居住遗址、小型盐业作坊遗址，大致分别代表了盐业的管理机构、盐工居住遗址和手工业作坊遗址，一般通过调查资料就可以判断出来，因此调查资料的整理十分重要。目前勘探的盐业遗址包括寿光双王城盐业遗址群的近百处盐业遗址、昌邑火道—廒里盐业遗址群的120余处遗址、潍坊滨海区丰台盐业遗址群的34处遗址及广饶南河崖、沾化杨家盐业遗址群的部分遗址，由于勘探工作相对集中在几个盐业遗址群上，对系统研究盐业遗址群的结构具有重要的作用。目前经过发掘的有寿光央子遗址，寿光双王城盐业遗址群的07、014、SS8、S08、S09遗址，滨州李屋，东营广北农场一分场东南遗址，昌邑唐央等遗址，除寿光央子、滨州李家坞子发表了发掘报告外，其他的考古发掘资料均未发表。做好这些资料的整理工作，是当前盐业考古的重要任务。

（2）多学科结合，继续做好渤海沿岸盐业遗址的调查工作。如前所述，渤海沿岸

① 山东省文物考古研究所：《山东昌邑市盐业遗址调查简报》，《南方文物》2012年1期。

还有约 1500 平方千米的范围没有进行区域系统调查，这些区域主要位于滨州、东营及德州等地市，该地区黄河淤积较厚、地下水位较浅、盐业遗存埋藏较深，给调查工作带来更多的困难。如德州庆云的齐周务遗址，在 20 世纪 70 年代当地村民挖河时发现几件完整的盔形器，时代大致为商末周初，目前我们只能根据出土的遗物判断这是一处盐业遗址，由于遗址深埋在地下，出土的位置、遗址的面积都还不确定，需要进行深入的调查。滨州沾化遗址发现于 20 世纪 50 年代，当时根据地表情况，确定遗址面积为 15.6 万平方米；2011～2015 年，山东省文物考古研究所分两次对遗址进行了勘探，调查勘探面积为 24 平方千米，共发现遗址 22 处，窑 19 座，灶 1 座，坑池 2 座，灰坑 2 座，原来确定的杨家遗址应为包含至少 22 个遗址的盐业遗址群。

由此可见，在东营、滨州等地区，采取地面区域调查有很大的局限性，应结合调查进行必要的物探。法国博物馆在进行盐业调查时，曾采用直升机携带物探仪对盐业遗址进行大规模调查工作，取得很好的效果，或许具有借鉴意义。

（3）采取调研、实验与科技测试结合，做好制盐工艺的研究。制盐工艺有其传承的传统，在进行寿光双王城盐业遗址发掘时，我们曾对周围居民进行过调查，发现到 20 世纪 70 年代，当地居民还有淋卤煮盐的现象，许多老人亲自用祖传煮盐的工艺提出食盐，以此交换生活用品和粮食。近年来，我们在菏泽地区也调查到利用含盐土淋卤制盐的情况。可见古代制盐不仅仅局限在海边，内地也有制盐的工艺和方法，对这些制盐工艺的调查研究，有助于对古代制盐工艺的研究。同时，对文献及出土的一些现象和遗物应采取实验与测试相结合的办法解决。例如对淋卤含盐度的理解，文献资料记载淋后的卤水要能够漂浮鸡蛋等，我们可以结合文献记载进行实验，弄清卤水能够漂浮鸡蛋的浓度。遗址中发现的白色残留物有的认为是在煮盐过程中加石膏后的残留，也有的认为是加豆浆后的残留物，可以结合测试和实验，弄清古代到底在煮盐过程中增加了什么添加剂，等等。调研、实验、测试的结合，将有助于古代制盐工艺的研究。

（4）结合黄河三角洲发展战略，将学术研究与文化遗产的保护利用相结合，使盐业考古研究成果更好地得以利用。目前国家已经把黄河三角洲高效生态经济区纳入到国家发展战略，盐业考古研究如何与国家发展战略相结合，成为盐业考古进一步深入的突破口。目前应做好以下工作，首先要加强盐业考古成果和盐业遗产保护重要性的普及宣传，使全社会都了解盐业考古和盐业遗产保护的重要性，将盐业遗产保护变成社会的共同行为；其次要深化盐业遗产的社会价值、历史价值的研究，为盐业遗产保护规划和保护方案的实施提供技术支撑；同时应开展必要的国际学术交流和研究，使盐业考古走出国门，走向世界。

三、盐业遗产保护现状、存在问题及工作建议

通过十余年的考古调查、勘探、发掘与研究工作，盐业考古在山东有了长足的发展，也引起了文物部门和各级政府对盐业遗产保护的重视。长期以来，黄河三角洲地区一直被认为是文化底蕴相对薄弱的地区，盐业考古的开展改变了人们已有的认识，在黄河三角洲战略实施过程中，如何更好地保护、利用好盐业遗产，成为黄河三角洲区域开发的重要工作。现从盐业遗产保护的现状、存在问题入手，对该区域盐业遗产

保护提出意见和建议。

（一）保护现状

（1）各级文物行政部门对盐业遗产保护的任务有了初步的认识。21 世纪初叶，山东地区还没有盐业考古和盐业遗产的概念，2001 年，北京大学与山东省文物考古研究所对渤海沿岸的盐业资源调查，开启了山东盐业考古的序幕。此后，随着南水北调工程建设中对盐业遗址的调查、勘探和发掘工作，随着以课题为目的的区域调查、勘探和研究工作，文物部门对盐业遗址保护有了明确的认识。盐业遗产的保护和利用已经成为山东地区大遗址保护的重要内容，正在逐步被重视。

（2）文物部门已经开始围绕盐业遗产的保护开展工作。就文物保护单位划定而言，前六批全国重点文物保护单位中没有一处是盐业遗址，2013 年公布的第七批全国重点文物保护单位名单，沾化杨家遗址、广饶南河崖遗址、寿光双王城遗址、滨海丰台遗址四处遗址名列其中。目前这四处遗址均已完成全面勘探工作，遗址保护总体规划已经国家文物局审核立项，并于 2015 年启动总体规划的编制工作。

（3）盐业遗产保护开始得到地方政府和社会的重视。2011 年，寿光市委、市政府提出了《全力打造寿光盐业品牌的意见》，正式提出了申报"中国海盐之都"的书面申请。2015 年，中国盐业协会组织专家进行了严格审定和实地勘察，正式批准命名寿光市为"中国盐业之都"。5 月 22 日，寿光市举办了"中国海盐之都"揭牌仪式，使"中国海盐之都"成为寿光市继"中国蔬菜之乡"后，成功打造的又一张城市黄金名片。寿光市以寿光双王城盐业遗址群为保护为基础，在寿光建设"山东省商周盐业博物馆"，目前该项目主体工程已经完工。昌邑市在积极配合国际盐业考古研讨会的同时，聘请业务部门对辖区内盐业遗产进行了系统调查，并开始筹建"山东省古代盐业博物馆"，昌邑北部省级文物保护单位——火道—廒里盐业遗址群的保护规划已经聘请资质单位开始编制。潍坊新区——滨海区也将丰台盐业遗址群的保护作为该区域增加文化底蕴的重要内容予以高度的重视，对遗址区给予了充分的政策支持。

（4）工程建设中盐业遗产的保护工作明显加强。近年来，随着黄河三角洲战略的开展，该区域内大型基本建设工程明显增多，公路、铁路、水利、电力及城市建设、新农村建设等工程都在影响着盐业遗址的安全。就目前已经进行的工程建设中，除工程设计时就十分注意绕避盐业遗址外，每个工程项目都积极与文物部门协商，做好工程立项前的文物保护工作，为该区盐业考古的研究和盐业遗产资源的保护提供了保障。

（二）存在问题

（1）盐业遗产的保护还没有纳入黄河三角洲战略的总体规划中。尽管近年来围绕盐业遗产资源的保护进行了大量的工作，但是在决策层面的黄河三角洲战略中，还没有将盐业遗产的保护列为战略开发的重要内容。在以往的超大型工程建设中，如三峡工程、南水北调工程等，都将文物保护工作列为工程科研的组成部分，在设计初期文物部门就进行了实际参与，工程部门更是拨付专门的文物保护经费，用于工程建设的文物保护工作，从而保证了文物保护与工程建设的双赢局面。即使一些大、中、小型工程，如公路、铁路、输气输油管线工程、电力水利工程，都充分考虑了文物保护工作。黄河三角洲战略涉及总面积 2.65 万平方千米，占全省面积的 1/6，如此大规模的开发建设，没有将文化遗产保护、利用列为发展战略的重要组成部分，不能不说是一个缺憾。随着黄河三角洲战略的开展，一些新的城市、村镇将拔地而起，这些新建城镇的文化底蕴何在？战略开发区以什么样的文化发展延续？盐业遗产的研究与保护至少在一定程度上有助于这些问题的解决。如果忽视这一问题，等到文化遗产破坏殆尽再去为城镇进行文化寻根就会错失良机，因此将文化遗产保护纳入黄河三角洲战略已经时不我待，刻不容缓！

（2）一些地方政府对盐业遗产保护的认识有待提高，行政管理部门缺乏推进力度。尽管有些地方政府对盐业遗产保护有了一定程度的认识，也采取了一定的措施，但大部分地方还没有引起足够的重视，有的地方对盐业遗产保护的任务和目标也存在一定误区。同时，由于盐业考古研究目前还处于起步阶段，地方文物部门对盐业遗产的内涵、社会价值、历史价值还缺乏必要的了解，因此对保护什么、如何保护、怎样合理展示、利用等问题还存在模糊认识，对盐业遗产保护缺乏信心，或漠不关心，或无从着手。

（3）盐业遗产资源保护资金投入渠道单一，大部分盐业遗址保护缺乏资金保障。由于盐业文化遗产保护没有纳入黄河三角洲发展战略总体规划，因此就没有专项文物保护资金。就目前已经开展的文物保护项目看，文物保护资金大致可以分为以下几类：一是全国重点文物保护单位，其规划编制、方案制定及相关费用主要向国家财政部门争取，相应的基础设施也可以向国家发改委申请补助，一些地方配套了部分资金；二是省级文物保护单位，其总体规划及相关保护经费可申请省财政经费，地方配套部分资金；三是基本建设工程中进行的盐业遗产保护，主要是遗址的勘探、发掘和研究经费，缺乏保护经费；四是课题研究经费，从相应的课题管理部门争取，数量较少，基本用于研究工作。由于全国重点文物保护单位、省级文物保护单位及市、县级文物保护单位的数量是一个金字塔结构，而保护资金从数量上是倒金字塔结构，因此，大量的市、县级文物保护单位缺乏保护资金，一些保护级别较低的盐业遗址非常容易在发展战略实施过程中遭到破坏。

（三）盐业遗产保护的建议

（1）切实重视黄河三角洲发展战略区域的盐业遗产保护工作，将之纳入发展规划中。黄河三角洲战略除配套工程如公路、铁路、能源、水利工程外，存在大量的基础设施如城镇的建设、工业区的发展、盐田的开辟等，都在大规模地蚕食着盐业遗产：不断扩大的城镇、工业园区大片地占用了古老的盐业遗址群；一些新建的盐场正在不断挖出古代的盐业遗址。因此黄河三角洲区域的盐业遗产只有按照"五纳入"理念，才能切实保护好、利用好，发挥其服务社会、惠及民生的目的。

（2）坚持规划先行的原则，结合本体保护，做好盐业遗产的展示利用。规划先行，主要是做好遗址规划、遗址群规划和区域规划。规划离不开对遗址本体社会价值、历史价值的研究，这些恰恰是需要深入的盐业课题研究才能提供的，因此，规划的落实，离不开学者的参与，为规划提供技术支撑是盐业考古研究者必须承担的责任。应该看到，一些盐业遗址由于农业、居民生活及建设工程的影响，其本体遭到一定程度的破坏，因此，应根据规划做好遗址的本体保护。破乱不堪不是遗址的本来面目，恢复好遗址周围的环境，才能为遗址周围的群众提供良好的生活环境，保证遗址存在的尊严，因此应对有条件的遗址进行必要的环境整治。结合高效经济区的开发，应对历史价值、社会价值较高，能够提升遗址周围居民文化底蕴的遗址进行展示，以此提升高效经济区所在城镇的文化底蕴，打造高效经济文化区的黄金名片。

（3）坚持科研与保护的相互结合，使二者相互促进，相得益彰。长期以来，考古学一直被束缚在只有少数人参与的象牙塔内，课题研究成为学术界自身的行为，与现实社会严重脱节，因此也得不到社会的理解和重视。与之同时，文化遗产的保护作为一种社会行为，迫切需要课题研究成果的支撑，盐业考古研究者应了解大遗址保护的现状、基本步骤和方法，尽量为盐业遗产保护提供相关资料和研究成果，使课题成果能够转化为社会发展的助推力，为山东文化强省建设做出应有的贡献，从而真正实现学术研究的社会价值。

（4）多渠道筹集资金，为盐业遗产保护提供经费支撑。黄河三角洲战略实施以来，大量的基本建设工程在该区域内展开，文物保护工作量成倍增加与保护经费短缺额矛盾更加突出。目前该区域的文物保护经费主要依靠国家和省财政的投资，这对大量的文物保护项目来说无异于杯水车薪，因此应多渠道增加投资，保证文物保护工作的开展。首先应将文物保护经费纳入黄河三角洲战略开发总体经费预算中；其次，进一步加强保护规划和方案的编制，争取国家、省及地方财政经费的支持；同时制定相应的政策，鼓励社会资金加入盐业遗产的保护展示与利用工作。

（5）充分利用盐业遗产保护、展示、利用的成果，做好文化旅游工作，发展文化产业。盐业遗产资源的文化旅游开发应未雨绸缪，及早规划。要充分利用考古遗址公园、遗址博物馆的打造，让更多的人了解古代盐业的发展历史。同时，要本着服务民众的目标，做好基础设施建设，为参观者提供更多的方便。为此，要在做好单体遗址点保护展示的同时，连点成片，连片成线，积极筹措资金，打造环渤海旅游线，积极开发文化产品和衍生品，提高文化产业在黄河三角洲地区社会经济发展中的比例，为区域经济文化发展发挥更大的作用。

四、余　论

课题研究有其自身的理论方法，文化遗产保护也有其自身的规律和要求，黄河三角洲战略的实施，对盐业考古的研究和盐业遗产资源的保护都既是机遇也是挑战。如何将盐业考古研究与盐业文化遗产保护相互结合、相互促进，是文物工作者需要认真思考的问题。

长期以来，山东地区在基本建设工程的文物保护工作中积累了丰富的经验。在刚刚完成的南水北调工程的文物保护工作中，水利部门与文物部门相互配合，多项田野考古获评年度"全国十大考古新发现"，围绕南水北调工程进行的盐业考古、汉代都城及墓葬、运河文化、佛教考古等多个课题研究都取得了新的突破，双方相互结合完成的聊城土桥闸、临清戴湾闸、七级闸、七级码头的维修，成为南水北调干线上的形象工程。文物保护的成果，增加了南水北调工程的文化底蕴，使其真正成为文明工程、形象工程。

文化是经济发展的灵魂。黄河三角洲高效经济区战略的实施，也应立足文化遗产保护，实现经济发展与文化发展的双赢。在山东省文物局编制的《山东文化遗产片区规划大纲中》，将盐业遗产保护作为该区域文化遗产保护的长期举措，盐业考古研究与盐业遗产保护应双重并举，有机结合。基于本文的分析研究，应切实将文化遗产保护规划纳入发展战略中，在盐业考古研究与盐业遗产保护方面应围绕五个层次和步骤展开：①课题指导下盐业考古的田野工作（手段）；②盐业考古的研究（基础）；③盐业遗产（物质的和非物质的）的保护与传承（目的）；④盐业遗产的展示利用（目标）；⑤盐业资源保护带动下文化旅游产业的发展（作用）。

Salt Archaeological Research and Salt Heritage Conservation under the Strategy of the Yellow River Delta

Wang Shougong

(Cultural Relics Bureau of Shandong Province)

Yellow River Delta has a rich historical and cultural heritage. In this century, with the implementation of Salt archaeological research, the region has gradually become the core area of cultural heritage protection. In 2009, the State Council passed the "Development Plan of Eco-efficient Economic Zone of Yellow River Delta", so the development and construction of Yellow River Delta formally became a national strategy. Implementation of the regional development strategy is both an opportunity and a challenge to salt archaeology and salt heritage protection. How to do salt archaeological research and salt heritage conservation during the implementation of the strategy and make it play its due role in regional economic, cultural, social and environmental development and improvement in the Yellow River Delta is an important task of cultural heritage protection in the strategic development period of this area. This paper analyzes the importance of the ancient culture, the current situation and existing problems of the salt archaeology and heritage conservation in the Yellow River Delta. On this basis, it puts forward its own views and suggestions, and points out that in the development strategy of Yellow River Delta, salt archaeology research and heritage conservation should focus on five levels and steps to start: (1) salt archaeological fieldwork under the guidance of projects (means); (2) salt archaeological research (basic); (3) protection and inheritance of material and non-material salt heritage (object); (4) display and use of salt heritage (target); (5) the development of cultural tourism industry driven by the salt resources protection (role).

关于山东北部盐业考古的新思考

王 青

（山东大学文化遗产研究院）

　　山东北部沿海是我国历史上海盐的主产区之一，最近十多年来，山东省文物考古研究所、北京大学、山东师范大学、山东大学等单位在此开展了密集的盐业考古专项调查和发掘，取得了一系列重要收获，搭建起山东盐业考古的基本框架，也为研究山东盐业史提供了丰富的实物资料。笔者作为这些田野工作的参与者，所做工作主要集中在小清河下游的广饶和寿光北部沿海地带，并曾以 2001 年寿光大荒北央遗址的发掘资料，以及随后几年调研所获资料为中心，对山东盐业考古及盐业史的有关问题做过一些探索[①]。2008 年以来，小清河下游又连续进行了较大规模的考古调查和发掘，尤其寿光双王城、东营南河崖等遗址的大规模发掘，使研究资料大大增加，笔者经过一段时间的沉淀和思考，逐渐对一些盐业考古问题产生了新的看法。本文就以这批资料为基础并结合文献史料，谈几点不成熟的意见，谬误之处还请批评指正。

一、史前存在海盐生产的可能性

　　早在 20 世纪七八十年代，考古工作者就在山东北部沿海发现了大汶口和龙山文化遗址，有些遗址还出土了较多的海生贝壳，如经过大规模发掘的广饶傅家、五村、潍县鲁家口、昌邑前埠下等。与此同时，地质部门则在寿光郭井子、寒亭央子、昌邑瓦城、东冢、农场、常家等地，发现了标识古海岸线的埋藏贝壳堤或牡蛎礁。笔者遂在这些资料基础上复原了两条史前时期的海岸线，即距今 6500～5000 年（大汶口文化早中期）海岸线在现今海拔 9～10 米一线，深入现今内陆四五十千米，应是中全新世海侵最盛期的最大范围；距今 4500～4000 年（龙山文化时期）的海岸线在今海拔 4～5米附近，是海退过程中海面在这一带停顿的产物，仍普遍深入现今内陆 20 千米左右。2001 年以来，笔者在沿海又发现了几处龙山文化遗址，包括寿光清水泊农场西、西宅科北、广饶丁庄北等[②]（图一），在广饶丁庄北和博兴曹家遗址了解到附近有贝壳堤存在

---

① 参见拙著《环境考古与盐业考古探索》，科学出版社，2014 年。以下凡引拙说未注明者均出自此书，不再一一注出。

② 山东大学东方考古研究中心等：《山东寿光市北部沿海环境考古报告》，《华夏考古》2005 年 4 期，3～17 页；山东大学盐业考古队：《山东北部小清河下游 2010 年盐业考古调查简报》，《华夏考古》2012 年 3 期，3～22 页。

的信息，燕生东教授近年在寿光双王城、杨家、寒亭韩家庙子等地也发现了龙山文化遗址①。这些新发现的遗址都在此前复原的海岸线附近，尚未向北突破此线，说明这一复原还是有道理的（图二）。最近，有研究者对双王城遗址做了粒度和有孔虫方面的采样检测分析，认为公元前2300年双王城一带彻底摆脱了先前海侵期海水的影响，开始陆相沉积②。这与笔者的复原结论相符合。

正如笔者此前指出的，从复原的结果看，广饶傅家和五村、寿光郭井子和博兴曹家等遗址应在当时的海岸线附近，经过大规模发掘的广饶五村、傅家遗址，都出土了重要的文化遗存，包括分布密集的墓葬和礼器陶鼓等，证明应是当时沿海地带较为繁荣的高等级聚落。而五村遗址的钻探表明，遗址周围沼泽密布，居住环境并不优越。在并不适合人类生活的沿海环境中出现高等级聚落，如果没有特殊原因是很难想象的，因此该遗址很可能与海盐生产有关。山东北部到大汶口和龙山时期，原始农业达到发展的高峰，在内陆的山前平原地带出现了章丘焦家和城子崖、邹平丁公、临淄桐林、寿光边线王、昌乐魏家庄等中心聚落（位置参见图二），其中多数为城址，表明史前尤其龙山时期的社会演变剧烈，人口规模膨胀，对食盐的需求显然比此前更显迫切。由此可以推测，沿海地带的史前制盐聚落很可能是由内陆中心聚落控制的季节性生产单位，向这些中心聚落供应海盐，形成了初步的资源控制和流通网络，这可视为龙山时期内陆中心地带走向社会复杂化的重要原因和表现。

但这一判断只是从社会发展大背景做的一种间接推论，要想在盐碱及沼泽广布、自然环境恶劣的环境中从事制盐活动，就必须考虑到很实际的生存资源问题。这其中

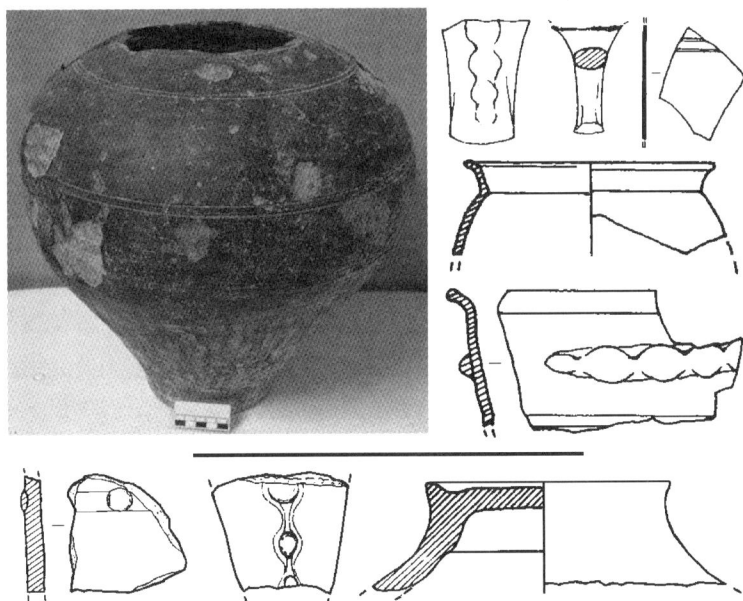

图一　寿光郭井子（上）、广饶丁庄北（下）遗址出土的龙山文化陶器举例

① 燕生东：《莱州湾沿岸地区发现的龙山及元明时期盐业遗存》，《无限悠悠远古情——佟柱臣先生纪念文集》，科学出版社，2014年，380～398页。
② 郭媛媛等：《山东北部地区聚落遗址时空分布与环境演变的关系》，《地理学报》2013年4期，559～570页。

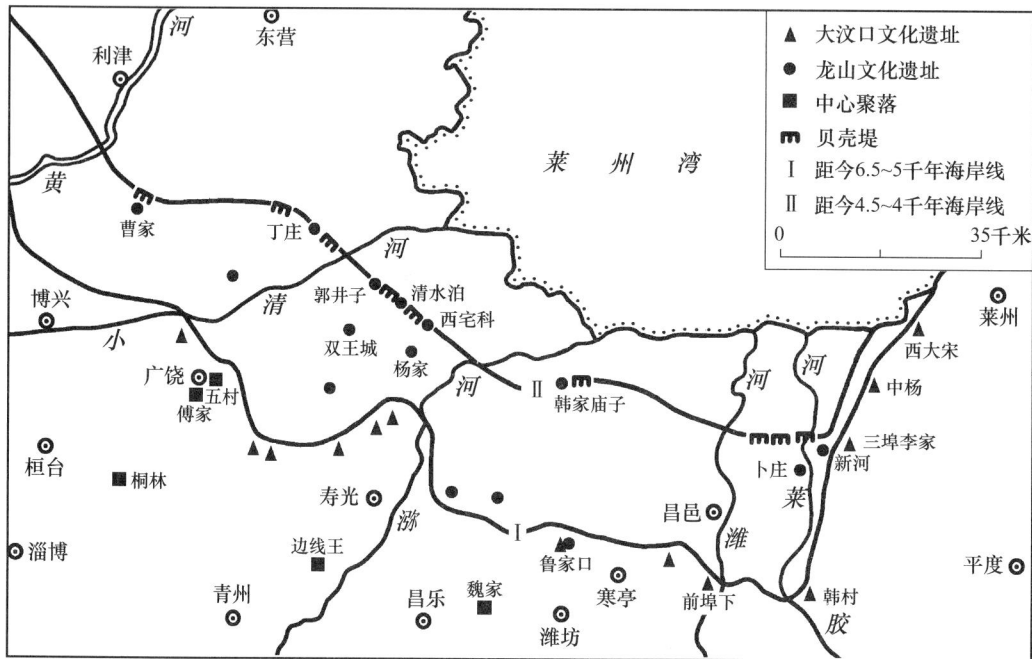

图二　小清河下游及迤东地带的古海岸线复原和相关史前遗址、贝壳堤分布图

日用器皿和粮食等生活必需品可以从内陆带入，但是需求量巨大的淡水资源若从内陆带来显然是不现实的。近年笔者注意到贝壳堤能储存淡水这一特点。贝壳堤是激浪将贝壳等粗粒物质搬运到海岸高潮位富集而成的，是古海岸线的良好标志。上述郭井子龙山文化遗址就坐落在贝壳堤之上，这为进一步研究提供了极好条件，笔者于2001年对此贝壳堤进行了局部解剖发掘，可确定龙山文化层与贝壳堤的上部贝壳层是同时形成的，说明当时古人是在贝壳堤上活动的（图三）[①]。而据地质部门研究，贝壳堤在形成以后由于地势较高，本身又是贝壳密集堆积，往往能储存淡水，部分地段经过改造还能辟为农田[②]。刘敦愿师也曾对广饶北部沿海贝壳堤附近的老住户做过采访，得知"在贝壳堤上边，由于雨水冲刷掉了盐碱，其上往往野生草木滋生，酸枣成丛"，与周围寸草不生的荒凉滩涂形成鲜明对比[③]。所以，早年在渤海湾西岸地貌保存较原始时的考古调查发现，古遗址多分布在贝壳堤上，现代的村庄和大道也多建在贝壳堤上[④]。这些情况说明，贝壳堤因地势较高且能储存淡水，成为古人在滨海生存的重要选址地带。因此，我们主张郭井子等遗址是制盐聚落就有了进一步的实际证据。

---

① 山东大学东方考古研究中心等：《山东寿光市北部沿海环境考古报告》，《华夏考古》2005年4期，3～17页。

② 参见刘庆等：《黄河三角洲贝壳堤岛典型建群植物养分吸收积累特征》，《水土保持研究》2010年3期，153～156页。此文讨论的是鲁西北无棣、沾化一带的贝壳堤，与笔者在广饶、寿光沿海所见贝壳堤地表情况类似，有些较宽的地段如郭井子一带，经过改造还辟为农田。

③ 刘敦愿：《贝塚、贝丘和贝壳堤》，《胡厚宣先生纪念文集》，科学出版社，1998年；收入氏著《刘敦愿文集》（下），科学出版社，2012年，640～645页。

④ 李世瑜：《古代渤海湾西部海岸遗迹及地下文物的初步调查研究》，《考古》1962年12期，652～657页；天津文化局考古发掘队：《渤海湾西岸古文化遗址调查》，《考古》1965年2期，62～69页。

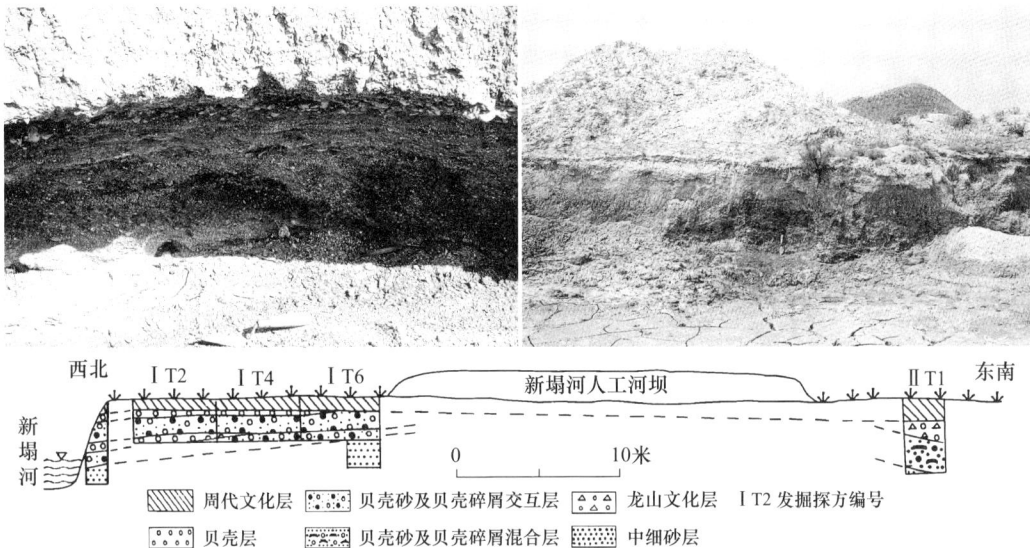

图三　寿光郭井子贝壳堤埋藏（上）及发掘解剖图（下）

　　当然，确认史前有制盐行为的最好证据莫过于明确的制盐遗存，但目前在山东北部尚未有这样的考古发现，有待于将来发掘和研究工作的深入。在此之前，也不妨碍我们从相关的考古资料及文献史料中寻找一些线索和启发。例如通过检核广饶五村遗址的早年发掘资料[①]，我们发现有些遗迹就值得注意，如 F2 的硬面上有 7 个柱础（洞），其中 1、2 号为涂抹白膏泥的圜底柱础（图四，上）；还发现大量排列没有规律的柱础（洞），有些柱洞或填白膏泥或填碎陶片，有些柱础为夯筑圆台或抹白膏泥；还有一些活动面的踩踏程度较小，硬面较薄，硬面上多有显层理的灰黑土分层叠压，形成黑黄相间的条带状堆积；另外，有的烧土坑较小，内填草木灰。这些遗迹现象与我们后来发掘的西周煮盐遗址所见比较类似，如黑黄相间的条带状堆积硬面与寿光大荒北央、东营南河崖等遗址的由草木灰成层叠压构成的刮卤摊场有些类似，涂抹白膏泥的柱础（洞）与大荒北央、南河崖周壁涂抹细软黏土以防渗漏的淋卤或储卤坑原理基本相同（图四，下）。所以我们曾经推测，五村的上述遗迹很可能与制盐活动有关。

　　另外，有些后世资料也能提供有益的启发。如有关资料表明，用植物枝条或木材制作的容器曾普遍用于制盐过程中，元代制盐典籍《熬波图》就有用棹桶打取和转移卤水的记载，北方地区及山东沿海各盐场则普遍用柳斗提水，几十年前仍可见到，民国《莱阳县志》即载：制盐时"昔用柳斗（斗系两绳，二人各执一端），取沟水注池"，与山东日照安东卫等地的盐场老照片反映的情况一致[②]。这种柳编器又称柳罐或柳戽，

[①]　山东省文物考古研究所等：《广饶县五村遗址发掘报告》，《海岱考古》（第一辑），山东大学出版社，1989 年，61～123 页。

[②]　山东盐务局编著：《山东省盐业志》，齐鲁书社，1992 年，194 页。据笔者所见资料，寿光、广饶、莱阳、威海等县市的盐业志书也有类似记载。另据《长芦汉沽盐场志》（百花文艺出版社，1991 年，47 页）记载："原始的滩田提水工具为半椭圆形柳斗，直径一尺半，横径一尺二村，深约一尺，可纳海水二十余斤，两端及底部各系麻绳，提水时二人对立挽绳操纵，打海水入池。"

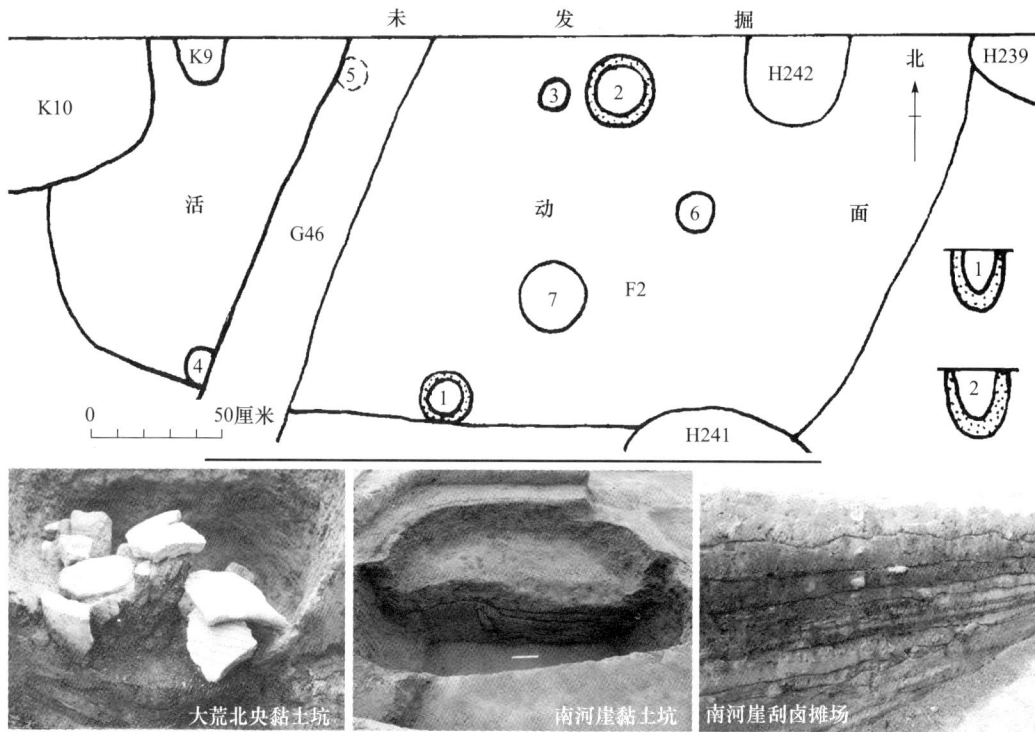

图四　广饶五村遗址有关遗迹（上）与西周煮盐遗迹（下）的比较举例

是北方地区古今很普遍的日常用具，西汉《盐铁论·散不足》载："庶人器用，即竹柳陶瓠"，北魏贾思勰著《齐民要术·种葵》载："柳罐令受（水）一石"，缪启愉释此认为："柳罐，柳条编成的汲水器，基本上不漏水，分量轻，并且不会撞破。"[1]宋代苏颂著《图经本草》则简要提及柳编器的制作方法："今人取其（柳）细条，火逼令柔，屈作箱箧。"此时甚至出现了仿制柳斗的瓷器"柳斗杯"，北方的定窑就以烧制这种瓷器有名，可见其流行程度[2]。这种柳编器取材方便（也可用荆条编成）、比较耐用，而且重量轻、不易渗漏，用在史前也是完全可以的。不仅如此，从形制和纹饰看，柳斗与山东北部商周时期的制盐陶器盔形器比较相似，对探索盔形器的起源也不无启发作用（图五）。《图经本草》云："其煮盐之器，汉谓之牢盆，今或鼓铁为之，或编竹为之，上下周以蜃灰，广丈深尺平底，置于灶背，谓之盐盘。"据分析，"蜃灰"是用贝壳粉末加水调成，贝壳的主要成分是氧化钙，遇水可生成碳酸钙，经火烧则形成钙化物硬层，愈烧弥坚，因此涂抹蜃灰的竹编荛盘是不易渗漏的，可用于煮盐[3]。由此可知，柳斗这类编织器若经过类似处理，也应该能用来煮盐，后来因制盐规模扩大以及制陶业的发展，遂由柳斗模仿制成盔形器这种新的煮盐陶器。这也不失为探讨盔形器起源的一种思路。

① 贾思勰著，缪启愉校注：《齐民要术》，农业出版社，1982年，17页。
② 陆锡兴：《柳罐、柳斗与柳斗杯》，《上海文博论丛》2005年3期，38～41页。
③ 潘吉星：《天工开物校注及研究》，巴蜀书社，1989年，266～272页。

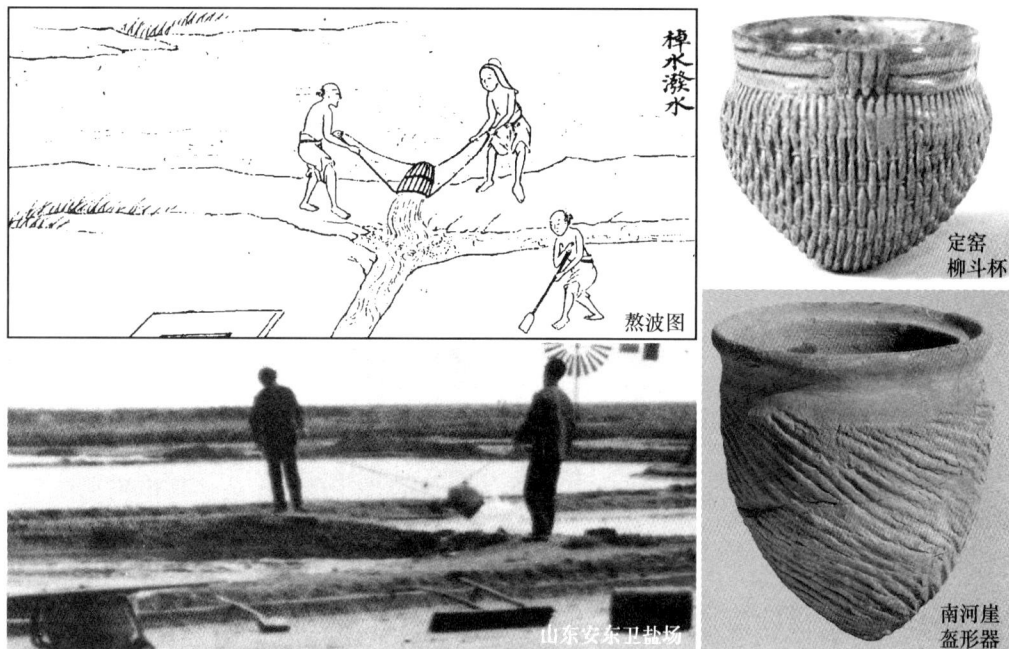

图五　一组制盐过程中使用木器或柳编器资料举例（定窑柳斗杯为对比资料）

二、商周以来海盐生产工艺的变迁

近十多年来，在山东北部沿海进行的盐业考古专项调查，累计调查面积已达上千平方千米，发现商周时期的煮盐遗址近千处，主要集中在小清河下游地带（图六、图七）[①]。经过发掘的 4 处制盐遗址中，阳信李屋在鲁西北沿海，寿光大荒北央、东营南河崖（地处广饶北部）、寿光双王城 3 处在小清河下游[②]。这几处晚商至西周中期煮盐遗址出土了大批实物遗存，通过多学科联合工作和分析研究已取得了重要成果，再加上调查发现的大批东周时期遗址，学界普遍认为是商周时期与盐业的生产和管理有关的遗址，从而成为盐业考古的基本研究资料。另外，在这里还发现了不少汉代以后的盐业遗址，再结合丰富的文献史料，也能为研究提供重要参考价值。以下就以笔者主持的发掘和调查所获资料为基础，着重对商周及汉代以来盐业遗址的制盐工艺流程和聚落形态两个问题展开讨论。

[①]　燕生东等：《渤海南岸地区发现的东周时期盐业遗存》，《中国家博物馆馆刊》2011 年 9 期，68～160 页；鲁北沿海地区先秦盐业考古课题组：《鲁北沿海地区先秦盐业遗址 2007 年调查简报》，《文物》2012 年 7 期，4～15 页；山东省文物考古研究所：《山东昌邑市盐业遗址调查简报》，《南方文物》2012 年 1 期，59～62 页；山东大学盐业考古队：《山东北部小清河下游 2010 年盐业考古调查简报》，《华夏考古》2012 年 3 期，3～22 页；党浩：《齐国制盐业探析——从昌邑盐业调查谈起》，《中国考古学会第十五次年会论文集·2012》，文物出版社，2013 年，638～646 页。

[②]　山东大学东方考古研究中心等：《山东寿光市大荒北央西周遗址的发掘》，《考古》2005 年 12 期，41～47 页；山东省文物考古研究所等：《山东阳信县李屋遗址商代遗存发掘简报》，《考古》2010 年 3 期，3～17 页；山东省文物考古研究所等：《山东寿光市双王城盐业遗址 2008 年的发掘》，《考古》2010 年 3 期，18～36 页；山东大学考古系等：《山东东营市南河崖西周煮盐遗址》，《考古》2010 年 3 期，37～49 页。

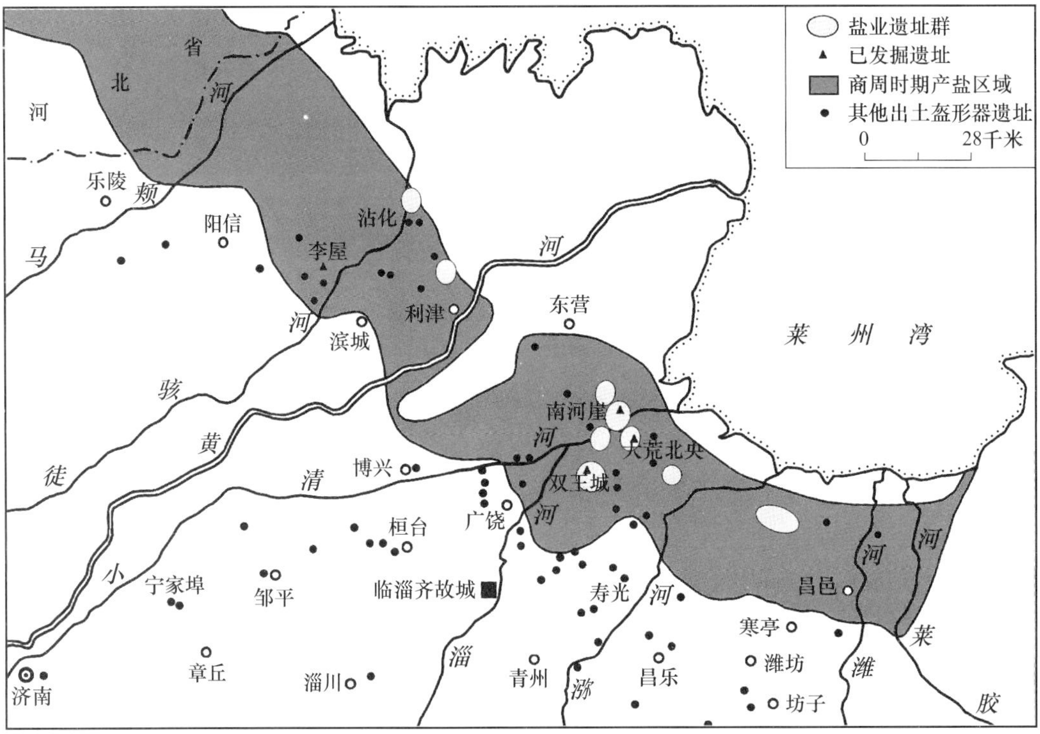

图六　山东北部沿海晚商至西周中期盐业遗址群分布图

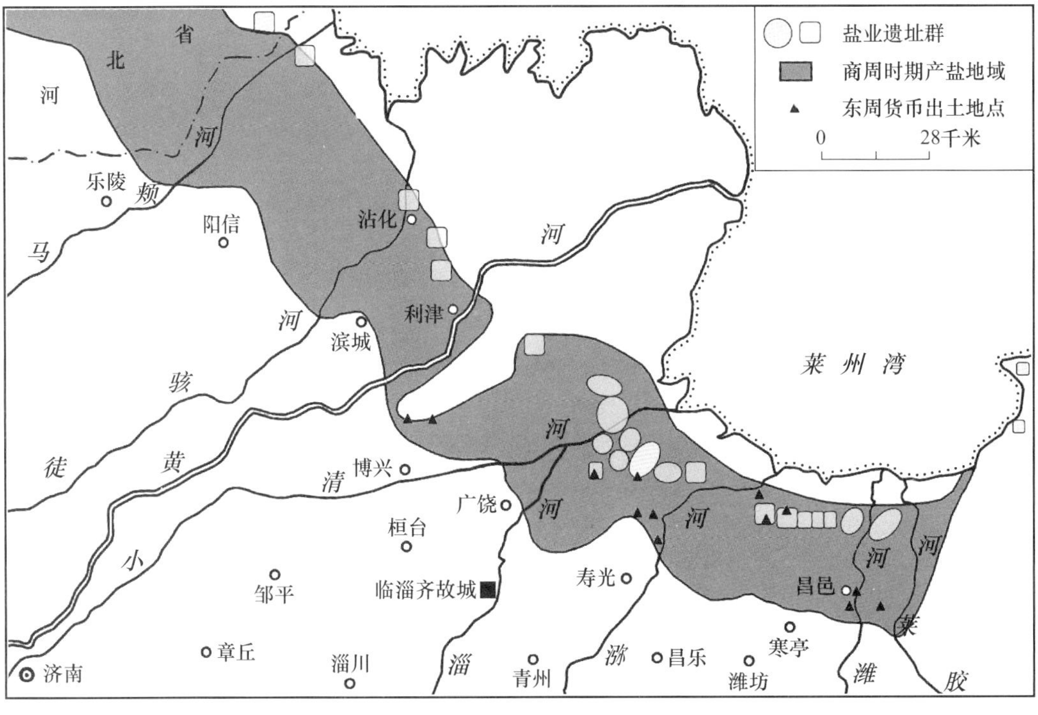

图七　山东北部沿海东周时期盐业遗址群及货币出土地点分布图

2008 年以来，随着南河崖和双王城发掘出土的大型煮盐作坊和盐灶、卤坑、摊场等遗存，为研究晚商至西周中期的煮盐工艺流程提供了难得机遇，但也随之产生了一些分歧。笔者依据大荒北央及南河崖的发掘材料认为应是原始的淋煎法（又称淋灰法）工艺流程，基本可分为两大步：一是摊灰淋卤，即先开沟（或挖坑）获取地下卤水，再把卤水泼洒在草木灰铺成的摊场上，借助日晒使卤水结成盐花，然后刮起盐花（会与草灰、沙土混合成盐土），再构筑黏土坑将盐土淋滤出含盐量更高的卤水；二是煎卤成盐，即先建设盐灶，再以罐（盔形器）盛装卤水煎煮，最后破罐取盐[①]。双王城的发掘者则依据田野资料提出了另一套工艺流程，即先挖井获取地下卤水，再经由沉淀池和蒸发池得到含盐量更高的卤水，然后设灶煎卤，破罐取盐；并认为草木灰是以柴草作燃料煮盐时产生的生产垃圾，与提高卤水含盐量无关[②]。

这两种观点都认为制盐原料是开采地下卤水，但在如何看待草木灰和如何复原盐灶周围遗迹等问题上还存在不同认识。最近，崔剑锋和彭鹏两位博士分别撰文，通过对双王城盐灶和黏土坑的采样检测分析，提出晚商时期的煮盐工艺流程中可能并未利用草木灰来提纯卤水，而是通过蒸发池和蓄卤池提浓后才进入煎煮阶段，西周则开始采用"摊灰淋卤"的办法来获取高浓度的卤水，再熬煮成盐[③]。这一观点较好地解释了田野发掘资料，也较好地"调和"了前两种观点，也说明田野资料和科学检测相结合的重要性。笔者在发掘大荒北央和南河崖时都发现了大量草木灰堆积（双王城也是如此），后来通过学习得知草木灰中含有可溶性盐，能与盐土中的钠、钾（及钙、镁）离子发生化学反应生成食盐的主要成分，从而提高由盐土淋滤来的卤水的含盐量。所以笔者根据田野资料认为，草木灰平整堆积的地段应是后来文献提到的制卤摊场。煮盐过程中能产生大量草木灰，古人将卤水无意间泼在草木灰上由此发现其再利用价值，这些都不难理解，忽视或无视这一点实在是没有多少道理的。

鉴于这种考虑，笔者仍坚持原有观点，并根据南河崖 1 号遗址的发掘结果（图八），来解释晚商至西周中期的煮盐作坊和遗存功能：诸多与制盐有关的遗迹现象为内陆农耕遗址所未见，包括卤水坑、草木灰刮卤摊场、储卤坑、工作间、盐灶、生产垃圾堆积区等，各自的构筑和堆积特征明显，分布上相互紧邻，功能上相互补充，反映的应是原始淋煎法工艺流程。卤水坑位于生产区的中部，面积 60 平方米左右，深 3 米余，现在仍能渗出地下卤水；刮卤摊场在卤水坑外围，地势较低，以草木灰和红烧土渣土反复叠压铺成，比较平整并略向外倾斜，草木灰层的表面往往有白色沉淀物硬面；储卤坑位于盐灶两侧，成排分布，多呈圆形，多数口径不足 50 厘米，少数较大口径超过 1 米，周壁均涂抹较厚的黏土以防渗漏；工作间位于刮卤摊场和盐灶之间，平面略呈方形，面积 30 多平方米，四周没有墙体，只有"人"字形排列的柱洞，应是简易搭建的工作棚（或淋卤棚）；煮盐盐灶位于工作间以西，地势相对最高，呈长条"Y"形，面积约 30 平方米，由灶口、前后煎卤室、两个较长出烟口构成，形制与一般陶窑

① 王青等：《山东北部商周时期海盐生产的几个问题》，《文物》2006 年 4 期，84～89 页。
② 燕生东：《商周时期渤海南岸地区的盐业》，文物出版社，2013 年。
③ 崔剑锋：《山东寿光双王城制盐遗址的科技考古研究》，《南方文物》2011 年 1 期，116～128 页；彭鹏：《鲁北莱州湾沿岸商周时期制盐工艺初探》，《南方文物》2012 年 1 期，53～58 页。

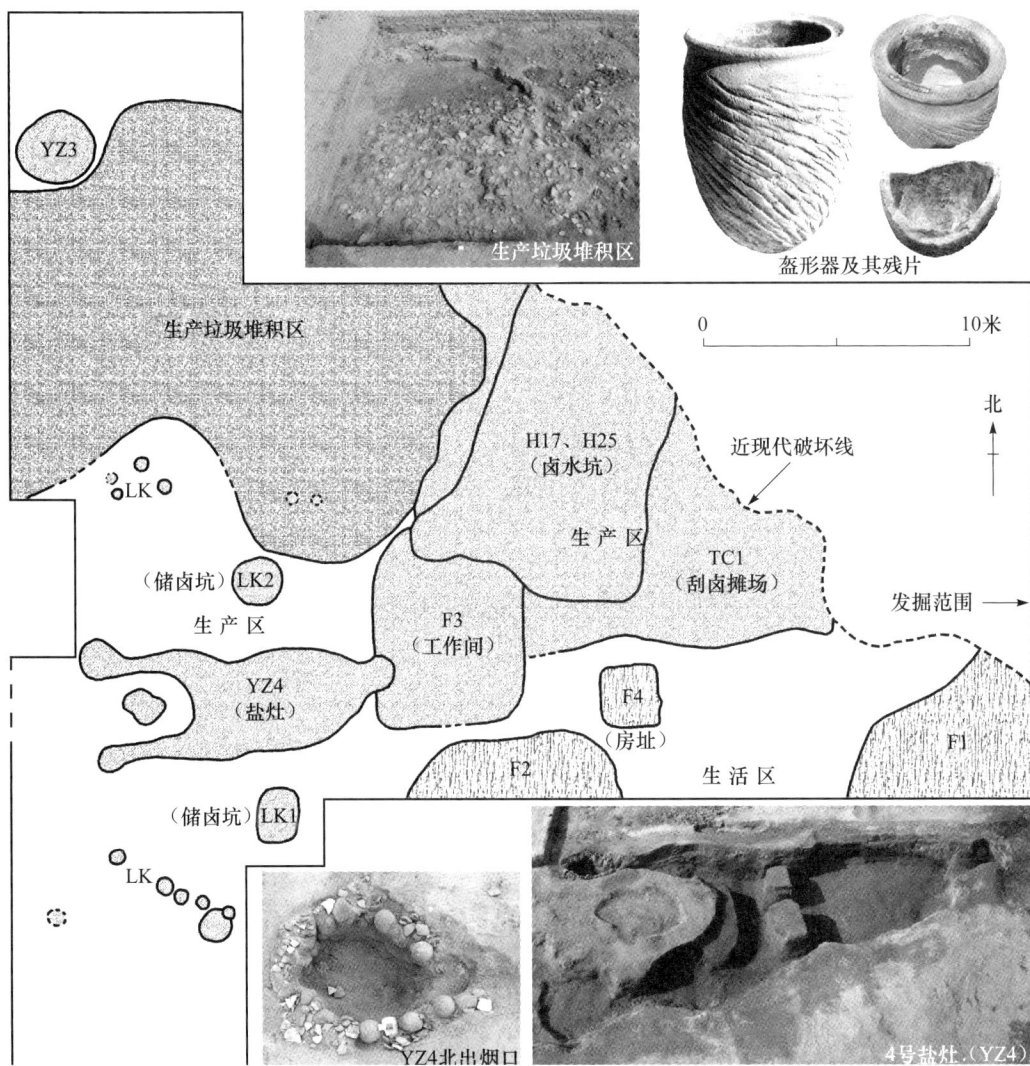

图八　东营南河崖遗址群 1 号遗址出土煮盐遗存举例

差别明显，出土有较多烧酥的盔形器，灶内填满厚厚的红烧土，灶外沙土也有较大面积被烤红；生产垃圾堆积区位于盐灶外围，由大量盔形器残片密集堆积而成，其间还夹有烧红的草拌泥黏土块。另外，作坊布局已有一定规划，生产区和生活区大致分开。

　　双王城的发掘者对盐灶的煮盐过程也做了复原，即在盐灶的前后两个煎卤室中搭设网状架子，网口铺设草拌泥，其上放置盔形器，一个盐灶可放 150～200 个盔形器。这也是目前学界普遍认同的观点，笔者在此基础上以南河崖 4 号盐灶为原型，并借用元代《熬波图》的人物形象，对这一煮盐场景做了初步的想象复原（图九，上）。需要说明的是，前后两个卤室的盔形器并非都能出盐，参考明清时期"一灶多锅"的相关史料（详下），其后室应是温热卤水、前室才是煎煮成盐的。除此之外，笔者近来通过对相关出土遗存的分析，认为不能排除当时已使用铜盘煮盐的可能性。南河崖 4 号盐灶的前室出土盔形器很少（盔形器多出在后室），却在前室南北弧壁上用多个烧坏的盔

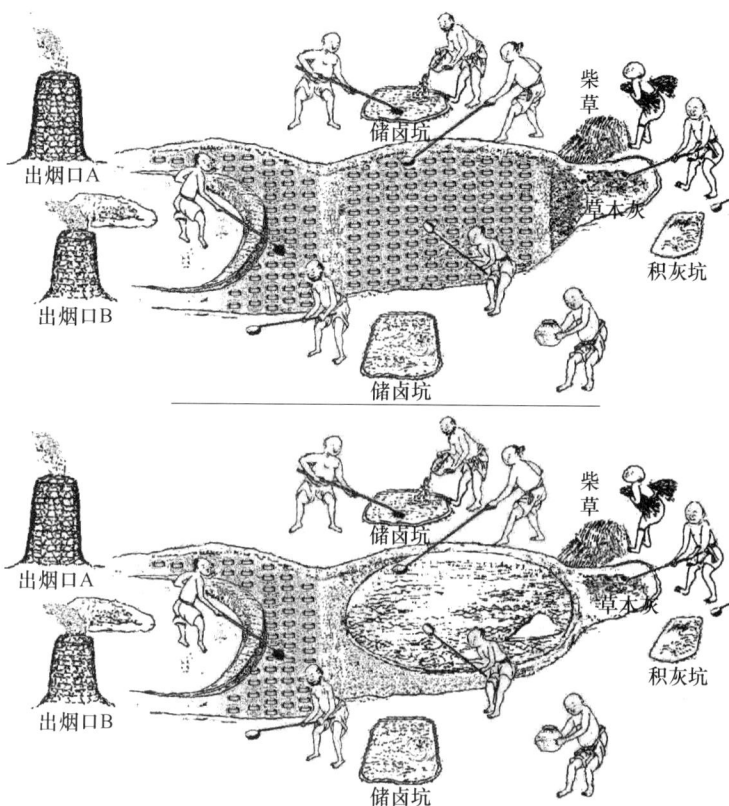

图九　东营南河崖 4 号盐灶煮盐场景的两种想象复原方案
（上图为前室用盔形器煎卤成盐，下图为前室以铜盘煎卤成盐）

形器垒砌加固，底部还见有几个可用于立柱支撑的柱洞（洞底垫有盔形器残片）。双王城 014B 盐灶的前室中部则见有一个月牙形土台，尽管残高仅剩 5 厘米，但原本很可能是起支撑作用的，否则的话在煎卤室里建这样一个土台就不好解释（图一〇）。另外，根据现有的考古发现，至少晚商以来就能铸造大型铜盘是可以肯定的，如安阳殷墟近年曾发现口径 1.54 米的浇铸范芯，发掘者认为是铸造大型铜盘，可能用于盥洗礼洁身仪式[①]；其他如著名的西周重器虢季子白盘（现存国家博物馆），长 1.37 米、宽 0.86 米、高 0.39 米，重 215.3 公斤。基于这些情况，我们也复原了使用铜盘煮盐的场景，并参考后来"一灶多锅"的史料，将盐灶的后室设想为用盔形器温热冷卤，将前室设想为用铜盘煎卤成盐（图九，下）。当然，目前这只能算是一种大胆推测而已。

　　近些年来几家单位进行的考古调查和发掘都发现一个明显的奇怪现象，就是东周时期的盐业遗存绝大多数都属于战国时期，几乎不见春秋时期的遗存（只有少量属春秋晚期），不仅盔形器消失不见，连日用陶器也基本未有发现。这一现象迄今无法圆满解答，因为根据《管子》等文献记载，这时期正是齐国盐业大发展的时期，按理会有

---

① 岳洪彬等：《试论殷墟孝民屯大型铸范的铸造工艺和器形——兼论商代盥洗礼仪》，《考古》2009 年 6 期，72～76 页。

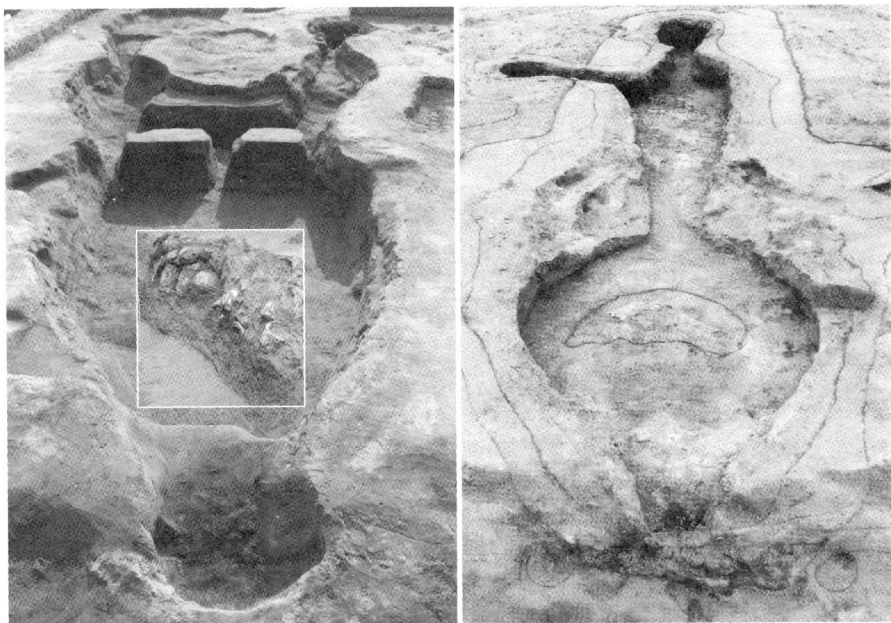

图一〇　南河崖 4 号盐灶（左）与双王城 014B 盐灶（右）对比图片
（左图中的小图为前室北壁用废弃盆形器垒砌加固情况）

大量盐业遗址存在。这个谜团如果顺着上文说的思路，用铜盘煮盐来解释就可能比较合理，因为铜盘煮盐不会产生大量生产垃圾，破损了也可回收重铸，不像陶器煮盐那样会留下厚厚的废弃堆积，容易被我们辨识出来。对此，1999 年山东省文物考古所在龙口阎家店遗址的发掘也能提供一些佐证。这次发掘清理出春秋时期房址 12 座，以面积小、少见柱洞和门道、多见圆形灶塘及烧土柱为显著特点（图一一，1、2）[1]。笔者曾提出这些小房址可能是用盆形器煮盐的盐灶，但现在看来盆形器并未延续到春秋时期，而圆形灶塘的口径一般在 30 厘米左右，烧土柱的口径和高都在 10 厘米左右，用于支撑铜盘是可行的，所以这些"小房址"很可能是用铜盘煮盐的盐灶。该遗址在胶东半岛西侧，春秋时期应属莱国统辖，但对西邻的山东北部沿海也不无启发。

另外，胶东半岛西侧沿海早年曾在蓬莱西庄、掖县（今莱州）路宿村等地采集到铜盘，发现者林仙庭先生根据这里古代曾是盐场所在，推断为宋元时期的煮盐盐盘[2]，我们认为年代可能会更早。铜盘是商周时期盥洗礼上的用器（与铜匜配套使用），山东地区出土较多[3]，口径多在三四十厘米，年代多在周代（汉初有少量沿用）。据笔者研究，山东地区铜盘的年代演变比较清楚，西周至春秋时期多为弧腹圜底，战国时期普遍为折腹平底[4]。蓬莱和莱州这两件铜盘分别为弧腹圜底和折腹平底，从形制来看很可能应在东周时期，而且前者比后者年代还要早一些，很可能在春秋时期（图一一，

① 山东省文物考古研究所等：《山东龙口市阎家店遗址发掘简报》，《华夏考古》2004 年 3 期，13～34 页。
② 林仙庭：《山东半岛出土的几件古盐业用器》，《考古》1992 年 12 期，1139～1141 页。
③ 参见李晓峰等：《济南千佛山战国墓》，《考古》1991 年 9 期，813～817 页；刘慧：《山东莱芜西上崮出土青铜器及双凤牙梳》，《文物》1990 年 11 期，59～64 页。
④ 拙著《海岱地区周代墓葬与文化分区研究》，科学出版社，2012 年，81～83 页。

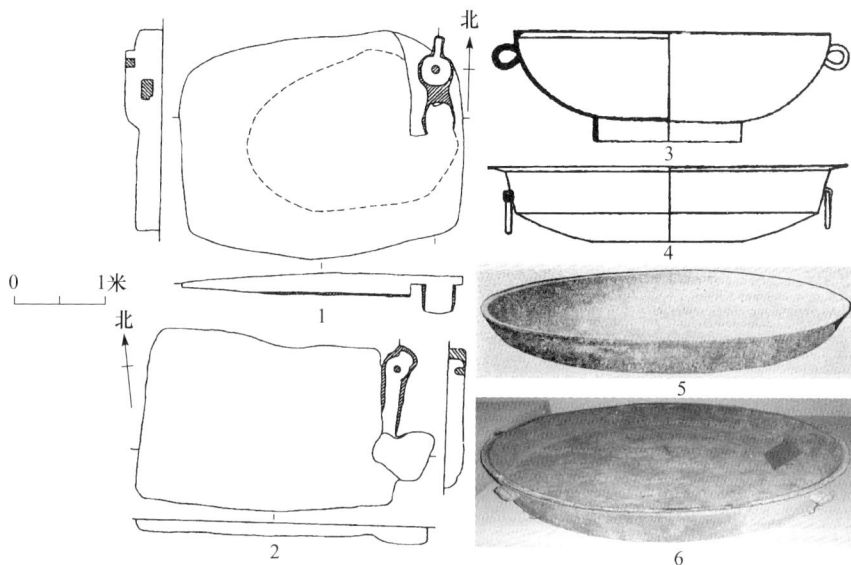

图一一　胶东半岛西侧疑似东周时期煮盐遗存举例（3、4 为对比材料）

1、2. 龙口阎家店 F9、F3 平剖面图　3、4. 莱芜西上崮及济南千佛山东周墓出土日用铜盘
5、6. 莱州路宿、蓬莱西庄出土煮盐铜盘

3～6）。但它们的口径都在 1.2 米左右，重达 110 公斤左右，且腹部都另铸有錾耳以利于安在灶上，这与东周的日用铜盘不同，而与《熬波图》所见近似，属于煮盐的盐盘应无疑问。因此，不能排除东周时期已使用铜盘煮盐的可能性。但是，这也存在一个问题，就是如果东周已用铜盘煮盐，为何战国遗址会发现大量制盐陶器，而春秋时期却不见？对此，若用明清时期的"一灶多锅"来解释，则可能为春秋时期的盐灶前后两个卤室都用铜盘来温卤和煮盐，战国则改为后室用大型陶瓮来温热冷卤，前室则用铜盘煎卤成盐。这其中的背景可能涉及整个盐政体制的变动，对此将在下节阐述。

　　如果说东周时期是否采用铜盘这类金属器具煮盐还有很大疑问的话，汉代以后则是可以肯定的了。《史记·平准书》载："愿募民自给费，因官器作煮盐，官与牢盆。……敢私铸铁器煮盐者，钛左趾，没入其器物。"汉武帝以来开始实行食盐官营和专卖，在全国范围内广置盐官并由官府发放制盐器具就是两项重要措施。其中在今山东北部沿海设置的盐官共有千乘、寿光、都昌 3 处，产盐范围西起今博兴，向东绵延到今昌邑一带，可见规模是很大的。以后历代的盐场也主要集中在这一范围，只是向东西两侧继续有所扩展。但是由于此类遗址调查所见遗存较少（详见下节），也未进行发掘，致使对其制盐工艺流程并不清楚。好在 2013 年山东省文物考古研究所在南河崖 1 号遗址以北不足 3 千米的广北农场一分场一队发掘了一处魏晋北朝时期的制盐遗址，清理出盐井、草木灰摊场、储卤坑等遗迹，尽管未见盐灶及煮盐器具（原因详见下节），但基本可以断定是采用淋煎法工艺煮盐的[1]。这说明，山东北部的煮盐工艺是一直相沿传承的，这次发掘也为今后发掘汉代以来的盐业遗址提供了重要参考。

---

① 详见王子孟、孙兆锋：《鲁北沿海魏晋、北朝时期制盐业的考古学观察》，见本书。

根据《史记·平准书》的记载，学界普遍认为汉代以来的煮盐器具是牢盆，虽然迄今尚未在考古发掘中出土实物，但各地在盐业遗址或老盐场仍有所发现。据笔者所见资料共有 3 件铁器，即山东莱州当利古城出土的铁釜（形制类似柳斗）、江苏东台范公镇藏大盐盆，及四川浦江五星镇出土的大盐盆（内壁铸有"廿五石"字样），发现者或研究者都断为汉代煮盐的牢盆（图一二，1～3）[①]。其形制因地制宜各不相同，但都硕大厚重，口径多超过 1 米（莱州铁釜为 0.66 米），重达数百公斤，东台盐盆更达 3000公斤，显非日常生活用器，又都出在古代产盐场所，所以是煮盐之器应该没有问题。可以想见，这类煮盐铁器（也有铜器）的数量古代应是很多的，但相关史料对此基本没有详细记载，仅能透露出一些线索。清嘉庆版《掖县志》曾载："嘉庆初年，西由场官署灶房旧有铜制盐锅三十余，今存其二。底平而色绿，口径四尺有奇，相传是管仲

图一二　一组汉代以来煮盐资料举例（5 为对比材料）

1.四川浦江五星镇出土盐盆　2.山东莱州当利古城出土铁釜　3.江苏东台范公镇藏盐盆　4.四川成都羊子山汉代煮盐画像砖（局部）　5.浙江象山传统煮盐工艺　6.重庆麦沱汉墓出土多孔陶灶

① 林仙庭等：《山东半岛出土的几件古盐业用器》，《考古》1992 年 12 期，1139～1141 页；曹爱生：《东台古铁镬考》，《盐业史研究》2009 年 3 期，52～56 页；龙腾等：《蒲江县出土汉代牢盆考》，《盐业史研究》2002 年 2 期，9～10 页。

煮盐锅，疑即汉《食货志》所谓'牢盆'也。"另据乾嘉间知名学者桂馥（山东曲阜人）著《札朴·卷第九》载，山东"海边盐场有大盐盆，俗传为管仲煮盐之器"，并引《魏书·食货志》"青州置灶五百四十六"，推断"疑即此时所造，后世毁之未尽者"[1]。二者所论盖为一事，尽管断代意见有异，也透露出在清代晒盐兴起、煮盐器具渐遭淘汰的背景下，山东北部沿海盐场仍有旧器存世。只是因为金属器可以回收重铸，加上晒盐兴起和历代尤其近现代的各种变乱，至今已经难觅踪迹也就不足为怪了，我们只能寄希望于将来的考古工作能再有发现。

至于以金属器如何煮盐的具体流程，汉代乃至唐宋期间的文献并未留下详细记载，但四川盆地（如成都羊子山汉墓）出土的汉代画像砖"煮盐图"显示，是一灶多锅的场景，灶上可见至少有5个盐盆[2]。另外，四川及三峡地区曾在忠县中井坝等地清理出一批长近10米的"龙窑"，这一带的汉墓中还常见以多孔陶灶随葬[3]，有学者近年提出，这种"龙窑"和多孔陶灶应是以一灶多锅煮盐的"龙灶"，与画像砖显示的场景相吻合[4]。以此推断，浦江盐盆就很可能是一灶多锅煮盐使用的。实际上，这种一灶多锅一直是古代川峡地区生产井盐的主要形式，至今仍在沿用。另据报道，浙江沿海的象山县近年对当地的一灶多锅传统煮盐工艺做了恢复和展示，可知东南沿海过去也有这种工艺[5]（图一二，4~6）。

根据现有文献史料可知，以一灶多锅煮盐延至明清时期在北方地区也很流行。1992年出版的《山东省盐业志》综合明清旧志指出，山东南部的黄海沿岸盐场古代多用一灶多锅煮盐，一口盐锅设于灶头之上，其余几口前后排列至灶尾，卤水在经温锅依次前移中浓度逐渐提高，最后移至最前面的盐锅煎煮成盐。这种方法比一灶一锅可提高产量一倍以上[6]。山东以北天津沿海的长芦盐场古时也用一灶多锅，相关记录较为详细：每灶置大铁锅3~5口，一口煎锅置于灶门之上，其余温锅排列于后，以芦草为燃料，煎时冷卤先入温锅，从温锅依次倒到煎锅，最后在煎锅成盐。煎锅里的卤水随干随添，至满锅时投皂荚或麻仁数片，卤即凝聚出盐。煎煮过程往往昼夜兼作，每昼夜为一伏火，可得盐6锅，每锅盐约100斤[7]。从这些资料描述中不难看出，一灶多锅

[1] 转引自陈星灿：《盐盆》，《考古随笔（二）》，文物出版社，2010年，212~213页。

[2] 徐鹏章：《成都站东乡汉墓清理记》，《考古通讯》1956年1期，39~43页；高文：《四川汉代画像砖》，上海人民美术出版社，1987年。

[3] 参见孙智彬等：《中坝遗址的盐业考古研究》，《四川文物》2007年1期，37~49页；重庆市文化局等：《重庆巫山麦沱汉墓群发掘报告》，《考古学报》1999年2期，153~178页。

[4] 白九江等：《制盐龙灶的特征与演变——以三峡地区为例》，《江汉考古》2013年3期，59~104页；川村佳男著，刘海宇译：《三峡地区的盐灶形器》，见本书。

[5] 郑娜：《象山：骨子里的大海》，《人民日报（海外版）》2010年7月27日。以上所列一灶多锅资料多是纵向排列的长条形锅灶，另在西南地区还有"梅花灶"煮盐，即一口置于中间，周围再置锅4~6口，中央锅可以是盐锅也可以是温锅。参见宋良曦等编：《中国井盐史》，上海辞书出版社，2010年，转引自白九江等：《制盐龙灶的特征与演变——以三峡地区为例》，《江汉考古》2013年3期，59~104页。

[6] 山东盐务局编著：《山东省盐业志》，齐鲁书社，1992年。另据《威海盐业志》（中国轻工业出版社，1993年，175~176页）记载，威海盐岸清代多用一灶两锅或三锅，并采访了老盐工，对煮盐流程也有简要描述：主锅（盐锅）设于前，其余预热锅（温锅）设于后，加卤时先从最后一口温锅开始，依次前移。这样既可加快成盐速度、提高产量，又可充分利用热源，节省薪草。

[7] 汉沽盐务志编委会：《长芦汉沽盐场志》，百花文艺出版社，1991年，51页。

是利用了靠近灶口位置火温高、灶尾火温低的原理，以提高效率和产量。对长期在盐场劳作的工人来说（加上历代烧窑积累的经验），都会很自然地发现这一原理。因此，这些资料提供的信息可作为今后对此类遗址进行考古工作的珍贵线索。同时还能看出，前述双王城和南河崖发现的晚商西周时期长达 10 多米的盐灶，也是利用了这一原理，其后室只能用来温卤、前室才是最后成盐之所（不管以盔形器或铜盘成盐）。那种设想其前后两个卤室都能出盐，并以此推算每个盐灶一次举火可获盐上千斤、双王城一带每年的产盐量可达四五万斤等，显然都是不现实的。

《山东省盐业志》的综合分析同时指出，山东北部的渤海沿岸盐场古代多用一灶一锅煮盐。明人汪砢玉撰《古今鹾略》引《山东盐志》云："每岁春夏间，天气晴明，取池卤注盘中煎之。盘四角楮为一，织苇护盘上，周涂以蜃泥。"[1] 其中未提及多盘或排列方式等，可知应是单个盐盘置于灶上的一灶一锅式，盐盘为方形，四角立木柱（楮）加以固定，盘的四周围以苇笆，外面再涂上贝壳粉末加水调成的"蜃泥"。2008～2010年，寿光双王城遗址在发掘出大量晚商西周煮盐遗存的同时，也清理了一批时代更晚的制盐遗存，发掘者最初断为宋元时期[2]，最近又将其中的制盐遗迹予以集中发表，并改订为元明时期[3]，但地层关系和出土遗物概未发表，无法对其年代再做分析判断，我们只能暂以元明时期处之。这次发掘共发现 6 口盐井和 10 余个盐灶，以及过滤沟、沉淀坑、储硝坑等。其中盐灶的灶室有长方形和圆形两类，大者长（或直径）1.5～2 米、宽 1 米、深近 1 米，小者长（或直径）在 1 米以内、宽 0.3 米左右，有的灶室内还有铁盘残片，但盘片具体大小未说明（图一三、图一四）。由此从灶室的形状大致可知，当时应是以长方形和圆形铁盘煮盐的，铁盘的尺寸不超过 2 米，与《古今鹾略》所引《山东盐志》相对比，圆形盐盘不见于记载，而盐盘四周围以涂抹"蜃泥"的苇笆及固定盐盘的木柱则没有发现。目前，此类遗存发现还很少因而弥足珍贵，再加上文献记载的这些信息，都可以为今后的考古工作提供很有价值的线索。

双王城的这次大规模发掘还发现了草木灰堆积，如在较大盐灶的工作间和灶室内填满了草木灰，草木灰的堆积纹理较为清晰。发掘者由此判断，草木灰应该没有被扰动和再利用的现象，再加上在发掘区其他地段没有发现特殊的积灰堆积，因而认为可以排除当时用草木灰取卤和淋卤的可能性。但是，现存文献史料却对明清时期山东北部盐场存在"灰压法"有明确记载，流程大致是把草木灰铺在潮滩上形成摊场（或称亭场），靠日晒使盐土表面结出盐花，再扫起盐土淋滤，来获取含盐量更高的卤水，再上灶煎煮。甚至到清代山东北部已普遍采用晒盐工艺后，各盐场仍沿用"灰压法"来制卤，再把获得的高含盐量卤水注入池中曝晒为盐。对此，纪丽真女士近年已对相关史料做了详细辑录与驳证[4]，这里仅摘录两条描述"灰压法"的相关文献作为例证：

① 纪丽真女士认为，《古今鹾略》所引《山东盐志》为明万历年查志隆编修的《山东盐法志》。详见氏著《明清山东盐业研究》，齐鲁书社，2009 年，51～52 页。
② 山东省文物考古研究所等：《山东寿光市双王城盐业遗址 2008 年的发掘》，《考古》2010 年 3 期，18～36 页。
③ 燕生东：《莱州湾沿岸地区发现的龙山及元明时期盐业遗存》，《无限悠悠远古情——佟柱臣先生纪念文集》，科学出版社，2014 年，380～398 页。
④ 纪丽真：《明清山东盐业研究》，齐鲁书社，2009 年，52～55 页。

图一三　寿光双王城014A遗址出土的元明时期盐灶（5号盐灶）

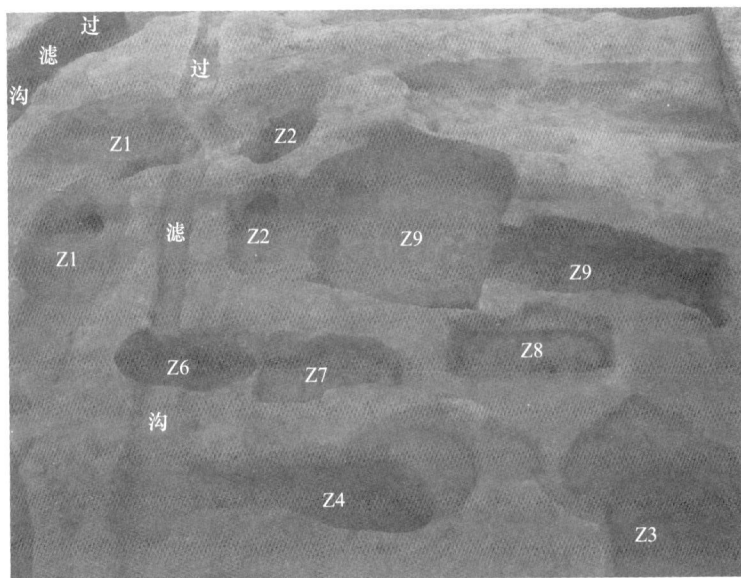

图一四　寿光双王城07遗址出土的元明时期成片盐灶

诘旦，仍出坑灰摊晒亭场间，至申，俟盐花浸入灰内，仍实灰于坑以取卤。……至于积灰，则又以年久为良。卤水清润，出盐尤多。然久旱则潮气下降，上燥而盐不生花；久雨则客水浸溢，亭场沾湿，晒灰反致销蚀。故以灰取卤，必雨旸时若，而后盐始丰。

（明）《古今醻略》引《山东盐志》

诘旦，出"牢"中灰更晒之。凤卤未销，得新益旺，映日浮花，散若轻雪。复纳诸牢，渍卤尤壮。故菩灰之法，以久而良。旱则土燥，盐沉不起；潦则水淫，盐解易散。

（清）雍正版《山东盐法志》

尽管这两条文献的文字描述有所雷同（这是因为"灰压法"的工艺流程基本相同的缘故），但从中可以清晰看出，明清时期早已对草木灰能提高卤水的含盐量有了充分认识，并且认识也在不断深入，所以对草木灰的收集和存储都极为重视，并在清代摸索出了专门的"蓄灰之法"。元代《熬波图》则单独辟有"出扒生灰"一节对此详细记录："当烧火时，扒出桦（盘）肚，生灰半灭未过者，以水浇泼存性。工丁不分男妇，逐担挑出摊场头堆积，以多为贵，准备每日消用。"并题诗云："莫嫌灰担重，积灰那（哪）忍弃。晒干再下淋，又作还魂鬼。"该书序言还提及，南宋陈华著《通州鬻海录》（现已失传）中也辟有"捎灰刺溜"一节，可知至少在南宋时期已利用草木灰来煮盐。实际上，通过前文对相关考古资料的分析已经明了，发现草木灰有再利用价值并非什么难事，至少在晚商西周时就已经发现并运用了。

基于这些背景材料，再来看双王城发现的元明时期草木灰就比较好理解了。其盐灶的工作间和灶室内填满了未经扰动的草木灰，这应该是本次煮盐活动结束时有意存储在灶里的，以便下次来煮盐时再扒出用于淋卤。可见，盐灶中堆积纹理较为清晰的草木灰正是有目的"积灰"的行为，而不是随意弃置的垃圾物。此外，发掘者还透露，在发掘区的"其他区域内也未见到特殊的积灰堆积"，意在否认双王城存在用草木灰铺成的制卤摊场的可能性。但据笔者分析，这种摊场当时恰恰不应在双王城一带，而是在其以北十几千米外的滨海地带，对此留待下节予以讨论。至于双王城发现的元明时期的盐井，发掘者只有简短的文字介绍，并在一张图片上用虚线圈出了井口范围，用文字标注了木桩和芦苇等，相关的线图、地层关系和出土遗物等都未发表，无从加以分析判别，只能存疑。

另据元代《熬波图》等文献记载，宋元以来采用盘铁煮盐的一灶一锅形式也很常见。按此书"铁盘模样""排凑桦（盘）面""上卤煎盐"等节的记录和图示，这种形式的煮盐是用多块厚重的盘铁拼成大型的盐盘，盘铁事先铸出錾耳以利架在灶上，盐盘拼成后周缘再围以苇箔，几家灶户的盐工共同煎煮，形成一灶一锅的生产方式。这种方式显然是为了防止私自制盐，因为盘铁巨大并存于团城之中，盐盘需要各家出力拼成后才能煎煮，达到共同劳作、互相监督的效果。这应是汉代以来盐业生产实行官营、禁止私盐的必然产物。近些年来，已在江苏盐城等地陆续发现了较多盘铁块，拼出的盐盘大小不一，小的一块盘铁即为一个周边带錾耳的完整盐盘，大的盐盘则如《熬波图》所示，需要多块盘铁才能拼成[1]。香港的李浪林先生近年则指出，香港早年清理的所谓烧制石灰的"壳灰窑"，实际应是唐宋时期使用盘铁煮盐的盐灶，灶的外缘有一圈凹槽，正好可以承接盘铁的錾耳嵌入[2]（图一五）。山东沿海尤其北部沿海各盐场是否也用过这种盘铁煮盐，文献没有明确记载，有待今后的考古工作来验证。

---

[1] 南通博物馆：《南通发现古代煎盐工具——盘铁》，《文物》1977年1期，90~91页。
[2] 李浪林：《香港沿海沙堤与煮盐炉遗存的发现与研究》，《燕京学报》（新二十四期），北京大学出版，2008年，239~282页。

图一五　一组古代盘铁煮盐的图像及实物资料举例

1～3.元《熬波图》插图（四库全书本）　4、5.江苏盐城出土的盘铁　6.香港发现的盘铁煮盐盐灶

三、商周以来盐业聚落形态的变迁

近些年来，山东北部沿海进行了大规模的盐业遗址专项调查，这些田野调查注意采用区域系统调查方法，因而所获资料比较全面，为研究盐业聚落的形态变迁提供了较为可靠的实物资料。根据这些调查资料可知，商周时期盐业遗址的聚落形态独具特色，并经历了明显的时代变迁，与内陆地带的同时期农耕和都邑聚落相比有很大不同。由于田野资料较为缺乏，从考古学角度分析汉代以来盐业聚落形态和变化尚不具备足够条件，但是结合相关的丰富文献史料，仍可看出一些大的变化趋势。进一步将考古资料与文献史料做统筹考虑，还能看出社会背景尤其是历代盐政体制方面的变化，以及由此对盐业聚落形态产生的决定性影响。

以 2010 年小清河下游的专项调查结果来看[①]，晚商至西周中期煮盐遗址的聚落形态主要有以下特点：遗址分布非常密集，多呈簇团聚群分布（图一六），每群包含的遗址数量有几十个，相邻遗址的间距很小，通常只有几十米或百米左右，零散分布的遗址很少；单个遗址群的面积较大，动辄达到数平方千米乃至十几平方千米；单个遗址的面积较小，多数只有几千平方米，甚至只有几百平方米，上万平方米的很少（图一七，左）。采集物主要是煮盐陶器盔形器，一般可占所有出土陶器的 90% 以上；盔形器的尺寸和形制基本一致，基本都是厚唇、深腹的圜底或尖底器，外表多饰绳索纹或粗绳纹，口径一般 15～20 厘米，高一般 20～25 厘米，壁厚达 1.5～2 厘米（图一八，上），内壁一般都结有较厚的白色或灰绿色沉淀物硬层。其他日用陶器有鬲、簋、豆、罐、盆等数量很少，年代集中在晚商至西周中期，西周晚期的日用陶器和制盐陶器基本未见（图一九，左）。此外，与制卤及煮盐环节有关的草木灰、红烧土很多很厚，往往成片分布，部分遗址还可见到大片白色沉淀物硬面，也与制盐过程有关。

东周时期的盐业遗址中，单个遗址和单个遗址群的面积都比上一阶段有所增加，只不过单个遗址群因为面积较大，各个遗址的分布略显稀疏（图一七，右）；诸遗址群的整体分布区域与上一阶段相比，没有明显的向海岸方向靠近，只是向东西方向有较大扩展（参见图六、图七）。主要采集物变成了一种大型陶瓮（可能还有陶盆），盔形

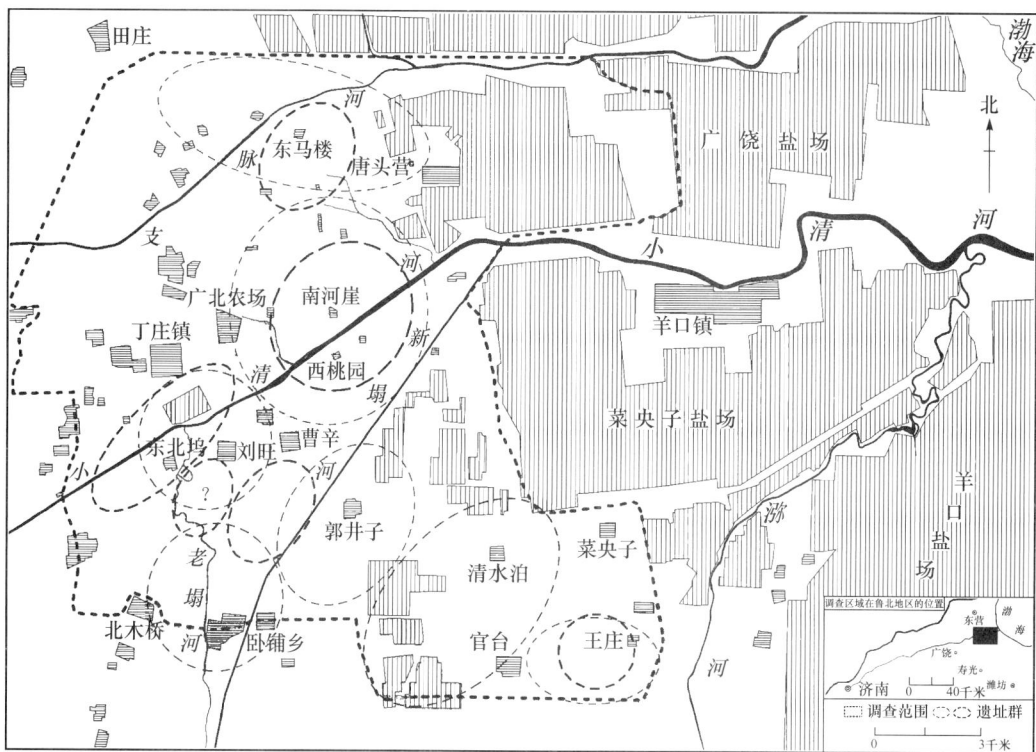

图一六　小清河下游晚商西周与东周时期盐业遗址群分布对比图

（图中粗虚线圆圈为晚商至西周中期遗址群，细虚线圆圈为东周时期遗址群）

① 山东大学盐业考古队：《山东北部小清河下游 2010 年盐业考古调查简报》，《华夏考古》2012 年 3 期，3～22 页。

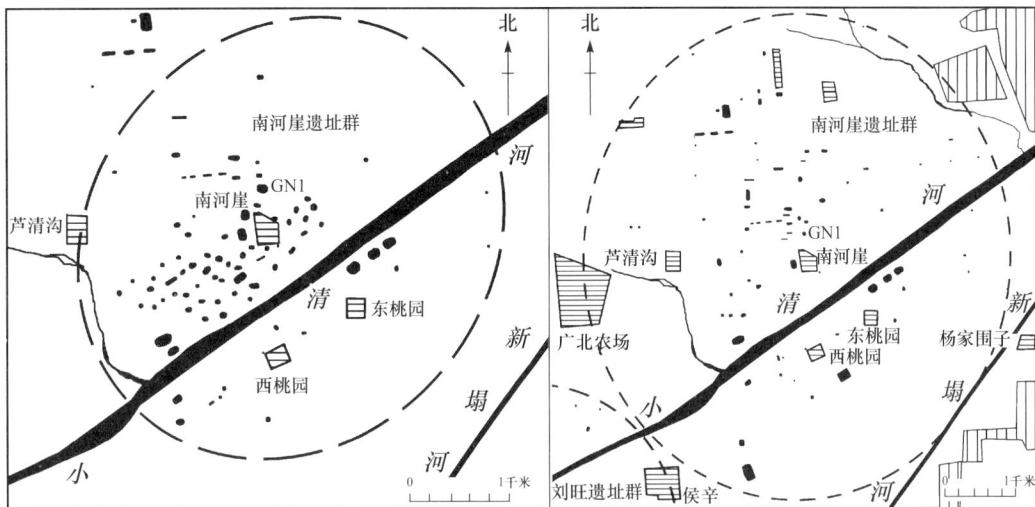

图一七　晚商西周（左）与东周时期（右）单个盐业遗址群分布对比图（以南河崖遗址群为例）

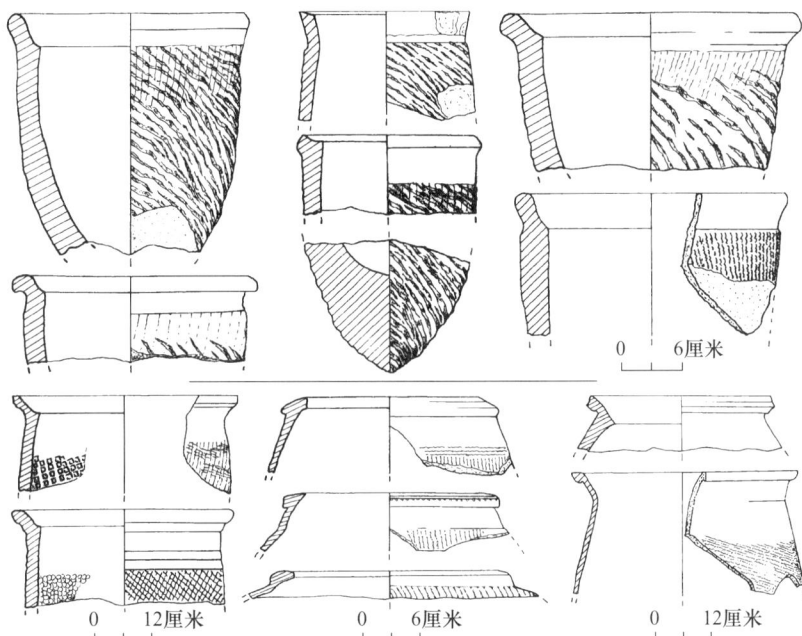

图一八　小清河下游晚商西周（上）及东周时期（下）盐业遗址采集制盐陶器举例

器消失不见；陶瓮的形制与盔形器比较相近，但形体硕大，腹径一般超过50厘米，高则有1米左右，壁厚2～3厘米，外表多饰粗绳纹，内壁多拍印方格纹或麻点纹（图一八，下）；总体而言发现日用陶器的遗址数量比上阶段明显增加，少数面积大的遗址出土较多较密集，有的遗址点则单纯出土日用陶器，主要器形有鬲、釜、豆、罐、壶、盘、盂、盆和板瓦、筒瓦等，年代绝大多数为战国时期，只有少数可能早到春秋晚期（图一九，右）；少数遗址出带带陶文的陶器，应来自齐都临淄（详下）。在一些遗址也发现与制盐过程有关的草木灰、红烧土等，也可见到大片白色沉淀物硬面，也应与制盐过程有关。

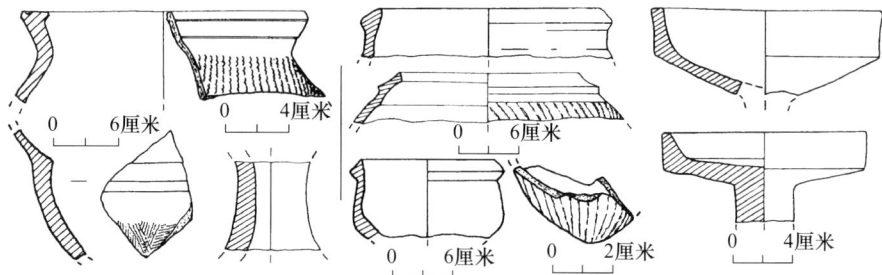

图一九　小清河下游晚商西周（左）和东周时期（右）盐业遗址采集日用陶器举例

由这些资料可知，商周时期的盐业遗址中除了制盐陶器的转变，聚落形态上最大的变化莫过于几乎不见春秋时期的遗址及相关遗存，对此笔者在前文初步推测可能与改用铜盘煮盐有关。其实通过文献史料的分析可知，这背后还应与盐政体制的变革密切相关。《管子》是迄今所知我国历史上第一部经济著作，记载管仲曾以国家力量"官山海"垄断盐产（由"祈望"负责掌管），又制定"盐筴"实行食盐专卖。尽管学界对其成书年代有所争议，但基本都肯定管仲是"食盐官营"制度的首创者，大大促进了齐国盐业的生产和发展。郭正忠先生通过考证进一步认为，当时实行的官营政策主要是食盐民产、官府统购统运和统销[①]。如果这一观点有道理，就可以解释北部沿海罕见春秋时期盐业遗址的现象，也可能意味着改用铜盘煮盐具有一定的社会背景。因为铜盘只能由官府铸造并发放，这样官府就可以控制住盐业的生产环节，譬如可以组织或雇佣某些群体到指定地域去制卤和煮盐，还可以限定制盐的季节。《管子·轻重甲篇》说的"孟春既至，农事且起……北海之众无得聚庸而煮盐"，应该就是这样的意思。顺着这一思路并参考后世盐场建设布局上场灶分离的情况（详后），春秋时期的煮盐作坊可能会设在沿海地带南部、靠近内陆的区域，遗址内涵可能会有大量红烧土、草木灰或沉淀物硬面等。至于制卤摊场，参照前述广北一队遗址的发掘看可能仍在滨海地带，尽管草木灰分布的范围很大，但制卤所需器具较少（有些还是易腐朽的木器），单纯的地面调查很难发现，一队遗址就是因为修路挖土才偶然发现的，此前在这一带的几次地面调查都未能发现，需要结合勘探和发掘才能予以确认。这些都不失为今后寻找此类遗址的线索。

从春秋时期开始，周天子的权威日益衰落，各诸侯国乘机崛起争霸，所以齐国率先实行食盐官营以强大国力是可以理解的。但考虑到当时的社会发展水平，以及春秋时期齐国为了争霸连年征战的国情，我们对其食盐官营政策的实施也不应过高估计，尤其与秦汉以降越来越严密的盐政制度相比，应该是不可同日而语的，只能是初步的"官营制"。由此上推到晚商西周时期，就更应该如此了。据研究，殷墟卜辞中未见明确的贡盐记录（只在朝觐时献盐卤），商王室用盐主要应来自对河东盐池之利和东方海盐的垄断，并设"卤小臣"专掌王室用盐，各地诸侯则代王兼掌盐卤之事[②]。又有学者指出，晚商时期（或稍早）由于之前控制的河东盐池已被迫放弃，就转而大举东进山

① 郭正忠主编：《中国盐业史·古代编》，人民出版社，1997 年，26～28 页。
② 冯时：《古文字所见之商周盐政》，《南方文物》2009 年 1 期，57～71 页。

东北部地区,其背景就与获取这里的盐产有关①。2003 年山东省文物考古所曾在阳信李屋发掘了一处晚商时期遗址(位置参见图六),出土了大量盔形器,以及用黄土和灰土层层交替叠压的活动面②(图二○,左),与寿光大荒北央及东营南河崖等遗址所见刮卤摊场很相似,可见应是以盔形器煮盐的聚落。同出的是典型的商人墓葬和陶器组合,而未见土著夷人文化因素。李屋附近的滨州兰家遗址,则是规模更大的晚商遗址,发现过随葬青铜器的贵族墓葬③,应该是代商王具体组织制盐的管理机构驻地。可见这一带应是商王朝直接控制的制盐场所,是某些商人族众受王室控制或役使到这里制盐,制成的盐产运回殷都供王室贵族使用。至于庶民以下人等,则应是自制自用、食盐自处的。对此,有学者已做出了合理推测,认为殷墟所在的豫北地区可能以分布广泛的盐碱土制作土盐,殷墟出土的圜底尊等可能是煮盐的陶器④。笔者认为是很有道理的,并曾收集黄河下游黄泛区几十年前还普遍存在的"熬小盐"土法制盐民俗资料,也可作为参考⑤。这种有限度的只供应贵族阶层用盐、庶民以下用盐自处的盐政模式,暂可称之为原始的"官办制"。

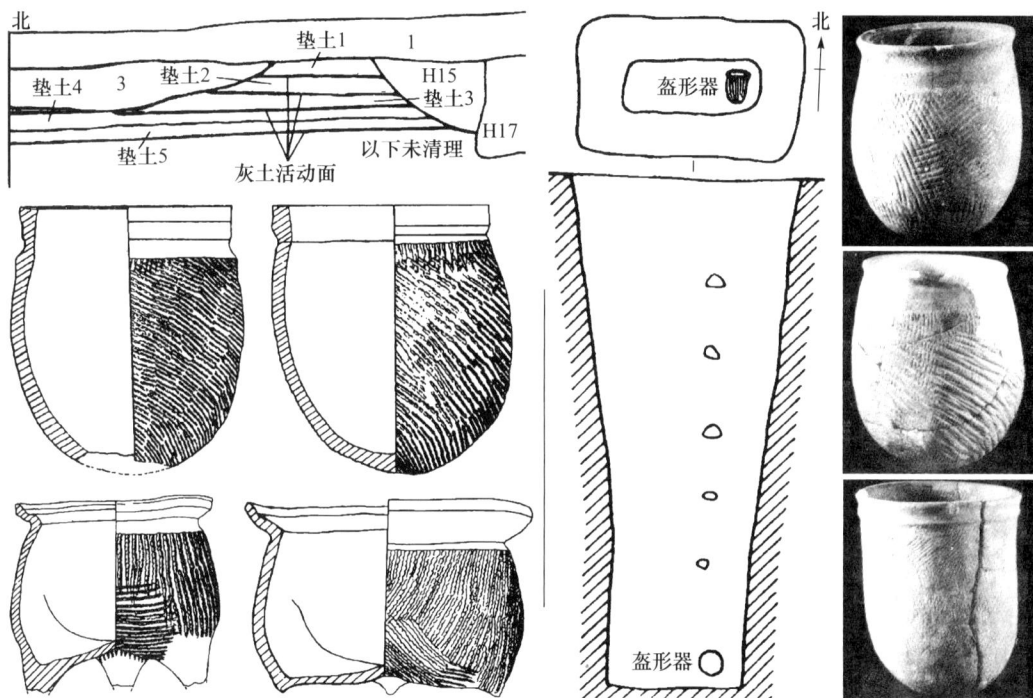

图二○　阳信李屋遗址(左)及章丘宁家埠遗址(右)出土的与盔形器有关遗存举例

---

① 刘莉等:《城:夏商时期对自然资源的控制问题》,《东南文化》2000 年 3 期,45～60 页;方辉:《商周时期鲁北地区海盐业的考古学研究》,《考古》2004 年 4 期,53～67 页。
② 山东省文物考古研究所等:《山东阳信县李屋遗址商代遗存发掘简报》,《考古》2010 年 3 期,3～17 页。
③ 滨城文管所等:《山东滨州市滨城区五处古遗址的调查》,《华夏考古》2009 年 1 期,26～37 页。
④ 方辉:《商周时期鲁北地区海盐业的考古学研究》,《考古》2004 年 4 期,53～67 页;刘媛:《殷都制盐业的探索》,《中原文物》2010 年 2 期,46～49 页。
⑤ 拙文《关于我国开展盐业考古的线索与启示》,《中国考古学会第十五次年会论文集·2012》,文物出版社,2013 年,626～637 页。

西周建立以后"封建亲戚，以藩屏周"，周天子与诸侯国的政治关系远比殷商时密切，但君臣之间经济上的联系多为赏赐与贡纳，诸侯的贡品中就有食盐，《周礼·天官冢宰》记载的王室用的苦盐、形盐和饴盐、散盐（应分别来自河东盐池、西北戈壁和沿海等地），显然是各地诸侯进贡而来的，并设立"盐人"管理，供王室贵族用于食用、祭祀、宴飨，及王室手工业和士卒军马等项用盐。现有史料中也未见天子直接介入各国的盐业生产和管理。这意味着各国国内可能也是如此，只负责采办和供给贵族阶层及官府手工业的用盐，至于庶民以下人等用盐，很可能也和晚商一样，是任由自处、自制自用，也可称为原始的"官办制"。笔者主持发掘的寿光大荒北央和东营南河崖等西周前期煮盐遗址，都出土了典型的周人风格陶器，还有较多土著夷人的陶器，说明应是齐国等国派人役使被征服的土著夷人到沿海地带煮盐，成品盐运回都城供贵族阶层使用。至于庶民以下自制用盐，山东北部内陆山前平原地带发现的盔形器可能是有用线索。据笔者10年前的统计，山前平原地带出土盔形器的遗址共有近40处，尽管每个遗址出土的盔形器很少，但整体分布范围比较广泛，这是盔形器分布形态的一个明显特点（参见图六）。根据同出的大量日用陶器，可以明确其年代在晚商至西周中晚期。这些盔形器多出自水井中，如章丘宁家埠遗址，在井底曾一次出土3件盔形器[①]（图二〇，右）。近年承郑同修先生惠告，章丘龙山镇出产一种用井水点制的豆腐，笔者曾赶往调查，得知井水来自"懒水井"，味道苦涩难喝，却能用来点豆腐。通过查阅资料得知，懒水井在各地都有，因打到地质时代形成的咸水层，井水含钙、镁离子较多，味道发苦发咸，还含有易中毒、带咸味的亚硝酸盐，是亚硝酸根离子与钠离子化和生成的无机盐，有时被用来制造假盐。可见，这种井水含有镁及钠离子，与点豆腐的"老卤"的化学成分氯化镁有相似之处，若加以适当处理，应该能制出质量不高的盐。在古代许多人因买不起食盐而被迫"淡食"的情况下，能吃上这种盐也是能够理解的。所以笔者推测，内陆这些出土盔形器的遗址部分可能是民间自制食盐的普通聚落（另有部分遗址是专门烧制盔形器的）。这说明，西周庶民以下应是食盐自处、自制自用的。

进入春秋时期，如上所述北部沿海可能由于以铜盘煮盐，以及齐国实行的初步"食盐官营"而使得盐业遗址急剧减少。这种情况到战国时期再次发生了显著变化，盐业遗址的数量急剧增多，遗址群的分布范围也明显扩展，甚至比晚商西周时期都有大幅度超越，这是战国时期盐业遗址聚落形态的两大特点。其背景我们认为与这时期盐政体制再次发生变化有关。春秋时期实行的"食盐官营"不再允许民间食盐自制自用，而是要购买官府的专卖食盐，这些都是前所未有的举措。这种与民夺利的做法到春秋晚期已受到多方诟病，据《晏子春秋·外篇》记载："海之盐蜃，祈望守之。县鄙之人，入从其政；偪介之关，暴征其私；承嗣大夫，强易其贿；布常无艺，征敛无度……民人苦病，夫妇皆诅。"与此同时，田氏家族却加紧侵夺姜齐公室，《盐铁论·刺权》载：田氏"专巨海之富，而擅鱼盐之利……转毂运海者盖三千乘"，以至于"鱼盐蜃蛤，弗加于海。"（《晏子春秋·内篇问》）可见，田氏崛起的重要手段是以工商致富收买人心，而掌控鱼盐之利再加转卖又是主要经济手段之一。实际上，到战国时

---

① 济青公路文物考古队宁家埠分队：《章丘宁家埠遗址发掘报告》，《济青高级公路章丘工段考古发掘报告集》，齐鲁书社，1993年，1~114页。

期，随着铁器的广泛运用推动农业发展，直接促进了手工业和商业的兴盛，华夏各国的商品经济也空前繁荣[①]，史载"通流财物粟米，无有滞留，使相归移也，四海之内若一家"就是这一盛况的生动描述，其中贩于中原地区的天下财货就有来自东方的"紫紬、鱼盐"（《荀子·王制》）。在这一历史背景之下，我们推测，齐国春秋时期实行的食盐官营政策到战国时期很可能已经废弛，盐政体制因商品经济和商人推动而变得灵活，如此才能解释北部沿海盐业遗址大量涌现、重新活跃的现象。

近年笔者在小清河下游的田野工作中，曾在寿光郭井子和北木桥北（编号336）两个遗址发现了战国时期戳印陶文的陶器（盂、豆等）[②]，据学者研究，可分别释为"关里窑"（或"关里王"），及"城阳众""豆里迂"（图二一，左），此类陶文在内陆临淄齐故城周围的私营制陶作坊曾大量出土，显然应来自当时的齐都临淄[③]。另据历年的考古发现，在商周时期的产盐区内还出土过不少战国时期的齐国货币（主要是铜刀币），孙敬明先生20多年前曾对山东出土的齐币做过详细统计和研究，笔者在此基础上标注约有13处地点位于产盐区，有的还在近年发现的盐业遗址群范围内，如昌邑龙池乡东利渔、䣙城故城等（位置分布参见图七，刀币参见图二一），而且在产盐区南部及外围发现更多，如寿光王高、昌邑城关、围子乡古城村、宋庄乡邹家村等[④]。目前所知，齐国货币应主要铸造于齐都临淄城内。另据学者研究，从传世的铜玺印中甄别出几件战国时期齐国的"徙盐之玺"，是用于海盐运输流通中征税的官印（图二一，右）[⑤]。从这些遗存可知，来自临淄的商人已出现在海盐生产第一线，很可能是他们雇佣普通百姓进行海盐的生产，再把海盐成品输官赚取利润。小清河下游的考古调查还发现，这时期的盐业遗址群中大遗址多分布在南部，这里地势相对较高，与内陆和都城的交通也较便利（图二二），而且这些大遗址不仅出有陶文（如上述郭井子和北木桥北都是所在遗址群中面积最大的遗址），还出土了较多板瓦和筒瓦，应是官府管理机构的驻地，说明官府和商人都出现在产盐区，共同经营着齐国的盐业生产和运销。综合这些遗存和表现我们推测，战国时期在国内外形势尤其是商品经济大潮的影响下，齐国很可能改变了此前的食盐官营政策，充分发挥了商人在盐业生产和运销过程中的关键作用[⑥]，官府主要负责管理和征收盐税，与后世的某些时段有些类似（下详），暂可称为初步的"包商制"[⑦]。

---

① 童书业：《中国手工业商业发展史》，中华书局，2005年，28～34页。
② 山东大学东方考古研究中心等：《山东寿光市北部沿海环境考古报告》，《华夏考古》2005年4期，3～17页；山东大学盐业考古队：《山东北部小清河下游2010年盐业考古调查简报》，《华夏考古》2012年3期，3～22页。
③ 孙敬明：《考古新得齐陶三则跋》，《东方考古》（第8集），科学出版社，2011年，211～218页；刘海宇：《寿光北部盐业遗址发现齐陶文及其意义》，《东方考古》（第8集），科学出版社，2011年，219～224页。
④ 孙敬明：《考古发现与齐币探索》，《山东金融·钱币专刊二》，1988年7月；收入氏著《考古发现与齐史类征》，齐鲁书社，2006年，311～336页。鉴于目前潍坊地区发表的齐刀币拓片没有准确出土于沿海者，本文图二一暂选用同样位于产盐区的博兴田村出土的齐刀币作为参考，田村资料见李少南：《山东博兴县出土齐国货币》，《考古》1984年11期，1039～1040页。
⑤ 赵平安：《战国文字中的盐字及相关问题研究》，《考古》2004年8期，56～61页。
⑥ 其实，周代齐国的商业与其他诸侯国相比一直比较发达，如《史记·齐太公世家》载：（太公）"通商工之业，便鱼盐之利"。
⑦ 最近，曾参加2010年小清河下游盐业遗址调查的付永敢博士撰文，依据调查资料的分析提出，"东周时期应该已经存在较大规模的生产组织，这些组织极可能是由齐国官府主导，也有可能是受某些大的势力支配"。详见氏著《山东北部晚商西周煮盐作坊的选址与生产组织》，《考古》2014年4期，73～81页。

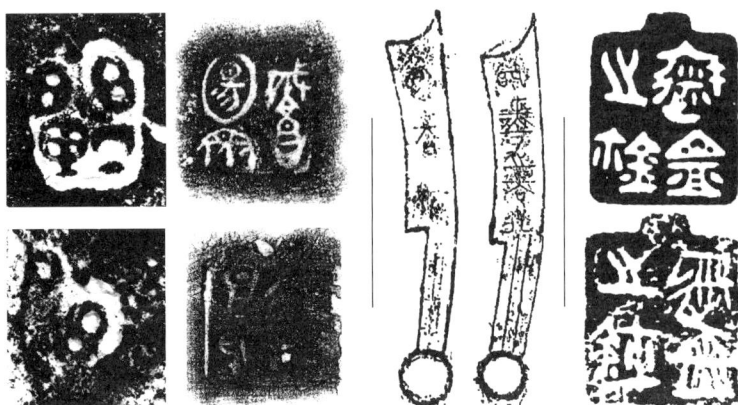

图二一　一组东周时期齐国与盐业有关的陶文、刀币和玺印资料举例
左：寿光郭井子、北木桥北出土陶文　中：博兴田村出土齐刀币　右：传世齐国"徙盐之玺"铜印

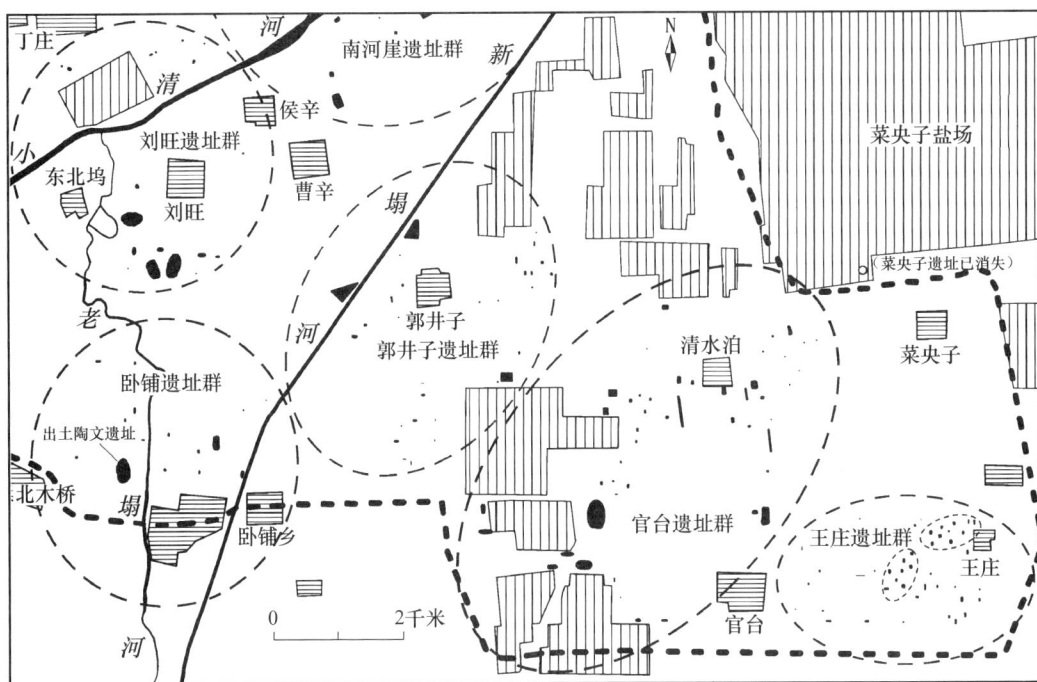

图二二　小清河下游东周时期盐业遗址群中大遗址分布图（调查区南部）

　　除此之外，关于商周时期的制盐季节和制盐人的身份，也有些线索可稽。《管子》的《轻重》等篇曾屡次提到，"十月始正，至於正月，成盐三万六千钟"，"孟春既至，农事且起，北海之众无得聚庸而煮盐"。一般认为周行夏历，亦即制盐季节是在十月至来年一月的冬季。我们在南河崖的发掘也发现，诸多煮盐遗迹大都有几层或厚或薄的较纯净细沙相隔（典型的如生产垃圾堆积区，见图二三之上），表明煮盐活动有间歇的时段。换言之，西周早中期的煮盐是有季节性的，几年之中的固定时间来此煮盐，应是造成这些遗迹基本在原地堆积并有沙土间隔的主要原因。南河崖和双王城发掘出土的晚商西周大型盐灶，灶门都朝向东或东南。据广饶、寿光等地盐业志资料可知，山

东北部沿海深秋和冬季的风向为西北风，春季则转为东南风，盐灶朝向东或东南应适合春季煮盐，才能顺利举火升灶。另外，南河崖的发掘还出土了较多文蛤等海生贝壳，当是制盐人捕捞食用的，据笔者指导研究生对近200对文蛤的切片观察和生长线分析，文蛤应是在深秋至来年春季死亡的，表明煮盐也应是在这一时段进行的（图二三，下）[1]。这与上述《管子》所言有所不同，我们推测很可能与管仲行食盐官营有关，官营之前可能在风大少雨的深秋至来年春季都煮盐，官营之后则专在冬季煮盐，春季不得煮盐以免妨害农事。

至于制盐人的身份，从"孟春既至，农事且起"可以推断，制盐人应是居住在内陆地带农闲时的农人，这也是与制盐有季节性相符合的。还应注意的是，在专论齐国官府手工业的官书《考工记》中，也没有出现"煮盐之工"，很显然，制盐尽管是受官府重视的产业，但制盐人并不在"工商食官"的专业工匠"六工"之列，而只能是农闲时的农人。另据《国语·齐语》和《管子·小匡》等记载，管仲曾把齐国居民人口编为21乡，"工商之乡六，士农之乡十五"，其中"士农之乡"应是按血缘关系聚居形成的普通村落（尽管地缘因素在不断加强），平时由"士"带领庶民人等生产劳动。我们推测赴海煮盐的农人也应是这种安排，至于具体是以"乡遂"或"乡里"制度的哪一级基层组织为单位的，限于目前的考古资料还不好遽断。但无论如何都可以肯定，商周时期的制盐人是农闲时的农人，他们先是被官府役使、后来则受雇于官府或商人，在农闲时节从内陆来到沿海从事煮盐一线生产。这与后世很晚才出现的身份世袭、定居盐场、全年制盐的专业盐户（或称亭户、灶户等）有本质不同[2]。那种设想商周时期就已出现专业盐工及其专属聚居村落的观点，显然是不符合史实的。

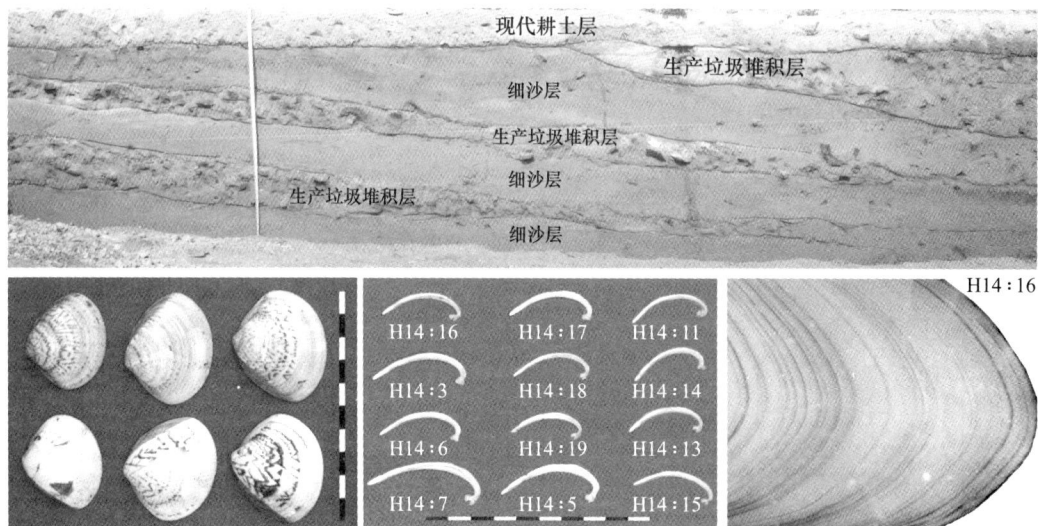

图二三　南河崖1号遗址出土的与煮盐季节性有关的遗存举例
上：生产垃圾堆积区剖面所见细沙土相隔　下：14号灰坑出土文蛤的切片所见生长线

① 李慧冬：《南河崖西周煮盐遗址贝类采集季节的初步分析》，《华夏考古》2012年3期，79～88页。
② 据研究，我国沿海身份世袭的专业盐户应在唐至五代才出现，参见郭正忠主编：《中国盐业史·古代编》，人民出版社，1997年，116～122页。

　　根据考古调查，山东北部沿海汉代以后煮盐遗址的聚落形态再次发生明显变化，遗址数量变少，面积变小，分布也不聚群，采集物多是内陆常见的日用陶瓷器等，不再以一两种陶器为主要出土物。以小清河下游为例，共发现晚商至西周时期遗址100余个，可分为五六个遗址群，东周时期遗址近250个，可分为7个遗址群，而汉代以后时期遗址只发现近70个，分布较为零散，没有簇团或聚群现象；采集晚商至西周时期盔形器标本近300件，日用陶器只有不到30件，采集东周时期陶瓷标本620余件，日用陶器400余件，采集汉代以后日用陶瓷器280余件，器形主要有碗、壶、罐、盆、瓮等，没有某种器物的数量占绝对优势[①]（图二四、图二五）。联系上节所述汉代以来采用金属器具煮盐的情况，可以认为这种聚落形态和遗存表现应与煮盐器具改为铜质或铁质的"牢盆"有直接关系。当然，与后世破坏保存不佳也有很大关系。根据相关文献记载，汉初武帝元狩四年（前119年）以前的100多年，为了贯彻"与民生息"政策，遂停废秦代短暂的盐官之制，"驰山泽之禁"，任民自由煮盐和冶铁，官府不承担食盐的产、运、销，只负责征收盐税。"是以富商大贾周流天下，交易之物莫不通，得

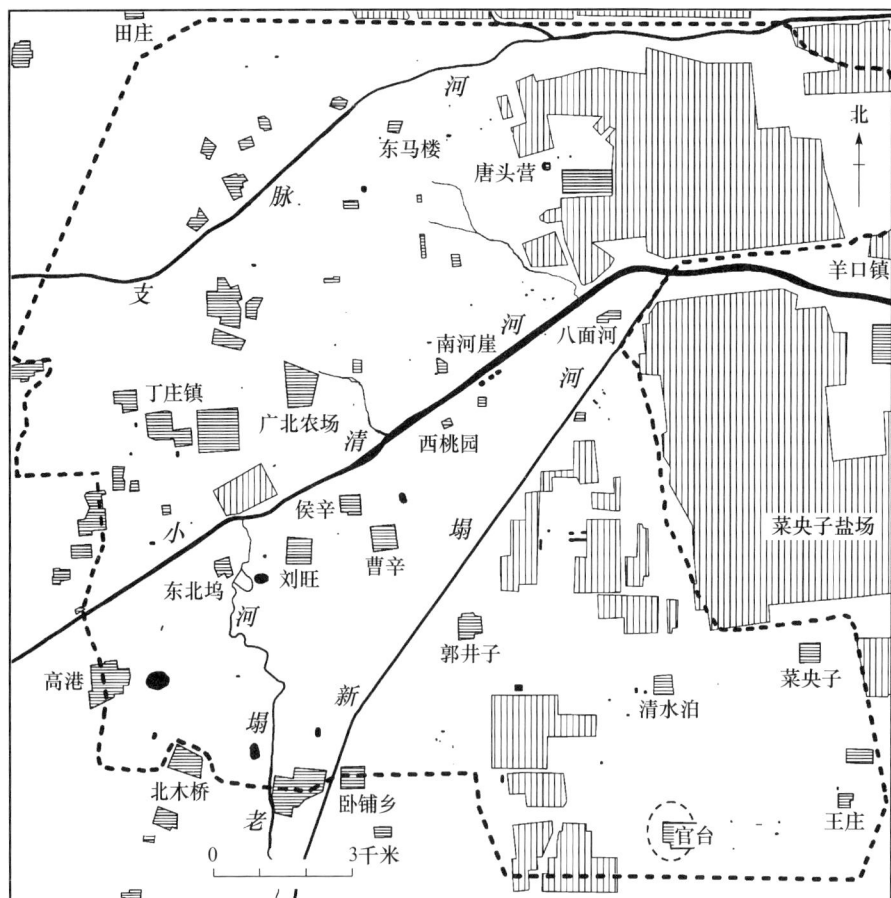

图二四　小清河下游汉代以来盐业遗址分布图

① 山东大学盐业考古队：《山东北部小清河下游2010年盐业考古调查简报》，《华夏考古》2012年3期，3～22页。

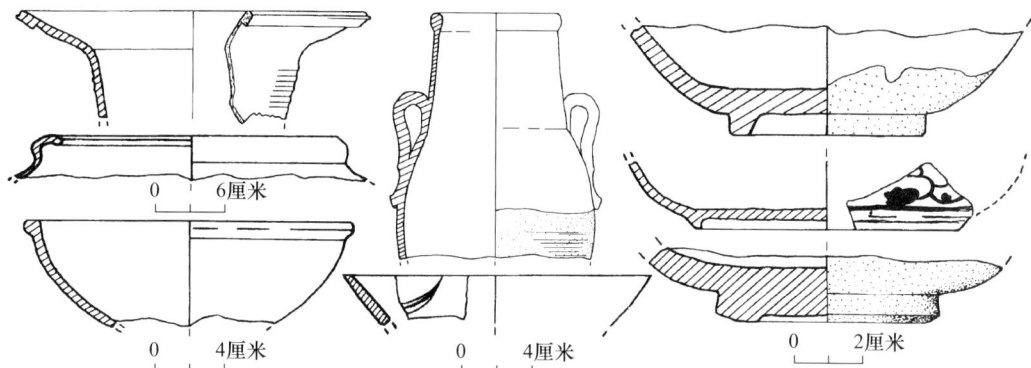

图二五　小清河下游汉代以来盐业遗址采集日用陶瓷器举例

其所欲",并造就了东郭咸阳、刀閒、程郑、蜀卓氏等盐铁巨商(《史记·货殖列传》)。陈直先生以此主张,这种由盐商包办盐业的体制可称为"包商制"[①]。元狩四年以后,汉王朝在全国范围内设置盐官,全面操办盐业生产和运输,并指定销售区和盐价实行食盐专卖。郭正忠先生总结认为,这是官府募民制盐,官收官运官销[②]。汉武帝这一举措开以后正式的"食盐官营"之先例,尽管此法不利于民但大利于国,历代统治者无不重视以为"富国之计",所以"自汉而唐,下至宋、元、明、清,盐的管理制度不是走向松缓,而是日益趋于严密"[③]。具体到山东沿海尤其北部沿海也是如此,对此诸家已从文献史料角度做了深入分析,不再赘述[④]。在这一历史背景下,汉代以后围绕盐业生产、流通和消费的各个环节与此前相比都发生了巨大变化,其中生产环节聚落形态的最大变化就是,盐场的建设布局中摊场与盐灶在空间上逐渐分离,以便于盐产及时输官,防止食盐走私。基于有关文献史料可对此稍作展开讨论,以利于今后对汉代以来盐业遗址的聚落考古田野工作和研究。

在现存的文献史料中,元明清三代对沿海各大盐场的摊场和盐灶建设与布局都极为重视,可以清楚看出,摊场与盐灶在空间上已经分离,并形成了一定的盐场建设规制。如元《熬波图》开篇就设"各团灶座"一节,详述专用于煮盐"团城"的建设:"归并灶座,建团立盘。盘或三灶合一团,或两灶为一团。四向筑垒围墙,外向远匝濠堑。团内凿池井,盛储卤水,盖造盐仓、桦(盘)屋。置关立锁,复拨官军守把巡警。"(图二六)并题诗云:"并海立官舍,兵卫森军营。私鬻官有禁,私鬻官有刑。团厅严且肃,立法无弊生。"明清以来,沿海盐场的团城建设更为周密严格,如清代乾隆版《金山县志》所载浦东、横浦等盐场(在今上海金山区),刮卤摊场(灰场)均设在海边滩涂上,其后为7座"四向筑垒围墙"的方形团城(每团内置8~12个盐灶),再后才是靠近内陆设于县城周围的官署(场署),在团城里煮成的盐产先运到官署并储

① 陈直:《从秦汉史料中看屯田、采矿、铸钱三种制度》,《历史研究》1955年6期,89~110页。
② 郭正忠主编:《中国盐业史·古代编》,人民出版社,1997年,30~56页。
③ 同②,28页。
④ 马新:《汉唐时代的海盐生产》,《盐业史研究》1997年2期,10~18页;王赛时:《宋金元时期山东盐业的生产与开发》,《盐业史研究》2005年4期,3~10页;王赛时:《明清时期的山东盐业生产状况》,《盐业史研究》2005年1期,13~20页;纪丽真:《明清山东盐业研究》,齐鲁书社,2009年。

于盐仓，再沿河运至内陆的松山检校所（图二七），最后转运到两浙盐运司行销到指定省份。北方沿海的盐场也基本按此规制建设，甚至在清康熙以来晒盐工艺逐渐推广后，盐场的建设布局仍然是摊场在前、官署在后。据雍正版《山东盐法志》载示，其时仍然以煮盐为主的涛洛盐场（在今日照岚山区），其场灶布置较为严谨完整，保留了较多古制，诸多刮卤摊场在滨海滩涂上南北布列，其后方是 4 座大小不一的煮盐廒房区（共置盐锅 12 面），再往后为盐场的官署（大使公署）所在，官署和廒房离海边已有相当距离，场灶建设分离、盐产及时输官、防止走私的意图非常明显（图二八）。

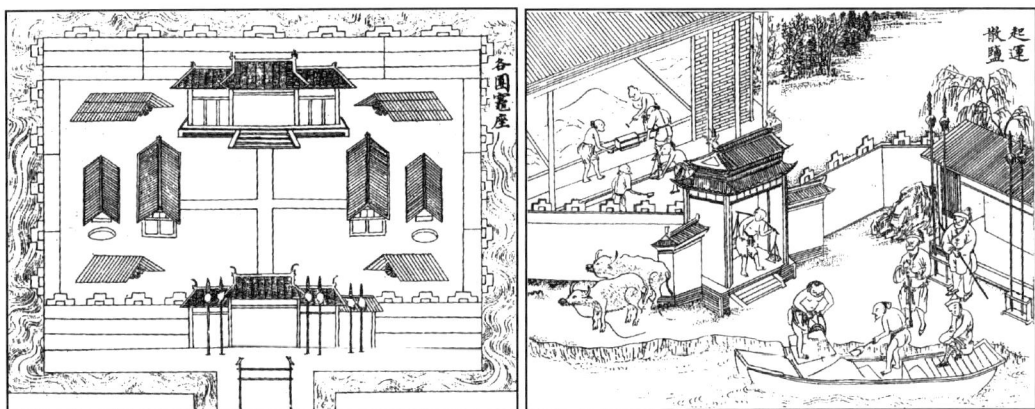

图二六　四库本《熬波图》之煮盐团座及官兵把守图示

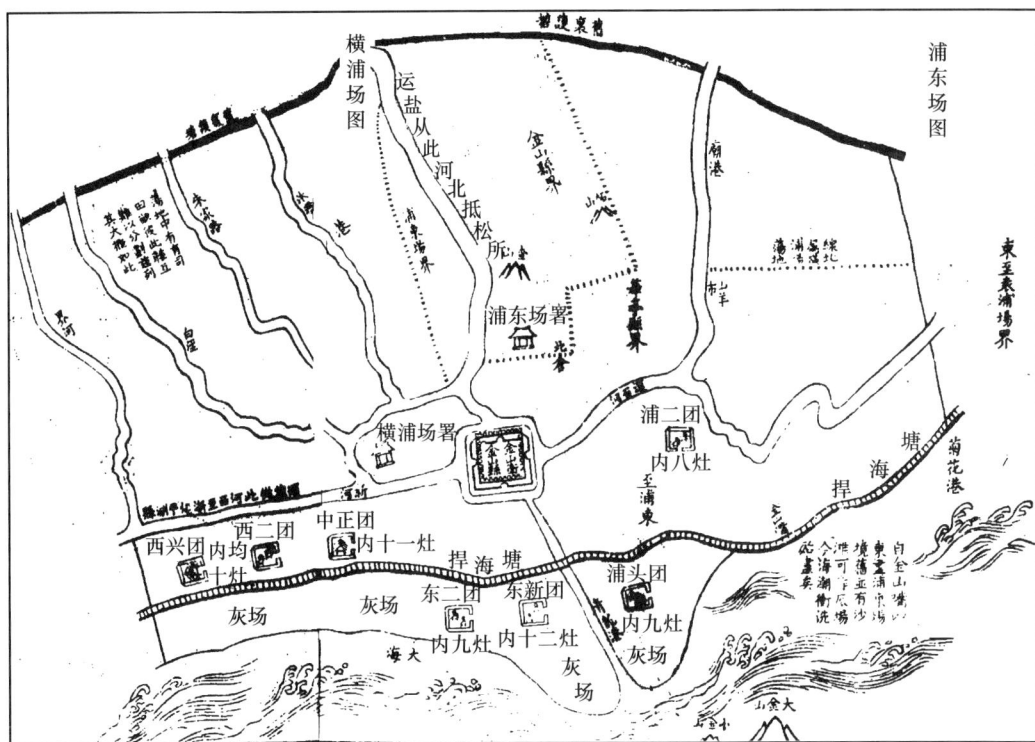

图二七　上海金山区清代乾隆年间横浦盐场与浦东盐场布局图（经笔者初步拼合并部分植字）

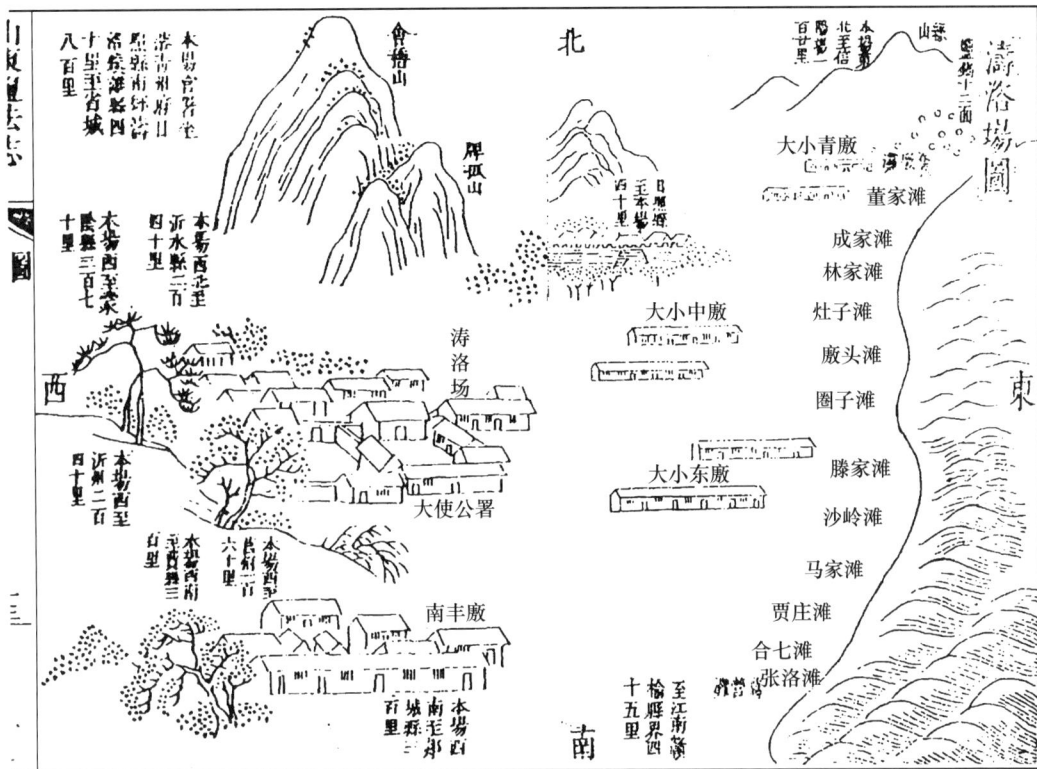

图二八　山东日照清雍正年间涛洛盐场布局图（经笔者初步拼合并部分植字）

以这些史料再看汉代以来的有关考古资料，就会发现类似的聚落形态线索。如2010年的调查中，在寿光卧铺乡高港村东发现一处面积达24万平方米的遗址（编号342），地表散布陶瓷片较多，采集有陶盆、罐、砖、筒瓦及瓷碗、碟、壶等，时代为唐宋至明清时期。该遗址是小清河下游汉代以来面积仅次于官台遗址的盐业遗址，并出有砖、瓦等，又位于南部靠近内陆处，距离海滨已有30余千米（参见图二四），因此推测可能是某盐场官署或其派出机构驻地；前述广北一队魏晋北朝遗址，只发现与制卤环节有关的遗存，遗址本身又在滨海地带，所以可推测煮盐作坊应在靠近内陆地带，以防止成品盐走私；前述寿光双王城遗址发现了元明时期煮盐遗存，而未见制卤环节的遗存，该遗址地处南部靠近内陆之处，附近的官台村一带就是元明清时期官台（寿光）盐场的官署所在地，所以推测该遗址应是官署附近的煮盐作坊区，其制卤摊场应在北边超过10千米的滨海地带①。这些实例对今后的田野考古工作应有重要启示意义。

---

① 依据双王城目前发表的元明时期制盐遗存来看，该遗址也可能是当时民间私自煮盐的遗留，因为其盐灶挖在地下，数量较多但规模较小，规格不一且分布较乱，灶区周围未见灶舍及围墙等，都与文献记载的这时期官营盐场不太符合，颇似盗煮私盐的场所。详情有待发掘资料正式发表才能究明。特此说明。

四、余　论

以上笔者以现有考古资料为基础，并结合相关的文献记载，对山东北部盐业考古的相关问题做了一些分析探讨，希望能对以后的田野考古和研究工作有所裨益。从中不难看出，文献史料对盐业考古研究具有重要学术价值，有助于我们长时段地考察盐业史发展历程，采取历史主义的态度客观看待具体小时段的考古遗存，不拔高也不贬低其中蕴涵的史实。但最近有学者对此提出了不同意见，认为"古代文献记录多是某地某时的情况，并且古代官方修订的盐业志多延续或抄袭前人的记录甚至采纳一些传说资料，编修盐业志的官员也并未到盐业生产之地，所以有些材料并不真实。学者的研究需要辩证地分析并以考古发现材料为准。目前，有些学者在研究莱州湾沿岸、黄河三角洲古代制盐工艺时，往往没有考虑到地域和时代差别。既然元明时期（也包括清代），莱州湾沿岸制盐工艺流程与全国不同，那么用元明时期文献记录的某种盐业生产方式如草灰取卤、淋灰制卤等来对应（复原）先秦时期莱州湾沿岸地区盐工艺流程，显然有削足适履之嫌"。从笔者这些年的田野实践和本文的研究实践看，我们认为可从以下三点去看待文献史料的价值问题：

一是如果把盐业分成生产、流通和消费等几个大的环节，那么考古学最擅长研究的是生产环节，由于流通和消费环节发现遗存的机会较小，考古学往往无能为力。而文献史料则正好相反，历代官修盐法志都重在盐法的制定和实施方面，所以对食盐流通和消费等盐政管理的记载占了绝大多数篇幅，而有关生产工艺的内容只占很小的篇幅。迄今只有元初成书的《熬波图》对生产环节记录最为详尽并有形象图示，成为研究我国古代盐业工艺发展史最为重要的一部著作，如该书对摊灰刮卤等环节的记录就与明清山东盐法志的记录基本相同，地域差别很小（更无论山东北部"与全国不同"），足见这些史料的重要参考价值。在这种情况下，我们应该充分重视这些文献记载，努力从中挖掘珍贵的历史信息，而不必急于一概否定。

二是我国古代的盐业生产因特殊而恶劣的劳动环境，盐卤和灶火都会对人体造成严重的侵蚀和伤害，正如雍正版《山东盐法志》所言："煎盐之户多盲，以目烁于火也；晒盐之户多跛，以骨柔于碱也。"所以历代从事盐业生产一线的多是下等民众甚至逃难流民，文化程度普遍不高。这就造成生产工艺长期以来缺少创新与变革，发展较慢。尤其元代兴起晒盐之前的数千年间，一直以煮盐（又称煎盐、熬盐等）为主要生产技术手段，只是在一些具体做法上因地制宜有所变化。有些官修盐法志在生产工艺上的记载雷同，也正是因为工艺流程基本相同的缘故。由此，大量后世史料就可以作为考古学探索早期盐业生产的重要参考资料（而非什么"削足适履之嫌"），对此似也不必急于否定。

三是汉代以来的盐业考古遗存目前在山东尤其北部沿海发现还很少，无法对文献记载的对与错做出绝对的判断，尤其山东盐业考古开展至今只有短短的十多年时间，还有很多问题刚刚开始提出，更有大量问题甚至尚未察觉。譬如，山东北部元明时期的盐业遗址目前只发掘了寿光双王城这一处，是否具有代表性尚有很大疑问，更不应以极为有限的考古资料就否定文献史料的价值，恰恰相反，文献记载的信息可以为今后的考古工作提供有价值的线索与启发。所以在这种学术背景下，现在就对文献史料采取先入为主、甚至贸然怀疑或断然否定的态度，都是不明智也是不可取的。

New Thinking about the Salt Archaeology in Northern Shandong

Wang Qing

(Research Institute of Cultural Heritage, Shandong University)

Over the last decade, great harvests have been achieved in the Salt Archaeology of the northern coast of Shandong Province. Based on the field archaeological data since 2008 and historical literature, this paper puts forward new thinking and ideas—the sites of the Dawenkong and Longshan periods along the littoral area are likely to the salt production. The documented materials that willow weaving appliances were used in salt producing are important clues and inspirations. On the salt-making technical process, the helmet-shaped potteries (盔形器) (or bronze plates) were utilized in the Late Shang-Western Zhou periods, the sandy vats (陶瓮) (or bronze plates) during the East Zhou，and the public tools (牢盆) from the Han Dynasty. In the field of the settlement patterns, a number of sites clustered in the littoral area, while seldom sites of the Spring and Autumn period, and the number decreased obviously from Han Dynasty. In the respect of the administrative system, the original government run began from the Late Shang-West Zhou, the primary official-operated system was carried out during the Spring and Autumn period, the putting-out system in the Warring States-Early Han Dynasty, and the Emperor Wu (汉武帝) put the formal state-run into force. Combined the field practice and studies, the author critically reflected on how to treat the document data during the archaeological researches and hope the rethinking are of benefit.

山西芮城清凉寺墓地与潞盐的初期外销

薛新明

（山西省考古研究所）

清凉寺史前墓地位于山西省最南端的芮城县东北部，在中条山南麓一个南北走向山梁下的缓平坡地上。这里北以中条山脊与运城市、永济市为界，南以黄河干流与河南省灵宝市相望，由于附近有一座始建于元大德七年（1303年）的佛教寺院——清凉寺而得名（图一）。墓地与东部较高山梁上的坡头村遗址区合称寺里—坡头遗址，最早发现于1955年。1975年和1984年，在清凉寺大殿的东北侧先后发现了两批新石器时代的玉器，引起了学术界和文物管理部门的关注。目前保存的范围南北最长约100米，东西宽30～90米，总面积近5000平方米。2003～2005年，山西省考古研究所等单位对其进行了抢救性发掘，累计清理墓葬355座，是中原地区发掘面积较大的史前墓地，被评为2004年度"全国十大考古新发现"之一，墓地的一些特殊现象可能与运城盐湖的早期开发和对外销售有关。

图一　清凉寺墓地位置（东南—西北）

一、清凉寺墓地的特殊现象

发掘地点在清凉寺东北侧墓葬分布最密集的区域，所有墓葬皆为土坑竖穴，根据墓葬之间的打破关系，墓地可分四期，其中第一期年代偏早，数量也很少，我们在本文不讨论。第二到第四期墓葬发现遗存丰富，存在一些特殊的现象，与坡头村同一时期的遗址存在着较大的反差，墓主人显然有显赫的背景。

（1）墓葬在不同时间，规模与分布规律不同，埋葬的死者身份有较大区别。第二期墓葬布局虽然不太规整，但根据密集程度和模糊的界线来看，分为几个小区域，互不侵占的规则比较明确，或许属于几个不同的亲缘团体。在每个小区域内，先后下葬的墓葬之间应该具有家族的传承关系，但墓葬的排位与规模区别不大，看不出以某一座或某几座墓葬为中心的迹象。墓地的几个家族墓区构成一个更大的居民团体，也许就是同一个部族。第三期墓葬无情地破坏本区域已经存在的坟茔，事先设计了十分完善的墓葬排列方案，南北并列，从西向东成排分布，他们属于一个新兴的集团成员，驱逐了第二期墓主人的后代，执行了一种新兴的制度。第四期墓葬比第三期更整齐，但墓主人已经不再有往日的权威和崇高的地位，奢侈现象一落千丈，下葬的先后位置从东向西推进，入葬的规格明显降低，享受的丧葬礼仪显著下降，埋葬的应该还是第三期时已经建立起来的那个机构或集团中的成员（图二）。

图二 清凉寺墓地发掘现场鸟瞰

（2）墓地发现了一些非正常入葬的现象。第二期的 M51 与 M61、M112、M79 和 M82 等少数墓葬都发现有非正常入葬的死者，其中 M51 墓室西部的男子头部低垂，被按压在靠近 M61 一侧的墓壁上，反绑着双手、双膝跪在 M61 脚踝部之上，食性具有江淮地区的特点。M112 除 50 岁左右的女主人之外，在接近南壁边呈下趴状葬着一个 35～40 岁的女子，左臂上伸呈弯曲状搭在墓壁上，身体严重倾斜，头部低垂，挣扎的迹象还十分明显，甚至有爬出墓室的企图，显然是活着被推进墓室去的（图三）。M79 和 M82 内除墓主人之外，都埋有 18～20 岁的女子及婴幼儿等头向不一、姿态各异的死者，有的女子可能有一定的地位，或许是墓主人的近亲或十分得宠的侍从，但却以特殊方式陪葬入墓，这是对人格尊严的损害，反映着极端的不平等。第三期西部到中部的墓葬多数都有殉人，在不同墓中，殉人的具体方位有一些区别，除不见于墓主人头部所在的西端外，其他各边或一角均有发现，而且都位于棺木之外。殉葬者多为孩子，有的死者入葬时捆绑的现象仍然有迹可寻（图四），这是一种特殊但十分重要的现象，是整个社会具有严格阶级划分的曲折反映，墓主人与殉人尖锐对立，普遍的殉人现象是我国史前墓地迄今所见少有的实例。

（3）墓葬中发现了大量玉石器，与本地长期以来的薄葬传统不同。清凉寺墓地发现的玉石器，除少量用透闪石玉制成之外，大部分器物并非矿物学意义上的"玉"，然

图三　M112

图四　M271

而，用不同岩石制作的器物同样反映着玉石器制造业的兴起、发展和进步，探讨这些"美石"的特色是认识中原早期玉石器的一个重要途径。第二期只有部分墓葬中随葬玉石器，得益于墓葬基本未被盗扰、数量又较多，其种类和质量能够代表这一阶段较高等级墓葬的情况，制作的器物不限于小件器物，还有体量较大的器类，其质地有大理岩、蛇纹石、硅质泥岩、灰岩、石英砂岩等，应该全部是用本地的岩石制作的。器物组合比较固定，有璧、环、多孔石刀、钺与带孔石器等（图五、图六）。由于严重盗

图五　M61 出土五孔石刀

图六　M98 出土的玉钺

扰，第三期发现的器物多不在下葬时的位置，数量也肯定比下葬时少，但经过浩劫之后仍然保存了相当一部分精品，主要品类有璧、环、璜、琮等，包括矮体琮、牙璧、多边异形玉璧，多片连缀的璧、环、宽体镯、六边形凸沿筒状器等精致的器物，小件饰品虽然不多，但颇具特色的亚腰形管状玉饰和虎头状饰品却展示出了清新的风格，是本地玉石器制作业最兴盛的阶段（图七～图一〇）。第四期时，也许支撑着死者生活的财源发生了大的变化，墓葬中发现的玉石器极少，只有璧、环类器物，质地和制作水平也较差，表现出盛世不再的窘境。

（4）墓地发现了不同区域文化的因素，在史前时期十分少见。清凉寺墓地年代最早的玉石器属于第二期，器物的特点与长江下游及太湖周围地区的玉器具有较多的相似之处，当时影响这里的考古学文化主要是良渚文化[①]和薛家岗文化[②]。璧和环是良渚文化最具代表性的器类，但清凉寺发现这类器物的形制、质地特点已经与良渚文化的原创不同，而接近黄河下游的大汶口文化器物，虽然受到良渚文化的影响，但只是制作观念方面的借鉴，而不是整个器形的照搬或成器直接输入。多孔石刀是薛家岗文化

图七　M52 出土的玉琮

图八　M100 出土的牙璧

图九　M150 出土的玉方璧

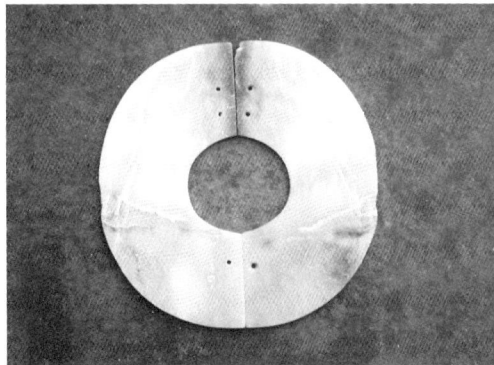

图一〇　M155 出土的双片连缀玉璧

① 这类著述很多，可参见蒋卫东：《良渚文化玉器发现与研究的心路历程》，《浙江省文物考古研究所学刊——纪念良渚遗址发现七十周年学术研讨会文集》（第八辑），科学出版社，2006 年。

② 安徽省文物考古研究所：《潜山薛家岗》，文物出版社，2004 年。

晚期最具代表性的器物，清凉寺墓地的多孔石刀显然受到该文化的影响，但不太规整，也是一种理念上的传承，两地多孔石刀的孔数均为奇数，皆有 3、5、7、9 孔的区别，这不应该是偶然的巧合。清凉寺墓地有可能承续了豫西灵宝西坡墓地将钺作为较高身份象征的认识，但将带孔的长方形石器与钺相配置的方式，可能受到东南地区钺冠饰等复合器物的理念影响。进入第三期以后，除来自东南方的影响外，还汇集了红山、龙山、石家河诸文化玉器的一些因素，牙璧和方形璧的整体形制与山东地区出土的同类器接近，其中山东五莲丹土[①]遗址就曾经出土与其相似的器物，只是牙璧的外形就原料的大小和形状制成方形器，玉石器制作在这一时期显然受到了黄河下游地区的启发，整体文化与东方文化的西渐有密不可分的关系。清凉寺出土的玉琮较少，这种器物创意的源头应该在东南方，清凉寺墓地发现玉琮的佩带方式与镯相同，质地、特征与西北地区更晚一些的玉琮类似，与良渚文化有了不同的寓意，淡化了神秘的色彩，只是作为财富和地位的象征。虎头状饰品只有两件，和以前在长江中游地区发现的同类器物相似，与石家河文化的传承关系显而易见[②]。另外，M146 出土的梳形玉器或许与红山文化也有某些相似之处，似乎有助于说明东北地区也有因素进入中原地区。临近区域也有着较频繁的接触，M146 出土的长方形石刀，与临汾盆地陶寺文化的陶寺遗址[③]、临汾下靳[④]发现的同类器物基本相同。在引进外来因素的同时，本地还进行了技术革新，发明了一些特别的器形，总体来看，清凉寺玉石器制作的繁荣与各地区向中原的文化渗透具有十分紧密的联系。另外，在第二期和第三期初，发现有一些江南地区才有的鳄鱼骨板、象牙制品等动物遗存，死者中也有少数人生前食用过类似江淮地区的食品，这也是与南方文化交流融合的证据之一。

（5）墓地第二期的所有墓葬的规模接近，基本格局清楚，男女比例接近，人员构成合理，符合部族墓地的特点。第三期墓葬排列整齐，布局规范，墓主人的男女构成比例差距很大，在可以检定的所有人骨中，墓主人全部为成年人，其中男性接近 80%，而女性只有 20% 左右，不是一个普通部族应该存在的现象，表明这里不再属于原来那个部族的后裔，而是设在附近、以男性为主的机构或集团的集体墓地。第四期墓葬布局、成员的男女比例与第三期相似，仍然是这个集团的集体墓地。

（6）清凉寺墓地第二期到第四期墓葬前后相继，根据这里发现的陶器与垣曲古城东关遗址发现的同类器物进行的对比研究，第二期属于庙底沟二期文化最晚阶段，但第三、四期的属于龙山时期。另外，在一个被盗扰墓葬的盗洞内发现了一件陶鬲，其特点与陶寺晚期的直口肥袋足鬲基本相同，说明其下限并未超出龙山文化的范畴。北京大学考古文博学院吴小红教授主持对墓地发现的人骨进行了 [14]C 测年研究，如果以 2σ 误差 95.4% 置信度的数据为依据的话，清凉寺墓地第二期至第四期的日历年代范

① 山东文物事业管理局：《山东文物精萃》，山东美术出版社，1996 年。
② 湖北省荆州博物馆等：《肖家屋脊》，文物出版社，1999 年。
③ 中国社会科学院考古研究所山西工作队、临汾文化局：《山西襄汾陶寺遗址发掘简报》，《考古》1980 年 1 期；中国社会科学院考古研究所山西工作队、临汾文化局：《1978～1980 年山西襄汾陶寺墓地发掘简报》，《考古》1983 年 1 期。
④ 山西省考古研究所等：《山西临汾下靳墓地发掘简报》，《文物》1998 年 12 期；临汾行署文化局、中国社会科学院考古研究所山西工作队：《山西临汾下靳村陶寺文化墓地发掘报告》，《考古学报》1999 年 4 期。

围在公元前 2470～前 1700 年之间，若以 1σ 误差 68.2% 置信度的数据为依据的话，清凉寺墓地第二期至第四期的日历年代范围在公元前 2300～前 1800 年之间。

二、潞盐外销与清凉寺墓地的关系

（1）根据古文献的记载，运城盐湖在尧舜时代已开始采集天然结晶盐。先秦时期各种关于盐湖形成的传说与神话交织在一起。据说早在黄帝时期，生活在这一带的部族曾因争夺盐湖的资源进行过一次大规模的战争，被称为"涿鹿之战"。《孔子三朝记》记载："黄帝杀之（蚩尤）于中冀，蚩尤肢体身首异处，而其血化为卤，则解之盐泄也。因其尸解，故名此地为解。"更切合实际的是关于盐湖与舜关系的叙述，这个故事与著名的先秦诗歌——《南风》歌有着千丝万缕的联系。《史记·乐书》记载："昔者舜作五弦之琴，以歌《南风》。"张守节的《史记正义》载："《世本》'神农作琴'，今云舜作者，非谓舜始造也，改用五弦琴，特歌《南风》诗，始自舜也。"类似的记载还见于近十种早期文献。最初的记载中，并未说明《南风》歌的具体内容，更没有描述食盐生产的场景，隋唐间的儒家学者、经学家孔颖达为《礼记·乐记》所作的疏中最早指出：案《圣证论》引《尸子》及《家语》郑云："昔者舜弹五弦之琴，其辞曰'南风之薰兮，可以解吾民之愠兮；南风之时兮，可以阜吾民之财兮。'郑云其辞未闻，失其义也。"据考证，《尸子》是战国时期尸佼的著作，如果此歌词确引自《尸子》原文，则至晚从战国起，《南风》及其歌词便流传较广了。《南风》的歌词虽然在文献中出现较晚，甚至是否确实是转引自战国时期的著作也不能确定，但简练的语言却提供了一个十分重要的信息：在运城盐湖，生成食盐的重要因素除了需要充足的阳光照射外，还须借助南风的吹拂，这是目前所知对盐湖成盐机制的最早、最贴切的记载，能够认识到南风与生成盐的关系，是人类对自然风力与运城盐湖关系的科学认识。如果以上记载并非后人的附会，而确实反映的是传说时代"舜时期"的实际情况，那么，生活在盐湖附近的居民，早在史前时期就已经开始采集天然结晶盐了。

（2）食盐的对外销售是关系到这种特殊资源能否给当地居民带来利益的关键环节。从运城盆地的居民们最早发现盐湖资源并捞采开始，限于部族规模，用于自己本族消费的数量有限，对外的销售就是一个重要问题，应该说盐湖最早开发之时，就是开始外运或外销之日。相邻区域的居民为取得这种生活必需品，既有可能由其他区域的居民到盐湖一带购买，也有可能本地居民运到外地出售，而这两种方式其实都是一种商业行为，也就是说这一时期已经有了远程的商品贸易了。文献记载，最早管理运城盐池的盐务机构设在解州，一直到元太宗时，采纳盐运使姚行简的建议，设运司于当时名为"潞村"的地方，这个潞村就是现在运城市区所在地，到了元末，运使那海德俊，筑凤凰城以资保障，而运治始立，并因"盐运"而定名为运城，盐湖生产的食盐也就有了"潞盐"的名称。

（3）据研究，夏县东下冯遗址中一些特殊的建筑基址有可能与盐湖的外销有关[①]，

---

① 刘莉、陈星灿：《城：夏商时期对自然资源的控制问题》，《东南文化》2000 年 3 期。

也就是说，这里至晚在商代就已经有了专门负责销售的机构了。食盐外销的起点当然应该早于这类机构，或许早在史前时期就开始了。最早开发的产盐区可能在今天的解州一带，南方是盐湖外销的重要区域，人们需要通过人背畜驮的方式把盐运过正南面高耸的中条山，然后渡过黄河再转运到异地，但是，迄今为止还不能确定用于运送食盐的史前时期遗址，我们只能通过后代的遗存作一些推测。目前芮城和运城盆地之间的主要交通线——解陌公路（运城解州—芮城陌南镇）是在古代"直岔岭盐道"的基础上改建而成的，根据文献资料，清代以前这条盐道一直是河东潞盐运销中原、湖北等地的要道。在长期的南北交流过程中，还开通了许多穿越中条山的沟壑、往返于运城至黄河沿岸之间的驮运道，仅在芮城境内就有 13 条，其中最主要的功能就是将盐湖的食盐运到中条山南。清凉寺墓地与茨林沟、麻峪村和庙后村通往盐湖的驮运道起点不远，均约三四千米，其中距离最近的是起点在茨林沟的驮运道，从茨林沟北上，在甘枣山凹翻过中条山，进入基本呈南北向的沟谷，分别通往今运城市的柴家窑、东胡村，全长不到 20 千米。虽然山路崎岖陡峭，沟谷狭窄，但距离最近，用人力背运的话，应该是最好的选择。运盐过中条山后，一般都要运至黄河古渡口，在芮城境内的黄河干流上曾经有八个主要渡口，其中，沙窝渡占有重要地位，至晚在周代时已经用于食盐运输了，后来就成为驿道和往来于河南等地的必经要津，距离该渡口较近的还有南窑古渡。从清凉寺沿恭水涧两侧的土路下行近 20 千米，便可直通沙窝和南窑两个渡口。清凉寺墓地所在地基本间于盐湖与黄河渡口的正中间，如果在中条山南麓的坡头设立一个机构，作为盐湖与黄河渡口之间的中转站，凭借着接近山脉要冲、居高临下的地理优势，控制经陆路从运城盆地运来的食盐，然后通过渡口过河销往南方地区，应该是一个相当好的选择（图一一）。

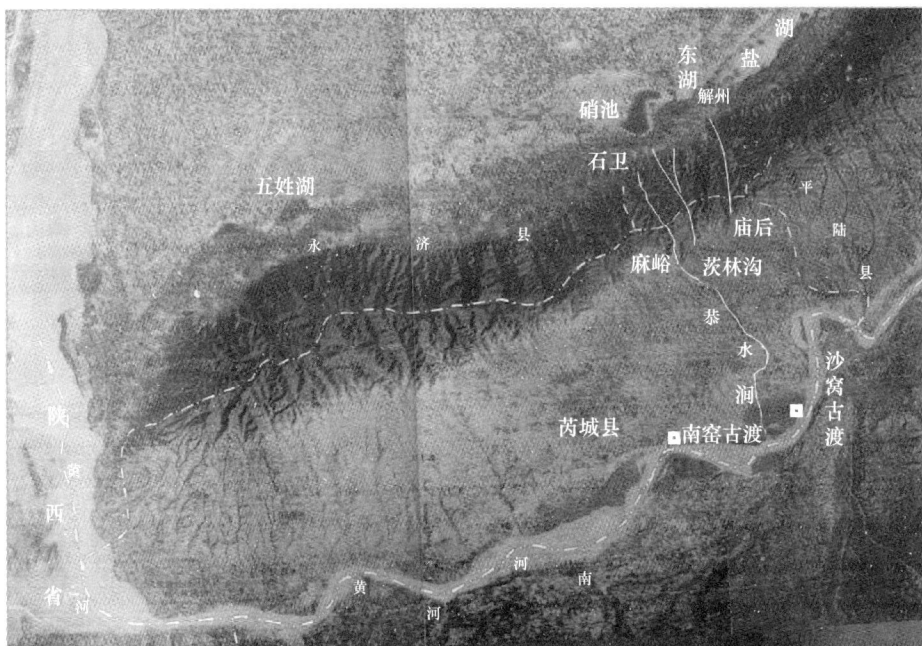

图一一　芮城县卫星影像图

根据清凉寺墓地所在区域的地理优势和道路、渡口的交通情况考察，结合盐湖最早开发的时间和清凉寺墓地发现的特殊现象，我们可以提出如下推断：最早在中条山从事食盐运输、销售的可能就是清凉寺墓地附近的普通居民，由于他们对中条山区的道路、气候最熟悉，而且和黄河沿岸的居民也有往来，是从事运送食盐的最佳人选。大约从清凉寺墓地第二期开始，这种特殊职业便打破了以前从事农业生产的常规进展，开阔了当地人的眼界，不仅得到许多新的文化信息，引入了东南地区先进的文化理念，而且学会了先进的技能，并用当地石料制作出特殊形制的玉石器，由此促成了玉石工业在这里产生并得到快速的发展。刚开始运盐时，并没有专门的组织机构，由当地居民兼职"贩盐"的时间可能持续了相当长的时间，清凉寺墓地第二期墓葬埋葬的是居住在附近的坡头一带的部族居民，其中那些随葬着丰富玉石器及其他物品的墓葬就是早期参与食盐外销的居民。食盐外销需要大量人力和物力的投入，甚至需要有一个强有力的机构来管理，大约到了清凉寺墓地第三期初，一个以销售盐湖食盐为主要职业的管理集团或机构终于在坡头一带成立，丰厚的回报让这个以男人为主要成员的集团积累了大量的财富，随着地位的迅速提升，机构成员逐渐开始奢侈腐化，并且在这一带拥有了至高无上的地位。首先富裕起来的销售机构成员看上了现在清凉寺附近的"风水"，这块曾经埋过当地部族成员的坡地又成了该机构死者的葬身之地，以当时的生产力发展水平来看，只有他们才能拥有那么多精美玉石器随葬，并且做出用孩子殉葬这样不近情理的事情，这就是墓地第三期出现特殊葬制的根本原因。第四期墓葬并未破坏前期的坟茔，而是将墓葬的方向做了些许微调，在接近第三期墓葬的南部有意留下空白地带，有避开前期墓葬位置的意图，因此，当时的墓主人生前应该还是负责食盐外销机构中的人，只是他们的地位和财富已经有了大幅度下降。也就是说第三、四期墓葬埋葬的都是食盐外销管理机构的成员。综上所述，位于黄河北侧、穿越中条山区的通道，早在清凉寺墓地形成的 4000 多年以前已经开通，而且最主要的功能就是用于"潞盐"的外销。

Qingliangsi Cemetery and the Early Trade of Lu Salt

(Shanxi Institute of Archaeology)

Qingliangsi prehistoric cemetery is located in northeastern Ruicheng county, southernmost tip of Shanxi Province. From 2003~2005, the Shanxi Institute of Archaeology excavated this cemetery, and 355 graves were discovered. The author argues that some special phenomena at the cemetery may be related to the early exploitation of Yuncheng Salt Lake and salt trade.

The special phenomena at Qingliangsi cemetery from Phase 2 to Phase 4. The size and distribution patterns of some graves are distinctive; the deceased likely have special identities; there are several cases showing inequalities during Phase 2, such as abandoned or kneeling adult remains, and a large number of human sacrifices were found during Phase 3; large number of jade objects were found from burials, which is not local tradition; influences from Yangtze River area and Yellow River area were found at the cemetery, which are rare in this region in prehistory; the sex ratio of human remains is abnormal, and males are the majority during Phases 3 and 4. All the burials dated to phases 3 and 4 were looted; there is obvious discrepancy between the cemetery and the residential area. Some occupants are apparently of eminent background.

The date of Qingliangsi cemetery. Pottery associated with the burials indicate that Phase 2 dates back to the late Miaodigou 2 Culture period, and Phase 3 and Phase 4 date to Longshan period; The calendar year ranges from Phase 2 to Phase 4 are: 2470 BC～1700 BC (95.4% confidence level) or 2300 BC～1800 BC (68.2% confidence level).

The connection between salt trade and Qingliangsi cemetery. According to historical records, people had already begun to collect natural salt crystals from Salt Lake during the regimes of Yao and Shun; Most lake salt was sold into southern China. Ruicheng is located just to the south of Yuncheng Salt Lake. There was a track between the salt producing area and Qingliangsi cemetery, and Jian River connects Qingliangsi and ancient ferry on Yellow River. Qingliangsi cemetery is located right at the middle point between Salt Lake and Yellow River. Qingliangsi area may function as the transfer point on the salt trade route. Occupants of Phased 2 graves were people who were involved in salt trade, while occupants of Phases 3 and 4 were officers who administered salt trade.

盐之于盐源青铜文化的观察

周志清

（成都文物考古研究所）

　　盐源县位于四川省西南部，行政上隶属于四川凉山彝族自治州。其地处川滇交界横断山脉的走廊地带，其特殊的地理位置和丰富的自然资源，对于资源贸易在人群移动与文化交流中的研究具有特定的范式意义。当地近年来的考古发现所呈现出的青铜文化具有鲜明的族群和地域特征。20世纪末盐源地区独具时代与族群特色的青铜文化发现与研究，显示出在秦汉时期，该区域有着发达的青铜文化，并已形成了区域中心，这支青铜文化的突然出现迫使我们思考这些居民何以突然出现于此地，而不是彼地？是什么东西吸引他们至此？除了优越的生态环境和地理位置外，当地丰富的矿产资源可能是其中不容忽视的重要因素，而盐则是当地至今最为重要的资源，它可能是这些人群富集于此地的重要原因之一。盐源地区现有盐业资料较为丰富，产盐历史悠久，这些因素使得该地区自古以来就成为盐业和民族研究者关注的焦点[①]。此前的研究工作主要是依据文献资料与民族志的观察，考古学资料缺失，研究缺乏考古学的视野维度。在行文之前，需要首先了解该地制盐工业的历史脉络和考古资料。

一、盐源盐业概况

　　盐源即盐之来源，井盐是这里的重要出产，清雍正六年（1728年）罢卫改置，以盐名县，定名盐源县。长期以来，当地就有盐通九州、财达四海之名。该地区古代文献记载中有着丰富的盐井遗存，并且至今当地仍然还在产盐[②]。

　　盐是盐源最早见于史籍记载的矿藏。《华阳国志·蜀志》载："定筰县……有盐池，积薪，以齐水灌，而后焚之，成盐。汉末，夷皆锢之，张嶷往争。夷帅狼岑，盘木王舅，不肯服。嶷擒，挞杀之，厚赏赐余类，皆服。官迄有之，北沙河是。"今人刘琳注：北沙河即今白盐井盐池。颜师古注《汉书·地理志》亦云：定筰，出盐。盐源有盐池，古人称作灵泉，并将其视为一块宝地。《汉书·地理志》："定筰，有盐池，步

① 李绍明：《少数民族对开发盐源盐业的贡献》，《李绍明民族学文选》，四川人民出版社，2004年，272～279页；方国瑜：《么些民族考》，《西南民族研究论文选》，四川大学出版社，1991年，267～268页；张增祺：《中国西南民族考古》，云南人民出版社，1990年，80～95页。

② 四川省凉山州盐源盐厂编纂：《盐源盐厂志》，1988年，4～68页；《盐源县志》编纂委员会：《盐源县志》，四川民族出版社，2000年，499～504页。

北泽在南。"《三国志·蜀志·张嶷传》："定笮，旧出盐铁及漆，而夷徼久固自食，蜀将张嶷杀率豪狼岑、盘王舅、获盐铁。"《旧唐书·地理志》："昆明县……盐井在城中，今按取盐光积薪少之，以水洒土，即成黑盐。""黑盐井在县西中所攮内"，"白盐井在县（卫城）西南四十里"。唐中期后，昆明（今盐源）沦为西州、南昭、吐蕃三方角逐之地，盐业逐渐荒芜。樊绰《云南志》卷七云："昆明城有大盐池，番中不解煮法，以咸池水沃柴上，以火焚柴成碳，即于碳上掠取盐也。"其取盐之法与《华阳国志》所说相同，当地制盐方法在唐代未改 ①。古定笮之地望当与今盐源县境有着密切的关系，盐源境内的制盐工业是当地居民的传统工业，有着悠久的历史。盐源地区距今 4000 年前就有人类在此活动 ②，并遗留有丰富的文化遗存，但该地见于文献则较晚。西汉武帝元鼎六年（前 111 年），西汉王朝在今四川西南部、云南北部和西北部建越嶲郡，下辖邛都、苏示等十五县，定笮为越嶲郡十五县之一，属益州。据谭其骧等先生考证，今盐源为定笮县地。新莽时，曾将越嶲郡更名为集嶲，定笮仍为所领十五县之一。《云南志》卷十："南昭既袭破铁桥及昆明池诸城，凡虏获万户，尽分隶昆川左右及西爨故地"，《张曲江文集》卷十二《敕西南土酋领归义书》："蕃唯利是贪、数沦盐井"，至德二年（757 年），"南昭异牟寻攻吐蕃，复取昆明城以食盐池"。由于连年战乱以及南诏和吐蕃轮番肆掠此地，宋代古史旧志，均未言该县的盐业情况。至元代盐井再开，《元史·地理志》："元至元十年（1273 年），其盐井摩沙酋罗罗将鹿鹿茹库内附。"明初，黑板盐井俱开，至康熙四十八年（1709 年），因丫马车之乱，雍正时，黑盐井被封。除了黑、白二井外，目前在盐源境内还有金河边、卫城乡罗家村、黄草乡岔丘、黑盐井附近的盐水坪、石龙井、博大乡、辣子乡也有盐泉分布。但 20 世纪 50 年代后，仅黑、白二井还在产盐；1980 年后，黑盐井废弃停产，至今仅剩白盐井还在生产。

近年的考古调查显示，盐源地区盐业生产历史悠久，至迟在汉代当地就已经拥有发达的盐业工业生产。考古调查发现黑盐井属于自溢盐泉，现存有卤水池、卤水源、熬盐场所等遗迹和大量绳纹陶杯残片等制盐考古资料 ③。这些信息显示当地存在制盐场所，这是目前盐源井内发现最早的制盐遗存。虽然当地文献记载唐代的昆明夷亦使用陶杯熬卤成盐，但从发现的陶片质地与形制以及陶器表面装饰风格观察，笔者倾向于此类陶杯使用的时代可早至汉代，至少不晚于唐代。文献记载黑盐井最早使用的熬盐方法可能为"积薪以齐水灌而焚之成盐"，在黑盐井第二采集点还发现了大量的红烧土堆积，其表面富含白色结晶物，而"积薪以盐水灌之，薪成炭灰，水也成盐，即成黑盐"，这可能是西汉时期当地黑盐制法的具体体现 ④；而用陶杯熬盐则代表了先进的制盐方式，它反映当地制盐历史的悠久，但也不排除存在着熬盐程序上的差异，其可能存在粗制和精制过程或用途上的差异（是否为盛盐的专用器具？）。现存黑盐井规模偏小，其产能有限，与文献记载之规模相较差异甚大，推测在当时黑盐井附近的箐沟或

---

① 方国瑜：《么些民族考》，《西南民族研究论文选》，四川大学出版社，1991 年，267 页。
② 盐源县双河乡新发现的皈家堡子遗址采集大量新石器时代陶片，其文化面貌同金沙江中游的大墩子文化属于同一体系，同类遗存在凉山州境内的董家坡、饶家地等遗址均有发现，它将盐源地区史前人类活动历史提至距今 4000 年。该遗址系 2015 年凉山州博物馆在盐源盆地进行考古调查发现，资料现存凉山州博物馆。
③ 成都文物考古研究所等：《四川盐源县古代盐业与文化的考古调查》，《南方文物》2011 年 1 期，120～128 页。
④ 同③，124～125 页。

有着相似环境的地区可能还分布有多个盐泉或制盐场所，黑盐井可能是其周边众多盐场较为集中的一个地区。

白盐井位于盐源县城盐井镇西南的盐井沟，地处盐源盆地南缘的柏林山脚下。该井属于盐矿取卤，盐矿中含硝特多，生产的盐质不佳，属于厚岩盐矿，含盐量达87.6%。虽然白盐井在文献中记载较早，但从目前地表调查的情况分析，认为该井现存遗迹及遗物的时代并不久远，为明清时期。目前保留的文献有清晰记载，该井开采与制盐均为明清时期，如"班井""润井"二泉，卤水采吸为砌石为池，以竹竿系桶取卤，此乃明清之事。目前盐源盐厂附近发现的盐井地点可能是明清时期白盐井的所在地，并非汉代白盐井所在之地，关于汉之白盐井的确切信息尚需进一步的考古调查与发掘。

如今盐源产盐的除了盐井河矿区和黑盐塘岩盐矿区，另外还有盐泉水数十处，如盐井河（俗称白盐井）盐泉点、黑盐塘盐泉点、小盐井盐泉点。盐泉矿化点有巫木乡的铁厂盐泉、花龙拉达盐泉；辣子乡的郑家田盐泉；黄草乡的岔丘盐泉；卫城乡的盐水湾盐泉和香房乡的香房盐泉。古人对当时盐源境内产盐的盛况略有记载："伏流滋卤泉，熬波能出素。朝烟夹山峰，昏烟遮市雾。愿烟不化云，散作天浆注。寻地若成盐，和气声处处。"其景象大有群英朝井、万灶浮烟之气势，可见当时盐源产盐量之大。

盐源境内的盐业开采、生产与贸易的历史悠久，至迟在汉代盐业工业就已经发生，它深刻影响了当地的青铜文化，进而与西南地区古代历史文化的发展有着密切的关系。考古调查发现古代盐源境内盐井分布较为密集，当地古代制盐的采卤方式为在较早时期使用自溢卤水，砌石为池，系桶取卤，至明清时期开始使用班井和硝井取卤水。而其古代的制盐方法，则为在汉代之前或汉代在柴火上浇灌卤水，然后焚烧后为盐，汉至唐代使用陶杯熬卤成盐。从明代开始使用铁盆煮盐，清乾隆元年（1736年）后，则改铁盆为铁锅煎盐。盐源地区盐业品种也经历一个发展过程，当地居民最早生产的食盐品种主要是"鸡屎盐"，盐质不纯净，多含炭灰和泥沙，质量低劣；元明时期利用铁盆制"花盐"，清代开始用筒口锅制"巴盐"，"巴盐"凝结成一整块，便于运输；如今当地盐厂的生产的食盐为"加碘精制盐"。木柴是当地制盐业长期以来一直使用的主要燃料，煤（褐煤）作为燃料使用则是在清中叶之后，使用范围并不广泛，20世纪50年代后，煤才成为当地制盐的主要燃料。

通过考古调查认识到盐源地区存在着早期盐业的遗址，一方面印证了古代文献的描述；另一方面也为今后大规模和系统的考古调查提供了依据。盐源盆地的盐业生产与贸易在西南夷地区有着广泛的影响，该盆地内大量战国至西汉时期青铜墓地的出现或许是其作为区域中心的一个重要的表征，并深刻影响了当地及周边地区的青铜文化。盐作为一种重要的战略物资，对它的占有与贸易控制深刻影响着周边地区政治社会结构和发展模式。从考古发现与文献记载中可知，盐源地区制盐工业的生产与发展历史悠久，其盐业贸易深刻影响了周边地区古代人群，盐业在该地区青铜时代的人群生活中占有非常重要的地位。

二、盐源青铜文化与盐

20世纪80年代以前，在盐源的泸沽湖和柏林山曾有零星的青铜器出土。80年代末以来，疯狂的盗墓活动，使得当地许多墓地遭到严重破坏，大量青铜器和陶器散落民间，这也使得我们得以窥视该地区青铜文化的基本面貌。尤其是21世纪前后老龙头墓地的抢救性清理，使得我们对该青铜文化的内涵与时代特征有了进一步的认识。盐源目前发现的墓地已经达到20多处[①]，它们主要分布在盐源盆地中部以梅雨河为中心的山坡和一级阶地上，在泸沽湖周边地区也有少量发现。这些墓地内的墓葬排列分布十分密集，通常在数十座至数百座不等。这些墓地主要集中于盐井镇和梅雨河的周边地区，有大量与盐相关的地名，这是今后考古调查中需要引起重视地方。而盐井或矿化点则集中于盐塘镇和盐井镇，分布沿河呈带状分布（图一），这种分布特点同青铜墓地分布特征相似，二者之间可能有着某种关联，这些墓地仿佛是这些盐井的守护者或控制者。

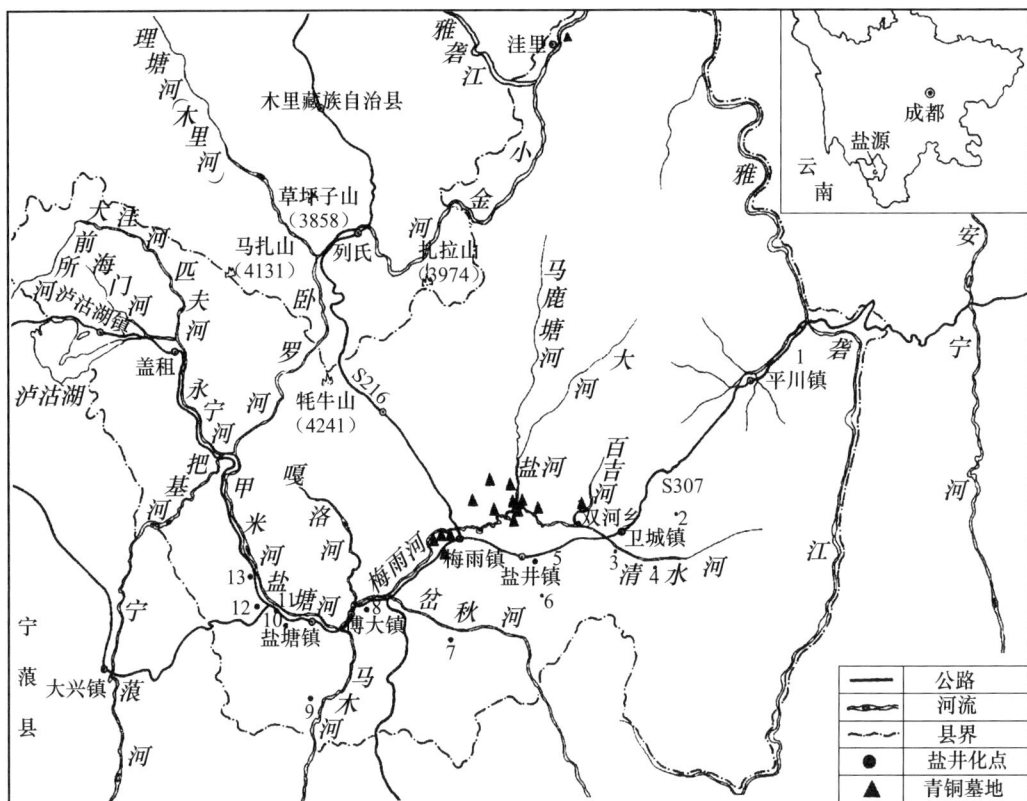

图一　盐源盐井与青铜墓地分布示意图

老龙头墓地是目前该地区唯一经过正式考古发掘的墓地，透过它可以粗略窥视当地秦汉时期居民的丧葬习俗。老龙头墓地的墓葬皆为东西向，分布十分密集，未发现叠压或打破关系，说明该墓地在使用时可能经过精心的规划和安排。同一墓地的墓葬存在大、中、小三种不同的类型，不同阶层的墓室体量存在着明显差异，墓葬结构也

---

① 凉山彝族自治州博物馆等：《老龙头墓地与盐源青铜器》，文物出版社，2009年，6页；资料现存盐源县文管所。

不同，如大、中型墓圹虽为竖穴土坑，却又都在墓口覆盖大石，墓室内均使用了木或石质葬具；其随葬品无论数量和质料也存在鲜明差别，大型墓葬出土铜鼓、编钟等青铜重器和较多的精美装饰品，均用马骨陪葬，中型墓葬主要随葬各类兵器，小型墓葬的随葬品则只有少量的兵器与陶器。不同社会阶层的墓葬共存于同一墓地，相互没有打破关系，显示其为社会不同阶层的成员共同使用，是一处公共墓地。该墓地的墓葬多有在下葬时举行过宗教仪式的现象和盛行"毁兵"的习俗[①]。大型墓葬中普遍使用动物随葬的习俗，特别是用马殉葬较为盛行。墓群中还有祭祀坑遗存分布，其中流行使用羊骨占卜或祭祀[②]。老龙头墓地丧葬习俗具有许多突出特点，其与西南地区其他文化有着明显的差异，它构成了西南地区的一种新的文化传统。

目前盐源地区征集和出土了大量具有鲜明地域特色和多元化的青铜器，如有人兽纹枝形器、"干"字形杖、管銎戈、牛角形饰、双柄刀、方銎刀、长柄鸡形饰、铜燕、铜易；三角援戈、弧刃钺、杖及杖首、案、异形铜鼓、双柄刀等是该地区最具特色的文化因素。三字格剑、双圆饼首短剑、曲柄剑、弧刃戈、直銎钺、短柄镜、马具、各式泡饰以及陶双耳罐和单耳罐等是与川西和滇西石棺葬文化传统共同的文化元素；石寨山型铜鼓、覆瓦形编钟、蛇首无格剑、靴形钺、援后部圆穿四周突起的蜀式戈、辫索状耳鋬、巴蜀图语带钩等是外来文化因素传播所致。这些复合的文化因素显示盐源青铜文化内涵的复杂性与多元性，如此之多的异质文化元素出现于此，当有着特定的时代背景。

盐源青铜文化具有明显的北方系青铜文化的一些特征。首先是墓葬中用马头、马蹄随葬的现象与北方系青铜文化中普遍存在的殉牲现象相一致，部分器物也表现出与北方系青铜文化相似的特征；关于盐源出土的双马纹铜饰，可能与流行于欧亚草原游牧民族当中的双马神像有关，如此等等。结合盐源青铜文化葬俗以及许多青铜器与北方系青铜文化相近的情况，盐源青铜器文化的主人可能与北方草原游牧民族有着很大的关联，已经有多人专述，在此不再赘述。盐源盆地战国至西汉时期这支具有鲜明族群和区域特征的青铜文化，与文献记载中的"笮"人在时空分布上大致接近，他们很可能是古代西南夷中笮人的遗留，因此盐源青铜文化的发现与研究对于我国西南民族地区古史和古族的研究具有十分重要的价值。

杖和杖首是盐源青铜文化中较具地方特质的器类，它们同滇西地区出土的同类器有着诸多相似的文化因素，他们之间既有相近的表现形式和内容，同时也有其地方特质，如双马树形器、"干"字形杖为盐源地区特有，动物形杖首则是两地共有的传统文化元素。目前在该地出土的众多青铜杖首中，仅有1件写实的人物造型杖首，即三女背水杖首，不同于双马树形器中扁平化的人物形象，无法清晰窥视人物的具象，此件杖首通过写实的人物造型，将笮人的生产活动间隙中的形象栩栩如生地表现出来。青铜立体雕塑人物活动场景目前西南夷青铜文化中除了滇文化盛行外，其他青铜文化中不见。该杖首銎部作圆筒形，上满饰螺旋纹。上部为一倒圆锥形平台，平台有节如竹

---

① 周志清：《盐源青铜文化中的"毁兵"习俗刍议》，待刊。
② 凉山彝族自治州博物馆等：《老龙头墓地与盐源青铜器》，文物出版社，2009年，7~41页；资料现存盐源县文管所。

节状。台上呈"品"字形对立三名少女，三人服饰相同，皆头带尖顶小帽，上身着紧身衣，下着齐膝筒裙，裙上有刺绣花纹。三少女各背一水罐，水罐敞口深腹平底。背罐之带下勒水罐的腹部，上勒在少女的额部（图二、图三）[①]。这种头带尖顶小帽，身着齐膝筒裙少女的形象同晋宁石寨山出土的贮贝器上的纳贡穿长裤者的形象，显然不属于西南地区古代族群的土著文化传统，他们与西北地区古代青铜文化和人群之间有着紧密的联系，他们之间应当有着族群渊源上的关联[②]。

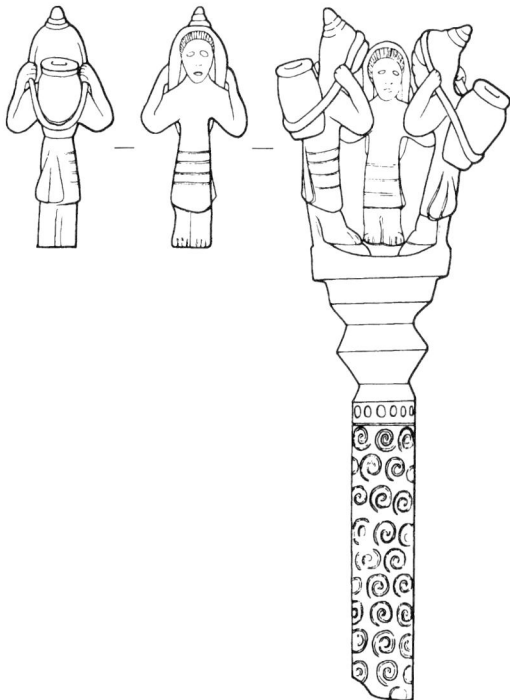

图二　三女背水铜杖首平面图　　　　　图三　三女背水铜杖首

过去我们多从族属图像资料角度去认识该件器物背水女性影像，结合西藏芒康盐井当地居民用桦皮木桶背负盐水晒盐的情形及人物所处的载体语境[③]，或许我们应换位思考。杖首作为权威或祭祀用器，有着特殊的地位与功用以及符号意义，其使用当有着特殊的背景，其所承载之物当有特定的符号语境，那么立于祭祀用器杖首之端的三女背水图像有何特殊的符号意义呢？结合盐源地区盐业较早的开发史和早期盐井的发现，早期的卤水当为自溢盐泉，卤水泉源与制盐场所不在同一地点，二者之间有着一定距离，因此卤水运输是一项不可或缺的程序，背负卤水将是当时盐业生产中一项非常重要的环节，它将直接影响盐业生产的规模，乃至财富的积累和威权的伸张，进而构成了盐←→财富←→威权的链条，彼此互动影响，当然其上层阶层对其倍加重视，

① 凉山彝族自治州博物馆等：《老龙头墓地与盐源青铜器》，文物出版社，2009 年，132 页。
② 周志清：《滇东黔西青铜时代的居民》，科学出版社，2014 年，167 页。
③ 西藏自治区文物保护研究所等：《西藏自治区昌都地区芒康县盐井盐田调查报告》，《南方文物》2010 年 1 期，92～94 页。

并试图通过物质载体来强化与体现。由此，笔者以为这三女所背之水并非一般生活用水，而更可能是卤水，卤水是盐业生产的必需之物。另外，她们背负的陶罐形制和服装统一，在杖首端似倚靠休息，相向而立，似乎在诉说什么。其可能反映了盐业生产工作中的某一瞬间场景，展现了制盐生产过程中一个片段，而将其置于象征威权与财富的青铜杖首的顶端，其当有着特定的寓意。滇文化中贮贝器上盛行的人群活动场景往往是以祭祀或出行以及生产活动的片段为主，它并非简单的活动场景再现，而更多是通过特殊的物质载体和场景，来体现拥有者或控制者的权威或财富，同时也强化了其符号意义。三女背水杖首也折射出当时盐源地区制盐过程中背负卤水的工作主要由妇女完成，今天芒康盐井卤水的背负工作也主要是由妇女来进行的，二者背负方式相近。芒康盐井从事制盐生产的主要为纳西族，纳西族是妇女占主导地位的社会结构，盐源地区也是纳西族的重要聚居区，他们均与制盐工业有着密切的关系，彼此之间似乎有着某种巧合的关系。盐源地区自元代以来就流行发现盐泉的"神女"传说，清代有"开井娘娘"的祭祀，而开井娘娘庙中纳西人装束的神像，充分说明了当地盐业生产是由纳西妇女从事，而纳西则是来源于汉晋时期的摩沙人[1]，摩沙人的社会结构与纳西人之间应当也有着非常密切的关联。三女背水的场景从一个侧面反映出流行于盐源地区的神女传说可能是秦汉时期盐源盐业生产中妇女生产地位记忆的延续。从盐源地区青铜墓地中大量兵器的出土推测，墓主人为军人或武士色彩浓厚[2]，显示出当时男性居民主要职责是保护和控制盐业生产与贸易的稳定。三女背水杖首则是将盐与威权以及财富巧妙融合为一体的神来之作，它凸显出盐业生产在笮人社会经济结构中占有特殊而重要的地位，并且是笮人上层财富与权威的源泉。通过青铜杖首这个载体来凸显和延伸其象征意义——威权与财富，同时也强化了拥有者的身份与地位。从这一点而言，该器物以写实的图像和特定的背景诠释了盐与盐源青铜文化关系。介于目前考古材料的匮乏和证据的薄弱，要想全面阐释盐源青铜文化与当地早期盐业的关联尚需做进一步考古发掘与研究，三女背水青铜杖首的出土和其昭示的符号意义无疑为我们提供了一个想象的空间和方法。

三、盐与盐源区域中心的形成

盐源青铜文化与滇池、滇西（洱海）、滇西北地区战国至汉代的青铜文化有着不同程度的相似文化因素或相同特征，相比之下与其最为接近的是滇西北地区的青铜文化，如宁蒗、永胜地区的青铜文化[3]。这些地区发现的青铜文化与之有着非常相似的文化因素和相近的地理环境，并有着特定的文化内涵与时代特征，它们形成了以盐源盆地为

---

① 李绍明：《少数民族对开发盐源盐业的贡献》，《李绍明民族学文选》，四川人民出版社，2004年，273～274页。

② 凉山彝族自治州博物馆等：《老龙头墓地与盐源青铜器》，文物出版社，2009年，202页。

③ 云南省博物馆保管部：《云南永胜金官龙潭出土青铜器》，《云南文物》1986年19期，4～25页；云南省博物馆文物工作队：《云南宁蒗县大兴镇古墓葬》，《考古》1983年3期，226～232页；万杨：《云南宁蒗干坝子发现大型青铜时代墓地为研究中国西南地区又一新的青铜时代文化提供宝贵资料》，《中国文物报》2014年8月19日第1版；成都文物考古研究所等：《盐源地区近年新出土青铜器及相关遗物报告》，《成都考古发现·2009》，科学出版社，2011年，236～279页。

中心的青铜文化圈——笮人文化圈，它主要分布在泸沽湖周边的滇西北和川西南交界的区域。该区域中心的形成除了拥有特定的地理位置外，其丰富的矿产资源和较早的开发史或许是一个重要的文化因素。

盐源盆地众多青铜墓地的发现和高等级墓葬和复杂分层社会结构的存在，以及大量独具区域与族群特色青铜器的出土，充分说明在盐源盆地中部存在着一个区域中心，而这个中心的出现当有着特定的文化背景。当地悠久的制盐工业和通过资源贸易获利所得财富，可能是该地得以形成区域文化中心的一个重要条件[①]。考古发现与文献记载证实当地制盐历史久远，盐作为当地最为悠久的工业产业，在当地青铜时代居民的生产与社会发展中扮演着极为重要的角色。盐是对人类生存最重要的物质之一，它是人体中不可缺少的物质成分，也是烹饪中最常用的调味料。正因如此，它成为历史上各个时期必不可少之物资，国内外实践与认识认为："人们最初有意识的聚集，往往是有盐水可饮或岩盐可吮之处，在那里，最容易形成原始群以及史前文化。"它对古代文化的形成有着直接的影响，"河东盐池与中华五千年文明史的兴起和形成有着最直接的或决定性的作用"[②]。美国马克·克尔兰斯基在《盐》中说："如同在意大利半岛那样，美洲大陆上所有伟大的文明中心都建立在能够获得盐的地方"，"玛雅文明的确是由于盐的生产和盐的贸易繁盛起来的，尽管连绵不断地爆发了控制盐资源的战争，它依然繁荣起来。"因此，盐业的生产与贸易的控制对于古代文化的发展有着非常重要的意义。任乃强先生曾断言："人类有火、有石器、有食物之后，虽无追求食盐之意识，但在偶得咸水可饮，或岩盐可吮之处，必相与密集以依之。从而容易发展成为原始的群落，又从而形成为氏族集团及民族文化。苟非有如此，或其他类此具有吸引力之自然条件，人各散漫生活，飘流不聚，则不可能有突出先进之文化集团。是故，上古文化最先形成之地区，则必为自然产盐之地区，或给盐便利之地区。"任乃强先生曾指出："人类嗜盐，是从猿人就已经开始的。任何一个民族文化诞生区，必然具有食盐供应方便的条件。"[③] 同时认为，金沙江上游多盐地区，是古代羌人文化形成的核心地区之一，"汉代，昆明种，以牧畜运盐，经商于叶榆、同师等地。逐渐东进，后东渡金沙江进入康南雅砻江河谷的一部，又发见（盐源的）黑盐塘与白盐井"。这都说明，盐源地区的古代居民很早就控制了周边地区盐业贸易，并从中获利。如此种种，说明盐在人类发展史占有举足轻重的地位，其深刻影响了古代人类社会的发展，它是人类生存与发展必不可少的重要资源。对其获取与控制则成为古代居民财富积累与战争重要因素。

盐源盆地是自然矿藏资源非常丰富的地区，古代至关重要的几种战略资源如盐、铜、铁、汞（丹砂）、金等在盐源都有丰富的蕴藏量。其中盐是盐源地区最早见于史籍记载的矿藏，早在在汉代以前就已经开采。盐在当时西南夷中是一种非常重要的战略资源，也是盐源青铜时代居民与其他夷人交换的重要物资。它除部分满足本地居民外，大量的是输出到西南夷诸族中，通过贸易来获取其所需的物资和影响周边地区族群社

① 杨丽华：《盐与古代区域文化中心的形成——以盐源为视角》，《中华文化论坛》2013 年 11 期，51～54 页。
② 孙丽萍：《论河东盐池对华夏文明起源的重要作用》，《四川理工学院学报（社会科学版）》2006 年 2 期，10～14 页。
③ 任乃强：《说盐》，《盐业史研究》1988 年 1 期，3～13 页。

会。盐源的铜矿分布点多，蕴藏量大，而数量巨大、种类繁多的青铜器的发现则表明当地居民已经掌握了青铜冶炼与铸造技术，部分青铜器的制作工艺也比较复杂，包括了铸造、热锻、热锻后冷加工、铸造后加热以及外镀等各种制作技术。除此之外，盐源还有丰富的金、铁、汞等金属矿藏。目前我们尚未在该地区发现冶炼和铸造青铜器的考古信息，而当地汉代就已经出现的制盐工业，则显得非常发达，因此盐便可能成为当地居民最早生产和最为依赖的经济和战略资源，它在当地青铜时代居民的日常生活和对外贸易中扮演着举足轻重的角色，盐业的生产与贸易深刻影响当地青铜时代居民社会政治、经济结构以及同周边地区人群的关系。

居住在盐源地区的这支族群控制和垄断了盐业资源，就基本上控制了滇西与川西交界地区的经济命脉（特别是盐，直至新中国成立前，今西昌、冕宁一带所用的盐都还靠盐源供应）。盐资源自然会成为当地民族用作交换的商品，这也直接促进了其商品贸易的繁荣，繁荣的商品贸易也影响了其文化构成因素的多元化。故我们推测，盐源出土的某些周边青铜文化的典型器物有可能是通过交换得来的，经常性的贸易和战争导致了大量来自其他地区文化因素在该区域的广泛存在，这些异质文化因素也是构成盐盐源青铜文化多元化面貌的一个原因和其重要的组成部分。元、明时期的著名的"闰盐古道"正是在秦汉时期盐源制盐工业基础上发展起来[①]。闰盐古道是古代先民在长期的迁移和交往活动中形成的，因而它不仅是商道，还是民族文化活动的走廊和枢纽。据考古及文献资料表明，川滇边金沙江、雅砻江交汇地带是早期人类活动的一个重要地区，也是古代民族活动相当频繁的地区。这一地区不仅是周秦以来形成的古代川西民族走廊的重要组成部分，而且是各民族及其文化的交汇地区。其考古文化十分复杂，包融西北氐羌、西南濮越、古代巴蜀等文化要素。由于古道地带是环境、资源、民族、经济及文化等各种要素的交汇区，故在政治和军事上，很早就为官方及地方民族政权所借重。古道地带是古代中央王朝在西南最早开辟官道和设立建置的区域，又是古代中央王朝与地方民族政权以及民族之间发生重大政治关系的边际地带。闰盐古道的形成，与盐源自古盛产盐、铁、金等资源有着密切的关系。由于盐铁之利，奠定了闰盐古道在西南古代交通史上重要的地位。盐源地区丰富的矿产资源使得当地自古以来成为兵家必争之地，其也因盐而兴，亦因盐而衰，盐业的生产与贸易深刻影响了当地古代居民经济形态与文化发展以及族群关系等。

四、余　论

盐源作为南方丝绸之路的一个重要组成部分，其丰富的矿藏资源和悠久的制盐工业，使得其在该区域中占据重要地位，秦汉时期当地发达的青铜文化正是通过盐业贸易和战争得以维系或形成区域中心。通过控制资源的生产与贸易形成区域中心在南丝路沿线诸多矿产资源开发较早的地区有着重要的范式意义，如赉古、益州、律山、永昌、会理、台等。这些地区均位于南丝路沿线的重要节点之上，因其资源聚集和开发

---

① 李星星：《闰盐古道》，《巴蜀文化论集》，四川民族出版社，1999 年，181～194 页。

而成为一些重要的城市或集镇，进而形成地区中心。南丝路沿线汉代以来的冶铜或冶铜工业均是在这些地区早期冶铜和冶铁工业的基础上发展起来的，汉文化的南渐使其技术传统发生了巨大的变化[①]。盐作为南方丝绸之路上最早开发的资源之一，食盐贸易是南丝路资源贸易最为悠久的商品，西汉时期所置盐官中，与南丝路相关的就有 5 处，临邛（邛崃、蒲江）、南安（今乐山市）、南广（长宁）、连然（安宁）、蜻蛉（大姚），食盐贸易也是南丝路交往中一项重要的经济活动[②]。从食盐贸易观之，南丝路沿线汉代以来金属冶炼制品的贸易也是当时南丝路经济贸易中一项重要的内容，南方丝绸之路不仅是族群与文化交流的孔道，更是商品与资源贸易通道。介于目前西南地区早期盐业遗址发现的匮乏，尚需对其进一步开展早期盐业遗址的系统调查与发掘。

　　盐作为一种重要的战略物资，对它的占有与贸易控制深刻影响着周边地区政治社会结构和文化发展模式。目前盐源及其周边地区发现的早期盐井数量仍然偏少，这主要是由于过去考古调查工作不够造成的，因此需要加强对该地区盐井的分布与保存情况的系统调查及展开相应的考古发掘，以获取不同时期盐井形制、生产工艺、盐业贸易等方面的考古资料；另外需要重视该地目前还保存着许多明清以来的"灶户"资料，这成为我们了解明清时期的盐业生产、社会关系以及工艺技术等方面重要的信息来源。

The Influence of Salt Industry at Yanyuan Basin on Bronze Culture in Southwestern Sichuan and Western Yunnan

Zhou Zhiqing

(Chengdu Institute of Archaeology and Cultural Relics)

Yanyuan County, located in southwestern Sichuan Province, is endowed with diverse ecological environment and rich natural resources, while the local ancient culture is both unique and complex. Rich salt resources and Bronze Age cultural remains of clearly regional characteristics provide important archaeological data for the study of ancient salt industry and the interaction between human and environment in southwestern frontier.

Salt industry has played a significant role in the development of local culture due to its unique geographical location and environmental advantages at Yanyuan. Historical records indicate a long history of salt production and the existence of abundant salt wells, some of which are still in use even today. Its special geographical location, which is at the junction of Sichuan and Yunnan and the corridor of Hengduan Mt., makes Yanyuan a superb case for investigating trade, population migration and culture exchange. Recent archaeological

① 周志清：《南丝路上的早期金属工业》，《中华文化论坛》2012 年 2 期，74～80 页。
② 张学君：《南方丝绸之路上的食盐贸易》，《盐业史研究》1995 年 4 期，28～29 页。

findings indicate that local Bronze Age culture was well developed during Warring States and Western Han periods. Salt, as a strategic resource, probably, have been an important motive force for the development of local bronze culture. The relative abundant and comprehensive historic records on salt industry at Yanyuan make it possible to carry out a comparative study.

The archaeological remains of early salt production in Yanyuan verified the historical records on one hand, and provided a basis for future large scale survey project on the other hand. Secondly, salt production and trade in Yanyuan Basin at the time had a wide impact on Xinanyi（西南夷）area. A large number of bronze culture cemeteries dated to the Warring States to the Western Han Dynasty evidenced this developmental process. Salt was an important strategic resource, the control over salt production and trade would profoundly impact the political and social structure and the development of surrounding areas. Since previous archaeological fieldwork on Salt industry is scarce, more effort should be put into future work to improve our understandings of ancient salt industry.

商周时期海盐生产与黄河三角洲开发

王爱民

（滨州学院人文学院）

对黄河三角洲地区盐业考古的探索，是随着盔形器的发现开始的。盔形器自 20 世纪 50 年代发现以来，就有学者开始研究[1]。随着大量遗址的被发现，渤海湾沿岸地区的盐业考古越来越受到专家学者的重视。尤其是近 20 年来，随着大量盐业遗址的发现和确认，盐业考古尤其是渤海湾沿岸盐业考古已经成为当前学术界研究的重点和热门之一。

一、黄河三角洲商周盐业生产的考古学证明

商周时期的盐业生产遗址，在渤海沿岸的黄河三角洲地区分布非常密集，包括滨州、东营和潍坊等市的许多地方都发现了商周时期的盐业生产遗址。据不完全统计，经过几次大规模的调查和发掘，在阳信、沾化、利津、广饶、寿光、寒亭等县市，都发现大量的含盔形器的遗址。"遗址共有近 80 处，包括了西起乐陵，东至昌邑的 19 个县市区。"[2] 遗址在很多地方分布十分集中，形成一个个大规模的遗址群，如广饶东北坞、南河崖、西杜疃，沾化杨家，阳信李屋，寿光大荒北央、双王城，利津南望参等遗址。这些遗址出土陶器中盔形器比例很大，其中有些遗址盔形器的比例达 90% 以上[3]。某些遗址还发现了煮盐的盐灶和提取地下卤水的卤坑，确定这些遗址为煮盐遗址。除此之外，在靠近内陆的滨城区、邹平、昌邑等地也有遗址或零星的盔形器被发现。这些遗址所处的时代，目前学术界认识还不一致，但根据遗址中所出陶器特征分析，大体可以确定兴起于商代晚期，并且一直持续到周初甚至春秋战国时期。

二、海盐生产与商人东进

上述盐业遗址以古济水（今黄河）为界，大体可以分为北、南两个小区，为叙述方便，以 A、B 称之。在古济水以北的 A 区，商代晚期的制盐遗址主要集中在滨城区、

---

① 王思礼：《惠民专区几处古代文化遗址》，《文物》1960 年 3 期，4114~4116 页。
② 王青：《〈管子〉所载海盐生产的考古学新证》，《东岳论丛》2005 年 6 期，135~139 页。
③ 2008 年 4 月，笔者曾赴位于山东广饶县广北农场南河崖村的商周盐业遗址参与山东大学进行的考古发掘。附近大小遗址共十几处，遗址发现大量商周时期的盐业生产工具"盔形器"。

沾化、利津交界地区，又以沾化杨家附近分布最为密集，此处共发现 10 余处商周时期的盐业生产遗址。这个数目应当远不是全部，因为此处属于黄河淤积平原，历史时期黄河多次泛滥，黄土淤积严重，遗址埋藏较深，不容易发现，实际数目应当较已发现的为多。

古济水以南的 B 区，盐业生产遗址分布较 A 区多而分散，主要分布在广饶、寿光莱州湾沿岸地区，呈扇形排列。这里的盐业遗址规模很大，如寿光双王城遗址的总面积达 30 多平方千米，其中有商代至西周初期遗址 76 处，是渤海南岸地区目前所发现的规模最大的商周时期盐业遗址群。东北坞遗址群共发现 34 处盐业遗址，主要属于商代晚期。广饶南河崖遗址群发现商末周初的遗址 53 处。此外，在寿光大荒北央、寒亭央子等地也发现同时期的盐业生产遗址。

黄河三角洲地区在商代的盐业生产中地位十分重要。商人进入鲁北地区，大概自二里冈上层文化开始，现在鲁北发现的商代遗址，基本呈带状分布在古济水两岸，呈现越往东越晚的特点，并且呈现步步为营，逐步东进的态势，这种现象绝不是偶然的。目前山东发现的商代遗址最东到达胶莱河流域，然后掉头北上，直指海盐主产区——黄河三角洲地区。

另外，鲁北地区发现的商代晚期遗址中，许多都发现有青铜器，这些遗址主要有长清前平、小屯，平阴洪范，济南大辛庄、刘家庄，章丘涧溪，桓台史家，惠民大郭，滨城区兰家，青州苏埠屯，寿光古城、桑家庄、吕宋台，潍坊院上、岳泉、钓鱼台等。青铜器是身份和地位的象征，大量青铜器的发现说明这些遗址的地位要高于一般遗址，也表明商王朝对黄河三角洲地区的高度关注。但渤海沿岸是地下卤水分布区，属于碱卤地带，土地盐碱化严重，并不适于农业生产。那么，商人对黄河三角洲高度关注的原因是什么呢？

1957 年，滨州市滨城区兰家村发现一批商代青铜器，有青铜卣、觚、爵等，其中青铜卣上刻有铭文[①]，方辉先生释作"卤"字[②]，可从。联系到甲骨文中"卤小臣"的记载可以推测，兰家墓葬的主人很可能就是商王朝在黄河三角洲地区设立的专职的盐业官员。

1973 年 8 月，惠民县大郭村出土一批青铜器[③]。从青铜器种类来看，该遗址的地位相当高。大郭遗址出土方彝 1 件，为山东地区仅见。作为乐器的铙，在山东地区也仅仅发现 4 件，其余 3 件都出土于级别甚高的青州苏埠屯遗址。该遗址出土的铙，为苏埠屯遗址以外山东仅有的 1 例。再看象征着权力和地位的青铜钺，山东地区共出土 8 件，大都出土于高等级的遗址中，如青州苏埠屯出土 4 件，济南大辛庄出土 1 件，滕州前掌大出土 1 件，泗水寺台 1 件[④]。因此，大郭遗址出土的这件青铜钺，无疑代表着主人无上的地位和征伐大权。大郭遗址出土的方彝和铙上，各刻有一字的铭文，铭文字体相同，释为"戎"字[⑤]。"戎"为商周时期分布于今山东地区的一个部族。甲骨文中

① 滨城文物管理所、北京大学中国考古学研究中心：《山东滨州市滨城区五处古遗址的调查》，《华夏考古》2009年 1 期，26~38 页。
② 方辉：《商周时期鲁北地区海盐业的考古学研究》，《考古》2004 年 4 期，53~67 页。
③ 山东惠民县文化馆：《山东惠民县发现商代青铜器》，《考古》1974 年 3 期，208 页。
④ 曹艳芳：《山东出土商代青铜器研究》，山东大学博士研究生学位论文，2006 年，93 页。
⑤ 滨州地区文物志编委会：《滨州地区文物志》，山东友谊书社，1992 年，6 页。

有"己酉卜，宾贞，戎卤"（《甲骨文合集》7023 正）的卜辞，"戎卤"应当释为"戎族向商王朝进献食盐"，大郭遗址当是戎人控制渤海湾盐业生产的中心。

除此之外，在青州苏埠屯和寿光古城、桑家庄、呙宋台也都发现青铜器，尤其是苏埠屯遗址，发现的青铜器数量之多，级别之高都是罕见的。虽然现在还没有确切的证据证明这些遗址和海盐生产有关，但从其分布态势来看，这些遗址呈带状直指渤海湾，应当与商人对海盐生产的控制有关。

上述地区发现的青铜器中，武器占据很大的比重[1]，与同时期山东其他地区出土青铜器以礼器为主形成明显的区别，证明这些据点具有鲜明的军事控制性质。这应当与商人东进黄河三角洲地区与夷人发生冲突有关。夷人在卜辞中被称为"人方"，虽然对于"人方"何指学术界多有争论，但越来越多的证据表明，"人方"应即东夷，活动在山东潍坊一带[2]。卜辞中对于征"人方"的记载，从一期一直延续到五期，与黄河三角洲地区发现的商代盐业生产遗址同时，充分证明了商人征伐东夷的目的就是为了掠夺食盐。

盐是人们生活的必需品。在河南、河北、安徽、湖北等容易到达安阳的省份中都没有发现食盐储存（盐块或盐水）[3]，所以商代早期的食盐供应应当主要来自于山西省南部夏县芦村的盐池，但是晋南地区在二里冈上层时期就开始被逐渐抛弃，那么商人的食盐资源就只有依赖于最近的海盐生产基地渤海湾地区了。为了获取食盐，商人不断征伐东夷，并采取了严格的控制措施。但是，这种控制是在与夷人的斗争，甚至是不断镇压夷人的反抗过程中实现的。与夷人的斗争严重消耗了商王朝的国力，这时，觊觎已久的周人趁机起兵反商。"纣克东夷，而殒其身"，最终造成了商王朝的灭亡。

三、海盐生产与姜齐的强盛

西周建立后不久，爆发了"三监之乱"，时成王年幼，周公亲率大军东征，经过三年的时间，消灭了纣子武庚、"三监"及其东夷盟国薄姑、奄等。为巩固统治，西周将功臣姜尚分封到东方，以薄姑故土为基础，建立了齐国。姜尚利用齐国依山傍海的地理优势，大兴鱼盐之利，使齐国很快成为强国。

根据《管子》一书的记载，齐国的盐业生产主要在渤海湾沿岸的"渠展"地区，"渠展"范围大体包括"沿河北沧县南—盐山西—山东庆云东宗北—无棣北—阳信小韩东—滨城卧佛台北—滨州—博兴黄金寨南—广饶寨村、五村北—青州许王、马家庄北—寿光王庄、后乘马疃、薛家庄、寒桥北—寒亭鲁家口、狮子行、前埠下北—平度韩村北—平度三埠李家西—莱州中杨、西大宋西一线附近"以北地带的地下卤水分布区，前述商周时期盐业遗址，应当有相当大一部分属于"渠展"地区，其地域大部分都在现在的黄河三角洲以内。山东大学 2008 年在南河崖遗址的发掘，山东省文物考古研究所在双王城遗址的发掘，都发现了煮盐的盐灶，对于还原盐业生产的工序和工艺提供了价值很高的资料，一批高质量的研究成果也相继问世。

---

① 王爱民：《试论商代黄河三角洲地区盐业生产的控制》，《华夏考古》2014 年 2 期，38～43、136 页。
② 李学勤：《夏商周与山东》，《烟台大学学报（哲学社会科学版）》2002 年 3 期，332～337 页。
③ 黄著勋：《中国矿产》，商务印书馆，1930 年，11 页。

"渠展之盐"在齐国具有举足轻重的地位。齐太公姜尚虽然在武王灭商中战功卓著，但毕竟是异姓贵族，因此，被封到了偏僻的夷人故地，方圆不过百里，"地泻卤，人民寡"，周围还有纪、莱等夷人方国，另有薄姑、奄等夷人残部的威胁。为了在夷人的夹缝中生存，太公采取了与伯禽治鲁不同的措施，"因其俗，简其礼"。这个"因其俗"就是保留了原来夷人的部分生产和生活习惯，其中也应包括煮盐技术。具体做法就是"劝其女功，极技巧，通鱼盐"，使得齐国成为"冠带衣履天下，海、岱之间敛袂而往朝"^①的强国。从太公后十四世至桓公时管仲相齐，更制定了"官山海"的措施。所谓"官山海"就是将盐、铁生产收归国有而征税，以代替按人口收取的人头税，其目的是增加政府的财政收入，这是我国最早的盐铁专营政策。"渠展之盐"因其庞大的生产规模，成为盐业专营政策的首选对象。"伐菹薪、煮沸水为盐，正而积之三万钟"，就可以有六千万的税收，足见"渠展之盐"在齐国经济中举足轻重的地位。

四、海盐生产与商周黄河三角洲开发

商朝末年，鲁北沿海的黄河三角洲地区已成为重要的海盐产区，商末帝辛对东夷的征伐，一个很重要的目的就是为了掠夺海盐资源。而也正是这种掠夺引起了夷人的拼死抵抗，从而造成了"纣克东夷，而陨其身"的后果，商王朝因此灭亡。

周公东征，封太公望于齐。当时这里属于"地泻卤，人民寡"的地区，沿海多盐碱滩涂，周围还有纪、莱等夷人方国，另有薄姑、奄等夷人残部的威胁。为了快速强盛起来，太公便采鱼盐之利，徼山海之财，大力发展工商业，以致列国竞相朝齐，天下商客、财货辐集齐地，揭开了富强的序幕。

商周时期海盐生产的发达，有力地促进了黄河三角洲地区的开发。根据历年的普查资料，在黄河三角洲地区发现的龙山文化遗址有40多处，这些遗址大都位于当时的河流沿岸，从发掘及采集到的遗物看，都属于典型的农业聚落。黄河三角洲地区岳石文化遗址更少，不到30处，数量较龙山时期减少，并且大都分布在南部地势较高的博兴、邹平一带，这种现象应当与龙山时代末期的洪水泛滥有一定的关系。而到了商周时期，已经发现的聚落遗址有近200处之多^②。这些聚落中有相当一部分与海盐生产的区域临近，并有一些聚落发现过盔形器，说明盐业生产对黄河三角洲的开发起到了巨大的推动作用。

另据调查，在制盐遗址群以南、以西的河海积平原地带，在盐业生产遗址群与青铜器发现地点之间，分布着大量与盐业遗址群同时的遗址。位于黄河以北的主要有的有阳信李屋，滨城卧佛台、小赵家，沾化陈家、明家、郑家等遗址。位于黄河以南的主要有博兴曹家，广饶西杜疃、草桥、大桓村，寿光丰城、薛家庄、南抬头、埠子顶、凤凰台和寒亭报庄子，等等。这些遗址呈条带状环绕于盐业遗址群的内侧，年代上基本上从殷墟一期延续至西周早期，与盐业遗址群同时，属于盐业从业人员的居住地或者盔形器产地。

---

① 《史记·货殖列传》。
② 包括部分春秋战国时期遗址。

　　有迹象表明，商周时期黄河三角洲的盐业生产可能存在着一定的组织和配合。青铜器出土地点、盐工居住地及盔形器产地、盐业生产场所配合布局，形成一个控制严密的生产单元，成为 A、B 两个小区共同的特征。而盐场内普遍发现贵族和武士的墓地，他们应是盐业生产的管理者、保护者。另外，食盐的调配、运输，盐工的生产及生活物品的来源和生产也应当有协调机制在起作用。所以，商周时期晚商时期在鲁北地区存在的大量聚落群遗址，可能是由于组织化生产模式会造成庞大的社会网络对整个生产、分配和流动环节进行社会控制，进而形成围绕某个核心聚落的诸多小型聚落组成的聚落群。因此对于盐业资源生产可能存在着大规模遗址群之间的社会空间划分[①]。这种盐业生产的协调机制，应当成为今后聚落考古研究的重点。

Sea Salt Production and the Development of the Yellow River Delta in Shang and Zhou Dynasties

Wang Aimin

(College of Humanities, Binzhou University)

A large amount of Shang-Zhou helmet-shaped pots and salt-making workshop site complexes have been found in the Laizhou Bay area of Northern Shandong since 1950s, which shows that this region is an important salt-making area of Shang and Zhou Dynasties. And the sea salt production of this area had a considerable influence on the political situation of Shang and Zhou Dynasties. From the Erligang Upper Period to late Shang Dynasty, the coastal area salt of Bohai Bay was increasingly plundered by Shang people, and thereby provoking the conflict with the locals. This conflict between Shang and local Yi（夷）drew the Shang military to the East, and the Zhou people took the chance and conquered Shang Dynasty. After its foundation, the Qi state profited greatly from the coastal sea salt, which provided a sound basis for Qi's hegemony during the Spring and Autumn Period. Meanwhile, the production, transportation and support system of salt strongly developed the Yellow River Delta.

---

① 魏峭巍：《鲁北商周社会变迁研究》，山东大学博士研究生学位论文，2013 年，86 页。

鲁北地区晚商到西周时期盐业遗址肉食消费分析 *

宋艳波

（山东大学考古系，济南）

一、前　言

　　动物考古学（Zooarchaeology），亦称"骨骼考古学"或"考古动物学"，是指对考古遗址中出土的动物遗存进行分析和研究的学科。研究目标包括复原古代环境，研究人类行为，研究人类与环境、人类与其他动物群体之间的关系等，最终目标是从动物遗存的角度复原古代社会[1]。

　　近年来鲁北地区陆续发掘了一定数量与盐业有关的遗址，其中已经发表简报的属于晚商到西周时期的遗址包括寿光双王城[2]、广饶南河崖[3]、寿光大荒北央[4]和阳信李屋遗址[5]。本文拟选取双王城、南河崖和李屋这三个遗址出土的动物遗存为研究对象，进行对比研究，从动物考古的角度来复原当时先民尤其是盐工们的肉食消费模式。之所以选择这三个遗址，是因为它们均为2003年以后发掘，考古工作者在发掘时就非常注意动物遗存的采集，获得材料比较丰富；而且三个遗址所获动物遗存全部由笔者亲自或指导学生进行整理，在分析的过程中使用了相同的鉴定标准和统计手段，方便进行比较研究。

---

* 本研究得到国家社科基金青年项目（项目编号：14CKG003）和山东大学基本科研业务费项目（项目编号：IYFT12042）共同资助。

① 周本雄：《考古动物学》，《中国大百科全书·考古学》，中国大百科全书出版社，1986年，252页；Elizabeth J. Reitz and Elizabeth S. Wing. *Zooarchaeology*. Cambridge University Press，1999：1.

② 山东省文物考古研究所、北京大学中国考古学研究中心、寿光市文化局：《山东寿光市双王城盐业遗址2008年的发掘》，《考古》2010年3期，18～36页。

③ 山东大学考古系、山东省文物考古研究所、东营市历史博物馆：《山东东营市南河崖西周煮盐遗址》，《考古》2010年3期，37～49页。

④ 山东大学东方考古研究中心、寿光市博物馆：《山东寿光市大荒北央西周遗址的发掘》，《考古》2005年12期，41～47页。

⑤ 山东省文物考古研究所、北京大学中国考古学研究中心、山东师范大学齐鲁文化研究中心等：《山东阳信县李屋遗址商代遗存发掘简报》，《考古》2010年3期，3～17页。

二、动物遗存介绍

（一）寿光双王城遗址

寿光双王城遗址[1] 属于晚商到西周早期的动物遗存共 110 件，其中 100 件为可鉴定标本，至少代表了 52 个个体。其中 23 件螺壳，均基本完整且个体大小不一，推测这些应该是没有经过人工选择和利用过的结果，应该是来自于生土，与人类行为无关。所以在下面的讨论中将不涉及这一部分材料。

哺乳动物包括：麋鹿、中型鹿、小型鹿、牛、羊、猪和狗等；软体动物包括：蚌、螺、文蛤和毛蚶等；还有少量鸟的遗存。全部可鉴定标本至少代表 29 个不同种属不同年龄的个体，其中哺乳动物个体有 12 个。

从全部动物种属的数量情况来看，软体动物最多，占 53%，哺乳动物次之，占 44%（图一）。笔者根据骨骼保存部位情况进行分析，推测遗址内发现的哺乳动物应该是从外地屠宰过后运来本地进行消费的；发现的软体动物则应为当地采集所获。根据这些软体动物的生活习性可以推测出当时遗址离海较近，而且周围也有一定面积的淡水资源。

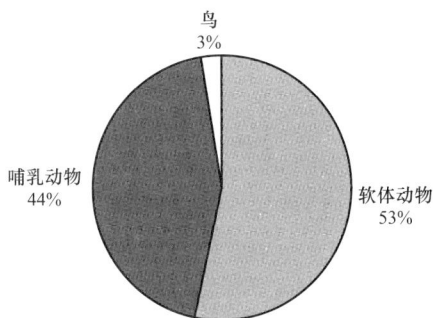

图一　双王城遗址晚商到西周早期全部动物数量分布示意图

（二）广饶南河崖遗址

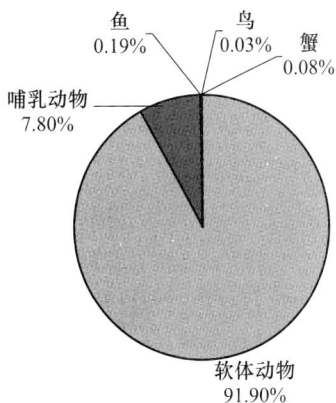

图二　南河崖遗址西周时期全部动物数量分布示意图

广饶南河崖遗址[2] 属于西周时期的动物遗存有 3591 件，哺乳动物包括：黄牛、猪、麋鹿、狗和啮齿类等；软体动物包括：文蛤、青蛤、各种丽蚌、蚬、牡蛎、蛤蜊、蛤仔、蛏和毛蚶等；另外还有少量的鸟、鱼和蟹。哺乳动物最小个体数为 16。

从全部动物种属的数量情况来看，软体动物最多，其次是哺乳动物，鱼、鸟和蟹的数量都极少（图二）。鉴于软体动物所能提供的热量较少，笔者认为虽然其发现的比重很大，但并非当时先民主要的肉食来源，先民们主要的肉食来源应该还是哺乳动物，这些哺乳动物可能是由外地带来的而非本地所获。大量的软体动物则应为当地采集所获。

---

[1]　宋艳波、燕生东、佟佩华等：《鲁北地区殷墟时期遗址出土的动物遗存》，《海岱考古》（第四辑），科学出版社，2011 年，492～494 页。

[2]　宋艳波、马天成、王青：《山东广饶南河崖遗址 2008 年出土动物遗存分析》，《东方考古》（第 7 集），科学出版社，2010 年，387～399 页。

根据对数量庞大，种属繁多的软体动物生活习性的认识，笔者推测当时遗址离海较近，且有一定面积的淡水资源。

（三）阳信李屋遗址

阳信李屋遗址[①]属于晚商时期的动物遗存共5452件。其中可鉴定标本5225件，代表211个个体。哺乳动物包括：猪、牛、狗、麋鹿、斑鹿、獐、貉、猫、仓鼠、兔子、竹鼠和其他啮齿类等；软体动物包括：文蛤、青蛤、毛蚶、螺、宝贝和细纹丽蚌等；另外还有相当数量的其他动物种属：雉科、鸟、龟、鳖、草鱼、鲤鱼、青鱼和蟹等。哺乳动物最小个体数为150。

可以看出，该遗址的动物构成比较复杂，动物种属非常丰富。从数量上来看，以哺乳动物为主，占56%，鱼类、软体动物和爬行动物等水生种属也占43%（图三）。

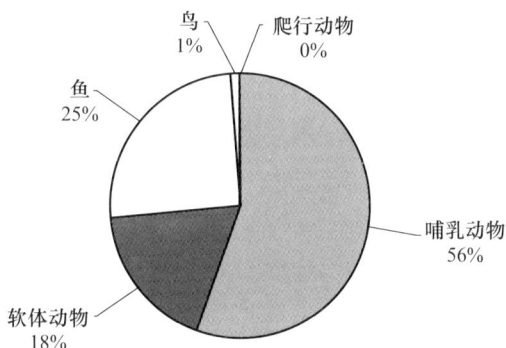

图三　李屋遗址晚商时期全部动物数量分布示意图

笔者根据发现的数量繁杂的野生动物推测李屋遗址在商代晚期距海比较近，同时遗址周围还有一定面积的树林和淡水水域，气候要比现在温暖湿润。先民们很好地利用了周围丰富的野生动物资源，以狩猎、捕捞等方式从自然界中获取肉食。

三、讨论与分析

（一）种属构成

虽然三个遗址的时代不完全相同，但是从基本的动物种属上来看差别不是很大，尤其是野生的鹿类和多种咸、淡水软体动物的发现，说明晚商到西周时期鲁北地区的自然环境是基本一致的，没有发生太大的变化。

从具体的动物种属构成来看，双王城遗址除哺乳动物外还有数量较多的软体动物和少量的鸟发现；南河崖遗址除了哺乳动物外，还发现了数量庞大的软体动物遗存，

---

① 宋艳波、燕生东、佟佩华等：《鲁北地区殷墟时期遗址出土的动物遗存》，《海岱考古》（第四辑），科学出版社，2011年，487～492页。

鱼、鸟和节肢动物则数量极少；而李屋遗址除了哺乳动物外，鱼和软体动物数量都比较多，另外还有一定数量的鸟和节肢动物。从上述描述可以看出：双王城和南河崖遗址的鱼都比较少（或者没有发现）；鸟的情况也比较类似，都是只有少量发现；而软体动物数量则普遍较多，远超其他种属（图一、图二）。再加上双王城与南河崖遗址并无典型渔猎工具发现，据此我们推测：专业制盐遗址（如双王城和南河崖）内，盐业工匠的主要活动是从事制盐生产，很少进行渔猎活动，他们在闲暇时可能会采集一些软体动物作为肉食的补充或其他用途（南河崖 H13 和 H14 内完整文蛤集中出现可能显示出某种肉食之外的特殊含义）；而李屋遗址作为一个相对稳定的定居聚落，先民们会有较多时间从事采集狩猎活动，他们获得的鱼、鸟和野生哺乳动物的数量均比较多，种属构成也更为丰富一些。

动物种属构成的一致性表明从晚商到西周时期，鲁北地区自然环境并未发生太大变化；而不同遗址间种属构成复杂程度的具体差异则应该与遗址的性质有关。

（二）动物遗存出土及保存状况分析

1. 出土状况

双王城遗址晚商到西周早期动物遗存数量较少，主要出自灰坑中，坑池和窑内则很少发现；南河崖遗址西周时期动物遗存数量虽然较多，但大部分为软体动物，主要出自地层、灰坑和房址中，摊场和盐灶等发现数量较少，而且出土的文蛤有集中分布的现象（H13 和 H14）；李屋遗址晚商时期动物遗存数量较多，全部出自灰坑中（其中 H12、H20、H24、H31 等均为体积较大的大型垃圾坑）。

在各个遗址中所发现的动物遗存应当多数是当时先民消费后丢弃的垃圾，从上文介绍的出土状况来看，李屋遗址发现的材料最为复杂，且分布区域没有一定的规律性，符合一般聚落的分布特征；双王城与南河崖遗址发现的材料相对较为单纯，在一些特殊遗迹中并未发现或极少发现人类利用过的动物遗存，说明当时在遗址内部可能已经有了较为明确的分区，先民集中在一定区域内消费肉食，而一些特定区域则作为专门的加工场所，不做其他用途。

南河崖遗址文蛤保持双壳未开的状态存在于特定的灰坑内（H13 和 H14），这样的现象表明这些灰坑可能具有某种特殊意义，可能是当地风俗（习俗）的一种显示。

动物遗存的出土状况显示出专门的盐业遗址内可能有专门的生活区域和作业区域的划分，工匠们集中在一定区域内进食；而一般性聚落则没有这样明确的区域划分。

2. 保存状况

双王城与南河崖遗址哺乳动物数量均比较少，骨骼部位保存严重不全。有研究者认为像这样的盐业遗址可能具有一定的季节性[1]，推测当时的先民在农闲时来到该地区进行海盐生产，一段时间之后再返回原居住地。笔者认为动物遗存显示的特征与该研

---

[1] 宋艳波、燕生东、佟佩华等：《鲁北地区殷墟时期遗址出土的动物遗存》，《海岱考古》（第四辑），科学出版社，2011 年，499 页。

究者的推断是相吻合的。

李屋遗址相对来说哺乳动物的骨骼部位保存较多，但是也有比例失调的现象，尤其是牛、猪、鹿类动物的长骨部分缺失。研究者曾经根据聚落等级等特征结合考古发现推测李屋遗址的牛长骨可能流向了附近高一等级的兰家聚落[①]。笔者认为这只是其中一种可能性。根据专门制盐遗址（双王城与南河崖）哺乳动物保存部位严重缺失，所有的种属均在李屋遗址有所发现而且李屋遗址也存在着骨骼保存部位比例失调的现象，笔者推测专门制盐遗址的动物遗存很可能是由后面这一类的遗址内运去的现成肉食。

（三）肉食结构分析

从主要哺乳动物的可鉴定标本数来看，双王城遗址明显是以家养的猪、狗、牛和羊为主（85%），野生的鹿类动物比例较低（15%）（图四）；南河崖遗址也是明显的以家养的牛、猪、狗和马为主（83%），野生的鹿类动物比例很低（9%）（图五）；李屋遗址则是以野生动物为主（55%），家养的牛、猪和狗仅占45%，其中野生的鹿类动物占了43%（图六）。

从主要哺乳动物的最小个体数来看，双王城遗址仍是以家养动物为主，占76%，野生的鹿类动物仅占24%（图七）；南河崖遗址也仍是以家养动物为主，占62%，野生的鹿类动物仅占19%（图八）；李屋遗址家养动物占52%，野生的鹿类动物占37%（图九）。

从上述定量分析的结果来看，虽然时代上稍有先后，但双王城和南河崖遗址的特征还是比较相似的，无论是可鉴定标本数还是最小个体数都是以家养动物为主；李屋遗址则情况比较特殊，无论是从可鉴定标本数还是最小个体数来看，家养动物与野生动物的比例始终相差不大。动物遗存显示的特征与研究者对于三个遗址性质复杂程度的推断是相吻合的。

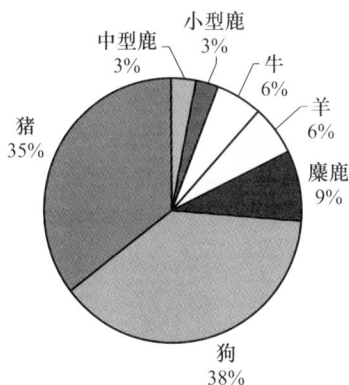

图四　双王城遗址晚商到西周早期主要哺乳动物可鉴定标本数分布示意图

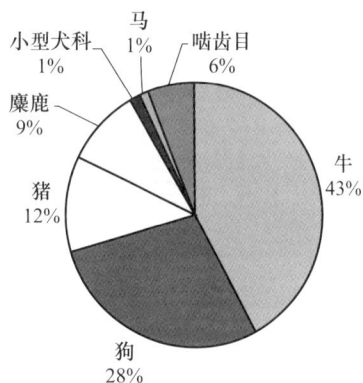

图五　南河崖遗址西周时期主要哺乳动物可鉴定标本数分布示意图

① 宋艳波、燕生东、佟佩华等：《鲁北地区殷墟时期遗址出土的动物遗存》，《海岱考古》（第四辑），科学出版社，2011年，498页。

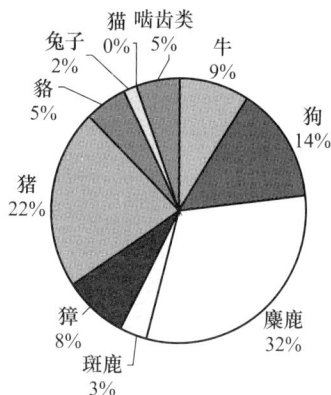

图六　李屋遗址晚商时期主要哺乳动物可鉴定
标本数分布示意图

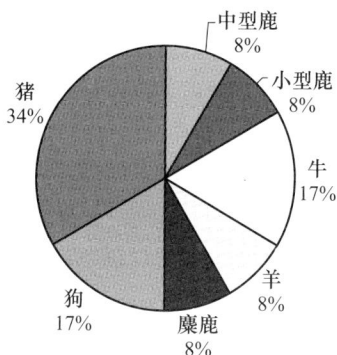

图七　双王城遗址晚商到西周早期主要哺乳
动物最小个体数分布示意图

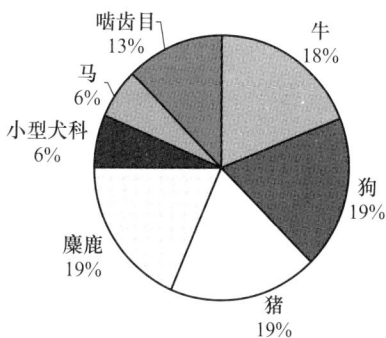

图八　南河崖遗址西周时期主要哺乳动物
最小个体数分布示意图

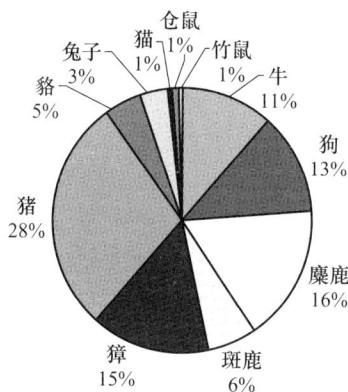

图九　李屋遗址晚商时期主要哺乳动物
最小个体数分布示意图

　　参照有关动物资料，结合古代猪、牛、羊饲养情况，可大体算出一些动物出的肉量标准[1]：成年黄牛平均出肉 250 公斤、猪 119 公斤、狗 10 公斤、麋鹿 80 公斤、斑鹿（中型鹿）60 公斤、獐（小型鹿）7.5 公斤、貉 2.5 公斤、兔子 1 公斤。

　　根据上述标准，我们对这三个遗址主要哺乳动物的肉量进行了推算。双王城遗址明显以家养动物为主，家养的牛和猪占总肉量的 90%，野生的鹿类仅占 7%（图一○）；南河崖遗址也是明显以家养动物为主（82%），尤其是家养的牛占 57%，野生的鹿类动物仅占 18%（图一一）；李屋遗址也是以家养动物为主（77%），其中牛和猪的比例相差不大，野生的鹿类占 23%（图一二）。

　　从上述动物遗存显示的肉食量比例来看，三个遗址都是以家养哺乳动物为主的，尤其是家养的牛在三个遗址中所占的比重均比较高（双王城 46%、南河崖 57%、李屋 37%）（图一○～图一二）。有研究者认为双王城、南河崖和李屋遗址所属的区域不适

[1]　Elizabeth J. Reitz and Elizabeth S. Wing. *Zooarchaeology*. Cambridge University Press, 1999: 223.

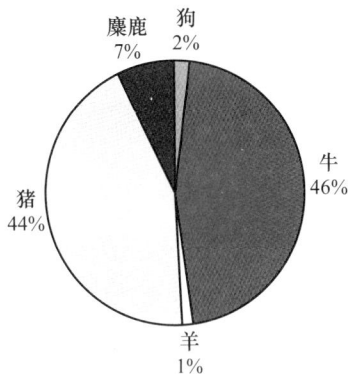

图一〇　双王城遗址晚商到西周早期主要哺乳
　　　　动物肉量分布示意图

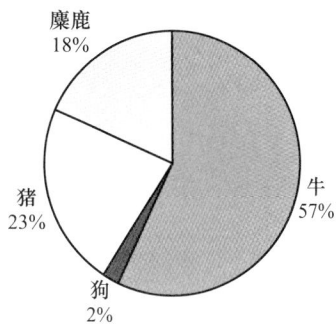

图一一　南河崖遗址商周时期主要哺乳动物
　　　　肉量分布示意图

合农业种植，居民的生计来源除了从内陆地区进口粮食外，家畜养殖和狩猎采集等经济活动在生活中也占有很大比重[①]。虽然本地区的农业生产不占主要地位，但是通过环境考古的研究可以发现，距今 3000 年前后，该地属于阔叶林为主的森林草原景观，湖沼发育，野生动物资源比较丰富，适宜进行渔猎采集活动。而且这里草类资源丰富，适宜牛和猪的放养。

图一二　阳信李屋晚商时期主要哺乳
　　　　动物肉量分布示意图

　　综合以上分析，可以看出：三个遗址均是以家养的哺乳动物（主要是牛和猪）为主要肉食来源，野生哺乳动物作为肉食的补充；其中专门的制盐遗址（双王城和南河崖）家养动物的比例显得更高一些，而定居聚落（如李屋遗址）野生动物的比重更大且种属更加复杂。

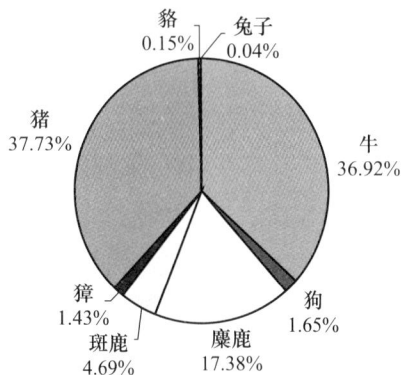

四、小　　结

　　通过以上分析，可以做出如下推测：鲁北地区晚商到西周时期盐业遗址动物遗存特征的一致性，表明其自然环境并未发生太大变化，当时遗址所处的位置均离海较近，且附近有一定面积的淡水水域，比较容易获取软体动物；不同遗址间动物遗存的具体差异，则可能与遗址的年代与性质有关；盐业工匠的肉食以家养哺乳动物（尤其是牛）为主，同时也食用部分野生哺乳动物，还会在当地采集较易获得的软体动物作为肉食的补充；李屋等定居聚落内先民从事饲养家畜与渔猎野生动物的活动，并主要以

_____

① 宋艳波、燕生东、佟佩华等：《鲁北地区殷墟时期遗址出土的动物遗存》，《海岱考古》（第四辑），科学出版社，2011 年，483～500 页。

饲养家畜来获得肉食；李屋等聚落先民可能会向高一等级聚落输送制作骨器的原材料，同时也会向单一性质的遗址（专门的制盐遗址）输送成品肉食。

Meat Consumption Analysis of Salt Industry Sites in Northern Shandong from Late Shang to West Zhou Period

Song Yanbo

(Archaeological Department of Shandong University)

From Late Shang to West Zhou Period, Domestic mammals were the main source of meat for ancient people of the salt industry sites in Northern Shandong, while wild mammals and mollusks were supplementary source. Most of the meat ware of the salt industry sites were carried from their settlement while mollusks were collected from local area. People of the Liwu settlement probably carried raw material for making bone objects to larger settlement and also sent meat production to specialized site such as the salt industry sites.

鲁北地区盔形器的类型学分析

于成龙

（常州博物馆）

盔形器是鲁北地区商周时期普遍存在的一种陶器，多集中出土于沿海地区，内陆也有少量出土，一般认为它与商周时期制盐业关系密切。以往盔形器发现的数量并不少，但学术界对它的重视不够，专门的论述也较少。

2000 年以来，多家单位部门在鲁北地区开展了一系列考古工作，发现了大量的盔形器，为该区域盔形器的综合研究积累了大量的新材料。本文对鲁北地区出土的盔形器进行梳理，试图建立盔形器的发展序列，为进一步探讨盔形器的源流、分布规律、用途和产地等相关问题打下基础。

一、典型遗址分组

鲁北地区内陆遗址出土日用陶器数量较多，但出土盔形器数量较少，可靠层位关系不多，给盔形器的分期带来困难。近年来发掘的几处沿海盐业遗址，出土了许多有层位关系的盔形器和一些日用陶器，这样我们可以以沿海典型盐业遗址的类型学研究作为基础，参照内陆出土盔形器遗址的日用陶器分期，综合得出鲁北地区盔形器的年代框架。

在已发掘出土盔形器的遗址中(图一)，以阳信李屋[①]、广饶南河崖[②]和寿光双王城[③]三处遗址发掘面积最大、出土盔形器数量最多、年代序列较完整，并有若干年可靠层位关系可以利用，故我们先对这三处遗址进行分组研究。

（一）典型遗址

1. 阳信李屋遗址

该遗址是目前所见材料中公布盔形器数量最多、同出日用陶器数量较多、层位关

---

① 山东省文物考古研究所、北京大学中国考古学研究中心、山东师范大学齐鲁文化研究中心等：《山东阳信县李屋遗址商代遗存发掘简报》，《考古》2010 年 3 期，3～17 页。

② 山东大学考古系、山东省文物考古研究所、东营市历史博物馆：《山东东营市南河崖西周煮盐遗址》，《考古》2010 年 3 期，37～49 页。

③ 山东省文物考古研究所、北京大学中国考古学研究中心、寿光市文化局：《山东寿光市双王城盐业遗址 2008 年的发掘》，《考古》2010 年 3 期，18～36 页。

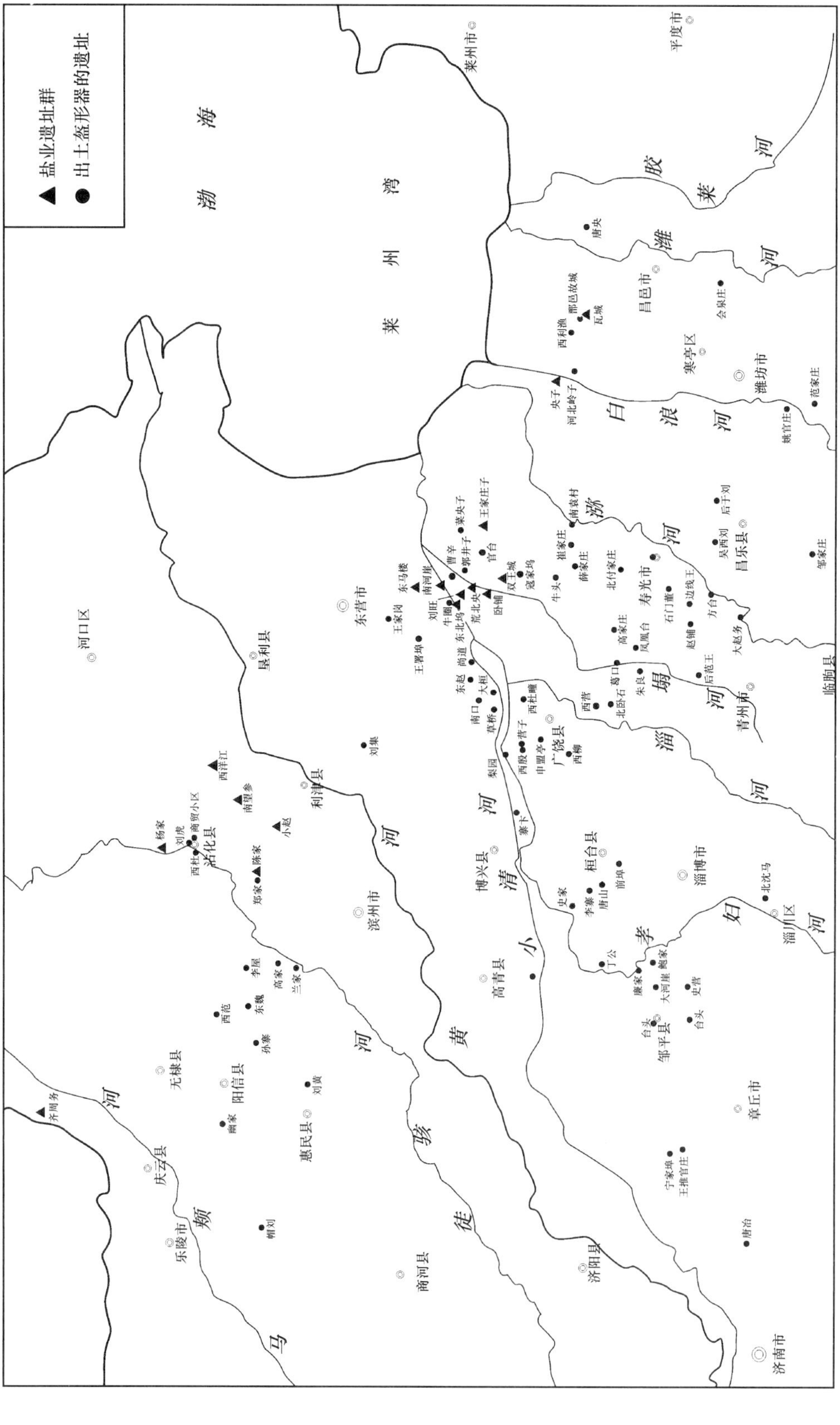

图一 出土盆形器遗址分布图

系较清晰的遗址。原报告公布了5组具有分期意义的层位关系：M32、M36、H15 → H20 → H33、H32、H38、H43、H45，H20 → 房屋（院）垫土 → H46，M40 → H12 → H30 → H31，M41 → H16 → H22 → H31，H41 → H21 → H24 → H42 等。

笔者基本认同原报告的分组结果，个别遗迹单位的组别稍作调整，将李屋遗址的遗存划分为四组（图二）。

第一组：以 H46 为代表。T1507⑨：2 与 H46 出土的多数盔形器形态相近，且层位靠下，H42：1 高实足根鬲和 H45：01 的假腹豆年代较早，故将以上单位归入本组中。

第二组：以 H33 为代表。还包括 H31、H32、H38、H43。

第三组：以 H20 和 H22 为代表。H12 和 H24 出土盔形器型式应属本组，另外，H24 和 H20 出土的低裆鬲基本一致，故将 H12 和 H24 归入本组中。

第四组：H15 层位较靠上，应是最晚的阶段；M41：1 的鬲呈扁方形，实足根消失，裆部低平，年代较晚，故将 M41 也归入本组，问题应该不大；M32：1 簋和 M32：2 矮粗柄豆具有殷墟晚期特征，亦可归入本组。

根据叠压打破关系可知，上述一至四组单位应是由早到晚衔接的四部分。第三组和第四组的盔形器演变序列之间似存在缺环。

2. 广饶南河崖遗址

2008 年 3 月发掘，清理西周时期各类遗迹 50 余个，出土了大量的盔形器标本和少量生活用器。本次发掘的遗迹多数应是共存的关系，只发现一组具有分期意义的层位关系：H25①→ H17 → H25②→ H25③→ TC1。

通过层位关系和类型学研究，我们将南河崖遗址遗存大致分为三组（图三）。

第一组：以 F3 和 YZ1 为代表，YZ4 暂归入此组。

第二组：包括 TC1、H11 和 YZ3 等。

第三组：包括 H17 等。

第四组：包括 H25、LK9 等。

根据叠压打破关系可知，上述一至三组单位应是从早到晚的三部分。该阶段可用材料较少，分期依据不是很充分，分组结果仍有待日后检验修正。

3. 寿光双王城遗址

双王城遗址发掘面积较大，清理各类遗迹数量很多，出土遗物数量也比较丰富，但简报并未公布与盔形器同出的生活用器，另外 014A 与 014B 的年代早晚关系缺少证据。关于该遗址的分期问题，本文在分析过李屋遗址和南河崖遗址的分组情况后，认为双王城原报告中盔形器分期稍有不妥之处，014BH4、H20、H30、H35 和 KJ1 等单位出土的圜底盔形器年代可能更早一些，而 014BHK1 出土尖圜底盔形器形制上更接近与报告中的第三期。从李屋的分组上也可以证明这一点，李屋第二组中圜底盔形器数量较多，圜底特征明显，而李屋第三组中圜底器数量仍较多，但尖圜底盔形器开始出现。

据上述原因，本文将双王城盔形器分期稍作调整，尝试将原报告中的第一期与第二期盔形器合并为第一组，原报告的第三期作为第二组（图四）。

第一组：包括 014AKJ1、014AH20、014AH30、014AH35 和 014AH3 等遗迹单位。

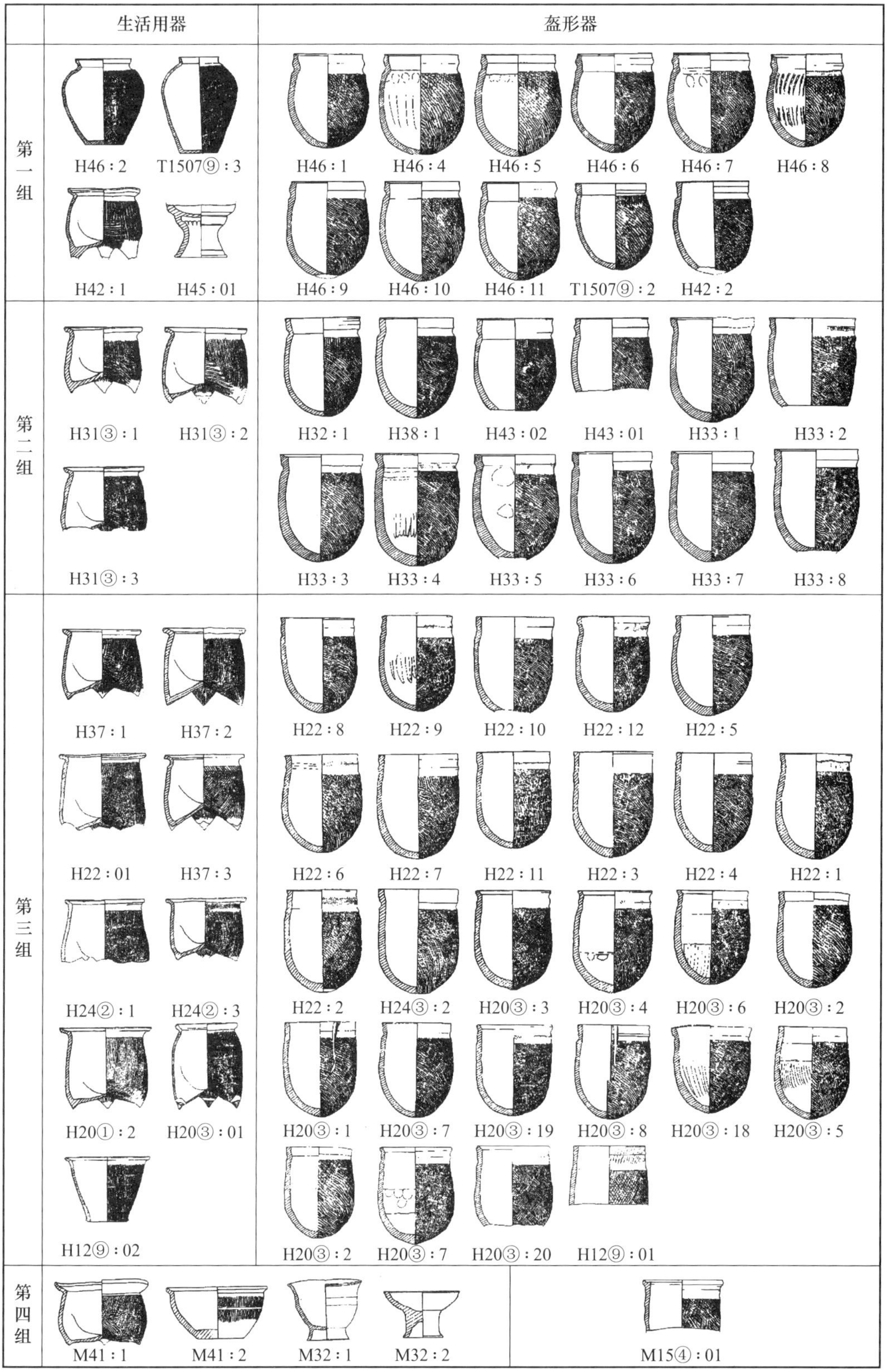

图二　阳信李屋遗址盔形器分组图

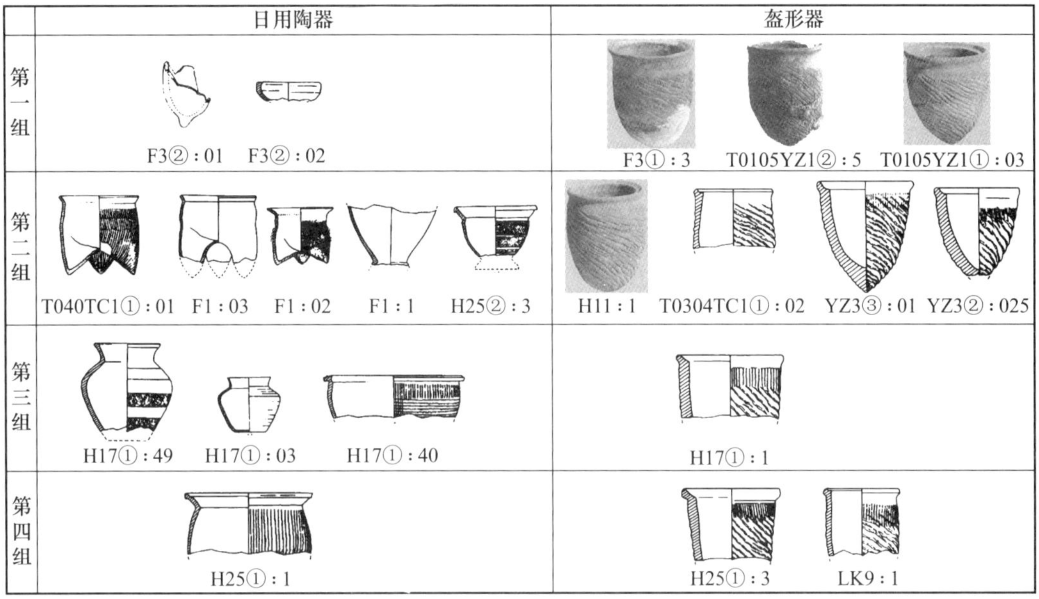

图三　南河崖遗址盔形器分组图

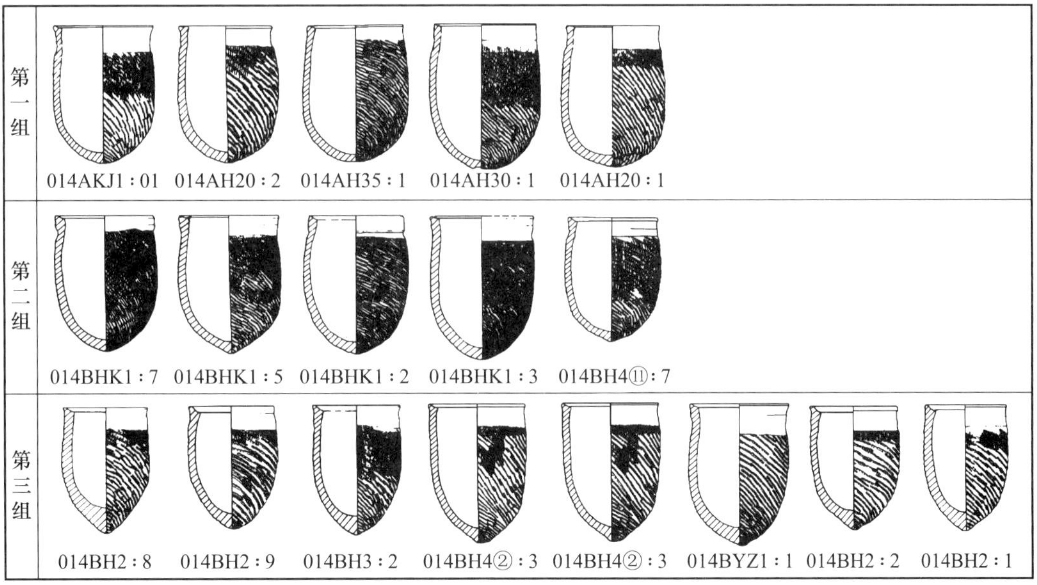

图四　双王城遗址盔形器分组图

第二组：包括014BHK1和014BH4⑪等。

第三组：包括014BH2、014BH3和014BH4第1~8层等遗迹单位。

（二）典型遗址各组对应关系

以上是三处出土盔形器典型遗址的分组概况，廓清各个遗址不同组别的年代对应关系，对于研究盔形器的综合分期是十分必要的。

阳信李屋遗址第一、二组盉形器数量很多，根据李屋的层位可知，第一组年代最早，第二组次之。但在双王城和南河崖遗址目前还没有发现与李屋一、二组相当的遗存，基本可以确定李屋第一、二组应是三个典型遗址中年代最早的阶段。

李屋遗址第三组出土遗物最为丰富，盉形器数量最多，可与之对比的有双王城遗址的第一组。如李屋 H20 ③：3 与双王城 014BHK1：5，沿面微向内倾斜，直腹微鼓，尖圜底，颈下饰较细绳纹；又如李屋 H20 ③：6 和双王城 014AH35：1，沿面稍向内斜，束颈不明显，直腹，圜底。南河崖遗址仍没有可与李屋第三组相对应的遗存，我们将李屋遗址第三组与双王城遗址的第一组划分为同一阶段，该阶段年代应比李屋第二组稍晚。

李屋遗址第四组出土遗物较少，只有一件唇面出现凹槽的盉形器，下半部缺失，形态不明确，从与其共存的器物来看，年代应在殷墟四期前后。双王城第二组时代上处于李屋第三组和双王城第三组之间，也就是殷墟四期左右，可将其归入本组。南河崖遗址暂没有明确的商代遗物，谨慎起见，只将李屋遗址第四组与双王城第二组划为同一阶段。

南河崖遗址第一组和双王城遗址的第三组可以划分为同一阶段。南河崖和双王城遗址本阶段发表遗物虽少，但仍有可对比器物，如南河崖 T0105YZ1 ②：5 与双王城 014BH2：2 几乎相同，同是体态瘦长，直口，唇面呈现凹槽状，尖圜底，颈部一下饰链锁状粗绳纹。这一阶段的年代晚于李屋第四组，而早于南河崖的第二组。南河崖的第二、三、四组遗存数量不多，李屋和双王城遗址也没有该阶段的遗存，无法进行对比，从南河崖的层位关系上来看，这三组年代上应是从早到晚的关系。整体上看，南河崖遗址出土盉形器与阳信李屋遗址相比，形制上差别明显，这反映出二者出土盉形器在时代上的不同，李屋遗址时代最早，南河崖遗址时代最晚。而双王城遗址出土的盉形器有一部分与李屋遗址类似，另一部分则与南河崖遗址接近，说明双王城遗址在时代上恰巧介于李屋和南河崖遗址之间。

二、内陆出土盉形器遗址的组段

除了上述三处典型遗址外，内陆一些遗址也出土有盉形器，为探求鲁北地区盉形器的综合分期我们以典型遗址分组结果为标尺，结合前人对鲁北地区商周陶器的类型学研究成果，将内陆出土盉形器的遗址与典型遗址的分组相对应，可以将鲁北地区盉形器的演变划分为八个阶段（表一）。

表一 沿海典型遗址与内陆遗址分段、分组对应关系表

分段	典型遗址	内陆遗址
第一段	李屋第一组	史家 H17，前埠 J2 ⑤，唐山 H122
第二段	李屋第二组 双王城第一组	前埠 H129、H132，宁家埠 H20
第三段	李屋第三组 双王城第一组	丁公 T2 ⑤ A，宁家埠遗址 J6，凤凰台 H630

续表

分段	典型遗址	内陆遗址
第四段	李屋第四组 双王城第二组	丁公遗址 H17
第五段	南河崖第一组 双王城第三组	北沈马 H5，后于刘遗址 H52、H71，唐山 HK2，赵铺 T4 ②
第六段	南河崖第二组	北沈马 H6，王推官庄 H148，青州凤凰台 T624 ④
第七段	南河崖第三组	后于刘遗址 H92、H93
第八段	南河崖第四组	唐冶遗址

桓台史家遗址 ① H17、前埠遗址 ② J2 和唐山遗址 ③ H122 出土的盉形器几乎完全相同，唐山 H122 与前埠 J2 出土的甗形态较接近，我们将这三个单位列为一组问题似乎不大。这三个遗址出土的直口盉形器与阳信李屋 H46：4 等很是相似，李屋 H42：1 鬲裆部较高，实足根较高，与唐山 H122 出土的鬲形制大致相同。故将这三个遗址与阳信李屋第一组一起列入第一段。

前埠遗址 H129 和 H132 出土的盉形器和鬲形态均较一致，其盉形器形态与阳信李屋遗址 H33 出土的多数盉形器相似，故将前埠遗址 H129 和 H132 划入第二段。宁家埠遗址 ④ H20：1 盉形器胎薄，绳纹细，束颈明显，圜底，应该可以纳入本段。

宁家埠 J6：2 出土的盉形器，直腹微鼓、圜底、厚胎，与丁公 ⑤ T2 ⑤ A：1 出土的圜底盉形器较为相似；J6：3 的盉形器与凤凰台遗址 ⑥ H630：1 很相近。又据丁公 T2 ⑤ A 与李屋 H12 ⑨：02 的甗形制基本相同，盉形器的形制又大同小异，故将丁公遗址 T2 ⑤ A、宁家埠遗址 J6 和凤凰台遗址 H630 与阳信李屋第三组和双王城第一组一同归入第三段。

从丁公遗址 ⑦ H17 出土的三角划纹簋和李屋 M41：1 扁方形低裆袋足鬲来看，二者年代大抵为殷墟四期，可列为一组。根据上述双王城遗址分组结果，双王城第二组恰好处在殷墟第三期的李屋第三组和西周早期的双王城第三期之间，故其年代也在殷墟四期左右。故我们将丁公遗址 H17、双王城第二组和李屋的第四组划为第四阶段。

第五阶段包括北沈马遗址 ⑧ H5，后于刘遗址 H52、H71，唐山遗址 HK2，赵铺遗

① 张光明等：《桓台史家遗址发掘获重大考古新发现》，《中国文物报》1997 年 5 月 18 日第 1 版；燕生东：《渤海南岸地区商周时期盐业遗址群结构研究》，北京大学博士研究生学位论文，2009 年。

② 燕生东、魏成敏、党浩等：《桓台西南部龙山、晚商时期的聚落》，《东方考古》（第 2 集），科学出版社，2005 年，168~197 页。

③ 燕生东：《渤海南岸地区商周时期盐业遗址群结构研究》，北京大学博士研究生学位论文，2009 年。

④ 济青公路文物考古队宁家埠分队：《章丘宁家埠遗址发掘报告》，《济青高级公路章丘工段考古发掘报告集》，齐鲁书社，1993 年，1~114 页。

⑤ 山东大学历史系考古专业：《山东邹平丁公遗址第二、三次发掘简报》，《考古》1992 年 6 期，496~504 页转 577~578 页。

⑥ 山东省文物考古研究所等：《青州凤凰台遗址发掘》，《海岱考古》（第一辑），山东大学出版社，1989 年，141~182 页。

⑦ 山东大学历史系考古专业、邹平县文化局：《山东邹平丁公遗址试掘简报》，《考古》1989 年 5 期，391~398 页。

⑧ 任相宏、张光明、刘德宝主编：《淄川北沈马遗址的发掘与研究》，《淄川考古》，齐鲁书社，2006 年，131~186 页。

址 [1]T4 [2]，双王城遗址第三组和南河崖遗址第一组等。上述几处遗址尖圜底盔形器形制基本一致，如北沈马 H5：56、唐山 HK2：1 等；并且几处遗址都出土具有西周早期特征的器物，如北沈马 H5：1 的弧裆鬲。

北沈马 H6：16、H6：17 厚胎粗砂尖底盔形器特征明显，与青州凤凰台遗址 T624 [4]：4，王推官庄遗址 [2]H148：2，南河崖 YZ3 出土的尖底盔形器应是同一种类型；H5：4 和南河崖 T0105TC1 ①：01 的鬲，同是粗绳纹，袋足，裆部较高，形制较接近；H5：56 双唇口盔形器上腹较直，与南河崖 T0105TC1：02 的盔形器形似，故将淄川北沈马遗址 H5、王推官庄遗址 H148 和青州凤凰台遗址 T624 ④等归为第六阶段问题应该不大。

后于刘遗址 [3]H92：3 和 H93：12 两件盔形器内外唇分化明显，有唇槽，上腹直，下腹明显向内弧收，与南河崖 LK9：01 特征相似；同时 H93：7 的绳纹罐年代大约在西周中期，明显晚于以上五个阶段，故我们将后于刘遗址 H92、H93 与南河崖第三组等一起归为第七段。

南河崖第四组为第八段，此段是盔形器发展的较晚阶段，与之同时的遗址较少。济南唐冶遗址 [4]出土的盔形器，形态较小，尖底，粗绳纹，似可归入此段。

属于南河崖遗址第三、四组相比较的遗存很少，本文组段的划分仍需日后工作检验。另外，寨卜 [5]和王推官庄遗址 H132：12 盔形器线图似有问题，暂不论。

表中第一至八段，基本代表了目前所发现盔形器发展过程中的 8 个阶段。

三、盔形器的演变

鲁北地区出土的盔形器初步可分为四型。

A 型出土数量较少，在史家、唐山和前埠等遗址有发现。共一式。

Ⅰ式：侈口，圆唇，折沿，束颈，圆鼓腹，圜底，口部以下饰交错绳纹，绳纹较细密。前埠 J2 ⑤：9（图五，1）。

B 型　直口，束颈，圜底。可分为五式。

Ⅰ式：直口，平唇或微内斜，束颈明显，圆鼓腹，圜底，颈部以下饰交错绳纹，整体形态矮胖。李屋 H46：7（图五，2）。

Ⅱ式：直口，平唇微内斜，颈部有一周凹槽，束颈较明显，直腹微鼓，圜底，颈部以下饰交错绳纹。李屋 H33：3（图五，3）。

Ⅲ式：直口，平唇或微内斜，直腹，颈部凹槽不明显，圜底，颈部以下饰绳纹。李屋 H22：6（图五，4）。

Ⅳ式：直口，唇面内斜，束颈几乎消失，直腹，圜底，颈下饰斜向绳纹。双王城

① 夏名采：《青州市赵铺遗址的清理》，《海岱考古》（第一辑），山东大学出版社，1989 年，183～201 页。
② 山东省文物考古研究所：《山东章丘市王推官庄遗址发掘报告》，《华夏考古》1996 年 4 期，27～51 页。
③ 山东省文物考古研究所、昌乐县文管所：《昌乐县后于刘遗址发掘报告》，《海岱考古》（第五辑），2012 年，169～242 页。
④ 2006 年发掘，资料现存济南市文物考古研究所。
⑤ 燕生东：《渤海南岸地区商周时期盐业遗址群结构研究》，北京大学博士研究生学位论文，2009 年，27 页。

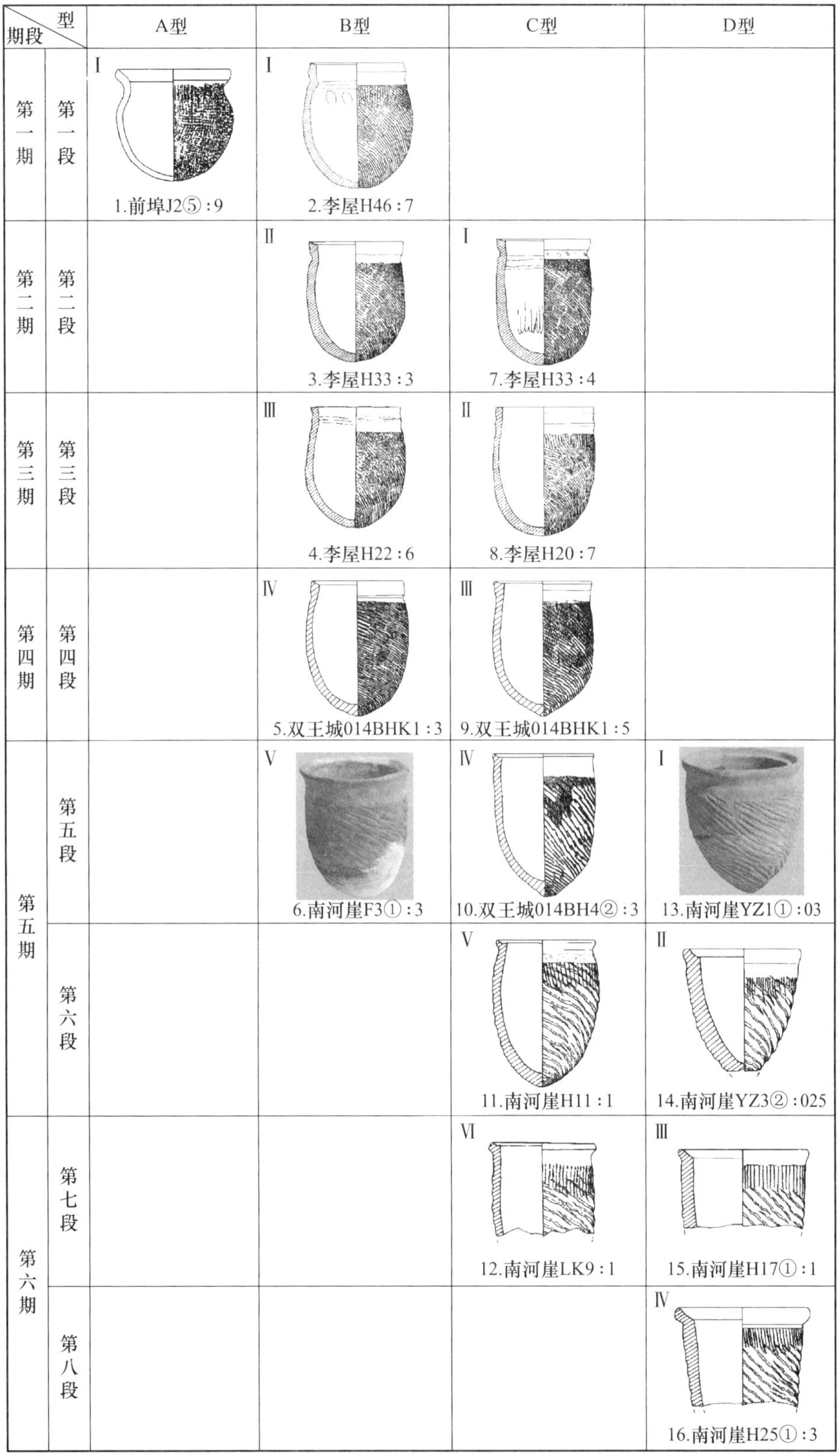

期段	型	A型	B型	C型	D型
第一期	第一段	I 1.前埠J2⑤:9	I 2.李屋H46:7		
第二期	第二段		II 3.李屋H33:3	I 7.李屋H33:4	
第三期	第三段		III 4.李屋H22:6	II 8.李屋H20:7	
第四期	第四段		IV 5.双王城014BHK1:3	III 9.双王城014BHK1:5	
第五期	第五段		V 6.南河崖F3①:3	IV 10.双王城014BH4②:3	I 13.南河崖YZ1①:03
	第六段			V 11.南河崖H11:1	II 14.南河崖YZ3②:025
第六期	第七段			VI 12.南河崖LK9:1	III 15.南河崖H17①:1
	第八段				IV 16.南河崖H25①:3

图五　鲁北地区盔形器分期示意图

014BHK1：3（图五，5）。

Ⅴ式：侈口，唇面内斜，直腹，圜底，颈下饰斜向绳纹，绳纹较疏。南河崖 F3①：3（图五，6）。

B型盆形器的演化规律是：起初束颈明显，后束颈痕迹逐渐不明显，几近消失；腹部由圆鼓发展为瘦长，整体形态也由圆变瘦；纹饰由最初交错拍打的细密绳纹变为斜向较稀疏的粗绳纹。

C型　唇部外高内低，腹部瘦长，尖圜底。可分为六式。

Ⅰ式：直口，平唇微内斜，颈部有一周凹槽，直腹，圜底，颈部以下饰交错细绳纹。李屋 H33：4（图五，7）。

Ⅱ式：直口，内唇明显低于外唇，颈部凹槽不明显，筒腹，圜底，整体形态瘦长，颈下拍打的交错绳纹较细密。李屋 H20：7（图五，8）。

Ⅲ式：直口，唇部外高内低，束颈不明显，直腹，尖圜底，颈部以下饰螺旋状绳纹，整体形态瘦长。双王城 014BHK1：5（图五，9）。

Ⅳ式：直口，出现唇槽，唇部外高内低，外唇外翻，内唇较平，直腹，尖圜底，颈部以下饰螺旋状粗绳纹，绳纹变疏。双王城 014BH4②：3（图五，10）。

Ⅴ式：直口，有唇槽，外唇外翻，内唇上挑，唇槽较浅，上腹微鼓，下腹部向内弧收，尖圜底。南河崖 H11：1（图五，11）。

Ⅵ式：直口，有唇槽，外唇变厚，内唇上挑，唇槽较浅，直腹，尖圜底，绳纹粗疏。南河崖 LK9：1（图五，12）。

C型盆形器的演化规律是：由平唇发展到内外唇分化明显，并且出现唇槽；圜底变为尖圜底；整体形态由粗胖型向瘦长型发展。

D型　器形较大，制作风格粗犷。绳纹稀疏、粗深，多为夹粗砂陶，陶胎厚重。可分为四式。

Ⅰ式：敞口，折沿，圆唇，沿面宽且内凹，上腹部较直，下腹向内弧收，尖底，绳纹相对较细密，陶胎较薄。南河崖 YZ1①：03（图五，13）。

Ⅱ式：敞口，折沿，圆唇，沿面内凹，斜腹向内急收，尖底，螺旋状粗绳纹上常见细绳纹与其交错，厚胎夹粗砂，多见表面剥落。南河崖 YZ3②：025（图五，14）。

Ⅲ式：敞口，斜折沿，圆唇，沿面内凹，斜腹向内急收，尖底，螺旋状粗绳纹上常见细绳纹与其交错，厚胎夹粗砂，多见表面剥落。南河崖 H17①：1（图五，15）。

Ⅳ式：敞口，斜折沿，圆唇，沿面微凹，腹部斜直，下腹急收，尖底，螺旋状粗绳纹上常见细绳纹与其交错，厚胎夹粗砂。南河崖 H25①：3（图五，16）。

D型盆形器的演变规律是：腹部由直腹弧向内收，变为斜直内收；绳纹粗深，呈螺旋状，整体形态逐渐变瘦长。

四、盆形器的分期与年代

从盆形器的形制和演变规律来看，可将盆形器的发展划为六期。A型圆鼓腹、束颈、圜底盆形器只存在于第一段中；与其共存的 BⅠ式盆形器比 BⅡ式束颈更加明显，腹部更加圆鼓；第三段盆形器颈部凹槽开始消失；第四段盆形器器身更瘦长，并出现了尖圜底盉形器；第五段开始出现尖底盉形器，这是一个比较明显的变化，第六段的盉形器体态瘦长，纹饰变粗，器壁变厚，但从同出生活用器的特征来看，五、六段年代相差不远，可将这两段划为一期；七、八段年代差别也不大，在西周中期前后。这样我们可以大致把第一段作为第一期，第二段作为第二期，第三段为第三期，第四段为第四期，第五、六段归并为第五期，第七、八段并为第六期。现将各期盉形器的主要特征及年代推测概括如下。

第一期：盉形器可分为A、B两型，A型盉形器圆鼓腹圜底，B型体态相对瘦长，并且A型盉形器只存在于第一期中，其他期不见。盉形器多为泥质或稍加细砂，陶土应该经过淘洗，绝大多数陶色为灰陶，个别为红陶，往往夹杂有褐色、灰色斑块，均饰交错绳纹，绳纹较细密。盉形器为手制，口部可能经慢轮修整，以泥条盘筑为主，有的器物内壁尚保留有刮摸修整的痕迹，烧制火候较高，陶胎紧密。同出日用陶器常见鬲、甗和豆等，史家H17出土的鬲，器身近正方体，实足根明显，裆部较高，分裆宽，绳纹略粗，与大辛庄[①]6H133：1较为相似；唐山H122出土两件陶鬲，形制与大辛庄[②]6H17：1相仿；李屋T1507⑨：3绳纹瓮与苗圃北地Ⅰ期[③]PNM103：1基本相同。总体上看，第一期盉形器的年代应属山东地区商文化分期第三期[④]，年代大约在殷墟一期晚段。

第二期：存在着B、C两型盉形器，AⅠ式圆鼓腹盉形器消失不见，BⅡ式盉形器为直口，束颈似凹槽状，直腹微鼓，圜底，颈部以下饰交错绳纹；CⅠ式束颈不明显，器身瘦长，圜底。陶质多为泥质灰陶或褐陶，常见夹细砂，陶胎细密，火候较高；腹部排印较密细绳纹，器壁较薄，制法与第一期相同。同出日用陶器有鬲、甗、豆等。李屋H31③：2的鬲呈方形略扁，实足根较高且内勾，绳纹较粗，与苗圃北地SH421：43的鬲形制相似；前埠H132：1与苗圃北地AHH110：1的鬲也较相似，可能为殷墟二期遗物，同时考虑到前埠H129：1的鬲较扁，年代可能稍晚，故综合推断本期年代大致在殷墟二期，下限可到殷墟三期前后。

第三期：同样是存在着B、C两种形制的盉形器，束颈不明显，圜底，均有拍打的交错绳纹。B型微鼓腹，C型为筒腹状，特征较明显。泥质陶占多数，夹细砂陶也占一定比例，灰陶居多，也有一些褐陶。同出日用生活器皿有绳纹鬲、甗等。李屋H20①：2和H24②：3的鬲形制相同，裆部低平，实足尖不明显，足尖内勾，与苗圃北地M70：3的鬲相同，故推测第三期的年代大致在殷墟三期。

第四期：出现较明显的尖圜底盉形器，饰斜向稀疏绳纹，绳纹开始变粗，器壁变厚，底部最厚。本期泥质陶仍较多，夹细砂盉形器也占一定比例，灰陶褐陶较多。同出日用器皿有鬲、甗、簋、豆等，鬲的形态呈扁方形，实足尖消失，裆部低至近平；另有粗柄豆、三角划纹簋、低裆袋足甗等具有明显殷墟四期特征的器物，据此本期年代应为殷墟四期前后无误。

① 蔡凤书：《济南大辛庄商代遗址的调查》，《考古》1973年5期，272～275页；任相宏：《济南大辛庄龙山、商遗址调查》，《考古》1985年8期，753～755页；徐基：《1984年秋济南大辛庄遗址试掘述要》，《文物》1995年6期，12～27页。

② 同①。

③ 中国社会科学院考古研究所：《殷墟发掘报告（1958～1961）》，文物出版社，1987年。

④ 陈淑卿：《山东地区商文化编年与类型研究》，《华夏考古》2003年1期，52～68页。

第五期：本期至少存在三种形制的盔形器。B、C 型常见泥质陶，灰、红、褐三种颜色都有，胎较 D 型盔形器薄，绳纹粗疏，火候较高，质地坚硬；D 型盔形器风格粗犷，厚胎，粗绳纹，尖底。关于南河崖遗址年代问题，本文同意原报告将遗址整体年代定为西周中期前后，但从素面鬲、三角划纹簋和弧裆鬲共出的情况来看，本地文化、商文化和周文化交织在一起，具有鲁北地区西周早期的特征。南河崖 T0404TC1 ① ：01 鬲与鲁故城 ① 西周中期 AH284：3 鬲相似，但南河崖出土鬲的裆部较高，年代应该更早，因此南河崖遗址属于本文第五期的遗存年代可能早至西周早期晚段；北沈马遗址年代应为西周早期，已有学者论述 ②；赵铺遗址 T1 ②：4 与张家坡居址 ③ 西周早期 T308：3 的盆相似；唐山 HK2：1 鬲与朱家桥 ④ 西周早期陶鬲类似。综上，我们尝试将第五期的年代定为西周早期晚段。

第六期：不见圜底盔形器，夹粗砂、尖底、厚胎，饰螺旋状粗绳纹盔形器是本期的代表器物。常见日用陶器有绳纹罐、盆等。南河崖 H17 ① ：03、H17 ① ：49 的罐，侈口，肩部圆鼓，具有西周中期的特征；后于刘 H93：7 的瓮，广肩，直腹，圜底，肩部饰宽的凹弦纹，腹部饰竖行细绳纹及凹弦纹，与西吴寺西周中期 H2028：1 和 J3：19 的瓮几乎一致，另与张家坡 ⑤ 西周晚期居址的器物雷同。因此，我们把第六期的年代定在西周中期前后似乎比较合适。

五、其他遗址盔形器的分期

以上我们主要利用了沿海典型遗址和内陆出土盔形器遗址的材料，对鲁北地区盔形器进行了综合分期。下面我们将利用这个分期结果，对鲁北地区经调查发现的盔形器进行分期，来检验并补充分期结果。

调查发现的盔形器遗址大致也可以分为两类：一类是沿海地区的盐业遗址，这类遗址往往成群分布，出土盔形器数量大，将其合并为若干个遗址群似乎比较合适；另一类是内陆聚落遗址，这类遗址分布较为零散，出土盔形器的数量也较少。

（一）盐业遗址群的分期

目前已发现的盐业遗址群至少有 15 处，其对应期别下文简述（图六、图七）。

1. 庆云齐周务遗址（群）

齐周务遗址 ⑥ 位于德州市庆云县西齐周务村附近，1973 年齐周务遗址出土有盔形

① 山东省文物考古研究所、山东省博物馆等：《曲阜鲁国故城》，齐鲁书社，1982 年。
② 蓝秋霞：《山东地区西周陶器研究》，山东大学硕士研究生论文，2004 年。
③ 中国科学院考古研究所：《沣西发掘报告》，文物出版社，1963 年。
④ 中国科学院考古研究所山东发掘队：《山东平阴朱家桥殷代遗址》，《考古》1961 年 2 期，86～93 页。
⑤ 同③。
⑥ 燕生东：《渤海南岸地区商周时期盐业遗址群结构研究》，北京大学博士研究生学位论文，2009 年，50 页。

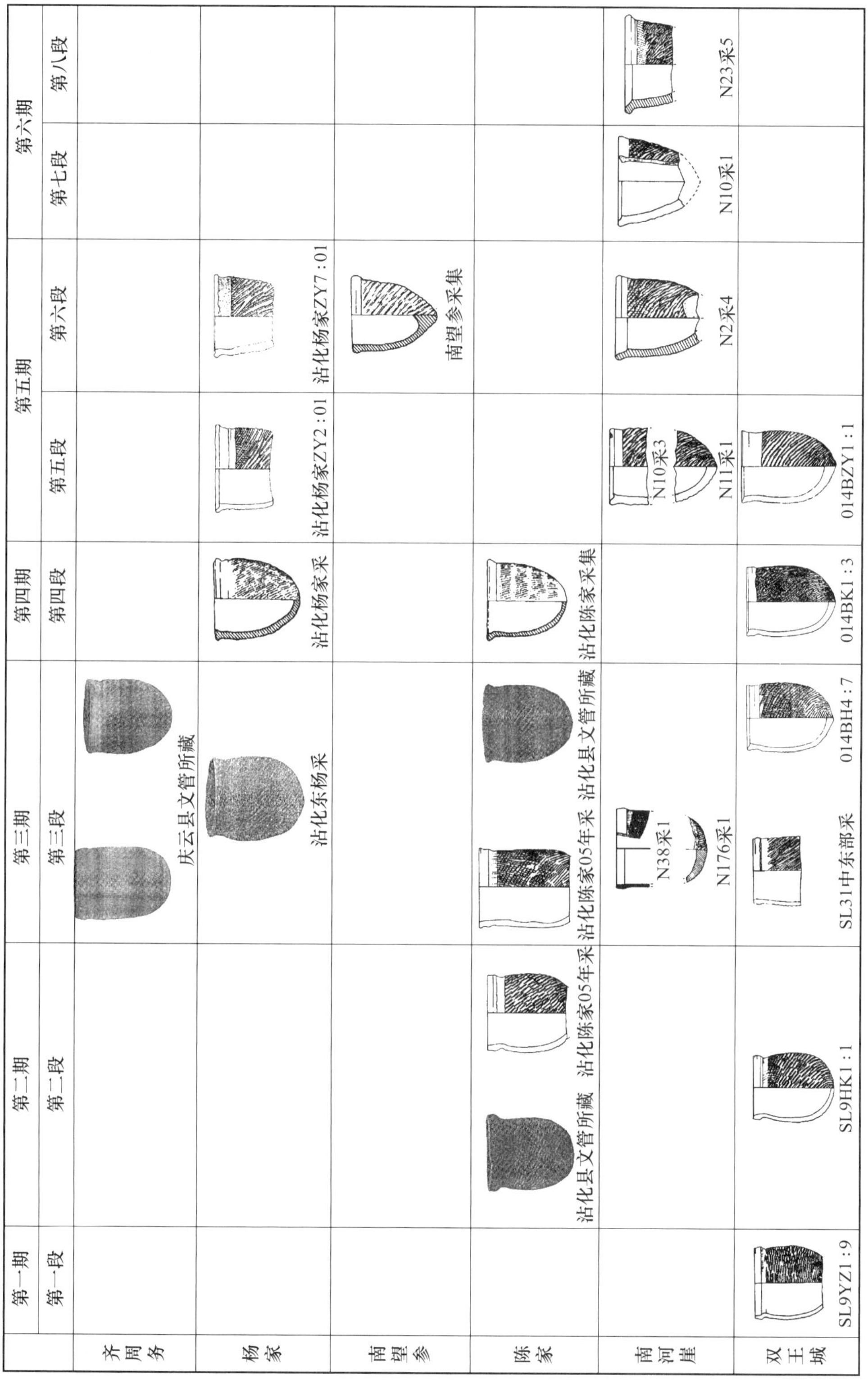

		第一期	第二期		第三期		第四期	第五期		第五期		第六期	
		第一段	第二段		第三段		第四段	第五段		第六段		第七段	第八段
齐周务					庆云县文管所藏								
杨家					沾化东杨采	沾化杨家采	沾化杨家ZY2:01		沾化杨家ZY7:01			
南望参				沾化县文管所藏					南望参采集			
陈家		沾化县文管所藏 沾化陈家05年采	沾化陈家05年采 N38采1 N176采1			沾化陈家采集						
南河崖			SL31中东部采		014BH4:7	014BK1:3	N10采3 N11采1	N2采4		N10采1		
双王城		SL9YZ1:9	SL9HK1:1		SL31中东部采	014BK1:3	014BZY1:1				N23采5	

图六 盐业遗址群的分期图（1）

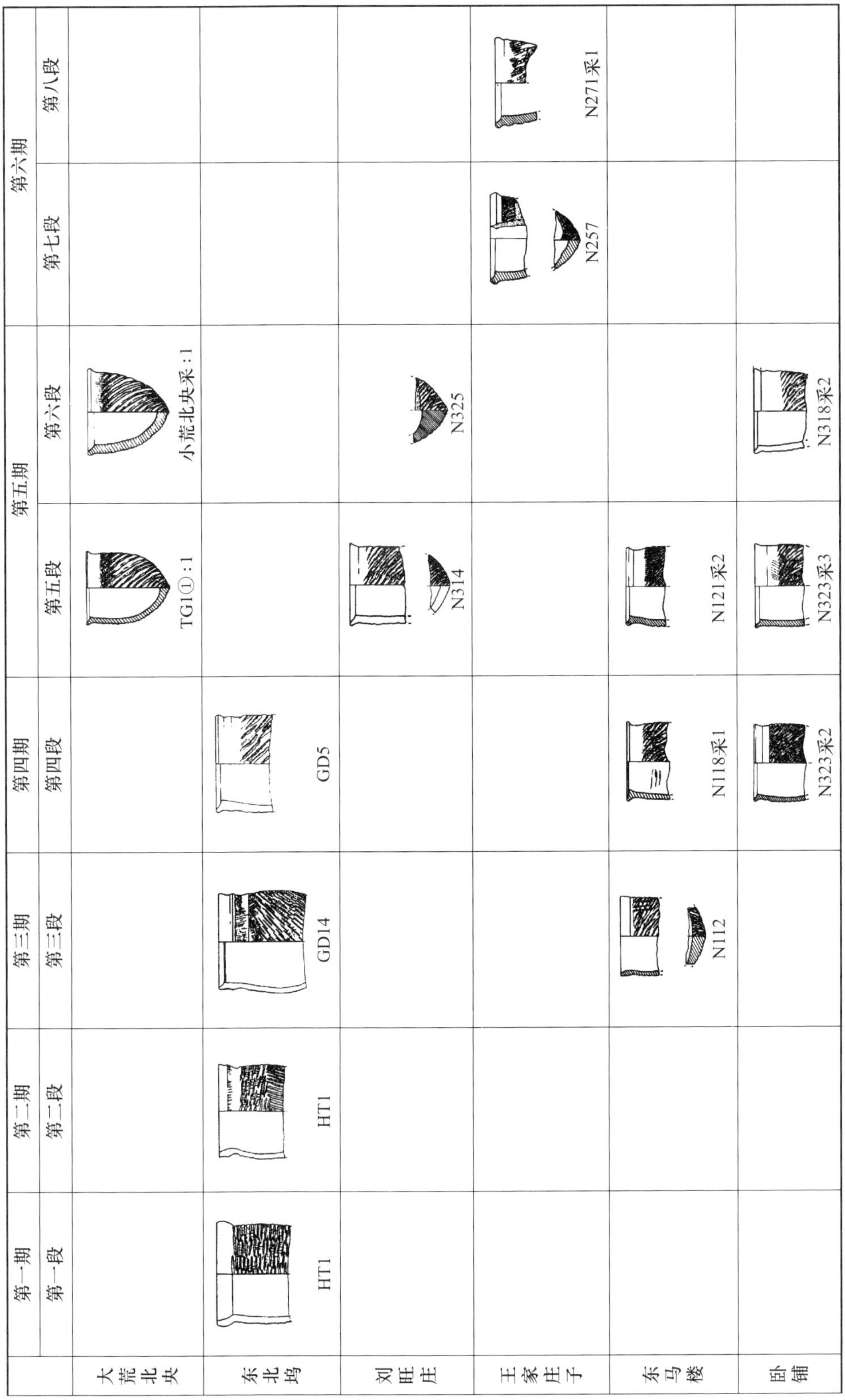

	第一期	第二期	第三期	第四期	第五期			第六期	
	第一段	第二段	第三段	第四段	第五段	第六段	第七段	第八段	
大荒北央					TG1①:1	小荒北央采:1			
东北坞	HT1	HT1	GD14	GD5					
刘旺庄					N314	N325			
王家庄子			N112	N118采1	N121采2		N257	N271采1	
东马楼				N323采2	N323采3				
卧铺						N318采2			

图七 盐业遗址群的分期图（2）

器若干，庆云县文化馆收集了6件完整的盔形器，可分为二型，分别与上文盔形器分期第三期的二型相对应。

2. 沾化杨家遗址（群）

杨家遗址[①]位于沾化县城北约8千米处的杨家村西北徒骇河的东岸。2007年燕生东等在杨家遗址进行了勘查，发现了15处遗址点。遗址群南北约3500米，东西约2000米。另外，在县城附近的西渡、刘彦虎、商贸小区等地也曾出土过盔形器，由于距离杨家遗址较远，应该不属于杨家遗址群的范围。

杨家遗址群发现的盔形器应属于本文盔形器分期的第三期至第五期，未见到一、二期的盔形器。

3. 利津南望参遗址（群）

南望参遗址群位于利津县明集乡南望参村西北3千米处，遗址中部略高，南北约1500米，东西约1000米，褚官河由南向北从遗址中部穿过。遗址地处黄河口冲积地带，文化层埋藏较深。1975年加深褚官河时发现该遗址，出土大量盔形器、滤器和盛器等。

从南望参出土盔形器的形态来看应属于本文盔形器分期的第五期。

4. 陈家遗址（群）

陈家遗址[②]位于沾化县南，杨家遗址以南15千米，潮河从遗址中部穿过。1965年开挖潮河时发现，出土器物以盔形器、滤器和盛器最多，沾化文管所采集部分完整盔形器。2007年燕生东等对遗址进行调查，采集盔形器若干。

从盔形器的形制来看，年代大约在本文盔形器分期的第二至四期。

5. 南河崖遗址群

南河崖遗址群[③]位于山东省东营市广北农场一分场三队南河崖村周围，东桃园和西桃园村北，小清河从遗址南部自西向东流过。2007年北京大学考古系和东营市历史博物馆首次发现，面积约4平方千米，发现商周时期遗址点80余处，2008年3~6月山东大学等单位对遗址GN1地点东半部进行发掘，发现了大量商周时期制盐相关遗存。2010年春，山东大学考古系对遗址进行复查，基本确认了遗址的范围和时代。

翻检南河崖遗址群的盔形器，我们认为其年代从本文盔形器分期的第三期开始，一直延续至第六期。

---

① 山东利津县文物管理所：《山东四处东周陶窑遗址的调查》，《考古学集刊·11》，中国大百科全书出版社，1997年，292~297页。
② 同①。
③ 李水城、燕生东：《山东广饶南河崖发现大规模煮盐遗址群》，《中国文物报》2008年4月23日第2版；山东大学考古系、山东省文物考古研究所、东营市历史博物馆：《山东东营市南河崖西周煮盐遗址》，《考古》2010年3期，37~49页。

6. 双王城遗址群

双王城遗址群 [1] 位于寿光市双王城水库周围，羊口镇寇家坞村北，卧铺乡以南，新沙公路以西，李家坞以东，面积达 30 平方千米。2003 年在这里发现了商周时期制盐遗址，之后 2003～2008 年北京大学中国考古学研究中心、山东省文物考古研究所和寿光市博物馆进行了 6 次较大规模的考古调查，对多个遗址点进行了钻探、发掘，共发现商代至西周初期遗址 76 处，基本搞清了该遗址群的分布范围和时代等问题。

从双王城遗址群发布的盔形器特征来看，不见厚胎粗砂尖底盔形器，遗址群的年代从本文盔形器分期的第一期遗址延续到第五期。

7. 大荒北央遗址群

大荒北央遗址群 [2] 位于山东省寿光市卧铺乡北，郭井子村西约 2 千米处一高岗上，新塌河从遗址群东侧流过。1980 年山东省文物普查时发现，原报告称之为"郭井子荒北央遗址"。2001 年山东大学考古系等单位对遗址进行复查、钻探和发掘，确认遗址陶片分布面积约 4 万平方米，文化层分布面积不足 1 万平方米，2010 年春山东大学考古系对大荒北央遗址又进行了一次调查，采集了一些遗物。

大荒北央出土盔形器形制较少，多见厚胎尖底盔形器，年代大约相当于本文盔形器分期的第五期。

8. 东北坞遗址群

东北坞遗址群 [3] 位于广饶县东北坞村西部、北部，李沧和牛圈村东部，华泰电厂南部，小清河从遗址群中部穿过，东北距南河崖遗址群约 5 千米，东南距双王城遗址群约 7 千米。2007 年燕生东等调查发现，遗址群面积约 9 平方千米，发现商周遗址点 34 处。

从采集的盔形器标本来看，该遗址群年代较早，从本文盔形器分期的第一期遗址使用至第四期左右，晚期遗存基本不见。

9. 刘旺庄遗址群

刘旺庄遗址群 [4] 为于刘旺庄西南部，东北坞村东南，其北临为东北坞遗址群，其东

① 高振庆：《中国最大古盐场露真容》，《人民日报（海外版）》2008 年 7 月 25 日第 15 版；山东省文物考古研究所、北京大学中国考古学研究中心、寿光市文化局：《山东寿光市双王城盐业遗址 2008 年的发掘》，《考古》2010 年 3 期，18～36 页；《山东寿光双王城发现大型商周盐业遗址群》，《发现中国：2005 年 100 个重要考古新发现》，文物出版社，2006 年；《山东寿光双王城水库盐业遗址群》，《2008 年第三次全国文物普查重要新发现》，文物出版社，2009 年；《南水北调东线工程——山东寿光双王城水库盐业遗址调查与发掘》，《2008 中国重要考古发现》，文物出版社，2009 年。
② 山东大学东方考古研究中心、寿光市博物馆：《山东寿光市北部沿海环境考古报告》，《华夏考古》2005 年 4 期，3～17 页；山东大学东方考古研究中心、寿光市博物馆：《山东寿光市大荒北央西周遗址的发掘》，《考古》2005 年 12 期，41～47 页。
③ 燕生东：《渤海南岸地区商周时期盐业遗址群结构研究》，北京大学博士研究生学位论文，2009 年；燕生东等：《2007 年鲁北沿海地区先秦盐业考古工作的主要收获》，《古代文明研究通讯》2008 年 36 期。
④ 徐倩倩：《小清河下游商周制盐遗址聚落考古分析》，山东大学硕士研究生学位论文，2011 年；山东大学盐业考古队：《山东北部小清河下游 2010 年盐业考古调查简报》，《华夏考古》2012 年 3 期，3～22 页转 78 页。

临为大荒北央遗址群，其南约 3 千米处为卧铺遗址群，小清河位于遗址群北。遗址群面积约 2 万平方米，包含 11 个遗址点。

刘旺庄遗址群的年代应是本文盔形器分期的第五期。

10. 王家庄子遗址群

王家庄子遗址[①]群位于寿光市羊口镇王家庄子村西临，西距官台村约 3 千米。2010 年 3～5 月由山东大学考古系调查发现，地表散布盔形器和日用陶器较多，遗址群面积约 4 万平方米，共发现遗址点 10 余处。

从采集盔形器的特征来看，该遗址的年代应为本文盔形器分期的第六期。

11. 东马楼遗址群

东马楼遗址群[②]位于广饶县东北丁庄镇东马楼村西和村南，南临南河崖遗址群，支脉河从遗址西北流过，共发现遗址点 20 处。

东马楼遗址群盔形器年代相当于本文盔形器分期的第三至五期。

12. 卧铺遗址群

卧铺遗址群[③]位于寿光市卧铺乡西北部和北木桥东北部，共发现 5 个遗址点，但这并不是该遗址群的全部，卧铺乡南部可能也有盔形器分布，待日后工作证明。

卧铺遗址群盔形器相当于本文盔形器分期的第四期和第五期。

13. 昌邑央子遗址群

央子遗址群[④]位于潍坊市寒亭区央子崔家央子周围，目前已确定的盐业遗址点有 10 余处。从已公布的盔形器形态来看，束颈十分明显，似乎年代较早，但形态与其他遗址盔形器有所差别，本文暂不讨论其分期问题。

除了上述遗址群外，在昌邑瓦城[⑤]、利津洋江[⑥]和东营刘集[⑦]等地均出土有盔形器，应属于盐业遗址，但尚未见到器物图公布，因此对这三个遗址群的分期问题，本文暂不论。

（二）内陆遗址盔形器分期

内陆调查发现的盔形器遗址较多，但出土盔形器数量少，主要集中在莱州湾南岸内陆地区，黄河三角洲地区发现较少。各个年代阶段的盔形器都有发现，各遗址情况不再赘述，具体分期如图八所示。

① 徐倩倩：《小清河下游商周制盐遗址聚落考古分析》，山东大学硕士研究生学位论文，2011 年；山东大学盐业考古队：《山东北部小清河下游 2010 年盐业考古调查简报》，《华夏考古》2012 年 3 期，3～22 页转 78 页。
② 同①。
③ 同①。
④ 燕生东：《渤海南岸地区商周时期盐业考古研究》，北京大学博士研究生学位论文，2009 年；曹元启：《试论西周至战国时代的盔形器》，《北方文物》1996 年 3 期，22～26 页。
⑤ 燕生东：《渤海南岸地区商周时期盐业考古研究》，北京大学博士研究生学位论文，2009 年。
⑥ 同⑤。
⑦ 同⑤。

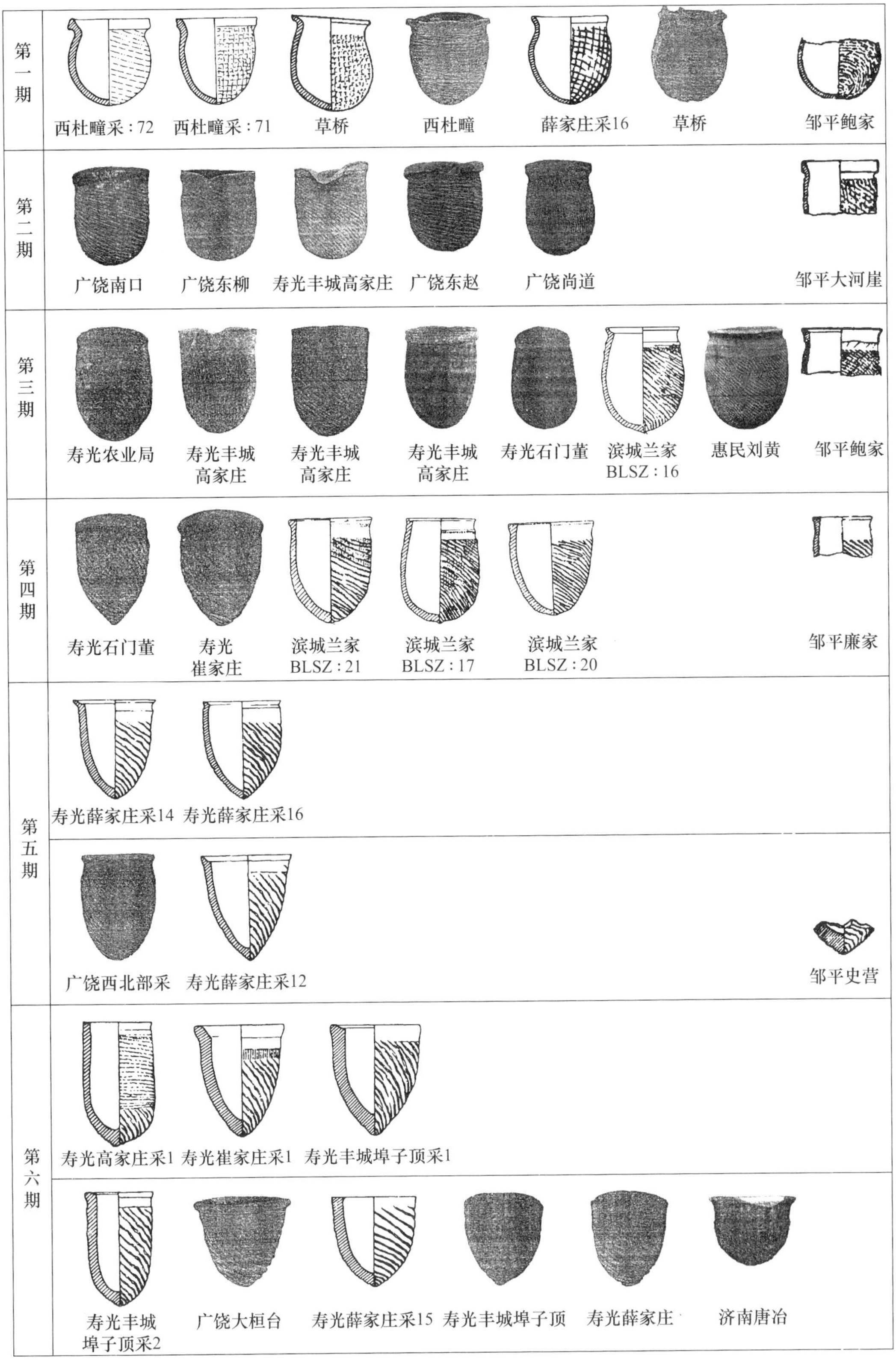

图八　内陆盔形器的分期图

Typological Analysis of Helmet-shaped Pottery of Northern Shandong

Yu Chenglong

（Changzhou Museum）

Helmet-shaped pottery were very common in Shang and Zhou dynasties sites in Northern Shandong, especially so in coastal area, some were found from inland Shandong as well. It is generally believed that helmet-shaped pottery were used for salt making.

Since 2000, a series of archaeological work have been conducted in northern Shandong, and large amount of helmet-shaped pottery with reliable context were unearthed. These work provided important new materials for the comprehensive study of helmet-shaped pottery. In this paper, Liwu site in Yangxin, Nanheya site in Guangrao, Shuangwangcheng site in Shouguang and some inland sites were selected to be studied, through typological analysis of helmet-shaped pottery, the author classified them into six stages or eight phases. Helmet-shaped pottery from the other sites could be dated according to the reference series generated in this research. These efforts will lay the foundations for further exploration of related issues, including the evolution, distribution, use and source of helmet-shaped pottery.

鲁北商周盐业生产组织初步研究：
以盔形器为例

魏峭巍

（上海大学文学院）

　　鲁北地区盐业考古的实践活动，可追溯到 20 世纪 50 年代山东省文物普查，发现了以盔形器为主要遗物的遗址。考虑到盔形器的形制特征和集中分布于环渤海南岸的特点，调查报告推测"盔形器是齐国大规模'煮海为盐'的工具"[1]。进入 21 世纪以来，鲁北莱州湾沿岸盐业考古不断取得新成果，先后发现了大量商周时期盐业作坊遗址。特别是 2001 年寿光大荒北央遗址发掘[2]、2002 年鲁北及胶东地区盐业考古调查[3]、2007 年鲁北沿海地区先秦盐业遗址调查[4]、2008 年寿光双王城盐业遗址发掘[5]、2008年东营南河崖盐业遗址发掘[6]、2010 年小清河下游盐业考古调查[7]等工作，发现和发掘大量盐业作坊遗址（图一）。

　　随着多处重要遗址的考古发掘，证实了文献记载的山东北部沿海地区的古代制盐活动，并为盐业考古研究的深入提供了更为翔实的资料。尽管食盐作为产品已经被消耗而无法据此研究，但学者们仍提出了可行有效的办法和途径[8]，其中最为重要的是通过其生产用器——盔形器，对制盐生产和管理等进行研究。本文拟借助商周盐业遗址中盔形器标准化程度，考察其生产、流通和使用过程，分析盐业生产中的组织特征，进而探讨盐业生产的管理模式。考虑盐业遗址的存续时间几乎涵盖晚商至西周各个阶段，盐业组织的管理者与生产者之间、中央与地方之间的关联性，很可能经历政权更迭而带来的严重影响。如果按照晚商—商末周初—西周早期—西周中至晚期时间序列

---

① 山东省文物管理处：《山东文物选集（普查部分）》，文物出版社，1959 年，1～3 页。

② 山东大学东方考古中心、寿光市博物馆：《山东寿光市大荒北央西周遗址的发掘》，《考古》2005 年 12 期，41～47 页。

③ 李水城、兰玉富等：《鲁北—胶东盐业考古调查记》，《华夏考古》2009 年 1 期，11～25 页。

④ 鲁北沿海地区先秦盐业考古课题组：《鲁北沿海地区先秦盐业遗址 2007 年调查简报》，《文物》2012 年 7 期，4～15 页。

⑤ 山东省考古研究所等：《山东寿光市双王城盐业遗址 2008 年的发掘》，《考古》2010 年 3 期，18～36 页。

⑥ 山东大学考古系、山东省文物考古研究所、东营市历史博物馆：《山东东营市南河崖西周煮盐遗址》，《考古》2010 年 3 期，37～46 页。

⑦ 山东大学盐业考古队：《山东北部小清河下游 2010 年盐业考古调查简报》，《华夏考古》2012 年 3 期，3～22 页。

⑧ 陈伯桢：《中国早期盐的使用及其社会意义的转变》，《新史学》2006 年 4 期，7～15 页；王青：《关于我国开展盐业考古的线索与启示》，《中国考古学会第十五次年会论文集·2012》，文物出版社，2013 年，626～637 页。

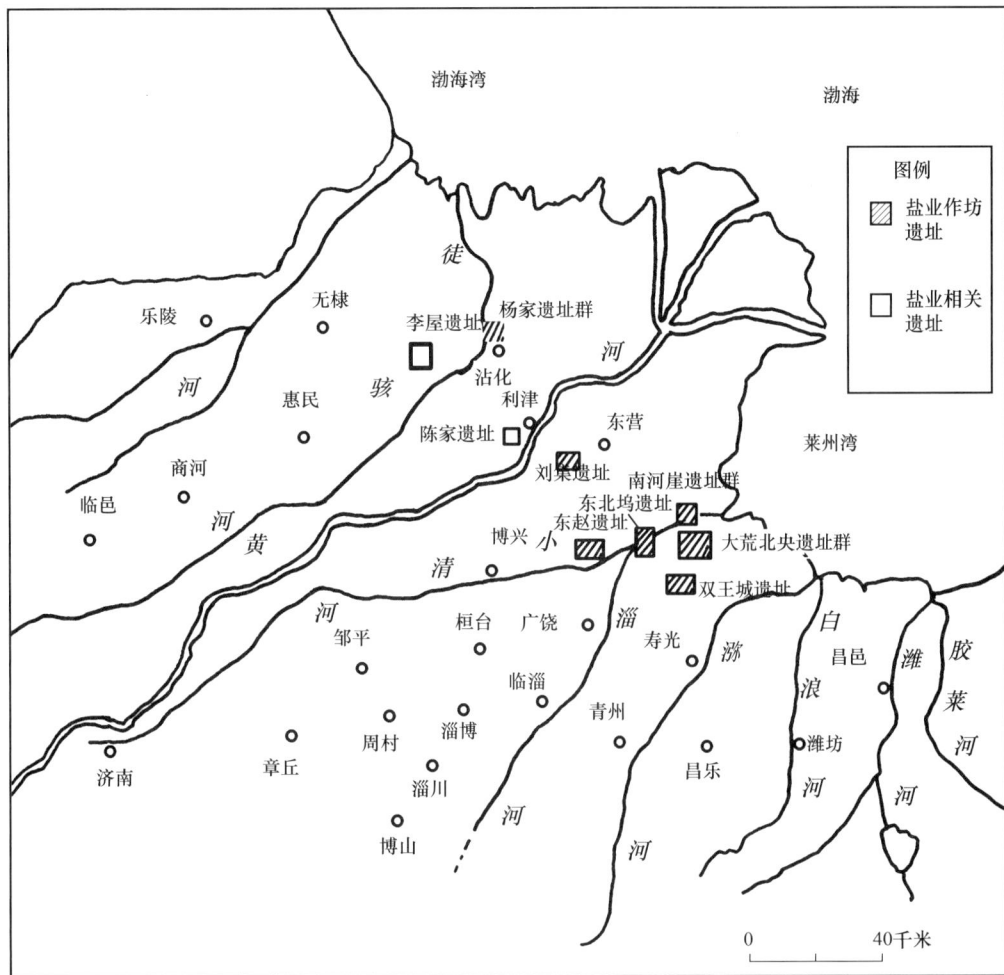

图一　鲁北商周盐业及相关遗址分布示意图

考察商周盐业组织管理模式表现出的差异性，可揭示出商周政权交替对于盐业生产组织管理模式产生了何种影响。如果商周之际盐业生产组织管理模式表现出非连续性，则可进一步说明盐业生产与商周中心区域族群（管理者）之间必然存在关联性，即中央政权确实管理并控制盐业生产过程。

一、盐业生产组织研究范式

"新考古学"和"后现代考古学"思潮推动着考古学家研究视角由"物"到"人"的转变 ①。特别是明确了权贵物品（elite goods）的价值，只在其所制作、分配、流动和

---

① Schiffer M B. Some issues in the philosophy of archaeology. *American Antiquity*, 1981, 46: 899～908; Hooder I. Simple correlation between material culture and society: A review. In: Hooder I (ed.), *The Spatial Organization of Culture*. Pittsburgh: University of Pittsburgh Press, 1978: 3～24; Mrozowski S A, Shennan S J. Introduction: archaeological approaches to cultural identity. In: Shennan S J (ed.), *Archaeological Approach Identity*. London: Routledge, 1989: 1～32.

使用的社会情境之中，方体现出所具有的社会意义 ①。结合盐业考古中最终产品——食盐的特殊性，盐业生产研究需在盐业生产组织框架内考察组织特征：盐业生产组织如何有效配置所需资源。简单来说，资源配置过程是盐业组织管理者获得、使用权力来统治盐业生产者（工人），进而实现对最终产品——食盐的控制方式。

以往生产组织的讨论，主要是按照四个基本参数，即强度（intense）、集中化（concentration）、规模（scale）、情景（context）等说明生产组织的特征 ②（图二）。其中，生产强度关注生产者的生产工艺（skill）和生产效率（efficiency）的问题。高强度生产是由全职的（高效）、专业（工艺水平高）的生产人员所完成的。集中程度主要针对生产者在某个区域内分布情况，生产组织集中化程度越高，表明人员具有聚集性特征。生产规模主要同生产组织的管理方式相互联系，一般认为集中化生产便于管理者对生产者进行管理，实现生产组织的高效化运行。生产情景则是关注产品所有权和支配权，即依附式或独立式生产的问题。目前，四个参数的衡量方式，主要是通过分析产品的标准化程度来进行的。标准化是指生产组织生产出大量形制极为接近、且看似具有同质性（homogeneity）的产品 ③。产品标准化程度高，说明产品的生产过程较少受到扰动因素影响，是一种高强度、大规模、集中化和依附式的生产模式 ④。

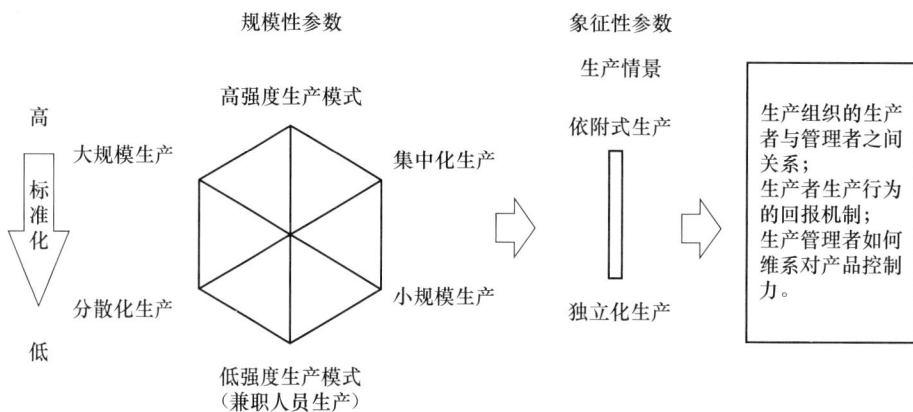

图二　生产组织分析框架 ⑤

由于盐业生产组织中无法研究产品——食盐本身，也很难找到证据说明食盐的生产、流动和消费过程，因此需要考虑盐业生产的特殊性。盐业生产是一种季节性生产

① John Clark and William Parry. Craft specialization and cultural complexity. *Research in Economic Anthropology* 1990,12: 289～346.
② Costin C L. Craft specialization: Issues in defining, documenting, and explaining the organization of production. *Archaeological Method and Theory*, 1991, 3: 1～56.
③ Arnold P J. Dimensional standardization and production scale in mesoamerican ceramics. *Latin American Antiquity*, 1991, 2(4): 363～370.
④ 燕生东、魏成敏等：《桓台西南部龙山、晚商时期的聚落》，《东方考古》（第 2 集），科学出版社，2005 年，168～197 页。
⑤ Flad R K. *Salt Production and Social Hierarchy in Ancient China: An Archaeological Investigation of Specialization in China's Three Gorges.* Cambridge: Cambridge University Press, 2011: 17.

模式①，因此制盐作坊内部结构相对简单，绝大部分遗迹、遗物都是制盐行为所遗留，仅存少量与盐业生产者日常生活有关的遗存和遗迹；制盐作坊通常选址于地下卤水丰富区域，既无法满足粮食种植和家畜饲养的环境要求，也很难进行陶器的制作与生产过程；盐业作坊必须依赖于内陆聚落向其提供生产生活必需品。因此，盐业作坊的选址不但需要考虑自然资源的分布情况，还需保证不同部门协调盐业所需资源（如盔形器、燃料、食物与淡水资源、日常用器等）在生产组织内流通（图三）。

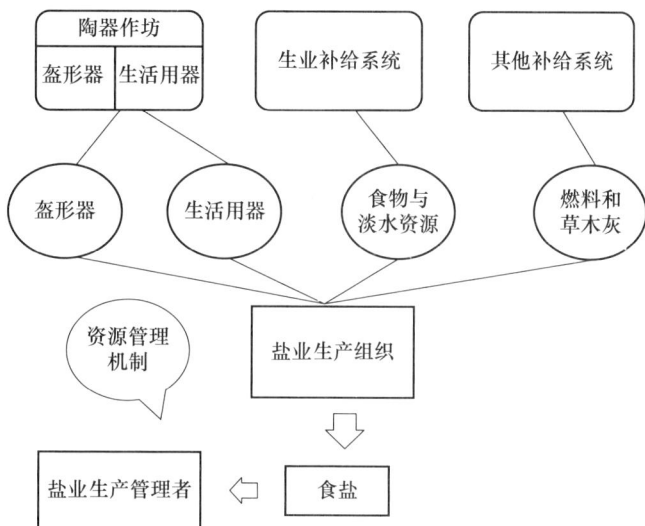

图三　盐业生产组织管理模式

　　因此，盐业生产组织关注的生产情景，是强调如何保障不同生产性资源在盐业生产组织内有效的流通，而不仅是区分依附式或独立化生产。生产情景考察的是盐业组织管理者以何种方式从盐业生产者手中获得盐业资源，可以从生产者与管理者的互动方式、生产者生产行为的回报机制、生产控制者如何维系其对产品的控制力这三个角度加以分析②。为了更加准确把握现有资料，本文将先对鲁北商周盐业遗址及分期情况加以讨论，结合遗址中的盔形器标准化程度，分析不同时期的盐业生产主要用器——盔形器的制作、流通、分配和使用过程，进而推断不同时期管理者通过资源管理方式实现其控制盐业生产过程。

二、鲁北商周盐业遗址及其分期

　　在鲁北地区已发掘的商周时期盐业作坊，主要包括广饶南河崖、寿光双王城、寿光大荒北央等遗址。另外，阳信李屋遗址尽管缺乏直接证据表明遗址内发现的大量盔

① 李慧冬、赵光国：《从南河崖看鲁北商周海盐考古现状》，《管子学刊》2010 年 2 期，107～112 页；王青：《山东北部商周时期海盐生产的几个问题》，《文物》2006 年 4 期，84～89 页。
② Flad R K. *Salt Production and Social Hierarchy in Ancient China: An Archaeological Investigation of Specialization in China's Three Gorges.* Cambridge: Cambridge University Press, 2011: 16～34.

形器用于盐业生产，考虑到其盔形器比例之高，且周围其他遗址与盐业遗址的关联性，仍将其作为盐业遗址进行考察。此外，鲁北内陆地区也曾有报道过的盔形器的发现，如宁家埠[①]、桓台史家[②]、淄川北沈马[③]等。其中，宁家埠遗址、史家遗址、前埠遗址中均有盔形器在井中发现，其功能极可能为汲水器[④]。本节拟通过分析上述三处经过系统发掘的盐业遗址的出土盔形器，建立盐业遗址中盔形器的分期序列（表一）。

表一 商周盐业遗址器物分组图

遗址 分期	李屋遗址		双王城遗址	南河崖遗址	
	生活用器	盔形器	盔形器	生活用器	盔形器
第一期	1, 2, 5	3, 4, 6			
第二期	7, 8	9, 10			
第三期			11, 12, 13, 14		

① 济青公路文物考古队宁家埠分队：《章丘宁家埠遗址发掘报告》，《济青高级公路章丘工段考古发掘报告集》，齐鲁书社，1993 年，1～114 页。

② 燕生东、魏成敏等：《桓台西南部龙山、晚商时期的聚落》，《东方考古》（第 2 集），科学出版社，2005 年，168～197 页。

③ 任相宏、曹艳芳等：《淄川北沈马遗址的发掘与研究》，《淄川考古》，齐鲁书社，2006 年，43～186 页。

④ 方辉：《商周时期鲁北地区海盐业的考古学研究》，《考古》2004 年 4 期，53～67 页；李水城、兰玉富、王辉：《鲁北—胶东盐业考古调查记》，《华夏考古》2009 年 1 期，11～25 页。

续表

遗址＼分期	李屋遗址		双王城遗址	南河崖遗址	
	生活用器	盔形器	盔形器	生活用器	盔形器
第四期			15　　16	17	18
第五期				19　　20	21　　22

1.豆（李屋 H45：01）　2.鬲（李屋 H42：1）　3.盔形器（李屋 H43：2）　4.盔形器（李屋 H32：1）　5.鬲（H24②：3）　6.盔形器（李屋 H24③：2）　7.鬲（李屋 H37：1）　8.鬲（李屋 H20①：2）　9.盔形器（李屋 H22：3）　10.盔形器（李屋 H15④：01）　11.盔形器（双王城 014AH20：2）　12.盔形器（双王城 014BHK1：7）　13.盔形器（双王城 014AH35：1）　14.盔形器（双王城 014AHK1：2）　15.盔形器（双王城 014BYZ1 西南烟道：1）　16.盔形器（双王城 014BH2：8）　17.鬲（南河崖 F3②：01）　18.盔形器（南河崖 F3①：03）　19.鬲（T0404TC1①：01）　20.簋（南河崖 H25②：3）　21.盔形器（南河崖 YZ3③：01）　22.盔形器（南河崖 YZ3②：025）

（一）典型遗址分组

1.　李屋遗址

该遗址于 2003 年夏由山东省文物考古研究所、北京大学中国考古学研究中心和滨州市文物管理处共同发掘，揭露面积约 400 平方米，包含了岳石、商代、东周、汉代和宋元时期的文化堆积[①]。报告中列举出商代遗存中具有分期意义的打破和叠压关系 5 组：

M32、M36、H15 → H20 → H33、H32、H38、H43、H45；

H20 →房屋垫土→ H46；

M40 → H12 → H30 → H31；

M41 → H16 → H22 → H31；

H41 → H21 → H24 → H42。

各组遗存中均有灰坑和窖穴出土了大量盔形器残片，还有数件完整或可复原的盔形器。各组所出盔形器中体现出较为明确的形制演变规律。本文采用原报告中所列举出的演变轨迹：第一组以遗迹单位 H46 和 H42 为代表，出土盔形器特征为宽沿、圆方唇、束颈且颈部有凹槽、圜底；第二组为遗迹单位 H33 为代表，包括了 H31、H32 和 H43 等，出土盔形器特征为方唇、直沿、束颈开始不明显、圜底；第三组以遗迹单位 H22 和 H20 为代表，出土盔形器特征为方唇、直沿、颈部凹槽消失、圜底或尖圜底；

---

① 　山东省文物考古研究所等：《山东阳信县李屋遗址商代遗存发掘简报》，《考古》2010 年 3 期，3～17 页。

第四组包括了 M41 和 H15 等遗迹单位，但仅在墓葬填土中发现了盔形器残片，无法明确第三组和第四组之间的盔形器变化趋势。

2. 双王城遗址

该遗址于 2008 年由山东省文物考古研究所、北京大学中国考古学研究中心和寿光市文化局为配合南水北调东线山东段双王城水库工程建设，对双王城水库盐业作坊遗址进行了考古发掘，清理面积超过 6000 平方米[①]，揭露了 014A、014B、SS8 三处制盐作坊。由于不同制盐作坊之间缺乏直接地层叠压关系，因此需要结合其他遗址的盔形器形态予以讨论。原报告中将 014BHK1 单位出土的盔形器作为第一期，但盔形器呈现出尖圜底特征，应晚于 014A 各单位中发现的圜底特征盔形器。本文将双王城遗址盔形器的演变规律调整为：第一组包括 014AJ1、014AH20 和 014AH30 等遗迹单位，盔形器特征为圆唇或尖圆唇、直口、个别颈部有凹槽或束颈、圜底；第二组包括 014BHK1 和 014BH4 [⑪]，出土盔形器特征为尖圆唇、直口、尖圜底；第三组包括 014BH2、014BH3 和 014BH4 等遗迹单位，出土盔形器特征为尖圆唇、直口、尖底。

3. 南河崖遗址

2008 年 3 月，该遗址由山东大学考古系、山东省文物考古研究所和东营市历史博物馆在东营市广北农场一分厂三队进行发掘，清理出一处西周盐业作坊遗址。根据原报告图五和图六，可知一组叠压关系为：H25 ①→ H17 → H25 ②→ H25 ③→ TC1。根据地层关系和类型学研究，南河崖遗址盔形器演变规律为：第一组是遗迹单位 F3 和 YZ1，出土盔形器特征为外方唇、内圆唇、圜底；第二组为 TC1、H11 和 YZ3，出土盔形器特征为侈口、尖圆唇、圜底或尖圜底；第三组为 H17 和 H25，出土盔形器特征为侈口、尖圆唇、斜腹、尖底。

（二）盔形器演变序列

对鲁北地区出土的盔形器演变过程的考察，除了要考虑盔形器本身的形态特征之外，还要考虑其发现情景。上文曾提到在宁家埠遗址、史家遗址、前埠遗址等的井中出土盔形器，其功能极可能与汲水密切相关，应单独讨论该用途盔形器的演化轨迹。因此，鲁北地区出土的盔形器可以分为三型（表二）。

A 型　直口或侈口，束颈，颈下有凹槽，可分为五式。

Ⅰ式：直口，方唇或圆方唇，束颈明显，颈下凹槽较宽且明显，鼓腹，圜底，颈下饰交错粗绳纹。例如李屋遗址标本 H43：2 和 H32：1。

Ⅱ式：直口，圆方唇，束颈，颈下有一周凹槽，直腹微鼓，圜底，颈下饰交错粗绳纹。例如标本李屋 H22：1。

Ⅲ式：直口，外方唇内尖唇，微束颈，颈下有凹槽浅见，直腹，圜底或尖圜底，颈下饰交错绳纹。例如标本双王城 014AH20：2 和双王城 014BHK1：7。

① 山东省文物考古研究所等：《山东寿光市双王城盐业遗址 2008 年的发掘》，《考古》2010 年 3 期，18～36 页。

表二　盔形器分期示意表

分型 期段	A 型	B 型	C 型
第一期	1　　2		3
第二期	4	5	
第三期	6　　7	8	9
第四期	10　　11	12	
第五期	13	14	

1. 李屋 H43：2　2. 李屋 H32：1　3. 宁家埠 J2 ⑤：9　4. 李屋 H22：1　5. 李屋 H22：3　6. 双王城 014AH20：2　7. 双王城 014BHK1：7　8. 双王城 014AH35：1　9. 宁家埠 J6：2　10. 双王城 014BYZ1 西南烟道：1　11. 南河崖 F3 ①：03　12. 双王城 014BH2：8　13. 南河崖 YZ3 ③：01　14. 南河崖 YZ3 ②：025

　　Ⅳ式：直口，尖圆唇，唇面内斜，直腹，下腹部内斜，尖圜底，束颈和颈下凹槽极不明显，颈下饰交错绳纹。例如双王城 014BYZ1 西南烟道：1 和南河崖 F3 ①：03。

　　Ⅴ式：侈口，尖圆唇，唇面内斜，斜直腹，尖底，束颈和颈下凹槽极不明显，颈下饰交错粗绳纹。例如南河崖 YZ3 ③：01 和南河崖 H17 ①：1。

　　A 型盔形器演化规律为束颈由明显变为不明显，颈下凹槽由宽且明显变为不明显或消失，腹部由直鼓腹变为腹部斜收，底部由圜底变为尖底。

　　B 型　直口或侈口，无束颈，颈部素面，直腹。可分为四式。

Ⅰ式：直口，颈部素面，直腹微鼓，颈下饰有粗绳纹，圜底。例如标本李屋 H22：3。

Ⅱ式：直口，圆方唇，唇面轻微内斜，颈部素面，直腹略鼓，颈下饰有粗绳纹，尖圜底。见标本双王城 014AH35：1 和双王城 014BHK1：2。

Ⅲ式：直口，圆方唇，唇面内斜，颈部素面，直腹，下腹部内斜，颈下饰有粗绳纹，尖底。见标本双王城 014BH2：8。

Ⅳ式：侈口，尖圆唇，唇面内斜，颈部素面，颈下饰有粗绳纹，腹部斜收，尖底。见标本南河崖 YZ3②：025 和南河崖 YZ4⑦：1。

B 型盔形器演化规律为唇部由圆方唇变为尖圆唇，直鼓腹变为腹部斜收，底部由圜底变为尖底。

C 型　水井中发现的汲水器。由于资料有限，仅分为二式。

Ⅰ式：侈口，圆方唇，束颈，颈下部有凹槽，鼓腹，球形腹，口部以下饰有交错绳纹。标本前埠 J2⑤：9。

Ⅱ式：直口，圆方唇，束颈极不明显，直腹，颈部以下饰有绳纹，圜底。标本宁家埠 J6：2 和宁家埠 J6：3。

C 型盔形器演变规律为束颈由明显变为不明显，腹部由鼓腹变为直腹。

（三）遗址分期与年代讨论

根据上述分析，再结合前人对于盔形器形态演变的研究，可以将鲁北盐业遗址大体分为五期：

第一期以阳信李屋遗址第一组和第二组为代表。该期盔形器遗存的标本数量比较多，但只包括 A 型和 C 型盔形器。在南河崖遗址和双王城两处盐业作坊遗址中没有发现该期遗存。盔形器的主要特征是方唇或圆方唇、束颈、颈部有明显的凹槽、鼓腹、圜底。另外，阳信李屋遗址第一组和第二组出土的生活用具包括鬲、豆、瓮等，其中鬲（H42：1）实足根较高，同桓台唐山遗址 H122 出土的鬲形制相似；而鬲（H31③：1）实足根较高且内勾，其特征同殷墟一期和二期的陶鬲形制相似[1]。因此盐业遗址第一期大致相当于殷墟早中期。

第二期以阳信李屋第三组。A 型、B 型盔形器均有发现。A 型盔形器标本李屋 H20③：19 的形态特征包括尖圆唇、颈部有一圈极细微凹槽、直腹、圜底。B 型盔形器标本李屋 H22：2 的形态特征为直口，圆方唇、垂腹、圜底。而生活用具方面来看，包括鬲、甗等。而陶鬲实足根变矮，有些基本消失，与殷墟晚期陶鬲的特征相符[2]，其时代推测为殷墟中晚期。

---

① 燕生东：《山东阳信李屋商代遗存考古发掘及其意义》，《古代文明研究通讯》总第 20 期，2004 年，9～15 页；陈淑卿：《山东地区商文化编年与类型研究》，《华夏考古》2003 年 1 期，52～68 页；中国社会科学院考古研究所：《殷墟发掘报告（1958～1961）》，文物出版社，1987 年，图一一九：9。

② 燕生东：《山东阳信李屋商代遗存考古发掘及其意义》，《古代文明研究通讯》总第 20 期，2004 年，9～15 页；陈淑卿：《山东地区商文化编年与类型研究》，《华夏考古》2003 年 1 期，52～68 页；中国社会科学院考古研究所：《殷墟的发现与研究》，科学出版社，1994 年，226 页。

第三期以双王城前二组，即双王城 014A 以及 014B 盐灶中早期遗迹为代表。其中 A 型、B 型盔形器同出自遗址单位 014BHK1。由于双王城 014A 和 014B 中部分遗迹出土的盔形器底部以尖圜底为主要特征，其使用上限可能早至商代末期，并可能延续到西周初期。另外，C 型盔形器，宁家埠标本 J6：2 与灰坑 H20 中遗物年代，原报告定位西周早期或略早[①]，故应归入该期。

第四期以双王城 014B 盐灶的晚期遗迹和南河崖第一组为主要代表，同样包含了 A 型和 B 型盔形器。其中双王城 014BH2 和 014BH3 中发现的盔形器底部均呈现尖底特征，另外在南河崖第一组遗存中，发现有素面鬲、三角纹簋和弧裆鬲等生活用器，其中南河崖 T0404TC ①：01 与临淄后李西周早期墓葬中陶鬲相似，而三角纹簋同临淄后李墓地中三角纹簋的形制、纹饰特征相同[②]，因此其上限可能达到西周早期，下限则在西周中期或稍晚。

第五期为南河崖第二组和第三组遗存为代表，且 A 型和 B 型共存于同一单位内。盔形器全部为尖底，且器壁厚度有所增加，绳纹更加粗犷。日常用具为罐、瓮、盆和豆等。其中豆柄出现凸棱且豆柄较长，该特征与鲁北地区西周中晚期陶豆较为相似，另外，陶罐 H17 ①：49 侈口、耸肩且饰有两道凹弦纹的特征，也具有西周中晚期特点[③]。因此，第五期的年代定在西周中晚期比较合适。

近年，鲁北盐业遗址的调查工作也发现了多处新遗址，并采集大量盔形器标本，其中包括杨家遗址[④]、刘集遗址[⑤]、东北坞遗址[⑥]、滨城兰家遗址[⑦]、沾化陈家遗址[⑧]等。虽然缺乏明确的层位关系，结合现有发掘材料，通过比较盔形器采集标本，可以对鲁北地区现有的盐业遗址群进行分期（表三）。

---

① 济青公路文物考古队宁家埠分队：《章丘宁家埠遗址发掘报告》，《济青高级公路章丘工段考古发掘报告集》，齐鲁书社，1993 年，1～114 页；方辉：《商周时期鲁北地区海盐业的考古学研究》，《考古》2004 年 4 期，53～67 页；燕生东：《山东寿光双王城西周早期盐业遗址群的发现与意义》，《古代文明研究通讯》总第 24 期，2005 年，30～38 页。

② 燕生东：《山东寿光双王城西周早期盐业遗址群的发现与意义》，《古代文明研究通讯》第 24 期，2005 年，30～38 页；王青：《海岱地区周代墓葬研究》，山东大学出版社，2002 年，33～41 页；济青公路文物考古队：《山东临淄后李遗址第一、二次发掘简报》，《考古》1992 年 11 期，987～996 页；济青公路文物考古队：《山东临淄后李遗址第三、四次发掘简报》，《考古》1994 年 2 期，97～112 页。

③ 王青：《海岱地区周代墓葬研究》，山东大学出版社，2002 年，33～41 页。

④ 王增山等：《山东四处东周陶窑遗址调查》，《考古学集刊·11》，中国大百科全书出版社，1997 年，292～297 页；2007 年，燕生东等对遗址调查，并采集大量盔形器标本，现存于山东文物考古研究所临淄工作站。调查报告见鲁北沿海地区先秦盐业考古课题组：《鲁北沿海地区先秦盐业遗址 2007 年调查简报》，《文物》2012 年 7 期，4～15 页。

⑤ 鲁北沿海地区先秦盐业考古课题组：《鲁北沿海地区先秦盐业遗址 2007 年调查简报》，《文物》2012 年 7 期，4～15 页。

⑥ 2007 年，燕生东等对遗址调查，并采集大量盔形器标本，现存于山东文物考古研究所临淄工作站。调查报告见注 ⑤。

⑦ 叶红、燕生东等：《山东省滨州市滨城区五处古遗址调查简报》，《华夏考古》2009 年 1 期，26～38 页。

⑧ 王增山等：《山东四处东周陶窑遗址调查》，《考古学集刊·11》，中国大百科全书出版社，1997 年，292～297 页；2007 年，燕生东等对遗址调查，并采集大量盔形器标本，现存于山东文物考古研究所临淄工作站。调查报告见鲁北沿海地区先秦盐业考古课题组：《鲁北沿海地区先秦盐业遗址 2007 年调查简报》，《文物》2012 年 7 期，4～15 页。

表三　鲁北商周盐业遗址分期表

分期	时代	典型遗址（发掘）	调查遗址
第一期	殷墟中期或稍早	李屋第一组与第二组	东北坞遗址、兰家遗址
第二期	殷墟晚期	李屋第三组	东北坞遗址、陈家遗址、兰家遗址、刘集遗址
第三期	商末周初	双王城第一组和第二组	杨家遗址、刘集遗址、陈家遗址
第四期	西周早期	双王城第三组和南河崖第一组	刘集遗址、杨家遗址、大荒北央遗址
第五期	西周中后期	南河崖第二组和第三组	大荒北央遗址

三、生产组织的管理模式：以盔形器为例

本文提出的生产组织的管理模式，主要是指可以使社会组织、社会团体、不同族群等参与到生产过程的特定机制，其目的是为保障生产活动的有效进行。在盐业生产过程中，由于盐业作坊必须依赖于盔形器完成"煎卤成盐"的活动，因此盔形器的管理行为可以有助于实现盐业管理者对于生产者（工人）的控制，并对生产者（工人）的制盐行为产生影响。由于同一单位可用标本的完整器数量不足，很难通过口径和高度的数据来分析形制标准化程度。因此本文分析器壁均匀程度来分析陶器制作工艺的标准化程度[①]。单个陶器的器壁厚度在制作过程中，更加要求制作人员具有较高的控制能力和一定的技术水平。器壁厚度的标准化程度越高，制作陶器的技术标准化程度越高。因此，器壁均匀程度反映出制作工艺标准化程度可以用于衡量盔形器生产过程中是否采用了高强度、大规模、集中化的生产模式[②]。

本研究采用测量遗迹单位中盔形器残片的厚度作为分析标准化程度的方式，数据分布情况如图四所示。数据显示，商周时期盐业遗址的第一期至第三期，也就是从晚商早期至商末周初阶段的遗址中（东北坞遗址、双王城 SS8、双王城 014A 和双王城 014B），盔形器腹壁厚度的分布范围以及平均值都比较接近。其中仅双王城 014B 的盔形器腹壁厚度分布有所增加。这反映出在鲁北地区晚商时期盐业遗址中所使用的盔形器的均匀程度比较接近。西周时期盐业遗址（杨家、南河崖和大荒北央）盔形器腹壁厚度明显增厚，且不同遗址盔形器腹壁厚度各异。当然上述数据还无法完全说明盐业生产管理者对生产者（工人）的管理方式。

---

① Costin C L and Hagstrum M B. Standardization, labor investment, skill, and organization of ceramic production in Late Prehistoric highland Peru. *American Antiquity*,1995, 60(4): 619～639; Flad R K. Rethinking the context of production through an archaeological study of ancient salt production in the Sichuan basin, China. In: Hruby Z X and Flad R K (eds.) , *Rethinking Craft Specialization in Complex Societies: Archaeological Analyses of the Social Meaning of Production.* Berkeley: American Anthropological Association and the University of California Press, 2007: 108～128; Hagstrum M B. Measuring prehistoric ceramic craft specialization: A test cast in the American Southwest. *Journal of Field Archaeology*, 1985, 12(1): 65～75.

② 同①。

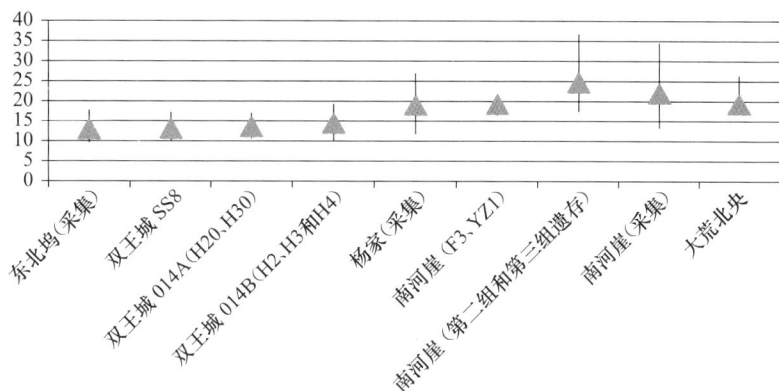

图四 盔形器腹壁厚度分布示意图

为了深入讨论生产组织的变化，特别是揭示盐业生产管理者在生产组织的管理方式，还需进一步考察陶器制作的特点。通过测量盔形器口部、颈部和腹部等位置的器壁厚度（表四），可反映出盔形器整体厚度是否均匀。同商末周初的盐业遗址（双王城014A 和 SS8）相比，晚商的盐业遗址东北坞所使用的盔形器器壁均匀程度较差；商末周初的盐业遗址中盔形器表现出较高的均匀程度，其盔形器生产极有可能是由专业陶工在短时间内集中化生产的，且制作过程比较稳定。说明鲁北地区在晚商时期形成的盐业生产组织可沿用到商末周初时期。

西周中期时期主要盐业遗址（南河崖、大荒北央）的盔形器腹片厚度分布范围较晚商和商末周初时期形成强烈对比。由于南河崖（第一组）标本数量过少（标本为 3 个），本文主要讨论南河崖（第二组与第三组遗存）和南河崖采集盔形器标本的数据。其中，南河崖盔形器腹壁厚度分布范围几乎是商末周初的 3 倍，器壁均匀程度处于较低水平，说明遗址内盔形器的生产过程不稳定，生产较为随意。值得注意的是，大荒北央遗址的盔形器虽然器壁平均厚度与南河崖相当，但其标准化程度明显高于南河崖遗址。

进一步细化盔形器口部、颈部和腹部的器壁数（表四），可以看到商末周初时期盔形器制作中，口沿部分的差异性较大。同样是在双王城盐业作坊遗址群，SS8 和 014A 的遗迹单位发现盔形器口沿部分的平均值相差 7 个毫米，但不管平均厚度如何，其标准差值在 0.7 毫米左右，说明口沿部分标准化程度较高。从颈部和腹部器壁平均厚度来看，不同遗址中的盔形器颈部→腹部的变化趋势大致相同，且厚度是比较接近的，分别在 12 毫米和 13 毫米左右，考虑到盔形器是煎卤的主要工具，腹部作为主要受热位置，因此盔形器腹片平均厚度接近且标准化程度比较高。

事实上，在盐业作坊遗址之外仍有一些盔形器比例非常高的遗址分布在地下卤水资源不丰富地区。按照目前分析的结果[1]，上述盐业相关遗址的功能可能为制作盔形器的聚落，抑或者是盐业生产者的生活聚落。将上述盐业作坊遗址和盐业相关遗址的盔

---

① 燕生东：《山东阳信李屋商代遗存考古发掘及其意义》，《古代文明研究通讯》总第 20 期，2004 年，9～15 页；燕生东：《殷墟时期渤海南岸地区盐业生产性质》，《东方考古》（第 9 集），科学出版社，2012 年，627～649 页。

表四 盔形器器壁标准化数据表

遗址	时期	盔形器测量位置	测量数据		
			平均厚度（毫米）	标准差[①]（毫米）	变异系数[②]
东北坞 （采集标本）	晚商	口沿	10.5	1.7	0.16
		颈部	12.1	2.0	0.16
		腹部	13.1	2.7	0.21
双王城 SS8	晚商至西周 初期	口沿	10.1	1.1	0.11
		颈部	12.1	1.5	0.13
		腹部	13.5	2.5	0.18
双王城 014A （H20、H30）	晚商至西周 初期	口沿	17.4	1.4	0.08
		颈部	13.5	1.6	0.11
		腹部	13.8	1.6	0.11
双王城 014B （H2、H3、 H4）	晚商至西周 初期	口沿	19.6	1.9	0.10
		颈部	14.7	1.5	0.10
		腹部	14.5	2.7	0.18
杨家 （采集标本）	西周早期	口沿	10.7	1.6	0.14
		颈部	18.8	3.0	0.16
		腹部	19.2	3.4	0.18
南河崖 （YZ1 和 F3）	西周中期略 早	口沿	28.7	2.8	0.10
		颈部	18.9	2.4	0.13
		腹部	19.3	3.2	0.17
南河崖 （第二段和第 三段遗存）	西周中期	口沿	20.1	5.7	0.28
		颈部	22.4	3.5	0.16
		腹部	24.6	6.4	0.26
南河崖 （采集标本）	西周早期至 中期	口沿	14.1	4.1	0.29
		颈部	20.6	3.7	0.18
		腹部	22.0	4.7	0.21
大荒北央	西周中期	口沿	10.1	1.7	0.17
		颈部	18.5	1.5	0.09
		腹部	19.3	2.6	0.13

注：① 标准差（SDs. 即 Standard Deviation）是反映数值相对于平均值的离散程度，或称是各数据偏离平均数的距离的平均数。若标准差越大，说明大部分的数值与平均值之间的差异越大，反之则差异越小；② 变异系数（Cov. 即 Coefficient of Variation）是标准差与平均值的比值，可以排除平均值具体数值对于比较标准差时产生的影响

形器标准化程度进行比对，将更加清晰地反映出盐业生产管理者是否在盔形器制作、流动和分配环节建立管理模式。其中盔形器腹片的均匀程度[①]分布如图五所示。其中，李屋遗址和陈家遗址同为盐业相关聚落，且盔形器在所有出土陶器中的比重超过 50%，聚落中盔形器的标准化程度要稍稍低于同时期盐业遗址（如东北坞遗址）。

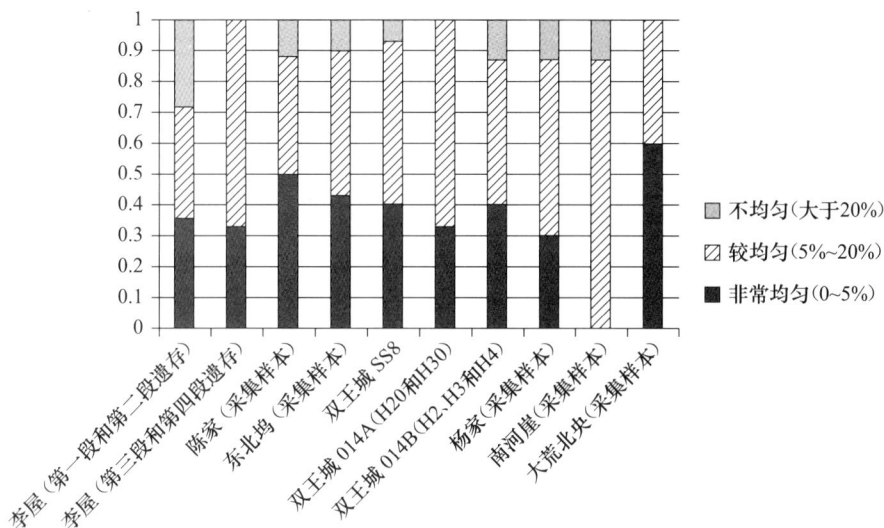

图五　盔形器腹壁均匀程度比较示意图

西周时期的盐业遗址（杨家、南河崖和大荒北央）盔形器腹片表现出更多差异性：不但与晚商及商末周初相比标准化程度明显下降，且不同遗址之间也没有表现出同一性和关联性。从盔形器口沿→颈部→腹部的平均厚度变化来看，各个遗址所使用的盔形器都表现出各异的制作方式。换句话说，西周时期的盐业作坊中使用的盔形器的制作过程，可能缺乏统一的管理模式来保证盔形器的集中化生产。不同盐业遗址的生产管理者的管理模式存在多元化的可能性。虽然南河崖遗址和大荒北央遗址相距不远，但是其盔形器腹片的平均厚度、腹片均匀程度都有较大不同。西周时期盐业遗址盔形器标准化表现出更多的差异性和个体化的特征。

从上述对于盐业作坊遗址及其相关遗址的数据看，晚商至商末周初盐业遗址中盔形器器壁比较均匀，盔形器标准化程度较高，说明晚商晚期的盐业生产组织所使用的盔形器可能采用了大规模、高强度和集中化的生产模式。可以说，晚商时期盐业生产管理者极有可能建立起一个强而有效的管理模式，对生产组织所需的盔形器予以管理，并以此作为控制盐业生产者的主要手段。这种资源管理模式在鲁北地区遗址沿用到商末周初时期。自西周早期，不同遗址所代表的盐业生产组织中盔形器的标准化程度各异：南河崖遗址盔形器标准化程度极低，说明盔形器的生产组织模式接近小规模、低强度、分散化的特征；而大荒北央遗址中盔形器标准化程度接近商末周初时期的遗址，

---

① 均匀程度表示测量 2 个腹部厚度数据的器物总量。范围是指腹部厚度的标准化分布范围（小于 5%、5%～20%、大于 20%）。

表明不同于南河崖盔形器的生产模式。因此，商周之际盐业生产组织内部管理模式表现出非连续性，说明盐业生产与商周中心区域族群（管理者）之间确存在关联性，即中央政权管理并控制盐业生产过程。

四、余 论

随着商周遗址、聚落、墓葬在内的大量考古资料日益丰富，极大地推动了鲁北地区商周时期考古学文化格局的建立和完善。研究者在区域互动视角下对鲁北地区商周盐业生产以及由此对商周政治格局产生的影响展开讨论，提出"鲁北地区晚商时期遗址，包括大辛庄遗址、史家遗址、苏埠屯遗址作为商人'征夷方'之后所建立的据点。反观鲁南地区，很少有发现大规模商文化的报道。这种'重北轻南'的战略，归根结蒂是由于海盐这一重要资源的存在而造成的"[①]。

然而，盐业生产、盐业遗址与商周中心区域之间的讨论，极少会涉及盐业生产组织这一重要层面。鲁北商周盐业考古材料表明盐业生产是长时间、稳定、有序、高强度、有计划性的生产性实践行为[②]。有必要将盐业生产活动置于生产组织的研究框架之下重新加以审视：一方面关注盐业生产过程中组织要素，明确生产中生产性资料通过何种方式进入到生产组织之中；另一方面关注盐业生产组织中的制度要素，即盐业生产管理者如何控制生产者（工人）的生产行为，并最终实现对食盐产品的控制。

通过对比盔形器不同位置的厚度测量数据，注意到晚商时期盐业作坊遗址的盔形器标准化程度比较接近，且盔形器制作的共性较强。数据说明晚商时期盐业生产组织的管理方式比较集中、管理者具有一定执行力，且管理者对于生产者的控制力较强（可能一定程度上实现了盔形器的集中化生产）。上述生产组织模式的特征，很大程度上与前人研究中关于"商人（中心区域）控制海盐资源"[③]的结论相互印证。这种生产模式在鲁北地区沿用到商末周初时期。自西周早期，盐业遗址中盔形器的标准化程度出现一定下降，且个性化特征明显。不论是盔形器制作特征（盔形器口沿→颈部→腹部的平均厚度），还是盔形器不同位置的标准化程度，都体现着自身特点。盐业组织的管理者与生产者之间、中央与地方之间的关联性，很可能经历商周政权更迭而带来的严重影响。按照晚商—商末周初—西周早期—西周中晚期时间序列，可以看出商周盐业组织管理模式出现了非连续性，揭示出盐业资源的生产与商周中心区域族群（管理者）之间必然存在关联性，即中央政权确实管理并控制盐业资源的生产过程。

另外，鲁北地区商周时期的制盐工艺研究表明，可能存在两种不同的制盐工艺：双王城 SS8 和 014A 遗址中利用坑池晾晒方式提高卤水浓度；而双王城 014B、南河崖

---

① 方辉：《商周时期鲁北地区海盐业的考古学研究》，《考古》2004 年 4 期，53～67 页。

② 从盐业作坊遗址的发掘以及鲁北地区盐业遗址调查结果，可以看到商周时期一直使用盔形器，利用盐灶等进行"煎卤成盐"的制盐活动。盐业作坊内部分工明确，相关遗迹的位置大致相似，说明盐业作坊建立之初已有所规划。盐业作坊的分布十分密集，鲁北地区已经报道过的盐业遗址群数量巨大，大量盔形器残片也说明制盐活动的密集。另外，制盐工艺虽曾在商末周初时期发生变迁，但"煎卤成盐"的陶器制盐本质并没有发生改变，这说明制盐活动是以长时间、稳定、有序、高强度的方式而展开的。

③ 方辉：《商王朝对东方的经略》，《海岱地区青铜时代考古》，山东大学出版社，2007 年，308～323 页。

遗址和大荒北央遗址所存在的草木灰层和白色沉淀硬物面遗迹，反映出"摊灰刮卤、煎卤成盐"的制盐工艺。与此同时，盐业生产组织特征也呈现出一定变化，且中心区域也经历商周的政权交替。在商末周初这一时间节点上，商周政权更迭、盐业生产组织方式转变、制盐工艺变革三者之间关系究竟是巧合、抑或是相互关联，仍需在今后盐业考古的深入探讨。特别是针对盐业作坊中的食物与淡水资源、燃料、日常用器等其他生产性资料给予讨论，再结合植物考古、动物考古和科技考古等研究手段，完善商周时期盐业生产组织的研究。

　　致谢：本文受到国家社科基金青年项目"山东北部商周时期盐业生产组织综合研究"（项目号：15CKG008）资助。特别感谢哈佛燕京学社访问研究院项目的支持。感谢哈佛大学人类学系傅罗文教授（Rowan Flad）对于文章结构和写作思路的悉心指导。初稿完成之后，得以在哈佛大学东亚考古论坛（East Asian Archaeology Seminar）与其他学者就论文内容交换意见和建议，并得到山东大学任相宏、方辉、栾丰实和王青等老师和中国社会科学院考古研究所白云翔先生的指导，并提出多处具有启发性的修改意见。另外，山东省文物考古研究所郑同修、党浩先生为笔者测量盔形器标本予以帮助，在此表示感谢。

Studies on the Organization of Salt Production on Shang-Western Zhou Period at North Shandong: Focusing on Kuixingqi Sherds

Wei Qiaowei

(College of Liberal Arts, Shanghai University)

The last ten years of archaeological studies on salt production during Shang-Western Zhou period at North Shandong provide fruitful data sets of studies on the organization of salt production. The analyses, mainly measuring mean thickness of *Kuixingqi*(盔形器，so called helmet-shaped vessels), the sherd, the neck, and the torsos, have indicated the standardization and scale of production, decrease during the early Western Zhou period. Evidences suggested that the organization of salt production at the Late Shang period seems to be controlled by a group of people on their behavior of resource management. During the Western Zhou period, however, the each salt workshop operated separately with its own authority on the recourse management.

"渠展之盐"浅议

春秋战国时期，齐国北部沿海是著名的古代盐业生产基地，先秦典籍中以"青州贡盐""北海之盐""渠展之盐"等名称来记载齐国之盐。"渠展"作为古代齐国地名，最早见于《管子·地数》："夫楚有汝汉之金，齐有渠展之盐，燕有辽东之煮。""渠展之盐"与"汝汉之金""辽东之煮"相提并论，说明"渠展之盐"是齐国重要的经济支柱。

一、"渠展之盐"发端于济水尾闾

"渠展"在何处？《管子》的第一个译注者房玄龄认定："渠展，齐地，沛水所流入海之处，可煮盐之所也"，《通典》也有相同的记载[①]。沛水，《辞海》（上海辞书出版社，1989年）注曰：即济水。从古济水尾闾发现的东营市农业高新技术产业示范区的南河崖、广饶县东北坞与东营区北辛等盐业遗址也见证了此说的正确性。近代地理学家王成组在他的《中国地理学史》中指出："渠展的部位不明，但是本篇（《管子·地数》篇）在这一段的下文提到'煮沛水为盐'，当时黄河最下游偏向东北流，济水入海口在后代黄河口附近。"[②]

渠展之盐与济水不能分割，要了解"渠展"所在，必须了解济水入海处的具体位置。春秋时期，济水是中原地区沟通东西的重要河道，从流向上看，济水进入山东，从巨野泽东北过寿张县，与汶水交汇后北过须昌（今东平县境内），自临邑过平阴等县，流至今济南市的泺口镇，这段河道大略和如今黄河相同；泺口以下则在今黄河以南，经梁邹县（今邹平县）北，临济县（今高青县）南，过利县西（今广饶县西部），乐安城南（今广饶县花官镇），至琅槐县（今广饶县丁庄镇和东营市农高区）东北入于海，这段河道与现在的小清河流路差不多。从这一时期的海岸线看，济水入海处当在今东营区六户镇与东营市农高区之间。

二、"渠展之盐"延伸至三河口地区

自晚商到周代，鲁北沿海地区有一个规模较大的海盐生产地带，该地面今在东营、

---

① 马非百：《管子轻重篇新诠》，中华书局，1979年，96页；杜佑：《通典》，中华书局，1982年，66页。
② 成组：《中国地理学史》，商务印书馆，1988年，14页。

滨州两市已被黄河淤积成陆的古济水、漯水、马颊河等水系入海口处,可称之为"三河口地区"。根据考古发现,古代制盐器具盔形器的分布,基本上环绕了整个莱州湾地区。其中高密度分布区就在商周时期古海岸线西侧滨海一线的滩涂地区,分布范围大致以莱州湾为中心,距今莱州湾西侧海岸线向西15~20千米远的东向海湾的弧形区域内。从图一看,此弧形区域好像一轮弯弯的月亮,这轮弯月的上稍在徒骇河入海口以北,小清河(古济水流路)在其中间穿过。考虑到管仲相齐时期纪国(今寿光、昌邑等地)已成齐国附属,而莱子国(今莱州、龙口等地)尚未归齐,因此也可以把这轮弯月所覆盖的地方看做是渠展之地。

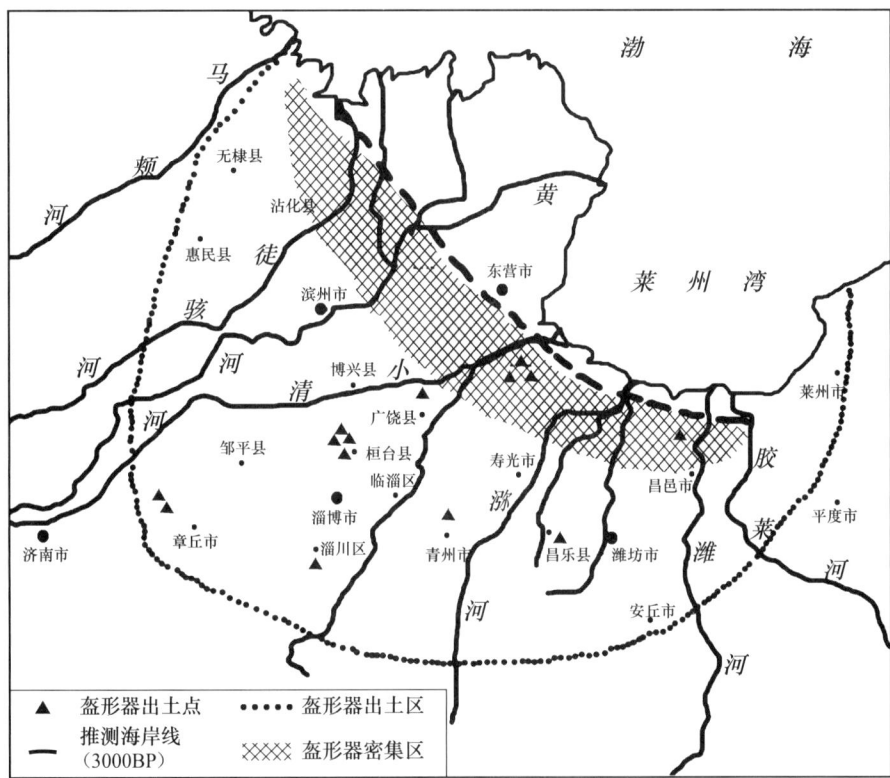

图一 莱州湾地区出土盔形器遗址及盔形器分布示意图

三、"马常坑"周边是"渠展"核心地区

谭其骧主编的《中国历史地图集》显示,自西周至南北朝,今利津城东南到今东营区史口镇之间有一个"U"形的自然海湾,底部在今滨州市滨城区小营镇一事,《水经注》将其称之为"马常坑"。漯水就在这里入于渤海:"坑东西八十里,南北三十里,乱河枝流而入于海,河、海之饶,兹焉为最。"[①]《水经注疏》则曰:"马常坑为河海之最

---

① (北魏)郦道元著,陈桥驿等译:《水经注全译》(上),贵州人民出版社,2008年,119页。

饶，古亦盐泽可知。"① 这些记述表明，在漫长的历史岁月里，流经大伾山南的漯水浩浩西来，自千乘海湾底部缓缓注入，几经消长盈涸，让这里成为富饶的鱼盐之地。

战国时代人类征服自然的能力还很低下，地理环境对社会生产影响最大，作为盛产海盐的"渠展"之地，淡水与燃料不可或缺。齐国北部淤泥质海岸地势平坦，四季分明，日照充足，是"煮海为盐"极为有利的场所。尤其"马常坑"这个自然海湾的周边，有绵延 200 里的滩涂，潮涨潮落，渗卤日久，掘坑即涌，沙滩板结，风吹是盐，具有良好的产盐条件。身处海边却远离惊涛骇浪，进湾捕鱼竟风平浪静，也是盐民与渔民难得之生存佳境。齐国大夫隰朋曾陈述过这一地区的具体情形："北方之萌者，衍处负海，煮沸水为盐，梁济取鱼之萌也，薪食。"② 对照隰朋所言，可以想见，古老的渠展之地，东倚渤海，滩涂广袤。在地势平坦的"马常坑"周边，有茂密苗壮的柽柳林，在莺飞鱼跃的河海交汇处，是铺天盖地的芦苇荡，这一切都是"煮沸为盐"的优越条件。

四、"谨正盐策"与淄济运河

战国时期海盐产地主要分布于齐、燕、楚三国。而独有齐国以渠展之盐致富，究其原委，主要依靠管仲"官山海"之策及"海王之国，谨正盐策"的治国理念，其核心内容即由国家垄断盐的生产权和运销权，以保证盐专卖收入的稳定性和可靠性。"谨正盐策"使得齐国盐政管理独具特色，措施最为完备，思想最为丰富，这在《管子·轻重甲》的记载中即能看出："十月始正，至于正月，成盐三万六千钟"③，其意是征籍渠展之盐的时间在当年十月至次年正月，估算可获得纯盐合今制 13000吨④。齐桓公还采纳管仲的建议，在"孟春既至，农事且起"之际，令"北海之众无得聚庸而煮盐"，乘盐价上涨，"坐长而十倍"之机，将盐"乃以令使粜之"梁、赵、宋、卫、濮阳，"得成金一千余斤"，这是关于齐国对外成功地进行一次食盐贸易的记载。另据《国语·齐语》也有"通齐国之鱼盐于东莱"⑤ 的说法，可知齐国的渠展之盐也输往东莱（莱子国）销售，足见当时已形成了以齐国为中心，向周边邻国辐射的海盐贸易网络。

齐国为了发展与中原地区的水运交通，使渠展之盐运销畅通无阻，利用临淄城下的淄水与济水邻近的地理条件，在淄、济之间开了一条运河。这条运河由临淄附近开渠北上，借时水运道至博昌（今博兴东南），再引渠入济，"《史记·河渠书》所说：'于齐，则通菑、济之间。'就是指的这条运河"⑥。淄、济二水沟通以后，齐国的船只由淄入济，由济入漯，很便捷地把马常坑周边堆砌如山的海盐直接运往中原各地。

齐国淄济运河的开凿，使渠展之盐更加兴盛。正因为具备了上述生产要素，渠展之盐才能够产销两旺，为齐国强盛发挥了重大作用，对社会发展也产生了深远影响。

① （清）杨宋敬等：《水经注疏》，江苏古籍出版社，1989 年，476～492 页。
② 《诸子集成》第 5 册，中华书局，1954 年，409 页。
③ 同②，358～392 页。
④ 齐国一钟合今制 348 公斤，三万六千钟合 13528 吨。
⑤ 同②，128～392 页。
⑥ 王育民：《中国历史地理概论》（上册），人民教育出版社，1987 年，141 页。

A Study on Quzhan Salt

Rong Zilu   Qu Desheng
（Dongying History Museum）

The coastal area of Qi state was famous for its salt production. In Pre-Qin historical records, salt of Qi were titled *Qingzhou Gongyan* (青州贡盐，tribute salt from Qingzhou), *Beihai zhi Yan* (北海之盐，North Sea salt) and *Quzhan zhi Yan* (渠展之盐，Quzhan salt). As a place name of Qi, the name of *Quzhan* first appeared in chapter *Dishu* (地数) in *Guanzi* (管子). It said that, "There were Ruhan bronzes in Chu State, Quzhan salt in Qi and Liaodong salt in Yan state". This record indicates that salt industry was an important economic pillar of Qi.

As for the location of Quzhan, Fang Xuanling, the first annotator of *Guanzi*, stated that Quzhan should be at the *Jishui* (济水) estuary, where people made salt. Salt-making sites at Guangrao Nanheya and Dongying Beixin, which were located at the very end of ancient *Jishui* estuary area, proved that Fang Xuanling was right.

By consulting historical records and archaeological data, the author demonstrates that Quzhan was at *Jishui* estuary area, and its core area was located in morden Dongying city. In addition, the author demonstrates in another perspective that the Quzhan salt had played a significant role in the development of Qi state.

从简帛资料看盐在古代医学中的应用

刘海宇

（日本岩手大学平泉文化研究中心）

盐自古以来在人们的饮食生活中不可或缺，亦与人们的身体健康息息相关。先秦典籍《周礼》中有专门司掌盐事的盐人之职[1]，而更早的商代甲骨文中已见掌管盐务的"卤小臣"[2]，西周中期金文《免盘》也见周王赐卤的记录[3]。《淮南子·说山训》引里谚云："烹牛而不盐，败所为也。"[4]《汉书·食货志》载王莽诏书说："夫盐，食肴之将"[5]，说的是盐在饮食中的重要位置。《三国志·魏书》载卫凯云："夫盐，国之大宝也"[6]，强调的是盐的综合价值。

说起盐在中国古代医学中的应用，论者大多引用李时珍《本草纲目》中的一句话："盐为百病之主，百病无不用之。"[7]实际上，成书于战国秦汉之际的医学典籍《黄帝内经》中已经对盐的致病作用有所认识，例如《素问·五脏生成》篇中说："多食咸，则脉凝泣（涩）而变色。"《灵枢·五味》篇最早提出心脏病"禁咸"的理论[8]。而对盐药用价值的认识也见于先秦古籍，例如《周礼·天官·疡医》云："凡药，……以咸养脉"，《管子·轻重甲》曰："无盐则肿。"[9]现存最早的药物学专著《神农本草经》中已经记载了卤鹹、大盐、戎盐的功效和产地[10]。东汉张仲景《金匮要略》中有以盐治病的药方，例如治疗头风方以盐入药，治小便不利方以戎盐入药[11]。

① 阮元校刻：《十三经注疏》，中华书局，1980年，675页。本文所引《周礼》均据此书，不再加注。

② 杨升南：《从"卤小臣"说武丁对西北征伐的经济目的》，《甲骨文发现一百周年学术研讨会论文集》，文史哲出版社有限公司，1998年，221～230页；方辉：《商周时期鲁北地区海盐业的考古学研究》，《考古》2004年4期，53～67页。

③ 中国社会科学院考古研究所编：《殷周金文集成（修订增补本）》，中华书局，2007年，5464页；冯时：《古文字所见之商周盐政》，《南方文物》2009年1期，57～71页。

④ 何宁撰：《淮南子集释》，中华书局，1998年，1149页。本文所引《淮南子》均据此书，不再加注。

⑤ 班固撰：《汉书》，中华书局，1962年，1183页。

⑥ 陈寿撰：《三国志》，中华书局，1959年，610页。

⑦ 李时珍著：《本草纲目》，人民卫生出版社，1975年，631页。以下《本草纲目》均据此，不再加注。

⑧ 龙伯坚编著：《黄帝内经集解》，天津科学技术出版社，2004年，160～161、1870页。

⑨ 黎翔凤撰：《管子校注》，中华书局，2004年，1423页。

⑩ 尚志钧校注：《神农本草经校注》，学苑出版社，2008年，185～186页。以下所引《神农本草经》均据此，不再加注。

⑪ 刘渡舟、苏宝刚、庞鹤编著：《金匮要略诠解》，天津科学技术出版社，1984年，46、141页。以下所引《金匮要略》均据此，不再加注。

传世文献的成书大多经过一个非常复杂的整理过程，很多时候难以判定其准确的年代。而出土文献则在时代以及文本的准确性等方面具有极高的学术价值，所以倍受研究者的重视。自 20 世纪初以来，全国各地陆续出土了大批的古代文字资料，例如甲骨文、金文以及简帛等资料，其中与古代医学相关的出土文献集中在简帛资料中。有学者统计出土简帛资料中的涉医文献自战国楚简至三国吴简均有存在，而主要集中在马王堆汉墓简帛、武威汉简以及江陵张家山汉简这三批简帛资料之中①。本文以这些涉医简帛资料为对象，从中梳理出与盐相关的内容，讨论简帛文献所见盐在古代医学中的应用方法，进一步考察古人对于盐的功效的认识。

一、上博简中的"瘿者煮盐"

有学者认为中国在清代康熙年间的云南井盐生产过程中已经知道热卤滴漏而成的盐管具有消瘿作用，而西方在 1850 年才提出甲状腺肿大与缺碘有关②。实际上，先秦出土文献《上海博物馆藏战国楚竹书（二）》所载古佚书《容成氏》中已有"瘿者煮盐"的说法。"瘿"字，《容成氏》中原作"痩"，整理者李零先生读为"瘿"，认为"瘿者"指"患有大脖子病的人"③，此说当可信从。"盐"字原作"盬"，乃是战国文字的会意字写法④。整理者断句作"瘿者煮盐氏"，认为"盐氏"应读作"盐醝"或"咸醝"。陈剑先生⑤以及何琳仪先生⑥认为应断为"瘿者煮盐"，今暂从陈、何两先生的断句。

瘿，《说文》云："颈瘤也"⑦，《释名》云："婴也，在颈婴喉也。"⑧"婴"字在典籍中多用作缠绕义⑨。余云岫先生在《古代疾病名候疏义》中说："按婴之义为绕，'在颈婴喉□者，在颈绕喉也。'"⑩关于瘿疾患病的原因，古书中也不乏记载。《吕氏春秋·尽数》云："轻水所多秃与瘿人。"高诱注曰："瘿，咽疾。"⑪则古人以为此病与轻水之地有关。《淮南子·地形训》云："险阻气多瘿"，注云："上下险阻，气冲喉而结，多瘿咽也。"《太平御览》引西晋张华《博物志》曰："山居之民多瘿"⑫，则此病似与山居的地方性有关。余云岫先生对古代所称的瘿疾有详细考证，今引如下。

　　夫颈之肿瘤，当咽喉之处，而有地方病意义者，惟甲状腺肿足以当之，然甲

---

① 丁媛、张如青：《百年来出土简帛涉医文献概述》，《上海中医药大学学报》2009 年 2 期，23～27 页。
② 宋良曦：《中国盐与中医学》，《盐业史研究》1999 年 2 期，40 页。
③ 马承源主编：《上海博物馆藏战国楚竹书》（二），上海古籍出版社，2003 年，251～252 页，图版在 94～95 页。下文整理者意见均据此书，不再加注。
④ 参见赵平安：《战国文字中的盐字及相关问题研究》，《考古》2004 年 8 期，56～61 页。
⑤ 陈剑：《上博简〈容成氏〉的拼合与编连问题小议》，《上海博物馆藏战国楚竹书续编》，上海书店出版社，2004 年，328 页。
⑥ 何琳仪：《沪简二册选释》，简帛研究网（http://www.jianbo.org/Wssf/2003/helinyi01.htm），2004 年 4 月 5 日。
⑦ 许慎撰：《说文解字》，中华书局，1963 年，154 页。本文所引《说文》均据此，不再加注。
⑧ 任继昉纂：《释名汇校》，齐鲁书社，2006 年，450 页。
⑨ 参见宗福邦等主编：《故训汇纂》，商务印书馆，2003 年，541 页。
⑩ 余云岫编著：《古代疾病名候疏义》，人民卫生出版社，1953 年，212 页。下文余先生说均据此书。
⑪ 王利器：《吕氏春秋注疏》，巴蜀书社，2002 年，300～301 页。
⑫ 李昉：《太平御览》（第六卷），河北教育出版社，1994 年，772 页。下文所引《太平御览》均据此。

状腺为病不一：巴息朵式病（Morbus Basedowi）、克汀病（Kretinismus）、黏液性水肿（Myxoedema），皆能发生甲状腺之肿大，此皆有内分泌之障碍者也。此外又有寻常性甲状腺肿，亦瘿属也。……《三因方》（引者注：南宋陈无择所撰）有五瘿："坚硬不可移者名曰石瘿；皮色不变，即名肉瘿；筋脉露结者名筋瘿；赤脉交络者名血瘿；随忧愁消长者名气瘿。"此似与瘤之外症相混，然其所谓石瘿等，盖甲状腺肿之结缔组织增殖而兼石灰化者也。其所谓气瘿者，《外台》（引者注：指唐代综合性医书《外台秘要》）引《广济》（引者注：指开元年间唐玄宗所亲辑《广济方》）有胸塞气筑等候，则巴息朵式病也。

《张家山汉简·脉书》中有"在颐下，为瘿"，高大伦先生《张家山汉简〈脉书〉校释》认为瘿是甲状腺肿大之类的疾病[1]，这无疑是正确的。

关于瘿疾的治疗方法，古代医学文献有不少记载。例如，《神农本草经》载："海藻，味苦寒。主瘿瘤气，颈下核。……生东海。"《太平御览》引《本草经》云："纶布，一名昆布。味酸寒，无毒。主十二种水肿、瘿瘤聚结、气瘘疮。生东海。"唐代《广济方》所载"治瘿四方"均以昆布、海藻为主药[2]。这些有关海产品具有治疗瘿疾作用的认识已经可以与服用碘盐预防或治疗甲状腺肿大的现代医学异曲同工。

上博简《容成氏》主要讲述的是上古帝王的理想化统治，其目的在于鼓吹不传子而让贤的禅让学说。研究者一般认为其成书当在战国中期燕王哙禅让王位与相国子之而发生大乱的事件（约前 314 年）以前[3]。《容成氏》中"瘿者煮盐"与"喑聋执烛""侏儒为矢"等并列，讲的都是远古帝王时期不废残疾、人尽其才的理想政治。其出发点虽不是以治疗瘿疾为着眼点，但我们可以从中看到作者写这段话时是以煮盐有利于瘿疾的医学常识为铺垫的。虽然不能据此推测远古帝王时期已经具有煮盐治疗瘿疾的医学认识，但是至少可以判定最迟在战国中期传统医学已经认识到煮盐时的热卤具有消瘿的作用。

二、马王堆帛书《五十二病方》中的盐

埋葬于西汉前期的马王堆三号墓在 20 世纪 70 年代出土了一批写在帛上的古医书，其中《五十二病方》（以下简称《病方》）是具有重要价值的古代医方，记载了治疗各种疾病的方剂和疗法。有学者认为《病方》的成书可能早到战国时代晚期[4]。但是我们倾向比较保守的看法，鉴于马王堆三号墓埋葬于文帝前元十二年（前 168 年）[5]，则《病方》的成书不会晚于西汉早期。《病方》记载了盐、戎盐、卤土三种与盐有关的药物，兹录取相关内容如下。

---

① 高大伦：《张家山汉简〈脉书〉校释》，成都出版社，1992 年，8 页。
② 冯汉镛：《古代秘方遗书集》，中国青年出版社，1992 年，124 页。
③ 参见姜广辉：《上博藏简〈容成氏〉的思想史意义》，《中国社会科学院院报》2003 年 1 月 23 日第 3 版。
④ 张正霞、辛波：《帛书〈五十二病方〉成书年代考证》，《文物春秋》2007 年 6 期，68～70 页。
⑤ 傅举有：《关于长沙马王堆三号汉墓的墓主问题》，《考古》1983 年 2 期，165～172 页。

（一）盐

在《神农本草经》与《名医别录》①中，盐的种类有卤鹹、大盐、戎盐。鉴于《病方》中别有"戎盐"与"卤土"，则《病方》中的"盐"似指古代医书中的"大盐"。《神农本草经》云："大盐：令人吐。生河东盐池。"《名医别录》云："大盐，味甘、咸、寒，无毒。主肠胃结热，喘逆，吐胸中病。生邯郸及河东。"《病方》中与盐相关的疗法有以下几例。

外敷法之一，炒盐，使之变黄后，沾酒热敷。

> 伤痓 ₌（痓，痓）者，伤，风入伤，身信（伸）而不能诎（屈）。治之，爡（熬）盐令黄，取一斗，裹以布，卒（淬）醇酒中，入即出，蔽以市（韍），以尉（熨）头。热则举，适下。为□裹更尉 ₌[熨，熨]寒，更爡（熬）盐以尉 ₌（熨，熨）勿绝。（30~32行）②

据《马王堆汉墓帛书（肆）》的释文注释（以下简称《注释》），"伤痓"为破伤风之类的病症。马继兴先生《马王堆古医书考释》（以下简称《考释》）认为"痓病主要是以肌肉强直为主的症候群"③。严健民先生《五十二病方注补译》（以下简称《补译》）读"痓"为"筋"，认为从症候看"伤痓"似指"落枕或肩颈综合症"，所以才会以热盐持续外敷颈项④。

外敷法之二，与其他药物混合蒸热之后外敷。

> 婴儿索 ₌痓 ₌（索痓，索痓）者，如产时居湿地久，其胃（肯）直而口噤（噤），筋（挛）难以信（伸）。取封殖（埴）土冶之，□□二，盐一，合挠而烝（蒸），以扁（遍）尉（熨）直胃（肯）挛筋所。（45~46行）

据《注释》，婴儿索痓为"产妇子痫一类病症"，又列一说"应为小儿脐带风"，"封"为蚁土，"埴土"为黏土。严先生《补译》认为"封埴土"为以黏土做成的蚁塚土，"婴儿索痓"为新生儿破伤风。此方以盐混合蚁塚土蒸热外敷使用。

外敷法之三，直接敷在患部之上。

> 瘑（瘑）：一，濡，以盐傅（敷）之，令牛呥（舐）之。（80行）

《注释》读"瘑"为"厲"，认为本病指被蝎子蜇伤，又引《千金要方》云在伤口涂盐是为了诱使牛舔。"瘑"与"瘑"实为一字，《说文》云："瘑，恶疾也。从疒、蠱省

---

① 《名医别录》，旧题南朝梁陶弘景撰，是继《神农本草经》之后重要的本草学著作。参见尚志钧辑校：《名医别录辑校》，人民卫生出版社，1986年，212页。下文该书均据此，不再加注。
② 文字的隶定以《马王堆汉墓帛书（肆）》为底本，尽可能使用通行字，如有参照其他研究成果，随文注明。异体字或假借字的本字外加（），残缺字以□表示，原文脱字以[]补出。参见马王堆汉墓帛书整理小组编：《马王堆汉墓帛书（肆）》，文物出版社，1985年，释文注释30页，图版15~16。
③ 马继兴著：《马王堆古医书考释》，湖南科学技术出版社，1992年，356页。下文简称《考释》。
④ 严健民：《五十二病方注补译》，中医古籍出版社，2005年，17~18页。严先生说均据此书，不再加注。

声。”《集韵》云“癙、瘺通作厲”①，此方中“瘺”与恶疾无关，专指蝎子蜇伤。严先生《补译》认为“濡”意为清洗伤口，牛的口腔含有多种蛋白分解酶，所以对蛋白结构的蝎毒有效。此疗法中，直接在患处涂盐是为了诱使牛舔。古籍中也不乏动物喜盐的记载，例如历史上有名的“羊车望幸”的故事即与此有关。《晋书·胡贵嫔传》载西晋武帝内宠众多，不知所从，常乘羊车随意而往，羊车停处便宴饮宠幸。于是胡贵嫔命宫人在自己门前以盐水洒地，以招徕羊车②。

[瘺]：□□□□□乾葱☑，盐隋（腄）炙尻。（150～151 行）

据《注释》，此方为治疗“瘺病”的方法，“瘺病”相当于后代医书中的“淋”，“腄”与“尻”均指臀部。《金匮要略》云：“淋之为病，小便如粟状，小腹弦急，痛引脐中。”则“淋”属于小便不利之类的疾患。在臀部涂盐然后灸熨，似为一种隔盐灸的方法。

外敷法之四，与其他材料调和之后外敷。

冥（螟）病方：冥（螟）者，虫，所齧穿者□，其所发毋恒处，或在鼻，或在口旁，或齿龈，或在手指□□，使人鼻抉（缺）指断。治之以鲜产鱼，□而以盐财和之，以傅（敷）虫所齧□□□□□逋（补）③之。病已，止。（134～136 行）④

据《注释》，“螟病”似为麻风病。小曾户洋先生等则更为谨慎，认为“冥病”所指不详⑤。本方以盐与切碎的鲜鱼肉调和搅拌之后外敷。

存疑材料一条。此条材料中，“盐”字的释读似有问题。

白处方：取灌青，其一名灌曾，取如□□盐廿分斗一，灶黄土十分升一，皆冶，而□□指，而先食饮之。不已，有（又）复之而□灌青，再饮而已。（115～116 行）

[一]，□□其□□□□与其□真□□，治之［以］乌卵勿毁半斗，□甘盐。（117 行）

据《注释》，“白处”为皮肤色素脱失的白癜风之类的疾病。最近，施谢捷先生认为这个“处”字应改释为“虒”⑥，广濑薫雄先生同意此说并有所补证⑦。第一方中以盐与其他两味药一起粉碎调配，内服饮用。第二方中的“甘盐”，严先生《补译》认为是产自甘肃一带的盐。最近，陈剑先生指出 115 行的“盐”字于形不合，应释为“醯”，帛书《病方》和《养生方》中有一类左半从“臣”的“醯”字，“醯廿分斗一”即是醯半

① 丁度等编：《集韵》，上海古籍出版社，1985 年，514 页。下文《集韵》依据此，不再加注。
② 房玄龄撰：《晋书》，中华书局，1974 年，962 页。
③ 此字《注释》未释，陈剑先生释为“逋（补）”。参见陈剑：《马王堆帛书〈五十二病方〉、〈养生方〉释文校读札记》，《出土文献与古文字研究》（第五辑），上海古籍出版社，2013 年，474～475 页。
④ 马王堆汉墓帛书整理小组编：《马王堆汉墓帛书》（肆），文物出版社，1985 年，图版 20～22。
⑤ 小曾户洋、长谷部英一、町泉寿郎：《五十二病方》，（日本）东方书店，2007 年，82 页。
⑥ 陈剑：《马王堆帛书〈五十二病方〉、〈养生方〉释文校读札记》，《出土文献与古文字研究》（第五辑），上海古籍出版社，2013 年，472 页。
⑦ 广濑薫雄：《〈五十二病方〉的重新整理与研究》，《文史》（第二辑），中华书局，2012 年，71～72 页。

升①。因此，本条材料应存疑。

（二）戎盐

《神农本草经》云："戎盐：主明目，目痛，益气，坚肌骨，去毒虫。生胡盐山。"《名医别录》谓戎盐"一名胡盐，生胡盐山，及西羌北地，及酒泉福禄城东南角"。则戎盐以产于西戎之地而得名。

> 一，赣戎盐若美盐，盈隋（脽），有（又）以涂（塗）隋（脽）□下及其上，而暴（曝）若☒。（169行）

据《注释》，此方亦为治疗"瘑病"的方法，以戎盐与美盐混合一起直接涂在患部，为外敷用法。马继兴先生《考释》认为美盐是精制的食盐，应属可信。《金匮要略》载治疗"小便不利"的"茯苓戎盐汤"，具体内容是"茯苓半斤，白术二两，戎盐弹丸大一枚"。此为汤剂，应是内服药。虽与《病方》外用方的使用方式不同，但两者对戎盐能够治疗小便不利类疾病的医学认识应是一致的。

（三）卤土

《病方》315行有"🜨土"一词，其中的"🜨"字②，《注释》隶定为"囷"，认为"应即圈字"。李学勤先生根据张家山汉简和陶文释此字为"卤"字，谓《病方》中的"卤土"即为《神农本草经》中的"卤鹹"③。此说可从。李先生没有列出相关字形，我们据他的提示，列相关字形如次。《张家山汉简·二年律令》451号简有地名"🜨"，此字从艹、囷作，整理者隶定为"蔄"，认为此字"又作卤，汉初属北地郡"④。陶文中，"覃"字所从的"卤"作"🜨"形⑤。另外，我们还可以补充一条证据，《睡虎地秦简·秦律十八种》中的"盐"字作"🜨"⑥，其中的部首"卤"作"🜨"形，明显与《病方》中的"🜨"字写法相同。

"卤土"见于唐代孙思邈《备急千金要方》中的"作六一泥法"⑦，而在他所著《太清丹经要诀》"造六一泥法"中则作"漹鹹"⑧，亦可证李学勤先生的看法不虚。

《神农本草经》云："卤鹹：味苦，寒。主治大热，消渴，狂烦，除邪及吐下蛊毒，柔肌肤。生河东盐池。"《本草纲目》中"卤鹹"又称"卤盐"，并云："鹹音有二：音咸者，润下之味；音减者，盐土之名，后人作硷，作鹻，是矣。"则"卤鹹"又称"卤

① 陈剑：《马王堆帛书〈五十二病方〉、〈养生方〉释文校读札记》，《出土文献与古文字研究》（第五辑），上海古籍出版社，2013年，472~473页。
② 字体取自陈松长编著：《马王堆简帛文字编》，文物出版社，2001年，258页。
③ 李学勤：《马王堆汉墓医书校释》（一）《序》，《马王堆汉墓医书校释》（一），成都出版社，1992年，3页。
④ 张家山二四七号汉墓竹简整理小组：《张家山汉墓竹简（二四七号墓）（释文修订本）》，文物出版社，2006年，73~75页；字形取自《张家山汉墓竹简（二四七号墓）》，文物出版社，2001年，图版44。
⑤ 王恩田编著：《陶文字典》，齐鲁书社，2007年，140页。
⑥ 张守中撰集：《睡虎地秦简文字编》，文物出版社，1994年，177页。
⑦ 孙思邈：《备急千金要方》（卷三十九），《中华道藏》22册，华夏出版社，2004年，280页。
⑧ 孙思邈：《太清丹经要诀》，《中华道藏》29册，华夏出版社，2004年，574页。

碰”或“卤鹹”，意为盐土。卤鹹在古代是重要的制盐原料之一，三国时代的魏国专门设有“卤鹹督”官职。《秦汉南北朝官印征存》收录两方三国时代魏国的官印“莲勺卤鹹督印”，编者据三国郡县表，指出魏国雍州左冯翊有莲勺县，并考释云“此卤咸督殆是监盐官之属”[①]。如上所述，“鹹”字读“jiān”时，是“碰”或“鹾”字的通用字，不能简化为“咸”字。因此，这枚官印中的“卤鹹”不应写作“卤咸”。

　　一，烝（蒸）卤土，裹以尉（熨）之。（315 行）

此方为“□闌（爛）者方”之一。据《注释》，从残存笔画看□可能为“火”字，“爛”为烧伤之义。此方是蒸热盐土，然后热敷烧伤患部。可见，这里的卤鹹也是外敷用法。卤土治疗烧伤可能与其功效中的主治大热以及柔化皮肤有关。

三、武威汉代医简中的盐

　　武威汉代医简 1972 年出土于甘肃省武威旱滩坡一座东汉早期墓葬，共出土竹简、木牍 90 余枚[②]。其中与戎盐有关的疗法有一条。

　　治目恿（痛）方：以春三月上旬治药。曾青四两，戎盐三两，皆冶合，以乳汁和，盛以铜器，以傅（敷）目。良。（16 号简）[③]

《说文》以“恿”为“勇”字的古文。《武威汉代医简》已指出简中的“恿即痛字的异体”[④]。《集韵》云：“恫，《说文》：痛也。一曰呻吟。或作痌、恿。”曾青，《神农本草经》云：“味酸，小寒，无毒。主治目痛，止泪出……生蜀中山谷。”本方是治疗目痛的疗法，在三月上旬研磨粉碎曾青与戎盐，以乳汁混合搅拌，盛于铜器中备用。亦是外用药。

四、其他散见涉医简牍中的盐

（一）阜阳汉简《万物》中的盐

　　1977 年出土于安徽省阜阳县双古堆一号汉墓的汉简中有一些与古代医学相关的残简[⑤]，整理者取 W001 简中的两字，定名为《万物》[⑥]。该墓的墓主为西汉第二代汝阴侯夏侯灶，卒于文帝十五年（前 165 年），阜阳汉简均为抄写于此年之前的西汉早期文献。

　　□□久膏之骨留（瘤）也。盐与蕺□醯。兔白可为裘□。（W009）

---

①　罗福颐主编：《秦汉南北朝官印征存》，文物出版社，1987 年，242 页。
②　甘肃省博物馆等：《武威旱滩坡汉墓发掘简报——出土大批医药简牍》，《文物》1973 年 12 期，18～22 页。
③　张延昌主编：《武威汉代医简注解》，中医古籍出版社，2006 年，9 页。笔者据己意有所更改。
④　甘肃省博物馆等：《武威汉代医简》，文物出版社，1975 年，3 页。
⑤　阜阳汉简整理组：《阜阳汉简简介》，《文物》1983 年 2 期，21～23 页。
⑥　阜阳汉简整理组：《阜阳汉简〈万物〉》，《文物》1988 年 4 期，36～47 页。下文所引整理者意见均据此。

整理者认为"久膏"同于《五十二病方》中的"久脂"，指陈久的脂油。又据残留笔画，推测"醯"前一字为"和"。戴，《说文》云："酢浆也。"则"盐与戴和醯"意为以盐与酢浆调和醯醋，具体意义不明。

> 卤土之已睡也。（W041）

"卤土"见上述《病方》。"睡"，整理者谓"嗜睡多眠"。"已"，典籍中多作止义，则此简文谓卤土可治嗜睡多眠。卤鹹的此项功效不见于古代医书。

> □龙须与盐之［已□□也］。（W072）

整理者指出"龙须"又见于《病方》154行，《神农本草经》云"龙须"乃石龙刍的别名。简文残缺太甚，文意不明。整理者认为是治"癃病"方。

阜阳汉简《万物》一书的性质比较复杂，整理者认为其与《山海经》《淮南万毕术》《博物志》《神农本草经》等古书比较接近，是早期的本草、方术类书籍[1]。《万物》竹简残缺严重，而且仅仅公布了一小部分残简的摹本，其他大部分图版和摹本至今尚未公布，现阶段下难以开展进一步的核对和研究。

（二）居延汉简中与医学有关的盐

居延汉简中有一条以盐医治马疾的药方，内容如下。

> 治马欬涕出方：取戎盐三指挟三□▨（155.8）[2]。

其中的"欬"（咳）字，《居延汉简甲乙编》释文原作"头"，现据《居延汉简释文合校》改[3]。此方为以戎盐治疗马咳出涕的疗方，因简已残断，不明具体使用方法。《齐民要术》中有几条以盐医治马疾的资料[4]，盐的用法比较明了，可资参考。

> 治马中水方：取盐著两鼻中，各如鸡子黄许大，捉鼻，令马眼中泪出，乃止，良矣。
> 治马瘙蹄方：取鹹土两石许，以水淋取一石五斗，釜中煎取三二斗。剪去毛，以汴清净洗。干，以鹹洗之。三度即愈。又方：剪去毛，以盐汤净洗去痂，燥拭。于破瓦中煮人尿令沸，热涂之，即愈。

五、余　论

根据上述简帛资料所见盐在古代医学中的应用情况，首先让我们总结一下盐的使用方法。除去用法不明或存疑的上博简"瘿者煮盐"、《病方》"白处方"等以及居延汉

① 胡平生、韩自强：《〈万物〉略说》，《文物》1988年4期，48～54页。
② 中国社会科学院考古研究所编：《居延汉简甲乙编》，中华书局，1980年，上册乙图版111，下册释文108页。
③ 谢桂华、李均明、朱国炤：《居延汉简释文合校》，文物出版社，1987年，254页。
④ 贾思勰著，缪启愉校释：《齐民要术校释》，农业出版社，1982年，287～288页。

简中的兽医方，在《病方》和武威医简中，无论盐、戎盐还是卤土，均为外用疗法。其具体用法又可分为治疗"伤痉""婴儿索痉"的熨（热敷）法与治疗"螟病方""治目痛方"中的冷敷法等。其次，关于盐的制剂方式，有治疗"癃病"和蝎子蜇伤中单纯使用盐的方式，也有治疗"伤痉"中沾酒使用的方式，还有与蚁塚土、鱼肉、曾青等研磨之后混合使用的方式。

接着，我们再看一下古人对盐的功效的认识。《五十二病方》中以盐涂在蝎子蜇伤处，盐不仅有诱使牛舔的作用，同时也具有杀菌消毒的功效。《武威医简》中的"治目痛方"表明当时人们已经明显认识到盐的去翳明目功效。另外，阜阳汉简《万物》记载卤鹹具有止睡的作用。虽然涉医简帛资料中有关盐的内容有限，但是值得注意的是未见盐用作内服药的记录。究其原因，一是日常生活中人们已经摄取了足量的盐，再者可能如前文所引《黄帝内经》古人已经对盐的致病作用有所察觉。本文所涉及的出土简帛资料，最早的是战国晚期的上博简，最晚的是东汉早期的武威医简。在传世文献中，东汉晚期成书的《金匮要略》以盐或戎盐入内服药，《神农本草经》明确把卤鹹、大盐、戎盐均列为下品药，言上品药为君，中品药为臣，下品药为佐使，下品药的特点是"多毒，不可久服"。

上古时代的医术来源于巫术，本草与神仙方术关系密切。阜阳汉简《万物》再次证明了这一论断的正确性。但是，同样起源于方术的炼丹术却片面强调盐的延年益寿功效，而无视盐的致病作用。例如，东晋葛洪认为盐具有令人长寿的作用，是炼制长生不老丹药时的一种不可或缺的重要原料。他的怪论是："盐卤沾于肌髓，则脯腊为之不烂，况于以宜身益命之物，纳之于己，何怪其令人长生乎？"《抱朴子·金丹》篇说本草可以延年，而丹药可以使人寿命无穷，九丹之第一丹叫丹华，其具体炼制法是以"戎盐、卤盐"（《道藏》版作"卤鹹"[1]）及其他材料各数十斤，密封以"六一泥"，炼制三十六天，服之七日即可升仙[2]。这已经完全脱离了医学的轨道，盐在古代炼丹术中的作用与意义值得进一步研究。

The Use of Salt in Ancient Medicine: A Study of Bamboo and Silk Documents

Liu Haiyu

（Iwate University Centre for Hiraizumi Studies）

There are some records about ancient medicine in Bamboo and Silk Documents dated to Warring States and Han Dynasty, such as Warring States Chu Bamboo Writing cerated at Shanghai Museum, Mawangdui Silk Writing, and Wuwei Han Dynasty Bamboo Writing.

---

① 葛洪：《抱朴子内篇》，《中华道藏》25 册，华夏出版社，2004 年，15 页。
② 王明：《抱朴子内篇校释（增订本）》，中华书局，1986 年，51、74 页。

In this paper, by examining salt-related records in those medicine documents, the author discussed the use of salt in ancient medicine; in addition, he investigated how the effect of salt was perceived by ancient people.

The record *Yingzhe Zhuyan* (瘿者煮盐) found in Shanghai Museum Chu Bamboo Writing indicates that it had already been recognized in that hot brine may have efficacy on thyroid diseases no later than mid-Warring States period. *Wushier Bingfang* (五十二病方 , Fifty two prescriptions) found in Mawangdui Silk Writings have records showing that salt, western salt (戎盐) and salt soil had been used for treating diseases. Wuwei Medicine Bamboo Writings recorded that western salt were used for treating eye pain. There are records about the use of salt in treating horse diseases in Juyan Han Dynasty Bamboo Writing.

All the medicine-related records indicate that salt is only applied for external use, including hot dressing and cold dressing. No record of internal use has been found so far. There are three ways of preparation that have been recorded. One is simply applying salt, the second way is using salt together with alcohol, and the third is grinding and mixing with other medicines. The ancients probably had already realized the efficacy of salt in sterilization and removing cataract and improving eyesight.

三峡地区的盐灶形明器[*]

川村佳男[1] 著　刘海宇[2] 译

（1. 日本东京国立博物馆；2. 日本岩手大学平泉文化研究中心）

　　在长江上游的三峡地区，随着大坝的建设，有关单位对淹没地区的遗址进行了大规模的发掘调查[①]。这样一来，该地区的出土资料大幅增加，新的考古学认识也逐渐增多。其中重庆市忠县的中坝遗址、瓦渣地遗址、哨棚嘴遗址等均发掘出了大量的制盐陶器碎片和制盐遗迹[②]，使中国盐业史研究的对象范围追溯到没有文字记录的新石器时代[③]。迄今为止的中国盐业史研究一直为文献史学所独占，这些发掘成果为以考古学角度进行研究提供了契机。近年来，"盐业考古"一词也屡屡见于中国出版的论文和专著中。

　　本文主要着眼于三峡地区汉墓中出土的灶形明器。所谓的明器，是为了随葬而专门制作的器物，广泛地流行于汉代。在中国，自古以来就认为即使被埋葬之后，死者魂魄的一部分也会滞留在墓穴中，希望过上富足的生活。因此，从灶、水井、谷仓有时甚至包括厕所等所有的生活必需品，都会做成陶制的模型放置到墓穴中。其中灶形

---

*　本文译自川村佳男：《中国三峡地区の塩竈形明器について》，東南アジア考古学会編：《塩の生産と流通—東アジアから南アジアまで》，（日本）雄山閣，2011年，41～73页。

①　随着三峡大坝的建设，以淹没地区的遗址为对象进行了发掘调查，调查计划可以从1996年公布的《长江三峡工程淹没及迁建区文物古迹保护规划报告》中了解到。规划报告显示，共投入超过10亿元的预算，动员全国72个具有发掘资格的考古学关联机构，发掘和调查1087个文物点。目前，没有看到同一地区的发掘工作什么时候结束以及所期望目标达到多大程度的最终报告，但根据新华社2007年4月19日的报道《三峡库区四期文物保护工程2007年结束田野工作》，表明发掘工作至少持续到2007年。附带说一下，大坝建成于2006年，包含发电站和大坝相关设施的整体工程完成于2009年。

②　在重庆市忠县的中坝遗址、瓦渣地遗址、哨棚嘴遗址发现了大量的制盐陶器残片和与制盐相关的遗迹，迄今为止有很多论文或著作进行了介绍。其中主要的著录如次：孙智彬：《忠县中坝遗址的性质——盐业生产的思考与探索》，《盐业史研究》2003年1期，25～30页；孙华：《渝东史前制盐工业初探——以史前时期制盐陶器为研究角度》，《盐业史研究》2004年1期，3～14页；Flad, et al. Archaeological and chemical evidence for early salt production in China. PANS, 2005, 102: 12618～12622；Radiocaobon dates and technological change in salt production at the site of Zhongba in the Three Gorges, China. Asian Perspectives: The Journal of Archaeology for Asia and the Pacific. 2009, 48(1): 149～181；付罗文、袁靖：《重庆忠县中坝遗址动物遗存的研究》，《考古》2006年1期，79～88页；李水城、罗泰编：《中国盐业考古——长江上游古代盐业与景观考古的初步研究》（第一集），科学出版社，2006年；四川省文物考古研究院等：《中坝遗址的盐业考古研究》，《四川文物》2007年1期，37～49页。

③　过去我们介绍过中国"制盐陶器的上限可以追溯到商代晚期中段（约前12世纪）"。随着调查研究工作的进展，确认了新石器时代晚期也存在制盐陶器（见四川省文物考古研究院等：《中坝遗址的盐业考古研究》，《四川文物》2007年1期，37～49页；陈柏桢：《中国盐业考古的回顾与展望》，《南方考古》2008年1期，40～47页）。

明器作为最普通的随葬明器之一 [①]，在三峡地区亦盛行于整个有汉一代。正因为明器是为了希求死者生活的富足而制作的，三峡地区繁荣的制盐业也有可能以某种形式体现在明器上。特别是灶，通常作为象征死者炊事用具的明器，而且灶同时也是熬制食盐所不可或缺的设施，我们推测这个地区的灶形明器中极有可能包含模仿盐灶的明器。

　　下面我们首先对三峡地区出土的汉代灶形明器进行类型学分析，排列其编年。然后根据各型式是三峡地区独有的还是由其他地区传来的，整理出各型式变化的谱系。接着，我们比较四川省出土的画像砖上所描绘的盐灶以及山东省实际发掘盐灶遗迹的形态，判明三峡地区所特有的灶形明器中是否包含盐灶的型式。最后，我们结合盐灶明器的年代、地理分布范围、出土状况等诸要素考察随葬这种明器的时代背景。

一、三峡地区灶形明器分析

　　本节中，我们概观对象资料的特征，进行型式分类。接着，在明确各型式年代的基础上，梳理数量以及形态变化的趋势。

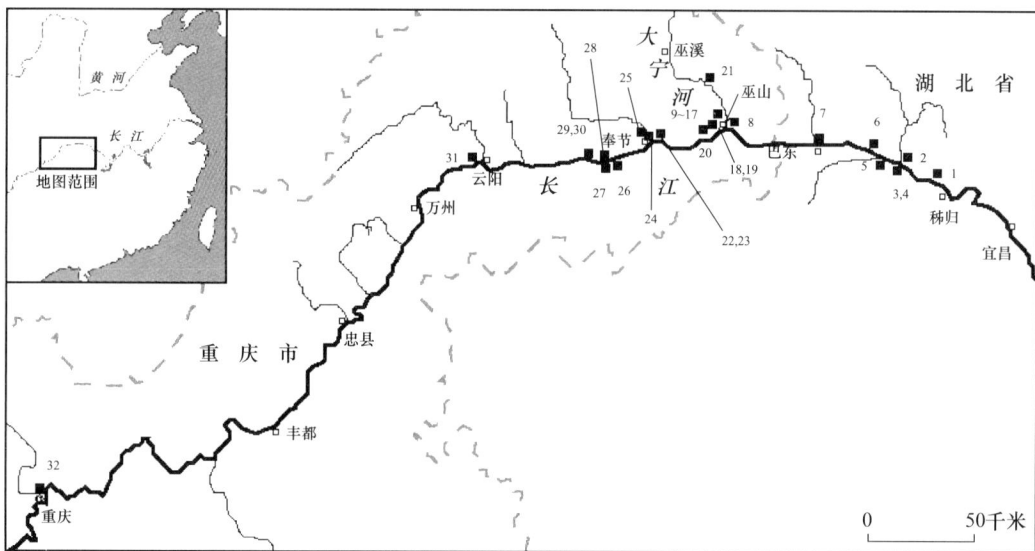

图一　三峡地区出土灶形明器汉墓分布图

1. 柳林溪　2. 孔岭　3. 卜庄河　4. 东门头　5. 庙坪　6. 蟒蛇寨　7. 西瀼口　8. 江东嘴　9. 水田湾　10. 小三峡水泥厂　11. 秀峰一中　12. 胡家包　13. 古城　14. 神女路　15. 瓦岗槽　16. 土城坡　17. 高唐观　18. 下西坪　19. 麦沱　20. 乌鸡沟　21. 双堰塘　22. 白帝村　23. 宝塔坪　24. 擂鼓台　25. 莲花池　26. 赵家湾　27. 白杨沟　28. 三塘台　29. 小云盘　30. 拖板　31. 马沱　32. 临江支路

①　渡辺芳郎：《漢代カマド形明器考—形態分析と地域性—》，《九州考古学·61》，1987 年，1~15 页；高浜侑子：《秦漢時代における模型明器—倉形·竈形明器を中心として—》，《日本中国考古学会会報·5》，1995 年，21~45 页；Kawamura Y.The spread of pottery miniatures in Han dynasty China.In:Blythe McCarthy, *et al*(eds.), *Scientific Research on Historic Asian Ceramics*. Washington D.C.:Archetype Publications, 2009: 123~132.

（一）对象资料概述

本文的分析对象是三峡地区汉墓中出土的灶形明器。

所谓的三峡，一般是指长江上游的三个峡谷，即瞿塘峡、巫峡、西陵峡。但是，本文所说的三峡地区包括从重庆中心部到湖北省宜昌市南津关之间的长江流域及其相关支流的流域，地理范围如图一所示，东西范围比狭义的三峡长了一倍以上。汉代这个区域的明器种类和形态极其相似[①]，其中灶形明器在迄今为止的发掘报告中大约出土了 200 件。我们在图一中标示了出土灶形明器的 32 处汉代墓葬遗址，按从东到西的顺序编了序号。这样我们就发现迄今为止的出土地点集中在东半部，即云阳以东的地区[②]。

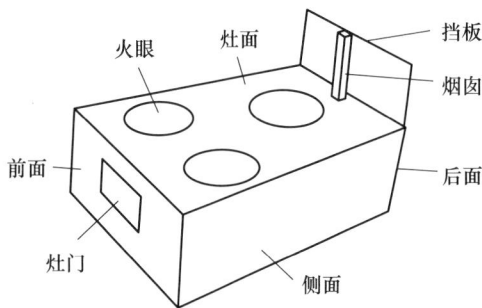

图二　灶形明器各部位名称

中国多见的灶形明器的基本形态以及各部分的名称如图二所示。灶形明器整体呈箱形，平面有长方形、椭圆形、圆形等各种各样的形状，以长方形最为常见。在某一侧面一定会有灶门，这就是灶的前部，其相对的后侧面一般带有烟囱或者出烟孔等排烟装置，灶面则有放置釜或甑的火眼。实际上，也出土有釜或甑形明器放置在灶形明器灶面火眼上的样式。火眼的数量因型式不同而各种各样，大多数为 1～3 个。

还有在灶面上做出挡板的例子，挡板的位置或在后缘、前缘以及左右两侧等不尽相同。挡板的功能根据其位置不同而有所差异，位于后缘的挡板与烟囱成为一体，如图二所示，可能表示炉灶毗连在建筑物上，位于前缘的挡板可能是为了阻挡灶门的热焰妨碍到灶面而制作的[③]。

三峡地区出土灶形明器的平面形状大多是长方形或者与之极为相近的椭圆形。灶门位于较长侧面的灶形明器大致占到所有出土数量约 200 件的九成以上，与此相对，灶门位于较短侧面的约占整体数量的 6%。关于火眼的数量，大约六成有 2 个，约三成有 1 个，剩下的有 3 个或更多，其中有的竟多至 9 个火眼。有挡板的约占全部的两成。关于排烟装置，多在灶面后部设置烟孔，带有挡板的个体大多在壁中做出烟囱的形状。但有的灶甚至省略了烟囱或烟孔等排烟装置。

三峡地区灶形明器的基本属性如上文所述，我们首先根据灶的整体形状和灶门的位置，将其分为 A～D 型。前人的研究证明这两个属性在区分汉代广为流行的灶形明

---

① 这里没有办法详细叙述三峡地区汉墓出土明器的形态近似性。但是，这个地区与《华阳国志》记载的巴族活动范围几乎重合，可以说从战国时代以前就具有一定的文化相似性。

② 三峡地区云阳以东的地形和以西多少有所差别。总体上是峡谷地形，特别东半部地形险峻，长江及其支流两岸绝壁连绵。可以生活的缓斜坡仅限于与支流的交汇地或河流弯曲的地方。与此相对，西半部地形两岸多阶地，可以生活的土地远远多于东半部。三峡地区在地形上的东西差别可能与生活状态以及含有灶形明器等特定遗物的分布密度等有所关联。但是，我们认为有可能云阳以西的地区也出土了灶形明器而未见报道，也不能完全相信灶形明器分布上的东西差别。

③ 渡辺芳郎：《中国におけるカマドの変遷と地域性—カマド明器からの検討》，《古文化談叢·29》，1993 年，97～116 页。

器的地域性方面是有效的线索①。下一节中，我们比较其他地区的出土实例，究明三峡地区出土型式的谱系，所以本文也以这两个属性作为型式分类的基准。再根据灶面上火眼的数量以及挡板的有无，进行型式的细分。

另外，单独提及的大多数如图三所示，我们标出了各个体出土遗址的序号，遗址的序号与图一相对应。

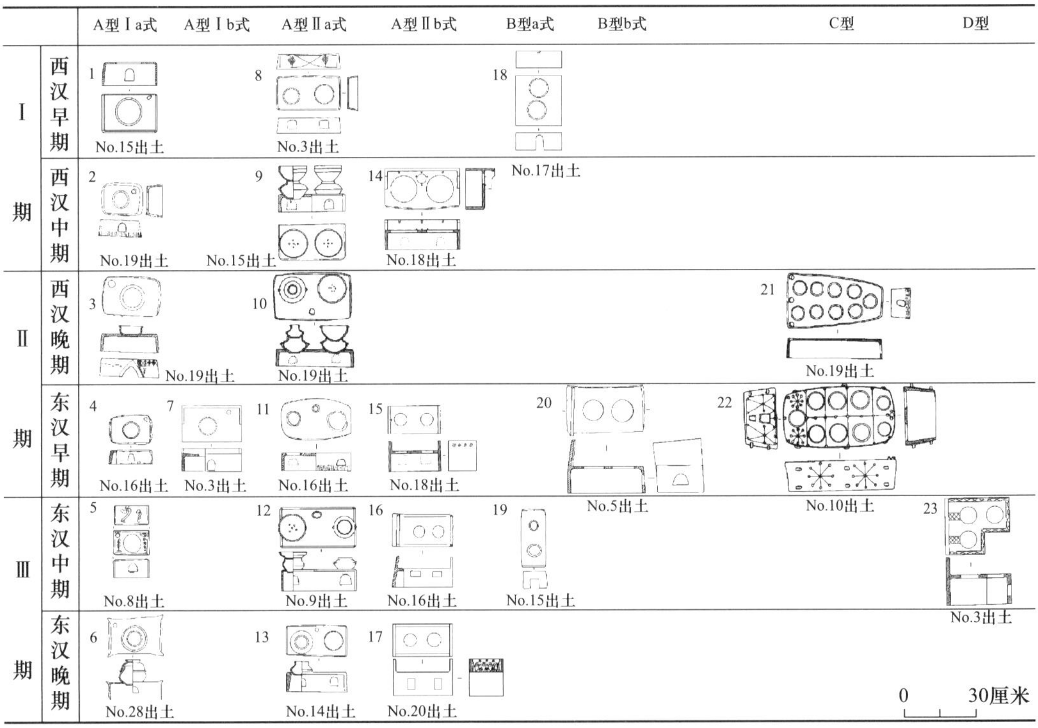

		A型Ⅰa式	A型Ⅰb式	A型Ⅱa式	A型Ⅱb式	B型a式	B型b式	C型	D型
Ⅰ期	西汉早期	1 No.15出土		8 No.3出土		18 No.17出土			
	西汉中期	2 No.19出土	9 No.15出土	14 No.18出土					
Ⅱ期	西汉晚期	3 No.19出土	10 No.19出土					21 No.19出土	
	东汉早期	4 No.16出土 7 No.3出土	11 No.18出土	15	20 No.5出土			22 No.10出土	
Ⅲ期	东汉中期	5 No.8出土	12 No.9出土	16 No.16出土	19 No.15出土				23 No.3出土
	东汉晚期	6 No.28出土	13 No.14出土	17 No.20出土					

图三　三峡地区灶形明器编年图

（二）型式分类

1. A 型

我们把整体平面呈长方形或与其极为接近的椭圆形、灶门位于长侧边的类型称作A型。依据灶面上火眼的多少和挡板的有无，再细分型式。

A型Ⅰa式：1个火眼的为A型Ⅰ式，其中灶面上没有挡板的为A型Ⅰa式。这种型式中带有排烟孔的个体大约占七成，其位置在灶面后端而偏向右侧或左侧。在灶面后端中央开排烟孔的迄今为止只发现一件②。排除几个少数例外，灶门和火眼绝大多数分别开在前面和灶面几近中央的位置，整体来说缺少装饰。如图三：2所示，也出土

---

① 渡辺芳郎：《漢代カマド形器考—形態分析と地域性—》，1～15页。渡边芳郎氏所采用的灶形明器型式分类标准除这两项之外，还含有烟囱的形态。但是三峡地区出土的灶形明器首先没有烟囱，本文的型式分类标准没有包含烟囱的形态。

② 湖北省文物考古研究所：《湖北秭归东门头汉墓与宋墓清理简报》，《江汉考古》2002年3期，41～45页。

过若干前后左右侧面带有绳纹的例子，绳纹只装饰在靠下的位置。箱状灶形明器的灶面以及侧面等各部分均事先做好板状部件，然后黏合成形。这种情况下的绳纹是事先制作各平面部件时板状延伸黏土时留下的绳索痕迹，或者是缠有绳索陶拍的压痕，在最后加工阶段没有去除干净而残存的纹样。此外，尚有在灶身前壁刻划斜方格纹以及"刜子方（或如子方）"铭文的例子（图三，3），也有在灶面及后壁刻划钩、鸡等图案以及"永初元（107 年）年三月作"铭文的例子（图三，5）。钩、鸡等纹样作为烹饪用具和食材，主要见于河南洛阳以及陕西西安等地的灶形明器。

根据已经发表的资料，本型式共出土 56 件，占三峡地区出土灶形明器的 28%，仅次于 A 型 IIa 式，在数量上是第二位的型式。

A 型 Ib 式：灶面火眼只有一个而且灶面带有挡板的是 A 型 Ib 式。挡板的位置在灶面前缘与左右两缘的前部，或者如图三：7 那样，在灶面后缘与左右两缘的后部。不管哪种挡板，从上面看都呈"コ"形。挡板以外的形态均与上述 A 型 Ia 式相同。

湖北省秭归县卜庄河遗址（图一，3）D 区 39 号墓出土 2 件[①]。

A 型 IIa 式：我们把灶面有 2 个火眼的定为 A 型 II 式，其中灶面没有挡板的是 A 型 IIa 式。在本型式中，据发表的资料，大约七成带有排烟孔。带排烟孔的明器中，约八成是单独 1 个，其中开在灶面后缘正中的占大多数。像 A 型 Ia 式那样排烟孔的位置偏向左右的只占极少数。灶门和火眼分别位于前面与灶面，2 个火眼左右排列。与 A 型 Ia 式一样，缺乏纹样装饰。带纹饰的只限于后壁刻划一对树木纹样的例子（图三，8）以及灶面和前壁刻划鱼纹的例子[②]。鱼的纹饰与图三：5 鸡的图像一样，有时见于西安与洛阳的灶形明器，所要表现的大概是烹饪食材。另外，带有绳纹的共有 14 件，与上述 A 型 Ia 式一样，都只位于前后左右侧面的下部，与其说是装饰，不如说是无意中留下的制作痕迹。

本型式见诸报道的有 89 件，约占三峡地区出土灶形明器的近半数，是数量最多的型式。

A 型 IIb 式：灶面有 2 个火眼且灶面带有挡板的为 A 型 IIb 式。灶面后缘带挡板的只有 2 件[③]，其中图三：14 不仅后缘有挡板，还延伸到左右两侧的后部。像图三：7 所示 A 型 Ib 式那样，都是俯视呈"コ"形的挡板。但是，A 型 IIb 式的大部分挡板只出现在灶面左右两缘。挡板位于后方的有 2 件，排烟孔位于灶面后缘的中央。挡板位于左右两侧的明器中，烟囱埋在挡板里面，从顶部开孔排烟的例子有 5 件，其他的则省略了排烟装置。纹饰在左右两侧或某一侧灶壁的外面，以连续的锯齿纹、圆圈纹为中心，共有 8 件这样的例子（图三，15、17）。

这种型式的灶形明器共出土 33 件。

2. B 型

我们把灶面的平面基本呈长方形或者与其相近的椭圆形，灶门位于短侧边的类型

① 国务院三峡工程建设委员会办公室等：《秭归柳林溪》，科学出版社，2003 年。

② 吉林大学边疆考古研究中心等：《奉节县宝塔坪遗址 2001 年汉晋墓葬发掘报告》，《重庆库区考古报告集·2001 卷》，科学出版社，2007 年，415～436 页。

③ 出土于巫山县下西坪 15 号墓和云阳县马沱 2 号墓，见湖南省文物考古研究所等：《巫山下西坪古墓群勘探发掘报告》，《重庆库区考古报告集·2001 卷》，科学出版社，2007 年，204～242 页；郑州市文物考古研究所等：《云阳马沱墓地 2001 年发掘报告》，《重庆库区考古报告集·2001 卷》，科学出版社，2007 年，626～681 页。

定为 B 型。与 A 型的横长箱形相比，B 型可以说是纵长的箱形。B 型的灶面前后排列 2 个火眼。依据挡板的有无，可以进一步细分其型式。

　　B 型 a 式：没有挡板的是 B 型 a 式。没有纹饰。有 2 件带有排烟孔，均位于灶面后部中央。见诸报道的出土品有 4 件。

　　B 型 b 式：带有挡板的是 B 型 b 式。除灶面后缘设有挡板外，其他特征均与 B 型 a 式相同。此型式只有 1 件（图三，20），出土于秭归县庙坪遗址 6 号墓（图一，5）。

3. C 型

　　灶面的平面形状呈细长的梯形。面积最小的侧面是前面，开有灶门，越向后则越宽。灶面上排列 9 个火眼，呈规则性排列，9 个中的 8 个分左右两行排列，前方 1 个单独位于中央位置。有的只有 1 个排烟孔，位于灶面后缘中央（图三，22），有的 3 个排烟孔分别设在后缘中央和左右两侧（图三，22）。灶门有的位于前面的上部位置，像图三：22 那样有的比较特殊，上下排列 2 个灶门。像其他型式一样，火眼上没有发现釜、甑等容器，也没有发现灶面带有挡板的。只有 1 件带有线刻纹饰（图三，22），前面、侧面、灶面的前部刻有由 3～4 根直线组成的放射线状纹饰一对，灶面火眼的周围均用直线划出均等的区域。直线的相交点和顶部都有圆圈纹，左右两侧面前、中、后部三处刻有上下两层环状突起。另外，侧面下部带有绳纹装饰的发现 2 例，这也与其他型式的绳纹一样，大概是制作时没有抹去而残留的痕迹。迄今为止，C 型共有 7 件出土例见诸报道。

　　表一总结出了每个型式的横宽、进深、高度的平均值。从中可以看出，首先 C 型横宽与 A 型相比变化不大，而进深与其他各型都有很大差异，高度的平均值与其他不带挡板的型式相比也是最大的，不仅仅是平均值，即使比较个体的尺寸，三峡地区灶形明器中最大的个体也集中在 C 型。换言之，在三峡地区灶形明器中，C 型的纵深尺寸显得特别突出。

4. D 型

　　灶面的平面形状呈"L"形，前面突出，有 1 个灶门，3 个火眼分别位于灶面的前部和后部左右侧。在三峡地区，D 型只发现 1 件（图三，23），出土于湖北省秭归县卜庄河遗址（图一，3）E 区 81 号墓。灶面后缘有挡板，灶面的边缘部和后部都刻划有斜格纹装饰。

　　此外，平面形状呈近圆形的个体在秭归孔岭遗址（图一，2）出土 2 件，但是，即使进行分型定式，在下节讨论中也不能成为有意义的型式，所以本文不设定其型式，只是保留作为分析资料。

　　另外，呈锁孔形平面的陶制明器出土于三峡地区几个墓地遗址，发掘报告认为这种明器是猪圈或者陶灶[①]。但是，这种形状与出土于奉节县小云盘遗址（图一，29）的铁制熔炉非常相像[②]，即便不是猪圈形明器，也不会是灶形明器。因此，本文对此不予涉及。

----

① 重庆市文化局等：《重庆巫山麦沱古墓群第二次发掘报告》，《考古学报》2005 年 2 期，185～206 页。
② 内蒙古文物考古研究所：《奉节小云盘遗址发掘报告》，《重庆库区考古报告集·1999 卷》，科学出版社，2006 年，156～167 页；高浜侑子：《秦漢時代における模型明器—倉形·竈形明器を中心として—》，《日本中国考古学会会報·5》，1995 年，21～45 页；Kawamura Y. The spread of pottery miniatures in Han dynasty China. In: Blythe McCarthy, et al (eds.), Scientific Research on Historic Asian Ceramics. Washington D.C.:Archetype Publications, 2009: 123～132.

表一　三峡地区出土不同型式灶形明器的尺寸平均值　（单位：厘米）

型式	出土件数	最大宽度	纵深	高度	备考
A 型 I a 式	56 件	19.4	13.1	7.8	
A 型 I b 式	2 件	24.0	13.5	9.3	有挡板
A 型 II a 式	89 件	24.8	13.8	8.1	
A 型 II b 式	33 件	24.5	12.6	11.6	有挡板
B 型 a 式	4 件	16.7	22.2	6.5	
B 型 b 式	1 件	17.2	29.6	20.0	有挡板
C 型	7 件	24.5	38.8	10.4	
D 型	1 件	26.1	23.1	12.0	有挡板

（三）编年

根据相关研究，灶形明器最先出现在战国时代秦国统治下的陕西省，到西汉时代扩展到全国各个地区[①]。本文所研究资料的年代从灶形明器开始流行的公元前 200 年左右的西汉前期，一直到公元 200 年左右的东汉后期。各个体的年代基本上遵循出土灶形明器墓葬考古报告的年代。

考古报告所揭示的三峡地区的汉墓，主要根据土圹墓到砖室墓演变的构造变化、砖或者出土遗物上散见的纪年铭以及随葬铜钱的种类与形态，综合判定其年代。特别是到了东汉时代盛行二次葬，墓葬的年代难以准确断定。虽说如此，各报告的年代大致是可信的。

根据上述条件，我们把三峡地区灶形明器的编年粗略地分为 I ～ III 期。上一节已经把灶形明器分为 A ～ D 型，这里再把各型式中具有代表性的个体按照年代顺序排列起来，参见图三。另外，我们把 I ～ III 期各型式数量的变化整理为表二。

表二　三峡地区出土灶形明器不同型式个体数的变迁

时期	年代	A 型 I a 式	A 型 I b 式	A 型 II a 式	A 型 II b 式	B 型 a 式	B 型 b 式	C 型	D 型	合计
I 期	西汉前期	3		11		3				17
	西汉中期	8		22	2					32
II 期	西汉后期	10		12				4		26
	东汉前期	15	2	30	11		1	3		62
III 期	东汉中期	12		8	11				1	33
	东汉后期	2		1	7					10

注：数字为个体的件数。不包含无法确定年代的个体

① 高浜侑子：《秦漢時代における模型明器—倉形・竈形明器を中心として—》，《日本中国考古学会会报·5》，1995 年，21～45 页；Kawamura Y.The spread of pottery miniatures in Han dynasty China. In: Blythe McCarthy, *et al* (eds.), *Scientific Research on Historic Asian Ceramics*. Washington D.C.:Archetype Publications, 2009: 123～132.

1. Ⅰ期：西汉前期以及中期墓葬出土的灶形明器

三峡地区灶形明器中，最普通的 A 型Ⅰa 式与 A 型Ⅱa 式在这个时期都已经出现，出土件数分别为 11 件和 33 件。另外，还有 2 件 A 型Ⅱb 式和 3 件 B 型 a 式。

A 型Ⅰa 式、A 型Ⅱa 式与 B 型 a 式在这个时期还看不出具体的特征，这三种型式本来就形态单纯，从Ⅰ～Ⅲ期基本上没有形态上的变化。

A 型Ⅱb 式是 A 型Ⅱa 式灶面上带有挡板的型式，属于这个时期的 2 件均在灶面后缘带挡板，其中 1 件在灶面的后缘与两侧靠后部位均有挡板，俯视呈"コ"形（图三，14）。

2. Ⅱ期：西汉后期、新、东汉前期墓葬出土的器物

A 型Ⅰa 式 25 件、A 型Ⅱa 式 42 件，仅这两种型式就已经占到Ⅱ期灶形明器的 3/4。其他，还出土有 A 型Ⅰb 式 2 件、A 型Ⅱb 式 11 件、B 型 b 式 1 件、C 型 7 件。

A 型Ⅰb 式的挡板位于灶面后缘以及两侧后部，或者前缘以及两侧前部，俯视亦呈"コ"形（图三，7）。

B 型 b 式的挡板位于灶面的后缘（图三，20）。

A 型Ⅱb 式从Ⅰ期的 2 件到Ⅱ期的 11 件，不仅出土件数大幅度增加，挡板的位置也产生了变化，Ⅰ期的 A 型Ⅱb 式位于灶面的后缘或者像图三：14 那样由后缘延续到两侧靠后部位呈"コ"形。但是，到了Ⅱ期，挡板位于左右两侧，后缘部位的挡板则不见了。而且，Ⅰ期的 A 型Ⅱb 式没有纹饰，到Ⅱ期半数以上个体的灶壁上刻划有锯齿纹、圆圈纹等连续性的图案（图三，15）。

此外，Ⅱ期还发现了 C 型（图三，21、22）。

3. Ⅲ期：东汉中期到东汉后期墓葬出土的器物

Ⅰ期以来的 A 型Ⅰa 式、A 型Ⅱa 式一直延续到Ⅲ期，形态几乎没有什么变化。这个时期两种型式的件数，A 型Ⅰa 式 14 件、A 型Ⅱa 式 9 件，如果仅限于东汉后期的话，前者 2 件、后者 1 件，呈现出减少的趋势。

另一方面，A 型Ⅱb 式Ⅰ期 2 件，Ⅱ期 11 件，到Ⅲ期则增至 18 件，仅在东汉后期就达到 7 件。因此，Ⅲ期最主要型式的灶形明器从原来的 A 型Ⅰa 式与 A 型Ⅱa 式演变为 A 型Ⅱb 式。但是，相对于本型式出土件数的增加，灶壁上带有纹饰的只有 1 件（图三，17）。Ⅱ期 A 型Ⅱb 式 11 件中的 6 件刻划有纹饰，可以看出本型式到Ⅲ期逐渐变得缺少纹饰。

另外，Ⅲ期还包含 B 型 a 式与 D 型灶形明器各 1 件（图三，19、23）。

（四）小结

行文至此，我们以三峡地区汉墓出土的灶形明器为研究对象，首先根据整体形状与灶门的位置分为 A～D 型，并进一步以火眼的数量与挡板的有无细分为八种型式。接着，依据出土墓葬的年代把各型式的形态和数量变化过程划分为Ⅰ～Ⅲ期。

结果，我们发现 A 型Ⅰa 式与 A 型Ⅱa 式不仅出土件数最多，而且从Ⅰ期一直延续到Ⅲ期，呈横长箱状的两种型式均出现在Ⅰ期，到Ⅲ期为止形态上几乎没有任何变化。可以看出自出现的时候起，其形态在三峡地区就已经固定下来。A型Ⅱb式不仅呈横长箱状，灶面上还增加了挡板，Ⅰ期挡板的位置在后缘，Ⅱ期以后挡板的位置转移到左右两侧。另外，A型Ⅱb式的出土数量，Ⅰ期仅有2件，从Ⅱ期开始增加，到Ⅲ期数量已经超过A型Ⅰa式与A型Ⅱa式，成为数量最多的型式。虽然A型Ⅰb式数量很少，仅有2件，但把A型当作一个整体来看，可以说A型是汉代三峡地区灶形明器的主流。

在A型Ⅱb式数量增加的Ⅱ期，A型Ⅰb式与B型b式的挡板在其他型式上也有发现。灶面挡板的位置，除A型Ⅰb式1件位于前缘之外，其他的均位于后缘。虽然A型Ⅱb式挡板的位置以左右两侧为主流，考虑到Ⅰ期位于灶面后缘的情况，三峡地区灶形明器的挡板，不管何种型式，都可能最初开始于后缘位置。

B型a式在Ⅰ期和Ⅲ期有出土例，虽然Ⅱ期没有发现相同的例子，但是如前文所述B型b式出土于Ⅱ期。因此，前后呈细长箱形的B型自身亦有可能在A型之后定型于三峡地区。平面呈细长梯形的C型与呈"L"形的D型只见于Ⅱ期与Ⅲ期。C型与D型两种型式不仅与三峡地区灶形明器的主要形态A型的横长箱形差别很大，年代幅度也很短。

总之，汉代三峡地区随葬的灶形明器，从数量与年代范围看，以A型为主流，B型是第二位的型式，C型与D型是有所限定而没有固定下来的型式。

二、三峡地区灶形明器的谱系

本节中，我们将厘清汉代三峡地区制作的灶形明器各个型式是受到其他地区影响而出现的还是独立制作的，进而探明其谱系。因此，首先梳理各个型式在三峡地区分布范围的发展变化，在此基础上，比较邻近地区灶形明器的分布状况、年代与形态，区分出三峡地区出土的灶形明器中与其他地区相关联的型式和没有关联的独立型式。

（一）分布范围

三峡地区A～D型灶型明器的出土遗址与分布范围如图四所示。

A型的诸型式看不出每个型式分布的侧重，以巫山、奉节为中心从Ⅰ期开始即分布很广。图四中A型出土遗址以"□"表示、分布范围以粗虚线表示。虽然自云阳以西几乎不见灶形明器出土的报道，Ⅰ期的A型Ⅰa式在相距甚远的重庆中心部出土。到Ⅱ期，A型分布范围的西限为云阳，到Ⅲ期转移到奉节，分布范围逐渐缩小。虽然如此，作为整个汉代在三峡地区最稳定的型式，像前节所述，A型不仅年代跨度很长，出土的范围也非常广。

B型中，B型a式在Ⅰ期、Ⅲ期出土于巫山，B型b式在Ⅱ期出土于湖北省秭归。图四中，B型诸形式的出土遗址以◆表示、分布范围以细虚线表示。其范围虽然远不及A型广阔，但也意味着B型在巫山以东的三峡地区有一定程度的传播。上节中，我们确认了B型虽然在三峡地区从Ⅰ期到Ⅲ期已经定型，相对于主流的A型，其出土数量较少，处于次要位置。从图四的分布范围看，对于B型，也可以得出相同的结论。

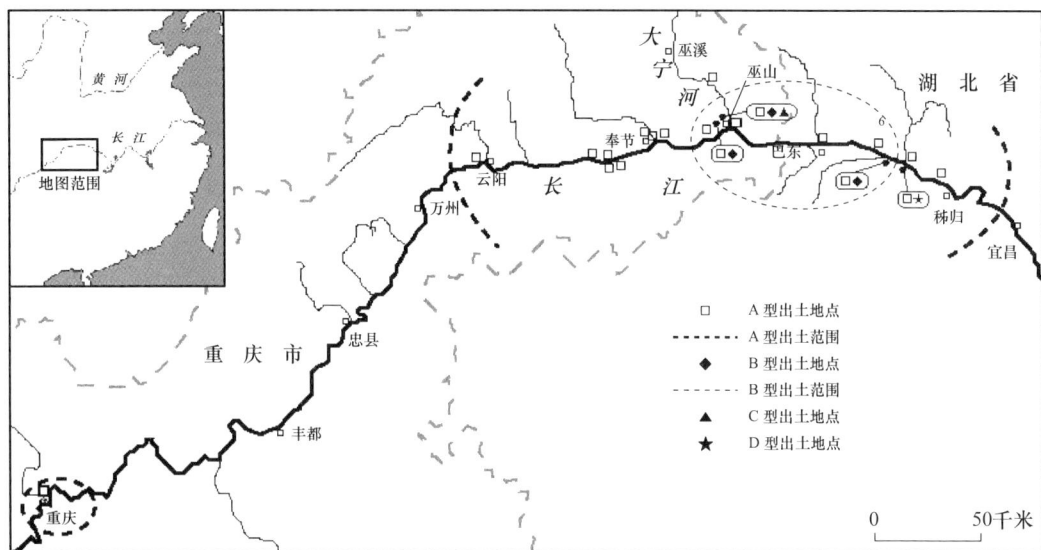

图四　三峡地区灶形明器各型式的分布范围图

　　C 型的出土地点在图四中以▲表示，7 件均出土于巫山的汉墓中，迄今未见出土于三峡地区其他的汉墓。如上所述，年代均在Ⅱ期的范围内，分布范围也限定于巫山，不如 A 型与 B 型分布广泛。

　　D 型的出土地点以★表示，只有 1 件出土于湖北省秭归Ⅲ期的汉墓中。D 型亦与 C 型一样，不仅年代跨度，分布范围亦有很大的局限性。

　　在上节的小结中，对于三峡地区灶形明器各型式的地位，我们根据各自年代的跨度以及出土数量，确定了 A 型为主流、B 型处于从属的次要位置、C 型与 D 型是长期没有固定的型式。从各个型式的分布范围看，这个看法也大致合适。

　　我们不得不注意的是，三峡地区灶形明器的分布范围整体上偏东，其东限是湖北秭归，除 C 型以外所有的型式均有出土于秭归的报道。这与奉节以西只有 A 型的分布，而万县以西几乎不见任何型式灶形明器形成鲜明对照。从这种分布倾向可以推测出三峡地区灶形明器与东邻的江汉平原[①]西部有密切关系，应受其影响才出现并发展起来的。

　　那么，下一节我们以江汉平原西部为中心，把其他地区与三峡地区之间灶形明器的分布状况、年代与形态等试做比较。

（二）与其他地区的比较

　　图五把邻近地域出土汉代灶形明器的地点按照 A～D 型分别标示出来，右上部是江汉平原西部的出土地，左侧是湖南省西部（下文称为湘西地区）的出土地。

---

① 秭归以东与峡谷连绵的三峡地区完全不同，从湖北宜昌市开始沿长江展现的是广阔的河流网和平原地带。这个平原地带夹在长江及其支流汉水之间，取长江的"江"与汉水的"汉"被称为江汉平原。江汉平原不仅与三峡地区在地势上有很大的不同，流行包含灶形的不同的明器。但是，分布在江汉平原西部的灶形明器与三峡地区的灶形明器有较多的共同点。因此，我们决定比较以江汉平原西部为中心的其他地区与三峡地区的灶形明器。

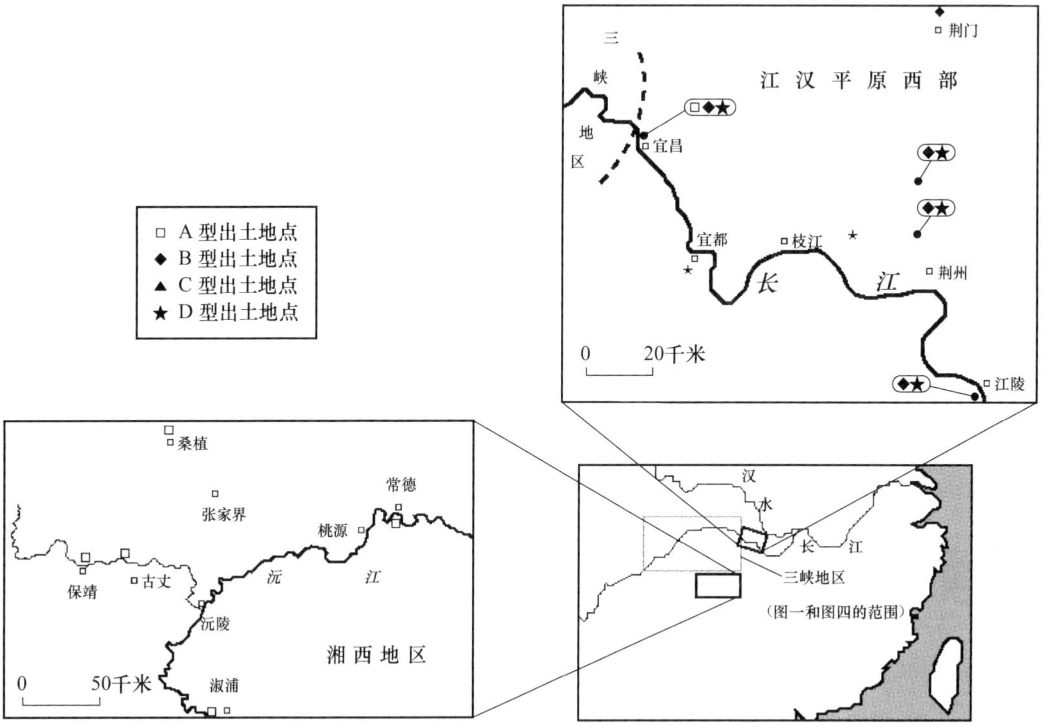

图五　江汉平原西部与湘西地区的灶形明器分布图

　　根据图五，江汉平原西部有 A 型、B 型、D 型的出土，不见 C 型。B 型与 D 型在这个区域分布广泛，分别出土 25 件与 40 件。在同地域的灶形明器中做型式比较的话，出土数量分别占第 1 位和第 2 位。D 型总数 40 件中的 32 件虽然是西汉前期到中期的，也就是说集中出土于本文的 I 期墓葬中，但亦与 B 型一样，存在于整个汉代。可以说，B 型与 D 型是本地域的主流型式。与此相对，A 型只出土于宜昌市前坪遗址，而且只有 6 件。此遗址位于江汉平原的西部边缘，临近长江，正好处于三峡地区出入口位置。也就是说，A 型在江汉平原中也只分布于临近三峡地区的西部边缘，年代虽然从西汉前期到东汉中期跨度较长，从 6 件出土量的稀少与不平衡分布来看，不是本地区的主流型式。但是，在图五左侧所示的湘西地区，B 型与 D 型均不见报道，只有 A 型出土，其分布主要沿着沅江及其支流。沅江流经湖南省西部的山岳地带，接着抵达湖沼地带，最后注入长江。

　　下面，按照每个型式分别讨论上述两个地域出土灶形明器的形态。

　　呈横长箱形的 A 型我们细分为四种型式。在宜昌，这四种型式均有出土，其中火眼位于灶面左右的 A 型 IIa 式或者 A 型 IIb 式从包含 I 期的西汉前期到 III 期的东汉中期都有存在。其中，东汉中期墓葬出土的 A 型 IIb 式，挡板位于灶面的后缘（图六，4）。A 型 II 式带有排烟装置的只出土 1 件，在灶面左右两侧开设烟孔（图六，3）。关于 1 个火眼的型式，A 型 Ib 式从西汉中期的墓葬、A 型 Ia 式从东汉中期的墓葬各出土 1 件，烟孔的位置偏向右侧（图六，1）。A 型 Ib 式的挡板位于灶面后侧与右侧，从正上方看呈"L"形（图六，2）。湘西地区出土 A 型的排烟装置也都是烟孔，烟囱的

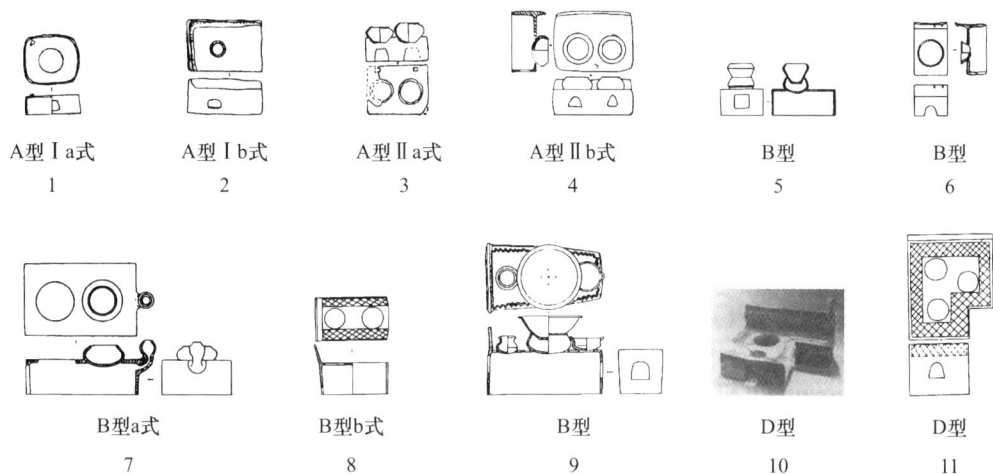

図六　江汉平原西部出土的灶形明器（比例尺不同）

1～7.宜昌市前坪出土　8、11.江陵县岳山出土　9.荆州市纪南出土　10.江陵县张家山出土

例子一个也没有。A 型Ⅰ式的烟孔也偏向左或右，A 型Ⅱ式的烟孔则左右两侧都有配置。通过上面的比较，可以知道三峡地区、江汉平原西部、湘西地区的 A 型形态几乎没有任何不同。不过，三峡地区流行于Ⅱ期到Ⅲ期、灶面左右两侧带有挡板的 A 型Ⅱb式（图三，15～17）在其他地区 1 件也没有出土。

呈纵长箱形的 B 型在三峡地区都是前后排列 2 个火眼，上节中我们把没有挡板的称为 B 型a式，有挡板的称为 B 型b式。两种型式在江汉平原西部也都有出土，分布范围很广，而且从Ⅰ期到Ⅲ期都有延续（图六，7、8）。此外，在同一地区还出土 1 个火眼的 5 件、3 个火眼的 2 件（图六，5、6、9），前者的年代从Ⅰ期的西汉前期到Ⅱ期的东汉前期，后者都在Ⅱ期的范围内，前者 5 件中的 4 件集中于宜昌市前坪遗址。江汉平原西部 B 型带有排烟装置的个体均有烟囱或者挡板内藏烟道（图六，7）。同地区的 B 型线刻菱形纹饰带是主要的装饰（图六，8、9），其他还有烧成后以颜料涂成彩色或者施釉的例子[①]。

灶面平面呈"L"形的 D 型在江汉平原西部从Ⅰ期的西汉前期到Ⅲ期的东汉中期均有出土。其中，包含与三峡地区出土的 D 型一样带有 3 个火眼与后缘挡板的例子（图六，11）。但是，江汉平原西部的 D 型有 2 个火眼的也很多（图六，10），这种 D 型不见出土于三峡地区，2 个火眼前后排列于灶面较长一侧。不管 2 个火眼的还是 3 个火眼的，挡板基本上均位于后缘。2 个火眼个体的年代只限于Ⅰ期，特别集中在西汉前期。因此，可以看出江汉平原西部的 D 型在Ⅰ期首先流行 2 个火眼，不久之后出现 3 个火眼，并在Ⅱ期以后逐渐被替代。D 型主要的装饰是菱形纹饰带、树木纹等，不管哪一种都是线刻的形式（图六，11）。烟道内藏于挡板内的排烟装置以及线刻菱形纹饰带在江汉平原西部出土的 B 型个体上已经具备（图六，8），是这个地区灶形明器引人瞩目的主要特征。

<hr/>

① 湖北省博物馆：《宜昌前坪战国两汉墓》，《考古学报》1976 年 2 期，115～148 页；宜昌地区博物馆：《1978 年宜昌前坪汉墓发掘简报》，《考古》1985 年 5 期，411～422 页。

（三）各型式的谱系

我们在三峡地区、江汉平原西部、湘西地区灶形明器的形态和年代比较结果的基础上，按照每个型式整理出灶形明器的谱系。

A 型占三峡地区出土灶形明器的九成以上，是最主要的型式，在 I 期的西汉前期即有出土。江汉平原唯一出土 A 型的宜昌市前坪遗址也是西汉前期。湘西地区沅江及其支流流域 A 型也比较流行，这个地区亦有西汉前期的出土例。但是，三峡地区出土灶形明器的汉墓仅限于长江及其支流区域，与湘西地区并不直接相邻，湖北宜昌与湘西地区也不接壤。因此，三峡地区与相邻的宜昌以及湘西地区出土的 A 型灶形明器究竟是相互关联的，还是偶然出现的，现阶段尚难以确定。问题的答案取决于夹在三峡地区与湘西地区中间的湖北清江地区将来能否出土 A 型灶形明器。不管怎么说，A 型在西起重庆市中心部东到湖北宜昌的长江沿岸分布最为密集。但是，不得不说仅依靠比较各个地区的 A 型，尚无法知道哪里是最早出现的地区。

可是，关于 A 型的挡板，可以推测三峡地区受到了江汉平原西部的影响。三峡地区 A 型 II b 式的挡板 I 期时位于灶面后缘或者后缘与左右两侧后部（图三，14），II 期以后扩展到灶面的左右两侧（图三，15～17）。江汉平原西部灶形明器的挡板从 I 期开始一直位于灶面的后缘，没有扩展到左右两侧（图六，2、4、6、8～11）。据此，可以推定受到江汉平原西部的影响，原来位于灶面后缘的挡板逐渐变化为呈左右两侧的形态。

依据上述内容，三峡地区的 A 型部分受到江汉平原西部的影响，从三峡地区到宜昌一带在 I 期出现并得到发展，湘西地区也从 I 期就存在 A 型。但是，如上所述，尚不能确定三峡地区与宜昌市的 A 型之间是否有直接的关联。

三峡地区的 B 型可能是从江汉平原西部传来的。在江汉平原西部以外的地区，包含位于三峡西面的成都平原，B 型是在中国全境分布最为广泛的型式之一。但是，成都平原的 B 型大多是带有底板的构造，与三峡地区相比差异很大。与此相对，江汉平原西部的 B 型不仅没有底板，以线刻菱形纹样为主体的纹饰（图六，8）以及烟道藏于挡板中的排烟装置也与三峡地区相一致。如图四所示，三峡地区 B 型的出土地点巫山与秭归比较偏东，不仅仅在形态上，分布范围也与江汉平原相近。三峡地区的 B 型以西汉前期后段为上限[1]，而江汉平原西部的 B 型有的则可以追溯到西汉初叶[2]。此外，如前所述，B 型与 D 型都是江汉平原西部的灶形明器的主要型式，在三峡地区则属于次于 A 型的附属型式。从这些情况分析，可以认为三峡地区的 B 型是从江汉平原西部传来的。

江汉平原西部的 B 型还有一点引人注目，即上节已经涉及的只有 1 个火眼的个体。三峡地区出土的 B 型都有 2 个火眼，江汉平原西部出土的 25 件 B 型中的 18 件也有 2 个火眼。但是，江汉平原西部 1 个火眼的 B 型尚有 5 件，集中出土于宜昌市前坪遗址。在三峡地区虽然没有 1 个火眼的 B 型，但 A 型中 1 个火眼的则占到总数 1/3 的 58 件。

① 湖南省文物考古研究所等：《巫山麦沱古墓群第三次发掘简报》，《重庆库区考古报告集·2001 卷》，科学出版社，2007 年，290～309 页。
② 荆门市博物馆：《荆门子陵岗》，文物出版社，2008 年。

难以想象三峡地区流行的 1 个火眼 A 型与宜昌市前坪遗址出土的 1 个火眼 B 型完全没有关联，这个遗址虽然位于江汉平原，其地理位置在三峡地区的出入口，与三峡地区的关系比其他遗址更密切。在年代上，前坪遗址的个体比三峡地区的稍早一些[①]。这样的话，可以认为三峡地区 A 型中至少火眼为 1 个的 A 型 I 式是受到宜昌市前坪遗址 1 个火眼的影响而制作的。不过，A 型还包含带 2 个火眼的 II 式，所以据此断定三峡地区的 A 型都是从宜昌传播过来的话，尚显证据不足。前节已经提及，只能说 A 型应部分受到江汉平原西部的影响，从三峡地区到宜昌一带出现并发展于 I 期。

三峡地区的 D 型也和 B 型一样是从江汉平原西部传播过来的。这种 D 型出土于秭归卜庄河遗址 E 区 81 号墓[②]。鉴于位于三峡地区的秭归与江汉平原最为接近，而且 D 型自西汉初期开始就是灶形明器的主要型式，得出卜庄河出土 D 型源自江汉平原的结论是自然而然的。卜庄河东汉时代的出土品上部边缘及后部带有充满菱形图案的装饰带，同样纹饰的 D 型在江汉平原西部始于西汉前期，这也证明了我们的判断。

通过以上的比较，我们已经知道三峡地区出土的灶形明器中，B 型和 D 型源自江汉平原西部，三峡地区最主要型式 A 型的只有 1 个火眼以及表面后缘的挡板等特征虽部分受到江汉平原的影响，但基本上是独立发展的结果。虽然 A 型最初出现的地点尚不明确，但在从重庆市中心区域到湖北省宜昌沿长江一线短时间内迅速流行起来。湘西地区 A 型与三峡地区 A 型的关联亦不明确，但主要出土于沿沅江及其支流的峡谷地带。这些地域的平地局限于面江的狭窄区域，房屋建在斜坡上的情况也不少见。因此，实际上灶的形状，与呈纵长的 B 型相比，横宽形状的 A 型更加合理。在江汉平原，西端的宜昌市等位于三峡崇山峻岭的山麓，也是同样的情况。那么，在上述峡谷以及山麓地带，象征适合地形的横宽灶形明器即 A 型从 I 期就广泛传播开来。

只有 C 型，不仅巫山以外的三峡地区，在其他地区的灶形明器中也不见相似的例子。关于其谱系，呈细长台形箱状的灶面上有 9 个火眼，体量比其他型式明显都大，集中出现于 II 期的巫山地区，找不出与其他灶形明器有关联的脉络。作为灶形明器，只有 C 型明显鹤立鸡群。

下面，我们考察一下这种独特 C 型灶形明器的性质。

三、C 型灶形明器与盐灶的比较

自新石器时代以来，中国各地广泛地使用灶作为烹饪用具[③]。与居住遗址实际出土

---

① 宜昌市前坪遗址 35 号墓的 1 个火眼的 B 型灶形明器烧成后施加颜色和纹饰，后端烟囱末端的形状模仿动物的头部（见湖北省博物馆：《宜昌前坪战国两汉墓》，《考古学报》1976 年 2 期，115～148 页）。考虑到陕西省等其他地区出土类似例子的年代，施以彩色装饰或细微部分亦精细制作的明器有可能上溯到西汉前期比较早的时段。另一方面，三峡地区不见彩绘和细部精细制作的灶形明器。而且，出土 1 个火眼 A 型的三峡地区墓葬的年代据推测可能是西汉前期比较晚的时段（见国务院三峡工程建设委员会办公室等编：《秭归柳林溪》，科学出版社，2003 年；武汉市文物考古研究所等：《巫山瓦岗槽墓地 2001 年度考古发掘报告》，《重庆库区考古报告集·2001 卷》，科学出版社，2007 年，151～180 页；湖南省文物考古研究所等：《巫山高唐观墓群发掘简报》，《重庆库区考古报告集·2000 卷》，科学出版社，2007 年，395～423 页）。
② 国务院三峡工程建设委员会办公室等编：《秭归卜庄河》，科学出版社，2008 年。
③ 合田幸美：《壁灶の集成》，《日本中国考古学会会报·10》，2000 年，114～137 页。

的灶相比较，毫无疑问三峡地区明器中的 A 型、B 型、D 型三种型式是象征烹饪用的灶。但是在中国，灶的用途不仅仅局限于烹饪功能。例如，在食盐的生产地区，也存在着用于加热盛有卤水的容器以制盐的灶。如上所述，通过与其他灶形明器的比较，我们明确揭示了 C 型是极为特殊的型式。在这里，我们认为 C 型是不同于一般烹饪用的灶，而可能是象征盐灶的明器。

首先，我们就画像砖所描述的盐灶以及发掘出土的盐灶与 C 型进行形态比较。在此基础上，考察为什么烹饪用的一般灶形明器在整个汉代广为传播，而 C 型的年代和出土地点仅限于 II 期的巫山地区。

（一）盐灶画像砖

本文所讨论的是三峡地区出土的灶形明器。虽然这一地区没有发现画像砖，但在其西邻的成都平原从汉墓中出土了描绘有各种主题的画像砖。其中，刻画有盐灶制盐场景的画像砖至少有三块广为人知[①]。三块画像砖中，郫县与成都市扬子山 1 号墓出土的两块图案相同，有可能是同范所制[②]。图七左图是郫县出土画像砖的拓本，右图是邛崃市花牌坊出土画像砖的拓本。这些画像砖虽然不是三峡地区的，但作为与灶形明器并行的汉代图像具有极为重要的研究价值。

两幅画像均在面向画面的左下方描绘有竖井，井架上有 4 人用吊桶从地下提取卤水，用于汲取地下埋藏卤水的竖井叫做盐井。据文献记载，在公元前 3 世纪后半叶的战国时代后期，盐井出现在秦国统治下的成都平原，之后在成都平原以及周边地区多有开采[③]。顺带说一下，在山东省莱州湾沿岸地区，如下文所述，自殷墟晚期至西周前期（前 11～前 10 世纪）就已经出现了盐井。被提取上来的卤水沿着井架右侧的管道

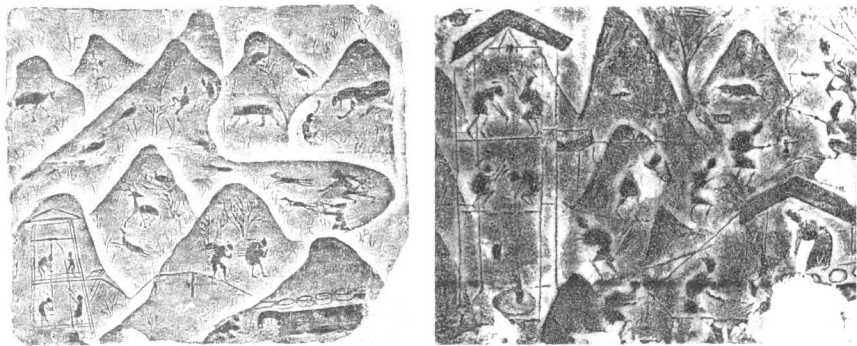

图七　画像砖上的盐灶

（左图转引自《中国画像砖全集》图一一〇，右图转引自《巴蜀汉代画像集》图十三）

① 重庆市博物馆：《重庆市博物馆藏四川汉画像砖选集》，文物出版社，1957 年；龚延万等：《巴蜀汉代画像集》，文物出版社，1998 年，12～13 页；《中国画像砖全集》编辑委员会：《中国美术分类全集：中国画像砖全集·四川汉画像砖》，四川美术出版社，2006 年。
② 菅野惠美：《四川漢代画像磚の特徴と分布—特に同范画像磚を中心として—》，《史潮·51》，2002 年，22～44 页。
③ 唐仁粤：《中国盐业史·地方编》，人民出版社，1997 年，631～635 页。

（卤水管）输送出去。卤水管由竹子或木材连接而成，沿着山势延伸，在图七左图的拓本中，卤水流到了方形储存槽中，卤水槽的右侧刻画有盐灶。从图中可以看到，盐灶上部至少前后排列5个容器。把水槽中的卤水注入容器，用盐灶进行煎熬，灶门前有一人在调节盐灶的火候。背景是连绵险峻的群山，其中有动物和狩猎的人，画面中央的下方画有搬运东西的人物。从图七左图的拓本判断，其搬运的应是作为盐灶燃料的木柴。

详细观察图七右图就会发现盐灶上方描绘有屋顶状的东西，根据屋顶由细柱支撑来看，推测是可以按需组装或拆卸的、像帐篷一样的覆屋。这究竟是盐灶的附属物，还是与盐灶没有关系的物件，仅从拓本上难以确定。但是，如拓本所示，盐灶位于屋外，为了不使猝不及防的雨水稀释正在煎熬的卤水，应该是设置了简易的覆屋。出土画像砖的成都平原气候湿润，雨水丰沛，汉代也应该不会有太大的变化[1]。可以想象，在这种气候的地区，避雨的覆屋对于屋外的盐灶来说是必不可少的。

（二）盐灶遗迹

在山东省莱州湾沿岸地区，集中发现了龙山文化中期到宋元时代的制盐遗址。在这个地区的地下，盐度比海水高3～6倍的卤水埋藏丰富，自古以来就盛行使用地下卤水制盐[2]。寿光市双王城遗址和东营市南河崖遗址发掘出了盐灶的遗迹[3]。图八所示是双王城遗址出土的盐灶遗迹（014AYZ1）平面图。根据发掘报告，年代大概是殷墟末期到西周前期，相当于公元前11～前10世纪。

莱州湾沿岸与本文研究的三峡地区不仅距离较远，也未见报道发现与灶形明器同时代的盐灶遗迹。而且，除商周时代莱州湾沿岸的盐灶以外，也不存在其他盐灶遗迹的详细发掘报告。虽然时代和地域不同，我们估计会存在盐灶所特有的共同点，根据迄今所发表的资料，梳理盐灶遗迹的特征还应具有一定的意义。

图八的盐灶自东向西陆续为工作间、灶门、椭圆形灶室、长条形灶室。从长条形灶室分出三条烟道，呈三岔状分布，末端有烟囱，灶室中轴线上的烟囱为后世的遗址破坏，已不存。盐灶整体呈半地下式构造，全长17.2米，最大宽度8.3米，最大深度0.5米。椭圆形灶室的南北两侧设有深约30厘米的长方形坑穴（H37、H38）。发掘者认为从盐井采集到的卤水在浅池中晾晒浓缩之后储存在这种坑穴内，煎熬时从这儿适当汲取浓缩卤水到盐灶上的制盐陶器中。盐灶南北两侧挖有细长的基槽，基槽内排列着柱洞。柱洞比较密集，直径50～70厘米，深50～80厘米，间隔30～50厘米。木柱的数量各有16根，位置也基本上南北相对。发掘者推测存在着覆盖盐灶及其周围的灶

[1] 汉代的成都平原作为蜀布的产地非常有名，所谓的蜀布就是苎麻布（任乃强：《华阳国志校补图注》，上海古籍出版社，1987年，325～326页）。另外，汉代蜀郡西工的漆器制作也很著名。这些特产都显示了四川盆地的气候在汉代也是非常湿润的。

[2] 对于最初莱州湾沿岸的制盐活动使用海水说，我们曾经指出使用的应该是地下卤水（川村佳男：《漢代における製塩器交代の背景―土器から金属盆へ》，青柳洋治先生退職記念論文集編集委員会編：《地域の多様性と考古学―東南アジアとその周辺》，雄山閣，2007年，173～187頁）。2008年寿光市双王城遗址发掘出采卤用的盐井，证明了上述推测的正确性。

[3] 山东省文物考古研究所等：《山东寿光市双王城盐业遗址2008年的发掘》，《考古》2010年3期，18～36页；山东大学考古系等：《山东东营市南河崖西周煮盐遗址》，《考古》2010年3期，37～48页。

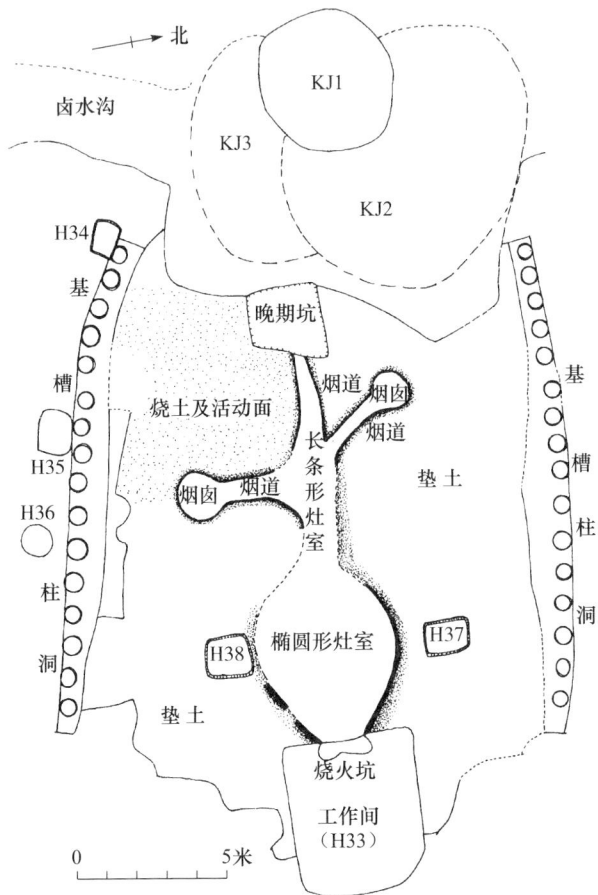

图八　寿光市双王城遗址的盐灶（014AYZ1）平面图

（改自山东省文物考古研究所等 2010，图五）

棚，假想复原图如图九所示。但是，复原图没有屋顶和墙壁，推测是由芦苇编织物等覆盖的。盐灶和墙壁之间有较开阔的空间。这个空间可能是劳动者的临时生活区，在此从事与制盐相关的作业或暂时储藏盐制品。特别是盐灶西南部的空间覆盖着烧土面，说明有人在此处持续使用火。

　　盐灶的上部已经不存，其构造不甚明确。但是，在双王城遗址发掘的商周盐灶遗址中，多次发现塌陷于灶室内密集排列的复数制盐陶器，制盐陶器的底部黏带着草拌泥层，草拌泥层中排列着长条状的烧土块。这些长条状烧土残块也出土于灶室周围的灰坑内，表面留有木条状压痕。发掘报告没有说明草拌泥层中的条状烧土是否也有木条状压痕，大概也会有。其证据是，发掘者把双王城遗址盐灶的上部推测复原为图九的样子。据此，灶室上部设有网状框架，网眼部分填充草拌泥，其上再放置被称为"盆形器"的圆底制盐陶器。烧土框架也有一定的自重，又在方格上填充草拌泥，再加上数量众多盛满卤水的盆形器，整体会有相当的重量[1]。发掘者认为灶室内经常发

———————————

① 发掘报告认为双王城遗址商周时代的每座盐灶最多可以放置150～200个盆形器，每个盆形器至少可以制盐2.5～3.5千克，每座盐灶一次可以制盐375～700千克。

图九　双王城遗址盐灶假想复原图

（转引自山东省文物考古研究所等 2010，图十六）

现呈密集竖立状态的复数盔形器是不堪重负的框架与盔形器一起崩塌的结果。同一遗址的盐灶遗迹（014BYZ1）中，椭圆形灶室的几近中间部位发现土台，发掘者推断其用途是为了承受上部框架的重量。

迄今为止，莱州湾沿岸出土了大量的盔形器，其内壁大多残存有以碳酸钙为主要成分的、煎熬卤水过程中析出的物质[1]，从而可以判定盔形器为煮盐陶器。但是，其底部和外壁不见二次受火的明显痕迹，不能显示出是怎样使用盔形器煎熬卤水的。如上所述，双王城遗址的发掘者认为在盐灶上搭设框架，然后在充填草拌泥的网格上放置盔形器。这样的话，盔形器在煎煮时并不直接触及灶室内的火焰。分析内壁附着物样品所含氧碳同位素的结果表明，盔形器中的卤水煎煮温度大概在 50～60℃[2]。如果这种推测正确的话，熬煮方法是在卤水沸腾前以文火持续使卤水蒸发，与汉代以后普及的、在盐灶火眼上直接放置金属盐盆，然后用明火加热的方法相比，可能会花费更长的时间。根据双王城遗址的发掘报告，盔形器的胎土中不含混合材料，不能直接受火。大概意思是这种陶器与胎土中包含沙粒的陶器相比，直接受火则容易破损。报告中的记述让人感觉稍有不足，不仅盔形器不能直接受火，盐灶上部搭设的框架也应如此。发掘报告没有明言框架的材质，上述被废弃于灰坑中带有木纹压痕的大量长条状烧土大概也是为了使木框不至于燃烧而在木框周围涂抹的黏土层吧。

除图八所示盐灶（014AYZ1）之外，还公开发表了山东省莱州湾沿岸其他 3 座盐

---

[1] 关于盔形器内壁残留白色物质的成分分析，参见山东大学考古系、寿光市博物馆：《山东寿光市大荒北央西周遗址的发掘》，《考古》2005 年 12 期，41～47 页；王青、朱继平：《山东北部商周盔形器的用途与产地再论》，《考古》2006 年 4 期，61～68 页；山东省文物考古研究所等：《山东寿光市双王城盐业遗址 2008 年的发掘》，《考古》2010 年 3 期，18～36 页；崔剑锋：《山东寿光市双王城遗址古代制盐工艺的几个问题》，《考古》2010 年 3 期，50～56 页。

[2] 崔剑锋等：《山东寿光市双王城遗址古代制盐工艺的几个问题》，《考古》2010 年 3 期，50～56 页。

灶遗迹的平面图 [①]。均为商周时代的盐灶，开口向东 [②]，整体由灶门、椭圆形灶室、长方形灶室、烟道和烟囱等组成，几座盐灶的构造相当一致，均呈细长形态，灶室的上部放置众多的盆形器以煮盐。其数量据推测能达到 150～200 个之多。烟道都分成 2～3 条，这大概是为了使灶门附近燃起火焰的余热能遍及盐灶的各个角落，达到尽可能地充分利用的目的而诱导烟火流向盐灶后部的两侧。东营市南河崖遗址的盐灶遗迹 YZ4 的后部设有墙体，中部两个红烧土台使中央和左右两侧形成狭窄的烟道。这也能使余热达到盐灶的各个角落，高效地向盐灶上部密集排列的盆形器传导热量以利卤水的煮熬。这个遗迹的烟道也分岔为左右两侧，和灶室内的火道一起把余热引向左右两隅。上述寿光市双王城遗址清理出了灶棚遗迹，东营市南河崖遗址的报告中则没有提及。即使南河崖遗址的盐灶没有像双王城遗址那样以木柱搭建的牢固灶棚，我们也应该自然想到有像帐篷那样的某种简易避雨设施。

寿光市双王城遗址内还发现了近 30 座宋元时期的盐灶遗迹 [③]。虽然没有复原图，但以快报的形式发表了照片 [④]。根据公开发表的照片和报告中的描述，宋元时代的盐灶也是半地穴式的，全长呈 10 米以上的细长状态。自前部依次是工作间、灶门、灶室、烟道，个别盐灶的烟道上还设有小型灶室。发掘者推测在这种小型灶室上也放置容器，利用余热使容器中卤水的盐分变浓，进行煮盐的准备工作。盐灶的上部已经崩塌而不存，有的灶室内留有铁锅的残片。大概像灶形明器那样灶面上有火眼，在火眼上再放置铁锅煮熬卤水。宋元时代的盐灶与上部架设框架放置盆形器的商周时代的盐灶相比，虽然设有火眼的灶面构造有所区别，其基本形态还是很相似的。

本文研究的对象三峡地区也在忠县中坝遗址发掘清理出了盐灶遗迹，这个盐灶被称为"龙窑"。盐灶呈细长状态，构建在斜坡上。但是，不仅没有公开发表图版，报告的叙述内容也很少，既没有平面图，上部的构造也不明确。断代虽有各种说法，但均因为根据不明，最终难以判定 [⑤]。此外，虽然没有注明是"龙窑"而有可能是盐灶的遗

---

① 盐灶遗迹的平面图除图八所示寿光市双王城遗址 014AYZ1 以外，还公布了同遗址的 014BYZ1、SL9YZ1，东营市南河崖遗址的 YZ4（参见山东省文物考古研究所等 2010）。

② 关于莱州湾沿岸盐灶遗迹向东开口的理由，双王城遗址的发掘者解释是，莱州湾沿岸春季多吹干燥的东风，开口向东以利于煮盐（参见山东省文物考古研究所等 2010）。也就是说，商周时代的煮盐并不是全年进行，而集中在吹季风的春季。

③ 山东省文物考古研究所等：《山东寿光市双王城盐业遗址 2008 年的发掘》，《考古》2010 年 3 期，18～36 页。

④ 王守功、李水城：《南水北调东线工程山东寿光双王城水库盐业遗址调查与发掘》，《2008 中国重要考古发现》，文物出版社，2009 年，72～77 页。

⑤ 关于忠县中坝遗址龙窑的年代，有的报告认为是汉代（见李水城、罗泰等 2006；陈柏桢 2008），而有的报告则认为是新石器时代晚期和汉代（见四川省文物考古研究院等 2007）。另外，也有的文章说龙窑发现于春秋战国时代的地层（曾先龙：《中坝龙窑的生产工艺探析》，《盐业史研究》2003 年 1 期，46～50 页）。拙稿《漢代製塩器交代の背景》执笔时，龙窑资料只有曾氏的论文，所以作为春秋战国时代的遗址而引用过（见川村佳男 2007）。但是，四川省文物考古研究院等在 2007 年刊行的报告中认为曾氏误引了别人的资料，否定了龙窑为东周时代的观点。如果仅限于阅读曾氏的论文，其年代根据并不是误引了别人的资料，而是根据地层得出的，四川省文物考古研究院的批评好像并不妥当。可是，曾氏的论文也仅仅记述了在春秋战国时代的地层中发现了龙窑，并没有以具体的图表或照片进行说明。结果，不管哪一篇言及中坝遗址龙窑的报告或论文，都没有揭示可以判定年代的层位或伴出器物。因此，关于龙窑的年代，现在有各种说法，情况非常混乱。我们非常期待中坝遗址的发掘者尽快发表龙窑的详细报告。

迹，也见于忠县中坝遗址、哨棚嘴遗址、瓦渣地遗址等。但同样详情不明①。因此，本文对于三峡地区所发现的盐灶遗迹不多涉及。

（三）C 型灶形明器与盐灶的比较

我们在上节梳理了盐灶的图片资料和盐灶遗迹的形态特征，下面与三峡地区 C 型灶形明器做一下比较。

C 型灶形明器整体细长，上部平面呈后部略宽的台形。后部宽于前部，大概与后缘部设置的烟囱有关。关于 C 型的烟囱，有 1 例在后缘中央位置配置 1 个烟囱，其余均在后缘的中央和左右两隅共设置 3 个烟囱。实际上，山东省莱州湾沿岸地区发掘的盐灶遗迹平面图中烟道和烟囱也有 2~3 个，有的盐灶在灶室后部设置土台以形成中央和左右两端的火道。这些方法都是为了使火焰的余热遍及灶室内部，即使放置在后部的容器也能够利用余热增高容器内卤水的盐分。我们在 2004 年 8 月调查四川省自贡市燊海井时也发现了使用余热提高卤水盐分浓度的做法（图一〇）。照片中，盐灶的近处有一个圆形的大型灶室，里面有稍小的圆形灶室（旁有一男子在劳动），再里面是储存卤水的方形水槽。近处和里面的灶室以及水槽均连接在一起，构成了一个整体的盐灶。灶门只开在近处大型灶室旁，使用天然气煮熬制盐盆内的卤水。而且，余热也传导至里面的灶室和水槽，起到增高制盐盆和水槽内卤水盐分浓度的作用。近处盆内盐结晶后即取出，然后把里面盆内余热浓缩的卤水转移到近处的煮盐盆内，

图一〇　自贡市燊海井盐灶

开始新一轮的煮熬。同时，把水槽中的浓缩卤水再转移到里面的盆内。与直接煮熬从盐井内汲取的卤水相比，煮熬某种程度上使用余热浓缩过的卤水更能大大地提高工作效率。

C 型灶形明器多达 9 个火眼中的 8 个分为左右两排，按前后方向排列。虽然画像砖的盐灶只能确认 5 个火眼，但也是前后排列（图七）。山东省莱州湾沿岸地区的盐灶遗迹虽灶面火眼部分已不存，据推测前后方向排列有大量的、被称为盔形器的制盐陶器（图九）。为了使盐灶能够大量而且高效地生产，有必要把盐灶构筑成细长形状，可以利用余热加温盛有卤水的制盐容器以提高其盐分，所以才必须前后排列容器。莱州

① 虽然没被称为龙窑，含有盐灶可能性的遗址出土于中坝遗址的东周时代、汉代地层（见孙华 2004）、同遗址的唐代地层（见四川省文物考古研究院等 2007）、哨棚嘴遗址、瓦渣地遗址（见北京大学考古学系三峡考古队、忠县文物保护管理所：《忠县瓦渣地遗迹发掘简报》，《重庆库区考古报告集·1998 卷》，科学出版社，2003 年，649~678 页）。

湾沿岸发掘的盐灶绝大多数是长度超过 10 米的大型盐灶[①]，这对考虑表一三峡地区出土的灶形明器中 C 型远比其他型式细长的意义具有启发性。把制盐容器按前后方向放置在盐灶上面，前部容器内一定量的食盐结晶后即取出，同时把已经利用余热提高盐分浓度的卤水从后部的容器转移到前方的容器内，周而复始地进行煎熬。以此种技术为前提制造的盐灶在中国至迟出现在商代末期，之后虽然有金属制盆的出现以及火眼的改良，但是基本构造迄今为止没有大的变化[②]。虽然烹饪也需要灶，但烹饪用的灶首先没有必要不间断地煮沸以及持续蒸发水分，与盐灶相比没有太大必要极端加长形状，也没有太大的必要想方设法使余热遍及各个角落以提高效率。

C 型灶形明器基本上没有纹饰，但个别例子上有线刻纹样，如出土于巫山县小三峡水泥厂 1 号墓的明器（图三，22）。此个体除线刻纹样之外，左右两侧面的前中后三处均带有上下两段环状突起，线刻纹样和环状突起不是装饰，而有可能表示具有实用功能的某种设备。那会是什么样的设备呢？四川省邛崃市花牌坊出土的画像砖的盐灶上描绘有像帐篷样的简易覆屋（图七，右），山东省双王城遗址的盐灶遗迹也同样清理出了灶棚的柱洞遗迹（图八、图九）。假设巫山县小三峡水泥厂 1 号墓出土的 C 型灶形明器上也存在像帐篷那样可以装拆的灶棚的话，其左右两侧面上几乎相等间距的环状突起有很大可能是树立帐篷的支撑物。虽然线刻纹样表示何种意义尚不明确，但如果把环状突起当作组装灶棚支柱的承受物的话，就能得到合理的解释。三峡地区的 A、B、D 型灶形明器中多见伴有挡板的个体，数量最多的 A 型左右两侧多有挡板，相当于最早 I 期的个体中也有左右两侧以外后缘也有挡板的例子。据此可以判断，大概 A、B、D 型多模仿的是设置在屋内或者邻接在建筑物墙壁上的灶。与此相对，C 型不见带有挡板的个体。可以解释为 C 型模仿的是存在于屋外的灶类明器。盐灶基本上均设在屋外，即使设置在屋内，也不会直接邻接墙壁，像双王城遗址的盐灶遗迹以及四川省自贡市的制盐作坊那样覆盖有灶棚。食盐的煮熬需要连续进行，即使突然下雨也不能中断作业。因此，盐灶需要覆以灶棚或者搭设帐篷以防止雨淋。

第一节所涉及 C 型的属性中，上部灶面的面积超过底部，换言之横断面呈倒台形的特征（图三，22），因为盐灶遗迹的灶面都已不存，在画像砖和遗迹中均无法确认。另外，虽然存在灶门分上下两层的 C 型灶形明器，但在画像砖和盐灶遗迹中也没有确认到实例。即便如此，在灶面细长的 C 型上排列多达 9 个容器，从构造和烟孔设置上想方设法使余热都能加温到这些容器，这在实际的盐灶遗迹中得到了确认。我们又指出，巫山县小三峡水泥厂 1 号墓出土 C 型灶形明器左右两侧的环状突起是为了搭设盐灶实例中常见的灶棚的承受物。

综上所述，我们认为三峡地区汉墓出土的灶形明器中，C 型不是烹饪用的灶，而是模仿盐灶的明器。

---

① 山东省文物考古研究所等：《山东寿光市双王城盐业遗址 2008 年的发掘》，《考古》2010 年 3 期，18～36 页。
② 以前，我们说过"根据民俗学的例证，通常在放置制盐盆的灶面开设几个火眼，在火力强盛的火眼煎熬，在后方火眼的盆中利用余热进行采卤作业。利用带有复数火眼的灶同时进行煮熬和采卤的技术，已见于中坝遗址春秋战国时代地层的龙窑遗迹"（见川村佳男 2007）。拙稿执笔时，还没有发现可以追溯到商代的盐灶遗迹，现在需要把使用盐灶制盐技术的上限更改为商代后期。

从灶形明器型式间的共存关系看，C 型的特殊性也非常突出。不管 A、B、D 型中的哪一种，一般只陪葬 1 个 [①]。与此不同，C 型没有单独的出土例，一定与其他型式（迄今所发现的事例中均为 A 型）的灶形明器共同出土。如果问到烹饪用的灶和盐灶哪种更普及、作为明器哪种更被优先使用，毋庸置疑首先是烹饪灶然后才会是盐灶。不仅仅作为死者的随葬品，即使在实际生活中，如果只有盐灶而没有烹饪灶的话，肯定是本末倒置的。所以，三峡地区的汉墓中与 A、B、D 型不同，从没有单独随葬 C 型的情况，首先陪葬本地区最普遍使用的烹饪灶 A 型，在此基础上一部分墓葬再同时放入 C 型。

要之，通过与盐灶画像砖和出土盐灶遗迹的形态比较，并进一步分析与其他型式的伴出关系，我们得出 C 型灶形明器是盐灶明器的结论。

四、陪葬盐灶形明器的背景

如果说 C 型灶形明器模仿自盐灶，为什么只在巫山，而且仅出土于本文编年的 Ⅱ 期墓葬中呢？实际上，也可能存在虽出土了 C 型灶形明器而发掘报告没有发表的遗址，或者也会有未经发掘而沉入三峡大坝湖底的遗址。这样的话，C 型灶形明器有可能分布范围会更广，年代跨度也会更长。即使如此，C 型陪葬于巫山 Ⅱ 期墓葬的事实不会改变，此地区在这个时期肯定有陪葬象征盐灶明器的社会背景。本节中，我们考察一下这种背景。

（一）分布范围与年代

如图四所示，C 型灶形明器（盐灶形明器）在巫山区域内只集中出土于县城周边。汉代县城的遗址也位于现代县城附近，可以看到这个区域从汉代就是巫山的中心区。这个地区倾斜比较缓和，而且位于大宁河与长江交汇的交通要冲，是此地作为中心区域繁荣起来的主要因素。根据《汉书·地理志》第八上，当地设有盐官。《隶续》卷三《巴官铁盆铭》记载北宋建中靖国元年（1101 年）黄庭坚在巫山县署看到"大盐盆积水堂下，以植莲芡"。黄庭坚"去其泥而识之，其文铸出铁上"，铭文 16 字，作"巴官三百五十觔，永平七年（64 年）第廿七酉"。据此可知，巫山地区自东汉前期就已经使用铁盆煮盐。

但是，巫山县城附近没有能够提供制盐所必需卤水的盐泉，即使最近的盐泉也在巫溪县的宝源山麓。关于此处的盐泉，《舆地纪胜》"大宁监景物·咸泉"引《舆地广记·图经》曰："汉永平七年，尝引此泉于巫山，以铁牢盆盛之。""永平七年"的年号可能根据上述黄庭坚在巫山县县署看到的铁盆铭文，不管怎样都记述了古代从巫溪县宝源山麓引卤水至巫山制盐的事实。根据汤绪泽氏的研究，卤水管同时架设在沿大宁河岩壁钻孔插入木材而铺设的栈道上，从巫溪盐泉一直延伸到巫山 [②]。栈道现已不存，

[①] 三峡地区出土的 D 型只有秭归卜庄河 E 区 81 号墓的 1 件，而且和 A 型灶形明器伴出，在以 D 型为主流型式的江汉平原西部，D 型灶形明器通常单独出土。

[②] 汤绪泽：《巫溪古盐道》，《盐业史研究》1997 年 4 期，32～35 页。

岩壁穿孔留存到当地，直到被三峡大坝淹没。孔均为约 20 厘米见方的四方形，深约 50 厘米，排列间隔 1.46～2.18 米。在险峻的岸壁上，有的地方是上下两排（图一一箭头处）。图七的拓本中，从汲取卤水的盐井到煮熬的盐灶处描绘有连接竹管或木材制成的卤水管，沿大宁河岸壁设置的卤水管或许也是这种形式。盐泉所在的巫溪县宝源山麓地形险峻，不适宜大规模的制盐作业，另外即使能够在此制盐也必须经水流湍急的大宁河以舟楫运输食盐，这会伴随着很大的危险。但是，沿大宁河铺设卤水管道后，就有可以在途中或终点巫山煮熬卤水制盐，食盐的生产量和运输的效率会产生大的飞跃。特别是在巫山能够制盐之后，大量的食盐可以不经过大宁河而直接利用长江干流运输。虽然卤水管的铺设以及维护修理肯定极为困难，但一旦铺设成功，制盐的效率和利润必然会有飞跃式提高。关于铺设的年代，可以认为比上述的"汉永平七年"更早。我们推测铺设工程至少需要两个前提条件：一是开凿栈道孔所必需的大量铁制工具的生产和管理，另一个条件是社会的稳定。观察图一一就会知道，大宁河沿岸地势险要，估计落石事故不会罕见。在这种条件下，长距离卤水管道的铺设和维护管理需要稳定的统治为前提。能够满足这些条件的时期，我们推定为西汉中期以后应该不会有大的错误。如果没有汉武帝时中央集权所形成的强大统治体系和铁官的设置，像在大宁河沿岸铺设卤水管这样的大工程和巫山盐官的设立肯定会极为困难。之后，这条运输命脉大概一直维持到三国时代。没有看到任何史书记载以黄巾之乱为代表的东汉后期的动乱和不稳定的政治形势给三峡以及四川盆地的经济带来沉重打击。实际上，虽然东汉后期到三国时代画像石墓在其他地区已经绝迹，但考古发掘证明在四川一带这种奢华的墓葬依然盛行。一直到三国时代发生蜀吴战争，没有发生过威胁大宁河沿岸卤水管和巫山盐业生产的大事件。象征盐灶的 C 型明器在巫山出土于 II 期（西汉后期至东汉前期），也就是我们预想的巫山制盐活动的可能时期，换言之，这个时期包含大宁河沿岸卤水管维持安定的时期，这应该不是偶然的现象。

图一一　大宁河沿岸峭壁上两排栈道孔（箭头处）

（二）陪葬盐灶形明器的人群

如第二节所述，盐灶形明器的出土数量只有 7 件，而且仅出土于巫山的 3 座墓葬。其中，麦沱 40 号墓和小三峡水泥厂 1 号墓各随葬了 3 件[①]。从盐灶形明器出土数量的稀少以及仅出土于特定的墓葬来看，可以说它绝不是与烹饪灶相同的一般明器，而是某种特定人群的随葬明器。

那么，这种特定的人群究竟是什么身份呢？

刚才我们已经叙述了出土盐灶形明器的 Ⅱ 期时巫山地区已经开始了真正的制盐活动，本文的 Ⅱ 期指从西汉后期到东汉前期的一段时期。根据《史记·平准书》第八，在相当于西汉中期的元狩四年（前 119 年），武帝按照盐铁丞孔仅、东郭咸阳的上奏，在盐铁产地设置盐官、铁官，断然实行盐铁的国家垄断生产经营。但是，到西汉后期的初元五年（前 44 年），元帝废除了盐铁官营，食盐的生产经营转移到民间。根据罗庆康、罗威两氏的研究，之后的王莽和东汉章帝等曾一度恢复了盐铁官营，但到东汉中期的章和二年（88 年），和帝再次废止盐铁的官营以后，汉王朝就把食盐的生产经营委以民间之手，各地盐官的主要任务变成了从制盐业者征收税赋[②]。也就是说，本文所说的 Ⅱ 期正好是食盐的生产和经营者由国家向民间转移的过渡期。此期间，中国盐业的承担者不仅在官营和民营之间游动，罗庆康等先生的研究显示了东汉初期在官营的原则下，也某种程度上容忍民营的存在。官营与民营各有优缺点，官营虽然能充实国库，但也招致了食盐价格的高涨和官吏的贪污，压迫了民众的生活。如果实行民营的话，食盐贩卖的利润积富于民间，会使各地豪强势力抬头，削弱汉王朝中央集权的统治。

出土盐灶形明器的麦沱 40 号墓还陪葬了 6 件陶俑（图一二）。均着短衣短裤，露出头顶挽起的发髻，短袖上衣只到腰间，上衣下裤配合在一起，像是工作服之类的服装，似乎没有穿鞋。有抱膝坐姿的，也有站立姿势的，立式的 2 件稍呈弯腰姿势。这种姿势和装束在中国古代陶俑中是极其特殊的[③]。通常，陶俑大多象征为死者服务的侍者或兵士，即使庖厨俑也穿着长袖长服，带着冠或者帽子。也就是说，不管哪种职能的陶俑，都在某种程度上穿着端庄的衣冠。虽然表演滑稽戏的艺人俑（说唱俑）有半裸的例子，但图一二陶俑的动作都不像是说唱艺人。短衣短裤的便装使人联想到在酷热环境下从事劳动的形象。从报告书的平面图看墓室内陶俑的出土位置，陶俑和其他数量众多的随葬品堆积在一起，难以明确是否放置在盐灶形明器的旁边。这些穿着极为简单衣服的陶俑，现阶段虽还不能明确地下结论，但极有可能表现的是在持续高温的盐灶旁坐着观察火候或弯腰工作的煮盐劳动者的形象。

综上所述，我们推测盐灶形明器的主人是在 Ⅱ 期的巫山地区以盐灶从事制盐的人

① 湖南省文物考古研究所、巫山县文物管理所：《巫山麦沱汉墓群发掘报告》，《重庆库区考古报告集·1997卷》，科学出版社，2001 年，100～124 页；四川省文物考古研究所等：《巫山小三峡水泥厂墓地发掘报告》，《重庆库区考古报告集·2000 卷》，科学出版社，2007 年，146～176 页。
② 罗庆康、罗威：《汉代盐制研究》，《盐业史研究》1995 年 1 期，30～35 页；《汉代盐制研究（续）》，《盐业史研究》1996 年 1 期，73～80 页。
③ 同样姿势的陶俑亦出土于广东省广州市一带的东汉墓，也和灶形明器伴出，但没有表现出陶俑的服饰。

图一二　与盐灶形明器一起随葬的陶俑

（转引自湖南省文物考古研究所等 2001，图十五）

物（或驱使像图一二陶俑那样的劳动者）。发掘报告指出，麦沱 38 号墓中与盐灶形明器同时出土的 A 型灶形明器所刻陶文"姍子方（或如子方）"的"姍"，与同样出土盐灶形明器的 40 号墓的 3 件陶器肩部所刻的"姍（或如）"，有可能表示同一家族的姓氏[①]。尚不能确定这些人是为盐官服务的官吏，还是民间的经营者。不管怎么说，毫无疑问盐灶形明器的主人生前依靠制盐获得了相当多的财富。只要从巫溪盐泉到巫山的卤水管能维持运转，巫山占有长江水运的优越条件，有可能比其他的制盐地获得更大的利益。正应为如此，死后才把带来财富的盐灶，有时 1 座墓葬就有 3 件，或者也包含作为劳动者的陶俑，一起随葬到墓葬之内。盐灶形明器，正是在 II 期的巫山这样著名的制盐地，才会是象征财富的特殊明器。

五、结　　论

本文第一节以三峡地区汉墓出土的灶形明器为研究对象，分为 A～D 型四种型式，时代区分为 I～III 期，在此基础上明确了各个型式在形态与数量上的变化及其年代。第二节中，我们比较并探讨了以江汉平原西部为中心的其他区域与三峡地区之间灶形明器的形态、数量、分布范围、年代，其结果揭示出 A 型是三峡地区超过九成的主要型式，局部受到江汉平原西部的影响，在三峡地区至湖北省宜昌市的山麓地带出现和发展于 I 期，明确了 B 型与 D 型是从江汉平原西部流传过来的型式。同时，又指出了 C 型仅仅存在于 II 期的巫山，除巫山以外的三峡地区或其他地区的任何地方均不见类

[①]　湖南省文物考古研究所、巫山县文物管理所：《巫山麦沱汉墓群发掘报告》，《重庆库区考古报告集·1997 卷》，科学出版社，2001 年，100～124 页。

似的例子，是完全孤立的型式。第三节中，相对于象征烹饪灶的 A、B、D 型，通过分析画像砖上描绘的盐灶画像以及盐灶遗迹，我们明确得出了 C 型是象征盐灶的明器。第四节中，我们讨论了陪葬 C 型盐灶形明器的墓葬仅仅局限于 Ⅱ 期巫山的背景，本来并不是盐泉产地的巫山，从巫溪盐泉铺设管道输送卤水之后，到 Ⅱ 期盛行制盐，不论官营还是民营，当地的盐业经营者很有可能聚集了巨额的财富。我们的结论是，正因为如此，Ⅱ 期的巫山地区才会把盐灶形明器随葬到墓中，盐灶作为财富的象征具有重要的意义。

最后特别强调一下本文的研究成果，在以往均被理解为烹饪灶的明器中，我们发现了盐灶形明器的存在，并进一步考察了随葬盐灶形明器的社会背景。

Funerary Salt-making Stoves in the Three Gorges Area

Kawamura Yoshio

(Tokyo National Museum)

Translated by Liu Haiyu

（Iwate University Centre for Hiraizumi Studies）

By the end of 2010, over 200 ceramic funerary stoves had been recovered from Han Dynasty graves in the Three Gorges area. Among them, there are seven very special stoves, which are much higher than the rest. Each stove has 9 stove burners arranged symmetrically. Such stoves date back from late Western Han Dynasty to early Eastern Han Dynasty, and are only found near the modern town of Wushan County. Comparing to images on relief bricks, archaeological records, and modern workshops, the author inferred that such stoves were used for boiling brine to get salt rather than cooking. Archaeological evidence indicates that there was likely salt administrative institution in Wushan County. Hence, the occupants of these graves with funerary salt-making stoves are probably officers or gentry who were involved in salt industry.

鲁北沿海魏晋、北朝时期制盐业的考古学观察
——东营市广北农场一分场一队东南遗址的个案分析

王子孟[1]　孙兆锋[2]

（1.山东省文物考古研究所；2.烟台市博物馆）

一、前　　言

　　处于渤海南岸地带的鲁北沿海地区，地理范围涵盖今莱州湾沿岸、黄河三角洲地区，行政区划包括今潍坊市、东营市、滨州市、淄博市、德州市部分临海县区[1]。因独特的地质构造、地貌类型和气象水文，加上全新世以来历次海侵和环境演变，形成了埋藏于第四系海陆交互沉积层中的多个地下卤水层[2]。平坦、广阔的海滩下，流淌着丰富的高浓度地下卤水，非常适合盐业生产，所以该区域自古以来即是我国海盐的重要产地。

　　先秦古籍《世本》记载："黄帝时，诸侯有夙沙氏，始以海水煮乳煎成盐，其色有青、黄、白、黑、紫五样。"[3]汉许慎《说文》、刘向《说苑》、宋罗泌《路史》等文献则进一步说明，"夙沙氏煮海为盐"就在齐地。《尚书·禹贡》记载青州"海滨广斥……厥贡盐、絺"[4]，盐是古青州沿海的特产，曾作为贡品献给中央王朝。而成书于春秋时期的《管子·地数》《管子·轻重甲》也说齐国有"渠展之盐"[5]。汉代文献《史记·齐太公世家》《史记·货殖列传》和《汉书·地理志》，更提到了周初姜太公的"便

---

① 山东省地方史志编纂委员会：《山东省志·地质矿产志》，山东人民出版社，1993年，113~119页；山东省地方史志编纂委员会：《山东自然地理志》，山东人民出版社，1996年，36~47页。

② 韩有松等：《中国北方沿海第四纪地下卤水》，科学出版社，1994年，125~130页。

③ （汉）宋衷注：《世本》卷一，《丛书集成》初编第3699册，16页。

④ 《尚书·正义·夏书·禹贡》，国学整理社出版《十三经注疏》本总第148页，世界书局，1935年，36页。

⑤ 《管子·地数》："桓公问于管子曰：'吾欲守国财而毋税于天下，而外因天下，可乎？'……管子对曰：'可。夫楚有汝汉之金，齐有渠展之盐，燕有辽东之煮。此三者亦可以当武王之数。'"《管子·轻重甲》："管子曰：'阴王之国有三，而齐与在焉。'桓公曰：'此若言可得闻乎？'管子对曰：'楚有汝汉之黄金，而齐有渠展之盐，燕有辽东之煮。此阴王之国也'……"

鱼盐之利"和管仲"设轻重鱼盐之利"政策[①]。上述历史传说和文献记载告诉我们，鲁北沿海的盐业生产传统有自，东周以来更发育出系统的盐政管理制度。

囿于史料缺轶，煮海为盐的许多细节尤其是制盐工艺、技术流程、生产方式、产业规模等方面很不清楚。而解决这些问题的关键就在于考古工作的开展。2001 年春，山东大学东方考古研究中心对寿光大荒北央西周制盐遗址的试掘，揭开了鲁北沿海以科学发掘资料进行盐业考古研究的序幕[②]。紧接着，以山东省文物考古研究所、山东大学东方考古研究中心和北京大学中国考古学研究中心三家单位为主力，陆续开展了对鲁北滨海平原盐业遗址的系统调查、钻探、试掘和考古发掘工作，尤其是 2008～2010 年间，山东大学等单位对广饶南河崖 GN1 遗址和山东省文物考古研究所等单位对寿光双王城水库四处盐业遗址的大规模发掘工作，比较完整地揭示了晚商和西周早中期制盐作坊的面貌[③]。

以田野工作的不断开展为契机，多学科介入的后续研究也迅速展开，确认了商周时期煮盐器具盔形器的用途和产地，复原了海盐生产技术流程，并进一步探讨了产盐区范围、聚落功能差异和相关社会变迁的动态分析，使我们对鲁北地区商周时期食盐的生产、流通、消费等情形有了大致的了解。

进入帝国时期的秦汉，关于盐业的文献记载同样简略，这时期的考古材料就显得尤为珍贵。下面就结合本人于 2013 年度参与发掘的位于东营市广北农场的一分场一队东南制盐遗址，来简要探讨一下魏晋、北朝时期鲁北沿海地区海盐业的情况。

二、东营市广北农场一分场一队东南制盐遗址概况

该遗址位于东营市滨源新材料公司东 300 米处，西北距广北农场一分场一队驻地约 400 米，南距山东大学考古专业于 2008 年度发掘的南河崖盐业遗址群 N1 地点约 3 千米（图一）。遗址平面略呈椭圆形，面积约为 25000 平方米，待建公路从遗址南部穿过，已打好路基，遗址北部因公路施工方取土被分割成 4 个台地（图二）。2013 年的发掘选择了其中 3 个台地中文化层较厚的区域，发掘面积 700 平方米，共清理沟 4 条、

① 《史记·齐太公世家》，中华书局，1982 年，1480 页。言曰："太公至国，修政，因其俗，简其礼，通工商之业，便鱼盐之利，而人民多归齐。齐为大国。""桓公既得管仲，与鲍叔、隰朋、高傒修齐国政，连五家之兵，设轻重鱼盐之利，以赡贫穷，禄贤能，齐人皆说。"《史记·货殖列传》，中华书局，1982 年，3255 页。言曰："故太公望封于营丘，地潟卤，人民寡，于是太公劝其女功，极技巧，通鱼盐，则人物归之，襁至而辐辏。故齐冠带衣履天下，海岱之间敛袂而往朝焉。其后齐中衰，管子修之，设轻重九府，则桓公以霸，九合诸侯，一匡天下；而管氏亦有三归，位在陪臣，富于列国之君。是以齐富强至于威、宣也。"《汉书·地理志》，中华书局，1962 年，1354 页。言曰："古有分土，亡分民。太公以齐地负海潟卤，少五谷而人民寡，乃劝以女工之业，通鱼盐之利，而人物辐辏。后十四世，桓公用管仲，设轻重以富国，合诸侯成伯功，身在陪臣而取三归。故其俗弥侈，织作冰纨绮绣纯丽之物，号为冠带衣履天下。"
② 王青：《寿光市北岭新石器时代遗址和大荒北央商周时期遗址》，《中国考古学年鉴·2002》，文物出版社，2003 年，235 页；山东大学东方考古研究中心、寿光市博物馆：《山东寿光市大荒北央西周遗址的发掘》，《考古》2005 年 12 期，41～47 页。
③ 山东大学考古系等：《山东东营市南河崖西周煮盐遗址》，《考古》2010 年 3 期；山东省文物考古研究所：《山东寿光市双王城盐业遗址 2008 年的发掘》，《考古》2010 年 3 期。

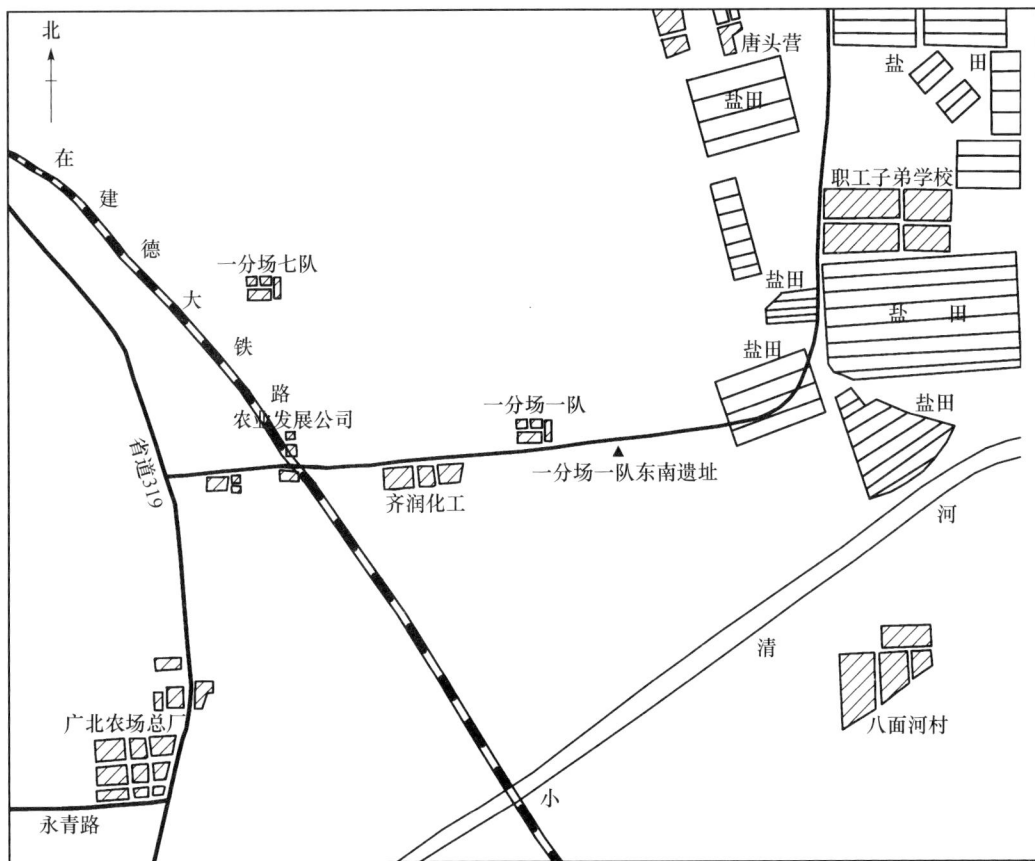

图一　东营市广北农场一分场一队东南遗址地理位置示意图

灰坑 15 个、墓葬 2 座、灶 1 处、井 5 眼[①]（图三～图五）。

（一）盐井

井分两种，一种平面近圆形，直径在 7～10 米，深度不详。井坑上部因被破坏，形制不详，井下部周壁围以用木棍和芦苇编制的井圈，保存较好，以木桩或木棍为经，以拧成束状的芦苇做纬叠次编织而成（图六）；另一种平面呈圆形，直径约 6 米，深度不详。井上部敞口、斜壁，1.3 米以下为井圈范围，口径变小，变为直口、直壁，约 2.3 米，周壁同样围以用木棍和芦苇编织的井圈（图七）。井圈存在的作用应为便于渗集卤水和防止井壁塌陷、流沙淤塞，经年累用，致井圈内堆满因历年积水而形成的紫黑色淤泥和灰绿色淤沙，井圈高度不详，井深度亦不详。

（二）储卤坑（沟）

坑平面一般为圆形或椭圆形，径长界于 2～4 米之间，存深 0.8～1.7 米（图八）；沟

---

① 山东省文物考古研究所：《山东东营市广北农场一分场一队东南盐业遗址发掘简报》，待刊。下文有关遗迹、器物的引用皆来源于本简报，不再一一标注。

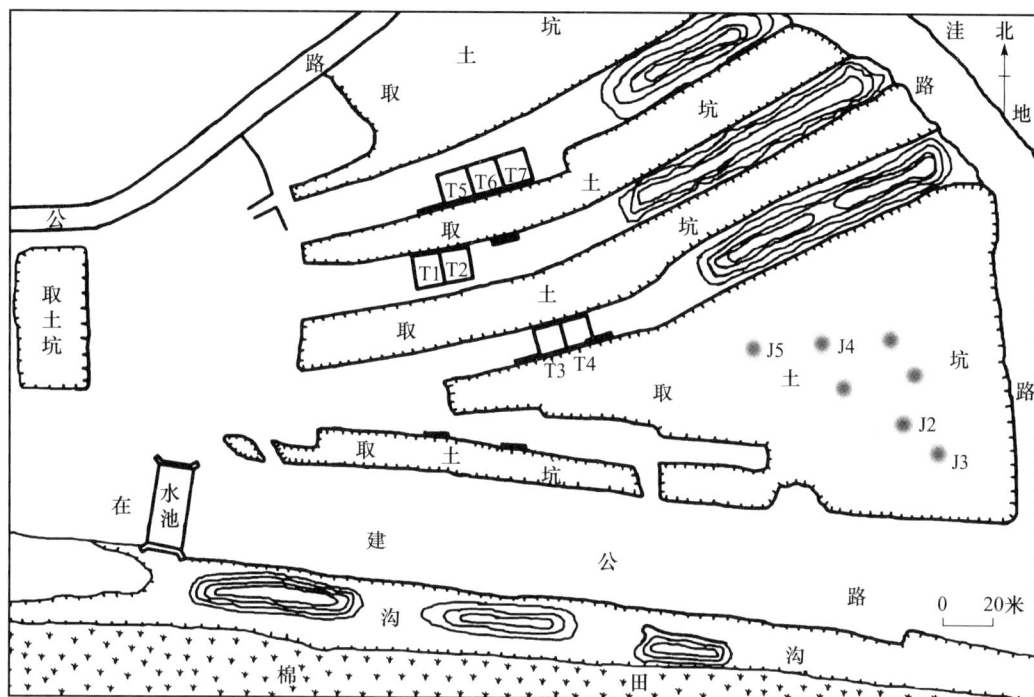

图二 东营市广北农场一分场一队东南遗址平面位置示意图

（图中取土坑为现代取土坑）

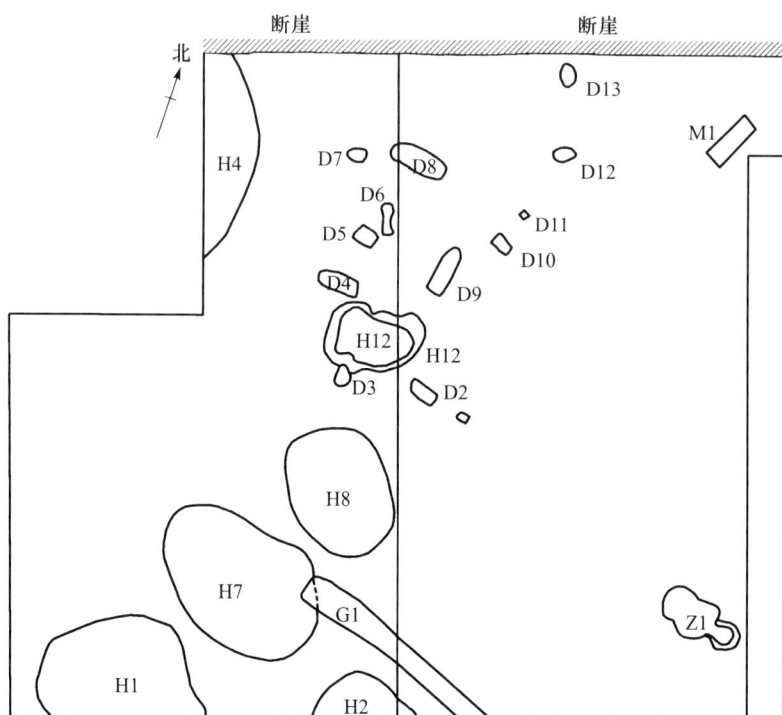

图三 T1、T2遗迹平面图

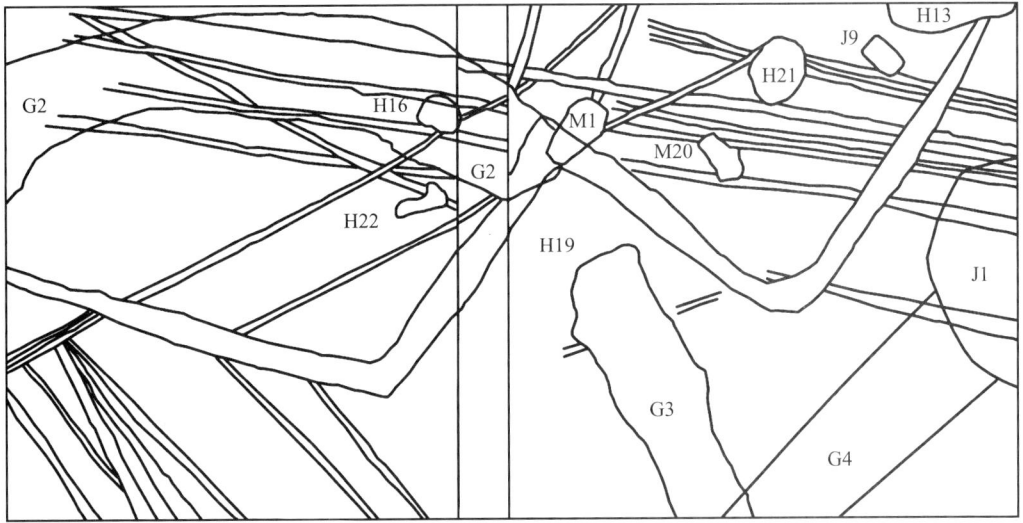

图四　T3、T4 遗迹平面图

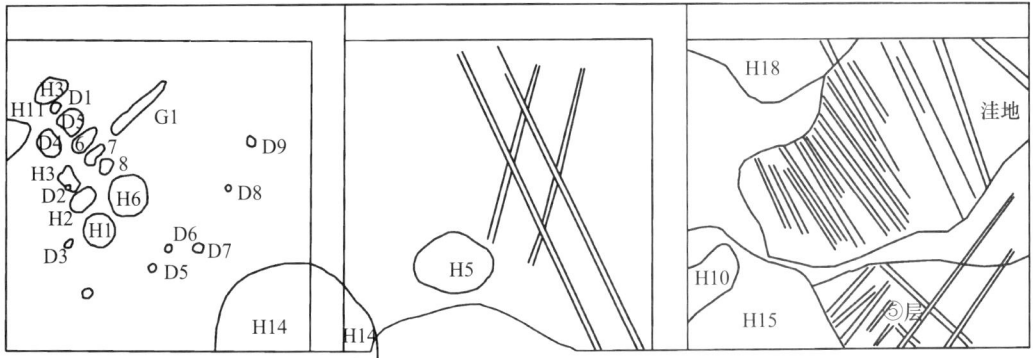

图五　T5、T6、T7 遗迹平面图

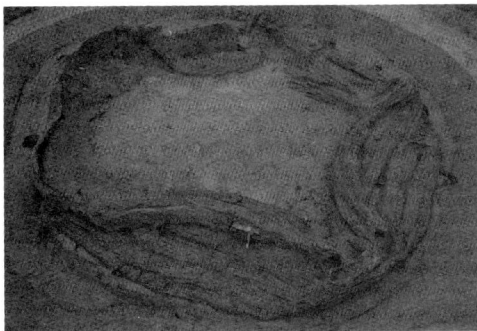

图六　J2

图七　J1

一般为长条形，长 3～5 米，存深 0.6～1.2 米（图九）。坑（沟）底部一般涂抹一层深褐色黏土或灰绿色沙黏土，应经过加工，使之坚硬，防止渗漏。内部堆积分上下两部分，上层堆积较为杂乱，含有草木灰、钙化物等，下层堆积一般为灰绿色淤沙层，呈

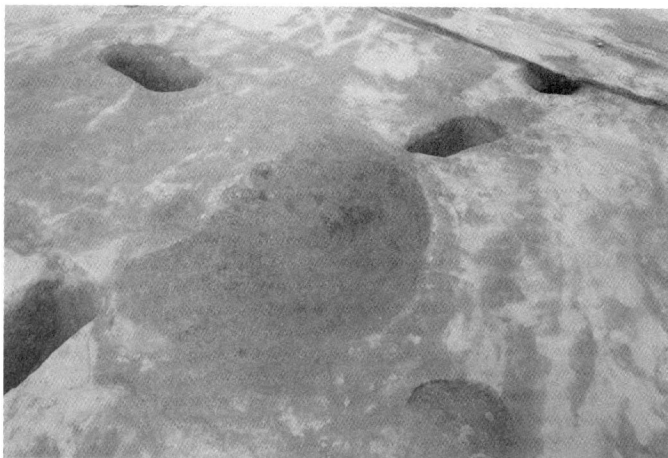

图八　H12

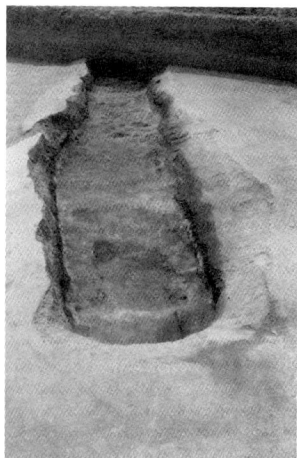

图九　G3

水平层理状，板结严重，说明坑（沟）内存放过水。据该遗迹多与摊场紧邻分布，加之坑（沟）内堆积，推断其功用应该为容置或储存卤水。

（三）刮卤摊场

关于摊场，元代陈椿《熬波图》载："取卤摊场，最为急务……其场地宛如镜面光净，四下垣平，方可摊灰晒之。"其中"摊灰"即把草木灰摊在含盐地面上，使析出的盐花附着在草木灰表面，然后再刮取高盐分的盐土放入坑中，淋上海水使盐土溶解成浓度较高卤水。从化学角度分析，使用草木灰提纯是符合科学原理的，因为草木灰中含有碳酸钠（Na_2CO_3、K_2CO_3）等可溶性盐，能与盐土中的钙离子或镁离子发生化学反应，在生成难溶性的碳酸钙（$CaCO_3$）或碳酸镁（$MgCO_3$）的同时，析出氯化钠（$NaCl$），这就进一步提高了含盐量。另外，草木灰还有去除杂质的作用[1]。

鉴于上述，我们认为发掘过程中所见以草木灰为主要包含物、面积达上百平方米、整体比较平整、形状不甚规则且层理结构明显的遗迹就是文献记载的摊场。具体看，草木灰堆积可分数层，层与层之间以红烧土或白色钙化物块隔开，而且每层草木灰又可分为数个小薄层，每一薄层的表面都残留有面积不等白色硬面。据王青先生对寿光大荒北央遗址发掘所见做的 XRF、XRD 检测分析结果，这种白色硬面的主要成分为石英，应是盐花融化后残留的难溶性物质固结而成[2]。最近崔剑锋先生对盐业遗址草木灰堆积的研究表明，各层堆积中化学元素的含量也有规律可循[3]。这说明此类堆积并非自然原因或者随意丢弃垃圾的结果，而是某种规律活动的遗存。

所以本次发掘所见草木灰堆积应是有意识摊成的刮卤摊场，进一步推测即从盐井汲取卤水尽可能均匀地泼洒在草木灰摊场上，使卤水与草木灰发生化学反应，把草木

① 王青：《淋煎法海盐生产技术起源的考古学探索》，《盐业史研究》2007 年 1 期。
② 山东大学东方考古研究中心、寿光市博物馆：《山东寿光市大荒北央西周遗址的发掘》，《考古》2005 年 12 期、41～47 页；王青、朱继平：《山东北部商周盔形器的用途与产地再考》，《考古》2006 年 4 期。
③ 崔剑锋：《山东寿光双王城制盐遗址的科技考古研究》，《南方文物》2011 年 1 期。

灰中的可溶性盐置换出来，在草木灰表面结成盐花，再把盐花刮起来留作制备浓度较
高的卤水。而残留在草木灰表面的盐花自然融化后，形成了难溶性物质组成的白色硬
面。如此反复刮卤，就留下平行叠压且层层间隔的草木灰堆积（图一〇、图一一）。

图一〇　T1、T2 摊场

图一一　T3、T4 摊场

（四）车辙痕迹

发掘区几个探方内均发现有车辙痕迹，呈条状密集分布于各层层面，包括摊场下
部及表面。车辙宽 0.08～0.15 米，深 0.12～0.25 米，内填褐色沙土或者黑灰色草木灰
（图一二）。据车辙痕迹判断当时有独轮车和双轮车，双轮车轨距界于 1.2～1.5 米之间。
各文化层均有分布的车辙痕迹表明，车在当时已被广泛用于生产原料、燃料等物资的
运送。密集分布趋势表明，车使用较为频繁，应与制盐作坊面积较大，盐井区、制卤
区、煮盐区等功能分区距离较远有关，间接反映了当时盐业生产规模。

除上述明显定性的遗迹之外，还有其他一些遗迹现象，诸如沟、灰坑、墓葬、灶
等。其中沟均为长方形，下挖较浅，有的底部存特殊的青灰色、豆绿色黏土、有的铺
有草木灰，可能是储卤之用；灰坑多为椭圆形，深浅不一，包含物较为杂乱，可能是
生产生活过程中所用之垃圾坑；墓葬分土坑墓和砖椁墓，应为遗址废弃后所埋入；灶
形制简单，似为临时性搭设，短时生活所用；另有一种直径较小、集中分布的小坑可
能是淋卤坑或储物坑。

图一二　T1、T2 内车辙

　　遗址文化层堆积较薄，遗迹简单，出土遗物不多。有陶片、少量瓷片、木制品、铁制品等人工遗物，也有少量与人类活动有关的动物遗骸、植物遗存等自然遗物，在盐井内部有保存较好的芦苇和木棍，另有制盐过程中残留的黄白色钙化物、灰白色堆积块和烧土块（图一三～图一五）。经初步整理陶、瓷片，可见器形有碗、盆、壶、罐、瓮、缸等日用器物（图一六～图一九），瓷片仅有 2 片，为同一瓷碗残部。综合分析相关遗迹、遗物情况，遗址性质应为魏晋、北朝时期的煮盐作坊。

图一三　遗址出土软体动物

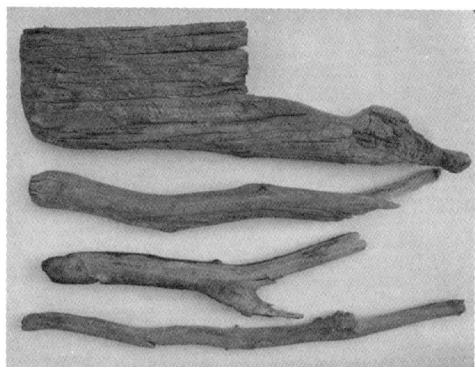

图一四　J3 出土木材

图一五　灰坑出土钙化物

图一六　陶罐（T2H22）

图一七　陶碗（T4④∶1）

图一八　陶盆（T3H16）

图一九　陶盆（T1H7）

三、讨　论

（一）海盐生产的技术流程

关于鲁北沿海地区早期海盐生产工艺问题，学界目前主要有两种观点：

一是燕生东先生据寿光双王城遗址发掘资料复原的制盐技术流程：第一步为沉淀制卤。从坑井取出卤水经卤水沟流入沉淀池过滤、沉淀，卤水在此得到初步蒸发；再流入蒸发池内风吹日晒，形成高浓度的卤水。第二步为煮卤成盐。首先把制好的卤水放入盐灶两侧的储卤坑；接着在椭圆形或长方形灶室上搭设网状格子，网口内铺垫草拌泥，其上置放盔形器，往盔形器内添加卤水；然后在工作间点火，煮盐过程中还要撇去漂浮着的碳酸钙、硫酸钙、碳酸镁钾等杂质；盐块满至盔形器口沿时，停火，待盐块冷却后，打碎盔形器，取出盐块；最后把生产垃圾（盔形器、烧土、草木灰）倾倒到一侧[1]。

二是王青先生据寿光大荒北央遗址和广饶南河崖遗址发掘材料，并结合古代文献，初步将古代海盐生产的技术流程复原如下：第一步为摊灰刮卤，即先开沟/井获取地下卤水，再摊灰刮卤，然后筑坑淋卤；第二步为煎卤成盐，即先设盐灶，再以盔形器/罐煎卤，待冷却后破罐取盐[2]。这一技术流程与明代《天工开物》记载的淋煎法煮盐技术流程大致相符[3]，而文献记载的淋煎法只能追溯到宋代和元代，王青先生认为南河崖的发掘以明确的考古实物证明，淋煎法在距今 2800 年前的西周中晚期就已经出现。

① 燕生东：《商周时期渤海南岸地区的盐业》，文物出版社，2013 年，105 页。
② 山东大学考古系等：《山东寿光市大荒北央西周遗址发掘简报》，《考古》，2005 年 12 期；山东大学考古系等：《山东东营市南河崖西周煮盐遗址》，《考古》2010 年 3 期；王青、朱继平：《山东北部沿海商周时期海盐生产的几个问题》，《文物》2006 年 4 期。
③ 王青：《淋煎法海盐生产技术起源的考古学探索》，《盐业史研究》2007 年 1 期。

相较两种技术流程，相同点均是认为商周时期的海盐生产应为煮卤水成盐，且制盐原料为地下卤水，而区别在于卤水浓度以何种方式得到进一步提纯。参照前人研究成果，据本次发掘所发现的盐井、摊场、储卤坑等遗迹种类和性质，我们初步认为鲁北地区魏晋、北朝时期海盐生产技术依旧沿用淋煎法制盐。

（二）制盐作坊结构布局

一般认为，制盐作坊是经过一定人为规划的。据寿光双王城和广饶南河崖遗址的发掘资料，辅以其他盐业遗址的考古发现，有学者初步判断商周时期的每处盐业遗址就是一个制盐作坊单元，而每个制盐作坊单元是由一个或多个盐业生产单元组成的[①]。研究成果表明，一个完整的盐业生产单元结构布局可概括为：以盐灶为中心，包括附属于盐灶的工作间、烟道、烟囱等，围列于盐灶两侧的储卤坑、卤水坑井、卤水沟、沉淀池、蒸发池、灶棚，或者对遗迹另有解释的淋卤坑、摊场，每个制盐单元的占地面积约 2000 平方米。具体到魏晋、北朝时期，我们认为制盐作坊其结构异于商周时期，与以单个盐灶为中心的商周时期盐业遗址布局有所不同。

时代的变革和生产力的发展，均会影响盐业的生产。魏晋、北朝时期，由于连年用兵、战事不绝，统治者对于获利甚丰的盐业经济颇为重视，实行盐业专卖制度、扩大生产规模等以促进当时的盐业生产发展。《晋书》记载，南燕慕容德至齐地后（401年），置"盐官于乌常泽，以广军国之用"。《魏书·食货志》记载，国家在沧州（今山东乐陵、无棣和河北沧州一带）、青州、瀛洲（今河北河间）、幽州（今北京一带）四州境内"傍海煮盐"，其中沧州、青州二者的盐灶数目相加为四州总数的 80%，由此可以看出，山东盐业的重要地位和盐产业的持续发展。

结合文献记载和发掘资料，我们认为此时盐业生产规模已非商周时期可同日而语。一个盐业生产单元，包括井口密布的盐井区、面积广大的摊灰制卤区和相对独立的煮盐区，各区彼此间有一定的距离和分隔区划。煮盐区离盐井区、制卤区距离较远，不只是受发掘面积所限，这也是我们此次发掘未发现盐灶的原因之一。

（三）煮盐器具

据考古资料及科学检测成果，学界一般认为商周时期煮盐器具为盔形器[②]，东周时期煮盐器具可能使用一种大型陶瓮[③]。

至于秦汉以降的煮盐器具，宋代《图经本草》记载："其煮盐之器，汉谓之牢盆，今或鼓铁为之，或编竹为之，上下周以蜃灰，广丈深尺平底，置于灶背，谓之盐盘。""牢盆"一词，语出《史记》卷三十《平准书》。汉武帝时，孔仅、东郭咸阳上言建议盐铁官营："山海，天地之藏也，皆宜属少府，陛下不私，以属大农佐赋。愿募民

———————————

① 燕生东：《商周时期渤海南岸地区的盐业》，文物出版社，2013 年，101～105 页。
② 燕生东：《山东李屋商代制盐遗存的意义》，《中国文物报》2004 年 6 月 11 日；朱继平等：《鲁北地区商周时期的海盐业》，《中国科学技术大学学报》2005 年 1 期。
③ 山东大学盐业考古队：《山东北部小清河下游 2010 年盐业考古调查简报》，《华夏考古》2012 年 3 期。

自给费，因官器作煮盐，官与牢盆。"① 关于"牢盆"的含义，《通志》卷六十二《食货略》"盐铁茶"条说："牢盆，煮盐之器也"，通常认为"牢"乃盆名，考古出土的汉代大铁盆或釜，应当就是这种煮盐器具②。

据上所述，我们认为时代相近的魏晋、北朝时期，鲁北沿海应该也用"牢盆"这种器具煮盐，或用铜制，或用铁铸。因在当时，金属资源较为稀缺、国家管控严格，这种器具废弃后应该统一回收重铸，这也是考古工作中我们很少见到此种器物的原因。

四、余　论

依据此批发掘材料并结合学界研究成果，我们初步认为魏晋、北朝时期鲁北沿海地区运用淋煎法制盐，掘井获取卤水、摊灰刮卤用以提高卤水浓度、用"牢盆"煎煮卤水成盐；结合文献材料进一步指出此时盐业生产规模已非商周时期可同日而语，制盐作坊布局结构分化更为专业、面积更为广大。

然走笔沉思，以上推测皆"其然"而未知"其所以然"，且制盐过程的很多细节我们并不清楚。仅仅参照已有考古研究成果，或者比附历史文献中的海盐生产过程，虽能够得出一定结论，但从科学实证的角度看，未免导致分析的偏颇和结论的片面。所以关于一分场一队东南遗址，在后续工作中我们须对遗迹现象的认定更加谨慎、细致，须加强多学科合作及科学检测工作，对采集土样和制盐过程残存物进行系统检测分析，以期研究结论更契合实际。

总之，作为鲁北地区首次科学发掘的魏晋、北朝时期盐业遗址，其所获材料为我们探讨此时期山东北部沿海地区的制盐工艺、制盐规模、运作模式等盐业考古框架内的相关课题，提供了文献之外真实可靠的资料。对这些材料初步的研究，也依稀从考古实证上丰富了文献记载"微言大义"外的历史细节。但盐业考古的目标不仅是还原生产技术，还需关注规模化生产、专业化水平、物资流动、经销网络等与之相关问题背后所映射的经济、政治、社会内容。盐业考古作为专注资源、环境和社会互动的一项长期的研究课题，尤其是历史时期鲁北沿海的盐业考古工作，在研究细节、手段、内容和科技考古等方面，均有很大的发展空间，需要我们一如既往地扎实工作来逐步推进。

致谢：本文得以完成，感谢同事党浩老师的热情鼓励和真知建言，感谢山东大学文化遗产研究院王青教授、山东省文物考古研究所孙波研究员的修改建议，感谢师弟穆东旭绘制图纸。

---

① （汉）司马迁：《史记》卷三十《平准书》，中华书局，1959 年，1429 页。
② 林仙庭、崔天勇：《山东半岛出土的几件古盐业用器》，《考古》1992 年 12 期；龙腾、夏晖：《蒲江县出土汉代牢盆考》，《盐业史研究》2002 年 2 期；候虹：《蒲江井盐的开发与西汉四川盐铁经济的发展形态》，《盐业史研究》2002 年 3 期。

Archaeological Investigations on Salt Industry at Coastal Area, Northern Shandong during Wei, Jin and Northern Dynasties: A Case Study at Brigade One Southeast Site, One Branch on the Guangbei Farm, Dongying

Wang Zimeng[1]　Sun Zhaofeng[2]

(1. Shandong Provincial Institute of Archaeology and Cultural Relics; 2. Yantai Museum)

Shandong Provincial Institute of Cultural Relics and Archaeology surveyed and excavated Brigade One Southeast Site, One Branch on the Guangbei farm, Dongying from March to July, 2013. The excavation area of this season is about 700m^2. Important features, such as ditches, pits, tombs, wells, stoves, and field for spreading ashes, and artifacts such as bowl, pot, jar, wooden spoons were discovered. Based on the typology of artifacts, this site could date back to the Wei, Jin, and Northern Dynasties. As the first excavated salt-making site dated to this period in northern Shandong region, Brigade One Southeast site of One Branch provides precious archaeological materials for the research of salt archaeology; potential research questions can be addressed include production techniques, scale and operation system.

宋代华亭县境内盐场及其转运水系考述

杨　坤

（上海松江博物馆）

绍熙《云间志》标举华亭县物产，“其有资于生民日用者，煮水成盐”。《元丰九域志》称华亭县有浦东、袁部、青墩三盐场①。至《云间志》时，青墩已改曰青村②，复增入下砂③盐场，其数为四。其下复有分场：浦东盐场领浦东、金山、遮山、柘湖、横浦等场；袁部盐场领袁部、六鹤、横林、蔡庙、戚漴等场；青村盐场领青村南场；下砂盐场领下砂南、北、大门、杜浦、南跄等场④。

在《云间志》中，这些盐场都有明确的道里记载。按正德《松江府志》云：“浦东场场盐课司，在华亭县七保，宋置。”⑤又如正德《松江府志》称：“青村镇，在县东南八十里，其南十八里岸海即青村场”⑥，又云：“青村场盐课司，在华亭县十五保，宋置。”⑦另外，蔡庙场在县东南一百里，县南白砂乡八十里柘林方广寺有蔡侍郎祠，两者相去二十里。而《云间志》卷中《祠庙》蔡侍郎庙条引《通幽记》云：“贞元五年，在嘉兴监徐浦下场粜盐官场界。”其“徐浦下场粜盐官场”，即蔡庙场唐代旧名。故《云间志》所谓诸场道里，但举其仓廒、司署所在为言。故下文分析，亦仅止此而已。

一、诸盐场位置

（一）浦东盐场

浦东场，《云间志》称其在县南七十里，与盐场监官廨舍道里相同。正德《松江府志》云：“徐浦自旧运盐河分支，东行草荡间，历浦东场、漕泾市，至漴阙闸止。”⑧按

---

① 《元丰九域志》卷五，中华书局，1984年，220页。

② 正德《松江府志》卷九，17页：“青村镇，旧作墩。”

③ 明、清方志或作“下沙”。

④ 绍熙《云间志》卷上《场务》。明、清松江府县旧志沿用其文，唯有光绪《重修华亭县志》卷九称引，于南跄场之下，增出江湾场。按江湾之地，不在华亭县境。其有误。

⑤ 正德《松江府志》卷十一，7页。

⑥ 正德《松江府志》卷九，17页。

⑦ 同⑤。崇祯《松江府志》卷三第五页亦云：“岸海置盐司。”

⑧ 正德《松江府志》卷二，29页。

旧运盐河，在查山东 ①，故宋代浦东场应在查山东侧 ②。

金山场，《云间志》称其在县东九十里。按金山在县东南九十里，但其山在大海中，故宋代金山场应在其遥对岸海之地，大致在明、清金山卫东南 ③。

遮山场，《云间志》称其在县东七十里。按遮山即今查山 ④，在县东南七十里。宋代遮山场应在查山西南。

柘湖场，《云间志》称其在县南七十里。按柘湖，亦在县南七十里。湖周回五千一百十九顷 ⑤，后渐湮塞，南宋时已成芦苇之场，为湖者无几，仅余积水若陂泽 ⑥。凡查山之西北，张堰之东南，黄茅白苇之场，皆其地也 ⑦。故宋代柘湖场当与柘湖、遮山相邻。

横浦场，《云间志》称其在县南七十里。嘉庆《松江府志》称"横浦场大使署，初在篠官街" ⑧。又云："篠官街，居人相传其地产竹箭，有横浦场盐仓公馆，故又名篠馆。后又徙盐仓于城外，其遗址尚存。" ⑨ 篠管，又称小官 ⑩。按小官浦有小官盐场，明初于其地设金山卫 ⑪。故宋代横浦场，应在明、清金山卫城内 ⑫。

宋代浦东盐场其分场故址，除金山场已沦于海，其余道里相近，均在今查山至金山卫及其周边区域内。

（二）袁部盐场

袁部场，《云间志》称其在县东一百里 ⑬。袁部，后称袁浦 ⑭。正德《松江府志》卷首《松江府境图》有袁浦港，约在青村东南。正德《松江府志》有旧、新袁浦墩 ⑮，按崇祯《松江府志》，盐场在二墩之北 ⑯。宋代袁浦场当亦在此域。

---

① 正德《松江府志》卷二，27 页。

② 正德《松江府志》卷首《松江府境图》绘有浦东场廨舍，其图标在查山西、金山卫北。崇祯《府志》松江海防图，浦东分场在金山卫东北。另外，正德《华亭县志》绘查山于金山卫东侧。这些情况，大概都是图绘不精所造成的结果。

③ 绍熙《云间志》卷上《古迹》。

④ 正德《松江府志》卷一，12 页。

⑤ 同③。

⑥ 同①，28 页；绍熙《云间志》卷上《古迹》、卷中《祠庙》。

⑦ 同①，28 页。

⑧ 嘉庆《松江府志》卷十四，19 页。

⑨ 嘉庆《松江府志》卷三，29 页。

⑩ 嘉庆《松江府志》卷二，28 页。

⑪ 同①，27 页注。

⑫ 正德《松江府志》卷首《松江府境图》绘有横浦分场廨舍，其图标并见于金山卫城东、西两厢。而崇祯《松江府志》卷首《松江海防图》，仅见金山卫城西有横浦场盐课司。或明代中、后期横浦分场所在，可能还有过变化。

⑬ 绍熙《云间志》称袁部盐场监官廨舍在县东南一百里。嘉庆《松江府志》卷十四 19 页称："袁浦场大使署，在华亭县柘林城。"正德《松江府志》卷九称："柘林，去县东南七十二里。"是嘉庆府志所云不确。

⑭ 正德《松江府志》卷十一，7 页。

⑮ 正德《松江府志》卷十四，3 页。崇祯《松江府志》卷二十五 5 页作"东、西袁浦墩"。嘉庆《松江府志》卷三十三 12 页称其"洪武二十三年土筑"。

⑯ 崇祯《松江府志》卷二十五，37 页。

六鹤场，《云间志》称其在县东九十里。正德《松江府志》有陆鹤墩①。此墩亦见于崇祯《松江府志》卷首《松江海防图》，作"六鹤墩"。墩在柘林堡南，宋代六鹤场当近此墩。

横林场，《云间志》称其在县东一百里。县东南一百二十里有白砂乡，所管之里有横林②。正德《松江府志》有横林墩③，按崇祯《松江府志》卷首《松江海防图》，其墩在（东、西）袁浦墩东，青村所西南。故宋代横林场，当亦近此墩。

蔡庙场，《云间志》称其在县东南一百里。崇祯《松江府志》云："柘湖之水，东去十二里为金山港，上有金山营。又东十二里为菊花港，一名胡家港。又东北五十里曰蔡庙港，俱护塘外。"④ 按正德《松江府志》卷首《松江府境图》绘有蔡庙港堡，其图标在柘林堡南⑤，故宋代蔡庙场当亦在柘林南。

戚漺场，《云间志》称其在县东南一百里。《云间志》卷上镇戍，有戚漺巡检司。正德《松江府志》有戚漺墩⑥，宋代戚漺场当近此墩。

（三）青村盐场

青村南场，《云间志》称其在县东九十里，与盐场监官廨舍道里相同。正德《松江府志》称："青村镇，在（华亭）县东南八十里，其南十八里岸海即青村场。"⑦ 清雍正二年，置奉贤县，治于青村（今奉贤奉城）。故宋代青村场，应在奉城以南岸海之地⑧。

《云间志》明钞本于青村南场之下，有青村北仓，两者道里相同。今所见印本，径改作北场。按上引正德府志，青村场于宋、明之际，并无如下砂场之迁移，是本为一场一仓而已。

（四）下砂盐场

下砂南场与下砂北场，《云间志》称其俱在县东南九十里，与盐场监官廨舍道里相同。宋时下砂盐课司在下砂镇，场盐仓原在周浦，元初盐课司迁新场而迁至下砂⑨。崇祯《松江府志》称："新场镇，距下砂九里，一名南下砂。元初，迁盐场于此，故名。"⑩ 既元初能迁，可知其地于宋代已经业盐。故宋代下砂南场即在新场，而下砂北场即在下砂。

大门场，《云间志》称其在县东南一百里。崇祯《松江府志》之《海防图》有大门墩，大约在柘林堡、青村所之间护海塘中部，康熙《松江府志》卷首《海防图》大门

---

① 正德《松江府志》卷十四，3 页。嘉庆《松江府志》卷三十三第十一页称其"建（金山）卫时筑"。
② 绍熙《云间志》卷上《乡里》。
③ 正德《松江府志》卷十四，3 页。
④ 崇祯《松江府志》卷五，33 页。
⑤ 按正德《松江府志》、正德《华亭县志》卷首府、县境图，绘蔡庙港堡于柘林东南。然崇祯《松江府志》卷首《松江海防图》虽未标注此堡，但由周边图注可推知蔡庙堡应在柘林堡西南。未知孰是。
⑥ 同③。
⑦ 正德《松江府志》卷九，17 页。
⑧ 按嘉庆《松江府志》卷十四，19 页，清代青村场大使署迁至奉贤县高桥镇。
⑨ 崇祯《松江府志》卷三，9 页。
⑩ 同⑨。又云："赋为两浙最，北桥税司、杜浦巡司，皆徙居焉。"

墩在青村所西南。揆其方位，墩近袁部与青村盐场之间，下砂盐场则远在其北。另康熙《松江府志》有"北大门分场"①而无"大门分场"，故宋代大门场与大门墩无关，其址当在下砂、新场附近。

杜浦场，《云间志》称其在县东南八十里。按杜浦即今周浦镇，正德《松江府志》称："周浦镇，一名杜浦"②，《云间志》有杜浦巡检司③。宋代杜浦场当在周浦附近。

南跄盐场，《云间志》称其在县东北一百二十里。盐场得名，应与南跄浦有关。正德《松江府志》云："南跄浦，按顾或《志》，在上海东北三十六里，其支流为东沟浦、西沟浦、马家浜。今县东北有水曰跄港、曰大跄浜，其南近都台浦，疑即南跄浦之故迹也。"④至明正德年间，"东沟（浦）、马家浜本南跄浦支渠，其势俱大，而南跄反微"⑤。虽然正德、崇祯《松江府志》⑥都有"南跄浦故迹"之类的说法，但均就其名称改易而言。在康熙《松江府志》水道图中，便标注有南跄浦，大约即以正德《松江府志》跄港、大跄浜属之⑦。按康熙《松江府志》水道图，南跄浦在虹江东，而嘉庆《松江府志》北境水道图，则在虹江西。洪武二十九年，建南跄巡检司，在（上海）县东高昌乡二十二保⑧。宋代南跄盐场，当在此保岸海之地。

由上可知宋代华亭县四盐场，浦东盐场在县南境沿海，袁部、青村、在县东南境沿海，下砂则在县东境沿海。诸场去县，近者七十里，远者百里⑨。宋代华亭县城，置有北盐仓、西盐仓⑩。自盐场抵县仓，其输运多托于舟楫⑪。故以盐运而得名的河道，均在县境内东、南二区。

二、浦东盐场转运水系

宋代华亭县南境之盐运河道，以盐铁塘最知名。此塘"在县东南，长三十里，世

---

① 康熙《松江府志》卷十八，13 页。
② 正德《松江府志》卷九，20 页。
③ 绍熙《云间志》卷上《镇戍》。崇祯《松江府志》卷三第 10 页云："元置下砂盐场杜浦巡检司于此（周浦）。"
④ 正德《松江府志》卷二，10 页。
⑤ 同④，34 页。
⑥ 崇祯《松江府志》卷五，53 页。
⑦ 谭其骧先生认为南跄浦"故道约当在今复兴岛东，自元以后已为黄浦下游所夺"（《关于上海地区的成陆年代》，《长水集》，人民出版社，1987 年，151 页）。按明、清以来的黄浦下游，为范家浜故道，此于松江府县旧志并无异说。夏元吉《治水奏》云："松江大黄浦，乃通吴淞要道。今下流壅塞，难即疏浚。傍有范家浜，至南跄浦口，可迳达海，宜浚。上接大黄浦，以达泖湖之水。"（卷三 34 页）亦仅言至南跄浦口而已，且正德《松江府志》明确"松江与黄浦会而入（大海）焉，其会处曰'跄口'"（卷二 1 页）。皆未云南跄浦为黄浦所夺，故谭先生的说法可能不尽准确。
⑧ 正德《松江府志》卷十四，4 页。崇祯《松江府志》卷二十五，4 页，云："南跄司即周浦司"，"今废革。"按周浦在长人乡十七保，与二十二保不相接壤，盖崇祯《志》有误。
⑨ 绍熙《云间志》卷上《场务》。
⑩ 绍熙《云间志》卷上《仓库》：另有支盐仓，"在县西北三十五步，乾道六年闰五月，奉朝旨移至本县"。
⑪ 按元时尝有陆运，如至元五年陈旅《同知两浙都转运盐使司事赵工德政颂有序》（正德《松江府志》卷八 8 页）云："以陆运之重困民也，则白省府，因岁饥浚河，使民钱谷以为食，官得河以浮运。"由此推测，宋时盐运，亦当以河运为主。

传吴越王于此运盐铁，因以为名"①。南宋绍熙去五代吴越国未远，其相传者，当有所本。盐铁塘河道起讫，正德《松江府志》言之颇详，"自吕塘庙南流入黄浦，绝浦而南，过萧塘港、望湖泾、南桥、浅沙塘、上下横泾，至捍海塘止，其止处为漕泾"②。按盐铁塘北首与南俞塘相接③，南俞塘西通华亭县城市河。

盐铁塘西侧尚有若干盐运河道，其大者为新泾塘。《云间志》："复故堤堰，独留新泾塘，以通盐运。"④正德《松江府志》："柘湖，《吴地记》'周围五千一百十九顷'。钱氏有国，浚柘湖及新泾塘，由小官浦入海。"⑤新泾塘盐运，或即如志所云，始于吴越国时。"五代时，（柘）湖与海通。后渐湮塞，仅余积水若陂泽。以今视之，凡查山之西北、张堰之东南，黄茅白苇之场，皆其地也。"⑥正德《松江府志》疑奉贤泾即古新泾塘⑦，其河道南、北行，在查山东侧。

另有亭林运港、盐河等。运港其名，《云间志》已有之⑧。奉贤泾"至亭林与运港合"⑨，"运港自亭林镇前东流入盐铁塘"⑩。另正德《松江府志》有"盐河"⑪，在奉贤泾西侧、运港南侧，"东流入盐铁塘"。其与运港皆东入盐铁塘，俱属吴越国、宋时盐铁塘盐运水系。然未知吴越、宋时，已有"盐河"之名乎？

又有新运盐河，远在盐铁塘之西。正德《松江府志》云："新运盐河，在里护塘外。自金山卫城北流，至张堰镇西，为张泾。初在查山东，后以风涛之险，改浚于此。人呼其东为旧河，其北即古柘湖地。"⑫柘湖、小官浦一段，遂名旧运盐河。按《云间志》云："转般仓，在县东南三十六里，张泾堰之下，乾道八年置，专为浦东运盐设也。"⑬至正《续松江志》云："张泾起南门太平栅，至张堰，长六十三里。"⑭绍熙《云间志》卷中《祠庙》云："陆司空庙，在县南三里。"此条引《原化记》云："元和初，有盐船泊于庙前。"

按庆历二年章岵《重开顾会浦记》云："直县西北走六十里趋青龙镇，浦曰顾会，南通漕渠，下达松江。"⑮又绍兴十五年杨炬《重开顾会浦记》云："起青龙浦，及于北

① 绍熙《云间志》卷中《水》。
② 正德《松江府志》卷二，24 页。
③ 同②。
④ 《云间志》卷中《堰闸》。
⑤ 同②，28 页。嘉庆《松江府志》卷十第一页引《十国春秋》，钱氏浚湖，事在吴越国宝正二年。
⑥ 同②，28 页。
⑦ 同②，30 页注。
⑧ 《云间志》卷中《堰闸》。
⑨ 同②，30 页。
⑩ 同②，31 页。
⑪ 同②，30 页。
⑫ 同②，27、28 页。按正统《松江府志》尚有东、西运盐河之名，"东运盐河，在府南五十四里，西运盐河在府南三十六里"。此东、西运盐河，正德《松江府志》（卷二 28 页）曾有考辨："今此河（东运盐河）居张堰南，去府正五十余里，而地势偏西；亭林南有盐河通盐铁塘，去府正三十余里，而地势反东。然此外渠港，别无以运盐名者。疑新志（正统《松江府志》）所载即此，特东西易地，为小误耳。故今定此为西运盐河，而以亭林南者为东运盐河，以俟考于知水道者。"
⑬ 崇祯《松江府志》卷十四 11 页作"搬运仓"，亦云其"主运浦东场盐"。
⑭ 同②，23 页引。
⑮ 《云间志》卷下《记》。

门。"^①而章宪文《家庙记》云："庄敏公少时，为将作监主簿监华亭盐，曾浚青龙江以便盐运"^②，其庄敏公即北宋章綮。是知北宋华亭县盐之漕运，出北门由顾会浦抵青龙镇，逆松江而上。

宋代华亭县隶于秀州，以秀州塘相通。"秀州塘俗呼官塘，其源出杭州西湖，历嘉兴而东"，直抵华亭县城。南宋偏安，则以秀州塘为主途，故《云间志》称其为运河^③。按秀州塘分支朱泾，东通张泾^④。且《云间志》称西盐仓于"乾道七年废，并入北盐仓"。故乾道八年于张堰置仓，是浦东场盐有不必辗转北至县城储运者。

按《云间志》云："乾道七年八月，右正言许公克昌请于朝，时太傅邱公宓除秀州，陛辞之日，面奉至尊寿皇圣训，亟来相视，与令堵观，议以新泾塘潮势湍急，运港距新泾二十里，水势稍缓，不若移堰入运港为便。"又云其前州县，"留新泾塘，以通盐运"。其"议以新泾塘潮势湍急"者，与因风涛之险而改浚新运盐河相对应。是知乾道七年堰成以前，浦南场盐必经盐铁塘水系发运。嗣后浦南场盐，则取道新运盐河。盐铁塘虽不行盐，然河道依旧。故"（乾道十年）二月，特置监堰官一员，招土军五十人，置司顾亭林，巡逻以防盐运私发诸堰"^⑤，以为控扼。

然则，华亭县南境盐运水系当以乾道八年置张泾堰转般仓为断，其前于盐铁塘水系输运，其后则改行于新运盐河。

正德《松江府志》云："小官镇，距张堰南十二里。浦东盐司旧在张堰，与牢盆相远，别建官衙于此，俗呼为小官衙镇，以是名。"^⑥然《云间志》四盐场，其监官廨舍俱在场。按张泾闸在县东南四十八里张泾堰上^⑦，小官镇在张堰南十二里。而浦东场在县南七十里^⑧，与小官镇去县道里相近。故疑小官镇即浦东盐场所在，正德《松江府志》所谓"浦东盐司旧在张堰"者，则宜与张堰置仓相对应。

正德《松江府志》云："徐浦自旧运盐河分支东行草荡间，历浦东场、漕泾市，至滧阙闸止。其南通海支渠曰胡家港、曰金山港、曰菊花港、曰曹泾港。"^⑨崇祯《松江府志》卷五第36页："旧运盐河，东连徐浦塘，与蔡庙、菊花、金山等港相接。今筑捍海塘，没为盐场草荡。徐浦自旧运盐河分支东行草荡间，历浦东场、漕泾市，至滧阙止。"

三、青村、下沙、袁部盐场转运水系

正德《松江府志》云："两浙都转运盐使分司，旧在下沙镇，宋建炎中置。"^⑩宋代

---

① 《云间志》卷下《记》。
② 光绪《青浦县志》卷三，20页引。
③ 《云间志》卷中《水》："沈泾塘，南接运河"，"盖自檇李城下水流东北，则此塘所以泻上流之水也。"
④ 正德《松江府志》卷二，22页。
⑤ 《云间志》卷中《堰闸》。
⑥ 正德《松江府志》卷九，17页，又云"国朝设金山卫于此"，即今金山区金卫镇。
⑦ 同⑤。
⑧ 《云间志》卷上《场务》。
⑨ 正德《松江府志》卷二，29页。
⑩ 正德《松江府志》卷十一，7页。

华亭县东境之盐运河道有三，自南而北，一为青村盐场运盐河，一为下沙盐场西侧运盐河，一为下沙盐场东侧运盐河。其河道走向，旧志已详之。

顾或《上海旧志》云："运盐河有二，其一自青村盐仓北流，纳百曲港、芦沟诸水，遂北为横港，为蒲挞泾。西合倪家湾，由冈泾塘出浦。自蒲挞泾北为鲁家汇，由闸港出浦。卫家沟、邵宅港，并在其东。其一自下沙场东循海塘北行，以通诸团盐运。每团各有支渠，其北至青浦止。"①

正统《松江府志》云："运盐河，在府东南九十八里。"② 正德《松江府志》云："今青村西有河名运盐，道里亦合，无可疑者。"③

正德《松江府志》云："下沙浦，旧亦名盐铁塘。世传吴越王为此，以运盐铁，因名。宋绍兴乙丑，通判曹泳开港浦一十八处，盐商舟楫往来交通，改名曰浦。自浦北流为咸塘，咸塘之东，为都台浦，又其东即运盐河。"④

下沙浦相传为吴越王运盐铁者，于正德以前旧志未见。其在闸港北，东、西行，西入今黄浦。青村运盐河在闸港南，东南、西北行，北入今黄浦。按《浙西水利图》云："闸港，自新场西流入黄浦，其入处乃浦之折而北行处。新场之东，去海不远。故论者指此为东江入海之故道。"⑤ 虽正德《松江府志》云："未知是否，下沙浦在其北。"⑥ 但同书《叶宗行传》云："永乐中，东吴大水，松江尤甚。盖黄浦下流壅塞，水无所归。宗行上书，请弃故道，浚范家浜⑦，引浦水以归于海。"⑧ 以今黄浦水道比视，其所弃黄浦下流者，殆即闸港故道。按嘉庆《松江府志》"松江府全境图"，蒲挞泾北接下沙浦。若宋时即如此，则下沙、青村盐运水系可归合为一。按嘉庆《松江府志》"松江府中境水道图"，下沙浦与陆道浜隔浦相望。而陆道浜为南俞塘自华亭县城张塔桥南，东流入浦之河道⑨。是宋时华亭县东境场盐，经下沙浦、南俞塘，可直抵县仓。若宋时蒲挞泾未北接下沙浦，即如顾或《上海旧志》所云，青村运盐河由冈泾塘、闸港出浦。则青村场盐亦可绝浦入南俞塘，而至华亭县城。

袁部盐场，地在青村西、柘林东。其地塘、浦虽未见径以运盐为名者，然其输运必有定途。袁部去东之青村较西之浦东盐场为近，故疑其盐运亦在青村水系。

四、南跄浦盐场转运水系

《云间志》称下沙盐场所领南跄浦场，"在县东北一百二十里，去县既远，江湾场

---

① 正德《松江府志》卷二，32 页引。
② 同①，28 页引。
③ 同①，28 页。
④ 同①，33 页。
⑤ 同①，32、33 页引。
⑥ 同①，33 页。
⑦ 正德《松江府志》卷二 34 页、卷三十二 25 页引夏元吉《踏车叹》，俱作"范家浦"。
⑧ 正德《松江府志》卷二十九，9 页。
⑨ 同①，24 页。

受纳人户，产税则属本县"。按顾或《上海旧志》与正德《松江府志》所载，南跄浦与江湾场俱近沪渎故道。故其场盐可径上海镇江湾场输运华亭县城后转漕。另外，由于南跄浦故迹"南近都台浦"①，"自（下沙）浦北流为咸塘，咸塘之东为都台浦，又其东为运盐河"②。所以，南跄浦分场之盐也有往南取道下沙浦至华亭县城的可能。

康熙《松江府志》称南跄司即周浦司③，但周浦在上海十七保④，与南跄浦口、跄港、大跄浜相去甚远。按跄港、大跄浜，南近都台浦，而都台浦又南径周浦塘。推测这是南跄盐场"去县既远，江湾场受纳"，但仍隶属下砂盐场的历史印迹。

五、米芾与青龙盐事

按《云间志》录有元丰五年春正月陈林所撰青龙镇《隆平寺经藏记》，《记》文之末，署"襄阳米芾治事青龙，宾老相过，出此文，爱而书之"⑤。是知米芾曾治事青龙。

青龙镇居松江之阴，取道顾会浦南行，即抵华亭县北门。唐置镇防御而设巡检，宋以"海商辐辏之所"，而设监镇理财⑥。《松事丛说》云："青龙，自唐宋以来为东南重镇。宋设水监于此，以治水利，兼领市舶。江南所卖官酒，于此制造，并设酒务焉。"⑦按青龙酒务而外，尚有茶、盐税场⑧，《元丰九域志》中另有盐监⑨。嘉祐七年《隆平寺宝塔铭》立石诸人，其职衔为"监青龙镇酒税茶盐同管勾烟火公事""监海盐县盐场权管勾青龙镇务烟火公事"⑩，可以证之。青龙实非产盐之区，然得置盐监者，盖以其居转漕孔道、县盐外运之要冲。且其所监，亦不止于华亭一县之盐。

按米芾宦历⑪，无任职青龙者。水赍佑《米芾书法年表》，将其书《隆平寺经藏记》之事系于元丰五年，是年米芾自长沙掾卸任回京，次年任杭州观察推官⑫。书《记》之事，容有晚于元丰五年之可能。然《文献通考》云："盖虽冒以节度推官、观察推官、判官、书记、支使等名，而实则郡僚耳。"⑬杭州之僚而治事秀州青龙镇，非其职能所能兼。又按《宋会要辑稿》华亭县置市舶务，始于政和三年七月二十四日⑭，亦与米芾年历不合。

而青龙之酒税茶盐，乃发运使辖制之事。《宋史》云："发运使副判官掌经度山泽

① 正德《松江府志》卷二，10 页。
② 同①，33 页。
③ 康熙《松江府志》卷二十一。
④ 嘉庆《松江府志》卷三十三，6 页。
⑤ 嘉庆《松江府志》卷七十三《金石》尚载其碑，今已佚。
⑥ 《云间志》卷上《镇戍》，正德《松江府志》卷九，20 页。
⑦ 崇祯《松江府志》卷三，13 页引。
⑧ 光绪《青浦县志》卷三，5 页。
⑨ 按《云间志》卷上《廨舍》《亭馆》、正德《松江府志》卷十一 24 页，俱称盐监在华亭县城。其所称盖为华亭县盐监，非是青龙镇盐监。
⑩ 正德《松江府志》卷廿，20 页。
⑪ 曹宝麟：《抱瓮集》，文物出版社，2006 年，421、422 页。
⑫ 水赍佑编：《米芾书法史料集》，上海书画出版社，2009 年，773 页。
⑬ 马端临：《文献通考》卷六十二，17 页。
⑭ 《宋会要辑稿·职官四四》，中华书局，1957 年，3369 页。

财货之源，漕淮、浙、江、湖六路储廪以输中都，而兼制茶盐、泉宝之政，及专举刺官吏之事。元祐中，诏发运使兼制置茶事。至崇宁三年，始别差官提举茶盐。"[1] 按米芾曾于元符三年至崇宁元年间，任江、淮、荆、浙等路发运司管勾文字。若因差遣往浙西秀州华亭县青龙镇治茶盐之事，亦非出格之举。况米芾尺牍曾云："为贫所迫，试吏于江陵司计之官。甫幸善罢，列职侍郎，选拟会稽征廛，迟次惟罚。继而间关淮壖，窃仪真釐庚之禄几年，又以内艰而去。"[2] "内艰"之事，乃崇宁元年"丁非生母忧，去职"[3]。是知米芾于江、淮、荆、浙等路发运司管勾文字任内，尝为理治盐事而亲履华亭县青龙镇。

庚寅孟秋七日初稿
辛卯仲春廿八再稿

An Investigation on Salt-making Workshops within Huating County and Its Surrounding River System during Song Dynasty

Yang kun

(Songjiang Museum)

According to *Yunjianzhi* and local records of Songjiang Fu during Ming and Qing Dynasties, the location of salt-making workshops within Huating County during Song Dynasty can be generally assured. Salt delivery of every workshop depended on rivers. The river system used for salt delivery within Huating County can be divided into three major ones: Pudong salt delivery river system, Qingcun salt delivery river system, and Nanqiangpu salt delivery river system. Mi Fu had been to Qinglong Town, Huating County on salt delivery related official duties and wrote *Longpingsi Jing Cang Ji* (《隆平寺经藏记》).

---

① 《宋史》卷一百六十七，中华书局，1977 年，3963 页。
② 水赉佑编：《米芾书法史料集》，上海书画出版社，2009 年，129 页引《珊瑚网》。
③ 同②，781 页。

香港龙鼓滩煮盐炉及其堆积分析

李浪林

（香港考古学会）

20 世纪初，法国东部塞耶河谷（Seille Valley）等一批古代制盐遗址的发掘，开始了盐业考古的先河。20 世纪六七十年代以来，盐业考古逐渐成为西方考古学的研究热点，并引起许多其他国家或地区对这一领域的关注[1]。

香港盐业考古的研究起步较晚，开展至今不过 10 年时间，伴随着盐业考古学研究的深入，近年来更多中国内地和世界的盐业考古信息展示在了香港考古界面前，其中一条重要的信息就是 Briquetage 概念。法文 Briquetage 泛指在考古中发现的一切与煮盐炉灶相关的制盐器具，包括陶容器和煮盐炉灶内的各种红烧土器件。

1999 年 1 月，香港龙鼓滩沙堤遗址发现和发掘了一批南朝至唐代的煮盐炉[2]，现就其中 Z4 炉灶及其包含的 Briquetage 做简单的介绍，并讨论一千年前煮盐炉灶的制作工艺及相关问题。

一、背 景

香港考古目前没有统一的田野规程需要遵循。作为政府管理机关的古物古迹办事处（以下简称"古迹办"）自己进行的田野考古工作，采用的规程来自英国伦敦博物馆的《考古遗址手册》（*Archaeological Site Manual*）[3]。其他有资格进行发掘的机构，均是由领队决定田野工作规程，一般来说是按领队的经验和受培训的背景，自行采用较为可信的、科学的、并能为古迹办所接受的流程即可。

（一）遗址

在 20 世纪 80 年代以前，主要是香港考古学会承担本地的考古工作，其遗址命名的方法是按发现顺序将发现的遗址由 1～100 编号。到了 20 世纪 80 年代，古迹办开始进行考古发掘，他们将香港按地图划分为 9 个方格区，以 01～09 表示，9 区内从 01 开始

---

[1] Harding A F. *Salt in Prehistoric Europe*. Leiden: Sidestone Press, 2013: 16～20.
[2] 香港古物古迹办事处：《屯门龙鼓滩 E 区 1999 年第一季考古发掘及整理工作报告》，香港，2013 年 12 月，本文的数据和插图均引自该报告。
[3] Spence C. *Archaeological Site Manual*, Third edition. London: Museum of London, 1994.

给每个遗址编号。如此次考古工作的龙鼓滩遗址，所在地是 05 区，遗址代码为 0501，20 世纪 80～90 年代多次在遗址上进行的考古工作，记录和出土标本上都是标示 0501 替代遗址名称。90 年代中期之后，古迹办改用字母加年代后缀的方法命名遗址和调查发掘。现在香港地区的所有抢救发掘工作，首先都必须有古迹办将发掘予以田野考古发掘代码（site code）命名，而其采用的遗址命名方法与内地基本类似。如此次在香港龙鼓滩上升沙堤遗址（亦称沙丘遗址）上，由古迹办发掘的南朝至唐代煮盐炉，其命名为 LKT99/1-E。其中"LKT"是 Lung Kwu Tan（龙鼓滩）三个汉字拼音的首字母缩写，"99"代表工作年份是 1999 年，"/1"代表该年度的第一季发掘，遗址划分为 A～E 等若干个区域，"E"代表此次在 E 区发掘。整个 LKT99/1-E 编号的含义为"地名缩写＋时间＋发掘期＋工作区域"，即龙鼓滩遗址 1999 年第一季 E 区发掘。

而在考古探方、遗物等的记录上，往往会见到在 LKT99/1-E 之后还有编码，其含意各异。如 LKT99/1-E E22，即编号为 E22 的探方号；再如 LKT99/1-E C22，C 是系统发掘单元（context code）[1]编码，C22 即本次发掘第 22 号发掘单元；抑或如 LKT99/1-E Z2，Z 是炉灶遗迹编码，Z2 为第 2 号炉灶。

（二）发掘

抢救发掘按照传统的非开放式的探方法（box-grid）进行。探方发掘法由英国考古学家莫蒂默·惠勒（Mortimer Wheeler，1890～1976 年）[2]创造。本次为理论北方向（又称地图北），以 5 米×5 米为记录单位布置探方。在 E 区设置临时性水平基点（temporary bench marks，简称 TBM），用字母 A1 命名基点，工地中探方命名、线点的定位、坐标和高程均由这个 TBM 引出和测绘。此次选择在有考古堆积可能区域的西南角设置 TBM，这位置可使整个 E 区的范围位于基点的东北部，即都在第一象限之内，那么在 E 区所有位置的平面坐标值都不会出现负值。基点命名是 A1，探方从本区基点开始向东的横向命名按字母从 A～Z 排列，纵向从 1～100。探方 E 列西距基点 20 米，分别为 E1～E26。有考古遗存的探方为 E11～E26，共 16 个探方。其中 E11 在基点以东 20 米、以北 50 米。

发掘采用系统发掘单元（以下简称"发掘单元"）方法进行，发掘单元大约相当于堆积单位[3]。考古工地中的一个发掘单元不等于一个地层或遗迹，地层或遗迹可能包含一个或者多个发掘单元，地层或遗迹可以是一个以上时间/种类的人类/自然活动或行为的结果[4]。在此情况下，具体到此次发掘工作的主要遗迹是炉灶，每个独立的炉灶遗迹有其选址、修建、使用、修缮、废弃和废弃后土地再利用的过程，按时间/类型可以划分出多个不同的发掘单元，由多个发掘单元共同组成一个遗迹。采用发掘单元流水编号方式，依其发现和辨识时的时间顺序，从 C1 开始给 E 区每个炉灶编号。由于

① Drewett P L. *Field Archaeology: An Introduction*. London: UCL Press, 2015: 107. " Context is the result of a single action, whether it leaves a positive or a negative record on the side."
② （英）科林·伦福儒、保罗·巴恩著，中国社会科学院考古研究所译：《考古学：理论、方法与实践》，文物出版社，2004 年，32 页。
③ 国家文物局：《田野考古工作规程》，文物出版社，2009 年，5 页。
④ 李浪林：《认识系统考古单位》，《远望集》，陕西人民美术出版社，1998 年，41 页。

每座炉灶都是相对独立，且相隔有 5～6 米的距离，故发掘区没有一个完整相连的"文化层"。

（三）记录

田野记录采用发掘单元编号为主，辅以完整遗迹独立编号的记录方式。进行发掘和记录的考古遗迹，所有遗迹编号前冠以探方名；如属跨探方或多探方的，遗迹编号前所冠之探方名，则依其位置中首先发现的、最西南之探方命名，如遗迹 Z3，坐落在探方 E21 和 E22 之中，编号即为 LKT99/1E21Z3。E 区出土有 8 组同类遗迹，所有遗迹组均为一个完整、独立的半地穴式炉灶，每个炉灶均由许多不同发掘单元构成。

除发掘单位、地层单位与遗迹单位之外，发掘中的测量记录也较为特殊。每次的发掘有一个独立的测量数据包，每个测量点有全站仪和文字记录表双重记录。测量点代码的命名并非由全站仪从 001 开始自动生成，而是按测量对象的性质命名每个测量点，并手工输入名称[①]。这种方法对于后期整理和研究作用非常大。

二、遗　迹

本次发掘发现的 8 个独立遗迹，均由红烧土、砖、石灰砂浆和石块等材料构成，且有高温烘烤的迹象。红烧土结构中还包含一些黑色及黑灰色沙土堆积（填土），并含有数量不等的破碎、不规则青砖和红烧土条、棒和块。这些红烧土、青砖烧成的结构，加上里面倒塌和填土堆积，共同构成一座座功能完整、独立的炉灶。下面以遗迹 Z4 的考古学复原情况为例介绍考古遗迹。

遗迹 Z4 位于探方 E19 的北部，其北约 1/3 的部分遭受了破坏。不过破坏也解剖了炉灶，破坏的剖面利于发掘者做一些考古的观察和分析。口部为一个圆环形砖、红烧土和石板组成的结构（图一），内径 1.735 米，外径 2.095 米，深 0.908 米。遗迹可以分解成 24 个有紧密关系的发掘单元，包括结构本体、结构内填充物和结构的周围以及它们的包含物，所有发掘单元共同组成一个完整的炉灶。下面分析炉灶遗迹 Z4 各发掘单元的早晚叠压关系、相互关系，从考古学角度复原 Z4 之功能，以及其建筑、使用和废弃全过程。

1. 建造炉灶

通过遗迹 Z4 观察，建造一座炉灶，可以见到至少经过挖坑、砌灶、回填坑等多道工序。

（1）挖坑。建造半地穴式炉灶的首要工序必须要挖坑。通过 C18 堆积叠压在 C06，显示了坑边这一考古迹象——发掘单元 C53，初步判断建造炉灶 Z4 时曾挖掘一个直径约 5 米、深约 1.2 米的地下大坑。

（2）炉膛。下大上小，净空底径 2.168 米，残口径 1.735 米，残高 0.908 米，厚约

---

① 金锐等：《全站仪代码在田野考古中的运用和研究》，《江汉考古》2011 年 4 期，97～101 页。

E19

北隔梁

北

C36

Z4

A

C41

C18

C20

827511.669N
810012.991E

C21

C48

C42

C45

C19

C44

C49

东隔梁

C06

C50

827507.850N
810011.466E

C44　C20　C33

C49

C19　C50

C43　C53

C45

A

A'

C01

C18

C54

C21

C47

C40

C48

C46

C32

C34

C41

C51

C51

C06

C01 表土
C06 黄色原生沙
C18 炉边废弃堆积
C19 炉砖
C20 炉膛
C21 炉内堆积
C32 炉灰
C33 炉壁及炉底
C34 炉底砂浆
C36 现代渠边
C40 倒塌堆积
C41 炉底红砂
C42 第一次修补炉体
C43 第一次修补炉壁
C44 炉口石块
C45 紫色砂
C46 第二次修补炉体
C47 第二次修补炉壁
C48 红色砂
C49 现代沟边
C50 现代沟内堆积
C51 炉底空隙
C53 炉灶坑边
C54 光釉（窑汗）

0　　　　　　　1米

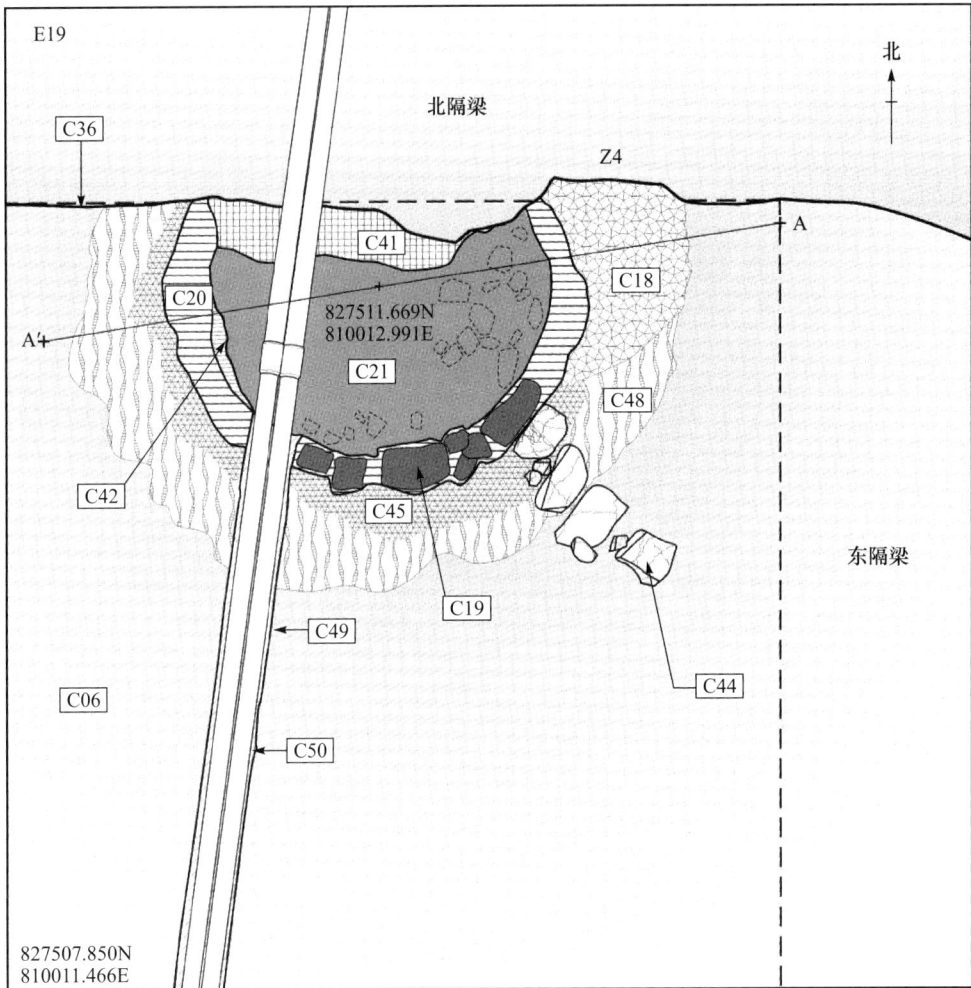

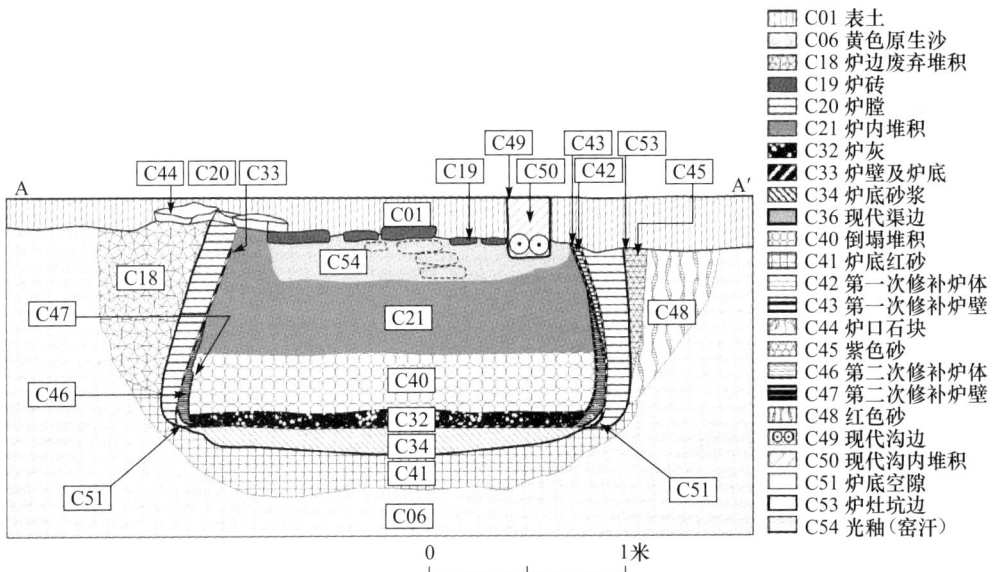

图一　屯门龙鼓滩（LKT99/1-E）炉灶 Z4 平面及剖面图

20厘米。结构分为底部、炉身、上部和炉膛抹面几部分。铺底（C34）是混有石灰、泥的粗砂，经过高温烘焙，受热不均颜色不同，整体已经变成杂色，混有少量泥的粗砂炉膛（C20）已成红烧土状，高温作用下，局部有烧变色和变形的现象。炉口是青砖砌成（C19），砖的尺寸不太统一。

（3）大坑回填。一般是用原坑挖出的沙，但也见建造炉灶用剩的、混有石灰的粗砂建筑废料（C18）倾倒在炉灶的东边坑内。

（4）投柴口。炉灶修建完成，填平炉灶边的空隙部分。再在灶口东南方铺石（发掘单元C44），由炉向外延伸。

（5）炉膛抹面。最后才在炉底和炉膛和青砖上，用混有石灰的细砂浆（C33）涂抹，形成一个较硬的表面。

2. 使用和修缮

在炉灶使用过程中，初步判断至少有两次修缮的痕迹。

（1）第一次修补。炉灶西面上部的剖面可见修理和重新抹光的痕迹。直接叠压在炉膛原抹面（C33）之上的C42和C43，所用材料同C20和C33的材料类似。

（2）第二次修补。在炉膛下部有混泥的粗砂（C46）和重新抹光材料（C47）叠压在C43之上。似乎为预制件，第二次修补材料C46和C47和原本炉壁炉底转角处之间形成了一个小三角形的空间，且环绕炉底（C51），并有黑色灰烬残留在这个空间中。

（3）使用过程中的高温，在炉壁上黏附光釉（C54），应为柴草携带的沙。贴近炉灶至外面，砂粒颜色从紫到红，逐渐减变成自然净纯、疏松的黄沙堆层，显示受到烘焙时的温度高低不同。最后一次使用后，残留一些灰烬（C32）堆积在炉灶底部，含有骨节形、柱形、条形、砖形红烧土堆积。

3. 炉灶废弃

炉灶弃用之后，有倒塌砖块、炉壁、红烧土块、含石灰质的红烧土末和少量草木灰烬堆积（C40），叠压在炉底灰烬之上。废弃后大量砖块、炉壁、红烧土块和草木灰烬的堆积（C40）叠压在弃用堆积之上。再之后地表被辟为耕土（C01），炉口以上的部分被毁佚殆尽。近年挖沟（C49）铺的电话管线（C50）对炉灶有轻微破坏，考古队进场之前挖掘排水沟（C36）铲掉了炉灶北部约1/3。

三、遗 物

出土遗物包括石锛1件和红烧土制品，没有出土陶片。红烧土材质为粗砂羼和少量泥制作成型，均经过高温烘烤。这些红烧土制品全部出土于炉灶内，包括灰烬层、倒塌堆积层和回填层。数量最多的制品是棒，有柱状形、骨节形和不规则形；还有条、砖形制品，总量可以吨计。

（一）棒形制品

骨节形，实心，上小下大圆筒形，下有骨节般底座。底座一般呈平底，也有凹形底。长 10 厘米以上，直径 5 厘米左右，骨节直径约 8 厘米。骨节周边均留有手指按窝，制品表面基本无釉（图二，1）。

柱状形，实心，圆形。细的直径约 1.8 厘米，残长 12.75 厘米（图二，2）。粗的直径约 4.63 厘米，残长 16.5 厘米（图二，3）。

不规则形，残长 12～14 厘米，宽 10～14 厘米，厚 10～13 厘米。有浅弧凹痕、方槽痕和圆弧痕。其中圆弧痕标本（图二，4、5），痕迹位置似正好放置柱状形制品。

（二）条形制品

实心，截面呈长方形和馒头形二型。截面长方形，长 36.3 厘米，宽 7.15 厘米，高 4.9 厘米（图二，6）。

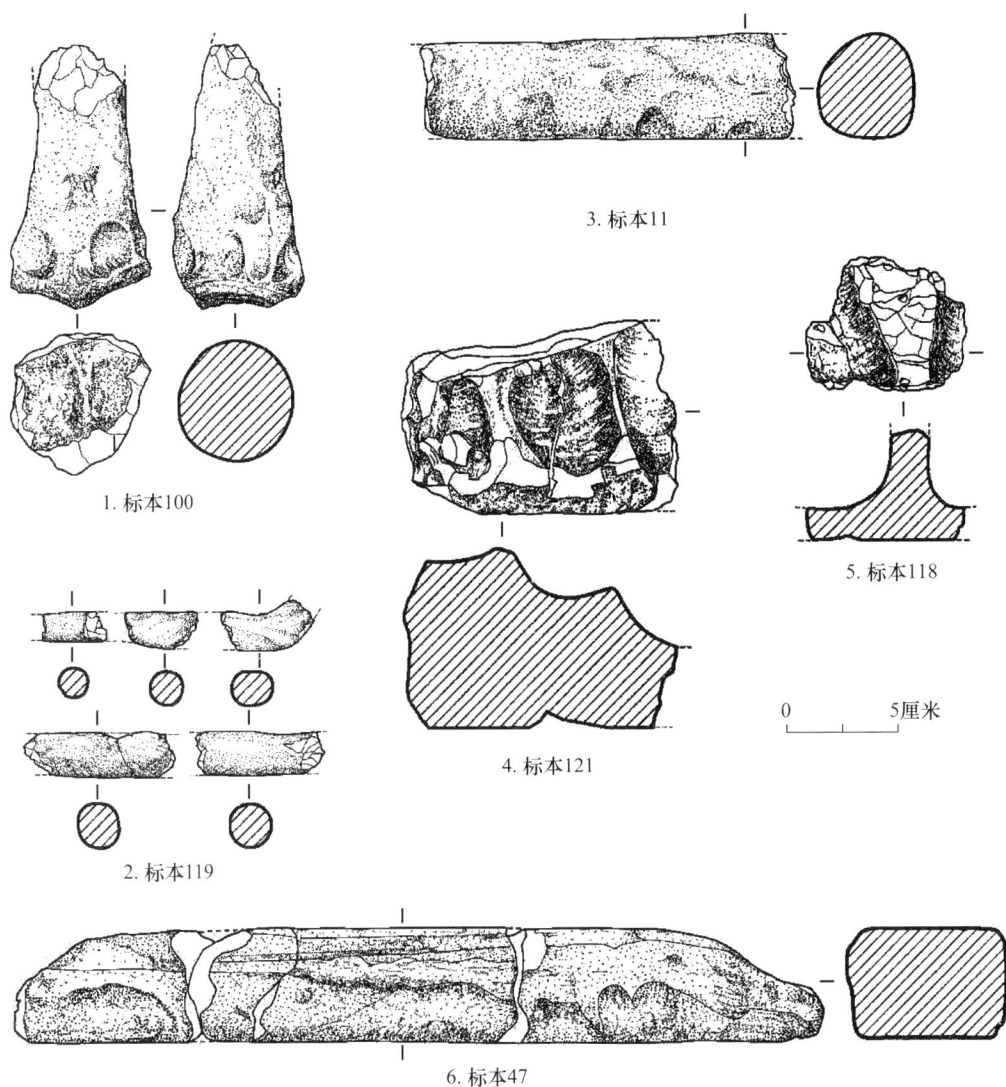

图二　红烧土制品

1. 骨节形构件　2、3. 柱状形构件　4、5. 不规则形构件　6. 条形构件

（三）青砖

表面一般有面积大小不等、厚薄不均的青釉，少数在侧面甚至底部亦有釉迹。厚大类标本 76，有切角现象，残长 18～32 厘米，宽 18～19 厘米，厚 5～7 厘米。薄小类，宽 8～10 厘米，厚 3～4 厘米，残长 12 厘米左右。

四、讨　　论

龙鼓滩遗址是香港地区最重要的考古遗址之一[①]，文化内涵比较丰富，包括史前和历史时期多个阶段的文化遗存，也是经科学发掘次数最多的遗址之一。现对发现的遗存做一个综合的演绎，并就有些关于遗迹和遗物性质、年代及文化性质，以及存疑的问题提出讨论。

（一）遗址年代

在发掘的过程中没有发现任何可供确切断代的文化遗物。因此通过考古发掘和资料的对比，香港境内与本次出土的遗迹和遗物相似的遗址有 60 处以上，其中经过发掘的 10 多处[②]，遗迹所处地理环境、海拔和炉灶特征非常接近。在这些遗址中可见，同类遗迹炉灶形制完全相同[③]，并伴出有唐代陶瓷器和铜钱[④]。根据考古类型学原则判断，龙鼓滩遗址 E 区遗存特征与本港相关发现属于同类文化性质，应是同属南朝至唐代人类活动留下的遗迹。

（二）炉灶

E 区的 8 座炉灶均为地穴式的砖 + 红烧土结构，制造方法不太复杂，排列有序、间隔适度，开口高度均相当，没有早晚的叠压关系。可见这是一处经过精心选址，靠炉灶进行生产活动的手工作坊，并且极可能整个作坊是一次性规划和建造的。

通过其建造、使用和废弃的多个不同阶段来看，应该是多次使用。这批炉灶有经过多次维修的证据，说明它们是经过反复使用的。其次，炉壁是光滑的，不见有附加结构的痕迹。其三，大量红烧土制品面上有"釉"迹，很明显是在炉灶内使用，但具体作用至今还不很清楚。

（三）红烧土制品

由于炉灶废弃的年代久远加之后来的扰乱，已经无法找到这些红烧土条、棒和块原本所处的位置。香港文物保护人士习惯称之为"bars"和"sausages"，即为"壳灰

① Peacock B A V. *Report of the Hong Kong Archaeological Survey*, Vol. Ⅲ , Part 1. AMO, 1986: 61～63.
② 区家发、佟宝铭：《香港深圳地区之古代煮盐业》，《香港考古学会刊》第 14 期，1998 年，86 页。
③ 香港考古学会：《2007 年大屿山鹿颈村遗址考古调查工作报告》，2008 年 3 月，3～8 页。
④ Meacham W. Archaeological investigations on Chek Lap Kok Island. *Journal Monograph IV*, *Hong Kong Archaeological Society*, 1994: 191.

窑"窑具^①。本文称之为扁条形的、方形的、砖形的和带凹槽的红烧土制品，清楚这些制品的性质对理解炉灶性质、它们在炉灶中的作用有很大影响。

红烧土制品发现于炉灶内的堆积中，都是经过高温作用的，说明它们是使用之后留下的遗存。其中部分有"釉"迹，但多数没有"釉"迹，说明它们当时可能不全是在炉灶内使用的。过去将其理解为炉具^②，证据不足，应该是推测性的。它们应该不是炉灶的组成部分，而是有其他功能的器具。

红烧土制品形态特殊，种类较杂，有大有小，长短粗细不一，最长达 60 厘米左右，可能主要起搭建栅格支架的作用。称为柱状形制品的各种圆形的"陶棍"，或用来黏结栅格支架，或起连接作用。至于这些小泥柱（即"骨节形制品"），将"陶棍"黏结 / 连接成什么形状、怎样连接，以及在炉灶中的正确位置暂无法复原。

有人将 Briquetage 译作"制盐陶器"^③，顾名思义它与制盐的关系密切。其实法文 Briquetage 不只是陶容器，它泛指在考古中发现的一切与煮盐炉灶相关的制盐器具，包括炉内搭建栅格支架的各种红烧土"陶棍""连接扣"。在法国洛林（Lorraine）的塞耶河谷^④、波兰的 Lengyel 文化^⑤、德国巴登—符腾堡（Baden- Würtemberg）和黑森（Hesse）地区^⑥以及英国的一些地区^⑦，一系列著名欧洲制盐工业中心都有发现各种类型的 Briquetage。在欧洲之外，距离我们很近的越南海盐制盐遗存中，同样发现有 Briquetage 的踪迹^⑧。上述考古发现的制盐遗存，年代从公元前 8～前 1 世纪。在温州九亩丘宋代盐业遗址炉灶内外和地层中，同样伴出土有烧土质的棒形、饼形及块状煮盐用器具^⑨，也属于 Briquetage，数量在千件以上。

与上述国内外发现的 Briquetage 与煮盐炉共存来看，龙鼓滩发现的这些长短粗细不一的"陶棍"以及用来黏结这些"陶棍"的红烧土小泥柱（即"连接扣"），也应属于和被称为 Briquetage。

① Meacham W. Archaeological investigations on Chek Lap Kok Island. *Journal Monograph IV*, *Hong Kong Archaeological Society*, 1994: 301.

② 李浪林：《香港沿海沙堤与煮盐炉遗存的发现和研究》，《燕京学报》新二十四期，北京大学出版社，2008 年，239～282 页。

③ 〔法〕奥利维、〔英〕科瓦希克著，张颖、彭鹏译：《法国洛林 de la Seille 的制盐陶器 Briquetage：欧洲铁器时代盐的原始工业生产》，《南方文物》2008 年 1 期，34～39 页。

④ http://www.seillevalley.com/Archaeology.html. *Excavation of Iron Age salt furnaces in the Seille Valley, northeast France.*

⑤ Czerniak L, Raczkowski W & Sosnowski W. New prospects for the study of Early Neolithic longhouses in the Polish Lowlands. *Antiquity*, 2003, 77(297).

⑥ Rösler H. Köhlerei für das Eisenhüttenwerk Peitz in Brandenburg. *Archäologie in Deutschland*, 2008: 41.

⑦ Jones A. Prehistoric salt equipment from a pit at Mucking, Essex. *Antiquaries Journal,* 1977, 57: 317～319; Morris E L and Lane T (eds.), A millennium of saltmaking: Prehistoric and Romano-British salt production in the Fenland. *Heritage Trust for Lincolnshire*, 2002, 76: 509.

⑧ Francken M, Wahl J, Reinecke A. Reflections of a hard life: Burials from Go O Chua (Vietnam). In: Buhl C A, Engel F, Rüdell A, *et al.* (eds.), *Proceedings of the 4th Meeting of Junior Scientists in Anthropology*. Freiburg: Universiatt Freiburg, 2010: 16～23.

⑨ http://wz.people.com.cn/n/2013/0830/c140254-19426608.html；梁岩华：《北大考古文博学院专家考察洞头九亩丘盐业遗址》，人民网，2013-08-30。

（四）遗址的性质

盐业考古是从考古学角度研究古代食盐的生产、流通、消费及其对人类社会发展的重要作用，又可概括为对古代人盐互动关系进行的考古学研究。"在考古学中，盐是很难研究，因为氯化钠是高度可溶的。当暴露于自然环境下、或流水渗漏中，它都不能保存实际固形盐。盐只可以通过制造作坊进行研究。"①

此外，做考古遗址类型、性质、文化分析时，其所依存的自然和经济环境因素是最需要考虑的重要依据。早在西汉武帝时期，中央政府在全国设定 36 处盐官，岭南地区已有盐官督管海盐生产及买卖。香港沿海自元朗到李郑屋、新界东沿海自沙头角到九龙湾沿岸，以及一些大小岛屿都是产盐地区②。到了宋代，朝廷更在九龙设有盐官管理香港地区的海盐生产③。《图经》第四卷陶隐居云曰：食盐"交、广有南海盐"④，即交州和广州郡出产的盐称为南海盐。距离广州郡府最近的珠江口地区外海岛是香港，推测广州盐或是南海盐最有可能指的是香港一带生产的海盐。

龙鼓滩遗址 E 区发现的这种唐代炉灶，除了自然环境和炉灶功能之外，炉灶中出土的扁条形的、方形的、砖形的和带凹槽的红烧土制品（即《燕京学报》文中所称的牢盆附件、支柱、支架残件⑤）的形态，与同海内外考古发现煮盐的 Briquetage 中的"陶棍"遗存非常接近，也与制盐术关系密切。香港的这些红烧土不是"bars""sausages"和炉具，应该是生产盐的器具 Briquetage。温州市九亩丘宋代盐业遗址中发现的宋代早期煮盐炉形状，与香港包括龙鼓滩遗址 E 区发现的这类炉灶也非常接近。

综合比较海内外的盐业考古证据和香港的历史，香港地区发现宋代之前的农业生产证据，所有经济活动都是手工业和渔猎。龙鼓滩遗址发现的这批考古遗迹的性质明显不属于渔猎经济范畴，而是属于手工业生产活动的一部分。龙鼓滩遗址 E 区发现的这批炉灶、Briquetage 其实就是与制造和生产海盐生产活动相关的遗存。

最后，发掘者认为对于与煮盐炉伴出的各类红烧土制品，应该使用国际考古的通用名称，更适合称之为 Briquetage。

---

① Harding A F. *Salt in Prehistoric Europe*. Leiden: Sidestone Press, 2013: 9.
② （清）靳文谟著《新安县志》载："宋时，新安县有东莞、归德、黄田、官富四盐场。"
③ http://www.amo.gov.hk/b5/monuments 04.php.
④ （宋）苏颂等编撰《本草图经》（1020～1101 年），又名《图经本草》，简称《图经》，共 20 卷，目录 1 卷。
⑤ 李浪林：《香港沿海沙堤与煮盐炉遗存的发现和研究》，《燕京学报》新二十四期，北京大学出版社，2008 年，239～282 页。

An Analysis of Salt Furnaces and Briquetage in Lung Kwu Tan, Hong Kong

Li Langlin

(Hong Kong Archaeology Society)

Hong Kong Antiquities and Monuments office conducted a rescue archaeological excavation in Lung Kwu Tan in 1999. 8 stoves were excavated and recorded in the excavation. The location of these stoves formed a straight line with 8m intervals. The openings of these stoves were 2 to 2.5m in diameter. Besides red fired clay fragments, no pottery or other artefact was found inside the stove. According to stove K4 that had been under autopsy, traces of more than 2 times of repairs were identified and this might implied that the stove had been used for a long period of time.

Stoves and fired clay fragments in similar kind could also been found in more than 60 archaeological sites in Hong Kong dated from the six dynasties to Tang dynasty. Resemble fire clay fragments, Briquetage were also unearthed from salt boiling sites in Europe, Vietnam and Zhejiang province of China. It was then believed that these stoves discovered in Lung Kwu Tan was also salt furnaces, an alignment of the salt furnaces in Lung Kwu Tan could be regarded as a boiling workshop of a saltern.

且晒且煎　兼备生熟

——海南万宁盐墩村海盐生产传统工艺调查

王仁湘

（中国社会科学院考古研究所）

　　海南东海岸有一个县级市，大名万宁。万般安宁，也是早年的一种期待，国期泰，民求安。唐贞观五年（631年）初置万安县，龙朔二年（662年）设万安州，天宝元年（742年）改州为万安郡，至德二年（757年）又改为万全郡。至南宋绍兴七年（1137年）始名万宁县，后又置万安军，明代曾改称万州，民国三年（1914年）再称万宁县至今。万安，万全，万宁，往古来今，同一种期待。

　　笔者曾往海南数次，做过民族调查，还做过两次古今制盐业考察。有一次路过万宁，但没有停留的计划。这一次因为一个读书活动又到了海南，向读者讲述古代制盐的考古发现，还筹划着再做一次制盐业考察。因为讲座的地点是在万宁，又了解到万宁至今还有个盐墩村保留着由古代传承下来的制盐旧迹，觉得万不可失去这个考察机会。又听说盐墩村保留的是煮盐遗迹，这本来早就应当消失了的海水制盐方法，真的保留到了今天？还能见识到真迹吗？心存疑惑，非常想看看究竟。

　　2013年4月13日下午，笔者一行驱车往东北行进20多千米，市委机关委派的向导边走边用电话询问村子的位置，最终在港北镇长一行的接应引导下，到达位于海滨的盐墩村。

　　盐墩村位于港北港附近，半岛地势，三面环海。车子行进到公路的尽头，一眼望去，村中小楼林立，村外滩涂虾塘密布。盐墩村人以叶姓为多，叶氏祖谱记述族人在明朝末年为避战乱，从福建渡海迁徙来这里定居，世代以晒盐煮盐为业。村名盐墩，大概也是由内地带来，叫做盐墩村的地方在内地还有一些，约莫都曾经是制盐之所。

　　车子停下后，镇长引导我们沿村中小道又向前走去，路过了一座"三间庙"，让我觉得非常惊奇，顿时想起了屈子，想起了龙舟，想必这也是由内地带来的文化。我还看到，在一座院子墙壁的显眼位置上，书写着盐墩村盐民的历史，于是脑海中开始搜索和塑造当年的历史细节。向前没走多远，转过一弯，我们在一座低矮的小棚子前停了下来。镇长说，这就是村民煮盐的场所。

　　这一座小棚子看起来已经显得非常老迈，好像经历过多次修补，棚顶棚壁有很多缝隙，似乎并不能抵挡风雨了。我们低头弯腰进入到棚内，一座灶台出现在眼前。不过是五六平方米的棚子里，灶台占据着主要位置。灶台为方形，边宽不超过1.5米，砖砌泥糊而成。灶台上安放的铁质盐锅也是方形，边长1米有余，锅沿高约10厘米。灶台的一边堆满了木柴，还有几个满装着盐的盐包。棚门外立着一口大缸，是用于存放卤水的，旁边堆有不少木柴。

出了小棚，看到半人高的卤水缸，心中不免涌出许多问题：卤水是如何制成的？盐民是怎样判断卤水浓度的？煎煮过程有多长？煮盐过程中如何提升成盐的纯度？延续到现代的这种海盐煎煮技术，难道在这一地区没有遇到阳光晒盐技术的挑战么？

带着这些问题，我们采访了盐灶的主人。

距离盐灶小灶棚不远，有一进院落，院中有平房，也有一幢二层小楼房。主人已经等候在院子门口迎接我们，热情地招呼客人进门。我们在门厅落座，询问了主人及家庭情况，简单的了解已经让我们心头生出特别的敬意。主人叶姓，大名剑仁，老伴名黄菊花。老两口都已年过八旬，但身体很健康，也都很健谈，甚至还能说听普通话，让人感到意外。老人有后代进入离此地不远的博鳌国际会议服务中心的领导层，墙上还挂着奖状和与朱镕基前总理的合影照，让人觉得这个世代以制盐为生的家庭享有新时代特别的荣耀。

很快进入我们的访问主题。我问了下面这几个关键点：

（1）盐墩村煮盐具体操作规范是怎样的？

用海水先制成浓度较高的卤水，然后用柴锅将卤水煎煮成盐。这与古代所说的煮海一样，并不是直接用海水煮盐，而是先取海水制卤，再煎卤成盐。海南称作火煎煮而成的盐为熟盐，称日晒而成的盐为生盐。

（2）海水制卤的方法是怎样的？

用沙子铺建一小块盐田，引海水浇沙，待晒干后再浇，如此反复多次。然后将沙子拢起在过滤池边，再取海水浇盐，滤出沙子上的盐分。这样就得到了浓度较高的卤水，通过火灶煎煮就能得到盐了。

（3）煎盐前如何控制卤水浓度，晒盐时也要下盐种吗？

盐墩人采用鸭蛋试卤，蛋浮为浓，蛋沉为淡。晒盐要下盐种，在浓度合乎要求时下盐种，加快盐粒结晶过程。

（4）用柴火煮盐的同时，也会用日光晒盐吗？

此前我曾经两度调查过海南西海岸的制盐遗迹，那是典型的日光晒盐工艺。我不大相信其实距离并不遥远的东海岸与西海岸，制盐工艺有如此大的不同。当我很唐突地问起盐墩村人是否知道阳光也可以晒盐时，人家很干脆地回答说，他们也会晒盐，而且是同时晒盐和煮盐。晒盐是采取逐级提升卤水浓度的方式，不必浇沙，也不必过滤，与现代大盐田生产工艺基本相同。

生盐与熟盐，两个有明显区别的品种，用途和价格，好像也小有区别。

访问结束，觉得收获很大，两种制盐工艺在一地同时存在，日晒工艺居然并没有排斥火煎工艺。这是非常难得的一个调查标本，这究竟是个例，还是曾经在历史上普遍存在过的现象，值得深入研究。

回京后又查阅了查相关资料，对海南自古延续到当今的制盐工艺有了更多的了解。

《新唐书·地理志》说："唐乾元元年（758年），琼山宁远振州（即琼山、崖县、崖城）等县有盐，近海百姓煮海水为盐，远近取给。"《盐业通志》说："宋朝元丰三年（1080年）诏琼崖儋万安军（州）各鬻盐以给本州，无定额。"经宋、元、明、清至民国，海南盐产区逐渐扩大到现在的海口、琼山、文昌、临高、儋县、琼海、万宁、三亚、乐东、东方等市、县的沿海地区。表明海南煮盐之法，在唐宋时已盛行岛内，不至于晚到传说中的明代才由大陆传入。清代时制盐仍然流行制卤煎盐的传统方式，改小锅为大铁锅，或用竹篾编织成方形涂石灰泥的平底锅，长一丈宽五尺深一尺，生产规模明显扩大。

读《海南省志·工业志》，叙述海南制盐工艺有日晒和火煎两种。

煎盐的方法，又可分为两种：

（1）漏水煮盐法。在海潮可到之处，铺细沙厚2～3寸，耙松（儋县、临高、文昌用人耙手捧，琼山用牛耙肩挑），使沙能充分吸收潮水，遇低潮位须挑海水淋沙，风吹日晒成卤沙。

建方形盐漏，高约3市尺，深约2市尺，四边砌石或海泥，底架竹木，上铺竹篾或茅草，以盛卤沙。漏旁建小池与盐漏底相通，用海水淋浇卤沙成卤滴入小池存储待用。

煮锅有竹锅、铁锅两种，竹锅用竹篾编成，方形平底，外涂石灰或黄泥，长1丈，宽5尺，深3尺。每锅可煮盐1000市斤。铁锅以白铁制成，圆形或方形平底，直径4～5尺，高7～8寸，每锅可煮盐7～10斤，煮5～6小时成盐。

（2）晒水煮盐法。在海边建围堤，内筑简易储水蒸发池，引潮水入池晒至相当浓度入锅煮成盐。煮盐消耗木柴量大，煮成1担盐约耗木柴400斤。

晒盐从纳潮到制卤至结晶成盐，全利用日光，生产方式也分两种：

（1）晒沙。浇水晒沙成卤，再灌入结晶池晒盐。结晶池早年多用石块砌成。从制卤到结晶，用2天时间即可得盐。

（2）晒水。自然纳潮到蒸发池，分初、中、高级蒸发池，逐级浓缩制卤。制成饱和卤后，输入结晶池，分段结晶成盐。

对比海南西海岸现存的洋浦和峨蔓日晒制盐工艺，对了解盐墩村的制盐工艺会有明显的启发。盐墩村除了拥有同样的日晒工艺，至今还保留着更古老的火煎盐工艺。这种与日晒并行的火煎工艺，其基础制卤方法完全相同，盐产品也没有明显区别。不过对于食盐而言，当地以日晒者为生盐，火煎者为熟盐，认为口味上会有一些差别，而且对具体食物的调味可能也因有特别的习惯而要求取生盐或熟盐，这应当是火煎海盐技术保留至今的一个重要原因。当然两类盐的价格也是不一样的，价值追求也是古老技术保留的一个理由。

笔者原本以为洋浦那样的晒盐工艺，具有由煎向晒过渡的性质，现在由盐墩村见到的煎晒并存的工艺看，两者确实同流，都是古法传承的活例。

An Investigation of Traditional Sea Salt Production Techniques at Yandun Village, Wanning County, Hainan Province

Wang Renxiang

(Institute of Archaeology, CASS)

In ancient Hainan, there were two kinds of salt production techniques, fire heating evaporation and solar evaporation. These two techniques coexisted till today and could be found at same place. The author had made several field trips to investigate traditional salt-making techniques in Hainan. The instance found at Yandun that these two techniques coexist is highly significant for investigating how solar salt technique evolved from boiling technique. Traditional salt-making techniques in Hainan is showing evidence of transitions from boiling salt to solar salt. From the case of Yandun, we could draw the conclusion that boiling salt technique and solar technique originated from the same ancient salt making technique in history.

东亚的海滨沙岗和早期盐业

槙林启介

（日本爱媛大学东亚古代铁文化研究中心）

一、海滨沙岗与盐业

　　盐的生产并不是仅仅有了海水和卤水就可以了，同时还要具备其他很多条件或因素，比如说技术条件、生产体制条件、政治经济条件、自然环境，等等。制盐陶器和制盐炉等考古资料代表生产技术和体制，关于这个方面的研究动向，非本文所讨论的范围。在此，特意选择与自然环境有关的题目，特别是，要通过对沙岗（沙滩）与盐业之间关系的探讨来研究地貌环境与盐业的关系。

　　在古代东亚地区，我们已经了解有几个地方曾使用过专用于制盐的陶器。比如，日本弥生时代到古坟时代的濑户内海地区和靠近日本海地区，绳文时代靠近太平洋的东北地区。而在中国大陆的渤海和山东半岛沿海地区，商周时期已经开始在盐业中使用制盐专用陶器。但是，其他靠中国东海和南海等的海边地区及朝鲜半岛，迄今还没有发现制盐专用陶器。随着濑户内海等沿海地区的发掘，逐渐可以确定制盐的遗址位于海滨沙岗上[1]。这些遗址的制盐方法是使用海水做成卤水然后煎熬，这里的重点是"使用海水"，这是理所当然的，所以我想强调的是制盐的地点应该靠近海边。

　　我们知道海岸线并不是一成不变的。随着气候的交替、潮汐的涨落，海岸线也在发生变化。当潮落的时候，由于季节风的作用，在海滨上便形成了新的沙岗；而当涨潮的时候沙滩便被海浪侵蚀，因此，海岸线便会发生相应的变化。为了把海边（海岸）作为活动据点，完备开工制盐环境是前提条件。由于海岸沙岗的条件与状况受气候和季节风的影响，可以推测这种环境的变化会对盐业生产带来很大的影响。事实上，从时间上看濑户内海制盐遗址的存在并不是持续性的，而是间断的[2]。以前人们普遍认为，遗址存在的时间长短与政治或生产体制有关，除了上述因素之外，其实与环境的变化也是密切相关的。具体来说，沙岗的存在和"利用海水制盐"也许有关系。

　　那么，这种海滨沙岗上的具体环境是什么样的？有机物造成腐殖土壤，因此，沙

① 村上恭通：《古代日本の制塩活动と环境变动》，《东アジア塩业考古学の提倡》，爱媛大学东アジア古代铁文化研究センター，2015 年，47～52 页。
② 柴田昌儿：《西部濑户内と芸予诸岛周边域における海人集团の动态》，《古坟时代の海人集团を再检讨する——〈海の生产用具〉から 20 年一》，埋藏文化财研究会，2007 年，137～154 页。

岗的表土层变成了黑色，在日本地理学或考古学中把这种地层叫做黑沙层（Kurosuna sand bed / buried humic sand beds）[1]。在这个黑沙层里有包含制盐遗迹和制盐陶器的可能性，黑沙层的存在与否是判断是否用海水制盐的一个关键。

除了日本列岛以外，东亚的其他地方也存在黑沙层。中国考古学也已发现了黑沙层的存在，特别是在广东、福建等中国东南沿海地区。所以，我们想通过对海边的制盐遗址和自然环境的比较研究，来探讨东亚海水制盐的共通性。

二、海滨沙岗的形成过程——"黑沙层"的形成

首先，我们要了解海滨沙岗是如何形成的。沙岗的成因有很多，其中笔者更关注的是由于风成作用而形成的沙岗。这种沙岗的形成过程是：随着寒冷化，风成作用引起海滨的地貌变化。形成过程及其原因如下[2]（图一）：

（1）气候变寒冷引起海平面的下降。

（2）海沙由比较强的气候风搬运后沉积而成沙岗（沙丘）。风成作用使沙岗不断

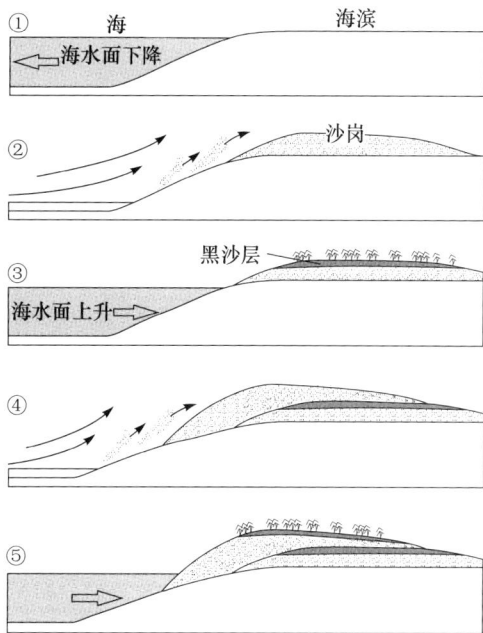

图一　海滨沙岗的形成过程

① 井关弘太郎：《砂丘形成期分类のためのインデックス》，《第四纪研究》1975 年 14 卷 4 号，183～188 页；角田清美：《日本海および东中国海沿岸の主な海岸砂丘地带の形成期と固定期について》，《第四纪研究》1975 年 14 卷 4 号，251～276 页；多田文男：《日本における砂丘生成に关する研究史》，《第四纪研究》1975 年 14 卷 4 号，177～182 页。

② 角田清美：《日本海および东中国海沿岸の主な海岸砂丘地带の形成期と固定期について》，《第四纪研究》1975 年 14 卷 4 号，251～276 页；甲元真之编：《环境变化の考古学的检证》，《砂丘形成と寒冷化现象（平成 17 年度 -18 年度考古学资料に基づく〈寒冷化现象〉把握のための基础的研究）》，熊本大学文学部，2007 年，7～31 页。

沉积，地面不稳定，植被也难以繁茂。

（3）之后气候变暖引起海平面的上升，海水也侵入陆地，海滨的面积缩小。气候风变弱。由此，在沙岗上的海沙沉积也大致停止，地貌环境变得稳定，植被开始繁茂，然后有机物腐烂变成腐殖土壤，沙岗地面变成暗褐色或黑褐色。这就是所谓的黑沙层。湿润的气候带来多雨，内陆水分供应也增加。

（4）气候变寒，沙岗又开始形成。一般是新的沙岗排列覆盖于旧沙岗排列的外面，即更靠海的地方。之后，气候又变暖，新沙岗上的自然环境再次稳定，又形成新的黑沙层。并且，因为湿润的气候，在沙滩的内侧，水分的供应增加，后背湿地陆续形成。

一些学者曾经指出，房址和陶器等考古遗存在黑沙层内出现的可能性比较高[1]。近年，考古学关注着气候变动和人类活动的关系，甲元真之意识到黑沙层之间的沙层大概是无遗物的地层，黑沙层是暖和时期形成的，寒冷时期就会形成无遗物沙层。根据这个理论，他论述气候变动和人类活动的关系[2]。其中，气候变动是全球性的，因此在海滨地区形成沙岗是东亚地区的共性。

下面，以日本濑户内海沿岸地区的遗址为例，我们要讨论海滨沙岗和制盐遗址的关系。

三、宫之浦（Miyan'na）制盐遗址和海滨沙岗的关系

首先来介绍一下日本爱媛县宫之浦制盐遗址[3]。遗址位于濑户内海中的一个岛的东岸，遗址本身在海滨沙岗上。爱媛大学从2010年起就开始对宫之浦遗址进行发掘调查，至今已进行了五次，已经发现了古坟时代前期的制盐陶器和中世纪时期（镰仓·室町时代）的盐田。这些遗物出土的位置和盐田所在位置在6000年以前都是海洋。之后，气候的寒暖变化以及风浪的侵蚀、搬运、沉积作用形成了现在的海滨沙岗地貌（图二）。

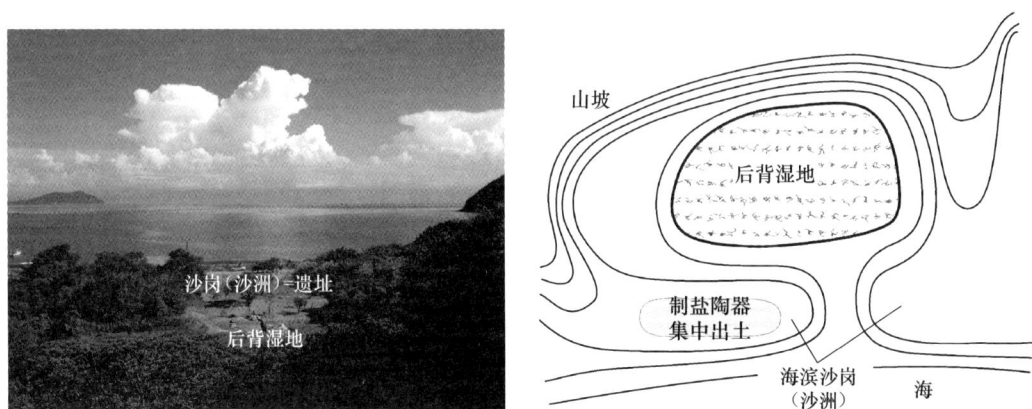

图二　宫之浦制盐遗址和地貌环境的模式

①　小野忠凞：《考古地理学からみた响滩沿岸の砂质海岸の形成》，《第四纪研究》1975年14卷4号，239~249页。
②　甲元真之：《砂丘の形成と考古学资料》，《文学部论丛》2005年86号，55~71页。
③　爱媛大学法文学部考古学研究室编：《爱媛县越智郡上岛町宫之浦遗址Ⅰ—第1次~第4次发掘调查概报—》，爱媛县上岛町教育委员会，2015年。

宫之浦遗址主要有 4 个文化层：

第 1 层：表土。

第 2 层：江户时代。

第 3 层：中世纪（镰仓时代·室町时代）：盐田（扬浜式盐田）。

第 4 层（下层为黑沙层）：出土古坟时代的大量制盐陶器。

再往下的地层为自然堆积的沙层。因为在附近曾有绳文时代的陶片出土，所以下面可能还有绳文时代的文化层。

我们和环境专家一起进行过自然遗存分析，在后背湿地中间和遗址西偏探方内的黑沙层采集了孢粉分析和测年的样品。根据分析的结果，我们认为古坟时代已经存在沙滩和后背湿地[1]。

第 4 层可以被细分上层和下层。上层为黑褐色或暗褐色，基本上为沙层，部分包含腐殖土，相当于"黑沙层"，黑沙层的堆积略水平。古坟时代的制盐陶器就出土于所谓的黑沙层，在黑沙层中发现了几个制盐陶器集中出土的地方。但是第 4 层上层的颜色不是黑色或褐色，不仅没有制盐陶器，其他遗物也没有出土。制盐活动可能对应黑沙层的形成。如上所述，黑沙层形成的时期，海滨沙岗上的自然环境比较稳定，海岸线的位置比寒冷期更靠近陆侧，得到海水比较容易。这表明在沙滩环境稳定的时候制盐活动的条件好一些。在第 4 层和发现中世纪时期的盐田的第 3 层上层之间有黄褐色的沙层，这个地层也是无遗物层。这表示沙岗上的沉积再次开始，人的活动相对减少。然后在第 3 层的中世纪之后又开始进入活动时期，我们发现了盐田。后背湿地的情况还不是十分清楚，分析结果表明从古坟时代一直到现在，湿地一直处于淡水的环境，没有海水侵入的痕迹。但是分析地点不多，所以关于沙滩和湿地的形成过程，我们会继续分析。

四、多多罗制盐遗址与海滨沙岗的关系

下面介绍多多罗制盐遗址。多多罗遗址位于爱媛县今治市大三岛北边近海处。1992 年爱媛县埋藏文化财研究中心对此遗址进行了发掘[2]，发现了大量的古坟时代制盐陶器、制盐陶器废弃坑等。遗址的年代是弥生时代晚期到古坟时代早期，相当于中国的东汉晚期到南北朝早期。该遗址也存在过沙岗（沙洲），遗迹和出土陶器的地方基本上都位于沙岗上（图三）。

根据沙岗的情况，遗址主要可分为 3 期：第 1 沙洲时期、第 2 沙洲时期和第 3 沙洲时期（图四）。每个沙岗层之间都有水流的痕迹，这可能是由于洪水或海水的侵入所致，也就是说，3 层沙岗不是连续的，时而稳定时而不稳定。所以人的活动应该是受沙岗和海水或洪水的影响。沙岗的形成过程大致如下：原来的地貌只是小岛的海岸，一种岩礁的海岸。由于气候变化，沙岗从北边的海岸向正南方向逐渐伸展，其原因应该和海水的流向有关。

① 佐佐木尚子：《宫之浦遗址に隣接する湿地におけるボーリング调查（概报）》，《爱媛县越智郡上岛町宫之浦遗址Ⅰ—第 1 次～第 4 次发掘调查概报—》，爱媛县上岛町教育委员会，2015 年，35～36 页。

② 爱媛县埋藏文化财调查センター编：《多多罗制盐遗址》，爱媛县埋藏文化财调查センター，1994 年。

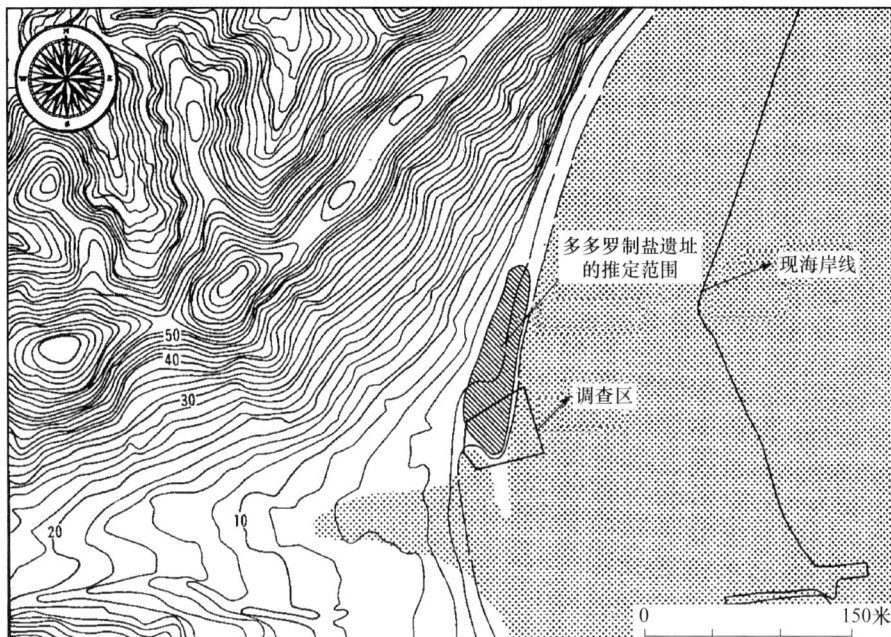

图三　多多罗制盐遗址的位置和地貌环境

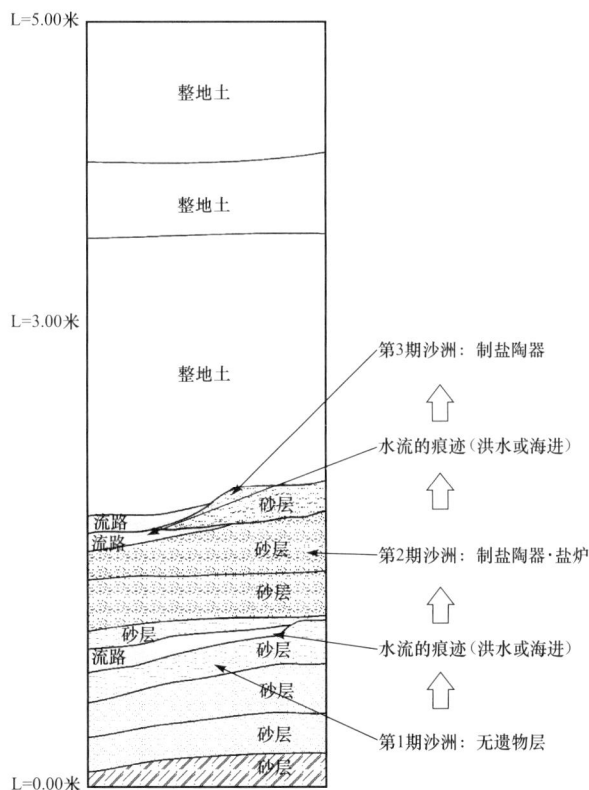

图四　多多罗制盐遗址的地貌环境变迁和遗址形成

（改自爱媛县埋藏文化财调查中心，1994）

第 1 沙洲时期没有遗物出土。第 2 沙洲时期出土了大量陶片，其中大部分是制盐陶器。有几个地方集中出土了大量陶片，还有盐灶，日语称"制盐炉"。从第 2 时期开始有了制盐活动。但是第 3 沙洲时期出土的陶片又减少了。总的来说，沙洲形成之后，制盐活动便在这些沙洲上开始了。做个补充说明，这些照片所显示的沙洲形状既狭窄又不规则，应该是受海浪等的侵蚀所致。此外，在濑户内海的爱媛县马岛龟浦和香川县柜石岛大浦滨等遗址[①]也发现黑沙层和黑沙层内包含制盐陶器和遗迹等。

五、东亚沿岸地区的海滨沙岗和早期盐业

关于东亚靠海的早期盐业，迄今发现的地方并不是很多，也比较偏僻（图五）。比如说，日本列岛沿海的几个地区、渤海地区等。接下来，要讨论东亚其他地区的沙岗和制盐遗址的关系。早就日本列岛史前盐业使用陶器制盐已经确认：日本关东和东北的沿海地区都有绳文时代晚期的制盐遗址，濑户内海的制盐遗址从古坟时代早期开始断续存在。这些遗址的位置基本上是在海边，同时要指出的是，这些遗址形成时间跟黑沙层形成的时间大致相同。

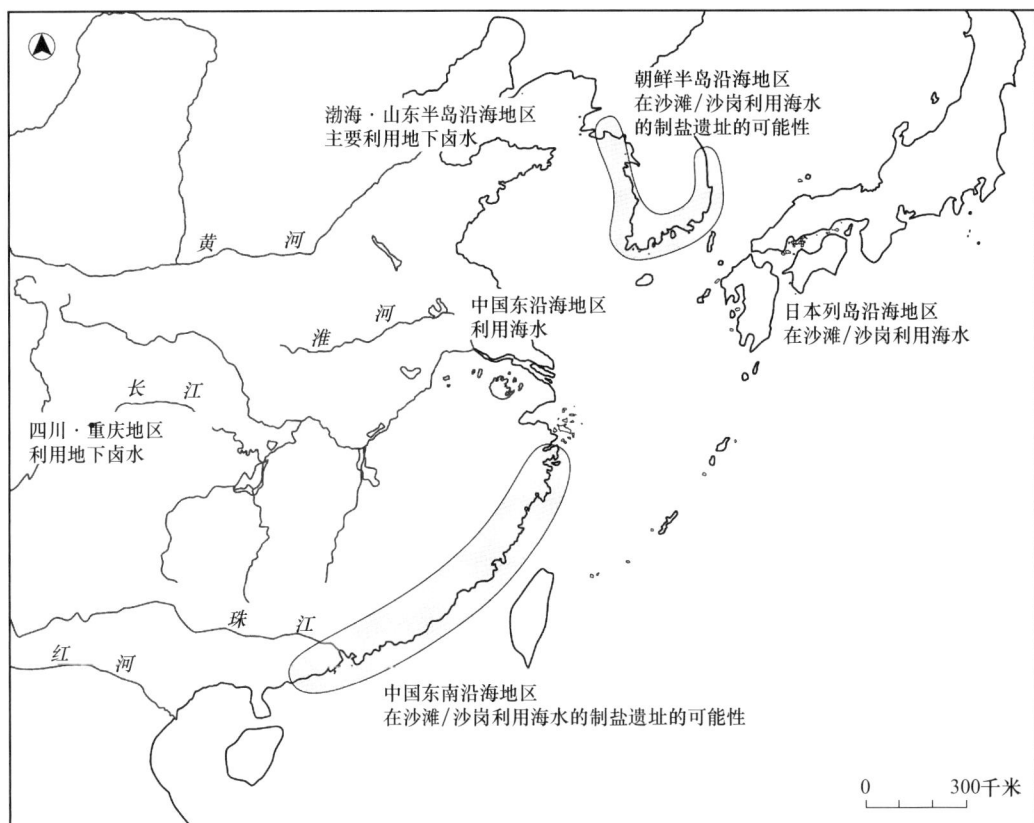

图五　东亚沿海地区的海滨沙岗和早期盐业

---

① 香川县教育委员会编：《大浦滨等遗址》，香川县教育委员会，1988 年。

在东亚海岸地区，除了日本列岛以外，考古发掘的史前制盐遗址还不是很多，制盐遗址的分布也仅集中在个别几个地方。在朝鲜半岛未发现制盐遗址或制盐陶器。中国渤海地区商周制盐遗址曾发现很多[①]，这个地区的制盐方式基本上是使用地下卤水。比如在山东省南河崖等遗址发现卤水坑，即使遗址的位置靠海，学者也认为原料是从卤水坑汲上来的地下卤水[②]。出土的盔形器是用来煎熬地下卤水的制盐专用陶器。很明显，这种使用地下卤水的方法比直接使用海水制盐的效率更高。目前需要进一步加以研讨当地是否最初已经使用地下卤水。汲上来地下卤水需要井坑，一定需要挖掘井坑的技术。有些学者指出：挖井技术有可能是从四川传播过来的[③]，要注意制盐集团的动向。地下卤水的水位受海水水位变动的影响，制盐活动应该有特定的时间，学界需要进一步研究制盐遗址的消长和气候变化带来的海水水位变化之间的关系[④]。

总的来说，使用地下卤水还是使用海水制盐是渤海地区和日本濑户内海地区盐业生产的一个主要区别。

在江苏、上海和浙江的沿海地区，以前盛行盐田天日盐（编者按：日晒海盐）。江苏的沿海地区存在南北方向的沙岗，利用沙岗形成盐田。杭州北岸地区也存在沙岗，是钱塘江搬运土沙和湾流作用形成的，盛行过如江苏一样的盐田。众所周知，汉代在这些地区设置盐官，利用发达的运河网络，盐业贸易盛行，江苏、杭州地区成为主要的盐业产地和流通中心，现在还保留了一些当时与盐业有关的地名。但在考古学上，江浙沪地区到现在为止未发现任何制盐遗址和制盐陶器。关于大米等谷物的普及和盐分摄取的关系，只从考古资料上难以解决。但是，我们可以认为，以崧泽文化和良渚文化为代表的发达的稻作农业表明，浙江和上海地区的史前时代已经普及吃大米的习惯。虽然釜和鼎等炊具出土得多，可是制盐专用陶器未发现，商周时代也没发现。如上所述，这个地方的沙岗和沙滩已经形成，适合晒制海盐的地貌环境条件也已经具备，因此可以推测，在盐田出现前，也许已经存在海盐和制盐陶器。把转用陶器的存在考虑在内，所以我们应该重新探讨已经出土的陶器资料。杭州南边海岸侵蚀很严重，可能史前的制盐遗址已经被侵蚀。

中国东南沿海地区，如香港、广东、福建和浙江南部（杭州湾南部）等，史前时代开始已经形成很多沙岗。这些地区的海岸和日本濑户内海、东北靠太平洋地区的海岸很相似，被称为沉降海岸。在这样的海岸，海滩地貌是由气候的变化形成的。这与日本制盐遗址的地貌环境及条件相似。

香港和珠海等地的发掘显示海边遗址位于沙滩上的比较多[⑤]。如香港南丫岛大湾遗址[⑥]、澳门黑沙遗址[⑦]、珠海后湾遗址等，事例很多。关于沙滩或沙岗上的考古遗址和

① 燕生东：《商周时期渤海南岸地区的盐业》，文物出版社，2013年；王青：《环境考古与盐业考古探索》，科学出版社，2014年。

② 王青：《环境考古与盐业考古探索》，科学出版社，2014年。

③ 川村佳男：《汉代における制塩器交代の背景—土器から金属盆へ—》，《地域の多样性と考古学—东南アジアとその周辺—》，雄山閣，2007年，41～74页。

④ 同②。

⑤ 后藤雅彦：《珠江三角州地域をめぐる先史文化研究》，《琉球大学法文学部人间科学科纪要·人间科学》第4号，1999年，61～88页。

⑥ 区家发、冯永驱、李果等：《香港南丫岛大湾遗址发掘简报》，《南中国及邻近地区古文化》，香港中文大学出版社，1994年，195～208页。

⑦ 邓聪、郑炜明：《澳门黑沙》，香港中文大学，1996年。

文化遗存，虽然有很多的讨论①，虽然已经发现宋代的制盐遗址②，但是追溯到史前的盐炉和制盐陶器还未发现③。但是，这些地方迄今为止尚未发现任何制盐陶器。近年，在浙江省和香港地区进行过制盐遗址的发掘调查。浙江省温州市久亩丘遗址所在洞头岛的海滨沙岗上，并发现了宋代的盐灶④。发现盐炉的地层位于沙层上面，比下层的颜色更深。按照沙岗的形成过程，可以认为这是所谓的"黑沙层"。据文献记载，这些地区的煎熬技术是来自四川 / 重庆地区的盐业系统，是从四川、重庆地区传播过来的⑤。不过，因为稳定的海滨沙岗合适海盐活动，在四川等内陆地区的制盐技术传播过来之前，也有可能曾有过使用陶器的制盐活动。沙岗或沙滩形成之前，制盐活动根本不可能开始。在香港等遗址文化层中含有黑沙层，但根据目前的发掘情况，在黑沙层里出土的陶片中尚未发现制盐专用的陶器。其实日本弥生时代的板付等遗址出土的制盐陶器是由日用陶器转换而来的⑥，因为两者的制法、形状和大小等都完全一样。对于小规模的制盐，比如中国东南沿海地区以及朝鲜半岛沿海地区，估计也是将日常用的陶器用作制盐陶器的。除了中国东南沿海地区以外，胶东半岛沿海地区也是沉降海岸，在小规模的湾内散布沙滩和沙岗。商周时期的山东半岛，已经存在盐商。那么，可以设想胶东半岛曾有过早期盐业，但是应该是沙岗上生产的海盐。今后，希望在如上的沿海地区进一步探讨沙岗上的制盐遗址。

六、结　束　语

目前很多国家都在进行早期盐业考古的研究，但是各个国家的研究相对独立，多数研究仅关注聚焦某个国家之内的传播，比如中国四川地区和山东地区之间的技术交流，日本濑户内海和畿内（奈良）之间的流通，等等。虽然东亚各国在历史上曾有过很多的相互交流，但是盐业方面的交流与关系并不十分清楚。关于盐业考古，除中国考古⑦以外，国际合作研究不多，东亚国家之间则更为稀少⑧。其主要原因是迄今没有

---

① 瓯燕：《试论史前南海地区沙丘和贝丘遗址》，《深圳考古发现与研究》，文物出版社，1994 年；朱非素：《珠江三角洲贝丘、沙丘遗址和聚落形态》，《南中国及邻近地区古文化》，香港中文大学出版社，1994 年，219～228 页；商志醰、谌世龙：《环珠江口史前沙丘遗址的特点及有关问题》，《深圳考古发现与研究》，文物出版社，1994 年。

② 李浪林：《香港沿海沙堤与煮盐炉遗存的发现和研究》，《燕京学报》（新 24 期），北京大学出版社，2008 年，239～282 页。

③ 李岩：《广东地区盐业考古研究争议》，《华南考古》，文物出版社，2004 年，69～73 页。

④ 李水城、梁岩华、刘团徽等：《浙江省洞头九亩丘制盐遗址的最新收获》，《中国文物报》2014 年 3 月 28 日。

⑤ 李水城、罗泰编：《中国盐业考古（第二辑）：国际视野下的比较观察》，科学出版社，2010 年。

⑥ 藤尾慎一郎：《弥生時代前半期の塩作り》，《講座日本の考古学 6 弥生時代（下）》，青木書店，2011 年，156～186 页。

⑦ 李水城、罗泰编：《中国盐业考古（第一集）：长江上游古代盐业与景观考古的初步研究》，科学出版社，2006 年；李水城、罗泰编：《中国盐业考古（第二集）：国际视野下的比较观察》，科学出版社，2010 年；李水城、罗泰编：《中国盐业考古（第三集）：长江上游古代盐业与中坝遗址的考古研究》，科学出版社，2013 年。

⑧ 東アジア古代鉄文化研究センター編：《東アジア塩業考古学の現状と課題》，東アジア古代鉄文化研究センター，2012 年；村上恭通、槙林啓介編：《東アジア塩業考古学の提倡》，愛媛大学東アジア古代鉄文化研究センター，2015 年。

发现各个国家之间共同的考古资料，比如制盐陶器、盐灶遗迹和盐田遗迹等。

本文的研究重点在于沙岗和黑沙层。首先找到沙岗上的遗址，如果遗址文化层里有黑沙层的话，则重点分析黑沙层里出土的陶器。通过对附着物等的详细分析，一定会发现有关海盐的陶器。笔者很期待由这个观点而来的研究结果中能发现东亚早期盐业的共通性。

Early Salt Making on Seashore Sand Dune in East Asia

Keisuke Makibayashi

(Research Center of Ancient East Asian Iron Culture, Ehime University, Matsuyama)

Shoreline and its environment are constantly changing. It changes by transgression-regression cycles caused by climate change. In a marine regression, monsoon formed the sand dune. And, in a marine transgression, sand dune was eroded. Shoreline also changed.

In the ancient East Asia, there was a method of salt making by using pottery. We already recognized the salt making sites with special pottery in the coast of Seto Inland Sea and in Tohoku area of the Pacific coast, Japan. In the Chinese mainland, there are Western Zhou sites with the salt making pottery in Bohai Gulf coast. We have not yet discovered the salt making pottery in the Korean Peninsula.

In the meantime, according to our research results in the salt making site in Seto Inland Sea, it became clear that the salt making sites were particularly located on the sand dune. The method of salt making was as follow: first concentrate the seawater, and boil its salt water. The important thing is that the seawater was used in this salt making method. But the sand dune shape changed due to the impacts of continuous climate change and topographic changes of the sand dune is linked to the climate change. Thus, also in the Seto Inland Sea area, salt making site on the sand dune continued with these changes and production of salt has gradually stopped.

On this point, I argue that the sand dune is the common condition to make salt by using the seawater. Sand color gets discolored to blackish brown as a consequence of the soil corrosion, so we call it "Kurosuna layer (black humic layer)". We can use "Kurosuna layer" as the key layer in archaeology and analyze the salt making method with seawater in coastal areas.

There are black humic layers (Kurosuna layer) at many coastal areas in East Asia. In this paper, focusing on the relationship between the sand dune and the salt making sites, I discuss the features of salt making in common and obvious differences by comparison in the ancient East Asia.

日本陶器制盐与濑户内海艺予型制盐陶器的集团关系

柴田昌儿

（日本爱媛大学埋藏文化财调查室）

一、引　言

与海洋相关的各种生业中，制盐业因为与祭祀、手工业密切相关，在日本的国家形成过程中促进了其国家性需求。成品盐也成了经济活动中的一项主要品目。本文概观陶器制盐在日本列岛的发展，并通过濑户内海的艺予型制盐陶器来探讨古坟时代社会的集团关系。

二、陶器制盐在日本的发展

参考以往研究[①]可知，以专用的熬煮器具为制盐陶器进行的陶器制盐[②]于绳文时代后晚期便出现在关东、东北部分地区，而其在弥生时代后期也于日本列岛历经了下述阶段此盛彼衰（图一、图二）。

1. 陶器制盐在备赞濑户的出现（陶器制盐第一阶段）

弥生时代中期的后半期，陶器制盐以脚台式制盐陶器的方式出现在备赞濑户地区。当时物流活跃起来，应运而生的备赞濑户地区的地域群体在岛屿等处营建了高地性聚落，他们将盐作为交易中的重要品目，为保证盐生产稳定，结果制造了专用的陶器。不过即使在备赞濑户地区，这些制盐陶器也仅见于儿岛周围地区。虽然弥生时代中期之末期，邻近的艺予诸岛周围地区引进了同类制盐陶器，但未生根。这表明陶器制盐仅在特定区域内开展。

[①] 岩本正二、大久保彻也：《备赞濑户的陶器制盐》，吉备人出版，2007年；近藤义郎：《陶器制盐研究》，青木书店，1984年；近藤义郎编：《日本陶器制盐研究》，青木书店，1994年；积山洋：《盐业与渔业》，《讲座日本的考古学8：古坟时代》（下），青木书店，2012年，34～62页。

[②] 陶器制盐有两种：一是用专门制盐陶器的陶器制盐，一是使用日常煮熬炊具的陶器制盐。虽然后一种制盐难以作为物质文化来考证，但可视为居住在沿海地区的集团所开展的恒常性普遍性生业。本文以前一种制盐陶器为对象进行分析。

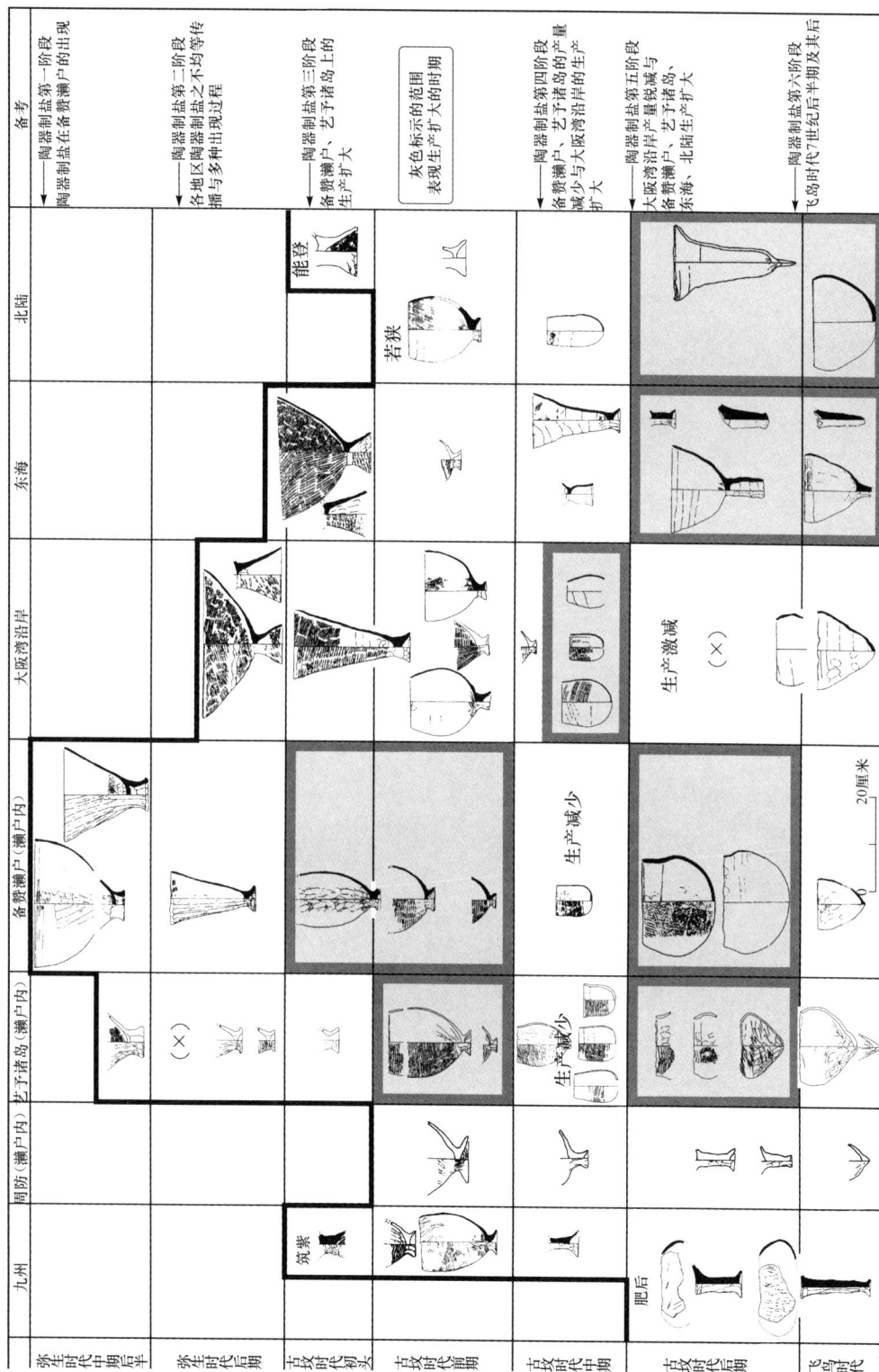

（参照，制作　近藤编1994·岩本·太久保2007·积山2012）

图一　日本列岛陶器制盐之盛衰

图二　日本的主要陶器制盐地区与濑户内海

2. 各地区陶器制盐之不均等传播与多种出现过程（陶器制盐第二阶段）

备赞濑户地区出现的陶器制盐，在弥生时代后期的后半期传到周围地区。首先是在邻近的艺予诸岛，于该阶段再次出现，形态变化也大致上互相关联。继之在大阪湾沿岸也受备赞濑户影响，出现了脚台式制盐陶器。不过形态变化颇大，形成了大阪湾沿岸独特款式。经弥生时代后期之后半期的传播。在陶器制盐第三阶段，即从古坟时代初期至前期，脚台式制盐陶器传至九州、周防、东海、北陆等地。传播的陶器分为备赞濑户式样的与大阪湾式样的；传播途径则分为备赞濑户直接传播和经大阪湾沿岸地区传播两种。在略为早期阶段（弥生时代后期的后半期至末期），地理上间断性传播的制盐陶器中发现有大阪湾沿岸地区者，其后到了古坟时代初期，备赞濑户直接传播者醒目起来。由此可见，起初传播过程似乎以大阪湾沿岸为主体，其后传播主体为备赞濑户所取代。这很可能与盐业生产之盛衰相关。

3. 备赞濑户、艺予诸岛上的生产扩大（陶器制盐第三阶段）

在备赞濑户地区与艺予诸岛，从古坟时代初期至前期大范围地开展了陶器制盐，遗址数目增多，说明步入了生产扩大阶段。这是陶器制盐在特定地区扩大生产的最初阶段。随着这一发展，如上所述，以九州岛的筑紫为主，周防、丰后、大阪湾沿岸、东海、北陆也传入备赞濑户系的脚台式制盐陶器。即局部地区性接受陶器制盐的浪潮波及西日本，尽管范围不算大。

4. 备赞濑户、艺予诸岛的产量减少与大阪湾沿岸的生产扩大（陶器制盐第四阶段）

至古坟时代中期，生产扩大的备赞濑户地区与艺予诸岛的陶器制盐急速衰退，产量减少。仿佛取而代之似的，大阪湾沿岸开始使用杯形制盐陶器，遗址数目与出土数量之增多说明该地区步入了生产扩大阶段。这是陶器制盐大规模产地转移的阶段。这一时期，除了备赞濑户、艺予诸岛、大阪湾沿岸之外，制盐陶器个性日益丰富起来，如脚台部分的足部变得更长等。

5. 大阪湾沿岸产量锐减与备赞濑户、艺予诸岛、东海、北陆生产扩大（陶器制盐第五阶段）

至古坟时代后期，生产扩大起来的大阪湾沿岸的陶器制盐急速衰退，产量锐减，几近消失。在备赞濑户地区与艺予诸岛，仿佛与此呼应似的开始制作以各濑户、岛屿部为单位带有小地域性的钵形制盐陶器，该地区步入第二次生产扩大阶段。这是陶器制盐大规模产地分散的阶段。此外还发现在肥后、周防，以及东海与北陆也形成了独树一帜的制盐陶器，特别是在东海与北陆，可明确地看出产量扩大。

6. 飞鸟时代及其后（陶器制盐第六阶段）

至 7 世纪后半期，尽管东海与北陆的陶器制盐产量大致维持原状而继承下来，但其他地区的陶器制盐呈衰退趋势，可以想象逐步转向了初期的盐田制盐与铁锅制盐等。

三、陶器制盐之三大时期与社会背景

上述陶器制盐在日本列岛之盛衰，正如先学所指出，是与政治动向密切相关的[①]。但其中也包含着一些以往强调的大和政权主导下的生产地区之变动[②]所无法解释的现象[③]。

首先一般认为，出现陶器制盐伊始，有以农业为主体的地域群体参加。因为只有将农业中的分工合作转向海洋，需要集团性分工合作的制盐劳动才得以实现。村上指出，就陶器制盐的雏形而言，已发现在制盐陶器出现前的弥生时代前期北九州就有使用瓮形陶器的陶器制盐，因此陶器制盐本身很可能是作为朝鲜半岛的稻作 complex 带到日本列岛的[④]。但可认为，正是在备赞濑户的儿岛周围地区，以集团分工合作式的季节性劳动这一方式促进了陶器制盐的发展。

1. 陶器制盐在特定地区生产扩大的最初时期（陶器制盐第三阶段）

生产扩大的最初时期，可视为上述在以备赞濑户地区为中心并包括艺予诸岛沿岸的范围内活动的各种地方势力开始海上生业活动，为确保作为交易品的产品而试图扩大生产之结果。即可认为，产量增加并非源于外部权力的要求，而是最早了解外部势力之需求的地方势力作为交易活动之一环开始自律性保证盐产品数量之结果。

2. 陶器制盐大规模产地移动时期（陶器制盐第四阶段）

这些地方势力主导下的生产体制之瓦解造成了陶器制盐产地大规模转移时期的到来。古坟时代中期，逐渐频繁来往的渡来人与各种手工业生产之发展促成物流向以大和政权为中心的畿内集中。这导致了初期的须惠器窑、锻冶、马饲与牧业等需要渡来系技术的复合性手工业生产及其设施之出现，带来了盐的大量消费，结果与盐业生产也密切相关起来。即可认为，陶器制盐产品之需求在大和政权下的畿内各种设施中急剧增长，作为复合性手工业生产之一环，影响到在大和政权管理下的大阪湾沿岸的陶器制盐之生产扩大。其结果很有可能促使此前备赞濑户等地方势力为主体的产品供给锐减，构成衰退之要因。

[①] 近藤义郎：《日本盐业史的考古学研究》，《陶器制盐研究》，青木书店，1984 年，98～174 页。

[②] 广濑和雄：《大阪湾岸与三河湾岸的陶器制盐——首长网络论之倡议》，《弥生文化博物馆研究纪要》（第 1 集），大阪府立弥生文化博物馆，1992 年，101～113 页。

[③] 大久保彻也：《备赞濑户地区的弥生后期陶器制盐之特征》，《环濑户内考古学》，古代吉备研究会，2002 年，455～474 页；大久保彻也：《古坟时代的陶器制盐》，《备赞濑户的陶器制盐》，吉备人出版，2007 年，54～136 页；大久保彻也：《关于盐生产、流通在古坟时代后期的特征——特别围绕备赞濑户海域恢复生产与畿内获取盐的方式》，《重探古坟时代的海人集团——"海上生产工具"之后 20 年》（第 56 回埋藏文化财研究会发表要旨集），埋藏文化财研究会，2007 年，155～170 页；大久保彻也：《濑户内的弥生、古坟时代陶器制盐——生产、流通之变迁》，《从制盐陶的分布状况探讨盐之生产、流通》，四国考古学研究会，2010 年，1～12 页。

[④] 村上恭通：《盐铁生产与地域社会——以中、西部濑户内为中心》，《季刊考古学》（第 106 期），雄山阁，2009 年，79～83 页。

3. 陶器制盐大规模生产地分散化时期（陶器制盐第五阶段）

进入 6 世纪后，步入陶器制盐大规模产地分散化的时期。与大阪湾沿岸陶器制盐急速衰退相呼应，陶器制盐再次于以备赞濑户地区与艺予诸岛为首的沿岸各地区活跃起来。究其原因，正是由于畿内的首领联盟、大和政权与地方势力的关联愈发紧密，社会性分工体制推动了专业化，从而形成多层次统治结构。此时在各地区，以产地为单位各自形成独具特色的制盐陶器，各自拥有小规模的首领，并重新组织起如筑造横穴式石室坟那样的职业集团。

四、艺予诸岛的陶器制盐与艺予型制盐陶器

艺予诸岛的陶器制盐在陶器制盐第三阶段步入生产扩大的最初时期，其后经过遗址数目急剧减少，生产缩小、衰退的古坟时代中期至后期的初期（陶器制盐第四阶段），从陶器制盐第五阶段后期的前半期起，遗址数目增多，生产活动再次活跃起来。

地域色彩强烈的艺予型制盐陶器（图三）正是该时期出现的。我们选择艺予型制盐陶器，分析、验证该陶器所具有的属性，通过制作实验来复原制作工序。在此基础上，验证古坟时代后期的艺予型制盐陶器之流通与消费状况，并探讨陶器制盐集团与地域群体（地方势力）及作为外部权力的畿内首领联盟（大和政权）之关系。

五、艺予型制盐陶器的设定与课题

大久保彻也关注古坟时代后期之后半期的大型盆状制盐陶器（备赞Ⅵ式），指出在备赞濑户地区，可发现制盐遗址向特定地区集中，制盐陶器具有小地域性[①]。起初大久保彻也设定了名为"备后"的小地域圈，后因 20 世纪 90 年代中叶起资料增多，在包括安艺、备后、伊予东部的艺予诸岛在内的范围内寻找出共通性，故将这些地方重新作为一个名为"艺予"的小地域圈来把握[②]。在多多罗制盐遗址的整理、分析工作中，以拥护大久保观点的方式探讨了古坟时代后期的制盐陶器，报告书上发表的论文中，将能凸显出艺予诸岛特有的地域色彩的制盐陶器（艺予Ⅴ、Ⅵ类）区别为"艺予型制盐陶器"[③]。

艺予型制盐陶器，起初被认为是在备赞濑户地区大型钵形制盐陶器的影响下出现的，但现知其最早可上溯至 TK10 型式并行期，有可能在比备赞濑户地区大型钵形制

[①] 　大久保彻也：《古坟时代以后的陶器制盐》，《吉备考古学研究》（下），山阳新闻社，1992 年，207～246 页。

[②] 　大久保彻也：《古坟时代的陶器制盐》，《备赞濑户的陶器制盐》，吉备人出版，2007 年，54～136 页；大久保彻也：《关于盐生产、流通在古坟时代后期的特征——特别围绕备赞濑户海域恢复生产与畿内获取盐的方式》，《重探古坟时代的海人集团——"海上生产工具"之后 20 年》（第 56 回埋藏文化财研究会发表要旨集），埋藏文化财研究会，2007 年，155～170 页；大久保彻也：《濑户内的弥生、古坟时代陶器制盐——生产、流通之变迁》，《从制盐陶器的分布状况探讨盐之生产、流通》，四国考古学研究会，2010 年，1～12 页。

[③] 　柴田昌儿：《爱媛县及艺予诸岛的制盐陶器出土遗址之分布与变迁》，《多多罗制盐遗址》，爱媛县埋藏文化财调查中心，1994 年，183～194 页。

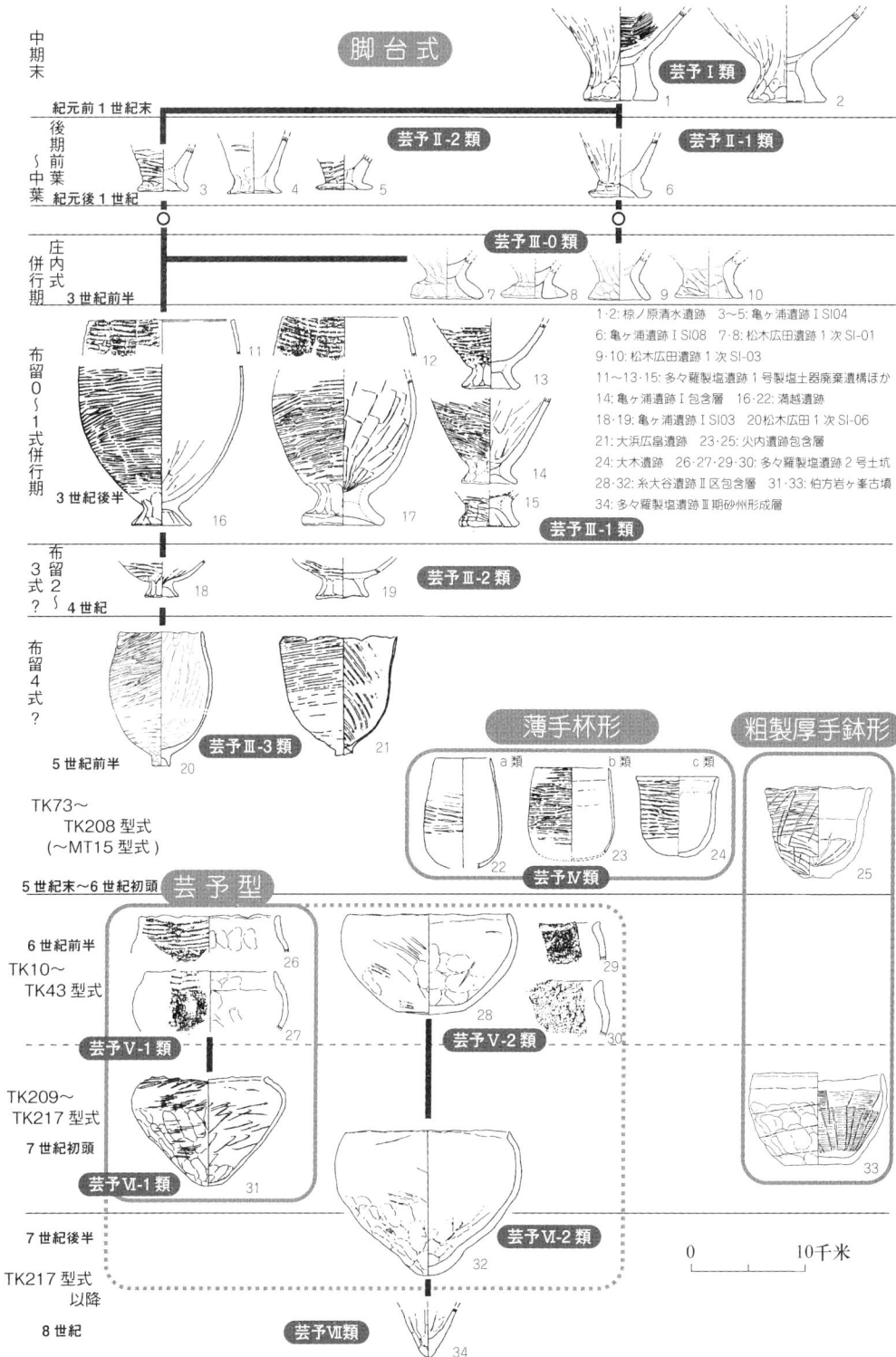

图三　艺予诸岛周围海域制盐陶器之变迁

盐陶器略早的时期就已存在（图三）。尽管艺予型制盐陶器的发展很可能与备赞濑户地区互动，但就其形成而言，很可能是在艺予诸岛独自出现的。

这种艺予型制盐陶器如图四所示，是带圜底或略尖状圜底的、呈盆状或独乐形的钵形制盐陶器。俯视的口部形状不是正圆形，而呈不规则椭圆形（图五，3）。口部有内倾者与内倾同时直立者，口部顶端也并非水平，而是不规则的波状。特别是在很厚的口部外表留有平行或斜向的拍打痕迹，这构成其最重要的特色。

六、艺予型制盐陶器详述

下面详细考察艺予型制盐陶器的特征。

因制盐陶器的功能特征，生产遗址中易出土碎片，多见口部陶片，能把握整体形状的实物较为罕见。在此将作为横穴石室坟陪葬品的制盐陶器做一图示（图四），并附实物照片（图五）。

口部几乎都如上所述是内倾，或者是内倾同时直立者，胎壁较厚（图四）。很多在口部表面留有拍打痕迹（图五，2、8、11），但在同一陶器上也发现口部的有些地方除去了拍打痕迹。可认为口部的这些拍打痕迹并非为纹饰效果而特意留下的，而是制作时留下的。通过图示的所有实物都在钵体部按捏过的地方拍打痕迹很少可知，拍打技法在成形阶段从口部致钵体遍及全体（图五，8），但在下一阶段，口部以下钵体部分的拍打痕迹用打磨、刷涂或按捏（手指、手掌、布）方式细致地消除了（图五，6）。并发现有些陶器在钵体外表留有指纹与掌纹（图五，9、13）。特别是在图五：13 中明显地留有指掌纹的弓状纹隆线。一般来说，特别是在估计较少使用的、形状完整的陶器中较多看到这些留下的指纹、掌纹。由此可推测，这是在制作工序的后半阶段由里向外施加了足以留下掌纹的按捏之压力而造成的。

接着是内壁的整形、修整技法。我们发现钵体内壁细致地用双壳贝腹边进行了刮削与打磨修整，刮薄胎壁，使内壁平整光滑。在此值得注目的是双壳贝压痕。留在内壁上的双壳贝压痕的工具痕迹异常多，如果说是上述刮削、打磨修整时附上的前后左右运动的条痕终点部分的痕迹，不免过多。图五：3、4 显示岩峰古坟出土的制盐陶

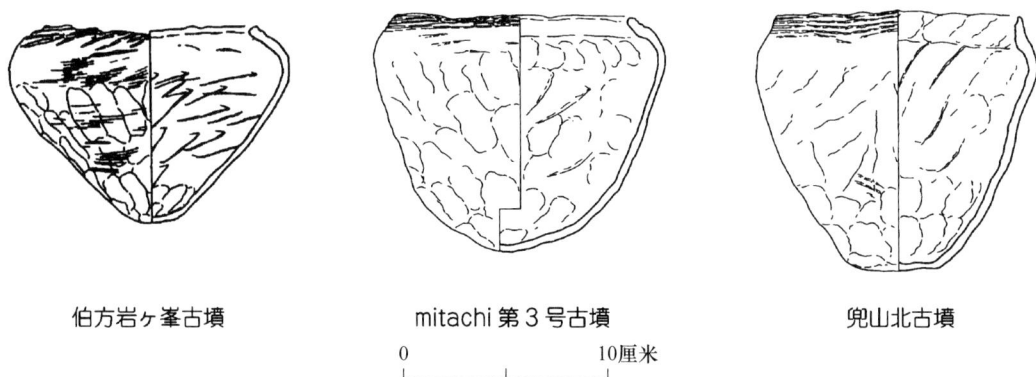

伯方岩ヶ峯古墳　　　　mitachi 第 3 号古墳　　　　兜山北古墳

0   10厘米

图四　艺予型制盐陶器

①火内遺跡製塩土器内面

②岩ヶ峯古墳出土製塩土器

③岩ヶ峯古墳出土製塩土器
内面二枚貝圧痕原体痕

④岩ヶ峯古墳出土製塩土器
内面二枚貝圧痕原体痕接写

⑤兜山北古墳出土製塩土器
内面二枚貝圧痕原体痕

⑥兜山北古墳出土製塩土器
外面圧痕

⑦ mitachi 第 3 号古墳出土製塩土器内面二枚貝圧痕

⑧部屋北遺跡出土製塩土器

⑨部屋北遺跡
出土製塩土器
外面掌紋

⑩部屋北遺跡出土製塩土器
内面二枚貝圧痕原体痕

⑪部屋北遺跡出土製塩土器
外面

⑫部屋北遺跡出土製塩土器
内面

⑬部屋北遺跡出土製塩土器外面掌紋接写

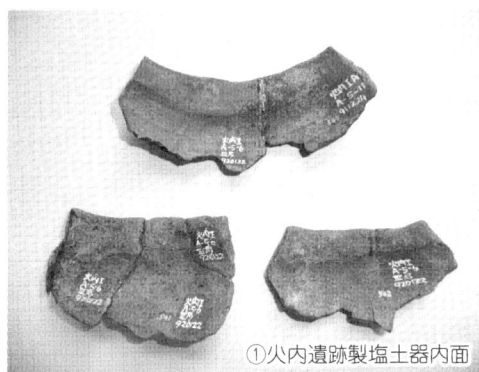

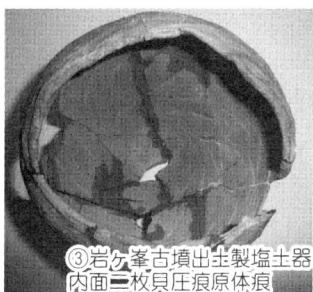

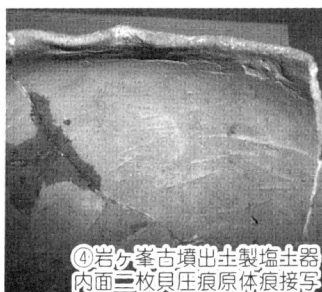

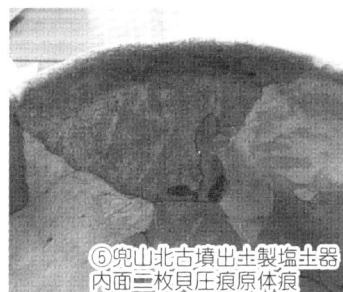

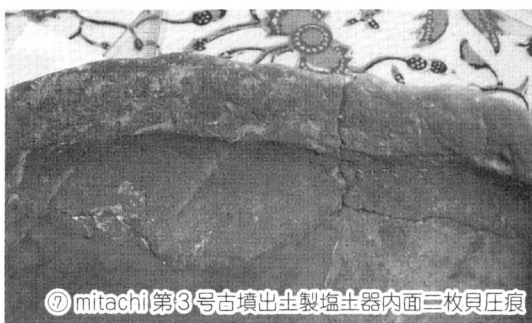

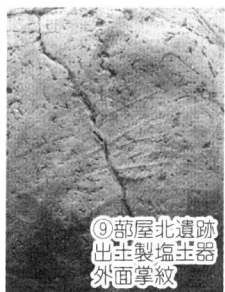

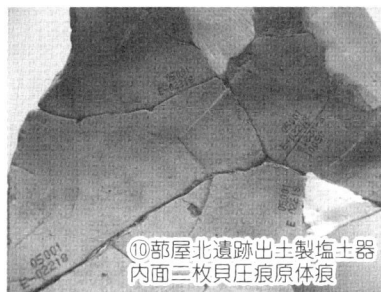

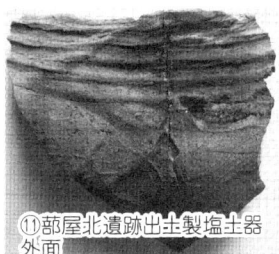

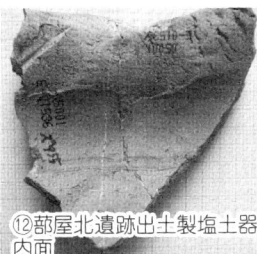

图五　艺予型陶器的观察照片

器内壁上留有大量双壳贝压痕的工具痕迹。在图五：5 兜山北古坟出土物、图五：10 大阪府蔀屋北遗址出土例中也可明显见到。即可指出，在刮削、打磨修整之外，还因其他目的而用双壳贝重重按压。另外内倾的口部内壁上也留有双壳贝的条痕。图五：1 的火内遗址出土例与图五：7 的三太刀第 3 号古坟出土例、图五：12 的大阪府蔀屋北遗址出土例等中，沿着内倾的口部曲面用双壳贝进行了整形、修整，可能除了腹边，还利用了双壳贝的整个外壳。并且因该行为，在口部端部（图五，4）与口部内侧的弯曲处（图五，7）留下了不规则波形。可以说，这不单是一种修整技法，而是兼顾内倾口部成形而使用双壳贝进行成形、修整的做法。

七、复原艺予型制盐陶器制作工序

首先根据前一节中的详细考察，将艺予型制盐陶器的属性概括总结为以下 7 点：

（1）都是带圜底或略尖状圜底的、呈盆状或独乐形的钵形制盐陶器。

（2）俯视的口部形状为不规则椭圆形。

（3）口部较厚，外表留有拍打痕迹。

（4）口部以下的钵体部用打磨、刷涂与按捏（手指、手掌、布）方式细致地消除了拍打痕迹。

（5）发现钵体部内壁用双壳贝腹边进行刮削与打磨修整，刮薄胎壁，使内壁平整光滑。

（6）内倾的口部成形时，用双壳贝对内壁进行了成形、修整。

（7）钵体外表上留有指纹与掌纹，大约是因用手支撑而留下的。

通过上述属性，可归纳出对制作工序的一种认识。即口部是用双壳贝从内部按压而制成的。首先（5）刮薄胎壁，使内壁平整光滑，同时（6）用双壳贝为口部成形。重重按压导致（7）在钵体外表留下掌纹。

基于上述认识，我们复原了 1～7 的制作工序（图六），进行了制作实验（图七）：

工序 1

设置固定垫衬物或模具。估计当时用的是与圜底形状相符的天然圆形砾石。实验中使用了艺予诸岛多见的高 20 厘米、宽 15 厘米的花岗岩卵石（图七，1）。

工序 2

将黏土敷贴在固定垫衬物或模具上。估计当时圆盘状黏土块与泥条并用。实验中先放圆盘状黏土块，在预设口部处卷上泥条（图七，2、3）。按捏、打磨来除去黏土间的缝隙（图七，4）。

工序 3

以拍打技法成形。图示为斜向拍打，估计当时斜向或平行拍打，实验中采取了平行拍打方式（图七，5）。

工序1
设置固定垫衬物或模具
（天然圆形砾石）

工序2
将黏土敷贴在固定垫衬物或模具上
（估计当时圆盘状黏土块与泥条并用）

工序3
以拍打技法成形

工序5
从固定垫衬物或模具上取下

工序6
同时进行口部成形与口部下半部分内壁的整形、修整
（以双壳贝为拍打工具，利用其腹边、腹壳、背壳、
壳顶为内倾的口部成形）

工序7
完成

工序4
以按捏、打磨、刷涂方式来对口部以外的
地方整形、修整
（估计当时工具为手、木板、贝壳、布）

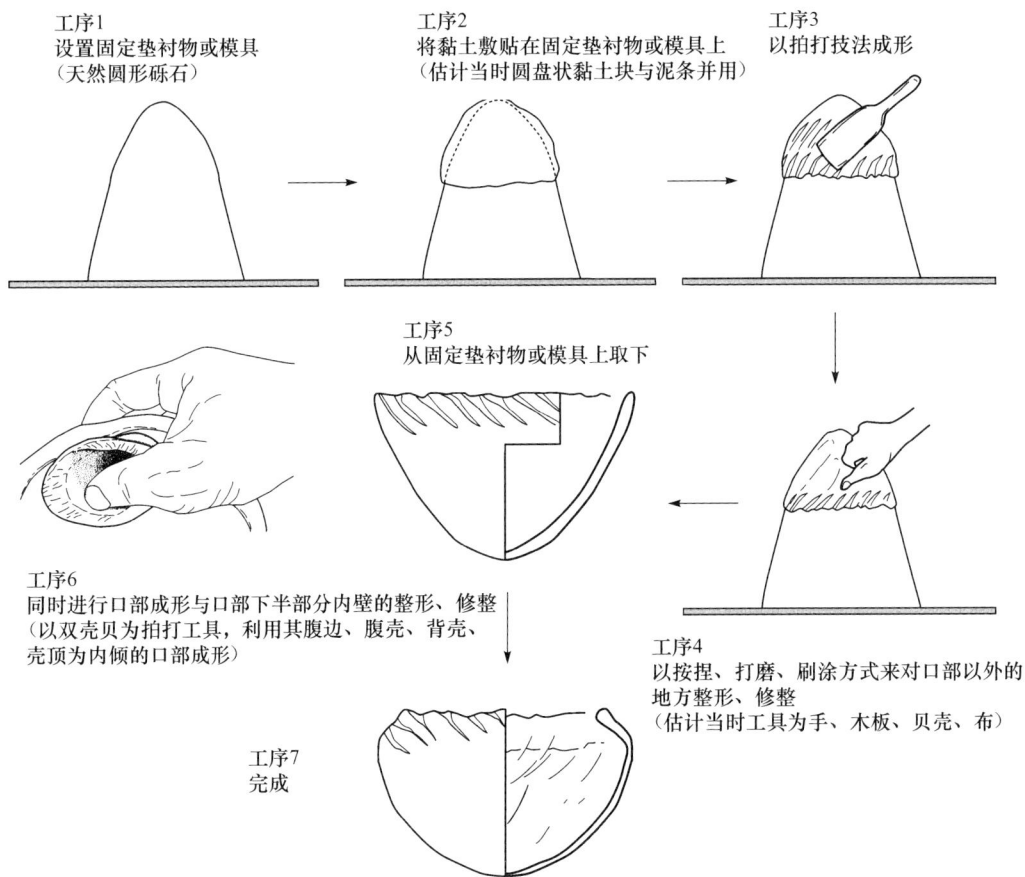

图六　艺予型制盐陶器的制作工序推测方案

工序 4

以按捏、打磨、刷涂方式来对口部以外的地方整形、修整。除去拍打痕迹，调整钵体形状。估计当时工具为手、木板、贝壳、布。实验中，以手指及手掌按捏来整形、修整（图七，6），除去拍打痕迹（图七，7）。

工序 5

从固定垫衬物或模具上取下。此时重要的是从模具上取下时陶器呈逆"八"字开口状态。下一步工序中，仅在内倾的口部留有拍打痕迹。实验中比较简单地便从模具上分离了陶坯（图七，8）。

工序 6

同时进行口部成形与口部下半部分内壁的整形、修整。先用双壳贝腹边对钵体部内壁进行刮削与打磨修整，刮薄胎壁，使内壁平整光滑。然后以双壳贝为拍打工具，利用其腹边、腹壳、背壳、壳顶为内倾的口部成形（图八）。实验中使用文蛤（图七，9）。发现了与制盐陶器实物同样的连续贝壳压痕（图七，10）。由于用双壳贝重压内

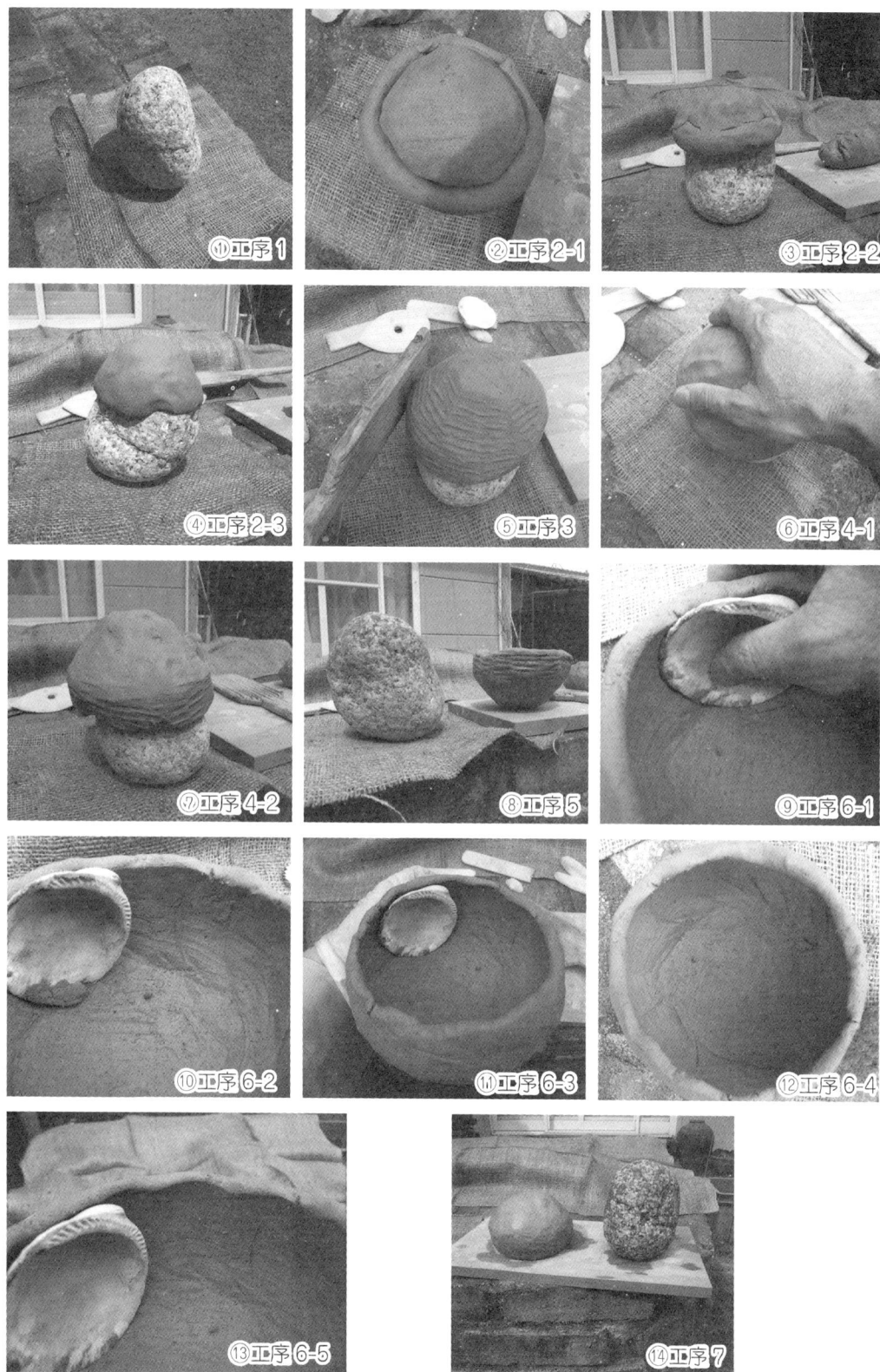

图七 艺予型制盐陶器制作实验照片

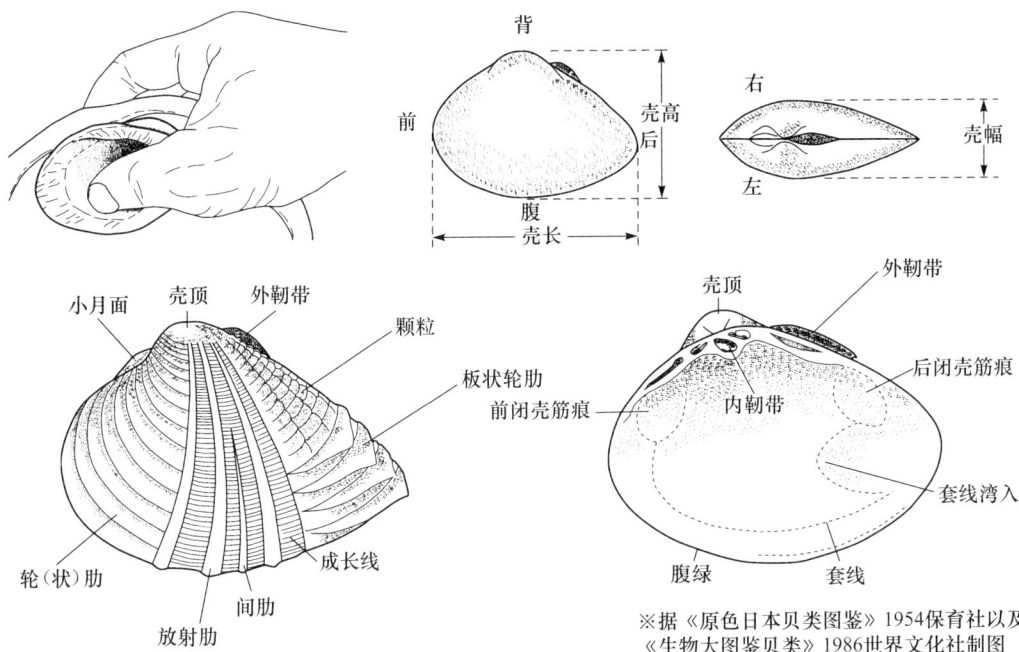

图八　作为拍打工具的双壳贝各部位名称

壁，须用左手从外壁方向支撑，大约是在此阶段，掌纹留在了钵体外表上（图七，
11）。留下了与岩峰古坟（图五，13）同样的连续双壳贝压痕（图七，12）。试验中还
发现了在岩峰古坟（图五，4）中见到的口部端部的连续的波形形状（图七，13）。

工序 7

完成。实验中，制作一件陶器所需时间约 20 分钟（图七，14）。

以上通过复原制作工序与实验，探讨了艺予型制盐陶器的制作技术。结果弄清，
容易被认为因粗制滥造而呈退化趋势的艺予型制盐陶器的制作技术，实际上是合理的
且适于批量生产、效率很高的技术体系。可以认为，留在口部的拍打痕迹是为了便于
与模具分离，以及保证其后内倾时的胎壁厚度，仅对熬煮时为煮沸部分的钵体细致加
工并刮薄胎壁是为了促使产品盐的结晶，及易于取下。在此艺予型制盐陶器的制作技
术中，能看出截然不同于相同时期的土师器、须惠器生产技术的独特性，再加上恒常
使用双壳贝为拍打工具这一点来考虑，可以将它视为制盐陶器制作工序中的一种技术
体系，该工序是作为活跃于海滩地区的制盐集团的一个生产环节而独立形成的。

八、用作拍打工具的双壳贝

艺予型制盐陶器很可能是将双壳贝作为拍打工具，用其腹边、腹壳、背壳、壳顶
从内壁按压内倾的口部使之成形的（图八）。

可以认为双壳贝所具有的从壳顶至中腹的曲面，特别是壳顶部分的形状反映在口
部内倾的形状上。即艺予型制盐陶器的最大特色——内倾的口部是以双壳贝为拍打工

具组合起来而形成的。更值得注意的是选择双壳贝的种类来做拍打工具。拥有壳顶的凸起与和缓的曲面，轮状肋也凹凸很少，相当平滑，腹边没有放射肋的形状的双壳贝被选做工具。从留在陶器上的拍打幅度来看，很有可能是壳长超过 5 厘米的双壳贝，因此满足该条件的贝类是帘蛤科的文蛤与青蛤，或马珂蛤科的中国蛤蜊等。顺便指出，青蛤分布在泥质海滩，而文蛤、中国蛤蜊分布在内湾细沙质底海滩。考虑到壳长超过 5 厘米，壳的幅度较宽，以及壳顶的凸起与曲面，可认为较之青蛤，平均壳长 8.5 厘米的文蛤或中国蛤蜊大小更合适。当然一定是在制盐遗址所在的艺予诸岛沿岸可捕捞到的贝类。由此可见，背后存在着一条共通性原理，就是作为制盐陶器制作中必不可缺的技术体系之一环，选择了同种贝类作双壳贝工具。这一点使我们能够通过同时确定制盐陶器的形态与作为其工具的双壳贝，来探讨制盐集团的纽带关系与地区性的技术性证据。

九、艺予型制盐陶器的流通状况

艺予型制盐陶器在艺予诸岛及其周围地区的流通是有限的。在此说明今治平野的聚落遗址状况，以及岛屿地区与沼田川下游流域、松永湾发现了制盐陶器的横穴式石室坟之状况，首先探讨地域圈内的流通状况，并在此基础上考察地域圈外展开的跨区域流通状况。

1. 制盐陶器在今治平野的流通

艺予型制盐陶器的出土事例，正如上文所述，除了陶器制盐生产地区来岛海峡周边区域外，在今治平野也有极少数存在，在与今治平野邻接的道前平野北部也曾发现（图九）。出土遗址中，有极少数的艺予型制盐陶器是在居住遗迹与生活遗迹中发现的。这体现出艺予型制盐陶器被转用作容器，在生活消费层次上均匀分布的状况。同时，在对古坟时代后期的聚落做过较多调查的松山平野却未发现这一阶段的制盐陶器，这说明其未供给到邻近的其他平原。这如实地反映出地域群体中的地方势力仅向其支配、领有的有限范围内（地域圈）供给这一古坟时代后期的盐生产供给体制。

可以认为，今治平野内陆地区发现的艺予型制盐陶器，是随着属于相同地域群体的地域圈（地方势力所影响的范围）从制盐集团处接受一定量的食盐供给而同时带来的[①]。

2. 岛屿地区的横穴式石室坟

在岛屿地区，随处分布着有艺予型制盐陶器出土的制盐遗址与横穴式石室坟（图一〇）。虽然与艺予型制盐陶器之出现时期相比，横穴式石室坟的筑造时期略晚，但这一分布状况意味着制盐遗址与横穴式石室坟葬主之间有密切关联。

---

① 柴田昌儿：《艺予诸岛的制盐陶器与在伊予地区的流通状况》，《从制盐陶器的分布状况探讨盐之生产、流通》，四国考古学研究会，2010 年，56～71 页。

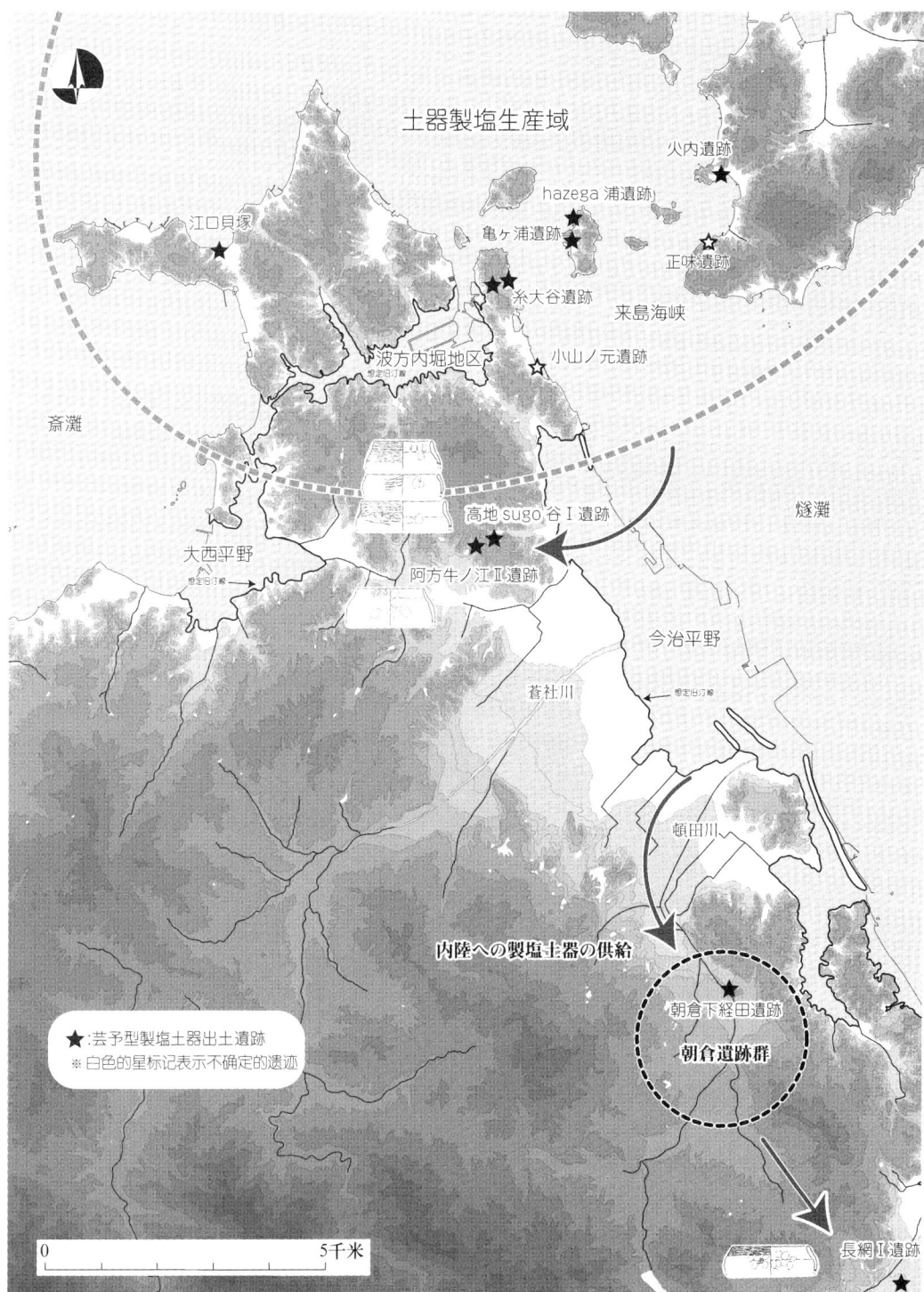

图九　今治平野的艺予型制盐陶器动态

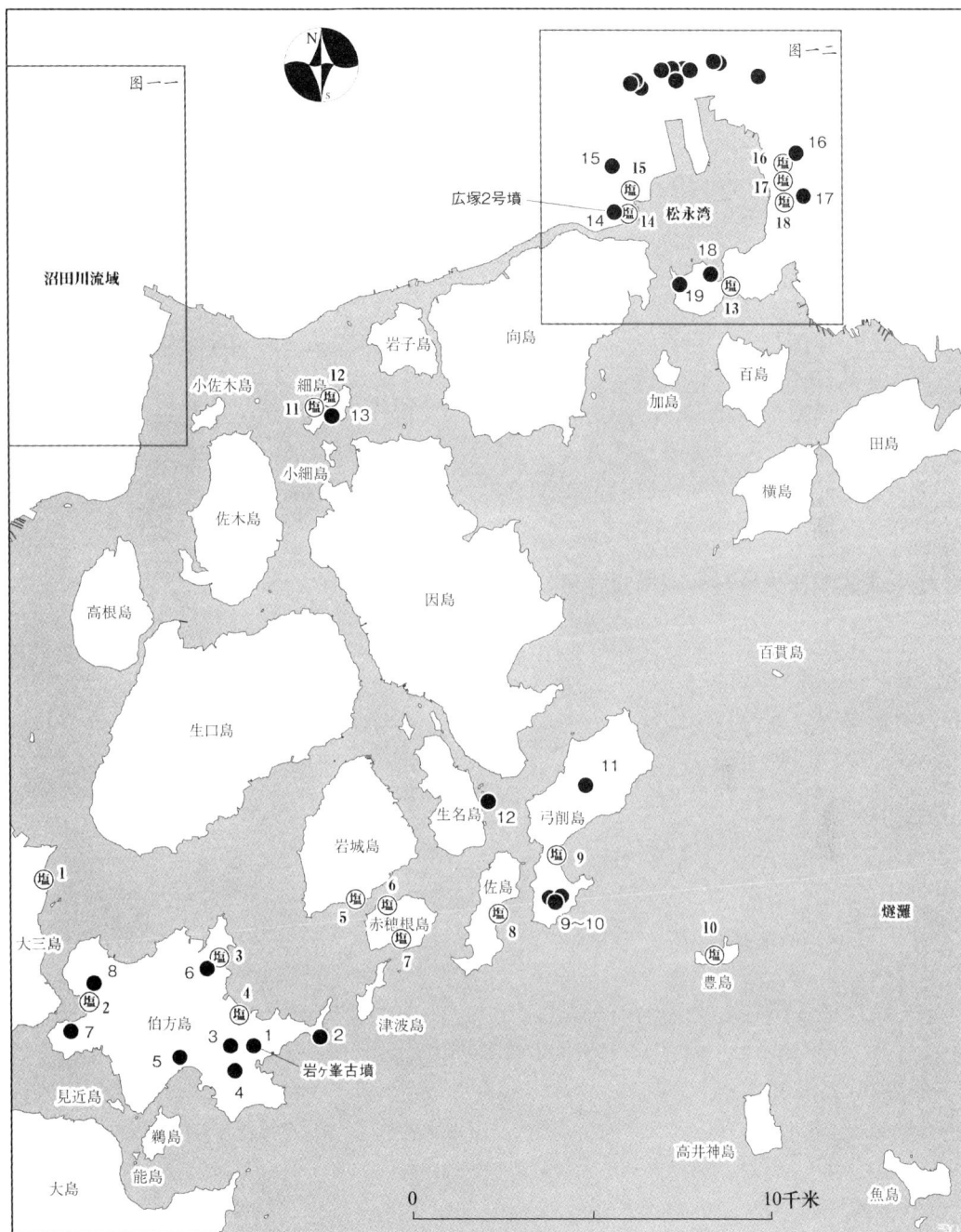

製塩遺跡　1 多々羅製塩遺跡　2 熊口遺跡　3 大夫殿遺跡　4 裂裟丸遺跡　5 石風呂遺跡　6 竹ノ浦遺跡　7 大手原遺跡
8 宮ノ浦遺跡　9 浜都遺跡　10 豊島東遺跡　11 細島 I 遺跡　12 細島 II 遺跡　13 満越遺跡　14 山波崎遺跡
15 今免遺跡　16 馬取貝塚　17 浜上遺跡　18 天津貝塚

横穴式石室墳　1 岩ヶ峯古墳　2 金ヶ崎古墳　3 沢津古墳　4 打越古墳　5 荒神山古墳　7 瀬山古墳　8 熊口古墳
9～10 久司山古墳群　11 小狩尾古墳　12 厳島神社横古墳(?)　13 細島 1・2 号墳　14 広塚 1・2 号墳
15 池の内古墳　16 皇渡古墳　17 浜上古墳　18 塚尻古墳　19 戸崎 1・2 号墳

图一〇　古坟时代后期的艺予诸岛北部地区

我们不妨认为葬主既是陶器制盐职业集团的首领，也是使用盐与艺予型制盐陶器的祭仪执行者。

3. 沼田川下游流域的古海岸线与有艺予型制盐陶器出土的横穴式石室坟

接着看一下广岛县三原市沼田川流域（图一一）。在这一带，沼田川下游流域的古海岸线很可能比现在的海岸线（三原市区）深入内陆约 8 千米，尽管聚落遗址的实际情况不清，但因存在用艺予型制盐陶器陪葬的横穴式石室坟，并且显然从小规模者向大型横穴式石室坟发展，所以通过概观其分布状况，可看出与艺予型制盐陶器相关的地域群体的状况。

沼田川下游流域有与海洋相关的跨区域首领，并有负责在沿岸地区开展海上生业活动的中小规模级别的首领，这些都在墓制的发展中反映出来。并且值得注意的是，艺予型制盐陶器的陪葬不是仅作为象征着制盐集团之职能的器具而陪葬的。在横穴式石室坟中，有埋葬前曾加热过的艺予型制盐陶器与钵形陶器一同陪葬，很可能其中包含着作为祭器的特征。

4. 松永湾的制盐遗址与后期横穴式石室坟

在松永湾，估计当时古海岸线深入至北侧丘陵的裾部。在其北侧丘陵部有首领墓群——其中被认为是中期扇贝形前方后圆坟或大型圆坟的松本古坟为首领坟，其后构筑了后期横穴式石室坟，在丘陵上形成了包括长波古坟等首领坟在内的群集坟。制盐

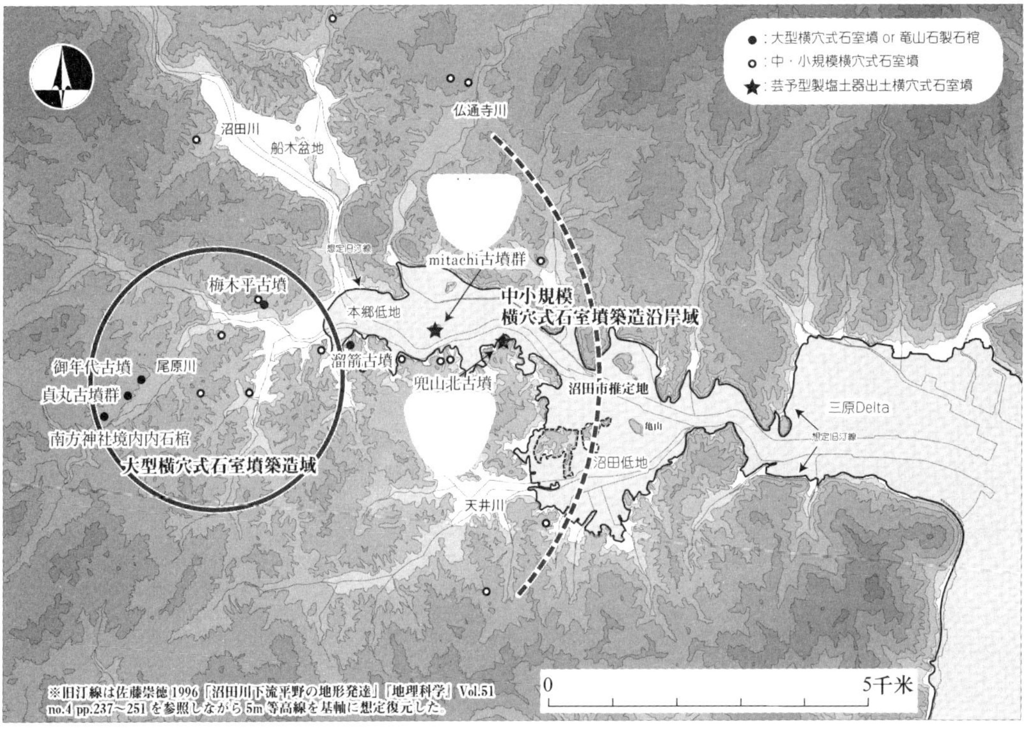

图一一　沼田川下游流域的古海岸线与横穴式石室坟

遗址便分布在北侧丘陵部拥有这些首领坟的松永湾的湾口与旧岛屿沿岸（图一二）。可以认为，制盐遗址与横穴式石室坟之所以如此邻近，正是因为与岛屿地区的伯方岛、弓削岛，以及沼田川下游流域同样，陶器制盐职业集团的首领在那里建了墓区。

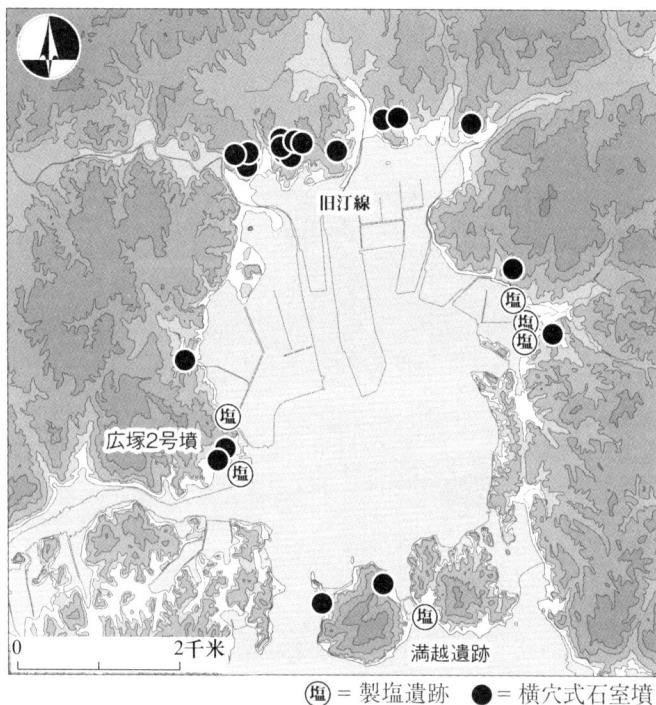

图一二　松永湾的古坟时代后期制盐遗址与横穴式石室坟

5. 以畿内地区为中心的艺予型制盐陶器的跨区域流通

以上叙述了地域群体内的流通，下面转向此外的跨地区流通。跨地区流通的艺予型制盐陶器仅被运到东部的特定地区。高梁川上游流域的冈山县新见市西江遗址中的出土事例与备赞瀬户的制盐陶器都是特殊的出土事例，此外仅在最东至奈良县天理市布留遗址的畿内地区曾出土[①]。由于这些之中不仅有搬运来的，还包括一些很可能是在蔀屋北遗址中制作的艺予型制盐陶器，或许这些是作为使用盐的祭器而制作、使用的。其祭仪执行者或参与者也很可能是掌握制盐陶器制作技术并移居到畿内的艺予诸岛之制盐集团成员。

6. 艺予型制盐陶器之流通

上述艺予型制盐陶器之流通可归纳如下：

首先，可从今治平野的状况看出地域群体内的流通。在今治平野，从古坟时代后期的聚落遗址里发现的竖穴建筑等居住遗迹与生活遗迹中出土了艺予型制盐陶器（图一三）。

---

① 高野正昭：《布留遗址出土的古坟时代制盐陶器》，《天理大学学报》1988 年 157 期，229～248 页。

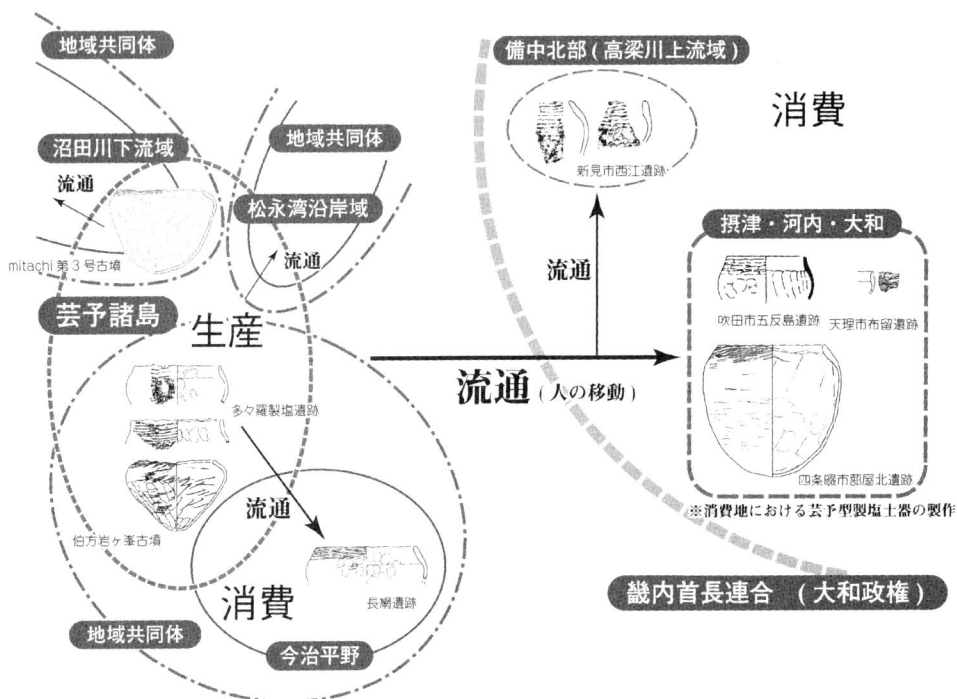

图一三　6、7 世纪初叶的艺予型制盐陶器之流通与消费模式图

可以说这体现出艺予型制盐陶器被转用作容器，在生活消费层次上均匀分布的状况，并说明在陶器种类中包括艺予型制盐陶器。另外因其在居住空间出土，很可能是烹调用的食盐，盐的形状并非固态盐与散盐，而是半固态的粗盐，可认为是附在制盐陶器上提供的。在今治平野内陆地区见到的艺予型制盐陶器，是因相同地域群体内的制盐集团向地方势力支配、领有的有限范围内的居住设施供给一定量的盐而带来的。

　　同时，向地域群体的地域圈外的跨地区流通仅限于东部有限地区，最远到奈良县布留遗址，特别限于畿内地区。生产出的固态盐与少量的艺予型制盐陶器流通到那里，并伴随着制盐集团成员迁移，在消费地区也制作了艺予型制盐陶器[1]。可以想象跨地区搬运的制盐陶器具有作为祭器之用途。

十、艺予型制盐陶器的流通与集团关系

　　我们不妨认为，在制盐陶器流通状况背后，从事陶器制盐集团与接受供给集团之间的关系构成了重要原因。

　　在出现艺予型制盐陶器的古坟时代后期，按与之前的地方势力支配体制不同的组织原理，即作为独立的制盐劳动单位重新组织起来的集团出现在岛屿地区与濑户沿岸

① 柴田昌儿：《艺予型制盐陶器的流通与集团关系》，《平成 23 年度濑户内海考古学研究会公开大会论文集》，濑户内海考古学研究会，2011 年，65～84 页；柴田昌儿：《濑户内海的制盐考古学研究现状与课题》，《东亚盐业考古学的现状与课题》，爱媛大学东亚古代铁文化研究中心，2012 年，29～59 页。

等地。如上所述，从产品盐来看，地方势力在支配、领有的地域群体内，将艺予型制盐陶器作为其容器，使之流通，以满足个别消费需求。并且向所属地域群体的地域圈外的跨地区流通仅限于东部特定地区，特别是畿内地区（图一三）。生产出的固态盐与少量的艺予型制盐陶器流通到那里，同时伴随着制盐集团成员之迁移，有时在消费地区制作艺予型制盐陶器。估计跨地区流动的制盐陶器具有作为祭器的用途。总之，艺予型制盐陶器通过流通、丧葬，在作为生产工具的功能外，还增添了作为食盐之容器即流通器具，以及作为祭器的用途。

蔀屋北遗址中出土了牧业发展的 5 世纪大量用于自我消费的大阪湾沿岸的杯形制盐陶器[1]。这相当于日本列岛的陶器制盐第四阶段，是陶器制盐向大阪湾集中的阶段。进入 6 世纪后，大阪湾沿岸的陶器制盐衰退，与此同时，艺予型制盐陶器与备赞濑户的制盐陶器出土增多起来。可以认为，备赞濑户与艺予诸岛的制盐陶器正是为了取代衰退的大阪湾沿岸之陶器制盐而被运来的，在此意义上体现出供给渠道之变化。这相当于日本列岛的陶器制盐第五阶段，属于陶器制盐大规模产地分散化的时期。

古坟时代后期，6 世纪以备赞濑户地区为中心，包括艺予诸岛在内的陶器制盐之盛行，正是大和政权在日本列岛以备赞濑户地区为首建立起若干巨大生产区，试图以此来获得稳定的盐供给的结果，不难想象这是与促使实现向王权的多种奉仕形态的“屯仓制”，即设置作为政治据点的屯仓密切衔接的。

与向当地、外地供给有关的人员与物品的两种流动形态正反映出地方势力领内之分配与向外部权力（畿内首领联盟、大和政权）供给的双重结构。很可能这如实体现了当时的支配、领有结构，即地区性支配的实际状况。可以说这体现了地方首领与外部权力（畿内首长联盟、大和政权），换言之与大王及群臣之间的多元纳贡奉仕关系。从部民制的角度来看，重组的制盐集团反映出地方势力首领的领有、支配结构，同时也体现出向王权的从属、奉仕之侧面。即如镰田元一所指出，可将该阶段的制盐集团定位为，具有地方势力的领有、支配与向王权的从属、奉仕之二面性的，拥有多层次统治结构的部民形态之一[2]。

另外，对外供给渠道终结点为布留遗址这一点也值得关注。布留遗址位于与物部氏关系密切的“石上”，途经的河内附近也分布着作为主要据点的涩川郡等与物部氏相关的地区。在今治平野拥有主要势力的小市国造，据《国造本纪》称，是属于“物部连”谱系的，至少可认为二者关系密切。很可能在流通的背后，这一与物部氏的从属关系也发挥了作用。

沼田川下游流域的墓制发展过程中，还存在一些与记载相符的现象。如《日本书纪》中称，白雉元年（650 年），派来倭汉直县等人，推古二十六年（618 年），派来河边臣，这些记载都涉及造船。即体现出该地区不是地方势力，而是从王族与群臣的家政机构派来的跨地区首领，以包括造船与制盐在内的海事这一共通的生业体系为背景，

---

① 藤田道子：《蔀屋北遗址的渡来人与牧业》，《历史》第 229 号，大阪历史学会，2011 年，1～27 页；藤田道子等：《蔀屋北遗址 I》，大阪府教育委员会，2010 年。
② 镰田元一：《对“部”的基础性考察》，《日本政治社会史研究》（上），塙书房，1984 年，125～154 页；镰田元一：《王权与部民制》，《讲座日本历史：原始、古代》，东京大学出版会，1984 年，233～268 页。

争取地方上的中小规模级别的首领这一状况。

十一、结　　语

以上介绍了艺予型制盐陶器的变动状况。

可见在古坟时代后期，有艺予型制盐陶器出土的制盐遗址与横穴式石室坟的葬主有密切关联，很可能葬主既是陶器制盐职业集团的首领，又是使用盐与艺予型制盐陶器的祭仪执行者。另外在艺予型制盐陶器的功能中，除了作为生产工具的功能外，通过流通、丧葬，还增添了用作容器、祭器的功能。从产品盐来看，在地方势力支配、领有的地域群体区域内，将艺予型制盐陶器作为容器，使之流通，以满足个别消费需求。艺予型制盐陶器的跨区域流通不仅包括盐、制盐陶器的流动，还包括掌握着艺予型制盐陶器制作技术的制盐集团成员的迁移，构成了多层次的流通、迁移形态。这体现出地方势力领域内的分配与向外部权力（畿内首领联盟、大和政权）供给这一双重结构。即与古坟时代后期的陶器制盐相关的集团关系，形成了一种在接受地方势力的生产体制与地域群体首领的领有、支配之同时，也从属并奉仕于大和政权等王权的多层次统治结构。这些都直接或间接地反映在艺予型制盐陶器的流通状况中。

通过制盐陶器显示出的流通状况与集团关系并不是仅限于艺予诸岛周围地区的现象，实际流通状况与整个日本的盐生产活动之盛衰波动息息相关。

随着艺予型制盐陶器的消失，进入律令期后陶器制盐也衰退了。可是尚无法证实快速向盐田制盐转变。而木简资料中所见伊予、安艺的纳贡盐的地区也与进行陶器制盐的艺予诸岛不同。这一向新的制盐技术之转变及扎根过程，以及陶器制盐与盐田制盐之不同正是今后需要探讨的重要课题。

Early Salt Making with Pottery in Japan, and Group Relations of Geiyo-style Salt-making Pottery in the Seto Inland Sea

Shibata Shoji

(Ehime University Research Center for Archaeology)

This study identifies six stages of the development, rise, and fall of salt making with pottery in the Japanese archipelago and identifies three further stages from the perspective of the expansion of such production, taking the social background into consideration. It also looks at the development of salt making by pottery in the Seto Inland Sea, centered on the Geiyo Islands.

The first stage of expansion of production in the archipelago was in the early part of the Kofun Period. As forces that developed in each region from Bisan Seto to the coastal areas of the Geiyo Islands began to make their living from the sea, they sought to expand production in order to secure products for barter.

The middle age of the Kofun Period was a stage of migration to regions where salt making with pottery was conducted on a large scale. The settlement of people from overseas as well as the development of production of various types of handicrafts generated a flow of goods and a centripetal tendency concentrating on the Kinai region, centered on the Yamato Administration, and this led to the formation of complex handicraft production and the facilities for such production. This led to the consumption of large volumes of salt, and it is thought that it resulted in the expansion of salt production through salt making by pottery along the coast of Osaka Bay, which was under control of the Yamato Administration. There is a high likelihood that this was a primary factor behind the sudden decrease in and atrophy of the supply of products from local forces such as those in Bisan Seto that had prevailed until then.

The next stage was that of the breakup of the regions where salt making by pottery was conducted on a large scale, in the latter part of the Kofun Period. Salt making by pottery was revitalized in various coastal regions, including those of Bisan Seto and the Geiyo Islands, in response to the rapid atrophying of such production along the coast of Osaka Bay. This was caused by the creation of a new multilayered governing structure as closer relations developed between the alliance of chiefs of the Kinai region and the Yamato Administration on the one hand and local forces on the other hand and, furthermore, as the system of social division of labor encouraged specialization.

Based on these developments in the Japanese archipelago, we will consider some specific impressions focusing chiefly on salt making in Bisan Seto and the Geiyo Islands and on the distribution of salt. First, we will verify changes in the number of archeological sites and their distribution based on a chronology of pottery for salt making uncovered in the Geiyo Islands, showing that salt making by pottery was introduced near the Kurushima Strait during the first half of the Late Yayoi Period at the latest, production expanded in the early Kofun Period and atrophied in the middle Kofun Period, and then in the late Kofun Period Geiyo-style salt-making pottery appeared and production expanded once again. Then, salt making by pottery itself began to atrophy in the seventh century.

But how was the salt produced through salt making with pottery in the Geiyo Islands consumed? We have identified in the distribution of pottery with stands used for salt making in the early Kofun Period the participation of base settlements spread across the plains and some factors such as the production, management, and logistics of salt making by pottery. There is a high possibility that the end product of salt and the pottery used in salt making moved in connection with trade activities dealing in imported pottery.

Through production experiments, we reproduced the process of production of Geiyo-style salt-making pottery from the late Kofun Period, a type of pottery that distinguishes the Geiyo region. Bivalve shells were used as tools, in a special way that involved pushing the apex of the shell.Based on the results of this reproduction, we examined the actual state of distribution and consumption of Geiyo-style salt-making pottery. The end product of salt was distributed for personal consumption within local communities controlled and occupied by local forces, using Geiyo-style salt-making pottery as containers, and wide-area distribution was limited to the eastern Kinai region. Solid salt produced in this way as well as small volumes of Geiyo-style salt-making pottery were distributed there, and this was accompanied by the migration of people as well. Aside from its functions as a tool of production through serving as media for distribution and for use in burial, Geiyo-style salt-making pottery also had additional uses for table salt, as distribution containers, and as utensils used in rituals. These realities of distribution embodied a dual structure consisting of distribution within the territory of local forces alongside supply to external powers (the alliance of chiefs of the Kinai region and the Yamato Administration), and these group relations can be considered to be a part of the multilayered control structure of the time, one of subordination and service to legal authority such as the Yamato Administration while also being subject to the dominion and control of the chiefs of local communities.

韩国古代制盐考古初探[*]

（1. 韩国国立忠南大学考古学科；2. 韩国高丽大学考古美术史学科）

众所周知，盐作为生存不可或缺的物质，在古代就为人类所认识。随着人类社会进入农业生产阶段，日常饮食中所摄取的盐分不能满足人身体需要的情况下，不同地区的人们都可能开发制盐技术，以获得食盐。依自然条件的不同，各地获得食盐的方法有所不同。有的地区用岩盐，有的通过熬煮盐井中的卤水制井盐，还有的利用海水提取海盐，等等。从青铜器时代开始，朝鲜半岛地区的人们将农耕作为主要生业方式，那时候很可能已经存在某种制盐技术。根据自然环境可以大胆推断，在三面临海的半岛地区人类应该更倾向取用海水制盐。但遗憾的是，目前在韩国还没有发现任何与制盐有关的考古证据。

从现实情况来看，韩国学术界并非不关注史前及历史时期的制盐问题，只是在关注范畴上略显狭窄。即，关注焦点主要集中在遗址出土的制盐陶器上。因此本文的写作初衷在于，推动韩国考古学界对以前制盐考古学研究妥当性的反思，并对未来的研究工作发挥一定的启发作用。从盐业考古研究的角度出发，首先需要确定韩国地域内所采用的制盐模式。考虑到朝鲜半岛的自然条件，可以确定，由古至今这一地区主要依靠熬煮海水成盐法获得食盐。根据朝鲜时代广泛应用的传统制盐法，具体操作是先把海水浓缩为卤水，再于土盆或铁盆中熬煮卤水终而成盐。在很长的时期内，这种制盐技术被持续地使用。一直到 1909 年，日本式天日制盐法（编者按：日晒海盐）首次被引入朝鲜半岛。由于这种方法比传统熬煮法成本更低，天日制盐法替代传统的熬煮海水成盐法被广泛使用。与此同时，天日盐迅速占领市场，而煎熬盐也销声匿迹[①]。可想而知，如果要发现古代制盐的考古遗迹，首先应该仔细考查朝鲜时代的制盐工程遗迹；然后，需要对可能与制盐有关的考古材料进行科学的分析和判定，以便确定其是否可以作为制盐活动的证据。下文中通过对韩国传统制盐法的阐述以及对疑似制盐用具的技术分析，以初步探讨古代朝鲜半岛地区的制盐情况。

一、韩国传统制盐法和考古材料

依据相关报告，20 世纪初分布在朝鲜全境的制盐釜屋达 3962 个，年产量 2 亿 6

---

* 韩国考古环境研究所支援研究资金资助。

① 高桥邦周：《朝鲜的制盐事业》，《朝鲜满洲台湾实状要览》，东鲜日报社，1924 年，331～333 页（日文）。

千万斤左右①。主要的盐产地集中在全罗南道、京畿道、忠清南道、庆尚南道、咸镜南道、平安南道等地。这些盐产地都临近海洋，其中大多数位于朝鲜半岛的西海岸。从地形来看，西海岸是潮差最大的地方。退潮时，在海岸线边露出的广大滩涂上易取得高盐度的卤水。当时制盐方法有两种：第一种是直接熬煮海水法；另一种是在盐田内集高盐度卤水，再通过熬煮卤水法制盐。通常，前者比后者效率更低，因此在生产中遭到淘汰。而潮差很小的朝鲜半岛东海岸，海滩涂地不发达地区，只能采用直接熬煮海水法。可见，对熬煮卤水制盐法来说，最重要的就是盐田。盐田为汇集卤水的地方，一般选择在地形略高的海滩涂地上。这种地形可以保证在涨潮以外的时间内，外海水无法灌入盐田。鉴于制盐的实际需要，盐田演变出两种形式：有堤盐田和无堤盐田。以田埂为围的盐田叫"有堤式盐田"，不带围埂的是"无堤式盐田"。"有堤式盐田"出现于 17 世纪，一般分布于潮差较小的朝鲜半岛东和南海岸，如庆尚南道、咸镜南道等地②。此外，还有一种人工盐田——"扬水式盐田"，主要也分布在地形与朝鲜半岛东海岸相似的潮差很小地方。这些地区的自然引力无法推动海水涌入海岸砂丘之上，收集卤水就靠人工将海水扬入盐田，因而被称为"扬水式盐田"。

上述的几种制盐法中，西海岸常用的"无堤式盐田"作为最古老的传统方法被广泛采用。因此，下文中将以"无堤式盐田"为中心，探索与古代制盐相关考古遗迹。

（一）韩国传统制盐法及设备

依据民俗调查，韩国传统制盐场由"盐田"和"盐幕"组成。先在盐田汇集卤水，然后把卤水运到盐幕熬煮成盐。盐田的位置一般选择在涨潮线和退潮线之间的砂土堆积层面上，地型结构属于以砂土为主的海滩涂地。涨潮时被淹没，落潮时露出，并经日晒而干燥。经过这样的反复过程，海涂砂粒的盐分越来越高，可以汇集适合煎熬用的高浓度卤水（12% 以上）。盐幕则设在潮水无法侵入的高地，附近柴草丰富的山地是最佳的地点③。因为在整个制盐过程中需要大量燃料，燃料费往往占制盐成本的1/3～1/2，所以易取得燃料的地点更加适合。恰巧的是，朝鲜半岛西海岸处处可见这样优良的自然环境，因此可以提出代表性位置的模式如图一。

19 世纪末，朝鲜西海岸盐田的面积可以计算，每一个盐幕平均需要盐田约 3000 平方米④。经营一个盐幕需要 4～5 个人：钱主提供经营费用；盐汉 1 名，承担制作盐釜以及管理煎熬工程；盐井夫 1 名，从事设置卤水井和汇集卤水于盐田的工作；杂役夫2～3 名，用牛力翻盐田的土地以及运卤水等。

到低潮期，即上下弦月时候，一日两三次翻盐田的土地。然后在田内各处挖盐井，一个盐田需要挖掘盐井 25 个左右。盐井的平面呈圆形，直径 5～10 米，深达 2 米。在

① 农商工部水产局编：《制盐业》，《韩国水产志》，日韩印刷株式会社，1908 年，561～562 页（日文）。
② 金义焕：《朝鲜后期忠清道的盐生产和生产方式——以瑞山、泰安为中心》，《朝鲜时代史学报》2004 年总第28 号，74 页（韩文）。
③ 同②，93～103 页；金日基：《关与煎熬盐制造方法的研究》，《文化历史地理》1991 年总第 3 号，5～8 页（韩文）。
④ 金日基：《关与煎熬盐制造方法的研究》，《文化历史地理》1991 年总第 3 号，4 页（韩文）。

图一　朝鲜半岛传统制盐所的位置及设施

井壁内侧树立多个木柱,木柱外侧卷草编织物等做成井桶。接着,用咸砂将介于井桶与井壁之间的空隙和上面填平。涨潮时,海水浸透盐井周围的咸砂,溶解的卤水流入井桶中。待退潮时,把井桶里的卤水运到盐幕周边的卤水桶内,便完成煮盐前的准备工作。

　　另外,盐釜(或称盐盆)的制作是由盐汉负责,当时普遍使用的盐釜是用牡蛎灰制成的"土盆"。简单阐述其制作过程,就是将牡蛎或海贝壳焚烧后粉碎成石灰,再用木头和草秆结好框架,最后在框架上贴覆石灰泥做出四角形盆(图四)。土盆本身很脆弱、寿命很短,每个新的土盆仅经得起1～2次熬煮。因此,煮盐过程中会出现很多祈祷顺利完成煮盐的祭祀活动。盐幕的结构较为简单,仅是树若干个木柱而成的通天草幕(图二),中部只有一个煎熬灶(图三)。为了加快水汽蒸发和便于排烟,盐幕上未设屋顶。

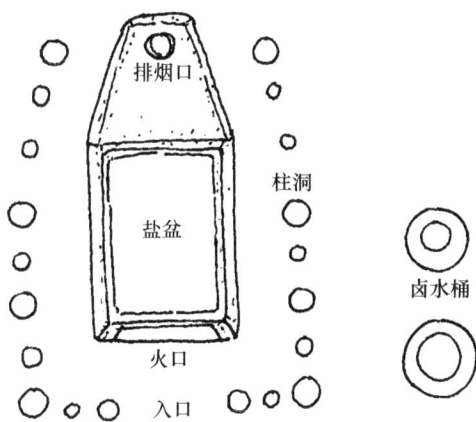

图二　盐幕的平面结构

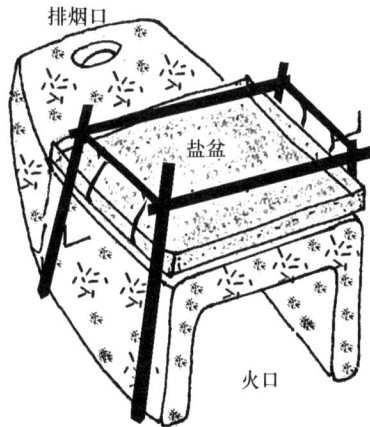

图三　盐灶的结构

(二)推定制盐考古遗迹

　　综合上文所述,我们可以掌握与制盐遗迹相关的一些现象和线索。首先,关于制盐遗址地理位置判定问题。通过总结朝鲜时期盐场的地理环境特征,可以推测其他可能盐场的立地与范围。也就是说,可以判定某些靠近朝鲜时期传统制盐场所的,或者与它具有相似地理环境的考古遗址与制盐活动有关。制盐遗

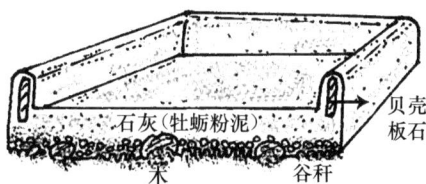

图四　土盆剖面和质地

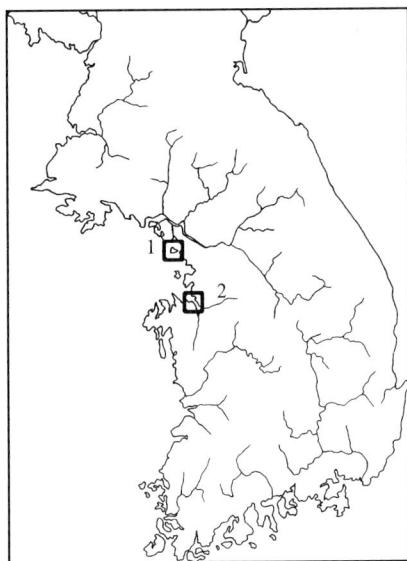

图五　本文所提及遗址的位置
1. 仁川永宗岛云南遗址　　2. 忠南唐津伏云里遗址

址很可能处于面临广阔海涂、背对山地海岸、海拔略高的平地之上。第二，在盐场遗迹中，最可能保存下来并被发现的是盐幕。而盐幕以外的其他遗存，因经不起海涂上海水的冲蚀，最终痕迹全无。但存留下来的盐幕结构也较为简单，仅有许多不规则的柱洞和被烧结的熬煮灶址而已。

目前，已发现的考古遗址当中，符合制盐遗址条件的不多。其中的两个疑似制盐遗址——仁川云南洞遗址和忠清南道唐津市伏云里遗址，是两位作者亲自调查过的（图五）。下面对这两个遗址情况进行简单的介绍。

1. 仁川云南洞遗址

2008 年 4 月～2009 年 2 月，韩国考古环境研究所对位于永宗岛南部海岸的仁川云南洞遗址进行了正式的考古发掘。永宗岛距仁川海岸 3 千米，现今以桥连接而成为仁川国际机场城市。云南洞遗址包括云南 A 遗址和云南 B 遗址，两个地点东西相距约 1 千米（图六）。在两个地点出土几座房址，许多不规则的柱洞和土坑，在部分低谷还发现贝丘遗迹（图七）。云南 A 遗址和云南 B 遗址的年代相差不大，都属于朝鲜半岛中南部地区的原三国时代，即公元 3 世纪左右。从制盐遗址的角度来观察，首先，这两个遗址所在地与朝鲜时代盐场颇为相似，尤其发现许多不规则柱洞和土坑很容易联想到朝鲜时期的盐幕遗迹。再者，在贝丘层间观察到的石灰质泥带，疑似废弃的传统制盐用土盆（图八）。此外，遗址中发现的房址与当时普通聚落的居住址相比更简陋。可以大胆推测，这些住址并不是普通的居住用房屋，而是盐幕附属的某种建筑物。遗址中出土陶器大多为煮沸用器、大形储藏用器和特殊祭祀用器（图九）。特殊祭祀用器的器面有透孔、器底平面中央也有孔洞，这样的形制让我们联想到汇集卤水的卤水井。

图六　仁川云南遗址立地环境

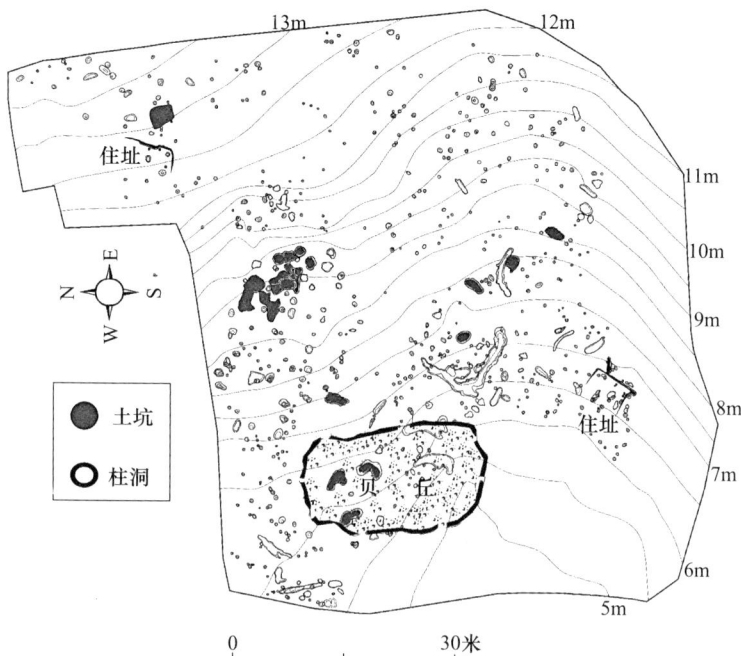

图七　云南 A 遗迹现象

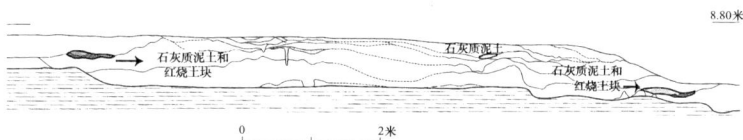

图八　贝丘层间的石灰质泥土和红烧土块（云南 B）

　　若上述论述正确，可以推断云南 A、B 两个遗址是韩国古代制盐场。同样值得关注的是贝丘层中的石灰质泥土，如果它是制盐土盆废弃物，那么韩国在公元 3 世纪就已经出现土盆熬煮制盐法了。

2. 唐津伏云里遗址

　　1995 年，忠南大学校博物馆调查发掘[1]位于牙山湾南海岸的忠清南道唐津市伏云里遗址。调查前，遗址区域地面上分布着一些贝壳堆积，因而被当做贝丘遗址。经过发掘，贝壳层仅为厚度不到 50 厘米的单纯堆积，年代也属于近代。但是，在贝壳层以下的黑色堆积层上发现了公元 4 世纪左右的陶片和石头群遗迹。当时，调查队并未弄清遗迹的具体性质。时至今日，我们认为这一遗迹应该与制盐有关。根据之一是遗址位置（图一〇）。遗迹

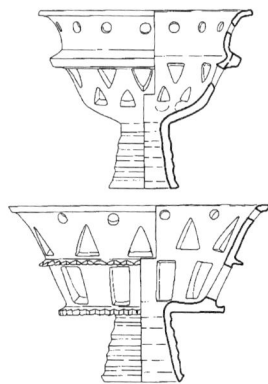

图九　云南遗址出土特殊祭祀用陶器

① 忠南大学校博物馆：《牙山国家工团忠南富谷地区考古民俗调查》，1996 年，50～52 页（韩文）。

所处地理位置与朝鲜时期制盐场极其近似，都是面临海涂背依山地的自然环境。第二，混入柴灰的黑土堆积层上面分布着一些石头，呈现某种列状配置（图一三），很可能是石头的炉或灶的遗迹。此外，同一层面上采集的陶片作为"深钵形土器"的残片，就是当时普遍使用的小型煮沸用器（图一一、图一二）。综合以上遗迹现象和特征可以推定唐津伏云里遗址为制盐场。不能回避的是，同作为制盐场，唐津伏云里遗址与仁川云南遗址的差别很大。这一差别可以用规模来解释，唐津伏云里遗址很可能比仁川云南遗址规模更小，制盐设施较为简单，不具备煮盐专用的石灰土盆，而是以日常煮沸用器代替。

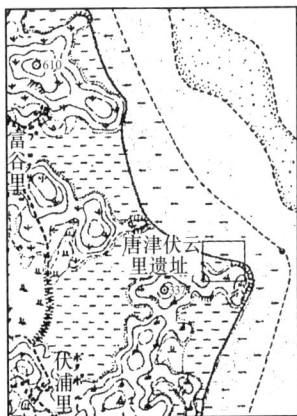

图一〇　唐津伏云里遗址位地

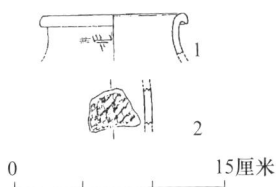

图一一　伏云里出土陶片

图一二　同类的深钵形土器

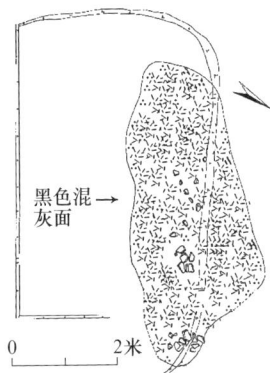

图一三　唐津伏云里遗址的遗迹现象

二、技 术 分 析

如开篇所提，韩国考古学界到目前为止尚未发现与制盐相关的确凿考古证据。在这种情况下，前文中笔者们积极寻找各种线索，确定古代朝鲜半岛存在熬煮制盐活动。并通过探讨已调查的沿海遗址，阐述了最晚公元3世纪以后朝鲜半岛开始用石灰泥制土盆煮盐的可能性。同时，当时可能也存在用日常煮沸器制得食盐的现象。然而，这些初步推定需要更多、更确凿的证据支持。因此，笔者试图运用较为可靠的科学性分析法[①]对其进行检证。根据堀内（Horiuchi）先生研究团队的研究成果，制盐用陶器平均含有氯电离子0.6mg/g。即，1克陶器约含有氯电离子0.6毫克。如果被分析的陶片含有超过这一基准的氯电离子，就可以推断为制盐陶器。作为疑似制盐遗址的唐津伏云里遗址与仁川云南遗址，曾经出土了一些陶片。为进一步证明两个遗址的性质，我们从这些陶片中选择适合的材料，进行初步的科学性分析。

（一）方法

为确认韩国海岸地区遗址中发现的陶器是否被用于古代的制盐业，我们对6个陶片样本进行化学分析（图一四）。这些陶器样本中的3片发现于仁川云南洞贝塚，另3片是出土于忠清南道唐津郡伏云里遗址，都属于原三国时代到百济早期（相当于公元3~4世纪）。

鉴于研究的需要，我们对陶片样本进行了一系列的前处理。首先将陶片样本放入烘干炉内，在100℃的温度下干燥24个小时。然后用玛瑙研体（Agate Mortar）对样本进行细致的研磨，并取得1.5克以上的粉末样本。接下来借鉴堀内等人（2011）提出的化学处理方法，用蒸馏水检验可溶性氯离子（Cl⁻），用氟化铵（NH4F）检验非水溶性氯离子（Cl⁻）。

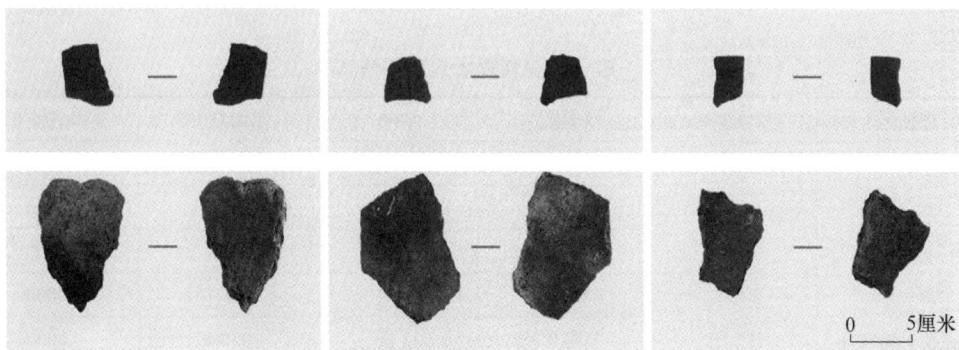

图一四 分析样本照片
上：唐津伏云里遗址出土　下：仁川云南洞贝塚出土

[①] Horiuchi A, Ochiai N, Kurozumi H, et al. Detection of chloride from pottery as a marker for salt: A new analytical method validated using simulated salt-making pottery and applied to Japanese ceramics. *Journal of Archaeological Science*, 2011, 38(11): 2950~2954.

检测中，将 1 克的样本粉末与 10 毫升的蒸馏水置于最大容量为 50 毫升的特氟龙（teflon）质试管中后，用 3000rpm 的转速进行 10 分钟的圆心分离。然后，在分离的样本中抽取 5 毫升的上层清液，用美国戴安（DIONEX）ICS-1500 型离子层析仪（Ion Chromatography System）进行水溶性氯离子的测定。采用以上这种方法，对每个样本进行反复的 3 次操作，可以提取大部分的水溶性氯离子。之后，继续对充分提取过水溶性氯离子的样本进行非水溶性氯离子检测。

操作方法是：在样本中加入 10 毫升浓度为 0.28 摩尔的氟化铵水溶液，并在圆心分离机上用 3000rpm 的转速进行 10 分钟的分离，最后在试管中抽取 5 毫升的上层清液，用 ICS-110 型离子层析仪进行非水溶性氯离子的测定。这个过程也需要进行反复 3 次操作，以提取大部分的非水溶性氯离子。

（二）分析结果

沿海地区遗址中出土的陶器极有可能曾经被用于制盐或者其他活动，陶器上自然会留下各种化学痕迹。但是在从被废弃到被发现的这一段相当长的时间，由于陶器暴露于外部环境中，很容易被环境中的各种盐分污染。这种被污染的陶器虽然含有盐分，而事实上与制盐业毫无关联。水溶性氯离子较容易受到外界环境的影响，而非水溶性氯离子与制盐业关联较为密切。因此，我们将陶片样本中的水溶性盐类充分提取后，再采用氟化铵检验非水溶性氯离子的方法。

在研究中我们发现，随着对样本中水溶性氯离子提取回数的增加，大部分样本的水溶性氯离子浓度大幅度下降。同时，在所有的陶片样本上都提取到了水溶性的氯离子。其中，唐津伏云里遗址的样本在检测中显示出比其他任何样本都高的水溶性氯离子存在范围（0.0517～0.2866mg/g）。再者，作为唯一口沿部位的陶片，样本（BWH3）具有最高的水溶性氯离子值（0.2866mg/g）。而非水溶性氯离子的分析结果显示，所有样本都不包含非水溶性氯离子，无法证明这些陶器与制盐业相关表一。因此，非水溶性氯离子的实验结果并不尽如人意。

表一　分析样本氯离子值

遗址名	样本编号	样本属性	回数	水溶性 Cl⁻	非水溶性 Cl⁻
唐津伏云里遗址	BWH1	陶片	1 次	0.0291	0.0000
		陶片	2 次	0.0149	0.0000
		陶片	3 次	0.0077	0.0000
	BWH2	陶片	1 次	0.0716	0.0000
		陶片	2 次	0.0349	0.0000
		陶片	3 次	0.0176	0.0000
	BWH3	陶片	1 次	0.1684	0.0000
		陶片	2 次	0.0811	0.0000
		陶片	3 次	0.0371	0.0000
仁川云南洞贝塚	YJH1	陶片	1 次	0.0016	0.0000

续表

遗址名	样本编号	样本属性	回数	水溶性 Cl⁻	非水溶性 Cl⁻
仁川云南洞贝塚	YJH1	陶片	2 次	0.0000	0.0000
		陶片	3 次	0.0000	0.0000
	YJH2	陶片	1 次	0.0012	0.0000
		陶片	2 次	0.0000	0.0000
		陶片	3 次	0.0000	0.0000
	YJH3	陶片	1 次	0.0013	0.0000
		陶片	2 次	0.0012	0.0000
		陶片	3 次	0.0000	0.0000

尽管如此，从仁川云南遗址的遗迹现象来看，几乎不存在使用日常煮沸用器制盐的可能性。这意味着，到了仁川云南阶段（即原三国时代），已经开始使用土盆熬煮制盐的可能性更大。

三、结　　语

综上所述，笔者们认为，在古代朝鲜半岛已经存在因地制宜的制盐方法，也就是"卤水熬煮制盐"。这种制盐方法适合广阔的海涂地区，特别是朝鲜半岛西海岸地区。虽然本地"卤水熬煮制盐"的原理与中国山东地区差不多，但汇集卤水的场所有所不同。山东地区制盐通常凿井于古海岸线而集卤水，而朝鲜半岛地区则在现今海涂上设盐田挖卤水井。可想而知，这些差异是自然条件的差别导致的。再者，朝鲜半岛煮沸卤水的方式有两种：一种是使用日常煮沸陶器；另一种是使用制盐专用的石灰土盆。

根据目前掌握的证据，土盆煮盐法可能开始于原三国时代（前 100～300 年）的朝鲜半岛中南部地区，仁川云南遗址就是最早的遗址。值得注意的是，出土遗物中也存在来自乐浪等中国郡县地区的输入品，比如，五铢钱和铁茎铜镞等。据此，其年代可以追溯到公元 3 世纪以前。另外，也存在土盆煮盐法源于中国郡县地区的可能性。

依据中国学者的研究成果[1]，西汉前期已出现铁釜煮盐法，而盔形器煮盐法逐渐退出历史舞台[2]。考虑到这种情况，虽然目前在山东地区还没发现石灰制土盆，但还是存在土盆煮盐法源于山东，经过乐浪辗转来到朝鲜半岛的可能。从那以后，朝鲜半岛土盆煮盐法一直持续被使用，直至 20 世纪初叶，最后甚至下限晚至 20 世纪 50 年代[3]。即便日常煮沸器制盐法仍旧在民间流传和使用，也仅为自给自足式的少量生产而已。

日本制盐以陶器煮盐为主，最早铁釜制盐法开始于奈良时代初叶的 8 世纪前半叶，即石川县浣·柴遗址[4]。用铁釜制盐必须具备在盐田汇集卤水的卤水系统，鉴于日本海

---

① 王青、朱继平：《山东北部商周盔形器的用途与产地再论》，《考古》2006 年 4 期，63～65 页。
② 曹元启：《试论西周至战国时代的盔形器》，《北方文物》1996 年 3 期，24～26 页。
③ 宋台镐：《忠清大观（2）》，忠清大观编纂会，1959 年，434 页（韩文）。
④ 桥本澄夫、户洞干夫：《石川县》，《日本土器制盐研究》，青木书店，1994 年，668～669 页（日文）。

岸缓慢倾斜的海涂并不发达，盐田的样式应该是在海边沙丘上建造的"扬水式盐田"。就像前文提到的一样，这种人工盐田在朝鲜半岛东南海岸经常使用。但是，目前还没发现相关的古代韩国考古材料，日本"扬水式盐田"与韩国东海岸"扬水式盐田"之间的关系仍不明确。

On the Salt Manufacture of Ancient Korea

Park Soon Barl[1]   Lee Hong Jong[2]

(1. Chungnam National University，Daejeon；2. Korea University，Sejong)

Salt is one of the essential element for human life, especially in agriculture society. Cereal agriculture has been the basic subsistence since Bronze age, around 13rd century B.C. henceforward. But any remarkable archaeological evidence as salt boiling down pottery has not been found in Korean prehistoric times.

In this circumstance it is assumed that some kind of salt manufacture using the earthen oven boilingdown salt water in the tidal field. In fact, authors found a number of archaeological evidence related with such method. At the latest early Proto three kingdoms period ca.100 years B.C. already had been established that kind of salt making technology.

扁扁洞遗址现代环境与资源调查报告[*]

贺亚炳[1]　靳桂云[1]　张　彪[1]　刘　成[2]　徐　深[2]
陈淑卿[1]　乙海林[1]　姜富胜[1]

（1. 山东大学考古系；2. 武汉大学考古学系）

　　扁扁洞遗址的发现，是黄淮下游地区新石器时代早期考古的突破。随着发掘简报和动植物遗存资料的公布，学术界开始关注扁扁洞新石器时代早期居民的生存方式，其中居住方式是一个重要内容。根据现有的考古学资料，我们尚无能力回答这里的洞穴居民是常年居住还是季节性居住。对扁扁洞遗址周围现代环境与资源的调查所提供的信息，或许能为我们回答上述问题提供一些辅助证据。

一、工作缘起

　　扁扁洞是海岱地区已知时代最早的新石器时代洞穴遗址[①]。发掘所揭示的地层、出土物以及动物考古和植物考古研究结果，为我们认识中国东部沿海地区新石器时代早期人类活动提供了重要证据[②]。距今 11000～9600 年前的扁扁洞居民已经使用釜、钵类陶器，石磨盘、石磨棒、石片以及骨器等；他们在洞穴口附近的火堆旁烧烤鹿肉，还采集野生植物果实，将生活垃圾丢弃在洞穴东部靠近洞口的位置，这里形成了厚约 50 厘米的文化堆积。扁扁洞出土的考古遗存具有明显的从旧石器时代向新石器时代过渡性质，穴居和狩猎采集生活是典型的旧石器时代人类行为方式，而使用陶器和磨盘、磨棒等石器则表明他们已经开始为适应新的环境而改变自己的生活方式。毫无疑问，这类文化遗存是我们理解新石器文化起源的重要证据，具体到海岱地区，则为我们探讨后李文化来源提供了一个契机。

　　定居生活的开始，是新石器文化起源的一个关键点。目前学术界对于后李文化是否属于稳定的定居聚落，还没有成熟的研究成果发表。扁扁洞居民的居住方式或许能

---

[*]　调查工作是 2012 年度山东大学人文社会科学重大研究项目（12RWZD09）"黄河流域农业起源研究"的部分内容，调查工作由靳桂云和陈淑卿两位教师指导并协助实施。报告执笔：贺亚炳、靳桂云。

[①]　孙波、崔圣宽：《试论山东地区新石器时代早期遗存》，《中原文物》2008 年 3 期，23～28 页。
[②]　孙波：《扁扁洞初识》，《文物研究》（第 16 辑），黄山书社，2009 年，51～60 页；Sun B, Wagner M, Zhao Z, *et al*. Archaeological discovery and research at Bianbiandong early Neolithic cave site, Shandong, China. *Quaternary International*, 2014, 348: 169～182.

够为我们理解后李文化定居方式提供重要参考。而且在发掘和调查过程中，我们注意到雨季时这个洞穴顶部渗水严重，即使到 9 月份，洞内仍然很湿甚至还在滴水；而因为洞口朝向东北，冬季似乎也要经受凛冽的北风。那么，洞穴居民的居住方式到底是什么样的？是常年居住还是季节性居住？如果是季节性，他们在哪些季节居住在这里？可用的资源有哪些？

带着这些问题，我们设计了两个研究方案。第一，尝试根据动物和植物组合来寻找居住季节性的证据；第二，开展遗址周围现代环境与资源调查，从现代视角考察其可能适合居住的季节。

扁扁洞出土了数量较多的野生动物骨骼，其中鹿类最多。一般来讲，根据鹿角可以大致判断鹿被猎获的季节，可惜因为所有骨骼都十分破碎，而且也没有发现任何鹿角的遗存。浮选到的炭化植物遗存基本都是秋季成熟的种类，如朴树和山茱萸等的果实等。可见，根据出土遗物判断使用季节的方法不适合这个洞穴。开展现代环境与资源调查，或许能为我们提供一些参考信息。在西亚地区早期农业与社会研究中，这种方法被普遍应用[①]。

需要说明的是，因为参加调查的人员全部是在校学习的学生和在职教师，时间不容易得到保证，在一些关键的时间点没有开展调查，比如 8、9 月份应该是野生植物性食物资源成熟的时节，1～3 月份是一年中最寒冷的季节，我们都没能前往调查，没能记录洞穴内外的温度和湿度。所以，本文仅报告一些基本的调查数据，对于数据的分析和整理，待获得比较完整的调查资料后再行发表。

二、调查经过

调查工作从 2014 年 3 月 29 日开始，到 12 月 21 日结束，合计 10 次。参加调查的人员包括刘成、徐深、贺亚炳、张彪、姜富胜、乙海林、刘江涛、靳桂云。其中，前 6 次调查由刘成和徐深负责，后 4 次调查由贺亚炳和张彪负责。

2014 年 3 月 29 日为首次调查。第一项内容是联系北桃花坪村相关村民，找到热心文物考古事业的村民徐新范老人，请他协助调查。第二项内容是认识一下遗址的地理位置并做了温湿度测量。第三项内容是观察洞穴周围的草本植物生长情况。

4 月 13 日，以村落概况（人口、村落面积、经济组成等）、野生动植物资源的利用、当前北桃花坪村农业经济结构为主要调查内容。除此之外，我们还对村落里的一些古建筑的建筑方式进行了记录。

4 月 27 日，以洞穴周边的植被和动物资源为主要调查内容。重点了解了洞穴周边植被的覆盖情况，如有没有原生植被，现在的果树又是什么时候形成的。此次调查的另一个内容则是对扁扁洞前小河沟的调查。我们主要采取实地调查加询问的方式，了解了这条河流的历史。

5 月 10 日，调查内容分三个方面。一是利用谷歌地图软件将扁扁洞、张马屯和西

① Elliott S, Bendrey R, Whitlam J, *et al*. Preliminary ethnoarchaeological research on modern animal husbandry in Bestansur, Iran, Kurdistan: Integrating animal, plant and environmental data. *Environmental Archaeology*, 2014.

河遗址的位置标注出来。二是记录野生植物生长情况，根据相关参考文献，对部分植物进行鉴定和采样。三是将农具的使用方式和食物加工方式作为此次调查的重点。我们详细了解了当地食物获取途径的历史变化，还进入住户家庭拍摄了他们的土灶，顺便也了解了农户薪柴使用方面的问题，并向农民请教了农具的功能等问题。

5月24日，在继续关注洞口植物季节性变化的同时，重点了解了当地的贸易圈和婚姻圈，调查了村民家具的木料来源及其流通途径。此外，还调查了扁扁洞口是否有继续取土的行为等。

6月7日，调查了扁扁洞口植物的季节性变化、洞内外温湿度变化、北桃花坪村的居民建筑、村落里的宗族分布情况、与农业有关的谚语的流传以及农具的材质。其中民居和宗族分布是这次调查的主要内容。在调查北桃花坪村中居民建筑材料选择行为和在建房中的一些风俗习惯时，还以一户人家为例，了解其房屋的功能分区情况。除此之外，也询问当地老人一些和农业有关的谚语。

7月2日，主要对扁扁洞附近的植物进行了拍摄，以此和前期调查进行比对；另外我们还对洞口东侧山谷和西侧河沟进行了踏访，发现因为6、7月份的降水增多，一些前一阶段没有出水的泉眼开始有水涌出，河沟里也有积水。在村落里我们又和徐新范老人了解了北桃花坪村作物的种植情况、不同等级土地的分布、该季节草药的利用。除此之外，我们继续关注了农具损坏后的再次利用方式。

7月20日，调查内容则全部围绕扁扁洞展开，主要调查此季节扁扁洞周围可以见到的植物资源；记录扁扁洞口内外不同时刻的温湿度变化。对于前一项内容，我们分三个方向徒步调查，并对一些该季节特有的植物进行了拍摄与记录。

10月7日，除了进行一些以往的项目外，我们又着重寻找这一季节可以利用的食物资源。我们依照上一次调查所走过的三条路线又逐一地走了一遍，发现了一些可食用的植物性资源，主要是果实。

12月21日，主要调查内容是扁扁洞口内外的温湿度变化情况。因为此时已是冬季，山上植被覆盖得很差，基本没有可以食用的植物资源。调查当天刮着较大的北风，但是扁扁洞口和往里两三米处的地方风速明显减小。

三、调查的初步结果

这是我们第一次组织现代环境与资源调查，由于缺乏经验，有些工作不到位，但我们还是获得了一些基本认识，这些认识对于理解一万年前的扁扁洞居民的生活方式有一定的帮助。

（一）自然地理概况

扁扁洞遗址所在的沂源县张家坡镇地处沂蒙山区，地貌类型以低山、丘陵为主。全镇地势四周被群山环抱，中部平洼，为一山间小型盆地。北部人头山、铜陵关，南部保安崮，东部蒋良墓，西边毫山，海拔均在600米以上。从地质状况看，张家坡镇地处鲁西台背斜鲁中隆起区中部，境内地层较全，构造复杂，岩浆活动较弱，岩浆岩不甚发育。古生界寒武系五山组地层在境内广泛分布，厚度20米左右。岩性以长石、石英砂为主。

张家坡镇境内主要河流有红水河和毫坪河。红水河发源于毫山东麓临朐县境的南牛寨、北牛寨一带，系长流河。流域面积 95 平方千米，全长 22.5 千米。两条河均向南流入沂河。除此之外，在南流泉村有一泉，为南流泉，因泉水南流而得名。水深 2 米，日出水量 169 立方米。在镇域北部有北店子水库，库容 400 多万立方米。

全镇境内地表水全部来自大气降水，地下水分布极不均衡，属贫水区。从气候条件看，张家坡镇属暖温带季风区域大陆性气候，四季分明。年平均气温 11.8℃，年降水量 725 毫米，无霜期 187 天，年平均日照时数 2592.7 小时。年平均地温 14.4℃，最大冻土厚度为 44 厘米。昼夜温差大。

（二）洞穴内外温湿状况

通常而言，决定一处场所是否可以居住的重要因素是温度和湿度。具体到扁扁洞遗址，冬季最低温度和降雨季节洞内的湿度，可能是影响居住的主要因素。在调查过程中，我们对扁扁洞内外的温度和湿度进行了跟踪记录，表一和表二分别是降雨季节（7 月 20 日）和冬季（12 月 21 日）的记录温湿度情况。

表一的数据显示，即使是在一年中最炎热的季节（7 月 20 日上午），洞内外的温度也在适宜人类居住的范围内，而且在这种山区环境下，下午 4 点以后温度就会降低较多（很遗憾，由于路途遥远，我们需要较早离开扁扁洞，没有下午的温湿度记录）。

表一　7 月 20 日的洞口内外温湿度

时间	温度		湿度	
	洞外	洞内	洞外	洞内
9：09	31℃	31℃	64%	58%
10：29	30℃	28℃	61%	78%
11：42	32℃	29℃	54%	70%

尽管这个时间洞内外的湿度差别较大（洞内湿度较洞外高出 20 个单位），但都在人类感觉比较舒适的范围内（市场上销售的湿度计显示，40%～70% 都属于适宜湿度）。我们之所以关注扁扁洞内的湿度对人类居住的影响，是因为在以往的调查和发掘过程中，我们注意到，在降水季节，洞内滴水很严重，一些年份即使到了 9 月中旬，洞顶还在滴水（当地村民也反映了类似的情况），这种情况下，洞内地表很湿润，非常不利于人类居住，我们就考虑扁扁洞在夏季是否有人类居住的问题。但 2014 年是个干旱之年，整个降雨季节都没有看到洞顶滴水。

联系到扁扁洞遗址被发现的经过，我们推测扁扁洞遗址在降雨季节没有洞顶滴水或者滴水很少的情况应该是比较常见的。扁扁洞遗址的发现，就是缘于北桃花坪村的村民夏季到洞内取干燥的土来垫猪圈，在挖土的过程中发现了人类骨骸。既然村民都知道去那里挖干燥的土，就可能说明洞内滴水的情况不常有或者滴水情况不严重，至少洞内还有些位置能保持干燥。

表二显示，在 12 月 21 日这一天，上午 10 点到下午 2 点这个时间段内，洞内外的

温差不大，洞内在 –3～–2℃，毫无疑问，夜间的温度会明显低于白天，在防护设施比较差的情况下洞内夜间温度会更低。尽管如此，因为洞内外的温差达到 5～6℃，洞内居住对于古人还是有不小的吸引力的。

表二　12 月 21 日洞口内外温湿度

时间	温度		湿度	
	洞内	洞外	洞内	洞外
10：15	–2℃	–8.5℃	26%	26%
11：15	–3℃	–8.5℃	27%	30%
13：00	–2.5℃	–7.5℃	30%	31%
14：00	–2.5℃	–7℃	30%	32%

我们曾经对辽宁省葫芦岛市绥中县加碑岩乡王台村靳台屯一户农家的冬季室内温度做过调查。白天因为人多和烧火的缘故，室内温度在 6～7℃。在不使用电热取暖器的情况下，早晨 6 点钟的室内温度是 –5℃，但在屋内过夜并没有冷的感觉，说明即使凌晨前后室内温度下降到 –5℃ 以下，也还是人体可以承受的。这种情况下，保暖措施就是一床棉被和高出地面 60 厘米的土炕，土炕连着灶台，炊煮晚饭的过程也是为土炕加热的过程。如果对比扁扁洞与辽西山里的现代农户冬季室内温度情况，我们可以发现，夜间的室内温度可能差别不大。如果扁扁洞居民能有一定的保暖措施，即使冬季，也可以在洞内居住。在新石器时代早期的生产力水平和认知条件下，扁扁洞居民或许可以做到对居住面进行简单的处理，比如铺设干草，或者使用石灰等材料处理地面，他们也应该有一些简单的被子类的保暖用的东西。

在考虑扁扁洞冬季是否适合居住的时候，我们还意识到洞口朝北这个不利因素。但仔细观察却发现，由于受到洞穴周围具体山势和地貌的影响，朝北的洞口，并不一定是不利因素。扁扁洞位置较高，洞口东面的山梁也具有相当的屏障作用，一定程度上减弱了北方袭来的寒风。据村民反映，当地冬季北风盛行。但调查过程中，我们在洞内却基本上感受不到北风的影响。这可能表明洞口的方向及洞穴周边山势都导致北风不易侵袭洞内人群。

如果再考虑一下洞内的湿度条件，可能更有利于居住。我们看到冬季洞内是很干燥的，一般情况下，在相同的温度条件下，湿度越大，冷的感觉越强烈。

在发掘和调查过程，我们还注意到，扁扁洞这样的岩厦遗址，平面结构上具有宽且浅的特点，因为进深比较小，可能会减小其对人类居住的吸引力。但仔细观察后发现，扁扁洞原来可能进深比较大，在数千年的变迁之后，特别是由于洞顶出现一定程度的坍塌，导致我们目前观察到进深较小。

（三）动植物资源

扁扁洞遗址动植物资源调查范围限制在以扁扁洞遗址为中心、1 千米为半径的区域内。扁扁洞遗址周围是典型的山地环境。动植物资源具有明显的山地特点。动物资源主要包括水生资源和陆生资源两大类。据村民介绍，遗址山下的小河，在 50 年前就干枯了，当时河里有比较多的小型鱼类、螃蟹和虾。陆生动物资源的种类和数量都很有限，山上偶尔可以看到的动物以野鸡最多，兔子也比较多，獾比较少见，狼和狐狸则基本绝迹。此外，昆虫资源比较丰富，有蝎子、土鳖、蜜蜂（很少）、蚂蚱（很少）和豆虫等，在洞口附近的树上，蝉的数量比较多，我们还观察到树上有大量的鸟巢。

扁扁洞位于半山腰。洞穴向上极少耕地，以次生林为主，主要是灌木和一些小乔木，落叶阔叶林为主，在林地边缘有一些草本植物，其中不乏可以食用的类型。洞穴西面仍然是次生林，而洞穴东面则布满了在冲沟中开发出来的小块农田，种植玉米、果树、南瓜等。洞穴下面的山坡上，也开垦了面积大小不等的农田，种植玉米、高粱和果树等。在田边和山坡上有多种灌木和草本植物，酸枣等明显是可食植物种类。

在对村民的访问中得知，在食物短缺的年份，尤其是在三年困难时期，村子周围的野生可食用植物资源得到了非常充分的开发，现在一些上了年纪的老人，还知道哪些植物是可以食用的。我们在调查扁扁洞周围可以食用野生植物的过程中，得到了徐新范等老人的热情帮助。我们调查到的植物主要有以下一些种类，其中有些只有当地俗称，目前尚未查到其种属：

（1）鸡顶门子：无药性，可以使直接食用，有甜味。

（2）五味子（*Schisandra chinensis*（Turcz.）Baill.）：木兰科，五味子属（*Schisandra* Michx.）。入药。

（3）蒿子（*Artemisia* sp.）：菊科，蒿属。煮熟后直接食用；入药，加入红枣和糖可以降血压。艾蒿有解毒作用。

（4）黄花（又名金针、黄花菜，*Hemerocallis citrina*）：百合科，萱草属。可以煮熟凉拌；也可以入药，治疗腰腿疼痛。

（5）地榆（*Sanguisorba officinalis* L.）：蔷薇科，地榆属。入药，疏通血脉。

（6）荆条（*Vitex negundo* L. var. *heterophylla*（Franch.）Rehd.）：马鞭草科，牡荆属。全株都可以药用。种子有镇静作用。

（7）补补丁（又名婆婆丁，*Taraxacum mongolicum* Hand.-Mazz.）：菊科，蒲公英属。全株都可以食用，可以生吃也可以加工后食用；作为一味药用价值很高的中药，不仅有多种保健作用，而且可以治疗多种疾病，还具有美容效用。

（8）薄荷（*Mentha haplocalyx* Briq.）：唇形科，薄荷属。全株都可以直接食用，也可以加工后食用。

（9）杏子菜（*Adenophora trachelioides*）：桔梗科，沙参属。有甜味儿。当地人将菜剁碎与豆面一起吃。

（10）牛膝（*Achyranthes bidentata*）：苋科，牛膝属。可以食用，具有治疗腰腿疼痛的功效。

（11）车前子（*Plantago asiatica*）：车前科，车前属。居民普遍将其作为蔬菜食用，还有治疗感冒的作用。

（12）蒲公英（*Taraxacum mongolicum*）：菊科，蒲公英属。是早春时节一种比较重要的野菜。洗净生吃，也可以用开水淖一下蘸酱吃。具有清热解毒消炎功用。

（13）苦菜：菊科，苦苣菜属（*Sonchus*）。有多个种，都可以食用。具有消炎解毒、健胃等功效。

（14）丹参（*Salvia miltiorrhiza*）：唇形科，鼠尾草属。根茎入药，可以补血。

（15）何首乌（*Fallopia multiflora*（Thunb.）Harald）：蓼科，何首乌属。药用，内调气血，外散疮痈。

除了可以食用的植物以外，当地还有其他类型的植物资源。调查过程中，我们在北桃花坪村发现一处废弃的圆形水池。水池中长满野草，其中"蒲"在野草中占比例很大。在废弃水池边上的院落里有大批堆积的晒干的"蒲"。村民介绍说，这些"蒲"是用来织席子的绝好材料。北桃花坪村居民利用草拌泥粉刷院墙，兼有美观和防风保暖的效果。现代的张家坡镇是个条编之乡。条编分为白条和黑条两大类。白条是灌木柳条去皮之后的条子；黑条包括荆条、蜡条、棉槐条等不去皮的条子。这两种条子编成的用具都是人们生活中不可或缺的。

总的来看，扁扁洞遗址附近环境的多样化使得史前人类可以利用的动植物资源也呈现出多样化的态势。但是由于这里处于温带大陆季风性气候，四季分明，仲春和夏、秋季节是动植物资源最为丰富的时间段，到了冬季，可利用植物性食物资源会明显减少，但在新石器时代早期，林中的动物资源应该还比较丰富，这一点从扁扁洞遗址出土大量的鹿类动物骨骼就可以得到证明。而冬末春初，可能是资源最匮乏的时期。

因此，综合温湿度、洞穴本身构造以及遗址附近的动植物资源丰富程度来看，我们认为扁扁洞遗址在仲春、夏秋季节可能有比较丰富的食物资源，冬季可能以动物性资源为主，如果有比较充足的食物储备，度过冬春季节是可能的，而食物资源最匮乏的季节可能是冬末和初春。

需要说明的是，在调查的过程中我们比较深刻地感受到了大规模农业生产活动对自然环境产生的影响。为了从事农业生产，当地居民对扁扁洞附近景观进行了较大改动，基本将山坡修成梯田。这种情况导致我们很难了解到动植物资源的实际状况。

致谢：在调查过程中，山东省文物考古研究所孙波研究员和李罡博士、北桃花坪村的徐新范先生给予我们极大的帮助。在此对上述单位和个人表示诚挚的谢意。

Investigation on the Modern Environment and Resources at Bianbiandong Site

He Yabing[1]　Jin Guiyun[1]　Zhang Biao[1]　Liu Cheng[2]　Xu Shen[2]　Chen Shuqing[1]
Yi Hailin[1]　Jiang Fusheng[1]

(1. Department of Archaeology, Shandong University; 2. Department of Archaeology, Wuhan University)

The discovery at Bianbiandong cave made a breakthrough for the Early Neolithic study in

North China. With the publication of the results of natural and human remains research, more and more attention have been paid to understand the settlement pattern. According to present evidence, we are not able to answer the following questions like (1) did the cavemen settle there permanently or not? (2) Did they live there year-round or seasonally? We are trying to find some information by the investigation on the modern environment and resources.

河漫滩加积历史与文化活动：中国黄河下游月庄遗址的地质考古调查*

庄奕杰[1] 宝文博[2] Charles French[3] 著
宿 凯[4] 靳桂云[4] 译 庄奕杰[1] 校

（1. 牛津大学墨顿学院；2. 北京大学考古文博学院；3. 剑桥大学考古学与人类学系麦氏
地质考古学实验室；4. 山东大学考古系）

黄河下游后李文化月庄遗址和西河遗址的植物考古研究，发现了比较丰富的炭化植物遗存，包括稻、粟、杂草种子和很多其他植物（7800～7000 cal. BP）。对后李人群的多种经济行为的研究已经开始，但对生态多样性、遗址形成过程与环境变化的关系等仍了解很少。这篇文章运用土壤微形态和其他相关方法，如粒度分析和烧失量，展示了月庄遗址的地质考古调查结果，重建了与河流冲积历史有关的遗址形成过程。我们重建了一个很长的冲积序列，主要由短期地表稳定和继发冲积的频繁交替构成。人类活动的出现对应于这些短期的地表稳定，证据是在这些层位中出现了与人类活动相关的包含物，包括烧过的骨骼碎片和陶片。我们还讨论了这次研究对着眼于环境变化和文化适应的生态学方法的意义。

一、研究背景、目标和方法

在黄河下游月庄遗址和西河遗址（图一，a）的植物考古研究发现了中国北方最早的炭化稻遗存（7800～7000 cal. BP）[1]，伴出的还有炭化的粟粒和很多杂草种子[2]。在两个遗址连续发掘的结果也揭示了它们在地貌和周边环境的相似性。因为缺少系统

---

* 本文翻译工作得到国家社科基金重点项目（项目编号：11AZD116）和 2012 年度山东大学人文社会科学重大研究项目（项目编号：12RWZD09）共同资助。原文：Zhuang Y, Bao W, French C. River floodplain aggradation history and cultural activities: Geoarchaeological investigation at the Yuezhuang site, Lower Yellow River, China. *Quaternary International*, 2013, 315: 101～115.

① 秦岭：《中国农业起源的植物考古研究与展望》，《考古学研究》（九），文物出版社，2012 年，260～315 页。

② Gary W. Crawford，陈雪香等：《山东济南长清区月庄遗址发现后李文化时期的炭化稻》，《东方考古》（第 3 集），科学出版社，2006 年，247～251 页；Crawford G W. *The Palaeoethnobotany of the Houli Culture Occupation*. Hemudu Culture International Forum: In a Global Perspective, Zhejiang, China, 2011; Jin G. *Cultivated Rice 8000 Years Ago in the Lower Reach of Yellow River Carbonized Plant Evidence from Xihe Site of Houli Culture in Shandong*. Hemudu Culture International Forum: In a Global Perspective, Zhejiang, China, 2011.

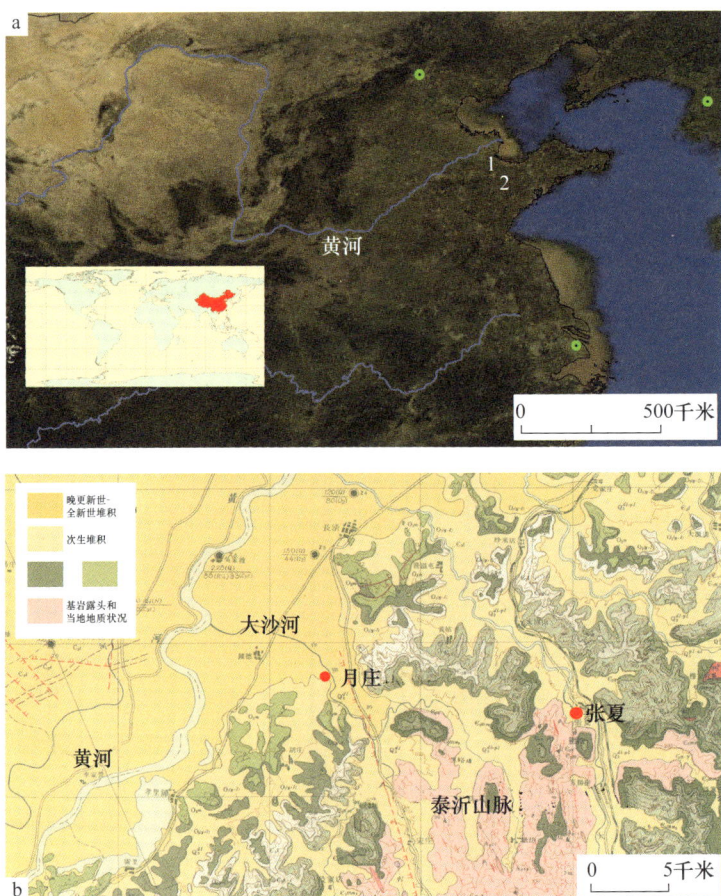

图一　地理位置和遗址周边地质情况

a. 月庄遗址（1）和西河遗址（2）的地理位置；b. 月庄及其周边地区的地形图

的地质考古调查，关于遗址形成过程和文化活动、环境变化之间的内部关系的详细信息，仍然很不明了。这种不明了阻碍着以下问题的讨论：在这两个遗址中与水稻消费相关的经济活动是什么样的，而且它们与当地生态之间的关系又如何呢？杂草植物的出现表明稻作农业已经开始了吗①？同样的，当地生态条件与考古遗址里粟类遗存的出现是什么关系？如果粟的耕作已经开始，那它与稻作农业的关系又是怎样的？要回答这些问题还要做大量的学术工作。

地质考古调查，目的是把考古数据和高分辨率的环境证据整合起来，重建遗址的形成过程和过去的人与环境、地貌之间的相互作用②。我们希望地质考古能增加我们对这些问题的了解。这篇文章就是介绍月庄遗址地质考古项目的成果，重建与河流冲积历史相关的遗址形成过程。我们还讨论了这次研究对着眼于环境变化和文化适应的生态学方法的意义。

---

① Crawford G W. *The Palaeoethnobotany of the Houli Culture Occupation*. Hemudu Culture International Forum: In a Global Perspective, Zhejiang, China, 2011.

② Goldberg P, Macphail R. *Practical and Theoretical Geoarchaeology*. Malden: Blackwell, 2006.

土壤微形态 ① 和包括粒度分析（PSD）、烧失量（http://www.geog.cam.ac.uk/facilities/laboratories/ techniques/）在内的土壤地球物理分析是在剑桥大学地理学院完成的。对于粒度分析实验，每份样品都用激光粒度仪测量三次，必要情况下重复直至粒度曲线重复分布。以下结果是三次测量的平均值。碳含量、总有机物和碳酸盐分别是在 400℃、480℃和950℃下马弗炉中进行总重损失实验获得的。采用 Murray 和 Wintle 描述的单片再生剂量法（single aliquot regenerative）进行的 ② 光释光测年在北京大学考古文博学院完成，为被检样品提供了可靠的年代序列。

二、区域地质背景

黄河下游流经山东半岛，在东营入海。然而，由于气候变化、地壳构造活动和基准面改变的综合原因，古代黄河河道和入海口形态频繁改变 ③。这种频繁改道对塑造周边地形有重要作用（例如河流三角洲的形成和变迁），黄河支流的变化也与主干河流的变化密切相关。

如图一：b 所示，山东省中部（后李文化的主要分布区域）的地形，主要以泰沂山脉和它前面的冲积平原为主。该山脉以华北地区标准的寒武纪张夏组 ④ 闻名，基岩中石灰岩特别丰富 ⑤。相对裸露的地表和干燥贫瘠的土壤条件加速了基岩的风化和侵蚀过程。很多小河发源于山地，大致沿相同的东南—西北方向流遍整个地区。从更新世晚期（Q3 和 Q4）开始，其中一些河流从上游地区携带大量风化物质，把这些物质重新堆积在河流冲积平原上。特别有趣的是在更新世中期到晚期在山地形成的一些小盆地。台地和堉堆也从那时开始因为粉尘堆积形成 ⑥。

风化物质是沉积过程的主要来源 ⑦。粉尘经历了冬季风的长途搬运，其中主要包

①　Bullock P, Fedoroff N, Jongerius A, *et al. Handbook for Soil Thin Section Description*. Wolverhampton: Waine Research Publications, 1985; Stoops G. *Guidelines for Analysis and Description of Soil and Regolith Thin Sections*. Wisconsin: Soil Science Society of America, Inc, 2003.

②　Murray A S, Wintle A G. The single aliquot regenerative dose protocol: Potential for improvements in reliability. *Radiation Measurements*, 2003, 37: 377～381; Wintle A G, Murray A S. A review of quartz optically stimulated luminescence characteristics and their relevance in single-aliquot regeneration dating protocols. *Radiation Measurements*, 2006, 41: 369～391.

③　Wu C, Xu Q, Zhang X, *et al.* Palaeochannels on the North China Plain: Types and distributions. *Geomorphology*, 1996, 18: 5～14; Wu C, Zhang X, He N, *et al.* Compiling the map of shallow-buried palaeochannels on the North China Plain. *Geomorphology*, 1996, 18: 47～52; Xu Q, Wu C, Yang X, *et al.* Palaeochannels on the North China Plain: Relationships between their development and tectonics. *Geomorphology*, 1996, 18: 27～35; Xu Q, Wu C, Yang X. Palaeochannels on the North China Plain: Stage division and palaeoenvironments. *Geomorphology*, 1996, 18: 15～25; Zhao Y, Wu C, Zhang X. Palaeochannels and ground-water storage on the North China Plain. In: Marriott S B, Alexander J (eds.), *Floodplains: Interdisciplinary Approaches*. London: The Geological Society of London, 1999: 231～239.

④　张夏组（张夏石灰岩），命名剖面位于山东长清县张夏镇北约 5 千米、固山镇东 1 千米的虎头崖至黄草顶。主要为浅灰色、灰色厚层鲕粒灰岩、致密结晶灰岩和藻灰岩，岩性标志明显。译注。下同。

⑤　张祖陆、辛良杰、姜鲁光等：《山东济南张夏黄土堆积及成因分析》，《古地理学报》2005 年 1 期，98～106 页。

⑥　山东省地震局、北京地质学院：《山东省地质图·济南卷》，1961 年，未发表数据。

⑦　刘乐军、李培英、王永吉：《鲁中黄土粒度特征及其成因探讨》，《海洋地质与第四纪地质》2000 年 1 期，81～86 页；辛良杰：《张夏黄土组成特征及成因分析》，《中国地质》2005 年 1 期，55～61 页。

含 0.05～0.005 毫米粉砂粒径的石英和其他矿物质（如长石）。这些可以占到沉积物的
60%。其中粒度分布的变化范围同公认的华北地区黄土粒径变化的模型不同，后者由
于风的搬运能力向东部减弱，粉尘的粒径也从西北内陆（被认为是空气传播物质的主
要来源）向东部逐渐递减[1]。这暗示着也许有其他地方为这个地区提供物质来源。有研
究表明，黄河及其支流的阶地和不稳定的河漫滩（尤其是位于中部华北平原的山地地
区的相关地貌单元），在全新世早期至中期很容易受到风力侵蚀[2]。这或许也适用于张夏
地区（图一，b）[3]。但是，有些研究也发现了来自东部渤海沿海末次冰期大陆沉积物的
风源砂砾物质，主要是末次冰期残留物[4]。

　　根据当地地质背景和粉尘堆积的历史，这一地区在粉尘堆积之前和期间的古地
表也许在海拔和地形起伏上更多变[5]。这与黄土高原的大平原很不一样。风源粉尘从
0.8Ma 开始堆积，与黄土高原相比晚很多[6]。最深的层位也就是 30 米左右，比黄土高原
对应的地区薄得多。这里的古地表并没有因为长期的黄土堆积经历均质性的转变，因
此形成了零散的马赛克式的黄土覆盖的地貌景观[7]。

　　从古气候来讲，山东半岛也许同样受到大陆和海洋的共同影响。最近一些合成和
模拟表明，山东半岛大致处在印度和东亚夏季风的交界处，这意味着气温和降水可能
由于季风的运动频繁改变[8]。沿海气象系统（如大热容、海面上升）也会对当地气候产
生很大影响，但关于这方面的了解还太少。

　　大沙河是黄河下游的一条支流，月庄遗址就在黄河下游和大沙河的交汇处（图一，
b）。大沙河在临近遗址的地方有下切很深的河道，但是现在一年中大部分时间是干涸
的。取土烧砖和其他目的的开采行为对当地水文状况产生很大影响[9]。现在在当地几乎
到处都是农耕土地，只有很少的树木生长在耕地边缘。遗址是在 20 世纪 80 年代发现
的。零星分布在河岸边的考古遗存很可能是多个时期居住活动的结果[10]。1999 年的发
掘，在 1500 平方米区域内出土了大概 100 个灰坑、2 条灰沟、1 座墓葬和数千人工制
品，没有发现定居或聚落的遗迹。地质考古调查在 2010 年和 2011 年开展。为了对遗

① 刘东生：《黄土与环境》，科学出版社，1985 年；张宗祜：《中国黄土》，河北教育出版社，2003 年。
② 查小春、黄春长、庞奖励：《关中东部缓坡地面全新世土壤侵蚀与沉积发展演变规律研究》，《生态环境》2005 年 1 期，52～56 页。
③ 刘乐军、李培英、王永吉：《鲁中黄土粒度特征及其成因探讨》，《海洋地质与第四纪地质》2000 年 1 期，81～86 页；辛良杰：《张夏黄土组成特征及其成因分析》，《中国地质》2005 年 1 期，55～61 页。
④ 辛良杰：《张夏黄土组成特征及其成因分析》，《中国地质》2005 年 1 期，55～61 页；张祖陆、辛良杰、姜鲁光等：《山东济南张夏黄土堆积及成因分析》，《古地理学报》2005 年 1 期，98～106 页。
⑤ 辛良杰：《张夏黄土组成特征及其成因分析》，《中国地质》2005 年 1 期，55～61 页。
⑥ 刘乐军、李培英、王永吉：《鲁中黄土粒度特征及其成因探讨》，《海洋地质与第四纪地质》2000 年 1 期，81～86 页；张祖陆、辛良杰、姜鲁光等：《山东济南张夏黄土堆积及成因分析》，《古地理学报》2005 年 1 期，98～106 页。
⑦ 同①⑤。
⑧ Zhang J, Chen F, Holmes J A, et al. Holocene monsoon climate documented by oxygen and carbon isotopes from lake sediments and peat bogs in China: A review and synthesis. *Quaternary Science Reviews*, 2011, 30: 1973～1987.
⑨ French C. Hydrological monitoring of an alluviated landscape in the lower Great Ouse valley at Over, Cambridgeshire: The quarry restoration phase. *Environmental Archaeology*, 2009, 14: 62～75.
⑩ 山东大学东方考古研究中心、山东省文物考古研究所、济南市考古研究所：《山东济南长清区月庄遗址 2003 年发掘报告》，《东方考古》（第 2 集），科学出版社，2005 年，365～456 页。

址环境变迁和大沙河流域的地层关系有大致了解，我们选择了 4 个主要的冲积—河漫滩剖面（表一是剖面 1 和剖面 3 的沉积物描述），除了位于考古遗迹旁边的区域以外，还包括遗址更西面大沙河沿岸（图二）。从 3 个剖面采集了 26 个薄片样品和 76 个用于地球物理分析的散样，从 2 个剖面采集了 19 个用于光释光测年的样品。

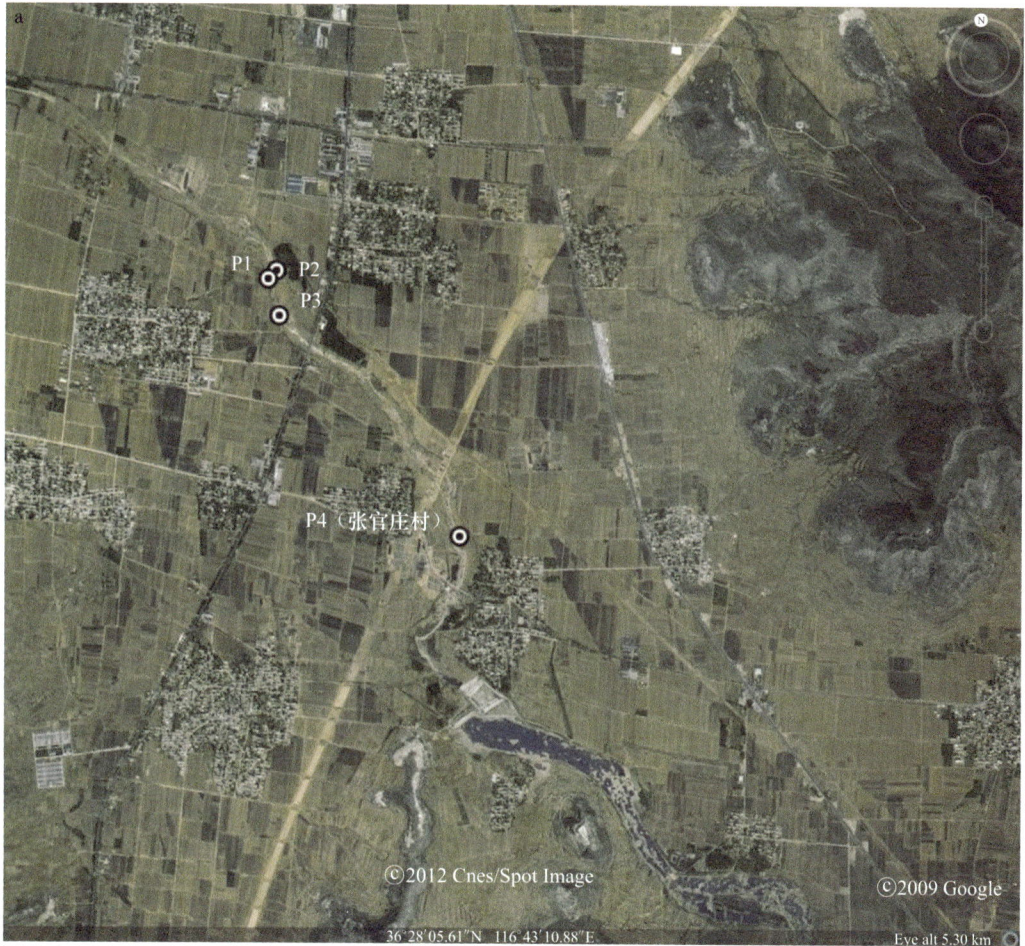

图二　在月庄遗址考察的取样剖面位置

表一　月庄遗址 P1 和 P3 的沉积物描述

剖面 1		剖面 3	
单元	描述	单元	描述
e	浅黄色粉砂堆积，略带粗砂；大量植物根；垂直层理发育不明显	e	没有描述
d	浅灰色粉砂质黏土或泥质堆积；大量植物根；包含木炭和陶片；土壤结构发育，干燥时显示结块结构	d	没有描述
c	浅黄色粉砂质堆积；少量植物根；垂直层理发育不明显	c	与剖面 1c 层相似

续表

剖面 1		剖面 3	
单元	描述	单元	描述
b	深灰色粉砂质黏土，伴有粗砂；大量植物根；包含木炭和陶片；土壤结构发育，与 d 层相似	b	与剖面 1b 层相似，但是颜色更深，植物根更多，层理发育更完善
a	黄色、浅灰色粉砂质或泥质堆积，伴有很多细小的薄层，包含有深色的受侵蚀的团聚体；少量植物根；上部包含木炭和陶片	a	与剖面 1a 层相似，但是薄层不如剖面 1 明显；仅有很少的受侵蚀的团聚体；少量木炭，没有陶片

三、光释光测年和一些初步的结果

剖面 1 的 12 个光释光测年结果如表二所示。除了 YZP1：1 可能受到地表下辐射的影响[①]，剂量率很低，其他样品都表现出良好的一致性，表明相对稳定的后沉积环境。

表二　剖面 1 光释光样品的测年结果

样品	剂量率（Gy/ka）（a=0.035）	等效剂量 De（Gy）	OSL 年龄（ka）	年龄（BP）	年龄误差
YZP1：1（30 厘米）	1.99 ± 0.05	2.01	1.01 ± 0.05	1010	50
YZP1：2（52 厘米）	3.54 ± 0.09	1.91	0.54 ± 0.02	540	20
YZP1：3（75 厘米）	3.67 ± 0.09	24.1	6.57 ± 0.43	6570	430
YZP1：4（95 厘米）	3.78 ± 0.10	23.1	6.10 ± 0.29	6100	290
YZP1：5（120 厘米）	3.62 ± 0.09	30.0	8.27 ± 0.42	8270	420
YZP1：6（143 厘米）	3.62 ± 0.09	28.3	7.83 ± 0.28	7830	280
YZP1：7（163 厘米）	3.54 ± 0.09	22.0	6.20 ± 0.25	6200	250
YZP1：8（181 厘米）	3.59 ± 0.09	23.5	6.54 ± 0.21	6540	210
YZP1：9（201 厘米）	3.40 ± 0.09	28.3	8.31 ± 0.34	8310	340
YZP1：10（233 厘米）	3.61 ± 0.09	40.1	11.11 ± 0.57	11110	570
YZP1：11（273 厘米）	3.57 ± 0.09	37.3	10.44 ± 0.38	10440	380
YZP1：12（315 厘米）	3.67 ± 0.09	46.5	12.66 ± 0.69	12660	690

YZP1：12 和 YZP1：13 是更新世末期的地层，这与该地区的地质研究和这次的地质考古调查结果是一致的。YZP1：13 的光释光测年结果没有完成。

有几处年代反转现象。第一处发生在 YZP1：11 和 YZP1：10 之间，YZP1：10 处在更新世末期和全新世早期交界的堆积位置，年代为 11110BP ± 570BP。这个光释光年代可能被高估了。大量的木炭块、骨骼碎片，尤其重要的是从这一层往上，开始出现的陶片，表明有人类活动。而从发掘和 [14]C 测年结果来看，人类活动的最早时间大概在 8000 ca. BP（或许更晚一些）[②]。测年结果偏大可能与沉积物的部分曝光有关，这

---

① Duller G A T. Luminescence dating: Guidelines on using luminescence dating in archaeology. *English Heritage*, 2008.

② 秦岭：《中国农业起源的植物考古研究与展望》，《考古学研究》（九），文物出版社，2012 年，260～315 页。

在对冲积物进行光释光测年中是常见的问题。在重建的土壤演变模式图中（图九），YZP1：10 对应于阶段一（stage 1）的后期。

YZP1：9 和 YZP1：8 是从主要人类活动层采集的。尽管 YZP1：8 的光释光年龄比发掘和 ^{14}C 的测年结果稍微年轻一点，但它们仍形成较好的序列，在土壤演变模式图中对应于阶段二（stage 2）。YZP1：7 处在全新世早期古土壤和随后发生的冲积层的交界，YZP1：6 和 YZP1：5 对应于土壤演变模式图的阶段三（stage 3）的冲积事件。它们的年代要比预期稍微老一点，有可能也是因为冲积物局部曝光造成的。剩下的光释光年龄大体形成较好的年代序列。

四、地球物理和地球化学分析结果

粒度和烧失量的分析结果为下面要做的土壤微形态分析提供了辅助信息。

粒径的种类依据 Stoops（2003）的分类，2～60 微米之间的颗粒被归为粉砂质类。考虑到出现在两个剖面的主要是粉砂粒径大小的颗粒，依据土壤质地等级三角，沉积物的质地主要划分在粉砂和粉砂质壤土的类别里。

即便如此，与小于 30 微米的典型的黄土颗粒不同，这些粉砂颗粒属于很粗（多达 38%）和粗的粉砂（多达 24.5%）颗粒。这也许是风成沉积物和河流冲积物的重要区别，因为风一般不太可能长途搬运大粒径的矿物质（如粗砂粒径的物质）[1]。然而，大部分随机分布很细的砂粒，在冲积沉积物中也大量出现（多达 19%），而且很可能是来源于当地。

粒度分析的实验结果证明颗粒的粒径有较大的差异，这表示由于河流能量和沉积状态的变化，来自长途搬运和当地来源的物质都参与了冲淤过程。这可能进一步表明短期的地表稳定是沉积状态改善引起的。

另外，P1 底部的切片（YZP1：10、YZP1：9 和 YZ：4；见附表一）包含粗砂和砾石粒径的矿物质，但是粒度分析实验却没有指示出来。这种不一致可能是因为粒度分析检测仪的激光不能探测到砾石粒径的物质（有时大于 2000 微米）；也有可能是这些沉积物来源很近，例如，地表径流带来的侵蚀物或是局部的河岸侵蚀[2]但这些不一致的情况是很偶然的，也极少发生，因此只在部分沉积物中有反映。

此外，整个剖面粒径组合百分比也发生了巨大变化。在两个剖面的中间部分都可以见到极细矿物质的短期浮动（图八：YZP1：15-5；YZP3：17-5）。一开始 P3 极细颗粒的颗粒含量急剧降到 1.8%，P1 降低到大概 4%。极细物质含量在 P3 增长速度很快，而在 P1 则缓慢稳定减少，直到 YZP1：5，在这期间极细物质的绝对含量比上面和下面的地层要少很多。这种减少与全新世古土壤的形成有关，表明在土壤形成过程发生之前，周边来源的物质输入减少，沉积状态改善。这也符合黏土颗粒的含量变化规律，因为黏土含量改变与土壤形成有关。一般地，极细的砂粒级矿物质减少与黏土颗粒增加相关，表明黏土粒级物质的含量与粗颗粒矿物的化学风化和黏土沉积有关，这两种

①　刘东生：《黄土与环境》，科学出版社，1985 年。

②　Charlton R. *Fundamentals of Fluvial Geomorphology*. London: Routledge, 2008: 38～51.

现象都可以被微形态检验证实[1]。在某些层上，黏土粒级的颗粒百分含量格外高，与之对应的是大量的黏土质地特征。最后，黏土粒级物质的百分比在总堆积中占有重要比例，与极细砂物质的百分比相关（见下文），尽管它们的绝对百分比值比张祖陆等[2]发现的要小。

　　两个剖面的有机质变化模式十分一致（表三）。不同发育程度的古土壤一般比它上下层的沉积物有机质含量要多。但是，P1 的两层古土壤比 P3 相应层位的有机质含量多。这与微形态检验得出的结论相矛盾，因为微形态的结论表明 P3 古土壤的形成（尤其是早期形成的）是因为植被状况更好，似乎表明高含量的有机质是来源于植被。P1 有机质含量较高的一个可能解释是这些有机质母质（比如河岸冲积）对此有贡献，这也许又跟周围人类活动有关系（例如地表片蚀或侵蚀）。这也可以解释 P1 靠下部分的高含量有机质[3]，尽管这里的高有机质含量不一定直接由人类扰动造成。此外，大量棱角状的骨骼碎片的出现也表明强烈的地表冲积或侵蚀。

表三　P1 和 P3 样品烧失量的结果

样品	% 有机质（105～480℃的烧失量）	% 碳酸盐（950℃的烧失量）	样品	% 有机质（105～480℃的烧失量）	% 碳酸盐（950℃的烧失量）
YZP1：1	2.321	1.921	YZP3：1	1.830	2.902
YZP1：2	2.127	2.082	YZP3：2	1.568	3.215
YZP1：3	1.714	1.960	YZP3：3	1.215	2.501
YZP1：4	1.990	1.765	YZP3：4	1.293	2.404
YZP1：5	2.698	2.279	YZP3：5	1.574	2.939
YZP1：6	3.260	2.509	YZP3：6	1.739	3.268
YZP1：7	3.603	2.511	YZP3：7	2.179	3.837
YZP1：8	3.404	2.721	YZP3：8	2.004	3.821
YZP1：9	3.441	2.758	YZP3：9	2.099	3.573
YZP1：10	3.588	2.805	YZP3：10	1.989	3.550
YZP1：11	2.803	2.427	YZP3：11	2.148	4.653
YZP1：12	2.777	2.383	YZP3：12	1.913	2.938
YZP1：13	2.683	2.370	YZP3：13	2.596	4.192
YZP1：14	2.925	2.313	YZP3：14	2.291	4.008
YZP1：15	2.717	2.264	YZP3：15	2.005	3.580
YZP1：16	2.432	2.034	YZP3：16	1.759	2.904
YZP1：17	2.357	2.115	YZP3：17	1.568	2.849

① Stoops G, Schaefer C E G R. Pedoplasmation: Formation of soil material. In: Stoops G, Marcelino V, Mees F (eds.), *Interpretation of Micromorphological Features of Soils and Regoliths*. Amsterdam: Elsevier, 2010: 69～79; Zauyah S, Schaefer C E G R, Simas F N B. Saprolites. In: Stoops G, Marcelino V, Mees F (eds.), *Interpretation of Micromorphological Features of Soils and Regoliths. Amsterdam: Elsevier*, 2010: 49～68.

② 张祖陆、辛良杰、姜鲁光等：《山东济南张夏黄土堆积及成因分析》，《古地理学报》2005 年 1 期，98～106 页。

③ Brady N C, Weil R R. *The Nature and Properties of Soils*, 12th edition. New Jersey: Prentice Hall, 1999: 446～489.

续表

样品	% 有机质（105~480℃的烧失量）	% 碳酸盐（950℃的烧失量）	样品	% 有机质（105~480℃的烧失量）	% 碳酸盐（950℃的烧失量）
YZP1：18	2.548	2.417	YZP3：18	1.492	2.848
YZP1：19	2.440	2.288	YZP3：19	1.420	2.689
YZP1：20	2.473	2.238	YZP3：20	1.411	2.595
YZP1：21	1.847	2.208	YZP3：21	1.462	2.911
YZP1：22	2.020	2.453	YZP3：22	1.470	3.028
YZP1：23	1.748	2.352	YZP3：23	1.505	3.073
YZP1：24	1.700	2.303	YZP3：24	1.497	2.910
YZP1：25	2.748	2.197	YZP3：25	1.455	3.119
YZP1：26	3.001	2.179	YZP3：26	1.389	3.138
YZP1：27	2.697	2.449	YZP3：27	1.167	2.937
YZP1：28	2.319	2.062	YZP3：28	1.277	3.024
YZP1：29	3.693	1.898			
YZP1：30	2.892	2.061			
YZP1：31	2.467	1.950			

　　P3 的土壤微形态切片中极少出现钙质的痕迹特征，在烧失量实验中略高含量的碳酸盐能说明这一点。而且，土壤微形态表明 P3 的植被状况较好，生物过程可能参与了碳酸盐富集。

　　来自土壤微形态检验和地球物理分析的支离破碎的信息，不总是互相印证，甚至有时候互相矛盾。因此在利用不同分析手段得出的证据时，做出相关性的判断要谨慎。

五、土壤微形态检验的结果

　　对 P1 和 P3（图三）的加积冲积序列的详细土壤微形态观察的具体结果见附表一和附表二。P2 记录了晚更新世沉积过程，结果将会另文发表。这些特征的时间和空间变化总结如下。

　　两个剖面的靠下部分（图三：YZP1：10、YZP1：9、YZ：4、YZP1：8、YZP3：7、YZP3：6 和 YZP3：5；具体描述见附表一和附表二）的光释光测年结果是 ca.13000~10000a，YZP1：8 在运输途中丢失。土壤微结构中的粗组分主要是很细的砂粒级的石英，其中明显可见来自少量的形状不规则、分选差、粗到很粗的砂粒级矿物的贡献（图四，a、b）。这些粗矿物主要包括长石、云母、角闪石和斜长石，还有其他不透明的矿物。在野外观察，两个剖面的靠下部分都呈浅黄色，有明显的土壤形成的痕迹，如由有机质积聚产生的深褐色。水平形成过程明显缺失。但是土壤微形态检验提供了不同的观察结果。从两个剖面对应的层位制取的切片的土壤形成物是以薄的粉尘黏粒胶膜、亚黏土胶膜（图四，f；图五，a）、填充物、结皮特征和蚯蚓粪粒为主。这些特征都与典型的经受淀积作用而形成的定向黏粒胶膜不同。这种较差的分选也进

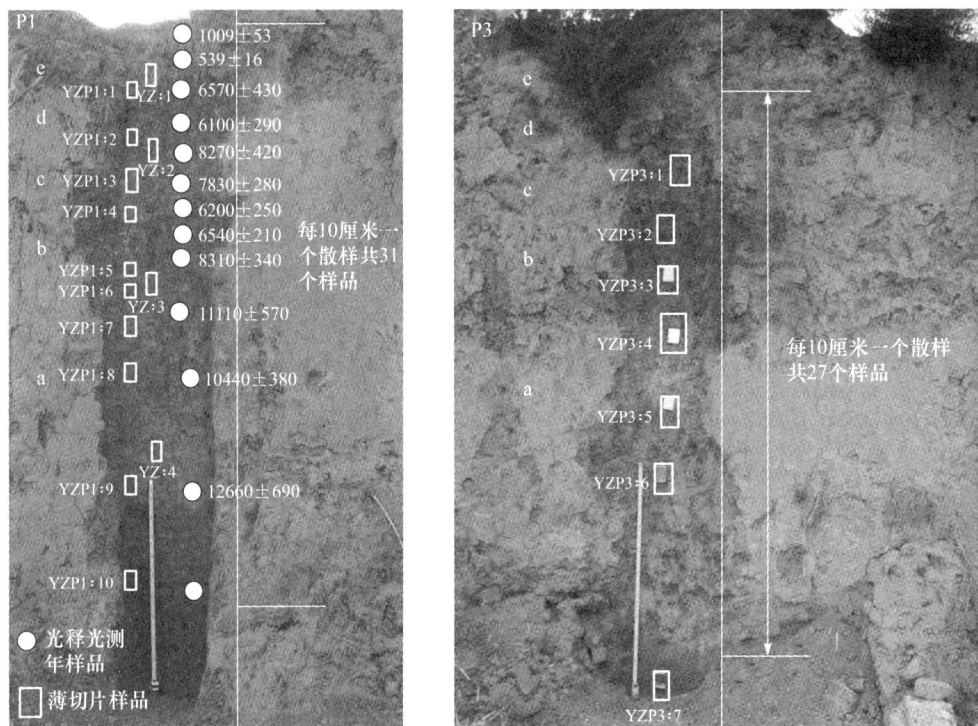

图三　地层采样位置和 P1、P3 的 OSL 测年结果

一步被粉砂黏粒胶膜的出现所证实（图四，b、e），表明了非常迅速的下渗过程①。另外，在一些黏土胶膜的填充物内，植物组织的形状或结构被保存下来（图四，f），这可能也是携带粉砂的水体迅速充满然后又迅速蒸发的结果。表面典型的风化线和断裂的结构（图五，b、c）指示这些粗矿物正在经历着风化过程。沿着靠近这些矿物的空隙，分布着一些很细、带着红色的粉尘较少的黏粒胶膜。结皮的特征主要分为两类：一类是"沉积壳"②，通常具有水平的层状结构，可能是在一种被埋藏之后又干燥最后露出水面的过程中形成的；另一类多数都沿着没有层理结构的大型孔隙分布，这些结皮特征有时会有一种从孔隙到其相邻的母质或者相反方向的分选趋势（图五，c、d），这种结皮特点很可能是由于水平层内快速的水饱和形成的（有毛细水压参与？）③。这两类结皮迹象经常会被扰乱、移动、重新堆积，最后与土壤基质融合在一起。纵观两个剖

---

① Brammer H. Coatings in seasonally flooded soils. *Geoderma*, 1971, 6: 5～16; Gerrard J. *Soil Geomorphology: an Integration of Pedology and Geomorphology*. London: Chapman & Hall, 1992; McCarthy P J, Martini I P, Leckie D A. Use of micromorphology for palaeoenvironmental interpretation of complex alluvial palaeosols: An example from the Mill Creek Formation (Albian), southwestern Alberta, Canada. *Palaeogeography, Palaeoclimatology, Palaeoecology*, 1998, 143: 87～110; McCarthy P J, Martini I P, Leckie D A. Pedogenic and diagenetic influences on void coating formation in Lower Cretaceous paleosols of the Mill Creek Formation, southwestern Alberta, Canada. *Geoderma*, 1999, 87: 209～237.

② Pagliai M, Stoops G. Physical and biological surface crusts and seals. In: Stoops G, Marcelino V, Mees F (eds.), *Interpretation of Micromorphological Features of Soils and Regoliths*. Amsterdam: Elsevier, 2010: 419～440.

③ 同②。

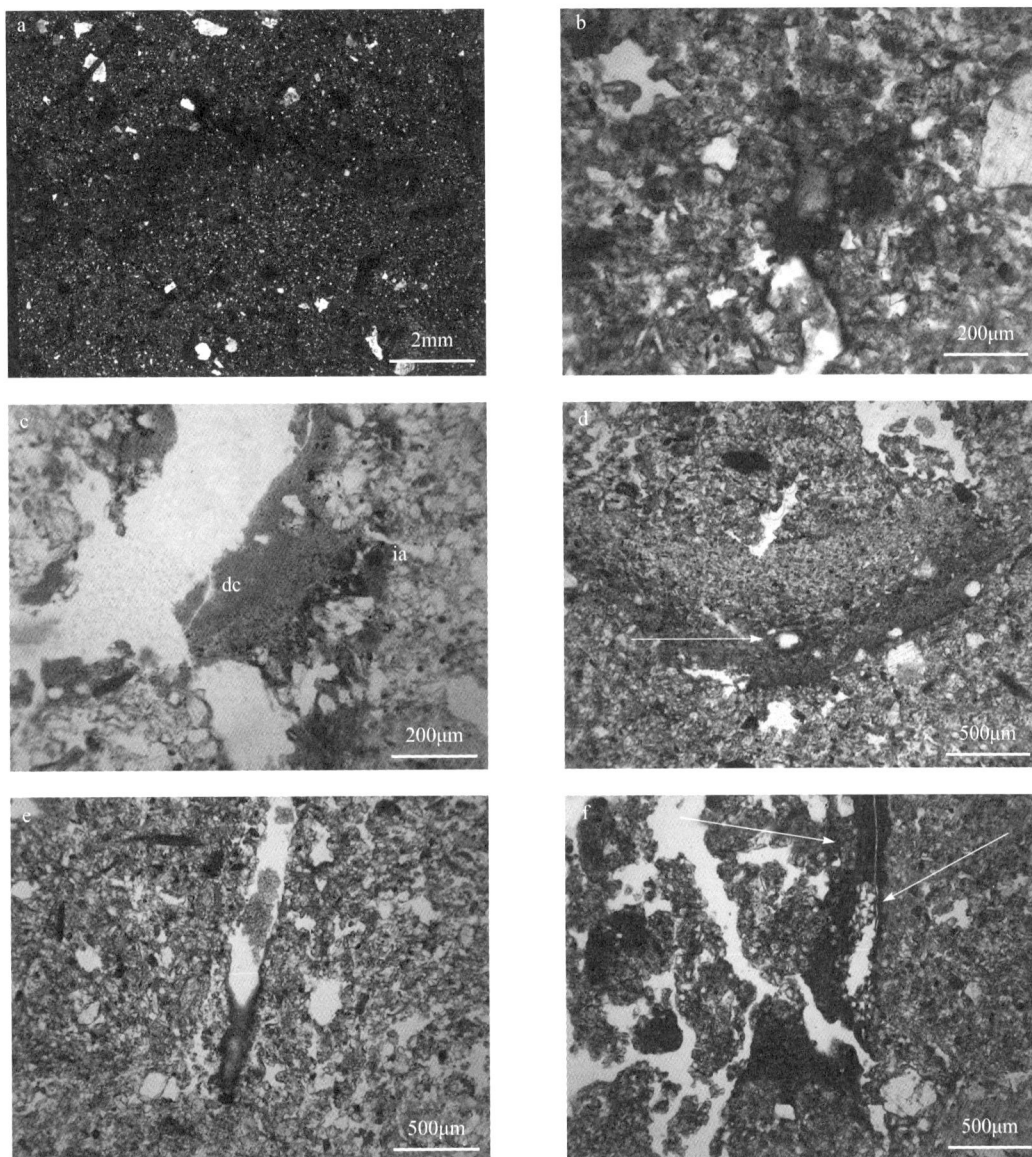

图四　微形态的图片（YZP1 和 YZP3 表明样品分别从剖面 1 和剖面 3 中采集）

a. YZP1：9 的靠上部分，314 厘米（从地表至样品上表面的深度，下同），可以看到土壤基质里保存的原生结皮特征，有分选很差的粗颗粒矿物（XPL）；b. YZP1：9 靠下部分，320 厘米，分选差，极细粉黏土到粉砂质黏土胶膜，颜色呈黑色至黑褐色，可能是由于随机定位和相对粗糙的颗粒胶膜（PPL）；c. YZP1：10，357 厘米，盖有富铁团块（ia）的粉尘黏土胶膜（dc）（PPL），粉尘黏土胶膜包含有一些粉砂粒径的黑色颗粒（可能是微小的木炭），在 XPL 下有双折射现象；d. YZP1：9 的靠上部分，314 厘米，原生地表结皮特征表现出方向朝上的极好的分选趋势，这些特征沿中间（箭头指处）的孔隙覆盖有很薄的胶膜（PPL）；e. YZP1：10，357 厘米，极细粉黏土至粉砂胶膜，呈现与 b 相似的黑色至黑褐色（PPL）；f. YZP1：10，357 厘米，粉尘黏土胶膜，被扰乱的结皮特征，注意，植物遗存的形状保存较好，可能是环绕植物根部的植物根或真菌（箭头）（PPL）

面的靠下部分（见补充材料中的 YZP1：10、YZP1：9、YZ：4、YZP3：7、YZP3：6 和 YZP3：5），都有大量的大小不一、浸透程度不同的铁质结核（图五，d）。有些跟母质之间有明确的边界，表明它们可能是在被侵蚀和重新堆积之前就形成的（这些受

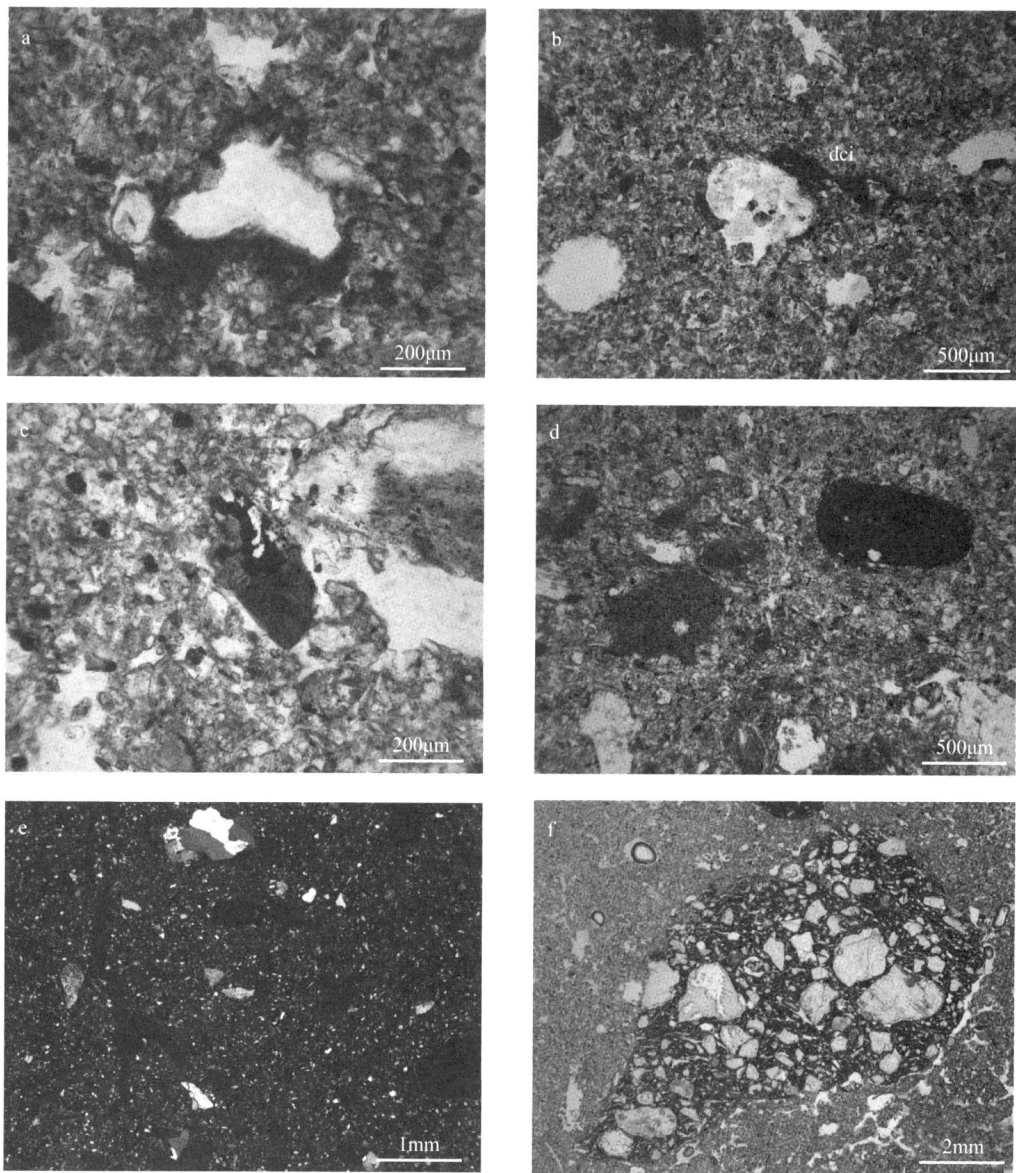

图五 微形态的图片

a. YZ：4（剖面1），280厘米，位于孔隙下半部分的薄黏土胶膜，这样的薄黏土层经常是水平直线集中排列的，参见图七c（PPL）；b. YZ：4，280厘米，与粗糙矿物相关的富铁深色黏土填充物（PPL），在XPL视野下，这些黏土矿物没有双折射现象；c. YZP1：9的靠上部分，314厘米，覆盖有很深颜色富铁黏土矿物的风化闪石（PPL）；d. YZP1：10，357厘米，扰乱的地表结皮特征和嵌入土壤基质内的侵蚀圆形铁质结核（PPL）；e. YZP1：6，222厘米，粗糙，分选差，棱角状矿石（XPL）；f. YZP1：5，212厘米，由细腻褐色材料和粗糙矿石（主要是石英）制造的陶片，陶片上稍微覆盖有细腻的物质（PPL）

侵蚀的氧化铁结核经常发现在斜坡堆积处①）。大多数铁质结核与母质之间都有模糊的

① Mücher H J. Micromorphology and slope deposits: the necessity of a classification. In: Rutherford G K(ed.), *Soil Microscopy*. Kingston, Ontario: The Limestone Press, 1974: 553～556.

边界。这些铁质结核很明显是由于地下水位的频繁变化新形成的[①]。经常可以发现块状木炭（大多数是中等至粗砂粒径大小，小部分是极粗砂大小），虽然形状不规则或者细长，部分甚至分解，但仍能偶尔在里面辨识出植物组织的结构。

渐渐往上，至全新世早期古土壤下面的地层（YZP1：7 和 YZP1：6 的靠下部分；YZP3：4），有些光释光测年的年代反转，但这些地层的形成年代很可能在 ca.9000～8000a 之间。虽然这里的主要沉积过程大体保持不变，但是粗矿物的贡献变化很大。例如，YZP1：6 的基质粗矿物丰富（图五，e），存在数量和分选的垂直变化，相比较而言，土壤结构上部的沉积物分选更差，粗矿物更多。这表明与沉积过程相关的水体的状态一直很不稳定。然而，矿物的种类跟剖面靠下部分的很相似，极少表现风化的痕迹。在 P1 中，土壤形成物也主要是很薄的粉尘黏粒胶膜、亚黏土胶膜和填充物稀疏地分布在整个层面上。但是在同时期的 P3，除了薄薄的粉尘黏粒胶膜，也有分层的、略呈粉状的或半透明的黏粒胶膜和粉砂质黏粒胶膜（图六，a）。可以看到大量新形成的铁质结核（YZP1：6 和 YZP3：4，见附表一和附表二），而老的被重新侵蚀堆积的铁质结核很少见。结皮特征比前期少得多。在 P1 剖面土壤薄片中，我们发现了微地层中有大量的骨骼碎片，而在 P3 却一点都没有。根据它们的形状、矿化程度和与黏土矿物的分布关系，这些骨骼碎片被分为三类。在第一类骨骼碎片中，磷灰石纤维、哈佛氏管[②]或典型的骨骼形状、尤其是尖锐的骨骼锐缘（图六，b），都保存较好。第二类是数量最多的，矿化程度很高，大多数已经没有骨骼的形状和结构，但是他们在 XPL[③] 下的灰色可以与其他矿物区别开（图六，c）。非常有意思的是，很多骨骼，不论大小，都在边缘包裹了一层铁矿物，在表面或沿着原来哈佛氏管的位置（图六，d）附着了一些铁锰的痕迹。第三类骨骼是完全矿化的，颜色呈灰色至浅橙色，与第二类稍有差别。这些骨骼都经过磨圆，表明它们在埋藏之前经过了长途搬运。它们的边缘和表面都附着有一层铁锰矿物，但是附着面很随机。也有烧过的（赤化的）骨骼（图六，e）。不规则形状或细长的粗糙木炭和腐殖化的有机质，有时部分分解，但在两个剖面中都很常见。

成土过程中的这种时空变化贯穿于全新世早期古土壤的形成过程中（YZP1：6 的靠上部分，YZ：3、YZP1：5 和 YZP1：4 的靠下部分；YZP3：4 的靠上部分，YZP3：3、YZP3：2 的靠下部分）。尽管这里出现光释光年代反转，但大致都在距今 8000～7000 年之间。粗矿物在沉积过程中的贡献显著减少。与那些早期沉积物相反，这些粗矿物（尽管很少）经历了强烈的风化过程，常见的富铁矿物覆盖或包围这些风化中的粗颗粒和风蚀切口可以证明这一点。黏土质土壤形成物十分丰富。形式和颜色十分多样，表明淀积过程多次发生。第一类是半透明至粉尘稍少的黏粒胶膜和填充物，颜色呈亮红

---

① McCarthy P J, Plint A G. Floodplain palaeosols of the Cenomanian Dunvegan formation, Alberta and British Columbia, Canada: micromorphology, pedogenic processes and palaeoenvironmental implications. In: Marriott S B, Alexander J (eds.), *Floodplains: Interdisciplinary Approaches*. London: The Geological Society of London, 1999: 289～310; Bridge J S. *Rivers and Floodplains: Forms, Processes, and Sedimentary Record*. Oxford: Blackwell Pub, 2003.

② 以纵行于长骨骨干的多数血管为其中心的管状构造，作为血管通路的直径为 20～100 微米的中心管，称为哈佛氏管。

③ PPL 表示矿片是用偏光显微镜照射得出的，XPL 就是偏光显微镜打开了正交偏光得出的视野。

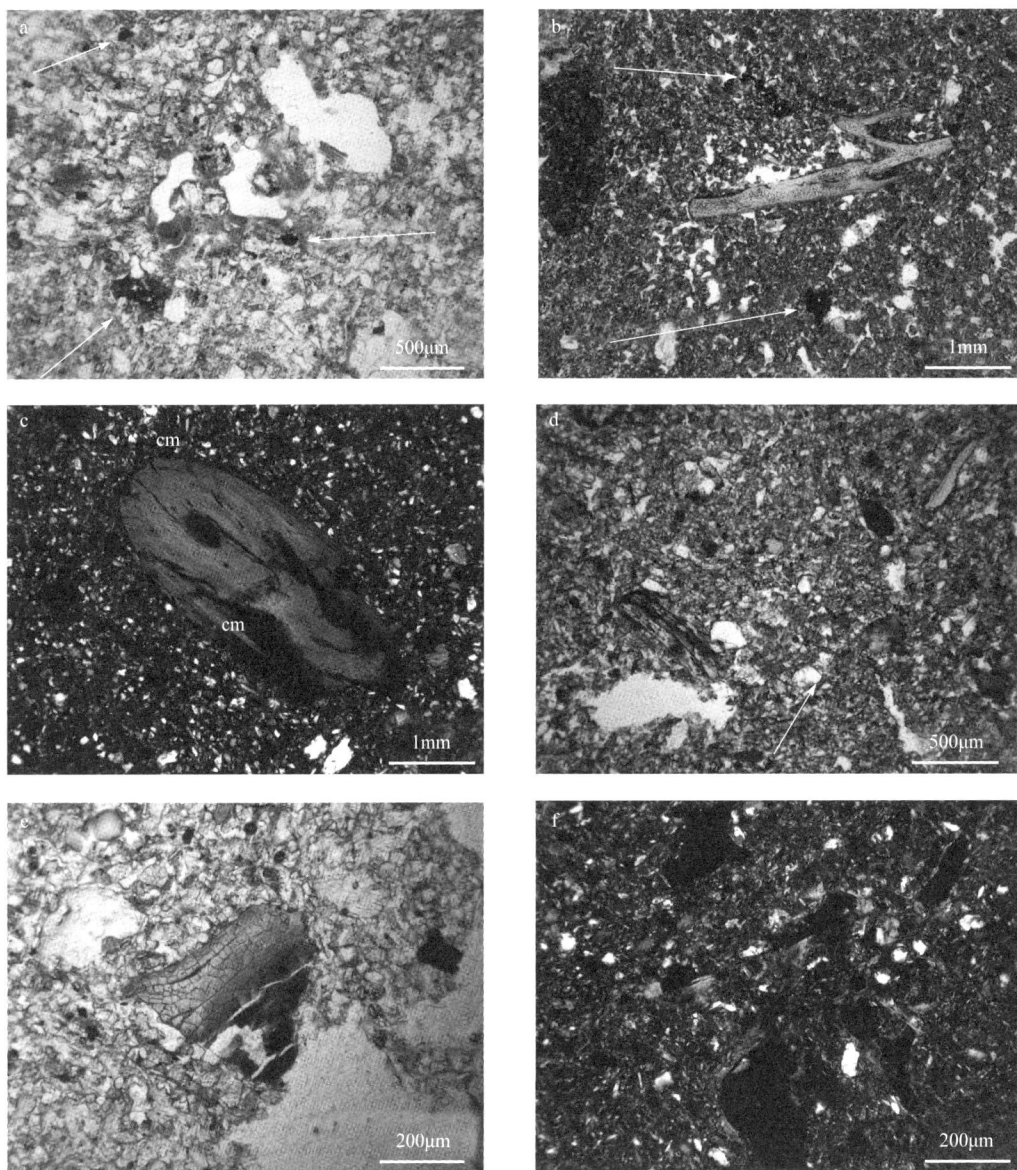

图六　微形态的图片

a. YZP3：5 的靠上部分，190 厘米，半透明至略粉尘黏土胶膜，土壤基质中富含细木炭和有机质（箭头）（PPL）；
b. YZ：3（剖面 1），210 厘米（YZ：3 和 YZP1：5 和 YZP1：6 是在两个不同的田野季节采集的），YZ：3 的确切
深度大概有 ±5 厘米的误差，但是相对地层关系如图三所示，有保存较好的骨骼碎片，其上有纤维状结构和哈佛
氏管，同时留意有机质的出现（箭头）（PPL）；c. YZ：3，210 厘米，有纤维状结构和哈佛氏管的骨骼碎片，上面
覆盖有铁质矿物（箭头）（XPL）；d. YZ：3，210 厘米，深黄色的骨骼碎片，覆盖有铁质矿物，显微结构已不可
见，这些骨骼碎片相对小很多。同时留意粗糙矿物（cm）（PPL）；e. YZP1：5，212 厘米，燃烧过的破损的骨骼碎
片，表面上有裂痕（PPL），在 PPL 下颜色沉陷从橘黄色到浅红色的转变；f. YZP3：4 的靠下部分，160 厘米，半
透明，略粉尘黏土胶膜或填充物，亮黄色至浅红色（XPL）

色或黄色和有较强的双折射现象（图六，f；图七，b），多数有层状结构（图七，d）。
第二类更丰富，是层状的粉尘黏土胶膜（图七，a），颜色要么是典型的红色或褐色，
要么是很深的灰色，后者可能是在快速淀积作用中黏土矿物分选较差的结果，而且含

有更多粉尘颗粒（例如微小的木炭或是细腻的有机颜料 ① ）。这种情况在剖面 1 中更常见。第三类，同样有很多很薄、水平排列的纯或略呈粉尘的黏粒胶膜和亚胶膜，都分布在不规则的多孔形孔洞的下半部（图七，c），和在前一个时期样品中观察到的相似。前面描述的两种结皮特征都出现了，有些结皮也被侵蚀、再沉积并结合到基质里面。与前面的层位相比，铁质结核的数量显著下降。这可能与相对稳定的地下水动态或者地下水位相对较高有关。另一个显著的差别是有机物和大小不等的炭屑（主要是粗砂到极细砂的粒级）的增加，它们是古土壤呈现黑色的原因。除了丰富的骨骼碎片以外，偶尔也可以见到陶片。

　　这个古土壤形成期之后，就是中全新世至晚全新世粉尘堆积增加的时期（YZP1∶4 的靠上部分，YZP1∶3；光释光测年：ca.7000a）。晚全新世古土壤形成的时候剖面加积就结束了（YZP1∶2 和 YZP1∶1），古土壤形成的特点表现为由严重的内部崩解产生了大量的粉状黏土质土壤形成物（图八）。

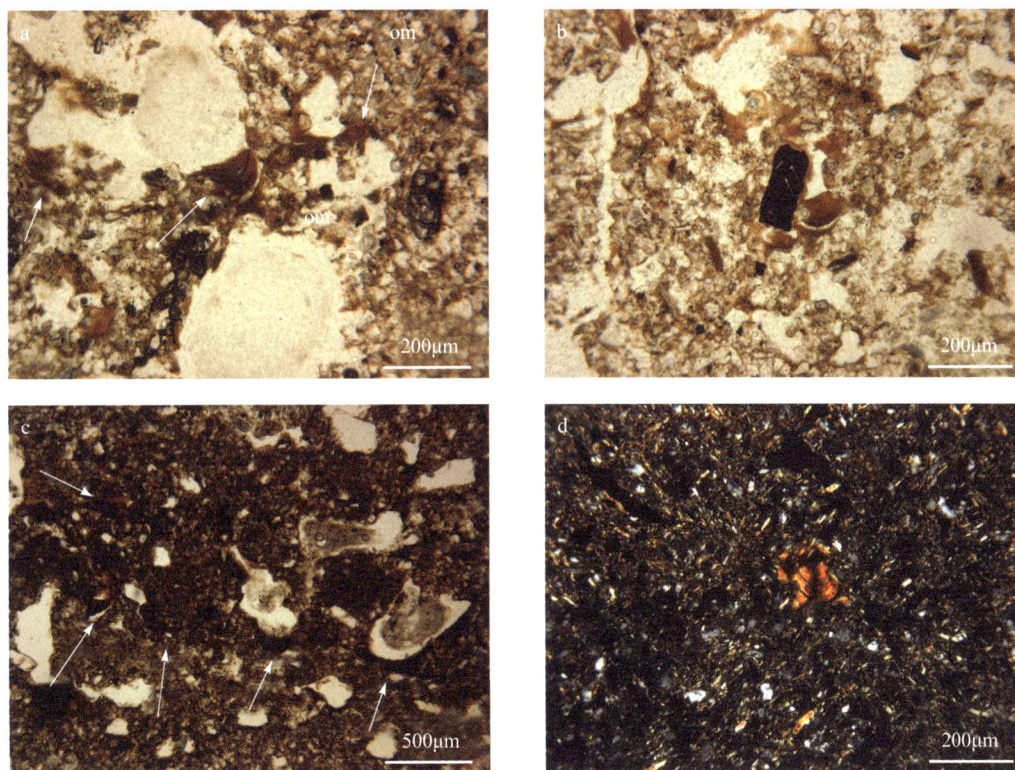

图七　微形态的图片

a. YZP1∶4 的靠上部分，164 厘米，层状的粉尘黏土胶膜（箭头），土壤基质富含有机质（om）（PPL）；b. YZP1∶4 的靠下部分，170 厘米，半透明粉状黏土胶膜和填充物，还有粗糙的长方形木炭（PPL）；c. YZP1∶3 的靠上部分，137 厘米，薄薄的深色黏土胶膜（箭头），水平排列（PPL）；d. YZP3∶4，152 厘米，层状的、半透明或略成粉尘黏土胶膜。注意细小的木炭和富含有机质的基质（XPL）

① Fedoroff N, Courty M A, Guo Z T. Palaeosoils and relict soils. In: Stoops G, Marcelino V, Mees F (eds.), *Interpretation of Micromorphological Features of Soils and Regoliths*. Amsterdam: Elsevier, 2010: 623～662.

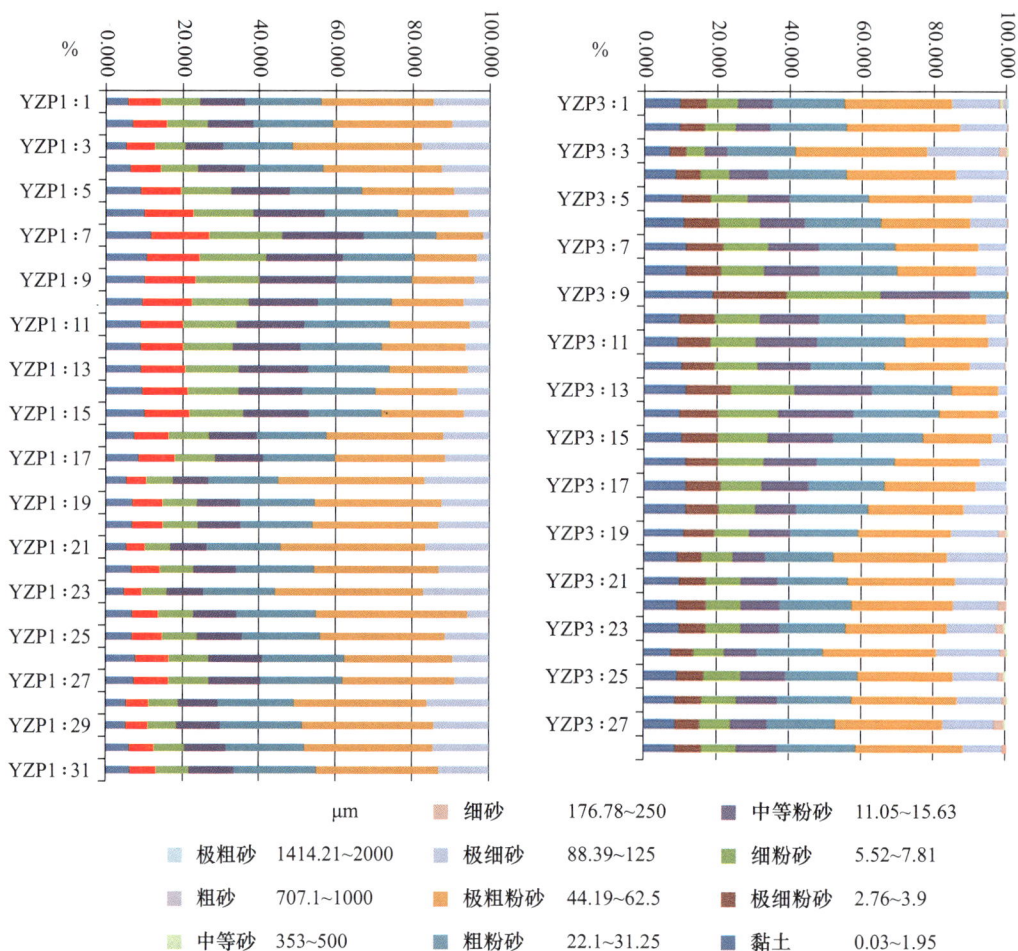

	μm		细砂	176.78~250		中等粉砂	11.05~15.63
	极粗砂	1414.21~2000		极细砂	88.39~125	细粉砂	5.52~7.81
	粗砂	707.1~1000		极粗粉砂	44.19~62.5	极细粉砂	2.76~3.9
	中等砂	353~500		粗粉砂	22.1~31.25	黏土	0.03~1.95

图八　月庄剖面 1 和剖面 3 的粒径分布分析结果

六、讨　论

（一）土壤演变模式序列重建

结合土壤微形态和沉积研究，我们能够在冲积序列内重建可靠的不断加积的古土壤演替模式，在这个重建中，与土壤形成过程有关的成因、时空信息都被考虑到了①。在冲积平原的土壤里，最有解释价值的微形态特征是黏土质土壤形成物、铁锈色包裹体（铁锈和铁质结核）、构造（地表结皮特征）和结构，这些为研究地表稳定性、水文

---

① McCarthy P J, Martini I P, Leckie D A. Use of micromorphology for palaeoenvironmental interpretation of complex alluvial palaeosols: An example from the Mill Creek Formation (Albian), southwestern Alberta, Canada. *Palaeogeography, Palaeoclimatology, Palaeoecology*, 1998, 143: 87~110.

状况和冲淤的转变期提供重要信息[①]。

图九展示了被重建的古沉积过程的五个主要阶段。像在 P1 和 P3 中见到的那样，第一阶段（ca.13000～8000a）的特点是短期的地表稳定和继发的黄河冲淤频繁转换，冲积物分选很差，伴有当地河流的高能量时期带来的碎岩屑。这在周期性的水平序列里展现的很清楚：B/C[②]，微弱发育的 B/C，B/C，B/C-slight B/C，B/C（剖面 1）；B/C，B/C，Bt/A（剖面 3）。这里的 Bt 层不是指的在温带地区典型的经历活跃淀积作用[③] 的 Bt 层（淀积黏土大于 3%），而是指剖面 3 里，相比而言含量较多的黏土质土壤形成物。

在浅颜色冲积层/崩积层上的发育较弱的土壤具有形成薄粉尘黏土胶膜的特点，指示了较高的地下水位和相对较差的排水，这种环境可能有利于耐涝植物的生长[④]。有时

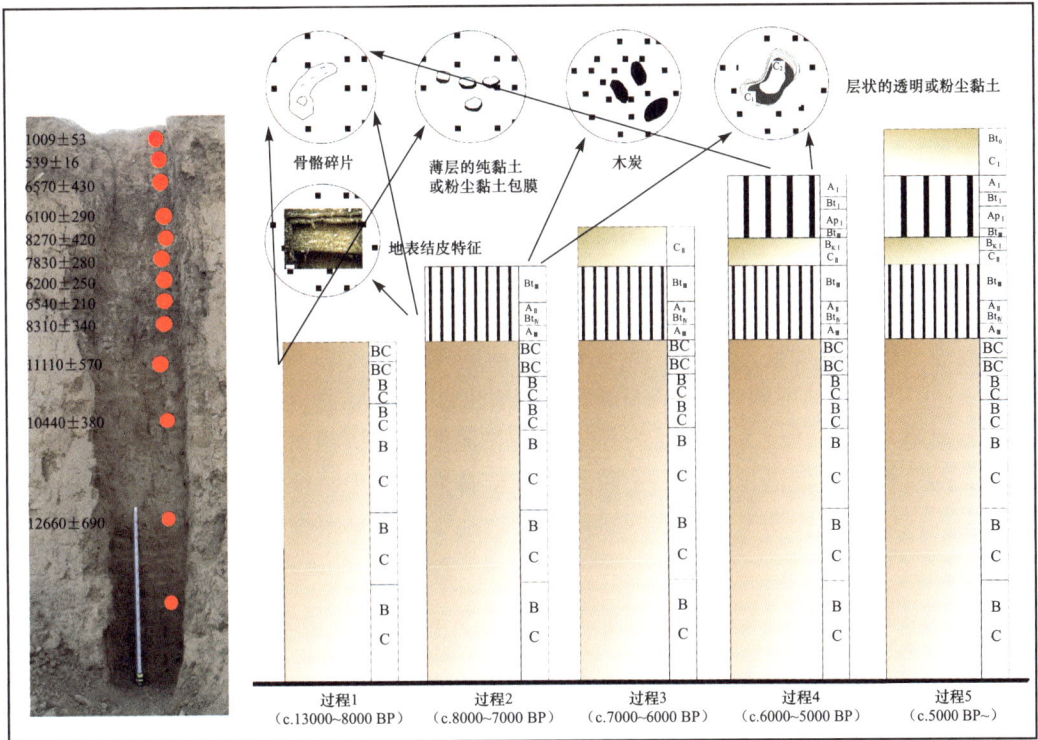

图九　重建的月庄土壤演变模式图（土壤水平面主要是根据剖面 1 的样品切片）

---

① McCarthy P J, Martini I P, Leckie D A. Use of micromorphology for palaeoenvironmental interpretation of complex alluvial palaeosols: An example from the Mill Creek Formation (Albian), southwestern Alberta, Canada. *Palaeogeography, Palaeoclimatology, Palaeoecology* ,1998, 143: 87～110; Richards J L, Vepraskas M J. *Wetland Soils: Genesis, Hydrology, Landscapes, and Classification*. Boca Raton: Lewis Publishers, 2001; Lindbo D, Stolt M H, Vepraskas M J. Redoximorphic features. In: Stoops G, Marcelino V, Mees F (eds.), *Interpretation of Micromorphological Features of Soils and Regoliths*. Amsterdam: Elsevier, 2010: 129～147.

② A：淋溶层；B：淀积层，里面含有由上层淋洗下来的物质；Bt 表示黏粒淀积层；C：母质层。

③ 淀积作用：指下渗水到达剖面下层沉淀其中某些溶解物或悬浮物的作用。

④ Brown A G. *Alluvial Geoarchaeology: Floodplain Archaeology and Environmental Change*. Cambridge: Cambridge University Press, 2001; Lindbo D, Stolt M H, Vepraskas M J. Redoximorphic features. In: Stoops G, Marcelino V, Mees F (eds.), *Interpretation of Micromorphological Features of Soils and Regoliths*. Amsterdam: Elsevier, 2010: 129～147.

候河水可能很快干涸，导致悬浮的粉尘黏土矿物在土壤中沉积下来（如 YZP1：7），也会导致在表面发育结皮特征，而后这些土壤又被生物扰动、再沉积或混合到土壤中。被扰动的结皮不总是有分选，可以确定反映了短暂的干燥事件。在发育较差的土壤和其上的冲积物上都遍布新形成的铁质结核，进一步表明水位的季节变化，促进了氧化还原反应 ①。在第一阶段的末期（ca. 9000～8000a），P1 出现了大量的骨骼碎片，伴有大块的木炭。这些不同的包含物有可能是人类行为产生的，表明人类可能在地表稳定的短暂时期开始在当地环境中活动。

第二阶段（ca.8000～7000a）在冲积物沉积之后经历了很长时期的地面稳定，同时观察到了土壤形成过程的空间差异。因为 P1 距离河流冲积平原较近，这时它的土壤形成过程以形成薄粉尘黏土胶膜为主导，交替着也有冲积物的沉积。但是这时的黏土质土壤形成物更丰富，不仅分布在孔隙的下半部分，有时还填充在晶簇中。经常可以观察到成层的黏土胶膜。到接近顶部的位置（YZP1：4），尽管这种薄黏土胶膜仍占主要地位，但分选较好或半透明黏土胶膜的出现明确地指示了地表稳定性的增强 ②。而 P3 同时期的层位，在冲积活动结束后，随着地表扰动减少，植被覆盖好转，更重要的可能是水文状况稳定导致丰富的半透明黏粒胶膜和填充物的形成，可以看到土壤形成的稳定好转现象。整体来看这个时期河流冲积平原面积扩大，起伏减缓，下切减轻。这些新形成的地貌景观极大促进了人类的活动，这从土壤中显著增加的骨骼碎片、有机质和大块木炭以及随处可见的陶片就可以看出来。不仅如此，一些在冲积平原短暂稳定的地表上的结皮特征，可能是由于文化活动造成的（例如开垦和农业 ③）。有意思的是在 P3 里，丝毫见不到骨骼碎片和陶片，表明文化活动更可能在 P1 附近发生，那里更接近河道。换句话说，河漫滩的环境可能在他们的经济活动中非常重要。对河流冲积平原的管理可能促进了粉尘黏土胶膜、结皮特征等成土特征的形成，也改变了有机质的输入。因此从长期来看，这些活动可能扰乱了地表稳定性和土壤形成过程的自然

① Kraus M J. Palaeosol sequences in floodplain environments: A hierarchical approach. In: Thiry M, Simon-Coicon R (eds.), *Palaeoweathering, Palaeosurfaces and Related Continental Deposits, Special Publication Number 27 of the International Association of Sedimentologists*. Chichester: John Wiley & Sons, 1999; McCarthy P J, Plint A G. Floodplain palaeosols of the Cenomanian Dunvegan formation, Alberta and British Columbia, Canada: Micromorphology, pedogenic processes and palaeoenvironmental implications. In: Marriott S B, Alexander J (eds.), *Floodplains: Interdisciplinary Approaches*. London: The Geological Society of London, 1999: 289～310; Richards J L, Vepraskas M J. *Wetland Soils: Genesis, Hydrology, Landscapes, and Classification*. Boca Raton: Lewis Publishers, 2001; Schaetzl R J, Anderson S. *Soil: Genesis and Geomorphology*. Cambridge: Cambridge University Press, 2005; Marcelino V, Stoops G, Schaefer C E G R. Oxic and related materials. In: Stoops G, Marcelino V, Mees F (eds.), *Interpretation of Micromorphological Features of Soils and Regoliths*. Amsterdam: Elsevier, 2010: 305～327.

② Avery B W. Argillic horizons and their significance in England and Wales. In: Boardman J (ed.), *Soils and Quaternary Landscape Evolution*. Chichester: John Wiley & Sons, 1985: 69～86; Fedoroff N, Courty M A, Guo Z T. Palaeosoils and relict soils. In: Stoops G, Marcelino V, Mees F (eds.), *Interpretation of Micromorphological Features of Soils and Regoliths*. Amsterdam: Elsevier, 2010: 623～662; Kuhn P, Aguilar J, Miedema R. Textural pedofeatures and related horizons. In: Stoops G, Marcelino V, Mees F. (eds.), *Interpretation of Micromorphological Features of Soils and Regoliths*. Amsterdam: Elsevier, 2010: 217～250.

③ Goldberg P, Macphail R. *Practical and Theoretical Geoarchaeology*. Malden: Blackwell, 2006; Pagliai M, Stoops G. Physical and biological surface crusts and seals. In: Stoops G, Marcelino V, Mees F (eds.), *Interpretation of Micromorphological Features of Soils and Regoliths*. Amsterdam: Elsevier, 2010: 419～440.

周期。

两个剖面都覆盖有 ca.7000a 以后（第三阶段）形成的冲积物。但是土壤微形态观察显示了在晚 / 中全新世土壤形成之前发生了与第一阶段中观察到的相似的变化过程。孔隙的下半部分再次以薄的粉尘黏土胶膜为主，表明了非常短期的间歇性地表干涸（详见附表一和附表二，YZP1：3 和 YZP3：2）。稍晚阶段，在地表状况改善的情况下出现了大量半透明黏土胶膜。未来的研究应该集中在对这种加强的黄河冲积活动的调查，以及这种活动对黄河支流和当地地貌的影响[1]。

第四阶段，一开始冲积物沉积下来，后来有机质堆积和黏土质土壤形成物表明了土壤开始形成。黏土质土壤形成物在形式、颜色、包含物和丰富度方面的差异指示了轻微的但能够观察到的植被和水文状况的变化。在 YZP1：2 发现有粉砂质黏土集中的特征，可能是由农业活动引起的内部崩裂，这在微形态特征中可见[2]。在两个序列里，土壤沉积过程都是以一个新的粉尘堆积过程和被改造过的黄土堆积以及越来越多的扰动的开始而结束。

总体来看，P1 和 P3 反映出一个典型的冲积型河漫滩土壤和冲积物的加积历史，其中伴有局部侵蚀，人类扰动和河谷水文状况的变化[3]。土壤微形态在调查冲积序列、水文变化和文化适应等方面是个可靠的手段。例如，上述大量的土壤样品的例子，都经历了仍在发生的风化过程，还有它们与一些黏土土壤特征的分布关系，都提供了频繁变化的水位影响土壤发育的堆积过程的直接证据[4]。这也有助于我们理解黏土矿物发生的背景[5]，即有关稳定和不稳定黏土矿物（例如高岭石、蛭石等）的出现和数量与土壤发育的关系[6]。

（二）河流河漫滩的重要性

这个研究揭示了河流河漫滩在早期黄河下游生业经济中的重要地位。我们依据连续加积剖面所重建的连续的河流冲积活动，每年或季节性的洪水都会带来大量侵蚀的

① Wu C, Xu Q, Ma Y, *et al*. Palaeochannels on the North China Plain: Palaeoriver geomorphology. *Geomorphology*, 1996, 18: 37~45; Xu Q, Wu C, Yang X, *et al*. Palaeochannels on the North China Plain: Relationships between their development and tectonics. *Geomorphology* , 1996, 18: 27~35.

② Lee H. *The Agricultural Land Use Dynamics Associated with the Advent of Paddy Rice Cultivation in Bronze Age South Korea*. Cambridge: University of Cambridge, 2011.

③ Brown A G. *Alluvial Geoarchaeology: Floodplain Archaeology and Environmental Change*. Cambridge: Cambridge University Press, 2001: 96.

④ Stoops G, Marcelino V. Lateritic and bauxitic materials. In: Stoops G, Marcelino V, Mees F (eds.), *Interpretation of Micromorphological Features of Soils and Regoliths*. Amsterdam: Elsevier, 2010: 329~350.

⑤ Ufnar D F. Clay coatings from a modern soil chronosequence: A tool for estimating the relative age of well-drained paleosols. *Geoderma*, 2007, 141: 181~200.

⑥ Jackson M L, Tyler S A, Willis A L, *et al*. Weathering sequence of clay-size minerals in soils and sediments. I.Fundamental generalizations. *The Journal of Physical and Colloid Chemistry*, 1948, 52: 1237~1260; Brady N C, Weil R R. *The Nature and Properties of Soils*, 12th edition. New Jersey: Prentice Hall, 1999: 446~489; Schaetzl R J, Anderson S. *Soil: Genesis and Geomorphology*. Cambridge: Cambridge University Press, 2005; Ufnar D F. Clay coatings from a modern soil chronosequence: A tool for estimating the relative age of well-drained paleosols. *Geoderma*, 2007, 141: 181~200.

土壤或沉积物。这些新沉积物可能带着营养物质在冲积平原上创建新的生态位，这个生态位将有助于植物生长（参见 Smith 关于美国东北部几个史前遗址相似场景的讨论[①]）。这些植被富集的新的生态位对史前植物利用策略产生很大影响，因为相比来讲，当地的高地地表是贫瘠的。

河流河漫滩的演化对当地水文也有决定性的影响，反过来又跟植被演替密切相关。除了上面讨论过的大沙河频发的洪水和不断变化的排水条件，田野调查中发现的三到四层古土壤（图一〇）可能作为含水层阻碍了排水[②]。这些古土壤经历了强烈的风化，富含细腻物质尤其是由植被生长产生的分散的胶体腐殖质。干燥的时候这些古土壤会变得很硬。直到有人类活动时，考古遗址周围，尤其是远离河漫滩的地方，地下水位可能在古土壤和上层堆积之间浮动，水源主要由河流供给。在跟这一地区史前遗址的分布密切相关的河流交汇处（如图一，b），地下水位一直很高，因此可能有助于各种植物的生长（尤其是对需要较好水热条件的一年生植物比多年生的植物更有利）。

从更大范围来看，当地的水文和地貌实际上是受到黄河下游的演化控制的。黄河

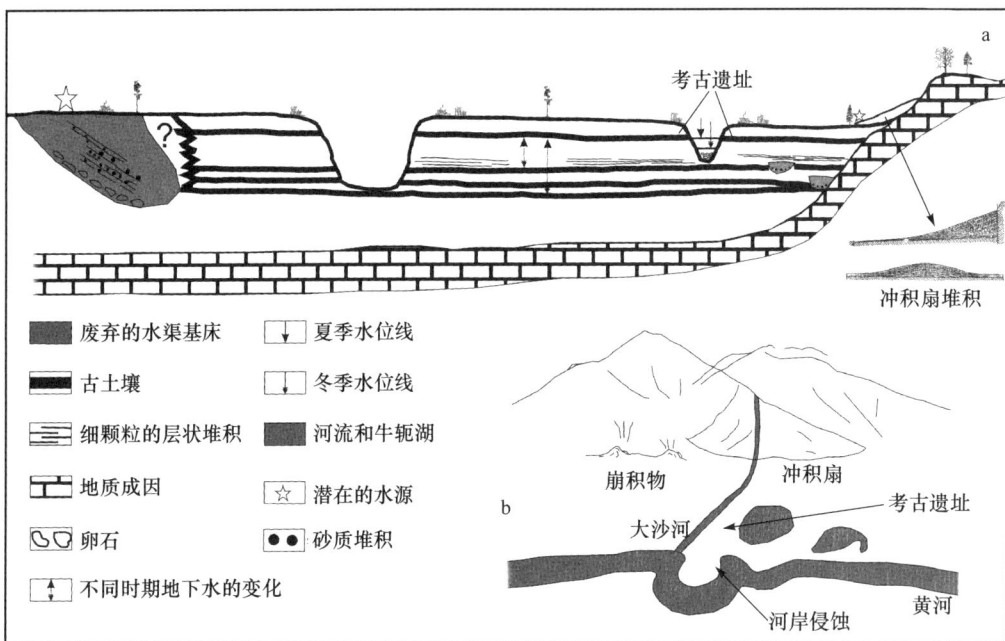

图一〇　月庄周边的地貌平面图，水文和植被状况的示意图

a. 横剖面；b. 平面图；大沙河和黄河的距离不太精确；b 图的一些思路来自 Charlton（2008：55）

① Smith B D. *Rivers of Change: Essays on Early Agriculture in Eastern North America*. Tuscaloosa: University of Alabama Press, 1992.
② Dimbleby G W. *The Palynology of Archaeological Sites*. Orlando: Academic Press, 1984: 49; Brown A G. *Alluvial Geoarchaeology: Floodplain Archaeology and Environmental Change*. Cambridge: Cambridge University Press, 2001:105; Schaetzl R J, Anderson S. *Soil: Genesis and Geomorphology*. Cambridge: Cambridge University Press, 2005: 199, 206.

频繁向南改道促进了牛轭湖和湿地环境的形成 ①。这种环境容易产生丰富的自然资源，也是史前人类活动的理想环境。

新石器早期的人们与当地环境的相互作用，可能在第一阶段（ca.9000～8000a）早些时候就开始了，这可以从那些薄片中的和人类活动有关的包含物中看出来。这些活动包括由大块木炭所指示的用火行为（尽管如何区分自然火和人工火产生的木炭还不是很清楚 ②），狩猎和动物肉类的消费，以及其他相关活动（如制造陶器）。根据在英国 Star Carr 的中石器时代遗址的多学科研究 ③，用火的一个目的，是为了促进放牧行为。但这需要进一步研究。西河遗址是该地区发掘的另一处同时期的遗址，尽管月庄和西河都出土了炭化稻粒，但有学者提出的西河遗址存在水稻栽培的观点还有争论 ④。傅稻镰等 ⑤ 认为在新石器早期水稻采集更有可能，因为，根据他们对东亚地区全新世野生稻分布的重建，这一地区可能大面积生长野生稻。小河流冲积平原和河漫滩因此成为从事狩猎和采集的史前聚落（也可能是原始农民）生存的最佳环境，就像生活在大沙河河畔月庄遗址的后李人那样。未来对于新石器早期的生业经济和河流冲积平原演化的长期相互关系的研究，地质考古仍将可以为相关问题提供重要的信息。

七、结 论

月庄遗址的地质考古调查，第一次为我们提供了更准确地观察这一河漫滩环境随时间变化的人类活动模式。这也将使综合检视人类与河流环境的相互关系成为可能，这个问题由来已久，世界史前考古领域已从不同角度对此问题进行过广泛讨论 ⑥。

光释光测年被用于获得月庄遗址初步的年代序列。跟黄土高原南部的郭北遗址相

---

① Wu C, Xu Q, Zhang X, *et al*. Palaeochannels on the North China Plain: types and distributions. Geomorphology, 1996, 18: 5～14; Wu C, Zhang X, He N, *et al*. Compiling the map of shallow-buried palaeochannels on the North China Plain. *Geomorphology*, 1996, 18: 47～52; Xu Q, Wu C, Yang X. Palaeochannels on the North China Plain: Stage division and palaeoenvironments. *Geomorphology*, 1996, 18: 15～25.

② Moore J. Forest fire and human interaction in the early Holocene woodlands of Britain. *Palaeogeography, Palaeoclimatology, Palaeoecology*, 2000, 164: 125～137.

③ Mellars P, Dark P. Star Carr in Context: New Archaeological and Palaeoecological Investigations at the Early Mesolithic Site of Star Carr. Cambridge: North Yorkshire McDonald Institute for Archaeological Research, 1998.

④ Jin G. *Cultivated Rice 8000 Years Ago in the Lower Reach of Yellow River Carbonized Plant Evidence from Xihe Site of Houli Culture in Shandong*. Hemudu Culture International Forum: In a Global Perspective, Zhejiang, China, 2011.

⑤ Fuller D, Sato Y I, Castillo C, *et al*. Consilience of genetics and archaeobotany in the entangled history of rice. *Archaeological and Anthropological Sciences*, 2010, 2: 115～131.

⑥ Bottema S, van Zeist W, Entjes-Nieborg G. *Man's Role in the Shaping of the Eastern Mediterranean Landscape*. Rotterdam: A A Balkema, 1990; van Andel T H, Zangger E. Landscape stability and destabilization in the prehistory of Greece. In: Bottema S, van Zeist W, Entjes-Nieborg G (eds.), *Man's Role in the Shaping of the Eastern Mediterranean Landscape*. Rotterdam: A A Balkema, 1990: 139～156; van Andel T H, Zangger E, Demitrack A. Land use and soil erosion in prehistoric and historical Greece. *Journal of Field Archaeology*, 1990, 17: 379～396; Smith B D. *Rivers of Change: Essays on Early Agriculture in Eastern North America*. Tuscaloosa: University of Alabama Press, 1992; Brown A G. *Alluvial Geoarchaeology: Floodplain Archaeology and Environmental Change. Cambridge*: Cambridge University Press, 2001; Mithen S, Black E. *Water, Life and Civilisation: Climate, Environment and Society in the Jordan Valley*. Cambridge: Cambridge University Press, 2011.

比①，月庄遗址的光释光年龄总体来说与土壤微形态检验得出的主要沉积和土壤形成事件有更好的对应关系，但是未来的研究应该着力彻底了解这些年代反转现象。有些方面应该做进一步调查，比如不同大小的石英颗粒对冲淤过程的荧光表现差异，还有水含量对剂量率的影响等。

土壤微形态为研究人类与河漫滩演化的长期的相互关系提供了分辨率很高的信息。月庄遗址 P1 出土的大量骨骼碎片和木炭就是人类活动的坚实证据。但是，沉积状况、保存模式和考古发现都表明遗址的居住时间是季节性的，与上述黄河和大沙河河漫滩的演化历史相一致。黄河下游有大面积的冲积河漫滩②，促进了洪水事件后沿牛轭湖和其他常见的河流地貌单元形成一些小型水体③。靠近斜坡的地方虽然也经常遭受洪水侵袭，但是比平原面上更适宜人类居住。

除了光释光测年的后续工作，未来的研究应该结合多种证据，充分说明河漫滩生态系统内的生物和非生物条件，以及从大的地貌景观背景来看河流冲积平原的环境变化与人类活动的关系，这将包括：

（1）系统的植物考古调查，尤其是杂草和炭化的粟、稻颗粒。上面介绍的月庄和西河的植物考古遗存表明了植物性食物的多样性利用模式，其中粟和稻的利用在这样的河漫滩环境中是前所未有的④，这早于全新世晚期稻作农业和粟作农业的多农作物系统⑤。

（2）对人类和动物骨骼的生物考古，重建古食谱、季节效应和环境，尤其是亚洲季风和水文变化的影响。

（3）进一步研究该地区居住模式，与该地区其他同时期遗址的居住模式进行对比。例如，同一地区两个同时期的后李文化遗址、西河和小荆山遗址的居住模式研究，都表现出相似的堆积历史，即周期性的冲淤和短期人类居住交替。因此值得进一步研究⑥。

致谢：野外工作是由 Wenner-Gren 基金资助的，由该基金支持庄奕杰做博士论文的野外工作。庄奕杰还想感谢山东大学的栾丰实教授、方辉教授和陈雪香博士，以及山东济南章丘博物馆的刘斌先生对他野外工作的支持。实验室分析工作在剑桥大学 McBurney 地质考古实验室和自然地理实验室完成，得到了 Tonko Rajkovaca 先生、Chris Rolfe 先生和 Steve Boreham 博士的热情帮助。

---

① Zhuang Y. *Geoarchaeological Investigation of Early Agriculture, Ecological Diversity and Landscape Changes in the Early Neolithic of North China*. Cambridge: University of Cambridge, 2012.

② Wu C, Zhang X, He N, *et al*. Compiling the map of shallow-buried palaeochannels on the North China Plain. *Geomorphology*, 1996, 18: 47～52；胡春宏等：《黄河水沙调控与下游河道中水河槽塑造》，科学出版社，2007年，27 页。

③ 胡春宏等：《黄河水沙调控与下游河道中水河槽塑造》，科学出版社，2007 年。

④ Fuller D, Sato Y I, Castillo C, *et al*. Consilience of genetics and archaeobotany in the entangled history of rice. *Archaeological and Anthropological Sciences*, 2010, 2: 115～131.

⑤ Song J X. *The Agricultural Economy During the Longshan Period: An Archaeobotanical Perspective from Shandong and Shanxi*. London: University College London, 2011.

⑥ 孙波：《后李文化聚落的初步分析》，《东方考古》（第 2 集），科学出版社，2006 年，104～118 页。

附表一　来源于剖面1的样品的微形态具体描述

单位/深度	微结构/孔隙度	粗颗粒成分	b-构造	包含物	成土特征	解释	过程（年龄）
YZ：1（75cm）	发育的孔洞微结构，次棱角块状结构15%	主要是适度分选的极细砂粒径的石英，呈棱角状或1%的细砂至中等砂粒径的次棱角状	随机分布的多孔条纹状或呈网状或状的细花岗岩	不同尺寸的无定形大块木炭，1%；微型木炭和极细有机质，3%～4%	薄层的透明和粉尘黏土包膜，亚色膜和填充物，5%～6%，有强烈烈双折射现象的层状结构；无定形Fe/Mn结核2%～3%；排泄物颗粒和弓形结构	在草地、稀树草原经过短距离河流搬运形成的，有强烈的生物扰动和周期性的地表扰动，遗迹沉积后乾旱的水文变化	过程5（c.5000BP以前）
YZP1：1（80cm）	发育较好的孔洞微结构15%，适度发育的次棱角块状微结构10%	主要是极细砂粒径的石英，呈次棱角状或上层的1%的分选更好；1%的棱角状粗糙矿物颗粒	在下层部分可见网状或呈多孔状条纹状	粗糙、无定形和腐殖化的有机质，有尖锐的棱角或次棱角历经分节，2%；极细砂，3%；极少的骨骼碎片	下层部分粉尘黏土包膜和填充物，深红色，3%；泥晶灰岩和针形钙质包膜，1%；规则圆形的Fe结核	从下往上沉积况变化；当土壤水饱和时大量可移动的黏土颗粒从扰动的地表向下搬运；快速干燥形成钙质成质特征	过程4（c.6000～5000BP）
YZP1：2（107cm）	发育较好的孔洞微结构15%，适度发育的次棱角块状微结构15%	大部分是极细砂粒径的石英，随机方向排列，1%的经过强烈风化的棱角状极棱角状矿物	在部分分区域呈网状	粗糙无定形，腐殖化的有机质，2%	亮黄色的透明黏土包膜，薄且分层，2%；层状粉尘黏土包膜和填充物，黄色至红色，3%～4%；结皮，2%；有细颗粒淋溶的区域，2%	多个时期的黏土淀积，在植被覆盖较好的情况下，季节性的浸水土壤首先会形成层状的透明黏土包膜；接着在严重扰动的地表形成层状的粉尘黏土包膜和结皮，同时导致内部消化，消化是耕作作的诊断特征	
YZ：2（145cm）	主要是发育较好的孔洞微结构；板状微结构出现在上层左侧部分15%	主要是适度分选的极细砂粒径的石英；1%粗砂粒径矿物，棱角状至次棱角状	发育较差的花状条纹	极细砂粒径的木炭＜1%；极细砂粒径的微小木炭3%～4%；极少的骨骼碎片，＜1%	整个切片可见透明的黏土包膜和填充物，分层，亮黄色；现场观察有结皮特征，与基质有弥散边界2%；钙质包膜，＜1%；适度浸润的粗砂粒的Fe结核，2%	相对长距离的河流搬运物质，先形成的分层的透明地表；较好的地表被冲刷，接着伴随地下水位上涨地表侵蚀加强，有助于浅层、地表下的黏土运动	过程3（c.7000～6000BP）

续表

单位/深度	微结构/孔隙度	粗颗粒成分	b-构造	包含物	成土特征	解释	过程（年龄）
YZP1：3（137cm）	发育较好的孔洞微结构 10%	主要是极细砂粒径的矿物，中等至粗砂粒径的石英，包括角闪石、斜长石等，呈2%，呈棱角状或次棱角状	花岗岩、多孔的条纹或条纹的网纹，分散分布	极细砂粒径的微小木炭 3%~4%	在很靠上的部分，很薄的黏土亚包膜，深红色，双折射现象较弱，位于干洞的下半部分，2%；整个切片可见层状的透明黏土包膜，亮黄色，4%~5%；少量的透明黏土包膜，1%；中断的或原位形成的结皮，有些叠压在透明黏土包膜上，4%~5%；极少的钙质质包膜	河流上游的侵蚀为不断为冲积过程提供大量粗糙物质。在较好的植被覆盖下，季节性的地表干涸形成层状的透明黏土包膜。结皮表明遗址及其断断近地表层侵蚀加强	过程3（c.7000~6000BP）
YZP1：4（164cm）	发育的孔洞微结构 8%~10%	主要是适度发育至发育较差的极细砂粒径的石英；中等至粗砂粒径的矿物，棱角状或次棱角，角状或角状云母5%，长石或云母，表明有风化的迹象	多孔条纹，偶尔可见	两类骨骼碎片1%：一类经历了适度磷矿化，因矿灰色，裂隙和哈佛氏管仍可见；另一类是完全矿化的，缺少骨骼结构，蓝灰色。无定形，细砂至中等砂粒径的木炭和有机质，2%；大量微小木炭微质染料	薄、透明或略略粉尘黏土包膜和填充物，亮橙色或偏黄色，中部至下层，7%~8%；1%~2%的亚包膜，粉尘黏土包膜和亚包膜，上层，呈深红色，1%~2%；地表结皮，中等至良好的圆形的粗砂粒径的Fe结核，2%~3%	大面积地表开垦和地表流径的综合作用，导致更强烈地的上游侵蚀。河流冲积后，可能形成典型的河流冲积水平原植被。一段时期的静水期，可以形成透明的薄状土包膜，水干涸后，形成了粉尘黏土包膜和结皮	
YZP1：5（212cm）	发育的孔洞微结构 10%	主要是适度分选的粗砂至极细砂粒径的石英；3%~4%的粗砂至极粗砂粒径的矿物，包括石英、长石、云母、角闪石等	分散的花岗岩和多孔条纹	骨骼碎片分为四类（3%~4%）：部分可见与骨骼结构、炭化的，并被黏土和有机质覆盖的；长条形的，表面可见裂痕，部分覆盖黏土的；完全矿化的骨骼历经了强烈风化，完全出现极粗砂粒径的木炭和微小木炭，有机质，5%；下层出现陶片	在整个切片可见极薄的粉尘黏土包膜，呈深红色，3%~4%；出现高度双折射现象的红色的黏土包含物，表面可见<1%。每一条黏土被覆在地表结皮都呈现出覆盖细的颗粒被细的趋势，并有粗细颗粒松散的颗交替。后者还包括稳定的层状有机质和微小木炭2%	有人类产生的包含物的出现表明人类活动达到顶峰。薄黏土包膜可能是由于近地表的干湿运动，因此反映了快速的干湿交替事件，但具有高双射折光的黏土包膜和微结构的出现可能可表明，间断的地表稳定期持续了更长的时间，微小木炭层也可能是由含粗细包括造的出现观的扰动引起的	过程2（c.8000~7000BP）

续表

单位/深度	微结构/孔隙度	粗颗粒成分	b-构造	包含物	成土特征	解释	过程（年龄）
YZ2:3（210cm）	发育较好的孔洞微结构，10%	主要是适当分选的棱角状至次棱角好的石英。40%～5%的中至中粗粒砂粒径的矿物，包括云母、海绿石、角闪石、斜长石和不透明矿物	无	大量骨骼碎片3%，分为三类：有磷灰石纤维，哈佛氏管和（或典型化保存较好的骨骼，严重矿化的骨骼，有灰色的双折射颜色，被富铁矿物覆盖；完全矿化的骨骼，灰色至浅橙色的双折射现象，呈圆形。无定形木炭和腐殖化的有机质，部分破损或分解，2%～3%；极细颗粒的木炭和微小有机质，3%	除了极少量薄的粉尘黏土亚包膜和填充物，没有明显的黏土移位现象	大量的人类活动包含物骨骼是来源于遗址周围的人类活动，木炭的大量出现表明大面积的土地开垦。这种局部扰动和河流的强烈侵蚀促进了河流冲积物的沉积。河流水体可能一直不太稳定，在没有有植被生长的地表干燥期时断流	过程2（c.8000～7000BP）
YZP1:6（222cm）	发育较好的孔洞微结构，顶部和底部都明显受到生物扰动，孔洞微结构也发育好，10%	大部分是适当分选的极细粒径的石英，棱角状至次棱角状；分选差的粗糙矿物3%，在垂直方向上有数量和分选的差异	在切片中部可见发育较差的花岗岩纹多孔条纹构造	两类骨头碎片，2%：长条形棱角状的骨头碎片，可以见到哈佛氏管和骨纤维等骨骼结构；表面有裂隙结构的骨骼。这些骨骼呈现出一系列不同的颜色。有些表面有火烧的痕迹。无定形的细砂至中等砂粒径中的细木炭和有机质，3%；有机染料和微小木炭，3%	极薄的偏红色的黏土成土特征，包括稀疏分布在切片中的包膜和亚包膜，1%；大量浸润好的Fe结核，3%～4%	地表短期干燥，植被生长很少，导致生成薄层粉尘黏土包膜。Fe结核的形成表示后河水文发生变化	
YZP1:7（250cm）	强烈生物扰动产生的大量弓形排泄物颗粒；孔洞微结构也发育好，10%	主要是极细砂至中砂粒径的石英，棱角至次棱角状的粗石英也出现，占2%，表现出正在经历风化的状态	无	骨骼碎片1%，分为两组：可见哈佛氏管和纤维的骨骼，被黏土矿物覆盖，蓝灰色；强烈矿化的骨骼，同样的蓝灰色，＜1%，或无定形的木炭，长条状或极细至细砂粒径的微小木炭，部分分解；极细至中细砂细颗粒和有机质，3%～4%	纯黏土至粉尘黏土包膜和亚包膜的薄黏土包膜2%；极薄的粉尘黏土和亚包膜则晶体的壁上，颜色更深，1%～2%，中断的黏土片段和结皮特征，1%～2%	粗颗粒矿物的出现表明上游受到侵蚀，并发生了短距离的搬运。骨骼和木炭来源于周围地区的人类活动。黏土的形成反映了水文状况的变化，这种变化是从短期的干湿交替到完全的水饱和	过程1上层（c.9000～8000BP）

续表

单位/深度	微结构/孔隙度	粗颗粒成分	b-构造	包含物	成土特征	解释	过程（年龄）
YZ：4（280cm）	主要是孔洞微结构；也有弓形结构，>10%	主要是分选较差至适当分选的细砂粒径的石英；4%~5%的极粗矿物；次棱角状至亚圆形，除丁石英亚圆形，还有云母、长石、角闪石、斜长石、海绿石、黑云母等	发育较差，分散分布的花岗岩条纹	极少发现粗颗粒的木炭，但是可以大量发现微小木炭细颗粒有机质，2%	极少的粉尘黏土包膜和亚结皮纹，通常沿空隙分布，深红色，1%~2%。生物扰动或断裂的结皮絮集体，颜色更浅，与黏土相比包含更多的粉砂颗粒，1%；大量长条形或圆形的Fe结核，4%	冲积物质呈亚圆形，表明它们经历了较长距离的搬运。黏土的形成可能也是由于浅深度或近地表面形成的，因为水平面上运动的加快，并有典型的冲积平原芦苇沼泽（？）；被扰乱的周围环境季节性干燥的，结皮代表着有时候水表皮性的是结皮特征	
YZP1：9（314cm）	发育有孔洞和弓形微结构，>10%	主要是极细砂粒径的石英和长石，大量分选较好的棱角状至次棱角状粗颗粒矿物，包括石英、长石、云母、角闪石、海绿石和不透明矿物，3%~4%	无	极细砂粒径的有机质和木炭，1%	薄层的粉尘黏土或粉砂黏土包膜和亚包膜，暗红色，1%~2%。地表结皮碎块，大量Fe结核，长条形的或圆形的浸润，不同程度的浸润，4%~5%	与上述相似的沉积体。河流上游的连续层蚀与极短期的静止地表水相交替，生长有极少的植被，结皮特征表明有时候水体会会快速干涸	过程1的下层（c.13000~10000BP）
YZP1：10（357cm）	发育的孔洞微结构，也有弓形微结构，12%	主要是适度至分选较好的极细粒径石英和云母；粗砂至极粗砂粒径的其他矿物，3%~4%；有些碎成小碎块，另外有轻微的风化痕迹	发育较差的花岗岩和多孔孔条纹	无定形或长条形的粗颗粒木炭，部分分解，1%~2%；微小碎块，3%	粉尘黏土包膜、亚包膜和填充物，浅黄色或暗红色，2%；中断的粉尘或暗粉砂结皮，<1%；排泄物颗粒，大量不同大小和不同浸润程度的Fe结核，4%	与上述相似的沉积物。接着是短期的、多个时期的季节性地表干涸。接下来的饱和事件可能能十分迅速，引起亚圆形的黏土运动，填充在那些河流冲积平原上喜湿植物的空隙	

附表二　来源于剖面3的样品的微形态具体描述

单位/深度	微结构/孔隙度	粗颗粒成分	b-构造	包含物	成土特征	解释	过程（年龄）
YZP3：1（75cm）	发育较好的孔洞和颗粒状微结构，15%	适度分选的粗颗粒成分，包含极细砂粒径的石英和长石，棱角状次棱角状，粗砂至极粗砂粒径的矿物，次棱角状至棱角纸板	发育较差至适度发育的花岗岩和砂岩多孔条纹	极细砂粒径的木炭和有机质，4%～5%；有机质碎片，孔洞内左侧，有清晰的植物组织，部分腐殖化，2%	很薄的透明和粉尘黏土包膜和填充物，偏黄色或暗红色，钙质包膜和不连续的填充物，下层，2%；微晶灰岩或针状钙质结核，下层，3%；各种大小的Fe结核，下层3%～4%	黏土的出现表明轻微的地表扰动，而钙质黏土特征表明这段时间干燥程度增加。土壤中被加入了大量有机质，也可能促进生物活动	过程3（年龄见附表一）
YZP3：2（105cm）	发育的孔洞和细状块状次棱角状微结构，15%	大部分是分选较好的极细砂粒径的石英；极少量的次棱角状粗砂粒径的矿物（大部分是石英）	整个切片中都有发育的花岗岩和砂岩多孔条纹	常见微小小木炭和颗粒有机质，2%～3%；在孔洞中保存有植物组织结构的有机碎片	薄的粉砂黏土包膜和亚包膜，暗红色至偏红色，通常在孔隙中的下半部分，4%～5%；粉尘黏土至透明黏土包膜和填充物，橙色至红色，分层，3%～4%；针状或微晶灰岩钙质结核和填充物，＜1%	典型的Bt层，接收了大量黏土矿物和上层的橙色染色黏土矿物，地表植被稀疏，地下水的运动助长了Bt层的形成，分层的结构表明这个过程的形成重复多次	
YZP3：3（130cm）	发育较好的孔洞微结构；次棱角状块状微结构也出现在下层，10%	大部分是由极细粒径的棱角状至次棱角状的石英和长石，中等至粗砂粒径的棱角状至次棱角状矿物，1%	适度发育的花岗岩条纹	整个切片都有极细砂至粉砂粒径的微小木炭和有机质，3%	薄的纯黏土或略呈粉状黏土样的包膜，位于孔洞的下半部分，上层，2%；透明或粉尘黏土包膜，层状，下层，2%；粉砂黏土亚包膜，偏黄色至暗灰色，下层，1%～2%；结皮，下层，1%～2%；由颗粒状方解石形成的松散填充物，＜1%	这些不同时期的黏土冲积物代表了长时期的地表稳定状态，地表植被可能是林地—草地，并伴有周期性地表扰动随着地下水位上升而逐渐加强，最终形成了粉砂黏土表面和地表结皮特征	过程2（年龄见附表一）
YZP3：4（152cm）	发育的孔洞和块状次棱角状微结构，也有少量形弓形微结构，10%	主要是极细砂粒径的石英和长石，也有少量粗砂和极细砂粒径的矿物，棱角状，2%	发育的花岗岩条纹	粗颗粒，长条形或成定形的有机质，或部分分解，腐殖化和/或细颗粒有机质，1%～2%；细颗粒有机染料，3%～4%	在整个切片中出现薄的透明黏土包膜和填充物，亮黄色，2%；层状，上层，2%；很薄的纯粉尘黏土和亚包膜，大多数位于孔隙的下半部分，3%～4%；粉砂的粉尘黏土包膜，2%；粉砂黏土集中的特征和地表结皮，在上层大量出现，偏黑色至黑色，5%～6%；Fe结核，圆形，浸润较好，浸润黑色，3%	局部来源的侵蚀体，在此之后水文积物沉积体，在此之后水文的季节性变化形成了林地植被，促进了林状的形成。接下来的时期经历了与下渗较强同时的地表径流和下渗，导致地表结皮的形成。扰乱是来自人类对当地景观的管理	过程1的上层（年龄见附表一）

续表

单位/深度	微结构/孔隙度	粗颗粒成分	b-构造	包含物	成土特征	解释	过程（年龄）
YZP3：5（190cm）	发育的孔洞状微结构，8%～10%	主要是适度分选较差的极细砂粒径的石英，棱角状至次棱角状；也有极粗砂粒径的矿物（棱角状），细砂至粉砂和细颗粒径的矿物 2%～3%	发育较差的花岗岩和多孔条纹	粗颗粒，无定形或圆形的腐殖化的有机木炭，二者都有部分分解，2%；极细砂至木炭和微小颗粒径的有机质，3%～4%	很薄的略呈砂黏土或纯黏土包膜，暗红色，位于孔洞的下半部分，3%～4%；透明黏土或略粉砂黏土和填充物，呈亮黄色层状，2%；粉尘黏土或粉砂黏土包膜，亚包膜和填充物，3%，极少结皮特征，<1%；整个切片中有圆形大小的 Fe 结核 4%～5%	与上述相似的冲积沉积体，物质来源于当地。层状的透明黏土和大量的有机质表明，大部分时间都有有机地再生和生长，但是这个状态频繁地被短期地表动打破	
YZP3：6（224cm）	发育的孔洞和适度发育的弓形微结构，10%	主要是适度至分选较差的棱角状至次棱角的石英云母；大量中等至极细砂粒径的颗粒；至极角状至次棱角状石英，包括石英、云母、长石、斜长石、角闪石等，3%～4%	发育较差的花岗岩和多孔条纹	粗颗粒分解的，无定形有机质偶尔出现，<1%；极细颗粒的有机质更多，2%～3%	透明的黏土包膜和填充物，很薄，有时分层，亮黄色或红色，2%；整个切片中有很薄的黑色或灰色粉尘黏土包膜和亚包膜，位于孔洞的下半部分，3%～4%；结皮特征，下层，2%，浸润较好的不同大小的 Fe 结核，4%	相似的冲积沉积物，当地来源的侵蚀物质更多。底部和顶部透明黏土特征的形成标志着两期相对稳定的地表环境，在有利植物稳定的水文条件下植被覆盖较好。但主要成土过程是薄层粉尘黏土太过程表明短期干燥和长期饱和条件下的交替，被地表扰乱而中断	过程 1 的下部（年龄见附表一）
YZP3：7（315cm）	大面积海绵状的微结构，局部发育有颗粒状和弓形结构，5%～7%	在所有切片中基质最粗糙的。主要是极细砂粒径的次棱角状至棱角状石英和云母，分选差；至棱角状的粗颗粒的矿物，10%～11%，包括石英、云母、斜长石、白云石、角闪石、单斜辉石其他不透明矿物。大部分有微弱的风化迹象	发育较差至适度发育的花岗岩和多孔条纹	极少粗糙的长条形木炭 <1%	极薄的透明黏土包膜和填充物，稀疏的分散在整个切片，有时分层，1%～2%；粉尘黏土包膜和亚包膜，1%～2%；次生的或发生生物扰动生成的或长条形的 Fe 结核，小的长条形或亚圆形的 Fe 结核，4%～5%，有些尖锐地嵌在基质中，可能是来源于前明形成的 Fe 结核	可能来源于高地光秃地表的侵蚀物构成了河流沉积物。强烈的侵蚀发生人类活动出现之前。分层的黏土特征可能是由于多个时期黏土水平移动，这些黏土物质来源于粗糙颗粒的风化。但是地下水起伏造成地表很显著粉尘黏土活动关化，与人类活动无关	

River Floodplain Aggradation History and Cultural Activities: Geoarchaeological Investigation at the Yuezhuang Site, Lower Yellow River, China

Zhuang Yijie[1]   Bao Wenbo[2]   Charles French[3]

Translated by Su Kai[4]   Jin Guiyun[4]   Proofread by Zhuang Yijie[1]

(1. Merton College, University of Oxford; 2. School of Archaeology and Museology, Peking University; 3. McBurney Laboratory for Geoarchaeology, Department of Archaeology and Anthropology, University of Cambridge; 4. Department of Archaeology, Shandong University)

Archaeobotanical research at the Yuezhuang and Xihe sites of the Houli culture in the Lower Yellow River has found abundant carbonized plant remains, including rice, millet, weed seeds and many other plants (7800～7000 cal. BP). Although studies of the diverse economic practices of the Houli people have begun, issues such as ecological diversity and relationships between site formation processes with environmental changes are still poorly understood. Applying soil micromorphology and related methods such as particle size distribution and loss-on-ignition at Yuezhuang, this paper presents results of the geoarchaeological investigation and the implications for the reconstruction of site formation processes in relation to river alluvial history. A long alluvial sequence is reconstructed, consisting of frequent alternations of short-periods surface stabilities and succeeding alluviations. Human occupations corresponded to those short-term surface stabilities and are evidenced by the presence of anthropogenic inclusions in thin sections, including burned bone fragments and pottery sherds. The significances of this study to an ecological approach focusing on environmental changes and cultural adaption are discussed.

中国长江下游茅山遗址新石器时代晚期水稻耕作的水资源管理及农业集约化[*]

庄奕杰[1] 丁 品[2] Charles French[3] 著

宿 凯[4] 靳桂云[4] 译 庄奕杰[1] 校

（1. 牛津大学莫顿学院；2. 浙江省文物考古研究所；3. 剑桥大学；4. 山东大学考古系）

加强水稻耕作的水资源管理及相关土地的利用需要增加劳力投入来改变当地的景观。在发掘长江下游茅山遗址保存完好的新石器时代晚期稻田时，应用地质考古调查研究获得了晚全新世关键时期的水资源管理、农业集约化、环境变迁和社会发展之间变化关系的详细信息。这些信息表明多数时候水稻集约化耕作的发展得益于成功的水资源管理及稻田管理，但该地区日益干旱、海面变化不规律及水资源管理上劳务投入的增加导致在新石器时代结束时稻田耕作的终结。本研究着眼于更具有经济重要性的小型遗址，以便于我们了解新石器时代晚期该地区人类社会与环境改变的动态关系。

一、介 绍

新石器时代晚期，长江下游的良渚文化先民（距今约 5300~4200 年）曾经创造了灿烂的早期文明。他们制作了大量的精美绝伦的玉器制品[①]，发展了奢侈的丧葬习俗[②]，更重要的是建筑结构复杂的良渚古城，其周围环绕着许多同时期的卫星聚落[③]。与此同

---

[*] 本文翻译工作得到国家社科基金重点项目（项目编号：11AZD116）和 2012 年度山东大学人文社会科学重大研究项目（项目编号：12RWZD09）共同资助。英文原文：Zhuang Y, Ding P and French C. Water management and agricultural intensification of rice farming at the late-Neolithic site of Maoshan, Lower Yangtze River, China. *The Holocene*, 2014, 24 (5): 531~545.

[①] Forsyth A. Neolithic Chinese jades. In: Keverne R (ed.), *Jade*. London: Lorenz Books, 1995: 48~87; Qin L. The Liangzhu culture. In: Underhill A P (ed.), *A Companion to Chinese Archaeology*. Malden, MA: Wiley- Blackwell, 2013: 574~596; Rawson J. *Chinese Jade from the Neolithic to the Qing.* London: British Museum, 1995; 王明达、汪遵国、邓聪：《东亚玉器》，香港中文大学中国考古艺术研究中心，1998 年，265~270、251~264 页。

[②] Liu L, Chen X. *The Archaeology of China: From the Late Paleolithic to the Early Bronze Age.* Cambridge: Cambridge University Press, 2012; Qin L. The Liangzhu culture. In: Underhill A P (ed.), *A Companion to Chinese Archaeology*. Malden, MA: Wiley- Blackwell, 2013: 574~596.

[③] 浙江省文物考古研究所：《良渚文化研究》，科学出版社，1999 年。

时加大了水资源管理的投入并逐渐强化了稻作农业。

在长江下游地区，人类在全新世早期开始利用水稻[1]。而水稻驯化是一个漫长的过程[2]。植物考古遗存中非落粒性驯化水稻（*Oryza sativa*）的小穗基盘比例逐渐升高，进而证明水稻驯化出现于6900～6600年前[3]。同时这些遗存中农田杂草的存在[4]及相关植硅体分析[5]表明了早期农业耕地的形成。但是古代饮食仍主要以采集及猎杀野生动物为主[6]。大概直到全新世晚期的良渚时期稻作农业才在生业经济中占据重要地位。

对可能用于农业生产的石器的系统研究不断地为我们理解与该地区农业发展有关的技术革新提供新的见解（秦岭与 Nakamura 正在进行的研究），同时，保存完好的茅山稻田的发掘为我们评估良渚文化的水资源管理及水稻耕作的规模、方式及演变提供了一个绝佳的机会。本文介绍了茅山发掘取得的重要收获及其地质考古调查的结果。将环境研究与考古学结合的地质考古，使我们能够更细致地考察茅山的古水文及耕地的生态变化过程。特别是，高分辨率的耕作土壤及其上下地层的微形态信息揭示了这样的事实：良渚文化晚期水稻集约化耕作的发展得益于成功的水资源管理。此外，也有清晰的土地利用管理的微形态证据，例如火的使用、开荒和施肥。因此本次研究促进了各种古环境证据在不同尺度上的结合，加深了对该地区古环境变化、稻作农业发展和良渚文化演变的关系的理解。

二、环境背景及地质背景

在研究区内，包括杭州湾、长江三角洲和太湖北部（图一，a），改变当地生态条件的两个主要因素是全新世海面变化和亚洲夏季风。夏季风在五月中旬到六月底会带来大量雨水[7]，在此期间低洼地区容易洪水泛滥。这种发生在春季和夏季的水情年度变化严重影响水稻生长和收割。

在全新世早期，已经被证实的海面快速上升（距离目前海平面 –5 米）加快了像长

[1] Liu L, Lee G A, Jiang L P, *et al*. Evidence for the early beginning (*c*. 9000 cal. BP) of rice domestication in China: A response. *The Holocene*, 2007, 17: 1059～1068.

[2] Fuller D Q, Harvey E and Qin L. Presumed domestication? Evidence for wild rice cultivation and domestication in the fifth millennium BC of the Lower Yangtze region. *Antiquity*, 2007, 81: 316～331; Fuller D Q and Qin L. Water management and labour in the origins and dispersal of Asian rice. *World Archaeology*, 2009, 41:88～111.

[3] Fuller D Q, Qin L, Zheng Y F *et al*. The domestication process and domestication rate in rice: Spikelet bases from the Lower Yangtze. *Science*, 2009, 323: 1607～1610.

[4] 同[3]。

[5] Zheng Y F, Sun G P, Qin L, *et al*. Rice fields and modes of rice cultivation between 5000 and 2500 BC in east China. *Journal of Archaeological Science*, 2009, 36: 2609～2616.

[6] 秦岭、傅稻镰、张海：《早期农业聚落的野生食物资源域研究——以长江下游和中原地区为例》，《第四纪研究》2010年2期，245～261页。

[7] Chen T C, Wang S Y, Huang W R, *et al*. Variation of the East Asian summer monsoon rainfall. *Journal of Climate*, 2004, 17: 744～762; Wang B and Lin H. Rainy season of the Asian-Pacific summer monsoon. *Journal of Climate*, 2002, 15: 386～398.

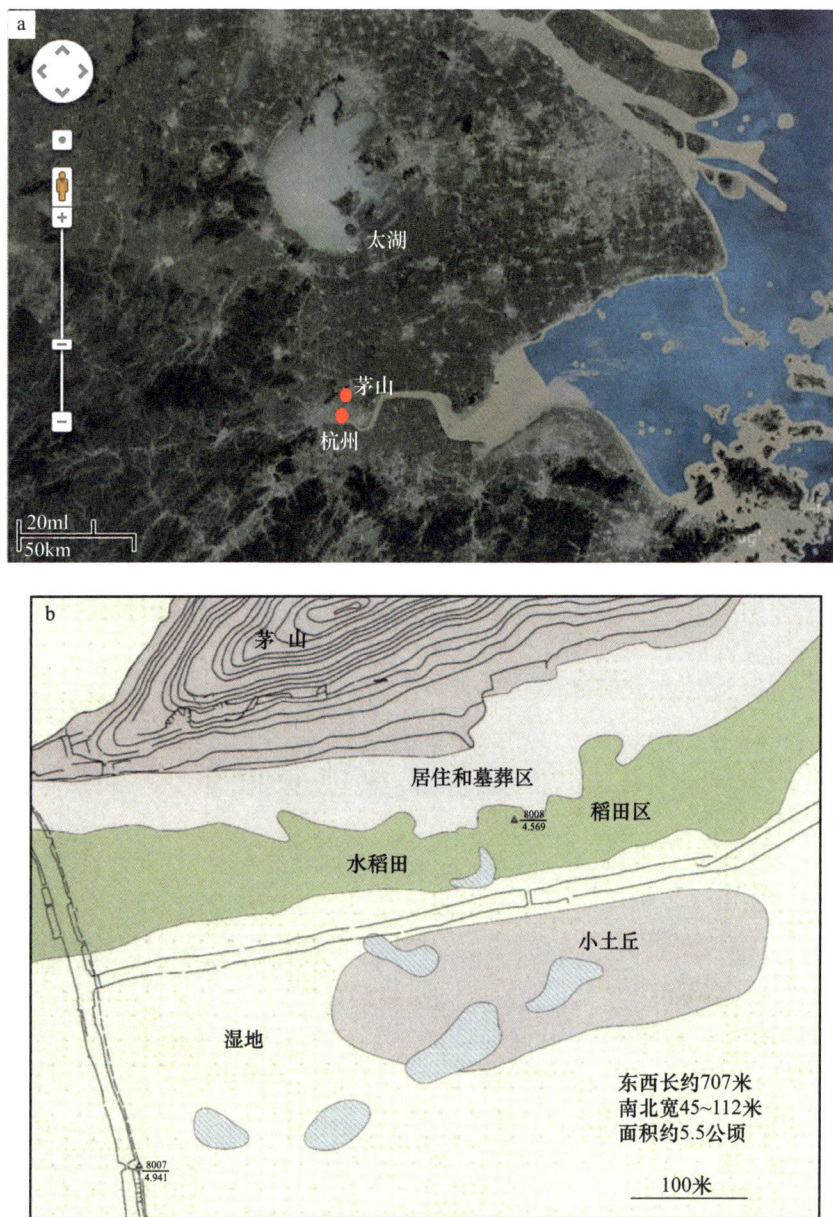

图一　水田的地理位置

a. 研究区域的谷歌地图，图中有茅山遗址，太湖和杭州湾；b. 茅山遗址的位置，在茅山和冲积平原之间
（感谢秦岭博士提供 b 图）

江三角洲这样的低地的沉积速度[①]。这将"开放的，淡盐水环境"改造为"大部分

---

① Hori K, Saito Y, Zhao Q, *et al*. Architecture and evolution of the tide-dominated Changjiang (Yangtze) River delta, China. *Sedimentary Geology*, 2002, 146: 249～264; Stanley D J and Chen Z. Neolithic settlement distributions as a function of sea level-controlled topography in the Yangtze delta, *China. Geology*, 1996, 24: 1083～1086; Zong Y, Wang Z, Innes J B, *et al*. Holocene environmental change and Neolithic rice agriculture in the lower Yangtze region of China: A review. *The Holocene*, 2012, 22: 623～635.

封闭的，湿地生态系统"和 / 或淡水沼泽环境 ①。后来在全新世中期，大概在距今
7000～4200 年 ②，海面持续上升（在距今 7000 年时达到 –2.5 米，然后以平均速率 c.
0.36 mm/yr 上升 ③），但是越来越多的证据表明全新世中期海面并不是平稳上升，而是
波动很大，有年际和年代际差异 ④。不管怎样，全新世中期海面高水位对当地环境产生
了根本性的影响，具有代表性的影响是三角洲平原和滨海湿地的演变，地下水位上升
及排水不畅 ⑤。全新世晚期海面继续缓慢上升，从距今约 3000 年前的 –2.5 米左右升到
现在的海面高度，在此期间，小河口和潮滩演变成了淡水沼泽环境 ⑥。而距今约 5500 年
前和距今 4300～4000 年间发生的两次降温事件虽有报道 ⑦，但是具体细节及机制尚不
清楚。

　　大多数良渚文化遗址位于杭嘉湖平原，该平原西面围绕着天目山，北面散布天目
山余脉和大遮山，南面是大熊山和大观山丘陵。在杭嘉湖平原上有很多 20～50 米高的
小山丘，茅山就是其中一个，东西宽约 200 米，海拔 50 米。杭嘉湖平原上发达的供
水系统纵横交错 ⑧，这些供水系统由许多河流、池塘和沼泽组成。这些小山的主要地质
构成是火成岩和变质岩 ⑨，主要是白垩纪活跃的火山喷发及构造（地质断裂）活动产生
的。但是地质勘察显示茅山地质主要由沉积岩组成，包括砂质泥岩、白云岩、石灰岩、
硅质岩等。杭嘉湖平原主要由更新世以来累积的冲积层、河流沉积和崩塌堆积组成 ⑩。
该地区多沉积相的全新世序列证实了这一点，不同相的沉积物之间犬牙交错是其特点，
比如地面沉降产生的残积层、崩塌堆积、冲积层，以及海洋变化过程产生的河口及泻

① Zong Y, Wang Z, Innes J B, et al. Holocene environmental change and Neolithic rice agriculture in the lower Yangtze region of China: A review. The Holocene, 2012, 22: 623～635.

② Wang J, Chen X, Zhu X-H, et al. Taihu Lake, lower Yangtze drainage basin: Evolution, sedimentation rate and the sea level. Geomorphology, 2001, 41: 183～193.

③ 同①。

④ Atahan P, Itzstein-Davey F, Taylor D, et al. Holocene-aged sedimentary records of environmental changes and early agriculture in the lower Yangtze, China. Quaternary Science Reviews, 2008, 27: 556～570; Douglas B C, Kearney M S and Leatherman S P. Sea Level Rise: History and Consequences, vol. 1. San Diego, CA: Academic Press, 2000; 信忠保、谢志仁：《长江三角洲地貌演变模拟模型的构建》,《地理学报》2006 年 5 期，549～560 页。

⑤ Stanley D J and Chen Z. Neolithic settlement distributions as a function of sea level-controlled topography in the Yangtze delta, China. Geology, 1996, 24: 1083～1086; Zong Y, Wang Z, Innes J B, et al. Holocene environmental change and Neolithic rice agriculture in the lower Yangtze region of China: A review. The Holocene, 2012, 22: 623～635.

⑥ 同①。

⑦ Chen Z, Wang Z, Schneiderman J, et al. Holocene climate fluctuations in the Yangtze delta of eastern China and the Neolithic response. The Holocene, 2005, 15: 915～924; Tao J, Chen M-T and Xu S: A Holocene environmental record from the southern Yangtze River delta, eastern China. Palaeogeography, Palaeoclimatology, Palaeoecology, 2006, 230: 204～229; Wang Y, Cheng H, Edwards R L, et al. The Holocene Asian monsoon: Links to solar changes and North Atlantic climate. Science, 2005, 308: 854～857; 同①。

⑧ 史辰羲、莫多闻等：《浙江良渚遗址群环境演变与人类活动的关系》,《地学前缘》2011 年 3 期，347～356 页。

⑨ 王建华、周洋等：《杭州湾晚第四纪沉积与古环境演变》,《古地理学报》2006 年 4 期，551～558 页。

⑩ 中国地震局、水文地质工程研究所：《中国水文地质图集》，地图出版社，1979 年。

湖沉积[①]。

三、茅山遗址的发掘

茅山遗址（图一，a、b）坐落在良渚文化古城遗址以东约 20 千米。连续的发掘发现，良渚文化中晚期的结构良好的稻田，位于平坦的冲积平原和茅山较低山坡的中间地带（图一，b），而居住区则坐落在斜坡上；马家浜时期（大约距今 7000～6000 年）建造的遗迹有 3 座房屋，4 座墓葬，大约 160 个灰坑和 2 口井。

发掘的良渚时期的考古遗迹包括 2 座房址，大约 80 个灰坑，161 座墓葬，以及一些其他遗迹，比如井、道路的痕迹等。良渚中期的稻田大体上是西北—东南走向，中间的自然水渠将耕地分开。稻田的建造过程如下：首先挖开冲积物，然后分隔成小田块，并通过小沟渠将方格连接到水渠边（图二，a）。共揭露了 26 个田块，这些田块平面形状不一，面积从 1～2 平方米到 30～40 平方米不等。田块之间是高出的冲积层，冲积层表面覆盖薄层细砂、黏土层和陶片。在自然水渠东端发现了一条保存完好的用圆形中国红赤松制造的独木舟（7.35 米 ×0.45 米 ×0.23 米）（图二，b）。除此之外，在居住区上挖了 2 口可能用于灌溉的水井。

稻田表面被淡黄色冲积物直接覆盖，在冲积物之上就是良渚晚期的稻田（图二，c）。这一时期见证了稻田建设和使用的根本变化。在稻田与居住区之间新挖了人工水渠，与位于南边的其他小水渠一起用于水管理。钻孔勘察发现人工水渠与前期被人类利用的自然水渠平行，但是在东西方向上延长了一段距离。在这些水渠之间，用红烧土铺成南北方向的小径穿过稻田，将稻田分隔成比先前更大一些的田块，面积通常是1000 平方米，有一些可达 2000 平方米。根据发掘与勘测得出耕地总面积大概为 5.5公顷［700 米 ×（45～100）米］。良渚晚期稻田荒废后，表面覆盖了一层富含有机物和腐殖化的泥炭似沉积物，包含广富林时期的陶器（相当新石器时代末期，大概距今4100～3800 年），在其上面发现了一行牛脚印。该序列以沉积达 1 米厚的粉质黏土均质层结束，标志着水稻种植的终结。

四、材料与方法

分别从遗址上和遗址周边采集土样（图三），包括稻田、水渠堆积和自然冲积序列。这些自然冲积序列分别距离遗址约 300 米、500 米和 2000 米（图三，b）。此外，在遗址周围现代的稻田中采集耕作土壤作为对照。在剑桥大学地理系采用 Malvern 粒度分析仪 2000 按照标准流程共进行 42 组粒度分析，标准流程参考 http://www.geog.

---

① 刘苍字、董永发：《杭州湾的沉积结构与沉积环境分析》，《海洋地质与第四纪地质》1990 年 4 期，53～65页；史辰羲、莫多闻等：《浙江良渚遗址群环境演变与人类活动的关系》，《地学前缘》2011 年 3 期，347～356 页。

图二 茅山的发掘

a. 较早（良渚中期）的茅山水田，"S"指的是单独的方块；b. 较晚（良渚晚期）的水田，红线穿过田间的小路，绿线是水渠的轮廓，更多图例解释见图三；c. 保存良好的独木舟（良渚中期）

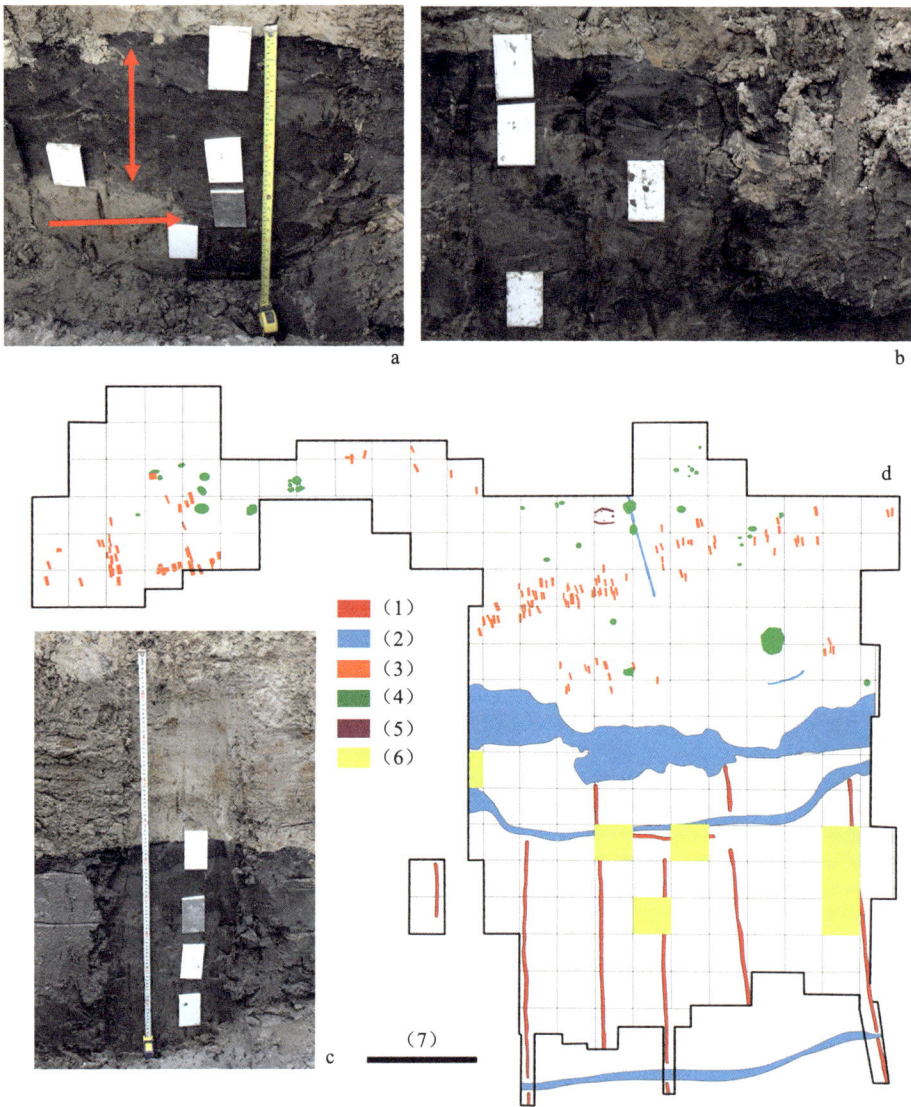

图三　地层和采样方案

　a. 剖面 4 展示的是灰黑色的较晚水田堆积（双箭头）和较早水田堆积（单箭头）；金属盒是微形态样品的采样区
域，下同；b. 在茅山遗址东面公园检查的剖面，与在遗址内观察的剖面大概呈同样的地层顺序，灰黑色的沉积物
　叠压在浅黄色冲积物的上面，最上面覆盖了浅黄色的洪水堆积；c. 剖面 2 呈现出泥炭样的堆积，叠压在灰黑色的
　　较晚水田堆积上；d. 发掘区轮廓和采样方案。（1）穿过水田的小路；（2）晚期水渠；（3）墓葬；（4）灰坑；
　　（5）房址；（6）采样区域，除此之外，遗址外和现代水田的采样区没有在图上标明；（7）方块边长 30 米

cam.ac.uk/facilities/laboratories/techniques/psd.html。参照 Murphy[1] 和 Courty 等 [2] 描述的
方法共做了 77 个薄片，采用岩相显微镜平面偏振光（PPL）和正交偏振光（XPL）并

①　Murphy C P. *Thin Section Preparation of Soils and Sediments.* Berkhamsted: A B Academic Publishers, 1986.

②　Courty M A, Goldberg P and Macphail R. *Soils and Micromorphology in Archaeology.* Cambridge: Cambridge University Press, 1989.

借助于斜入射光（OIL）和荧光显微镜观察切片，术语参照 Bullock 等[①] 和 Stoops[②]。从北京大学考古文博学院共得出 29 组 AMS ^{14}C 数据。这些数据采用 IntCal04 校正曲线和 OxCal v3.10 软件进行校准。稻田沉积物的大部分数据显示的时间跨度为距今约 4700～4200 年，也就是良渚文化中晚期，完整的 AMS^{14}C 报告将另行公布。

五、结　　果

粒度分布结果见图四。良渚文化中晚期的微形态研究结果概述见下文。详细信息见表一及附表（网上提供）。微形态分析与发掘一起提供了确凿证据，证实了各时期的水稻耕作、水资源管理及稻作农业规模的扩大。

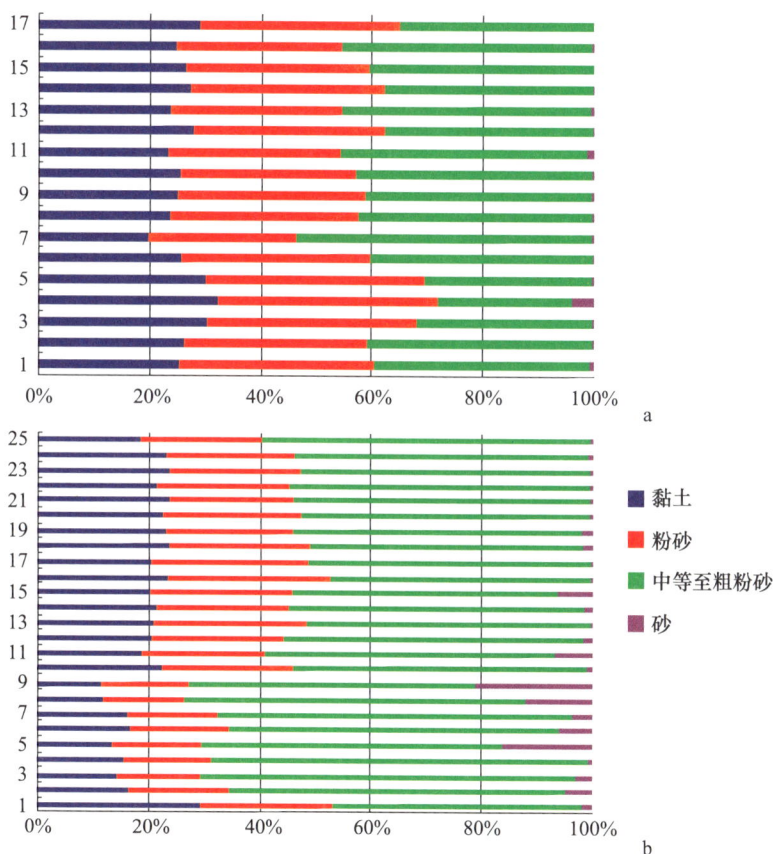

图四　粒径分布结果

a. 17 个遗址外序列样品的粒径分布（1 区，MSP1），从下到上，17～1；
b. 水田 2 区的 25 个样品的粒径分布（MSP2），从下到上，25～1

① Bullock P, Fedoroff N, Jongerius A, *et al. Handbook for Soil Thin Section Description.* Wolverhampton: Waine Research Publications, 1985.
② Stoops G. *Guidelines for Analysis and Description of Soil and Regolith Thin Sections.* Madison, WI: Soil Science Society of America Inc, 2003.

（一）各时期水资源管理及水文变化

良渚中期，主要靠维护穿过田地的自然水渠实现茅山水稻栽培的水资源管理。这需要投入少量的劳动力挖掘沟渠出水口将自然水渠引至稻田用于排水及灌溉（图二，a；图三，a）。这一做法导致土壤成壤过程发生了一些变化，土壤中存在极为丰富的铁氧化物胶膜及亚胶膜（图五，c）。它们大多产生在大型植物根系周围，表明当土壤饱和时，根系内的有氧空隙促进了周围氧化作用的发生[①]。不过需要注意的是，自然土 / 未

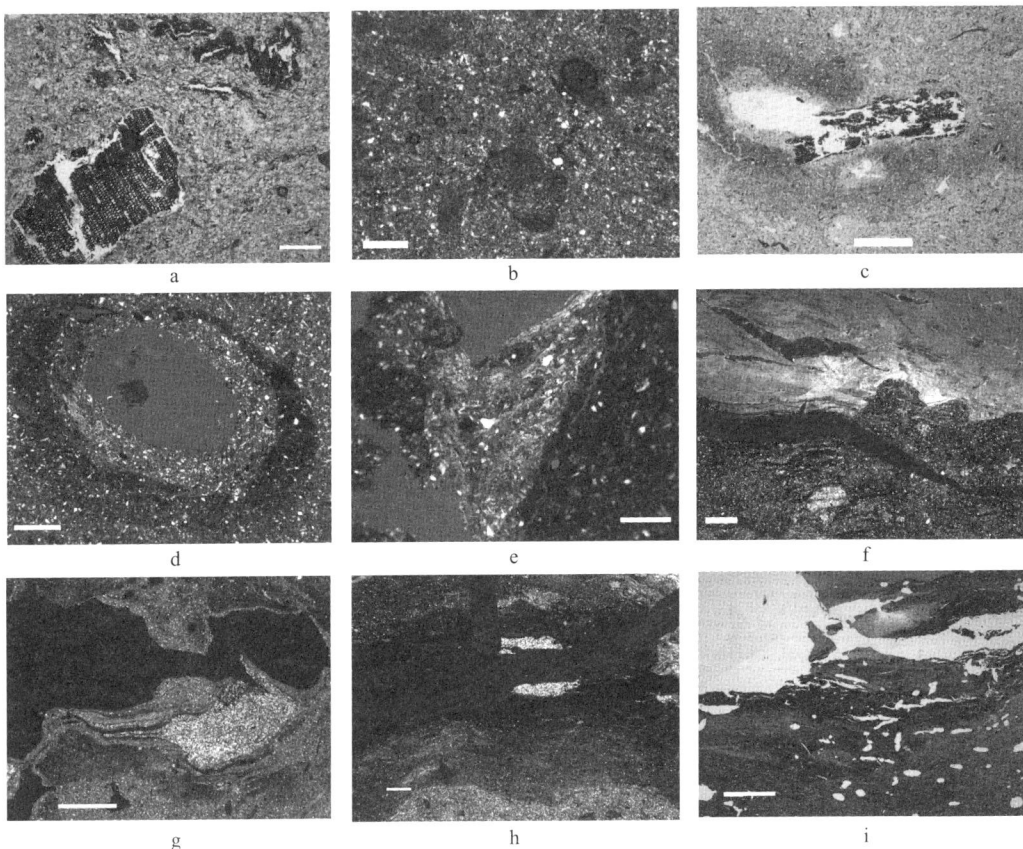

图五　茅山的微形态照片

a. 晚期木炭和有机质团粒（MSP10∶1），400 微米（比例尺条的长度，下同），PPL（平面偏振光，下同）；b. 晚期灰质黏土集中的特征是灌溉的结果（MSP10∶2），50 微米，XPL（正交偏振光，下同）；c. 孔隙中的早期木炭和铁氧化物（MSP10∶3）；2.5 毫米，PPL；d、e. 晚期铁氧化物和同心圆灰质黏土（MSP7∶2），原因分别是化学反应和黏土颗粒的自然搬运，这是多个时期的干湿交替造成的，注意 d 图铁消耗和富集区，分别是 500 微米和 200 微米，XPL；f. 晚期水田向弱发育的泥炭过渡（MSP6∶1），注意出现了极粗砂粒径的石英，500 微米，XPL；g. 晚期铁氧化物和多时期的灰质黏土（MSP2∶3），2 毫米，XPL；h. 晚期水田向弱发育的泥炭过渡（MSP2∶1），注意在富含有机质的泥炭层和粉砂层之间夹有棕色的黏土层，2.5 毫米，XPL；i. 冲积沉积向泥炭过渡（遗址外样品），注意四周平滑的囊泡孔隙，1.5 毫米，PPL

① 　Lindbo D, Stolt M H and Vepraskas M J. Redoximorphic features. In: Stoops G, Marcelino V and Mees F (eds.), *Interpretation of Micromorphological Features of Soils and Regoliths*. Amsterdam: Elsevier, 2010: 129～147.

耕作的土也有这些特性，因为禾草类植物的根茎在自然干湿交替的情况下常常产生这些特性[1]。更多的具有指示性的特征是那些黏土质土壤形成物，主要包括所谓的黏土密集的和/或灰尘或粉质黏土土壤形成物，根据最近的一些研究[2]发现这些形成物与耕作中的灌溉或者水资源管理所引起的基质结构改变有关。实际上这些土壤形成物以粗颗粒（粉砂粒级）的大量存在、土壤基质扩散边界及 XPL 弱双折射或无双折射（图七，b）为特征。不过，尽管在茅山发现的这些指示性土壤形成物与 Lee[3] 对韩国现代和古代耕作土壤的研究发现相似，充分表明这些形成物是水资源管理或相关活动造成的，但是在解释这些相似性时也要注意，只要相关的条件满足，类似的土壤形成物就可以形成。这些条件包括：土壤颗粒和团块被打碎、快速水饱和引起的颗粒物理流动和产生较差分选的快速淀积[4]。

除了上述土壤形成物以外，还有丰富的土壤结皮，这在良渚晚期稻田的薄切片中很少见。结皮是由粉尘到粉质黏土构成，有很清晰的分选趋势（图七，c）。持续水涝情况下出现短期表面干燥便会形成这种结皮[5]。这些结皮通常逐层紧密地重叠，其中部分原因是表面频繁干燥，也可能是因为掩埋后重新压实所致。另外有趣的发现是有些结皮呈锯齿状，大概是表面干燥时生物扰动作用所致。

伴随着早期稻田向晚期稻田的过渡，水资源管理也发生了根本性的变化。首先，新挖掘了更多的人工水渠；水渠间的稻田块尺寸更大了（见上文及图二，c）。第二，也是最重要的，氧化还原特征，特别是反复的铁淋失及再沉淀形成的典型的同心状土壤形成物尤为突出（图五，d、e；图六，g、h），暗示了含水饱和持续时期更长[6]。尽管如此，因为水稻耕作而故意排水导致的短时间的干燥期还是会频繁打断水饱和持续的时间。土壤基质中铁淋失的区域与此有关。包括黏土密集的和胶膜（图五，b）在内的粉质黏土形成物在此更常见，表明频繁的干湿交替会导致土壤中的微粒发生化学反应和物理运动，进而意味着水资源管理对水文影响更大。

记录表明良渚晚期稻田即将结束之际发生了显著的水文变化。在良渚晚期耕作土壤的上部区域紧接着泥炭似沉积物的下层（图六，a），形成了水平分布的薄有机质透镜体与由淤泥到黏土颗粒构成的土壤基质的互层（图六，e）。这些有机质透镜体可能形成于有控制的漫灌季节或者灌溉。有机质保存不佳表明间断式干湿变换促进了有机

① Vepraskas M J. Morphological features of seasonally reduced soils. In: Richards J L and Vepraskas M J (eds.), *Wetland Soils: Genesis, Hydrology, Landscapes, and Classification*. Boca Raton, F L: Lewis Publishers, 2001: 85～106.

② Lee H J. *The agricultural land use dynamics associated with the advent of paddy rice cultivation in Bronze Age South Korea*. Unpublished PhD Dissertation, University of Cambridge, 2011.

③ 同②。

④ Lindbo D, Stolt M H and Vepraskas M J. Redoximorphic features. In: Stoops G, Marcelino V and Mees F (eds.), *Interpretation of Micromorphological Features of Soils and Regoliths*. Amsterdam: Elsevier, 2010, 129～147.

⑤ Pagliai M and Stoops G. Physical and biological surface crusts and seals. In: Stoops G, Marcelino V and Mees F (eds.), *Interpretation of Micromorphological Features of Soils and Regoliths*. Amsterdam: Elsevier, 2010: 419～440.

⑥ 同②。Richards J L and Vepraskas M J. *Wetland Soils: Genesis, Hydrology, Landscapes, and Classification*. Boca Raton, F L: Lewis Publishers, 2001.

图六　茅山的扫描照片和微形态照片

a. MSP2：1 的扫描照片，照片尺寸 4.5 厘米 ×8.5 厘米；b. MSP7：2 的扫描照片，注意扰动的土壤结构，5 厘米 ×
8 厘米；c. MSP1：2 的扫描照片（遗址外样品），注意土壤结构的均质性，扰动更少，4 厘米 ×7.5 厘米；d. 晚期
人类活动包含物（MSP10：1），粪便碎屑，500 微米，PPL；e. 水平分布的有机质薄透镜体（MSP2：1），1.6 毫
米，PPL；f. 晚期人类活动包含物（MSP7：2），500 微米，PPL；g. 早期铁氧化物和灰质黏土（MSP2：4），2 毫
米，XPL；h. 晚期铁氧化物，注意铁富集区和消耗区的交替（MSP5：2），100 微米，XPL；i. 晚期孔隙中的木炭
和铁氧化物（MSP7：3），200 微米，XPL；j. 早期木炭，还有保存完好的植物组织，PPL；k. 早期人类活动产生的
包含物（MSP10：3），2 毫米，PPL

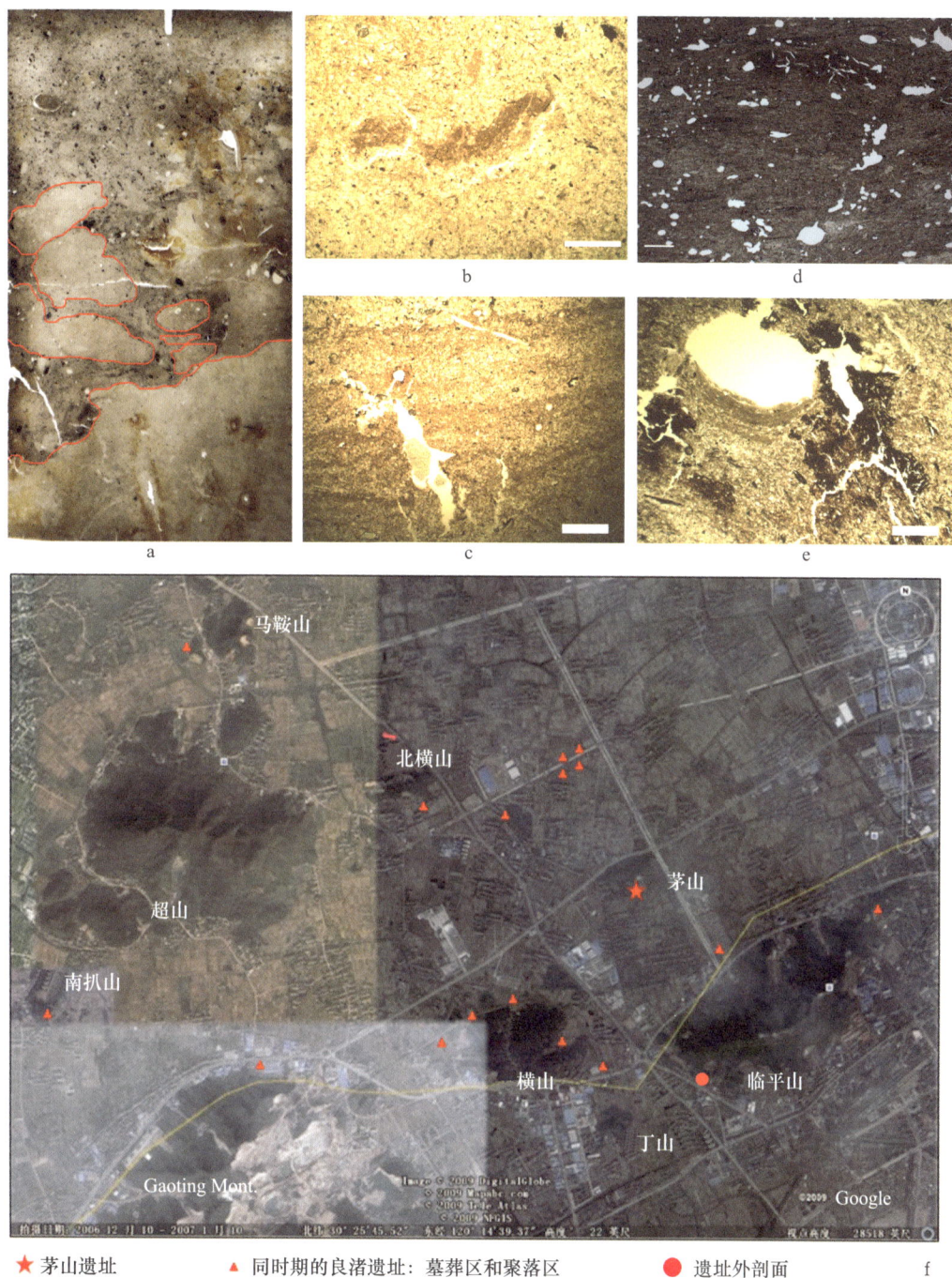

图七 茅山的扫描照片和微形态照片

★ 茅山遗址　　▲ 同时期的良渚遗址：墓葬区和聚落区　　● 遗址外剖面　　f

a. MSP10-1 的扫描照片，呈现的是晚期耕作和切割痕迹，注意白色团粒是从上层搅拌下来的；图片长度 5.5 厘米 × 8 厘米；b. 早期黏土富集的特征（MS-S19），注意与基质的深色弥散的边界，500 微米，PPL；c. 早期结皮（MS-S10），注意在结皮中出现的孔隙，850 微米，PPL；d. 囊泡孔隙，MSP1∶2，1 毫米，XPL；e. 遗址外的木炭（MS-Park），注意孔隙周围的灰色黏土包膜，500 微米，PPL；f. 茅山的位置和其他同时期的良渚遗址，包括墓葬区和聚落区。尽管对聚落遗址的功能不是很了解，但是我们仍可以从地图上看出该地区大多数遗址确实都靠近山地分布

（感谢秦岭博士提供 f 图）

质分解。在剖面的更上一层（图三，a、c），向泥炭层过渡的区域，富含有机质的沉积物被分选差的橙色粉质黏土替代，说明当时可能存在周期性注水（图五，h）。在这一层存在略呈层状的黏土透镜体也表明水的流速较低。之后，泥炭与粉质黏粒、极少量微晶石英和其他矿物质交替聚积（图五，f、h）。这种现象表明，一方面是持续注水，但是一年中的大部分时间，地下水位已经足够高，使得湿地芦苇沼泽更容易入侵已经荒废的稻田。而这个过程迅速被以泥炭沉积为主导的沉积过程所取代。然而，由于季节性的表面降解导致有机物质的积累过程经常受干扰并中断。这种现象表明存在周期性干燥和扰动。在泥炭沉积和上覆的黏土质洪水沉积的过渡区，又水平散布着泥炭和淤泥。这种间断式的泥炭发展是由波动的地下水位引起的。

尽管上述内容提供了有关水资源管理和水稻耕作相关的宝贵信息，但是它所反映的是局部地区的稻作农业与环境变化之间的关系。这个应该从更广泛的环境背景采集样品进行检验补充。遗址外的泥炭沉积（图三，b）比稻田中的更加均匀，这意味着泥炭沉积期间受到的干扰较少（图五，i；图六，c），且地下水动态可能更稳定。这里的河流冲积物（在稻田耕作区是作为耕作土壤的母质的）之上，以交替的泥炭和微晶矿物为主。有机物更均匀，大多是水平分布，除了偶尔的生物扰动产生一些弓状微结构。值得注意的是在这里发现了明显的囊泡空隙（图五，i；图七，d），这表明泥炭沉积饱和之后快速充气。

水田及其周围都被厚达1米的黏质洪水沉积所覆盖。还应当指出的是，我们无法得知这里观察到的当地环境的变化与海面和气候（季风）诱导的地区冲积活动之间是怎样的关系，这是将来需要系统研究的主要课题。

（二）农业活动的发展

已经有系统的研究明确地论述了整个良渚时期不同类型的石器农业工具的发展过程。良渚农业工具包括破土器（破土工具）、耘田器（切割整个水稻植株的工具，如实验研究所示）和镰刀（秦岭和 Nakamura 正在进行研究）。前两者很可能是绑到木质工具上的。茅山遗址的发掘和地质考古提供了直接的证据证明这两种工具与水稻种植和收获有关。在两个时期的稻田之间及其下面的沉积之间，经常发现工具痕，有清晰的切割边界（图七，a）。良渚晚期耕地及其下面的冲积层之间的界线非常明显，这意味着一个更集约的耕作。此外，良渚晚期稻田土壤基质充满了由非均质物质组成的搅乱的土壤团聚体（图七，a）。这些可能是由耕作期间强烈的土壤翻动和混合所引起的。

此前已经有新石器时代早期该地区稻作农业施肥的线索[1]，我们的微形态研究则提供了直接的证据表明当时人有意将动物粪块、人类便等作为土壤改良剂添加到耕作土壤中（图六，d、f、k）。在良渚晚期的耕作土壤中，这些粪便较早期的更加丰富。粒度分布结果也表明了土壤改良剂的加入。如图四所示，从良渚后期稻田中采集的大量样品中含有明显的砂土颗粒，而从非耕作用地采集的对照样品中仅含很少或者不含比中粗粉砂大的颗粒。农田北部的人工水渠的挖掘有效地阻止了山坡上的侵蚀物质被冲积

① Zong Y, Chen Z, Innes J B, et al. Fire and flood management of coastal swamp enabled first rice paddy cultivation in east China. Nature, 2007, 449: 459～462.

到稻田内，粗物质在稻田堆积内的出现就可以很好地解释为人类有意添加的（图二，c；图三，d）。

这些由不同成分组成的团粒在被添加到土壤之前很可能先被焚烧，因为 XPL 和 PPL 观察发现它们大多数具有比较浓的黑褐色或者略带红色（图六，f、k）。此外，很多团粒中有植硅体，它通常出现在牲畜的粪块儿中，是牲畜进食并消化植物所产生的。

当时的人可能使用两种收割方法。第一种方法使用前文提及的石镰。水稻植株被从秆切断，或在某些情况下，只有穗被镰刀切下，秸秆被留在地里[1]。第二种方法是由微形态研究发现提供的线索。在良渚中期稻田的薄片中偶尔发现小坑状微结构的存在，这可能是在收割时连根拔起水稻植株所致[2]。

虽然目前茅山遗址的信息不足以证明在水稻耕作中使用镰刀收割可显著加快水稻驯化过程[3]，但未来研究有可能揭示整个良渚时期收割技术的发展在该地区水稻种植的演变中确实起到了非常重要的作用。

当时焚烧似乎被广泛应用于管理土地生态。在良渚中晚期稻田中，除了基质内随机分布的木炭以外，在大根系留下的孔径内经常发现原地焚烧产生的木炭（图五，c）。这表明了稻田内部生态干扰可能发生在水稻生长季和收割季节后。焚烧不仅能产生用于改善土壤养分的理想材料——草木灰，可能也有助于减少杂草的生长。

六、讨　论

（一）人口增长、水资源管理和水稻种植集约化

良渚文化的发展是与人口增加相伴随的。在良渚文化中，大规模城墙及相关设施（用于埋葬贵族和用作瞭望台的人造平台）的建设象征着高度等级化的社会，并可能引发人口膨胀，同时也是人口膨胀的后果[4]。尤其引人注目的是良渚早中期在城址西和北面建造了巨大的水坝拦截在峡谷前面（最新的调查结果是大坝连续分布，而且年代较早，见 2006~2013 年良渚古城考古的主要收获）。

这也许是防止雨季可能发生严重的洪涝灾害的重要屏障。城墙四周围绕着人工及天然水体。如果没有水稻种植的盈余，这些需要消耗大量劳动才能完成的大建筑以及用来支持他们的政治体系是不可能实现并存续下来的。现已证实良渚晚期（距今约4500~4000 年）大量人口从高地移到平原地区[5]，并且此时小型遗址的数量达到了最高值，直接原因是该地区为了水稻种植而出现了人口迁移并重组。茅山遗址的微形态观察很好地证实了晚期的这种集约化。例如，在"各时期水资源管理及水文变化"一节

[1] Weisskopf A R. *Vegetation, agriculture and social change in Late Neolithic China: A phytolith study*. Unpublished PhD Dissertation, University College London, 2009: 372~374

[2] Fuller D Q, Harvey E and Qin L. Presumed domestication? Evidence for wild rice cultivation and domestication in the fifth millennium BC of the Lower Yangtze region. *Antiquity*, 2007, 81: 316~331.

[3] Fuller D Q and Qin L. Water management and labour in the origins and dispersal of Asian rice. *World Archaeology*, 2009, 41: 88~111.

[4] 刘斌：《神巫的世界》，浙江摄影出版社，2007 年。

[5] 王宁远：《遥远的村居——良渚文化的聚落和居住形态》，浙江摄影出版社，2007 年。

中提及的频繁的地下水变化导致的那些氧化还原特性[1]便可证明这一点。因此，需要注意的是水稻耕作集约化的实现可能与成功的水资源管理密不可分，这一点非常重要。在该地区的考古发现表明水稻耕作晚期见证了农业工具的大量出现及技术改进，这些工具包括由很大块石板磨制成的犁地工具，如上文提到的工具（秦岭和 Nakamura 正在进行的研究[2]）。但是在茅山并没有发现这种技术转变的明显证据。良渚文化晚期的这种差别是否是当时区域内经济及政治职能的地区差异还需要更全面的调查研究。但是这似乎表明了水资源管理和水资源及其用途的相关管理控制在良渚晚期水稻耕作中发挥了核心作用。

发掘过程中，在茅山坡底也发现了一些墓葬和极少的随葬品。这与在距此约 1 千米远的玉架山墓地的发现形成了鲜明对比，玉架山发现的大多数墓葬都有精美的玉器随葬[3]。茅山居住遗迹很罕见。这种聚落结构表明在茅山种植水稻的农民大概与另外的人群和 / 或良渚城址有关系。这也可能表明了那时在管理、控制和再分配水资源上，文化中心与周边小型遗址有密切的关系，一种在其他古代文明和历史时代通常会发现的典型关系[4]，这需要对该地区古水文学进行系统研究才能获得直接证据。

（二）管理当地景观

如上所述，也有越来越多的证据表明狩猎及采集是长江下游重要的史前生业经济形态[5]。例如，在一些地方橡子在古代饮食中占有很大比例[6]。这些野生资源的开发利用应该涉及了当地景观的管理。茅山遗址周边样品的微形态学研究使我们更深入理解良渚时期人类活动与地区景观改变之间的相互作用。结果显示直到良渚时期，不仅水稻耕作得到强化，管理丰富的自然生态以获得野生水稻和其他资源对良渚社会来说也至关重要。证明这一被长期忽视的论点的证据包括以下几个方面。第一，如上所述，全新世中期到晚全新世早期，广泛存在盛产野生水稻的湿地和沼泽[7]。由于有利的温度、

① Lindbo D, Stolt M H and Vepraskas M J. Redoximorphic features. In: Stoops G, Marcelino V and Mees F (eds.), *Interpretation of Micromorphological Features of Soils and Regoliths*. Amsterdam: Elsevier, 2010: 129～147.

② 俞为洁：《饭稻衣麻——良渚人的衣食文化》，浙江摄影出版社，2007 年。

③ 赵晔：《浙江余杭临平遗址群的聚落考察》，《东南文化》2012 年 3 期，31～39 页。

④ Higham C. *The Bronze Age of Southeast Asia*. Cambridge: Cambridge University Press, 1996; Higham C. *The Civilization of Angkor*. Berkeley, CA and Los Angeles, CA: California University Press, 2001; Higham C. Before Devanika: Social change and state formation in the Mekong Valley. In: Cherry J, Scarr C and Shennan S (eds.), *Explaining Social Change: Studies in Honour of Colin Renfrew*. Cambridge: McDonald Institute for Archaeological Research, 2004: 203～214.

⑤ Fuller D Q, Harvey E and Qin L. Presumed domestication? Evidence for wild rice cultivation and domestication in the fifth millennium BC of the Lower Yangtze region. *Antiquity*, 2007, 81: 316～331; 秦岭、傅稻镰、张海：《早期农业聚落的野生食物资源域研究——以长江下游和中原地区为例》，《第四纪研究》2010 年 2 期，245～261 页。

⑥ 秦岭、傅稻镰、张海：《早期农业聚落的野生食物资源域研究——以长江下游和中原地区为例》，《第四纪研究》2010 年 2 期，245～261 页；北京大学中国考古学研究中心：《田螺山遗址自然遗存综合研究》，文物出版社，2011 年。

⑦ Wang J, Chen X, Zhu X-H, *et al*. Taihu Lake, lower Yangtze drainage basin: Evolution, sedimentation rate and the sea level. *Geomorphology*, 2001, 41: 183～193; Zong Y, Wang Z, Innes J B, *et al*. Holocene environmental change and Neolithic rice agriculture in the lower Yangtze region of China: A review. *The Holocene*, 2012, 22: 623～635; Fuller D Q, Sato Y I, Castillo C, *et al*. Consilience of genetics and archaeobotany in the entangled history of rice. *Archaeology and Anthropological Science*, 2012, 2: 115~131.

湿度及环境条件，正如一些近期研究所示①，至少全新世早期以来长江下游是野生水稻分布的中心地带之一。例如，来源于系统调查的微体植物化石表明 *O. sativa* 植硅体大量堆积在茅山稻田及其附近同时期地层上（郑云飞正在进行研究），暗示着良渚时期大规模野生水稻的生长。

第二，对于良渚农民来说边缘环境的管理可能也一直很重要。如上所述，茅山遗址实际上就坐落在这样的地方（图一，a）。位于茅山坡底和毗邻的泛滥平原之间的稻田被连接到人工水渠和自然溪流。与平坦的泛滥平原上的田地相比，这里的供水系统包括坡度平缓的斜坡和发达的水渠及溪流。在季风气候和季节性地下水波动的影响下，这种局部环境更适合水资源管理。此外，这种生态交错区也有大的生物量和生物多样性，这对持续狩猎和采集活动是必要的。其中一个遗址外的堆积序列的微形态学研究也发现了采集野生水稻的证据，证实了存在的大量木炭可能来源于就地焚烧（图七，e），这一序列位于同茅山相似的环境中，但是有一座更大的山，可能具有更丰富的生物量及生物多样性（图七，f）。这表明研究管理野生土地资源时，这种边缘环境管理的视角可能有重要的意义。

最后，景观管理会导致生态效应。孢粉学研究显示，良渚时期（约距今5200～4200年）长江下游和长江三角洲地区次生林和人为干涉花粉组合的草本植物明显增多，最有可能的原因是扩大开荒及森林砍伐②。在当地的一些遗址，比如长江三角洲上的广富林，在距今约4700年前因为人类活动的增加使得小块和大块木炭均有显著增加③。然而，该地区土壤侵蚀的证据④跟同时期其他地区的（例如长江中游⑤）相比并不明显。据作者称这可能跟长江下游更有利的环境条件有关或者跟当地滞后的生态反馈效应有关⑥。

① Atahan P, Itzstein-Davey F, Taylor D, et al. Holoceneaged sedimentary records of environmental changes and early agriculture in the lower Yangtze, China. *Quaternary Science Reviews*, 2008, 27: 556~570; Fuller D Q, Sato Y I, Castillo C, et al. Consilience of genetics and archaeobotany in the entangled history of rice. *Archaeology and Anthropological Science*, 2012, 2: 115~131.
② Atahan P, Itzstein-Davey F, Taylor D, et al. Holoceneaged sedimentary records of environmental changes and early agriculture in the lower Yangtze, China. *Quaternary Science Reviews*, 2008, 27: 556~570; Li Y, Wu J, Hou S, et al. Palaeoecological records of environmental change and cultural development from the Liangzhu and Qujialing archaeological sites in the middle and lower reaches of the Yangtze River. *Quaternary International*, 2010, 227: 29~37; Xu D, Lu H, Wu N, et al. 30000-year vegetation and climate change around the East China Sea shelf inferred from a high-resolution pollen record. *Quaternary International*, 2010, 227: 53~60.
③ Atahan P, Itzstein-Davey F, Taylor D, et al. Holoceneaged sedimentary records of environmental changes and early agriculture in the lower Yangtze, China. *Quaternary Science Reviews*, 2008, 27: 556~570.
④ 同③。
⑤ Li Y, Wu J, Hou S, et al. Palaeoecological records of environmental change and cultural development from the Liangzhu and Qujialing archaeological sites in the middle and lower reaches of the Yangtze River. *Quaternary International*, 2010, 227: 29~37.
⑥ Atahan P, Itzstein-Davey F, Taylor D, et al. Holoceneaged sedimentary records of environmental changes and early agriculture in the lower Yangtze, China. *Quaternary Science Reviews*, 2008, 27: 556~570; Li Y, Wu J, Hou S, et al. Palaeoecological records of environmental change and cultural development from the Liangzhu and Qujialing archaeological sites in the middle and lower reaches of the Yangtze River. *Quaternary International*, 2010, 227: 29~37.

也有推测认为局部构造过程（例如构造运动和沉降过程的改变）可能在一定程度上影响了长江下游相对海面高度变化①。尽管直接关系尚不明确，但是评估相对海面变化及其对当地生态的影响时应该考虑长期水资源管理的影响和水稻耕作、砍伐森林及随后发生的沉降变化②。

七、结　　论

本文介绍的茅山遗址的发掘和地质考古研究发现表明，耕作景观的成功管理为良渚文化的发展提供了支持。这种景观管理包括水资源管理、开荒和尤其是过渡地区的稻田建设。

从良渚中期到晚期，水稻耕作的发展经历了根本性的变化。在良渚晚期，茅山遗址的稻田被分割成更大的田块，外加新挖的人工水渠，这些都表明良渚人在农业上进行了更多的劳务投入。农业工具生产方面的技术发展，更集约化的耕作，广泛地应用肥料和新的收割方法（更普遍的使用镰刀收割）均促进了良渚晚期水稻耕作的演变。这个背后肯定和良渚社会成熟的政治组织有关。因此这值得更多学者关注。

与水稻耕作发展平行进行的是，在我们的研究区域发现良渚时期当地景观的持续管理有多重目的，包括用于农业及家庭活动的土地清理，采集野生食物（例如野生水稻和水生坚果），水资源管理，等等。良渚社会的成功一定程度上与他们管理能力的增强，有时甚至是操纵当地景观的能力有关。在茅山稻田附近采集的遗址外部的样品研究提供了良渚时期有关当地景观管理的线索，但是尚需进一步研究。

水稻耕作似乎持续了很长时间。但是长期以来存在一个争论，即良渚城址的废弃所表明的良渚文化的衰落或瓦解与晚全新世地区性或全球性气候事件一致。其中，经常被提及的是所谓的距今 4200 年或 4000 年事件及其随后发生的生态效应③。尽管良渚晚期稻田上覆的泥炭沉积层的形成肯定与水文变化有关，从广义上讲，这种水文变化可能确实与该地区海面变化有关，但是到目前为止很难将气候事件与水稻耕作的发展直接联系起来。在建立这种联系之前需要解决一些问题。比如，古生态学数据与考古数据之间的时间差异好像是一个普遍的问题，这需要更系统的研究；在将气候事件与文化适应的考古学观察联系到一起之前还需要先全面了解这种气候事件对生态的影响。

---

① Zong Y. Mid-Holocene sea-level highstand along the Southeast Coast of China. *Quaternary International*, 2004, 117: 55～67.

② Fuller D Q and Qin L. Water management and labour in the origins and dispersal of Asian rice. *World Archaeology*, 2009, 41: 88～111; Li Y, Wu J, Hou S, *et al*. Palaeoecological records of environmental change and cultural development from the Liangzhu and Qujialing archaeological sites in the middle and lower reaches of the Yangtze River. *Quaternary International*, 2010, 227: 29～37.

③ Li Y, Wu J, Hou S, *et al*. Palaeoecological records of environmental change and cultural development from the Liangzhu and Qujialing archaeological sites in the middle and lower reaches of the Yangtze River. *Quaternary International*, 2010, 227: 29～37; 周鸿、郑祥民：《试析环境演变对史前人类文明发展的影响——以长江三角洲南部平原良渚古文化衰变为例》，《华东师范大学学报（自然科学版）》2000 年 4 期，71～77 页。

　　另一个将来需要解决的重要问题是我们的样本量仍然偏小，这显然不足以说明良渚时期水稻耕作方式潜在的多样性与复杂性（在稻田建设、农业制度、水资源管理等方面）。将来我们应努力审视这里所揭示的模式是否在良渚文化里有典型性。

　　尽管如此，对良渚文化时期像茅山遗址这样的一个规模稍小的稻田的地质考古研究被证明是一个有前途的领域，有助于加深我们对长江下游神秘的文化兴盛和衰落的了解。

　　致谢：作者感谢秦岭博士提供她关于良渚文化农业工具进化过程的研究信息以及有益的讨论。我们还感谢审稿专家有建设性的意见和建议。本研究没有得到来自任何公共、商业资助机构的任何资助。

附表 茅山水田表

单位	所处环境	微结构	粗颗粒成分	有机质	人类产生的及相关包含物	基质	成土特征
MSP2：1-1	⑤层	发育较差的板状	分选较好的 fsz 石英和云母	水平分布的 vf OP			FN+ 钙质结核
MSP2：1-2	⑥层	板状	粉砂和黏土的透镜体	底部有细颗粒 OM；往上有更多 OP			
MSP2：1-4	⑥ b 层	发育较差的孔道和晶簇	圆形 msz 燧石 **，棱角状 fsz 矿物 **，棱角状 vfsz+	沿孔道有 vf OM；OP+	粪便碎屑	中断的黏土团块；黏土透镜体	
MSP2：1-5	⑦层	无土壤团粒或团块	Vcsz 至 fsz 燧石 **，vfsz 石英和其他矿物 **	Vf OP**，fsz 和 msz OM			
MSP2：2-1	⑦层	无土壤团粒或团块，极少孔道	Msz 至 csz 燧石 **，fsz 矿物 **	不同大小的 OM**，vf OP**		尖锐边界，包含粉砂和极细粉砂的铁消耗条带	铁消耗区，粉尘或粉砂黏土填充物
MSP2：2-2	⑧层	适度发育的裂隙	棱角状 fsz 至 msz 燧石和石英 **，csz 石英 *	Msz csz 木炭 **，vfsz 木炭和 OM**，vf OP**		氧化铁中有铁消耗区	铁氧化 CC 和 HC+；黏土富集 **，FN**，弓形结构特征 *
MSP2：3	⑧层	发育的裂隙；极大的孔道	Msz 至 csz 燧石和石英 *	Msz 木炭和 OM**，vf OM**		铁消耗区	氧化铁 CC 和 HC+；黏土条带 **；黏土富集 **，Mn 结核 **，FN**；结皮 **
MSP2：4	⑨层	裂隙和棱角块状体，大孔道	Msz 至 csz 燧石和石英 *	Msz 至 csz OM 和木炭 **，vf OM 和木炭 **		铁消耗微弱或完全的区域	CCF**，Mn 结核 **；黏土包膜 **，氧化铁 CC 和 HC**，FN**；黏土富集 **，结皮 *
MSP4：4-1	⑤层	无团粒或团块	与 MSP1：1-1 相同	与 MSP1：1-1 相同			
MSP4：1-2	⑥层	无团粒或团块，发育较差的晶簇	次棱角状 msz 纸 csz 燧石，石英和长石 **	水平或不连续堆积的 OM+；vf OM**		极大的圆形 HA	FN**
MSP4：1-3	⑦层	发育较差的裂隙；大的孔室	Msz 燧石和石英 **；fsz 石英 *	细颗粒至 vf OM+；msz OM**		铁消耗区	氧化铁 QC 和 CC+；FN**

续表

单位	所处环境	微结构	粗颗粒成分	有机质	人类产生的及相关包含物	基质	成土特征
MSP4：2	⑦~⑧层	发育较差的裂隙, 大量孔道	次棱角状 msz 至 csz 燧石, 石英和云母	粗颗粒至 vfsz 木炭和 OM**, vf OP**		靠近孔洞和孔道的铁消耗区	氧化铁 HC 和 QC*, FN*, ccf*, 黏土夹层, 结皮, 石膏*
MSP4：3	⑧~⑨层	发育较差的裂隙和孔道	Msz 至 csz 的燧石和石英	极粗颗粒的木炭*, fsz 至 msz 木炭和 OM**, vf 木炭和 OM**		铁消耗区; 有尖锐边界的 HA	氧化铁 QC 和 HC**, 黏土夹层*, FN*, 钙质结核*, CCF**, Mn 染色斑
MSP4：4	未经耕作的土壤	轻度发育的孔道	Vfsz 矿物*	几乎没有大于 vfsz 的 OM 和木炭, vf OM 和木炭**		不同大小的 HA; 铁消耗区	CCF**; 氧化铁 HC 和 FN**, 结皮*
MSP4：5-5	未经耕作的土壤	轻度发育的孔道	与 MSP4：4 相同	与 MSP4：4 相同		与 MSP4：4 大致相同	氧化铁 HC 和 QC+; FN+; 锰结核**, 黏土富集
MSP4：5-4	⑦层	轻度发育的裂隙和孔道	Msz 至 csz 燧石和石英**	极粗颗粒的木炭*, fsz 至 msz 木炭和 OM**, vf OM 和木炭**		铁消耗区*, HA**	黏土夹层*; FN*, CCF*, Mn 染色斑**
MSP4：5-3	⑧层	发育较差的裂隙和孔道	大致与 MSP4：5-4 相同	比 MSP4：5-4 木炭少		铁消耗区; 高度扰动的基质, 包含大量 HA	Mn 土壤特征; Fe 氧化 QC 和 HC* 薄粉尘 CC*, CCF**
MSP4：5-2	⑦层	无土壤团粒或团块, 发育裂隙和孔道	Msz 至 csz 燧石和石英**	Vfsz 至 msz OM 和木炭+, vf OP+		严重扰动的基质, 包括大量团块	氧化铁 QC**, FN
MSP4：5-1	⑦层	无土壤团粒或团块	Fsz 至 msz 燧石和石英**	Fsz 至 csz OM 和木炭+, vf OP**	骨骼碎片*	上层有混合的物质	Mn 结核*, FN*, 氧化铁 QC*
MSP5：2-1	⑦层	无土壤团粒或团块, 有少量孔洞	Fsz 至 csz 矿物*	Fsz 至 msz OM 和木炭**, vf OP**		严重扰动的基质, 包括大量 HA	CCF**, FN**, 氧化铁 QC*, 黏土富集*

续表

单位	所处环境	微结构	粗颗粒成分	有机质	人类产生的及相关包含物	基质	成土特征
MSP5：2-2	⑦层	无土壤团粒或团块，有少量孔洞	Msz 至 csz 矿物	Fsz 至 msz OM*, vf OP**		相对扰动较少的基质	氧化铁 QC*, 黏土富集*, FN*, 生物扰动特征
MSP5：3	⑦~⑧层	无土壤团粒或团块，有少量孔洞	Msz 矿物*	Msz 至 csz OM*, vf OP**		大量 HA	氧化铁 QC 和 HC**, 黏土富集特征*, Mn 结核**, CCF*
MSP7：1-1	⑥层	无土壤团粒或团块，有少量孔洞	细颗粒至 msz**	不同大小的 OM++			粉砂包膜*, 弓形特征*
MSP7：1-4	⑦层	无土壤团粒或团块，有少量孔洞	Msz 至 csz 矿物**	Csz OM+, vf OM**		铁消耗区，少量 HA	氧化铁 QC*, FN**, 排泄物团粒
MSP7：2	⑦-⑧层	无土壤团粒或团块，有裂隙和孔洞	Msz 至 csz 燧石和其他矿物**	细颗粒至 csz OM 和木炭+, vf OM**		大量 HA	氧化铁 HC 和 QC**, FN*, CCF**, 黏土富集特征*
MSP7：3	⑧层	无土壤团粒或团块，有大量孔洞	Msz 至 vcsz 燧石和其他沉况矿物**	细颗粒至 csz 木炭和 OM*, vf OM**		Msz 至 csz HA	氧化铁 QC 和粉尘 CC**, 黏土富集特征*, 黏土夹层*, CCF*
MSP7：4	⑨层	适度发育的孔洞和裂隙	Msz 至 vcsz 矿物*	Msz 至 csz OM*, vf OM**		大量 HA	粉尘黏土 CC 和 HC, CCF*, 层状*；黏土夹层*, 结皮*, 铁 HC 和 QC**, FN*
MSP10：1-1	⑦层	无土壤团粒或团块，有孔洞	Msz 至 vcsz 燧石和其他矿物**	细颗粒至 csz OM 和木炭+, vf OM**	粪便碎片*	大量 HA	FN**
MSP10：1-2	⑦层	无土壤团粒或团块，有裂隙和孔洞	Msz 至 vcsz 矿物，主要是燧石	细颗粒至 csz OM 和木炭+, vf OM**	粪便碎片*	严重混合的基质，包含大量 HA	氧化铁 QC**, 粉尘黏土 HC*, FN*, CCF*, 生物扰动特征
MSP10：1-3	⑧层	无土壤团粒或团块，有少量孔洞	细颗粒至 msz 矿物，主要是石英*	细颗粒至 csz OM*, vf OM**		铁消耗区，富含有机质的透镜体	氧化铁 QC**, 粉尘黏土 HC*, FN**, CCF*
MSP10：2	⑧~⑨层	适度发育的裂隙，还有孔洞	Msz 至 vcsz 矿物*	Csz OM 和木炭**, vcsz 木炭*		铁消耗区	CCF**, 氧化铁 QC*, 层状粉尘黏土 HC*, FN*

续表

单位	所处环境	微结构	粗颗粒成分	有机质	人类产生的及相关包含物	基质	成土特征
MSP10：3	⑨层	无土壤团粒或团块，还有裂隙	Csz 至 vcsz 矿物**	Csz 至 vcsz OM 和木炭+；vf OM*		少量 HA	氧化铁 HC 和 QC**，粉砂 HC*，粉尘黏土 HC*，FN**，CCF*
MSP1：1	遗址外⑤层	无土壤团粒或团块	没有大于 vfs 的矿物	极少的 OM		黏土层和 vf 值粒径砂粒矿物的交叠层	Mn HC 和结核**，FN+，透明 CC 和粉尘矿 HC*，破碎的黏土团粒*，弓形特征*
MSP1：2-1	遗址外⑤层	与 MSP1：1 相同					
MSP1：2-2	遗址外⑥层	板状和轻度发育的孔洞	Fsz 至 msz 矿物*	不同大小的 OM+		与 OM 混合的黏土富集团块	黏土夹层，CC*
MSP1：2-3	遗址外⑦层	无土壤团粒或团块	Fsz 至 msz 矿物*	不同大小的 OM 和木炭*			透明层状 CC 和 HC*，粉尘黏土 HC*，氧化铁 HC 和 QC**，FN*
MSP1：3	遗址外⑦层	适度发育的裂隙和大孔洞	几乎没有大于 vfsz 的矿物	Fsz 至 msz OM*		铁消耗区与基质有不同的交界	氧化铁 HC 和 QC+，FN+，氧化铁铁块**，Mn 结核**
Park 3	遗址外⑦层	适度发育的裂隙	Msz 石英*	OM 在大团块中水平分布；fsz 至 msz OM 和木炭**		铁消耗区	氧化铁 HC 和 QC++，粉尘 CC 和填充物**，Mn 结核*
Park 4	遗址外⑦层	适度发育的裂隙	Msz 石英*	Msz 至 csz OM**，vf OM**		铁消耗区	中断的黏土团块*，氧化铁 HC，QC 和团块+，锰结核*
MS-S1	⑧层	少量孔道	Msz 至 csz 矿物，主要是燧石**	Csz 木炭*，大小不同的 OM+	骨骼碎片*粪便碎片*		中断的结块*，氧化铁 HC 和染色斑**
MS-S2	⑧层和 7 号沟	大量孔道	Msz 至 vcsz 燧石**，msz 其他矿物*	大小不同的 OM+，vcsz 木炭*		中断的富含黏土的 HA**	氧化铁 HC 和 QC**
MS-S8	⑧层	大量孔道和晶体簇	Msz 至 csz 燧石*，fsz 至 msz 石英*，石膏	Vfsz OM**，大小不同的 OM 和木炭**		破碎的富含黏土的 HA*	黏土或粉砂 CCF**，氧化铁 CC 和 HC**

续表

单位	所处环境	微结构	粗颗粒成分	有机质	人类产生的及相关包含物	基质	成土特征
MS-S9	⑧~⑨层	大量裂隙和孔道	Fsz 至 msz 石英 **，msz 至 csz 燧石 *	Vfsz OM**，fsz 至 msz OM 和木炭 **		分散的铁消耗区	氧化铁 HC 和 CC**，黏土和粉砂黏土填带 +
MS-S10	⑨层	少量裂隙和孔道	Fsz 至 msz 石英 **，msz 至 csz 燧石 *	Vf OM+，大小不同的 OM 和木炭 +	严重矿化的骨骼碎片		结皮 +，氧化铁 HC**
MS-S11	⑨层	少量孔道和晶簇	Fsz 至 msz 石英 **，msz 至 csz 燧石 +	Vfs OM**，fsz 至 msz 木炭和 OM+	骨骼碎片		氧化铁 CC 和染色斑 **，粉尘黏土填充物 +
MS-S12	⑨层	少量孔道和晶簇	msz 至 csz 燧石 +，fsz 至 msz 石英 *	大小不同的 OM 和木炭 ++，vf OM+	粪便碎片 *		氧化铁 HC，QC 和团块 +
MS-S13	⑨层	大量裂隙	大小不同的燧石 **	大小不同的 OM 和木炭 ++，vf OM+		破碎的富含黏土的团块 +，主要来源于结皮	结皮 +
MS-S14	⑨层和下面未经耕作的土壤	大量大裂隙和孔道	Msz 至 vcsz 燧石 **，fsz 至 msz 石英 *	大小不同的 OM 和木炭 **，vf OM**	骨骼碎片 *	大块的破碎的 HA**	Mn 染色斑块 **，氧化铁 HC，结核和团块 +，黏土夹层 *
MS-S15	⑦~⑧层	大量大裂隙和孔道	Fsz 至 msz 石英和云母 *，大块的燧石	Fsz 至 msz OM**，vf OP**		铁消耗区	氧化铁 HC，QC 和团块 +
MS-S16	⑧层	大量裂隙和大孔道	Msz 石英 *	Msz 至 csz OM**，vf OP**		铁消耗区	氧化铁 QC，HC 和团块 +，Mn 结核 *，粉尘 CC*，黏土条带 +
MS-S23	⑩层，在野外第 20 号	轻度发育的次棱角块状体，有板状裂隙，孔道和晶簇	Msz 至 csz 燧石 **，fsz 至 msz 石英 *	不同大小的 OM 和木炭 **	骨骼碎片 *		结皮 **，氧化铁 HC*
MS-S22	⑩层，在野外第 20 号	大量大裂隙	Fsz 至 msz 石英 **，有完美晶体的石膏	Fsz 至 msz OM 和木炭 **，vf OP**			氧化铁 HC 和 CC+，粉尘黏土夹层 **，结核 *，Mn 结核 *
MS-S19a	⑩层，在野外第 20 号，以及下面未经耕作的土壤	少量孔道和裂隙	Fsz 至 msz 燧石 ***，fsz 石英 *	Fsz OM 和木炭 **，vf OM**		富含黏土的 HA*，铁消耗区	结皮 **，氧化铁 HC 和 CC+，CCF*

续表

单位	所处环境	微结构	粗颗粒成分	有机质	人类产生的及相关包含物	基质	成土特征
MS-S24	⑩层，在野外第 21 号	大量裂隙和少量晶簇、孔道	Fsz 至 msz 燧石**，fsz 至 msz 石英和长石**	大小不同的 OM 和木炭+，vf OM**	骨骼碎片*	破碎的富含黏土的 HA*	极少量的结皮**，CCF；铁和锰结核*
MS-S20	⑩层，在野外第 21 号，以及下面未经耕作的土壤	大量裂隙	Fsz 石英*，msz 燧石*	Fsz OM*，vf OP**		大量铁消耗区	氧化铁 CC，HC，QC**，FN*，Mn QC，结核和填充物**，粉土或粉砂黏土带**，结皮**
MS-S25	⑧~⑩层，在野外第 16 号	大量孔洞和少量裂隙，晶簇	Msz 至 csz 燧石*，fsz 石英*	Fsz 至 msz OM 和木炭**，卵石大小的木炭*，vf OM**	粪便碎片		粉尘 CCF*，粉尘黏土 HC*，氧化铁 HC，QC 和团块+
MS-S26	⑩层，在野外第 16 号，以及下面未经耕作的土壤	少量孔道、晶簇和裂隙	Fsz 石英*	Fsz OM**，vf OP+		富含黏土的破碎 HA*	结皮+，氧化铁 HC*

注：vcsz：极粗砂粒径；fsz：细粒径；msz：中等砂粒径；csz：粗砂粒径；vfsz：极细粒径；vf：极细颗粒；HA：不同成分组成的团粒；++：10%~20%；+：5%~10%；**：5%~2%；*：<2%；a. 可能被误认为
HC：亚包膜；QC：准包膜；FN：Fe 结核；CCF：黏土包膜；CC：黏土包膜；OM：有机质；OP：有机质染料；
MS-S12，但是 MS-S12 属于旱期水稻田

Water Management and Agricultural Intensification of Rice Farming at the Late-Neolithic Site of Maoshan, Lower Yangtze River, China

Zhuang Yijie[1] Ding Pin[2] Charles French[3]
Translated by Su Kai[4] Jin Guiyun[4] Proofread by Zhuang Yijie[1]
(1. Merton College, University of Oxford; 2. Zhejiang Provincial Institute of Cultural Relics and Archaeology; 3. University of Cambridge; 4. Department of Archaeology, Shandong University)

Intensifying water management for rice farming and related land use involves increasing labour investment in transforming local landscapes. By applying geoarchaeological investigation at the well-preserved late-Neolithic rice paddy site of Maoshan, Lower Yangtze River, during the excavation, this study provides detailed information of the changing relationship between water management, agricultural intensification, environmental change and social evolution during the critical time period of the late Holocene. It illustrates that the intensification of rice farming was facilitated by successful water management and landscape management in most time, and it was the combined effect of gradually increasing aridity, fluctuating sea-level patterns and increasing labour investment in water management that led to the eventual abandonment of the paddy field at the end of the Neolithic in this region. This study therefore draws attention from large-scale sites to small-scale, but economically important, sites in enhancing our understanding of the dynamic relationship between human societies and environmental changes during the late Holocene in this region.

我国人骨C、N稳定同位素考古研究评述[*]

陈松涛　靳桂云

（山东大学历史文化学院）

考古学是根据古代人类通过各种活动遗留下来的实物以研究人类古代社会历史的一门科学[①]。考古学的研究目的决定了其研究内容囊括古代人类社会的方方面面，对人类饮食的研究自然也是考古学者关注的重点。俗话说"民以食为天"，饮食活动是人类维持生存的基本生理活动，是人类最基本的活动之一。同时人类饮食活动不仅仅是一种处理人与自然关系的生产行为，而且是一种人与人关系的社会文化行为。人类的饮食结构不仅反映了当地当时的自然环境和人类改造自然的能力，同时能体现出当时社会的文化特征、社会发展水平等信息。因此，对古代人类饮食状况的研究一直是考古学研究的重要内容。

关于古代人类食物的研究，以往开展工作甚多。其研究方法主要包括利用文献进行考证或者根据考古遗址中出土的动植物遗存以及与食物获取、加工相关的生产工具和生活用具等进行研究。这些方法在研究古人食物结构、文化交流等方面都取得了许多有意义的成果。然而由于历史文献的记载与存世有限，特别是考古遗存的不完整性，这些方法在食物结构的定性分析方面成果卓著，然而之于定量研究则存在局限性。而随着越来越多的科学技术应用到考古学研究中，极大地促进考古学的进步。作为生物考古的新兴方法之一——人骨稳定同位素分析则一定程度上弥补了上述方法存在的不足，为重建古人食谱提供了重要的研究途径。根据"我即我食"的原理，人类所食用的食物，经过人体的消化吸收后，最终进入到人体组织中，成为人体的一部分。人体组织的化学成分反映了其摄入的食物结构的化学成分。因此通过分析骨骼的化学成分，能够准确地反映古人的食物来源，而且能对食谱中食物的比例做半定量分析。该方法目前已成为考古学研究的前沿与热点，并展示出广阔的发展前景。

---

[*]　本研究国家社科基金重点项目（项目编号：11AZD116）和2012年度山东大学人文社会科学重大研究项目（项目编号：12RWZD09）共同资助。
[①]　夏鼐、王仲殊：《考古学》，《中国大百科全书·考古学》，中国大百科全书出版社，1986年，1～2页。

一、我国人骨稳定同位素发展简史

稳定同位素分析方法首先由国外学者于 20 世纪六七十年代创立，80 年代由蔡莲珍和仇士华介绍引入国内 [①]，他们的研究标志着我国稳定同位素考古研究正式拉开帷幕。但之后将近 20 年的时间内，我国同位素考古研究曾一度陷入沉寂，既缺乏相关理论的引入，也没有具体的研究应用。不过这一状况并没有持续太久。随着夏商周断代工程的开展和国际交流合作的频繁，自然科学技术不断被介绍、应用到考古学研究中，我国考古学的跨学科研究得到极大的发展。稳定同位素方法由于其在古人食谱定量分析方面的优越性，迅速被学界了解和接受。

2001 年，张雪莲配合夏商周断代工程的年代矫正，对殷墟、琉璃河墓地、偃师商城、伊川南寨等遗址的人骨样品进行了稳定同位素分析，获得了丰富的 $\delta^{13}C$ 数据 [②]。另外，她还对诸多史前遗址样品进行了 $\delta^{13}C$ 分析，与蔡、仇的研究一起，奠定了我国新石器时代稳定同位素研究的基础。更为重要的是，张雪莲在国内首次进行了 $\delta^{15}N$ 研究。她成功应用元素分析仪收集到样品中的氮气，获得我国考古学稳定同位素研究中第一批 $\delta^{15}N$ 数据。通过对这些数据的分析，她研究了先民的食肉程度和食物结构中肉食的比例。她的研究使得古人类食谱中的 $\delta^{15}N$ 研究成为可能，并与蔡、仇介绍的 $\delta^{13}C$ 方法共同构成了稳定同位素古人食谱研究的方法体系，为古人食谱的进一步精细化研究奠定了基础。

2002 年，胡耀武完成其博士论文《古代人类食谱及相关研究》[③]。理论创建上，他第一次系统地介绍了稳定同位素方法用于古人食谱研究的诸多理论，从生物学角度介绍了稳定同位素研究对象——骨骼和牙齿的生理结构和生理特性以及受埋藏环境影响可能造成的污染，并确立了对样品污染鉴定的标准和去除污染的方法，同时提到了实际应用中的一些技术性因素，如数据的呈现与统计等。实际运用中，他对贾湖遗址人骨样品进行了全面的分析研究，得到许多有益的成果。

系统的理论基础、完善的 C、N 稳定同位素分析方法、实际应用中的实验说明和操作方法等，已基本建立起我国稳定同位素考古研究的体系和框架，再加上众多人力、物力的投入，这些为稳定同位素研究的具体应用奠定了坚实的基础，从此我国的稳定同位素研究步入了迅速发展时期。到目前为止，仅 10 余年的时间，我国稳定同位素考古研究已取得了长足的进步，获得了丰富的成果。

截至目前已经发表的有关我国人骨稳定同位素研究的文章已超过百篇，文章内容不仅涉及稳定同位素分析原理的介绍与探索，更多的则是对这一方法的具体应用，解决考古学问题，此外也有部分文章回顾总结我国目前碳氮稳定同位素研究。

---

① 蔡莲珍、仇士华：《碳十三测定和古代食谱研究》，《考古》1984 年 10 期，949～955 页。
② 张雪莲等：《古人类食物结构研究》，《考古》2003 年 2 期，62～75 页。
③ 胡耀武：《古代人类食谱及其相关研究》，中国科技大学博士研究生学位论文，2002 年。

二、稳定同位素分析的原理和方法

碳氮稳定同位素分析方法的基本原理简言之就是"我即我食"。由于之前的研究中各位学者对此均有详细的介绍，在此不予赘述。本文将着力介绍碳氮稳定同位素的分析方法。

（一）样品选取

按照稳定同位素分析的原理，理论上来讲，人体的任何组织都保存着其食物的化学信息，均可作为研究的对象。但是具体到考古学实际中，经过长期的埋藏后，人体的大部分组织多已不复存在，而人体骨骼由于特殊的生理特性和物质构成较容易保存下来，因此是稳定同位素研究最主要的材料。

进行稳定同位素研究的前提是人骨保存良好，其化学成分，仍保持先民生前骨骼的化学组成。正常成人的全身骨骼共 206 块，每个部分的骨骼生理特性不一，保存状况差异悬殊。因此选取人骨哪些部分作为实验样品则值得注意。依照前人的研究[①]，人体骨骼中长骨相对于其他短骨、扁骨、不规则骨等，骨质更加紧密，结构更加稳固。即使在长期的埋藏中也不易腐烂，不易被外界所污染，因此保存较好，更能保存古人生前的骨骼化学信息。特别是长骨中段部分，主要由骨密质构成，密质层更厚，更易于保存，是较合适的实验材料。这在之前研究中选取样品的部位数量可窥知一二。

目前国内进行稳定同位素考古研究的实例中，共选取样品 1000 多例，小部分为动物骨骼。而人体样品共 1020 余例，其中人的牙齿样品为 63 例，其余为人骨，共约 960 例。而这 900 余例人骨样品中，有 600 多例因介绍不详细，具体取样部位不可知，但多数描述为肢骨，即人体长骨。明确说明所取骨骼部位的样品共 304 例，具体部位主要为股骨、胫骨、肱骨以及少数尺骨、腓骨等中段。因此总体来说虽然大多数文章并未明确说明骨骼的选取部位，但都不约而同选取了人体四肢的长骨。

需要注意的是，人体长骨通常也是体质人类学、古病理学等的重要研究对象。开展稳定同位素研究，选取骨骼样品将不可避免地破坏长骨的完整性，而这可能造成其他学科研究信息的丢失。虽然这在同位素研究方面是收获，但要其他方面研究付出代价，这于整个考古学确是一种损失。因此在稳定同位素样品选取中，在选取保存好的部分的同时最大限度地降低对原骨骼的破坏是非常必要的。

（二）实验方法

人骨稳定同位素的研究并不是对人骨的直接研究，而是要提取人骨中的骨胶原或羟基磷灰石，通过对其同位素组成进行分析，进而重建古人食谱。

---

① 胡耀武：《古代人类食谱及其相关研究》，中国科技大学博士研究生学位论文，2002 年；凌雪：《秦人食谱研究》，西北大学博士研究生学位论文，2010 年。

1. 骨胶原的提取

骨胶原首先被用于研究古人的食物结构，关于人骨骨胶原提取方法的研究开展也较早，取得的成果也较丰富 [1]。其中主要提取方法有酶解提取法、去蛋白质法提取 [2] 以及酸—碱—酸提取法 [3]。前两种方法虽然能够提取到特别纯净的骨胶原，但是价格昂贵、费工费时，而且要求工作人员接受过专业的技能培训和学习；此外这两种方法骨胶原提取率较低，因而对多数实验室来说，适用性不强。因此我国的稳定同位素考古研究中基本采用酸—碱—酸的提取方法。

这一方法需要经过一系列的实验步骤，不仅包括骨胶原的制备还包括前期对样品的去污和净化处理。实验步骤可简单概括为以下几步：一，机械去污；二，研磨过筛，选取样品；三，加盐酸浸泡样品，去除骨骼中无机质（主要是磷酸盐和碳酸盐，有的文章称为脱钙）；四，用氢氧化钠（NaOH）去除腐殖酸和油脂等；五，再次加酸加热（水解，明胶化）；六，趁热过滤，去除样品中的杂质；七，加热浓缩；最后，冷冻干燥，得到骨胶原。

虽然国内研究时总体的实验步骤相同，但在具体的操作中仍存在几处细微的差异。

（1）时间差异。主要指与盐酸反应时间的长短和更换盐酸的间隔。

浸泡盐酸的时间差异。国内研究中有的浸泡 3 天，有的浸泡 6～7 天。而更换盐酸的频率，有的文章中是隔一天换一次酸，有的则隔 2～3 天。众多的研究实例采用的标准极不统一，不过这并不影响实验结果。因为这一实验步骤的目的在于去除骨骼中的无机质，最终要达到的效果是骨骼颗粒呈半透明状，去除其无机质。因而浸泡和更换酸的时间视骨骼的保存情况和实验人员的时间而定。

浸泡 NaOH 溶液时间也存在差异。国内有的研究中浸泡 20 小时，有的则浸泡 24 小时。研究表明在 NaOH 溶液中浸泡的最佳时间约为 20 小时。浸泡时间过短则不能保证除去样品中的污染物，而过长时间的浸泡则会造成少部分骨胶原的溶解，从而降低骨胶原的获得率。

（2）温度差异。第五步加热的温度有 70℃、75℃、90℃、95℃等几种。这一步骤中加热的主要目的是为了使骨胶原充分水解，将骨骼明胶化。因此加热温度和加热时间有对应关系。在 90℃或者 95℃将骨骼完全水解一般需要一夜左右（约 10 小时），而

[1] Chisholm B S, Nelson D E, Hobson K A, *et al.* Carbon isotope measurement techniques for bone collagen: Note for the archaeologist. *Journal Of Archaeological Science*,1983, 10: 335～360; Deniro M J and Hastorf C. Alteration of $^{15}N\backslash\ ^{14}N$ and $^{13}C\backslash\ ^{12}C$ ratios of plant matter during the initial stages of diagenesis : Studies using archaeological specimens from Peru. *Geochimica et Cosmochimica Acta*, 1985, 49: 97～115; Deniro M J and Weiner S. Chemical, enzymatic and spectroscopic characterization of "collagen" and other organic fractions from prehistoric bones. *Geochimica et Cosmochimica Acta*, 1988, 52: 2197～2206; Deniro M J and Weiner S. Use of collagenase to purify collagen from prehistoric bones for stable isotopic analysis. *Geochimica et Cosmochimica Acta*, 1988, 52: 2425～2431.

[2] Deniro M J and Weiner S. Chemical, enzymatic and spectroscopic characterization of "collagen" and other organic fractions from prehistoric bones. *Geochimica et Cosmochimica Acta*, 1988, 52: 2197～2206; Deniro M J and Weiner S. Use of collagenase to purify collagen from prehistoric bones for stable isotopic analysis. *Geochimica et Cosmochimica Acta*, 1988, 52: 2425～2431.

[3] Ambrose S H. Preparation and characterization bone and tooth collagen for stable carbon and nitrogen isotope analysis. *Journal of Archaeological Science*, 1990, 17: 431～451.

在 70℃的情况下则可能需要更长时间。虽然不同温度对骨胶原提取率影响不大，但是对骨胶原质量有影响，因而仍需严格遵循实验要求。

（3）酸、碱的浓度差异。HCL 和 NaOH 溶液的浓度则可能影响到实验结果。研究表明对于保存差的骨骼，使用浓度较低的盐酸比较高浓度的盐酸能提取到更多的骨胶原以及更高的 C、N 含量。

而在最近的研究中，有些学者对酸—碱—酸提取骨胶原的方法做了一些改进，即增加了经 Millipore Amicon Ultra-4 超滤后、收集分子量大于 30KD 的溶液这一步骤。较之于之前的方法，Jay 等人省却了用 NaOH 溶液浸泡骨骼样品去除腐殖质和残存的油脂这一步骤，却增加了上述的超滤和收集大分子溶液的过程[①]。这种改进的优点在于不仅能最大限度地去除污染，同时能保证最高的骨胶原产率。研究表明，使用 NaOH 溶液去除骨骼中的腐殖质和油脂时，会消解一小部分骨胶原，降低骨胶原的产出率。改进后的方法使保存不佳或经过高温降解的骨胶原被过滤掉，获得高质量的骨胶原，从而达到更精确的分析结果。

2. 羟磷灰石的提取

相对于人骨骨胶原，利用羟磷灰石的碳稳定同位素重建古人食谱的工作开展较晚，甚至最初其可行性和科学性遭到一些学者的质疑[②]。随着相关工作的不断进行，特别是小白鼠的饮食控制实验的开展，证明羟磷灰石中 C 稳定同位素同样可以用于重建古人食谱，这一方法逐渐被接受和应用。与此相应，我国引进人骨羟磷灰石稳定同位素分析方法较晚，相关研究也较少。目前只对贾湖遗址人骨羟磷灰石进行了稳定同位素研究[③]，因而人骨羟磷灰石的提取方法也仅有一种，其具体步骤为：收集 < 0.25 毫米筛下的骨样粉末，50% 的 Clorox 处理 1～3 天，去除骨样中的有机物质，蒸馏水洗至中性，1mol/L 的醋酸溶液里浸泡 20～40 小时，可以去除骨样中吸附的碳酸盐等，蒸馏水洗至中性后冷冻干燥，收集所得的羟磷灰石[④]。

制备好人骨骨胶原和羟磷灰石样品后，即可测试样品的碳氮稳定同位素值。样品的测试通常使用同位素质谱分析仪，由专业人员在专门的实验室内完成。

三、骨骼污染鉴定

在经历长期的埋藏过程后，考古发掘的人体骨骼未受到污染，其组织内仍保存着生前的化学组成，这是进行稳定同位素分析、复原古人食谱的前提。所以在稳定同位素研究中，对人骨污染的鉴定尤为重要。因此自 20 世纪七八十年代开始，几乎随着稳

① Jay M, Fuller B T, Richards M P, *et al*. Iron Age breastfeeding practices in Britain: Isotopic evidence from Wetwang Slack, East Yorkshire. *Am J Phys Anthropology*, 2008, 136(3): 327～337.

② Margaret J, Schoeninger and Michael J. Deniro: Carbon isotope ratios of apatite from fossil bone cannot be used to reconstruct diets of animals. *Nature*, 1982, 297: 577～578.

③ 胡耀武等：《贾湖遗址人骨的稳定同位素分析》，《中国科学 D 辑：地球科学》2007 年 1 期，94～101 页。

④ Ambrose S H, Butler B M, Hanson D H, *et al*. Stable isotopic analysis of human diet in the Marianas Archipelago Western Pacific. *American Journal Physical Anthropology*, 1997, 104: 343～361.

定同位素方法应用于考古学研究以来，许多研究者就一直关注着骨骼污染问题，不断研究造成人骨污染的原因及污染过程，尤其是国外的学者做了大量的研究工作[①]。

人骨污染与否除了少数可以用肉眼直接观察到，大部分污染物质进入骨骼内部，因而需要采用更精确的方法进行判别。

目前我国对骨胶原的污染鉴定通常采用骨胶原提取率、骨胶原中 C 和 N 的含量以及 C/N 摩尔比等标准进行判定。研究表明，现代人骨的骨胶原提取率约为 20%，骨胶原中的 C、N 含量分别为 41% 和 15%[②]。如果选取样品骨胶原的 C、N 含量处于此数值附近，即说明人骨保存状况较好。反之，如果样品的 C、N 含量明显偏离这一数值，则表明保存状况不佳，骨胶原已降解。而鉴定骨胶原污染的最重要的标准是骨胶原中的 C/N 摩尔比。科学实验表明，正常的人骨骨胶原中 C/N 摩尔比值在 2.9～3.6[③]。如果选取样品的比值在该范围之内则说明提取的骨胶原未受污染，可用作碳氮稳定同位素研究；如果低于 2.9，即 C/N 比低，则可能缘于含 N 较多的无机质的混入，造成人骨的污染；如果 C/N 高于 3.6，则认为样品受到了腐殖酸的污染。受到污染的样品通常不可用于人骨研究，但这并不是绝对的，胡耀武认为轻微的污染仍可用于分析研究。另外最新的研究证明，C/S、N/S 摩尔比同样可以作为鉴定骨胶原污染程度的一个标准。但国内研究中此方法应用较少，仅见于《关中两汉先民生业模式及与北方游牧民族间差异的稳定同位素分析》[④]。[14]C 测年方法也可以用于鉴别骨骼是否受到污染，如果骨骼的 [14]C 测年年代与其实际年代相符，则认为该样品未受到污染，反之则视为已经污染，其化学组成发生改变。

对人骨羟磷灰石的研究也可以作为判断骨骼污染情况的依据，目前国内对羟磷灰石污染的鉴定主要采用以下方法：

（1）对骨骼进行 XRD 和拉曼光谱扫描，观察羟磷灰石的晶体完整性。如果羟磷灰石的晶体结构完整，则表明骨骼保存较好[⑤]。

（2）羟磷灰石中微量元素含量的判断。通过测试羟磷灰石中的 Ca 和 P 含量、Ca/P 的比值、Al/Fe 比值、Ba/Mn 比值等判断骨骼中是否有土壤、微生物等外界物质的混入，进而判断骨骼污染与否。以上两种方法相对比较复杂，且需要专业的化学、物理等学科知识，因而对于广大考古学者有一定难度。

① Hedges R E M. Bone diagenesis: An overview of processes. *Archaeometry*, 2002, 44: 319～328; Price T D, Blitz J H, Ezzo J A. Diagenesis in prehistoric bone: problems and solution. *Journal of Archaeological Science*, 1992, 19: 513～530; Deniro M J. Postmortem preservation of alteration of in vivo bone collagen isotope ratios in relation to paleodietary reconstruction. *Nature*, 1985, 317: 806～809.

② Ambrose S. H, Butler B. M, Hanson D.H, *et al*. Stable isotopic analysis of human diet in the Marianas Archipelago Western Pacific. *American Journal Physical Anthropology*, 1997, 104: 343～361.

③ Hedges R E M. Bone diagenesis: An overview of processes. *Archaeometry*, 2002, 44: 319～328; Price T D, Blitz J H, Ezzo J A. Diagenesis in prehistoric bone: Problems and solution. *Journal of Archaeological Science*, 1992, 19: 513～530; Deniro M J. Postmortem preservation of alteration of in vivo bone collagen isotope ratios in relation to paleodietary reconstruction. *Nature*, 1985, 317: 806～809.

④ 张国文等：《关中两汉先民生业模式及与北方游牧民族间差异的稳定同位素分析》，《华夏考古》2013 年 3 期，131～141 页。

⑤ 胡耀武等：《古人类骨中羟磷灰石的 XRD 和喇曼光谱分析》，《生物物理学报》2001 年 4 期，621～626 页。

　　国内研究中其他判断羟磷灰石污染情况的方法还包括对羟磷灰石中 C 含量的测定以及比较骨胶原与羟磷灰石中 δ^{13}C 的相关性。研究认为未受污染的人骨羟磷灰石的 C 含量值约为 1.06%±0.12%[①]。如果样品羟磷灰石的 C 含量与此差异明显，说明骨骼羟磷灰石受到污染。由于骨胶原和羟磷灰石都能反映人类的食物结构，因而两者的 δ^{13}C 存在明显的相关性，则说明羟磷灰石没有被污染，保持着原来的化学组成。

　　需要注意的是，目前国际学术领域关于羟磷灰石的提取和污染鉴定标准莫衷一是，并未达成一致的看法，因此在实际应用中争议较多。

四、研究进展

　　我国人骨稳定同位素研究至今已开展约 30 年，取得了丰富的研究成果。截至目前，我国考古学研究中已经取得碳氮稳定同位素数据的遗址共 80 余处（图一），并且不断有新的研究成果涌现。

图一　我国取得人骨稳定同位素数据的遗址分布图

---

① Ambrose S H, Butler B M, Hanson D H, *et al*. Stable isotopic analysis of human diet in the Marianas Archipelago Western Pacific. *American Journal Physical Anthropology*, 1997, 104: 343～361.

1.穷科克① 2.焉不拉克② 3.上孙家③ 4.宗日④ 5.徐家碾⑤ 6.北首岭⑥ 7.浒西庄⑦ 8.史家村⑧ 9.半坡⑨
10.姜寨⑩ 11.陶寺⑪ 12.新店子⑫ 13.琉璃阁⑬ 14.临西吕寨⑭ 15.殷墟⑮ 16.偃师商城和二里头⑯ 17.南寨⑰ 18.新砦⑱ 19.贾湖⑲ 20.兴隆洼⑳ 21.吐尔基山辽墓㉑ 22.喇嘛洞㉒ 23.杨屯㉓ 24.傅家㉔ 25.月庄㉕ 26.小荆山㉖ 27.北庄㉗ 28.白石村㉘ 29.古镇都㉙ 30.董家营㉚ 31.花厅㉛ 32.梁王城㉜ 33.小朱家村㉝ 34.陵阳河㉞ 35.西公桥㉟

① 张全超等：《新疆尼勒克县穷科克一号墓地古代居民的食物结构分析》，《西域研究》2006 年 4 期，78～81 页。

② 张雪莲等：《古人类食物结构研究》，《考古》2003 年 2 期，62～75 页。

③ 同②。

④ 崔亚平等：《宗日遗址人骨的稳定同位素分析》，《第四纪研究》2006 年 4 期，604～611 页。

⑤ 蔡莲珍、仇士华：《碳十三测定和古代食谱研究》，《考古》1984 年 10 期，949～955 页。

⑥ 同⑤。

⑦ 同⑤。

⑧ Ekaterina A. Pechenkina. Reconstructing northern Chinese Neolithic subsistence practices by isotopic analysis. *Journal of Archaeological Science*, 2005, 32: 1176～1189.

⑨ 同⑤；Ekaterina A. Pechenkina. Reconstructing northern Chinese Neolithic subsistence practices by isotopic analysis. *Journal of Archaeological Science*, 2005, 32: 1176～1189.

⑩ Wang R. *Fishing, Farming, and Animal Husbandry in the Early and Middle Neolithic of the Middle Yellow River Valley, China*. PhD thesis. Department of Anthropology, University of Illinois a Urbana-Champaign, 2004; Ekaterina A. Pechenkina. Reconstructing northern Chinese Neolithic subsistence practices by isotopic analysis. *Journal of Archaeological Science*, 2005, 32: 1176～1189; 郭怡等：《姜寨遗址先民食谱分析》，《人类学学报》2011 年 2 期，149～157 页。

⑪ 张雪莲等：《二里头遗址、陶寺遗址部分人骨碳十三、氮十五分析》，《科技考古》（第二辑），科学出版社，2007 年，41～48 页。

⑫ 张全超等：《内蒙古和林格尔县新店子墓地古代居民的食谱分析》，《文物》2006 年 1 期，87～91 页。

⑬ 同②。

⑭ 同⑤。

⑮ 同②。

⑯ 同⑪。

⑰ 同⑤。

⑱ 吴小红等：《河南新砦遗址人、猪食物结构与农业形态和家猪驯养的稳定同位素证据》，《科技考古》（第二辑），科学出版社，2007 年，49～58 页。

⑲ 胡耀武：《贾湖遗址人骨的稳定同位素分析》，《中国科学 D 辑：地球科学》2007 年 1 期，94～101 页。

⑳ 同②。

㉑ 张全超等：《吐尔基山辽墓墓主人骨骼的稳定同位素分析》，《内蒙古文物考古》2006 年 1 期，106～108 页。

㉒ 董豫等：《辽宁北票喇嘛洞遗址出土人骨稳定同位素分析》，《人类学学报》2007 年 1 期，77～84 页。

㉓ 同⑪。

㉔ Dong Yu. *Eating Identity: Food, Gender, and Social Organization in Late Neolithic Northern China*. PhD thesis. Department of Anthropology, University of Illinois at Urbana-Champaign, 2013.

㉕ 胡耀武等：《利用 C，N 稳定同位素分析法鉴别家猪与野猪的初步尝试》，《中国科学 D 辑：地球科学》2008 年 6 期，693～700 页。

㉖ 同㉕。

㉗ 同⑲。

㉘ 同⑪。

㉙ 同⑲。

㉚ 同⑪。

㉛ 同⑪。

㉜ 同⑪。

㉝ 齐乌云等：《山东沭河上游出土人骨的食性分析研究》，《华夏考古》2004 年 2 期，41～47 页。

㉞ 同⑪。

㉟ 胡耀武等：《山东滕州西公桥遗址人骨的稳定同位素分析》，《第四纪研究》2005 年 5 期，561～567 页。

36. 三星村 ① 37. 崧泽 ② 38. 河姆渡 ③ 39. 普格县 ④ 40. 顶蛳山 ⑤ 41. 古墓沟 ⑥ 42. 天山北 ⑦ 43. 黑沟梁 ⑧ 44. 洋海墓地 ⑨ 45. 白家 ⑩ 46. 元君庙 ⑪ 47. 沟湾 ⑫ 48. 喇家 ⑬ 49. 教场铺 ⑭ 50. 孟家洼 ⑮ 51. 大地湾 ⑯ 52. 庙子沟 ⑰ 53. 叭沟 ⑱ 54. 三道湾 ⑲ 55. 孙家南头 ⑳ 56. 礼县西山 ㉑ 57. 建和墓地 ㉒ 58. 周公庙 ㉓ 59. 梁带村 ㉔ 60. 大同南郊 ㉕ 61. 青龙泉 ㉖ 62. 鲤鱼墩 ㉗ 63. 金莲山 ㉘ 64. 郑州西 65. 鱼化寨 ㉙ 66. 西坡 ㉚ 67. 申明铺 ㉛ 68. 琉璃阁 ㉜ 69. 前掌大 ㉝

---

① 胡耀武等:《江苏金坛三星村遗址先民的食谱研究》,《科学通报》2007 年 1 期, 85～88 页。

② 胡耀武:《贾湖遗址人骨的稳定同位素分析》,《中国科学 D 辑: 地球科学》2007 年 1 期, 94～101 页。

③ 同 ②。

④ 张雪莲等:《二里头遗址、陶寺遗址部分人骨碳十三、氮十五分析》,《科技考古》(第二辑), 科学出版社, 2007 年, 41～48 页。

⑤ 同 ②。

⑥ 张全超等:《新疆古墓沟墓地人骨的稳定同位素分析——早期罗布泊先民饮食结构初探》,《西域研究》2011 年 3 期, 91～96 页。

⑦ 张全超等:《新疆哈密天山北路墓地出土人骨的稳定同位素分析》,《西域研究》2010 年 2 期, 38～43 页。

⑧ 张全超等:《新疆巴里坤县黑沟梁墓地出土人骨的食性分析》,《西域研究》2009 年 3 期, 45～49 页。

⑨ 司艺等:《新疆洋海墓地先民的食物结构及人群组成探索》,《科学通报》2013 年 15 期, 1422～1429 页。

⑩ Ekaterina A Pechenkina. Reconstructing northern Chinese Neolithic subsistence practices by isotopic analysis. *Journal of Archaeological Science*, 2005, 32: 1176～1189; Wang R. *Fishing, Farming, and Animal Husbandry in the Early and Middle Neolithic of the Middle Yellow River Valley, China*. PhD thesis. Department of Anthropology, University of Illinois at Urbana-Champaign, 2004.

⑪ Wang R. *Fishing, Farming, and Animal Husbandry in the Early and Middle Neolithic of the Middle Yellow River Valley, China*. PhD thesis. Department of Anthropology, University of Illinois at Urbana-Champaign, 2004.

⑫ 付巧妹等:《河南淅川沟湾遗址农业发展方式和先民食物结构变化》,《科学通报》2010 年 7 期, 589～595 页。

⑬ 张雪莲:《碳十三和氮十五分析与古代人类食物结构研究及其新进展》,《考古》2006 年 7 期, 50～56 页。

⑭ 同 ⑬。

⑮ 齐乌云等:《山东沭河上游出土人骨的食性分析研究》,《华夏考古》2004 年 2 期, 41～47 页。

⑯ Loukas Bartona, Seth D Newsome, *et al*. Agricultural origins and the isotopic identity of domestication in northern China. *Proceeding of National Academy of Sciences of United States of America*, 2009, 106(14): 5523～5528.

⑰ 张全超等:《内蒙古察右前旗庙子沟遗址新石器时代人骨的稳定同位素分析》,《人类学学报》2010 年 3 期, 270～275 页。

⑱ 张国文等:《内蒙古三道湾和叭沟鲜卑墓人骨和动物骨骼的稳定同位素分析》,《边疆考古研究》(第 10 辑), 科学出版社, 2010 年, 387～397 页。

⑲ 同 ⑱。

⑳ 凌雪:《秦人食谱研究》, 西北大学博士研究生学位论文, 2010 年。

㉑ 同 ⑳。

㉒ 同 ⑳。

㉓ 同 ⑳。

㉔ 同 ⑳。

㉕ 张国文等:《大同南郊北魏墓群人骨的稳定同位素分析》,《南方文物》2010 年 1 期, 127～131 页。

㉖ 郭怡等:《青龙泉遗址人和猪骨的 C、N 稳定同位素分析》,《中国科学 D 辑: 地球科学》2011 年 1 期, 52～60 页。

㉗ 胡耀武等:《广东湛江鲤鱼墩遗址人骨的 C、N 稳定同位素分析: 华南新石器时代先民生活方式初探》,《人类学学报》2010 年 3 期, 264～269 页。

㉘ 张全超等:《云南澄江县金莲山墓地出土人骨稳定同位素的初步分析》,《考古》2011 年 1 期, 30～33 页。

㉙ 同 ㉘。

㉚ 同 ㉘。

㉛ 侯亮亮等:《申明铺遗址战国至两汉先民食物结构和农业经济的转变》,《中国科学 D 辑: 地球科学》2012 年 7 期, 1018～1025 页。

㉜ 张雪莲等:《古人类食物结构研究》,《考古》2003 年 2 期, 62～75 页。

㉝ 张雪莲等:《山东滕州市前掌大墓地出土人骨的碳、氮稳定同位素分析》,《考古》2012 年 9 期, 83～96 页。

70.官道墓地① 71.光明墓地② 72.咸阳机场③ 73.北阡④ 74.兴隆沟⑤ 75.白音长汗⑥ 76.草帽山⑦ 77.内蒙古西山⑧ 78.清凉寺⑨ 79.呼和乌素⑩ 80.井沟子⑪ 81.火石梁⑫

　　下面将根据研究问题简单举例展示我国人骨稳定同位素研究取得的丰硕成果。

　　（1）食物结构。重建遗址先民的食物结构是碳氮稳定同位素分析方法最基本和首要解决的问题，各位学者应用人骨稳定同位素重建了我国多个区域先民的食物结构。南方地区的江苏金坛三星村遗址、上海青浦崧泽遗址、浙江余姚河姆渡遗址人骨的 $\delta^{13}C$ 平均比值分别为 –20.1‰ ± 0.2‰、–19.9‰ ± 0.5‰ 和 –18.2‰ ± 2.2‰，均较低，这表明 C_3 类食物资源在三处遗址先民食物结构中占绝对比例，属于 C_3 类植物的水稻是南方地区的主要粮食作物。三处遗址的 $\delta^{15}N$ 平均比值为 9.7‰ ± 0.3‰、10.9‰ ± 1.7‰ 和 11.4‰ ± 0.2‰，均稍高于 9‰，表明先民食用了大量的肉食资源。根据动植物考古的成果，这些遗址都出土了大量鱼类动物遗存，淡水水生动物是这三处遗址的主要动物资源。由此可见，南方地区先民自古即过着饭稻鱼羹的生活。北方地区稳定同位素工作开展较多，仅以仰韶时期中原地区的数据即可窥知先民的食物结构。由仰韶文化人骨骨胶原 $\delta^{13}C$ 和 $\delta^{15}N$ 散点图（图二）所示，除去沟湾和元君庙遗址以及少数个体外，其他遗址 $\delta^{13}C$ 的分布范围多在 –12‰~–6‰ 之间，表明这些地区先民食物结构中以 C_4 类食物为主（主要是粟黍类），兼有少量 C_3 类。$\delta^{15}N$ 值多在 7‰~10‰ 之间，表明先民食用一定比例的肉食，呈现杂食类食物结构的特征。结合这些遗址动物考古成果，可推知先民食用的肉食主要来自饲养家畜。与南方饭稻鱼羹的生活迥异，北方先民食物结构主要由粟类农作物和家畜肉食构成。

　　除却传统农业区外，人骨稳定同位素研究在我国其他地区同样取得了丰硕成果。比如东部沿海地区的山东长岛北庄遗址人骨的 $\delta^{13}C$ 与 $\delta^{15}N$ 比值为 –7.9‰ 和 13.2‰，较高的 $\delta^{13}C$ 与 $\delta^{15}N$ 值表明该遗址先民的食物结构中有大量海生类资源，同时有一定

---

① 张国文等：《关中两汉先民生业模式及与北方游牧民族间差异的稳定同位素分析》，《华夏考古》2013 年 3 期，131~141 页。

② 同①。

③ 同①。

④ 王芬等：《即墨北阡遗址人骨稳定同位素分析：沿海先民的食物结构》，《科学通报》2012 年 12 期，1037~1044 页。

⑤ Liu X Y, Jones M K, Zhao Z J. The earliest evidence of millet as a staple crop: New light on neolithic foodways in North China. *American Journal of Physical Anthropology*, 2012; 149 (2): 283.

⑥ 同⑤。

⑦ 同⑤。

⑧ 同⑤。

⑨ 凌雪等：《山西芮城清凉寺墓地出土人骨的稳定同位素分析》，《第四纪研究》2010 年 2 期，415~421 页；陈曦：《梁带村芮国墓地出土西周时期人骨的骨化学特征研究》，西北大学硕士研究生学位论文，2012 年。

⑩ 张全超等：《内蒙古察右前旗呼和乌素汉代墓地出土人骨的稳定同位素分析》，《草原文物》2012 年 2 期，99~101 页。

⑪ 张全超等：《内蒙古林西县井沟子西区墓地人骨的稳定同位素分析》，《边疆考古》（第七辑），科学出版社，2008 年，322~327 页。

⑫ Atahan P, John D, *et al.* Early Neolithic diets at Baijia, Wei River valley, China: Stable carbon and nitrogen isotope analysis of human and faunal remains. *Journal Archaeology of Science*, 2011, 38(10): 2811~2817.

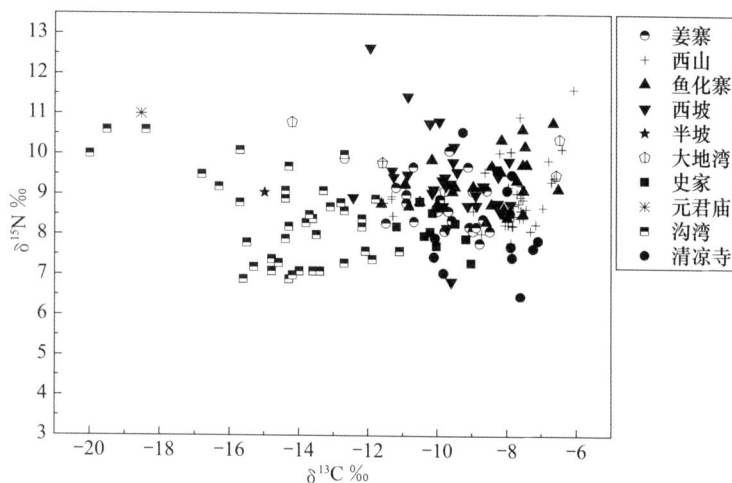

图二　仰韶文化遗址人骨 $\delta^{13}C$ 与 $\delta^{15}N$ 散点图

比例的粟作作物。处于南部沿海地区的广西顶蛳山遗址人骨的 $\delta^{13}C$ 与 $\delta^{15}N$ 平均比值为 –17.0‰ ± 1.3‰、13.8‰ ± 1.4‰，这表明其食物主要来自海生类资源。而北方草原地区如三道沟和叭沟遗址的人骨稳定同位素 $\delta^{13}C$ 与 $\delta^{15}N$ 平均比值分别为 –14.8‰ ± 0.8‰、13.8‰ ± 1.4‰ 和 –14.6‰ ± 0.9‰、11.6‰ ± 0.5‰ 则表明先民食用了大量的肉食资源，结合考古发现，可知其肉食资源主要是畜牧经济的牛或者羊等。而新疆地区的人骨稳定同位素数据更表明畜牧经济的肉食资源在先民食物中占较高的比例。

由此可见，人骨稳定同位素在重建我国广大地区不同时段先民的食物结构中取得了丰富的研究成果，而且与之前利用其他研究方法取得的认识相契合，并推进了古人食物结构的定量分析。

古人的食物结构即吃什么属于消费环节，而食物消费与食物的生产、分配、交换等密切相关，因此应用稳定同位素方法不仅可以重建古人食谱，而且可以在此基础上研究与食物消费相关的生产、分配、交换等诸多社会问题。

（2）农业起源。从旧石器时代过渡到新石器时代，人类的生产方式经历了由渔猎采集到农业生产的转变。农业生产是人类历史上的革命性事件，农业起源问题始终是学界关注的焦点之一。"靠山吃山靠水吃水"，食物生产决定了食物消费，先民的食物结构很大程度上反映了先民的生产方式。因此根据先民食物结构探讨先民生产方式已成为研究农业起源的重要途径之一，而人骨稳定同位素分析方法在此发挥重要作用，特别是在研究我国粟作农业起源方面。

研究表明，C_4 类植物大多生长于热带地区，北纬 35° 以北在自然环境中绝少有 C_4 类植物，而粟类作物正属于 C_4 类植物。如果人骨稳定同位素呈现明显的 C_4 类特征，即人类摄入大量的 C_4 类食物资源，则表明先民已经栽培种植粟类作物，进而可推断粟黍农业的起源。

对属于兴隆洼文化的内蒙古兴隆洼、兴隆沟遗址的人骨稳定同位素研究表明，粟类作物已成为先民食物的重要来源。两处遗址人骨的 $\delta^{13}C$ 平均比值为 –9.0‰ ± 1.6‰，呈现显著的 C_4 类特征，粟类作物在先民食物结构中占较大比例。毫无疑问，在兴隆洼文化时期人类已种植粟类作物，粟作农业是主要的生产方式，这说明至少在距今 8000 年前粟作农业即已起源。这一研究成果为粟作农业的起源提供了新的证据，推进了粟作农业起源的研究。

（3）家畜驯养。家畜饲养对人类生产生活至关重要，人类通过控制动物的生长过程，改变其体质形态、生活习性和遗传特征等以满足人类需要，而在此过程中饲养控制举足轻重。因而动物的食物结构与人类的食物结构、饲养方式密切相关。运用稳定同位素重建人类和动物的食谱，可以寻求两者之间的关系，进而探讨动物的饲养方式，甚或深入研究家畜的驯化。

胡耀武等人对山东后李文化（约距今 8500～7500 年）章丘小荆山遗址的人骨以及长清月庄遗址的动物骨进行了 C、N 稳定同位素分析，探索猪群食谱差异，并通过与先民以及其他动物的同位素数值比较，尝试科学地鉴别家猪与野猪。先民的 $\delta^{13}C$ 平均比值 –17.8‰ ± 0.3‰和 $\delta^{15}N$ 平均比值 9.0‰ ± 0.6‰表明，先民虽已开始从事粟作农业，但主要还以采集、狩猎或驯养家畜为生。而依据 $\delta^{13}C$ 和 $\delta^{15}N$ 的不同，他将猪分为三组：A 组，两头，具有低的 $\delta^{13}C$ 比值（–18.1‰，–20.0‰）和 $\delta^{15}N$ 比值（4.7‰，6.0‰）；B 组，一头，具有最高的 $\delta^{13}C$ 比值（–10.6‰）和居中的 $\delta^{15}N$ 比值（6.4‰）；C 组，一头，其 $\delta^{13}C$ 比值（–19.0‰）较小而 $\delta^{15}N$ 比值（9.1‰）最高。结合人骨和猪骨的稳定同位素值，作者认为 A 组猪属于野猪，而 B、C 组猪属于家猪。

吴小红等对河南新密新砦遗址的人和家猪骨骼进行了相似的研究（图三）。新砦遗址的人骨样品的 $\delta^{13}C$ 平均比值 –9.6‰ ± 1.5‰和 $\delta^{15}N$ 平均比值 9.0‰ ± 1.0‰，表明新砦遗址居民以 C_4 类为主食，且动物性蛋白在人的食物中占有一定的比例。而肉食来源可能包括淡水动物或者猪牛羊。新砦遗址猪骨的 $\delta^{13}C$（平均比值 –9.2‰ ± 1.1‰）和 $\delta^{15}N$（平均比值 6.18‰ ± 1.3‰）的分析表明新砦遗址猪的食物结构与人类的食物结构相似，属于人工喂养的家猪。具体来讲，龙山时期猪骨的 $\delta^{13}C$ 和 $\delta^{15}N$ 呈显著分散性，表明这一时期家猪的食物结构差异较大，反映其有不同的取食行为，存在较大的取食自由。而新砦期家猪的 $\delta^{13}C$ 分布较集中，说明个体之间的食物相似且稳定，人工

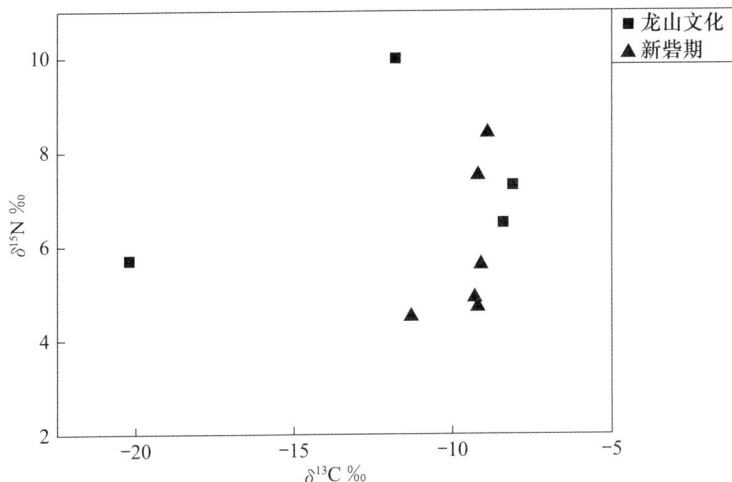

图三　新砦遗址龙山文化与新砦期猪骨 $\delta^{13}C$ 和 $\delta^{15}N$ 散点图

喂养的强度增加。这一变化反映了从龙山时期至新砦期猪的喂养方式经历了从放养到圈养的过程。

郭怡等对湖北郧县青龙泉遗址人骨和猪骨的 C、N 稳定同位素分析认为，青龙泉先民的食物结构属于稻粟混食，且粟类居于次要地位，食物中有一定比例的肉食。而家猪的 δ^{13}C（平均比值 –14.3‰ ± 2.5‰）和 δ^{15}N（平均比值 7.7‰ ± 0.6‰）与人类的 δ^{13}C（平均比值 –14.6‰ ± 1.3‰）和 δ^{15}N（平均比值 9.0‰ ± 1.2‰）相似，表明其食物来源与先民相近，可能是人类的残羹冷炙，其饲养方式可能为圈养。

（4）文化交流。不同区域的古代人群在交流中互通有无，取长补短，借鉴吸收彼此文化因素，形成丰富多彩的文化。尤其是在不同文化的交汇地域，其文化呈现出兼容并包、繁杂多样的鲜明特征，作为文化重要组成部分的饮食文化通常表现为混食的特征。因而应用稳定同位素重建古人食谱亦可探讨不同地区的文化交流。

新疆地区地处东亚西北边陲，自古即是东西方文化交流的重镇和必经之处。作为东西方文化交流的主要舶来品之一，小麦在新疆地区先民生活中一直扮演着重要角色。之前的植物考古研究表明，最迟至青铜时代新疆地区先民即已广泛种植食用小麦。而新疆地区从青铜时代至汉代诸多遗址人骨的碳氮稳定同位素数值揭示了同样的现象。各个遗址人骨 δ^{13}C 和 δ^{15}N 平均比值如表一所示。6 处遗址人骨的 δ^{13}C 平均比值分布范围为 –18.3‰ ± 0.3‰～–14.6‰ ± 1.7‰，表明新疆地区先民的食物资源兼具 C₃ 类和 C₄ 类资源，并且 C₃ 类食物资源在先民食物结构中比例明显高于 C₄ 类资源。据张全超的研究，"小麦是新疆地区青铜时代已知时代最古老、种植最普及的农作物之一"[①]。古墓沟墓地还发现少量小麦遗存[②]，因而推测先民 C₃ 类植物应为小麦。先民食物中 C₄ 类食物应来自粟黍等农作物。人骨的 δ^{15}N 平均比值分布范围为 12.0‰ ± 1.0‰～15.4‰ ± 0.6‰，其数值均较高，表明先民摄入了较高比例的动物蛋白。这些遗址中曾出土大量的羊、牛等动物骨骼和皮毛制品[③]，这也暗示新疆地区先民拥有发达的畜牧经济。整体看来，新疆地区先民食物来源以肉食资源为主，畜牧业是其主要的生产方式，农耕经济作为畜牧经济的补充，为先民提供了不可或缺的粮食资源，其中麦作农业的比例稍高于粟作农业。食物来源多样，食物结构复杂，这正是东西方文化交流的结果。

表一　新疆地区人骨骨胶原 δ^{13}C 与 δ^{15}N 平均比值

遗址	δ^{13}C ± SD‰	δ^{15}N ± SD‰	样品量	数据来源
焉不拉克	–14.6 ± 1.7	13.4 ± 1.4	C（2）N（2）	张雪莲（2003）
古墓沟	–18.2 ± 0.2	14.4 ± 0.5	10	张全超（2011）
天山北路	–15.4 ± 0.8	15.4 ± 0.6	10	张全超（2010）
穷科克	–16.2 ± 0.2	12.7 ± 0.4	8	张全超（2006）
洋海（青铜时代）	–16.6 ± 0.9	12.5 ± 1.0	8	司艺（2013）
洋海（早期铁器时代）	–16.1 ± 1.1	12.0 ± 1.0	15	
洋海（两汉）	–15.8 ± 0.9	13.3 ± 1.0	9	
黑沟梁	–18.3 ± 0.3	13.0 ± 0.4	9	张全超（2009）

① 张全超等：《新疆巴里坤县黑沟梁墓地出土人骨的食性分析》，《西域研究》2009 年 3 期，45～49 页。
② 王炳华：《孔雀河古墓沟发掘及其初步研究》，《丝绸之路考古研究》，新疆人民出版社，2010 年，183～201 页。
③ 同②。

我国很早即已形成"南稻北粟"的农业种植格局，而处于南北方文化交流的地区则呈现稻粟混作的特征。随枣走廊地处汉水流域，交通南北，是南北方文化的交流的重要通道之一。位于这一走廊的河南淅川沟湾遗址其人骨 $\delta^{13}C$ 平均比值为 $-14.3‰ \pm 2.0‰$，而另一处遗址青龙泉人骨的 $\delta^{13}C$ 平均比值为 $-15.7‰ \pm 0.9‰$，两处遗址的 $\delta^{13}C$ 相近，明显高于典型稻作农业遗址江苏金坛三星村人骨的 $\delta^{13}C$ 平均比值 $-20.1‰ \pm 0.2‰$，却又低于典型粟作农业遗址河南郑州西山人骨的 $\delta^{13}C$ 平均比值 $-8.2‰ \pm 1.5‰$。此外根据沟湾、青龙泉、三星村、西山四处遗址的 $\delta^{13}C$ 与 $\delta^{15}N$ 散点图显示（图四），前两者个体分布聚集，而且与后两者分布离散。这表明沟湾、青龙泉遗址先民的食物结构相近，而区别于三星村、西山居民的食物结构。三星村遗址先民（$\delta^{13}C$ 平均比值 $-20.1‰ \pm 0.2‰$，$\delta^{15}N$ 平均比值 $9.7‰ \pm 0.3‰$）的食物来源以 C_3 类食物为主，并摄入一定量的淡水肉食资源，其中 C_3 类食物资源主要是稻谷。西山遗址先民（$\delta^{13}C$ 平均比值 $-8.2‰ \pm 1.5‰$，$\delta^{15}N$ 平均比值 $9.0‰ \pm 0.8‰$）食物结构中以 C_4 类为主，肉食资源在先民食物中占有一定的比例。C_4 类食物主要包括粟类农作物和与之相关的家畜饲养。沟湾、青龙泉遗址人骨 $\delta^{13}C$ 值处于两者之间，表明其先民食物来源中兼具 C_3 和 C_4 类食物资源，且两者比例约相当。先民的食物结构为稻粟混食，同时食用一定比例的动物蛋白，食物结构比较多样。

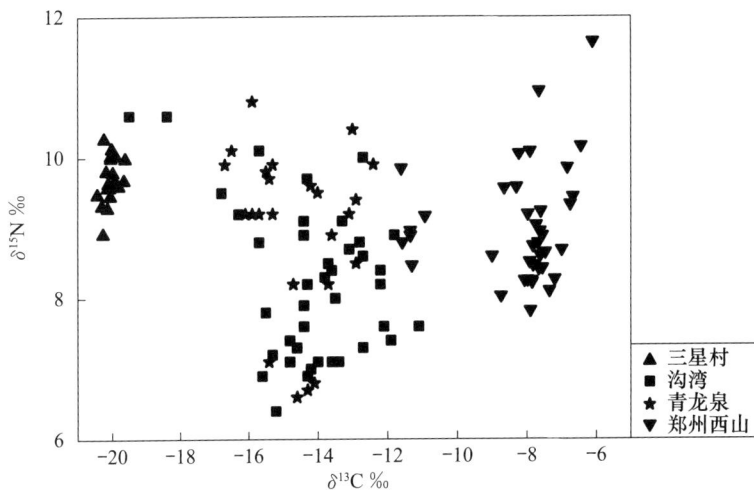

图四　三星村、沟湾、青龙泉和郑州西山遗址人骨 $\delta^{13}C$ 与 $\delta^{15}N$ 散点图

新疆地区和随枣走廊先民食物来源的多样性、食物结构复杂化是文化交流的结果，为探讨文化交流等问题提供了新的证据，有利于深入探讨文化交流的方式、交流的路线等问题。

（5）民族融合。我国是统一的多民族国家，各民族在相互融合的过程中，生活习性不断改变，其中一个重要的表现是少数民族的汉化，而饮食习惯的改变是汉化的主要表现之一。

鲜卑族是长期活跃在我国北方草原地区的少数民族之一。在与中原地区汉民族长期的碰撞、交流和融合过程中，鲜卑逐渐汉化，并最终成为中华民族的一分子。文献记载和考古发现证明，拓跋鲜卑在不断南下和汉化过程中，其生活方式由游牧经济向农耕经济转变①。根据稳定同位素重建鲜卑族先民食谱工作也取得不少成果，辽宁北票喇嘛洞遗址、内蒙古三道湾和叭沟墓地、山西大同南郊墓地已取得人骨 $\delta^{13}C$ 与 $\delta^{15}N$ 值，其散点图如图五所示。

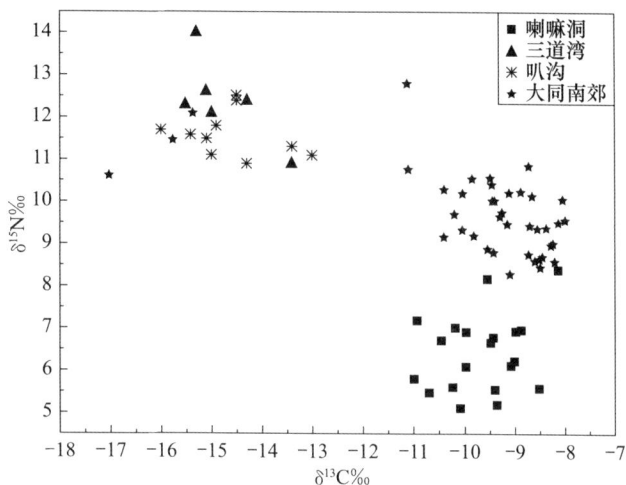

图五　鲜卑族诸遗址人骨 $\delta^{13}C$ 与 $\delta^{15}N$ 散点图

　　三道湾和叭沟属于拓跋鲜卑早期遗址，大同南郊墓地年代约从拓跋鲜卑迁都平城至北魏孝文帝迁都洛阳之前，北票喇嘛洞遗址为慕容鲜卑民族的遗存，其年代大致为公元 3 世纪末至 4 世纪中叶。根据散点图的分布，可将这四处遗址分为三组：A 组，三道湾和叭沟，其 $\delta^{13}C$ 平均比值分别为 –14.8‰ ±0.8‰ 和 –14.6‰ ±0.9‰，两地先民以 C_3 类食物为主，兼具较高比例的 C_4 类食物。而其 $\delta^{15}N$ 平均比值分别为 12.4‰ ±1.0‰ 和 11.6‰ ±0.5‰ 均较高，表明先民食物来源中有较高比例的肉食资源。这一时期拓跋鲜卑以畜牧经济为主，肉食资源是其主要食物来源。B 组，大同南郊墓地，其 $\delta^{13}C$ 平均比值 –9.7‰ ±2.0‰，先民食物来源以 C_4 类食物为主，而 $\delta^{15}N$ 平均比值 9.7‰ ±1.0‰ 明显低于 A 组，表明这一时期拓跋鲜卑的先民摄入的动物蛋白比例下降，食物中肉食比例降低，相应地农作物比例，特别是粟类作物比例增加，其先民食用了较大比例的粟类农作物。C 组，喇嘛洞，其 $\delta^{13}C$ 平均比值 –9.7‰ ±0.8‰，与大同南郊墓地 $\delta^{13}C$ 相近，表明慕容鲜卑先民食物中主要为 C_4 类食物。而其 $\delta^{15}N$ 平均比值 6.4‰ ±0.9‰，明显低于前两组，肉食摄入量极低，先民主要食用粟类农作物。

　　根据以上的分析可知，拓跋鲜卑在南迁的过程中，不断与汉民族融合，逐步汉化，其食物结构经历由肉食为主到以粟类作物为主食的历时性变化，也反映其经济方式由畜牧经济到农业经济的转变。而慕容鲜卑则汉化更甚，其食物来源主要为粟作农作物，粟作农耕经济是其主要的生活方式，与汉人无异。

---

① 张国文等：《内蒙古三道湾和叭沟鲜卑墓人骨和动物骨骼的稳定同位素分析》，《边疆考古研究》（第 10 辑），科学出版社，2010 年，387～397 页。

（6）社会关系。人类的食物结构不仅与食物生产、交换密切相关，更深受社会分配的影响。尤其是在等级社会，不同等级的人群社会地位不同，其所享有的资源迥异。高等级人群对社会资源拥有支配权，他们掌握着社会生产的大部分资源，尤其是稀有资源，而社会底层的人群则没有资源选择的自由，拥有的食物资源有限。因此通过重建不同人群的食谱可探讨当时社会关系。张雪莲应用山东滕州前掌大人骨稳定同位素值重建不同人群的食物结构，并对商代的社会关系进行探讨。前掌大遗址人骨 $\delta^{13}C$ 与 $\delta^{15}N$ 散点图如图六所示。

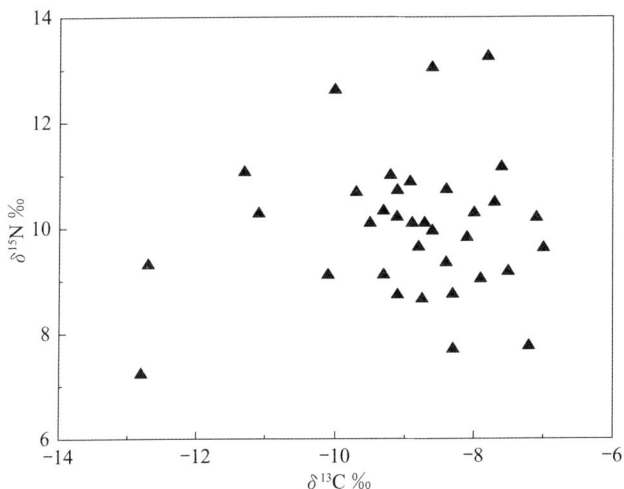

图六　前掌大墓地人骨骨胶原 $\delta^{13}C$ 与 $\delta^{15}N$ 散点图

通过对比不同等级墓葬群体的 $\delta^{13}C$ 与 $\delta^{15}N$ 比值，张雪莲发现较大型墓葬墓主人的 $\delta^{13}C$ 比值低于小型墓葬的墓主人的 $\delta^{13}C$ 比值，而前者的 $\delta^{15}N$ 比值却明显高于后者。这表明大型墓葬墓主人食物结构中 C_4 类食物所占比例低于小型墓葬墓主人，反之，前者食用的 C_3 类食物比例却高于后者。大型墓葬墓主人除了食用较多的粟类作物外，还摄食更高比例的 C_3 类食物，如水稻或小麦等。而较大型墓葬墓主人更高的 $\delta^{15}N$ 比值说明，其食肉程度较之较小型墓葬墓主人更高。由此可见，大型墓葬人群享用的食物资源更丰富而且更优质，等级之间食物差异明显。而对比墓主人与殉人的 $\delta^{13}C$ 与 $\delta^{15}N$ 比值，可以发现相似的现象，即墓主人食用的 C_4 类食物的比例低于殉人，C_3 类食物资源在前者的食物结构占有较高的比例，墓主人食肉程度较殉人也更高。

由不同人群食物结构的差异可知，商代社会存在显著的等级分化，各等级之间贫富分化严重，社会地位悬殊。而相似的现象在西坡、郑州西山等遗址人骨稳定同位素中同样可见。

（7）性别差异。男女两性的生理差异、社会地位和社会分工的不同等会影响他们的食物结构。因此通过对比两性的食物结构异同，或有助于探讨古代社会的性别差异。

前掌大墓地分析的 $\delta^{13}C$ 男性个体 15 个，其平均比值为 –8.84‰；女性个体 9 个，其平均比值为 –8.61‰；两者差异较小，女性所食用的 C_4 类植物比例略高于男性。$\delta^{15}N$ 分析的男性个体 20 个，其平均比值为 10.21‰；女性个体 17 个，其平均值为 10.08‰；男性 $\delta^{15}N$ 比值高出女性 0.13‰，差别不大。由此可知，前掌大遗址男女先民均以 C_4 类食物为主食，摄食的肉食资源比例也相近，两性的食物结构并未有明显差异。性别差异在前掌大男女先民的饮食方面并未得到反映。

慕容鲜卑分析的男性个体 9 例，其 $\delta^{13}C$ 平均比值为 -9.735‰ ± 0.682‰；女性个体 4 例，其 $\delta^{13}C$ 平均比值为 -9.716‰ ± 1.206‰，相差不大。男性 $\delta^{15}N$ 平均比值 6.533‰ ± 0.710‰，女性 7.346‰ ± 1.189‰，女性高于男性。然而董豫针对 $\delta^{15}N$ 的测试值对男性组和女性组进行成组 t 检验，在 $\alpha=0.05$ 的显著性水平上，两组并不存在显著性差异（1.559 < 1.796）。同样，两组的 $\delta^{13}C$ 值也不存在显著性差异（0.037 < 1.796）。这表明从统计学意义上两性食物结构相似，均以粟类农作物为主食，摄入一定比例的肉食。两性差异在男女食谱方面同样未有表现。

陕西礼县西山遗址分析男性个体和女性个体分别为 6 个和 10 个。男性 $\delta^{13}C$ 平均比值 -12.96‰ ± 0.95‰，女性 $\delta^{13}C$ 平均比值 -11.26‰ ± 1.83‰，差异较小。男性 $\delta^{15}N$ 平均比值 8.51‰ ± 0.49‰，女性 $\delta^{15}N$ 平均比值 9.59‰ ± 0.42‰，女性高于男性。凌雪利用单因素方差分析方法对 $\delta^{13}C$ 与 $\delta^{15}N$ 进行分析后认为，两性之间的 $\delta^{13}C$ 比值不存在显著性差异，但两者 $\delta^{15}N$ 比值差异显著。两性之间虽均主要食用 C_4 类食物，但女性食用的肉类资源比例高于男性。两性的食谱存在差异，但由于缺乏更多的证据，推断这或由男女分工不同造成的。

我国人骨稳定同位素研究至今已走过 30 多年的历程，取得了丰硕的成果。作为从国外引入的自然科学技术方法，我国的稳定同位素考古研究基本跟随国外理论和方法的步伐，深受国外理论方法的影响，同时在我国具体的应用中又呈现出一定的特点。归纳起来为：研究时间集中于新石器时代，分析遗址多位于黄河流域，研究材料以人骨骨胶原为主，研究课题多样化等。总之，人骨稳定同位素研究在我国考古学研究中发挥着重要作用。

五、研 究 展 望

应用人骨稳定同位素可以直接重建古人食谱，并定量分析先民食物结构。如果再结合动植物考古和考古学背景资料，则可获取丰富的与人类饮食相关的自然和社会信息，不断拓展稳定同位素研究领域，推动考古学的进步。总体来说，我国稳定同位素考古学研究已有很大的进展，但是这并不代表我国稳定同位素研究已经完备，仍有一些工作亟须完善。

目前我国还没有建立现代饮食资源的区域 C、N 同位素数据库，因此研究中只能利用国外学者提供的饮食结构数据库。但是生物体中的 $\delta^{13}C$ 和 $\delta^{15}N$ 值受环境（光照量、CO_2 含量、水分等）的影响较大，区域环境不同造成的 $\delta^{13}C$ 和 $\delta^{15}N$ 值会有微小的差别[①]。在引用国外资料研究时，就会使所得出的结果与所引资料有偏差，造成解释上

---

① Ambrose S H. Isotopic analysis of paleodiets: Methodological and interpretive considerations. *Chemical Analysis in Anthropology*, 1993: 59～130; Sealy J and van der Merwe N J. Nitrogen isotope ecology in southern Africa: Implications for environmental and dietary tracing. *Geochimica et Cosmochimica Acta*, 1987, 51: 2707～2717.

不必要的麻烦。因此分区分系建立现代动植物的 $\delta^{13}C$ 和 $\delta^{15}N$ 数据库是 C、N 同位素分析基础研究的当务之急。

我国稳定同位素考古学研究所分析对象绝大多数为骨胶原，骨羟磷灰石资料极少，忽视了羟磷灰石对于重建古人食谱的价值。Ambrose 等人的实验表明，骨胶原的 $\delta^{13}C$ 倾向于反映食物蛋白质的 $\delta^{13}C$，而人骨羟磷灰石中的碳由整个食物结构贡献，其 $\delta^{13}C$ 反映了整体食物的 $\delta^{13}C$[①]。因此将骨胶原和骨羟磷灰石的研究结合起来能够更准确地判别先民食物来源，进一步精细古人的食谱。然而目前国际学界对于骨羟磷灰石研究仍存在诸多争议。在提取骨羟磷灰石的方法中，学者们对溶液浓度配比和溶液反应时间等有不同意见。对于骨羟磷灰石污染的鉴定标准亦不统一，由此造成数据对比研究和学术交流的困难。因而统一羟磷灰石的实验方法和污染鉴定标准是今后稳定同位素分析的重要基础工作。

稳定同位素分析虽然在重建古人食谱方面具有独特的优势，但其本身也存在局限性。$\delta^{13}C$ 和 $\delta^{15}N$ 分析只能区分出食物类别，不能精确到具体食物，所以仅局限于其本身的信息，有些情况下很难反映古人食谱的实际情况。再者，同位素分析揭示出了一些重要的现象，如男性与女性、贵族与贫民的食谱差异等，但它本身不能解释形成这些现象的原因，这还需要结合考古遗存现象，综合运用考古学、社会学和民族学等方面的理论和方法才能得出接近实际的结论。因此古人食谱研究需要多学科的投入，这是现代科技考古课题的基本要求，也是未来考古学研究的主流趋向。C、N 稳定同位素分析法只有与其他方法相结合，才能互相验证，互为补充，从而被真正纳入到古人食谱研究这一考古学课题的大框架中，更好地发挥其优势。

除人骨外，人的牙齿、头发等遗存同样可用于稳定同位素分析。牙釉质在牙齿长成之后就不再生，因此牙釉质保存了个体生长时期的饮食信息。而人体骨骼稳定同位素则反映了个体最后 10～20 年的饮食情况。因此对比两者的差别可用于判断先民食物结构的改变或者居住地的改变。此外，研究表明，人体头发也可以用来研究人死前短期内的食物结构，甚至利用人的头发根部可以研究人最近几天的食物结构。由此可见稳定同位素分析方法研究古人食谱可应用的材料多样，今后稳定同位素研究中应该加大对这些材料的利用。

随着理论和方法的不断完备，更多专业人员投身其中，以及多学科合作的开展等，我国的稳定同位素研究必将有更大的用武之地。

致谢：本文是在第一作者硕士毕业论文基础上扩充修改而成。写作过程中，得到了山东大学苑世领教授、董豫博士、王芬副教授和中国科学院大学胡耀武教授的指点和帮助，在此特致诚挚谢意！

---

① Ambrose S H and Norr L. Isotopic composition of dietary protein and energy versus bone collagen and apatite: Purified diet growth experiments. In: Lambert J B and Grupe G (eds.), *Molecular Archaeology of Prehistoric Human Bone*. Berlin: Springer, 1993: 1～37.

A Review on the Applications of Carbon and Nitrogen Stable Isotopic Analysis in Chinese Archaeology

Chen Songtao　　Jin Guiyun

(School of History and Culture, Shandong University)

So far, the research on stable isotopes of human bone has been carried out more than thirty years in China, during which we have achieved fruitful accomplishments. At present, we have gained stable isotope data of C and N of more than 80 sites. Utilizing these data, our scholars have not only reconstructed the diet of ancestors in many areas, but also have profoundly probed into archaeology problems such as agricultural origins, domestication of animals, cultural exchanges, ethnic integration, social stratification and gender differences, greatly promoting the development of Chinese archaeology. From now on, our country necessarily focuses on the study of stable isotopes, sets up the databases of carbon and nitrogen isotopes and strengthens stable isotope research and multidisciplinary cooperation, so as to better play the role of stable isotopes.

吉林东部地区考古遗址出土黑曜岩石制品产地的初步研究[*]

陈全家[1]　贾伟明[2]　Trudy Doelman[3]　赵海龙[4]　王春雪[1]

（1.吉林大学边疆考古研究中心；2.澳大利亚科学院；3.澳大利亚悉尼大学考古学系；

4.吉林省文物考古研究所）

　　目前 X 射线荧光分析仪（XRF）在世界上已经得到了广泛应用，在我国也大量应用于微量元素的分析[①]。许多从事这项研究的学者还专门撰文介绍了该技术[②]，特别指出这项技术对文物考古研究中应用的特殊意义，其中应用于文物产地及矿源的分析是该技术的长处所在[③]。崔强等人对此技术在文物保护方面的应用曾做过介绍[④]；周少华等人更是通过对瓷器测定的实例，介绍了这一方法的具体应用[⑤]，暗示这项技术同样可用于鉴定瓷器[⑥]；还有学者进行过铜币[⑦]及珠宝玉石[⑧]的检测。另外，吉林大学边疆考古研究中心与中国科学技术大学合作，利用这一技术对夏家店下层文化和红山文化陶窑

---

* 本研究得到日本住友财团（The Sumitomo Foundation）"2010 年度日本促进亚洲各国关联研究"项目、教育部人文社会科学重点研究基地重大项目（项目编号：2006JJD80003）、吉林大学哲学社会科学青年学术骨干支持计划（项目编号：2015FRGG02）；吉林省教育厅"十二五"社会科学研究项目（吉教科文合字〔2015〕第 480 号）；韩国 POSCO 青岩财团基金项目（2012 年）、澳大利亚科学研究基金（Australian Research Council）的"发现与探索"基金资助。

① 程琳、丁训良、刘志等：《一种新型的微束 X 射线荧光谱仪及其在考古学中的应用》，《物理学报》2007 年 12 期，6894～6898 页；林晓燕：《实验和理论模拟研究共聚焦 X 射线荧光谱仪的性能及对古文物的层状结构分析》，北京师范大学博士研究生学位论文，2008 年，11～13 页。

② 程琳、丁训良、刘志等：《一种新型的微束 X 射线荧光谱仪及其在考古学中的应用》，《物理学报》2007 年 12 期，6894～6898 页；朱剑、毛振伟、张仕定：《X 射线荧光光谱分析在考古中应用现状和展望》，《光谱学与光谱分析》2006 年 12 期，2341～2345 页。

③ 周少华、付略、梁宝鎏：《EDXRF 微量元素分析在文物断源断代中的研究》，《光谱学与光谱分析》2008 年 5 期，1181～1185 页。

④ 崔强、张文元、李燕飞等：《文物保护与考古中能量色散型 X 荧光光谱仪的应用》，《敦煌研究》2008 年 6 期，104～108 页。

⑤ 同③。

⑥ 李国霞、郭敏、李融武等：《钧台窑出土不同时期古汝瓷的 X 射线荧光分析》，《第十四届全国核电子学与核探测技术学术年会论文集》，2008 年，331～333 页；范东宇、冯松林、徐清等：《寺龙口越窑青瓷的 XRF 研究》，《全国地球化学分析学术报告会与 X 射线光谱分析研讨会论文集》，2003 年，61 页。

⑦ 李涛、毛振伟、金普军：《西藏铜币的 XRF 分析及其来源初探》，《西藏研究》2006 年 1 期，83～89 页。

⑧ 张佰峰、于万里、罗永安：《便携式荧光仪在珠宝玉石检测中的应用》，《宝石和宝石学杂志》2007 年 4 期，28～32 页。

出土的陶器成分做过分析[①]；甘肃省文物考古研究所、甘肃省博物馆及敦煌研究院等合作对大地湾遗址出土的陶器成分做过分析[②]。这些都充分说明了这一技术在考古学研究中应用的广阔前景。但是普通的 X 射线荧光分析仪由于体积较大，一般放置在实验室内，其测试实验周期长，测定的标本数量有限，而且对标本制作的要求较高，有时为了保证测定的准确性，还会对文物造成一定的损伤。相比之下，手提式 X 荧光反射分析仪是可以用于野外的一种非破坏性的、可对微量元素进行定性和半定量分析的仪器。由于这项技术是非破坏性的，加之对标本的要求不高，测量周期短，短时间内可测标本的数量非常大，而且对环境的要求不高，可直接在野外应用，所以，它非常适合对文物考古的标本测定与分析。这种方法与其他种类的少量损伤鉴定的精确分析可形成一个互补。比起十几个或几十个的损伤鉴定的标本数，利用手提式 XRF 对成百上千标本的无损伤鉴定，可大大提升聚类分析的可信度。在考古学研究中，利用这种无损伤 PXRF 技术测定诸如黑曜岩石器等人工制品的产地，在国外已有几十年的历史了，例如 Sheppard 等学者对新西兰 27 个考古遗址及地点内出土的黑曜岩制品通过 PXRF 进行产源地分析，认为其可能来自于 4 个不同产地，相互之间相距数千千米[③]；Goren 等人对古代近东地区出土的黏土楔形文字板采用 PXRF 进行产地分析，并与之前较流行的中子活化分析（INAA）及光性矿物学分析（OM）进行对比，得出较为一致的结论[④]；Nicola Forster 等学者对博物馆馆藏的近东地区出土黑曜岩工具通过 PXRF 进行产地分析，并与电感耦合等离子体质谱（ICP-MS）方法进行对比显示 PXRF 方法是较为有效的[⑤]；David Frankel 等人对西亚塞浦路斯早期青铜时代遗址内出土的陶器采用 PXRF 进行产地分析发现，部分陶器并非本地所产[⑥]；Doelman 等学者对俄罗斯滨海地区史前遗址内出土的黑曜岩制品通过 PXRF 进行了产源分析，认为晚更新世晚期滨海地区可能存在黑曜岩交易网络[⑦]。因此，目前利用 PXRF 技术进行文物产地分析已日渐成熟。

　　2009 年 5 月至 6 月间，我们用美国 BRUKER 公司生产的 TracerⅢ手提式 X 荧光反射分析仪（PXRF）对吉林大学历年考古调查采集到的黑曜岩人工制品及部分天然黑曜石岩块进行了初步检测。该 PXRF 在出厂前由美国密苏里大学的 Jeffrey R. Ferguson 博士对仪器进行了调试，并通过多次实验得出了针对黑曜岩测定的校正表。本项研究

① 王正东、毛振伟、陈国庆等：《上机房营子遗址出土陶器的 XRF 分析研究》，《光谱实验室》2007 年 4 期，725～728 页。
② 马清林、苏伯民、胡之德等：《甘肃秦安大地湾遗址出土陶器成分分析》，《考古》2004 年 2 期，86～93 页。
③ Sheppard P J, Irwin G J, Lin S C. Characterization of New Zealand obsidian using PXRF. *Journal of Archaeological Science*, 2011, 38: 45～56.
④ Goren Y, Mommsen H, Klinger J. Non-destructive provenance study of cuneiform tablets using portable X-ray fluorescence (PXRF). *Journal of Archaeological Science*, 2011, 38: 684～696.
⑤ Forster N, Grave P. Non-destructive PXRF analysis of museum-curated obsidian from the Near East. *Journal of Archaeological Science*, 2012, 39: 1380～1387.
⑥ Frankel D, Webb J M. Pottery production and distribution in prehistoric Bronze Age Cyprus: An application of PXRF analysis. *Journal of Archaeological Science*, 2012, 39: 1380～1387.
⑦ Doelman T, Kononenko N, Popov V. Acquisition and movement of volcanic glass in the Primorye region of Far Eastern Russia. *Russia and the Pacific*, 2004, 46: 112～125; Doelman T, Torrence R, Popov V. Source selectivity: An assessment of volcanic glass sources in the southern Primorye region, Far East Russia. *Geoarchaeology: An International Journal*, 2008, 23: 243～273.

共检测样品 446 件，大多数采自遗址地表，将其结果与俄罗斯滨海地区 130 件标本检测的结果进行了初步分析。具体做法是将原产地标本和考古标本的测定结果分开进行统计分析，然后再将所有标本放在一起分析，比较二者之间的联系与区别。现将这次测定及分析的结果简要报道如下。

一、黑曜岩样品的测定与分类

（一）吉林东部地区旧石器遗址黑曜岩标本的选择

从吉林东部地区旧石器遗址的文化特点、技术传统等方面分析，该地区发现的旧石器文化遗存可以划分为三种工业类型（表一）：

表一 吉林东部地区旧石器时代及新石器时代诸遗址的代码和地理坐标

遗址或产地名称	遗址分析代码	纬度	经度	时代	取样数量
和龙青头	HQ	42° 48′ 51.9″	128° 58′ 20.7″	旧石器时代晚期	49
和龙石人沟	SRG	42° 11′ 20″	128° 48′ 45″	旧石器时代晚期	48
珲春北山	HB	43° 8′ 3″	130° 15′ 8″	旧石器时代晚期	35
辉南邵家店	HS	42° 27′ 5″	126° 15′ 30″	旧石器时代晚期	25
和龙金子沟	JZGC	42° 04′ 17″	128° 54′ 31.6″	旧石器时代晚期	5
和龙柳洞	HL	42° 19′ 11″	129° 6′ 23″	旧石器时代晚期	38
安图沙金沟	AS	42° 36′ 5″	128° 16′ 2.9″	旧石器时代晚期	62
镇赉大坎子	ZD	46° 17′	123° 54′	全新世中期	0
和龙西沟	HX	42° 34′ 46.31″	128° 58′ 13.85″	旧石器时代晚期	54
大洞	DD	42° 22′ 21.6″	129° 14′ 11.58″	旧石器时代晚期	102
海林秦家东山	QJDS	44° 31′ 47.85″	129° 25′ 22.11″	旧石器时代晚期	6
安图立新	AL	42° 41′ 37.6″	128° 11′ 15.3″	旧石器时代晚期	11
抚松新屯子西山	FX	42° 33′	127° 16′ 11″	旧石器时代晚期	4
抚松后崴子东台	FH	42° 22′ 7.65″	127° 16′ 42.5″	旧石器时代晚期	4

第一种工业类型以粗大的砾石（石核）石制品为代表。该类型以图们下白龙、延边安图立新为代表，与辽宁本溪庙后山、黑龙江饶河、吉林抚松仙人洞等遗址的文化面貌相近。突出特点就是工具整体器形较大，砍砸器在工具组合中所占比例较高，工具修理相对简单，加工较为粗糙。

第二种工业类型以小的石片石器为代表。该类型以桦甸仙人洞，辉南邵家店，图们岐新 B、C 地点和龙井后山为代表，与辽宁营口金牛山、海城小孤山、哈尔滨阎家岗等遗址的文化面貌较为相近。主要特点是剥片以锤击法为主，偶见砸击法。工具以刮削器为主，其次为尖状器，砍砸器等器形较少。工具修理较精致，并以中、小型为主。

第三种工业类型是细石叶及石叶工业类型，此类型以和龙石人沟、珲春北山、和龙柳洞、抚松新屯子西山、安图沙金沟、和龙青头为代表。剥片技术除锤击法和砸击法外，还使用了间接剥片技术。工具修理上采用了压制法、指垫法及间接法。工具类型以刮削器和尖状器为主，雕刻器、琢背小刀、石钻等较少，还出现了复合工具，整个器形加工规整，大多数工具小而精致。

本项研究按照每个遗址不同类别黑曜岩石制品随机抽样的原则，共从吉林东部地区发现的 13 个旧石器晚期遗址内挑选了 446 件考古标本进行测定。选择的标本种类包括石片、石叶、细石叶、断块、砾石以及工具等，工具主要有刮削器、尖状器、雕刻器、琢背小刀、石钻、石锥、砍砸器、锛形器等（图一），修理方法主要为锤击法，此外还有压制法、指垫法及间接法修整。

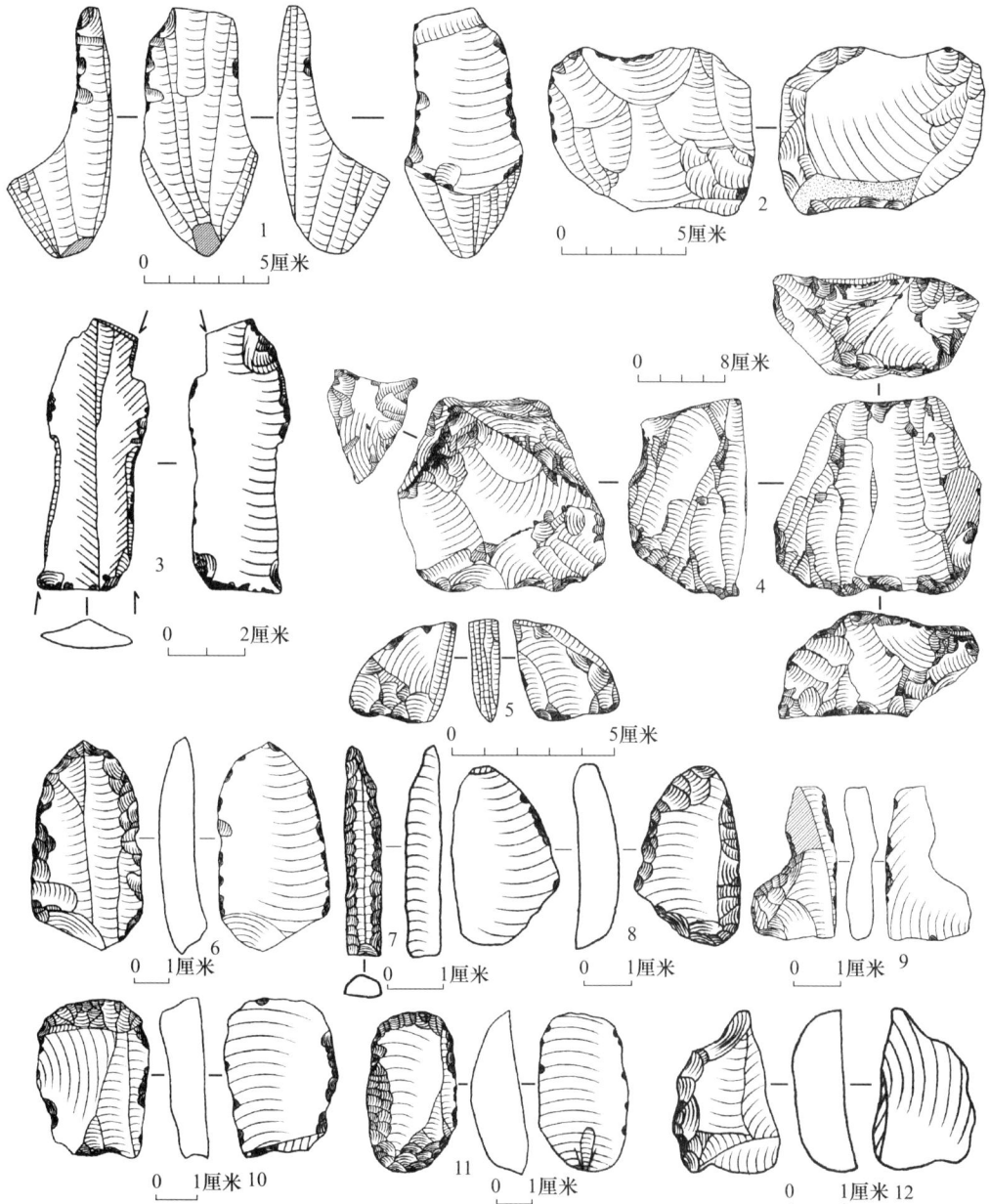

图一　吉林东部地区部分旧石器遗址抽样测试的部分黑曜岩石制品

1、2、4、5.石核　3.雕刻器　6.尖状器　7.钻　8.琢背小刀　9、10～12.刮削器

（二）已知的样品数据测定与分类

在对黑曜岩人工制品测试前，我们对一些现代标本进行了测试，其结果作为现代黑曜岩产地的基本参考数据。在所掌握的黑曜岩产地数据里，还有俄罗斯学者认定的长白山天池组（Changbai Mountain）[1]和俄罗斯滨海区的玄武岩台地组（Basaltic Plateau），也称作玄武岩玻璃（Basaltic Glass），这两组的数据均来自俄罗斯的考古标本。另有我国境内吉林市的九台组（Jiutai）和采集的长白山天池样本（Changbai Mountain A1）以及日本北海道的白滝黑曜岩标本（Japan-BL）。所有这些标本都是用同一个手提式X荧光反射分析仪进行测定。值得说明的是，俄罗斯学者认定俄罗斯境内考古遗址中黑曜岩人工制品属于长白山天池组，但对于这个长白山天池组的具体黑曜岩矿源地点并不十分明确。而我们采集到的长白山天池标本质量较差，不能用来制作石器。尽管如此，所有这些标本仍可作为古代黑曜岩石制品分类的参考。因此，首先采用PXRF，对这些暂定的不同产地黑曜岩标本进行测定，再用SPSS软件，对所测数据进行因子分析，得出一对因子分析得分，从而做出散点图[2]（图二）。这些散点图可直观地反映出各个产地的聚合关系。这项分析包括了铝（Al）、钾（K）、钡（Ba）、钛（Ti）、锰（Mn）、铁（Fe）、钴（Co）、镍（Ni）、铜（Cu）、锌（Zn）、镓（Ga）、氪（Kr）、铷（Rb）、锶（Sr）、钇（Y）、锆（Zr）、铌（Nb）共17种微量元素。

从图二中可以看出日本北海道白滝（Japan-BL）、吉林九台（Jiutai）和俄罗斯滨海地区的玄武岩玻璃（Russian Basaltic Glass）都聚集在不同的区域，形成各自的集中分布范围。

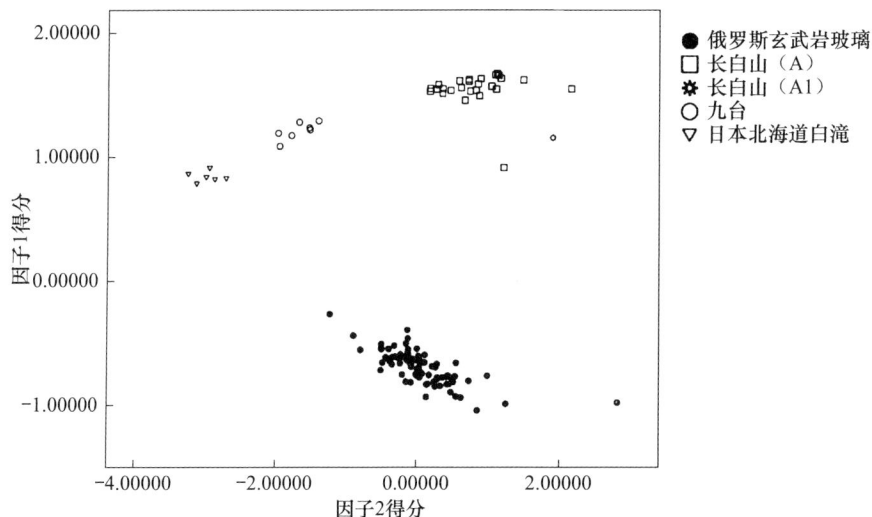

图二　几组黑曜岩产地的因子分析散点图

[1] Popov, V K, Sakhno V G, Kuzmin Y V. Geochemistry of volcanic glasses from the Paektusan volcano. *Doklady Earth Science*, 2005, 403: 803~807.
[2] 罗应婷、杨钰娟：《SPSS统计分析，从基础到实践》，电子工业出版社，2009年，85~86页。

俄罗斯学者认定的长白山天池组与我们采集到的长白山天池标本距离不远，且其中一件俄罗斯长白山天池组的标本数据也与其接近，很可能说明它们之间相近程度大于其他各组。然而，仅就二者的黑曜岩产地而言，其目前掌握的资料还十分有限。同样，日本北海道白滝和吉林九台的产地资料也不翔实，还需要进行大量细致的地质调查工作。目前从现有的资料来看，这几组至少形成了一个这一地区粗略的黑曜岩产地数据库。

二、考古标本的测定与分析

用上述同样方法将黑曜岩考古标本用 PXRF 进行测定，可以得出直观的能量水平曲线图，测定得出的几种能量水平曲线存在较大差别，这也预示了分组的可能性。将其数据在 SPSS 软件中进行因子分析和主成分分析并制成散点图（图三）。从图三上可看出这些考古标本也相应地分成若干个聚集区：A 组、B 组、C 组、D 组以及 "+"[①]。其中，A 组最多，B 组与 C 组次之，D 组最少，"+" 表示分布于不确定区域的标本。从统计学上来看，由于 A 组标本数量较多，所以 A 组的存在基本上是可信的。B 组、C 组的数量不多，但仍能看出其趋势。D 组标本较少，仅 3 个，故只能暂定为一组。D 组标本与 "+" 一样，还需将来标本数量达到一定程度时，与新的产地资料对比后才能确定其分类。

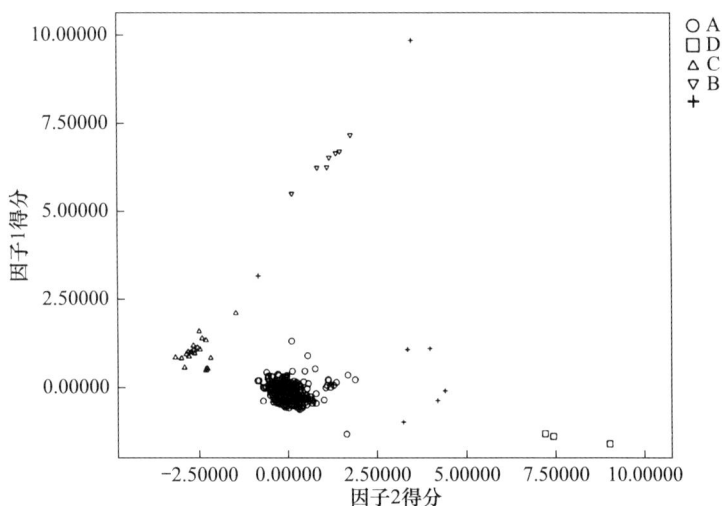

图三　古代标本的因子分析、主成分分析散点图

三、考古标本与黑曜岩产地标本数据的对比

通过将考古标本与所有产地标本的测定数据放在一起，再进行一次因子分析，并

---

① +代表的是一些分散的标本，在目前数量很大的情况下，还不能确定它们是属于哪一组的，其目前也缺乏完整的黑曜岩产地数据。

将其结果制成散点图（图四）。图四揭示了原来分出的考古标本 A、B、C、D 各组与产地各组之间的关系。A 组落在俄罗斯学者认定的长白山天池范围内，也包括了采集的长白山天池标本；B 组落在俄罗斯的玄武岩玻璃产地；C 组集中在日本白滝附近，与日本产地的标本部分重合；而 D 组数据则远离其他各组；⊠ 则代表那些离各组都较远的不确定区标本，所以暂不归类。

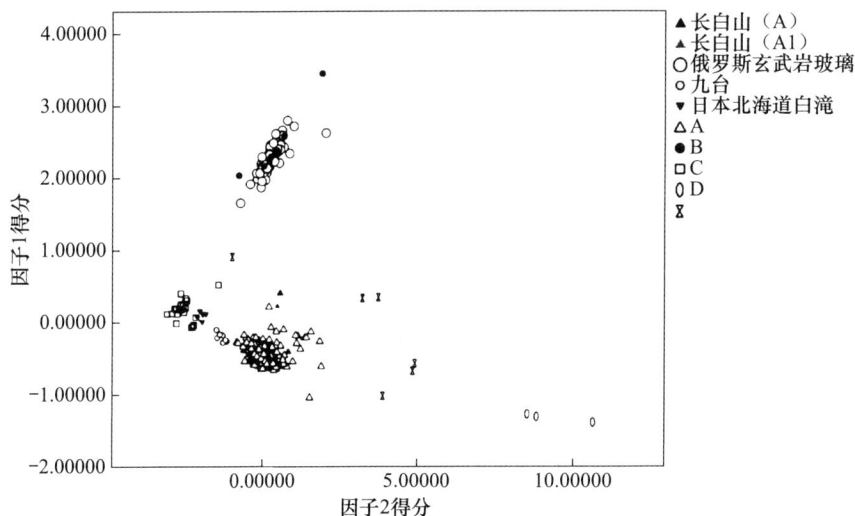

图四　古代标本与现代产地标本的主成分因子分析

将图四中的 A 组、B 组、C 组及附近区域放大，则会得到较清晰的各组散点分布图。A 组考古标本数量最多，与长白山天池产地基本重合（图五），其分布状态呈现出既有一个多项重叠的中心，也存在较大的分布偏差范围。目前看来这个偏差范围仍处于现代产地样品分布偏差的范围内。但如前所述，由于现代产地标本还存在一定程度

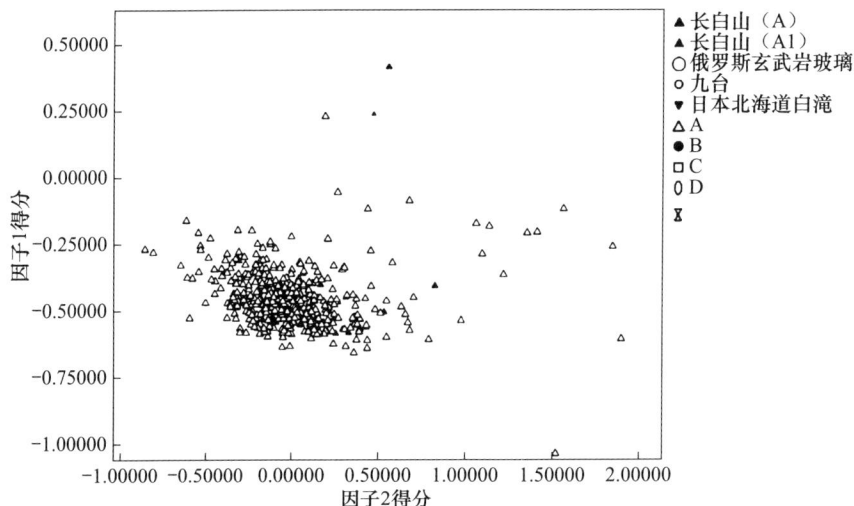

图五　A 组与长白山天池组标本之间的主成分因子分析（放大后的图四局部）

的不确定性，所以，考古标本的分布偏差究竟是属于一个产地内的偏差还是不同产地所形成的，还不得而知。B组与俄罗斯滨海地区的玄武岩玻璃也基本重合（图六）。俄罗斯滨海地区玄武岩高地的黑曜岩矿源——玄武岩玻璃具有良好的地质调查资料，除非在今后的细致分类时能在同一大的产地范围内分出不同的小产地中心，否则，目前标本显现出的分布偏差仍被认为是同一产地标本内的分布偏差。

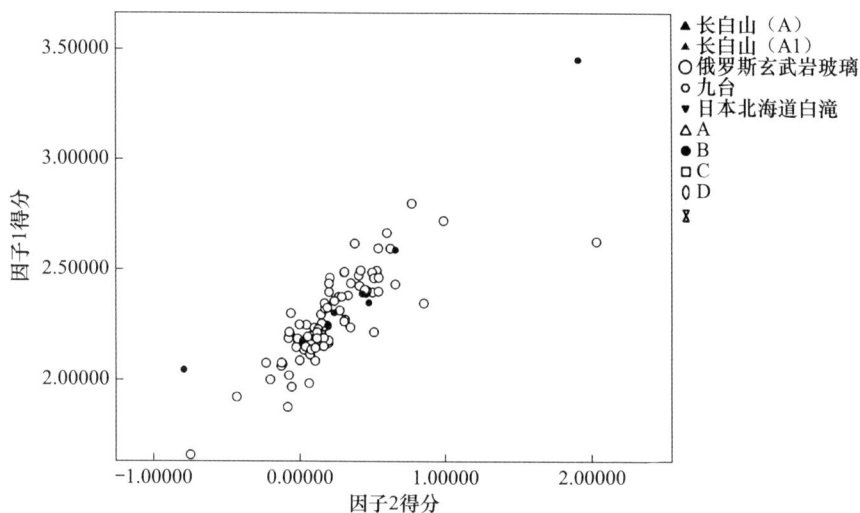

图六　B组与俄罗斯滨海地区玄武岩玻璃标本之间的主成分因子分析（放大后的图四局部）

图七中 C 组实际上可分为三个亚组：第一亚组 C1 组数量最多，可与其他标本分开自成一亚组；第二亚组 C2 组靠近日本北海道白滝标本；暂被认为是第三亚组 C3 组的实际只有一件标本，分布在相对较远的地方。分出这些亚组的目的是为今后的进一步划分打下基础。很明显，吉林九台采集的黑曜岩标本数据聚在一起，并不与任何已

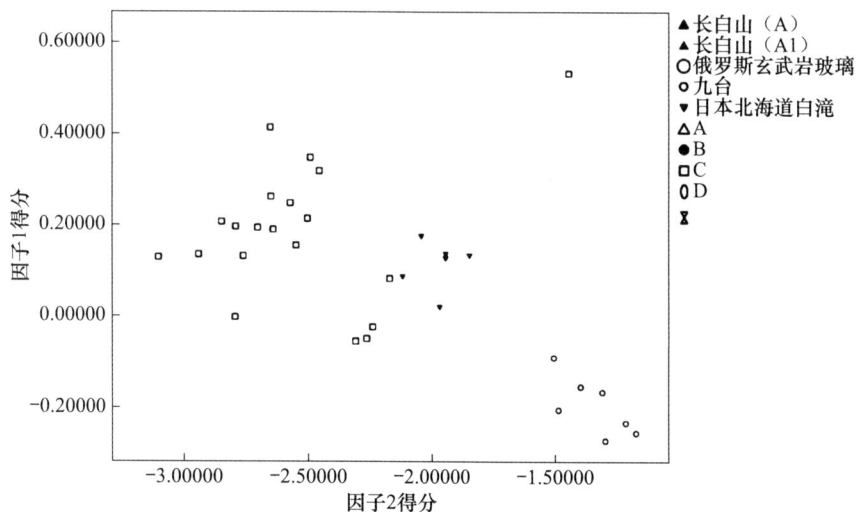

图七　C 组、九台和日本白滝标本的因子分析（放大后的图四局部）

知的产源地或考古标本的数据重合。

　　综合上述分析，可大致将长白山地区黑曜岩考古标本分成 A 组（长白山天池组）、B 组（俄罗斯玄武岩玻璃）、C1 组（来源不清）、C2 组（靠近日本白滝标本）以及 C3 组（仅一件标本）。

四、结语与讨论

　　尽管这次所测定分析的标本均系地表采集，但从时代上看，这些标本多数属于旧石器时代晚期（图八）。而且，这些遗址已进行了考古发掘，从标本出土的原生地层和石器类型上也可认定它们的大体年代。此外，有的遗址也属于全新世。从目前初步的测定结果还看不出上述分类具有时代变化的意义，这还需要测定更多的标本和准确可靠的年代证据。或在一个使用时间较长的多层堆积遗址中，对每一层位的所有黑曜岩石制品进行测定，从而去寻找黑曜岩资源利用与分配在不同时间段上的变化。从目前资料来看，似乎这种以一种黑曜岩资源为主（长白山天池组）、兼用其他多个资源的做法是当时流行的基本资源分配方式。在空间上，这种资源相互交换在当时可以达到一个很远的距离。例如，A 组若从长白山天池地区向东北抵达俄罗斯滨海地区有 700 多千米，同样俄罗斯的玄武岩玻璃运抵吉林地区也要 700 多千米。尽管 A 组向东输出

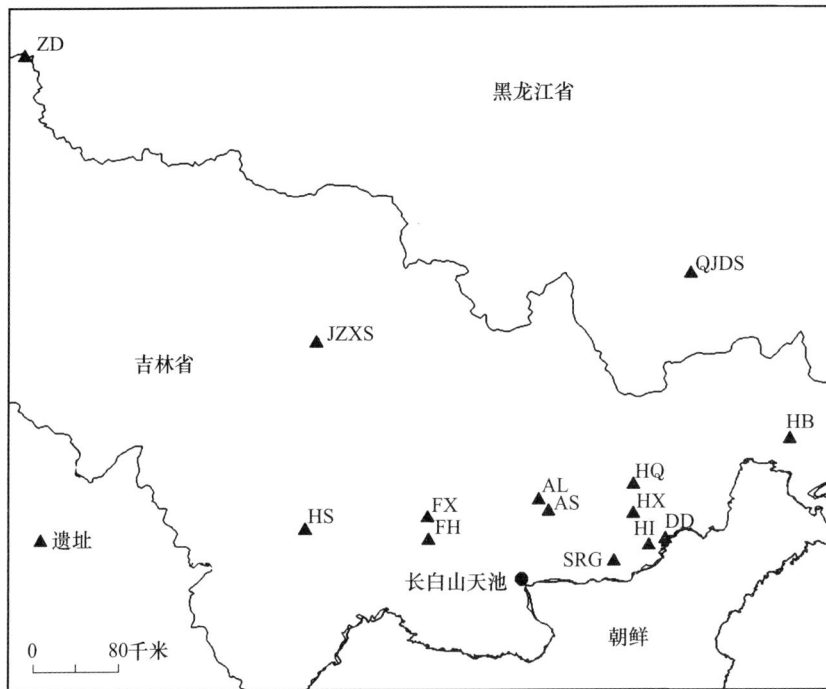

图八　吉林东部地区经 PXRF 测定过的旧石器时代遗址位置

1. ZD（镇赉大坎子）　2. JZXS（和龙金子沟）　3. QJDS（海林秦家东山）　4. HS（辉南邵家店）　5. FX（抚松新屯子西山）　6. FH（抚松后崴子东台）　7. AL（安图立新）　8. AS（安图沙金沟）　9. HQ（和龙青头）　10. HX（和龙西沟）　11. SRG（石人沟）　12. HL（和龙柳洞）　13. DD（和龙大洞）　14. HB（珲春北山）

的原料数量较多，但由东向西输出的黑曜岩资源更说明了当时东西 700 多千米的长白山北麓是古人类交换或迁徙的重要通道，而这种紧密联系可一直追溯到旧石器时代晚期。与向东北方向的辐射不同，A 组在向北传输途中并不像在向东北传输那样长驱直入，它被一种潜在的力量所阻挡。这种潜在的力量是以镇赉大坎子遗址发现的 C 组标本为代表。大坎子遗址发现的黑曜岩石制品较少，但都属于 C 组。这可能让人怀疑是较晚时代（全新世中期）的特征。但是，俄罗斯 A 组大部分标本来自青铜时代的察伊桑诺夫卡（Zaisanovka）遗址，所以，镇赉大坎子的 C 组看来是有自己的来源。其他如海林炮台山、珲春北山等一些包含 C 组标本的遗址，由于地理位置上接近长白山天池，所以 A 组的数量在遗址中总是占大多数，而镇赉大坎子的黑曜石岩制品全部属于 C 组。这可能说明这个黑曜岩资源在地理位置上处在 A 组和松嫩平原的中间，比长白山天池的 A 组在距离上更接近镇赉大坎子。如果这个推测无误的话，对于松嫩平原的古代居民来说，开发利用 C 组黑曜岩资源要比从更远的长白山天池更经济实惠。因此，在今后的工作中要对 C 组的产地做必要的野外调查。

值得说明的是，由于 C2 组与日本北海道的标本数据接近，使人们怀疑这几件标本与日本北海道黑曜岩产地的关系。这 4 件标本分别发现于珲春北山和海林地区。俄罗斯学者的研究表明，与日本北海道黑曜岩相近的石制品也发现于滨海地区。所以，不排除史前时期日本北海道与中国东北地区的古人类存在少量的交换黑曜岩的可能性。但目前这 4 件标本的数据仅仅指出了未来研究的方向，不能就此得出任何结论。

综合上述分析，目前考古标本共分四组：A 组、B 组、C 组（三个亚组）和 D 组，各组间也存在着差异。例如 A 组标本的测定数据中见到了一些差异，这表明 A 组如果扩大测定标本数量的话，有望做进一步的划分。A 组标本几乎存在于除镇赉大坎子之外的所有遗址中。这方面俄罗斯[1]及韩国学者的研究也有类似结果[2]。他们将长白山天池组分为三个小组，但并未详细阐明三者之间的区别，也未给出三者产地来源的确切位置，只是简单地将其应用于考古遗址的黑曜岩制品分类中[3]。而本文的长白山天池组也仅仅是根据俄罗斯的 130 件考古标本认定的，并没有明确的长白山黑曜岩产地的地质调查资料和可供测试的标本，所以目前我们还不具备进一步划分的条件，仍将长白山天池组暂时视为一个大组。

B 组是被俄罗斯学者称为玄武岩玻璃的黑曜岩，发现在俄罗斯滨海地区玄武岩高地的几个不同地点。在史前时期的俄罗斯滨海地区（图九中小圆点填充的地区），这种黑曜岩曾经大量使用过[4]（图九）。目前吉林东部地区考古标本中的确存在这类 B 组类型，

[1]　Popov, V K, Sakhno V G, Kuzmin Y V. Geochemistry of volcanic glasses from the Paektusan volcano. *Doklady Earth Science*, 2005, 403: 803～807.

[2]　Kuzmin Y V, Glascock M D, Sato H. Sources of archaeological obsidian on Sakhalin Island (Russian Far East). *Journal of Archaeological Science*, 2002, 29: 741～749.

[3]　Kim J C, Kim D K, Youn M. PIXE provenancing of obsidian artifacts from Paleolithic sites in Korea. *INDO-PACIFIC Prehistory Association Bulletin*, 2007, 27: 112～128.

[4]　Doelman T, Torrence R, Popov V. Source Selectivity: An Assessment of Volcanic Glass Sources in the Southern Primorye Region, Far East Russia. *Geoarchaeology: An International Journal, 2008*, 23: 243～273.

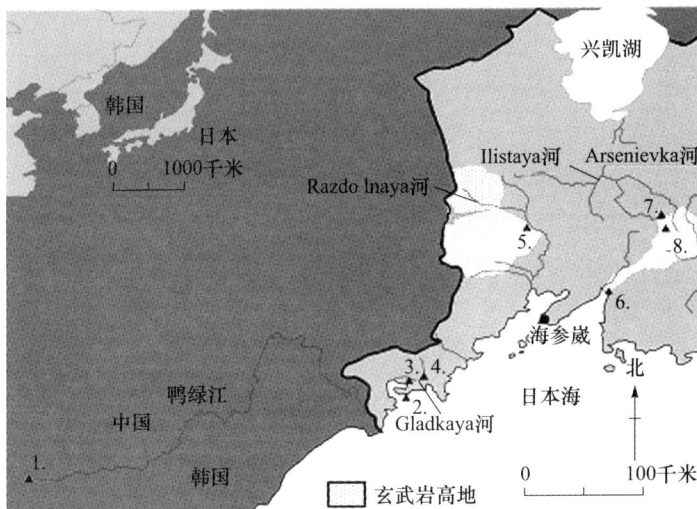

图九　俄罗斯境内发现的黑曜岩地点 [①]

　　1. 长白山火山（Changbai Mountain Volcano）　2. Krabe 半岛（Krabe Peninsula）　3. Kraskina 矿脉（Kraskina Outcrop）　4. Gladkaya 河盆地（Gladkaya River Basin）　5. Chematino 地点（Shufan Plateau）　6. Orbervisti 地点（Shkotovo Plateau）　7. Tigrova 8 地点（Shkotovo Plateau）　8. Krivoi 矿脉（Shkotovo Plateau）

但数量很少。这些少量 B 组标本是否一定是源自俄罗斯的玄武岩高地，目前还尚无定论。因为俄罗斯的玄武岩高地与我国境内的东宁县胡不图河左岸相邻，或许东宁地区的岩石性质与俄罗斯的玄武岩高地属于一个大的玄武岩台地。如果这个推测无误，则我国境内也有希望找到这种玄武岩玻璃的黑曜岩产地。不过，这还需要进一步在东宁地区进行黑曜岩地质调查才能弄清楚。

　　镇赉大坎子的几件黑曜岩制品属于 C1 和 C2 组，但没有与 C1 组可直接对比的产地标本。不过采自吉林九台黑曜岩产地的标本因子分析结果与 C 组很相近。由于九台产地的标本只有一个大的黑曜岩块，故缺少该产地的自身变异参数，这将导致不能确定九台黑曜岩的微量元素的构成范围是否包括 C 组，抑或是来自完全不同的黑曜岩矿。总之，目前不能断定九台黑曜岩产地与 C 组的关系，需要进一步在九台黑曜岩产地范围内广泛收集标本，才能得出产地标本数据的变化范围，从而决定 C 组的归属。

　　D 组只有 3 个标本，来自石人沟和大洞遗址。黑曜岩颜色为半透明绿色，这些标本的因子分析结果与其他组相去甚远。它是否代表着一个新的产地，由于标本太少，且缺乏产地资源的数据，所以很难确定。目前，线索只有一个，即俄罗斯学者在进行野外地质调查时，在格拉德卡亚河流域发现了少量的绿色黑曜岩矿源（图九）（系与俄罗斯地质学家 Popov 的个人交流）。但由于没有该产地标本的对照数据，也不能断定二者是否有联系。格拉德卡亚河流域与吉林省珲春交界，是否有可能在珲春境内发现这种黑曜岩矿，有待进一步调查后才能确定。目前解决的办法有两种：一

①　Doelman T, Torrence R, Popov V. Source Selectivity: An Assessment of Volcanic Glass Sources in the Southern Primorye Region, Far East Russia. *Georarchaeology: An International Journal*, 2008, 23: 243～273.

是继续测定大量考古标本以寻找与其相近的标本；二是进行野外地质调查，掌握长白山地区的黑曜岩产地情况，并将其标本数据与 D 组标本对比，这应当是下一步的工作。

寻找黑曜岩矿源是黑曜岩科技考古的重中之重。首先要确定俄罗斯所谓长白山天池的三个产地（其中一个产地是本文测定的 A 组），其手段是野外调查，尤其需要结合地质部门的地质调查及火山研究，弄清天池附近的黑曜岩产地；二是针对俄罗斯的玄武岩玻璃产地（即本文中的 B 组）在东宁胡布图河左岸进行全面的地质调查，且继续扩大对九台附近的黑曜岩岩矿的系统地质调查，尽可能收集这一新矿源的全部资料，包括矿床形成的年代、分布范围、微量元素在矿床各处的变化，同时对照 C 组参数，看其是否处于九台矿源的参数变异范围内；三是在靠近格拉德卡亚河流域的珲春地区开展地质调查，寻找俄罗斯的绿色黑曜岩矿源，与 D 组的标本进行对比。

同时，要继续扩大考古标本的测定数量。因为根据目前的研究结果，大洞遗址几乎囊括了除 D 组之外的其他各组黑曜岩。由于大洞遗址标本数量最多，所以能提供的参数也较全面。就目前大洞考古标本分析来看，已显现出各组内部的一些差异，这是准确地区分这些差异范围的前提，也是弄清考古标本与现代产地之间关系的关键所在。但是，如果想准确地弄清这种差异的范围，必须增加对标本的测定数量，这也是未来研究工作的重点之一。

尽管手提式 X 荧光反射测定仪应用于考古遗址黑曜岩的研究在国外已有很长的历史，但在中国这项研究尚属首次。该仪器优势主要体现在，时间短，测定数量多，操作简便，除仪器本身的成本外无其他测定成本。例如，本次研究测定属 A 组（长白山天池组）的标本占检测标本总数的绝大部分，超过 430 件。这个数量如果用 PIXE-PIGME 方法是不可想象的。诚然，这种仪器也不是万能的，由于其原理是半定量化测定，即用反射能量换算出微量元素的含量，这就不可避免地存在一定误差。如果用同一厂家生产的同一种仪器测量的结果是较方便比对的；但对于不同厂家的不同种仪器以及如何将这一仪器的测定结果与 PIXE-PIGME 或其他的分析结果进行对比，目前还在进一步的探索中，相信在将来积累大量测定数据后，这一问题有望得到解决。

致谢：本文得到澳大利亚悉尼大学考古系的大力支持。感谢密苏里大学的 Jeffrey R. Ferguson 博士对仪器进行了调试，并通过多次实验得出了黑曜岩的校正表，使测定工作得以顺利进行。另外，还要感谢 Bruker 公司的 Bruce Kaiser 博士为仪器的使用和数据的分析提供了详细的咨询。

A Preliminary Assessment of Obsidian Sources Using PXRF in the Eastern of Jilin Province

Chen Quanjia[1]   Jia Weiming[2]   Trudy Doelman[3]   Zhao Hailong[4]   Wang Chunxue[1]

(1. Research Center of Chinese Frontier Archaeology of Jilin University; 2. Australian Academy of Science; 3. Department of Archaeology, University of Sydney; 4. Jilin Provincial Institute of Cultural Relics and Archaeology)

Stone artifacts made from obsidian have been found in archaeological contexts dating from Upper Paleolithic to Neolithic in the Eastern of Jilin Province. A geoarchaeological investigation of obsidian outcrops assessed the potential sources to determine the true sources of obsidian in archaeological sites. A characterization study of sources samples and stone artifacts from 14 archaeological sites using PXRF identified which sources had actually been exploited. Raw material sources show the impact of geological environment on procurement and exchange. We should increase the number of sources and archaeological samples and have a systematical geological survey in order to make the result more accurately.

黑龙江二百户双区石磨盘功能分析及相关问题研究

葛 威[1] 刘 莉[2] 倪春野[3]

（1. 厦门大学人文学院；2. 斯坦福大学东亚语言与文化系；

3. 穆棱市文物管理所）

一、引 言

近年来，有关石器功能的实验研究日益增多。特别是新石器时代石磨盘和磨棒的功能研究，已经成为中国考古学的一个热点[1]。借助于残留物分析和微痕方法，研究者正在越来越多地将有关问题的讨论建立在科学的证据之上，使得人们不仅对于石磨盘的加工对象，也对其加工方式有了更为深入的认识。由于中国境内所出磨盘形制不一、数量众多、时代跨度大且分布地域广，针对个别遗址的研究未必能够涵盖所有磨盘的功能。但新方法的应用，无疑为以后的研究指明了方向。

迄今，中国考古所见石磨盘绝大多数只有一个功能区。20 世纪 80 年代，黑龙江东部二百户遗址出土了一件罕见的双区石磨盘，其独特的形制引起一些人的注意，并对其用途和使用方法进行了种种推测[2]。为了澄清二百户双区石磨盘的功能，本文尝试对其开展了残留物和微痕研究，并在此基础上探讨了二百户人的经济形态、植物利用及食物加工方式等相关问题。

---

① 谢礼晔：《微痕分析在磨制石器功能研究中的初步尝试——二里头遗址石斧和石刀的微痕分析》，中国社会科学院研究生院硕士研究生学位论文，2005 年；杨晓燕、郁金城、吕厚远等：《北京平谷上宅遗址磨盘磨棒功能分析：来自植物淀粉粒的证据》，《中国科学 D 辑：地球科学》2009 年 9 期，1266～1273 页；张永辉、翁屹、姚凌等：《裴李岗遗址出土石磨盘表面淀粉粒的鉴定与分析》，《第四纪研究》2011 年 5 期，891～899 页；井明：《新疆石人子沟遗址出土石磨盘和石磨棒的初步科技研究》，西北大学硕士研究生学位论文，2012 年；王强：《海岱地区史前时期磨盘、磨棒研究》，山东大学博士研究生学位论文，2008 年；Liu L, Field J, Fullagar R, *et al*. A functional analysis of grinding stones from an early Holocene site at Donghulin, North China. *Journal of Archaeological Science*, 2010, 37(10): 2630～2639；钱益汇：《中国古代石刀功能的实证分析——基于大辛庄商代石刀的显微观察》，《东方考古》（第 9 集），科学出版社，2012 年，650～657 页。

② 樊万象：《试谈东山双区石磨盘》，《农业考古》1991 年 1 期，283、299 页；周昕：《新石器时代的石磨盘、石磨棒》，《古今农业》2000 年 3 期，1～8 页。

二、二百户遗址简介

二百户遗址位于黑龙江省牡丹江地区穆棱市穆棱镇二百户村西 50 米（图一），穆棱河（中俄界河乌苏里江的重要支流）东岸向河凸出的山崖上，距河面相对高度 50米 ①。该遗址在 1987 年因砖厂取土而遭到破坏，所暴露的文化层中出土有磨盘、磨棒及石斧等石器及陶片、骨锥、牙器等。二百户遗存的文化面貌以口部饰花边附加堆纹和器身饰刻划纹的陶器为主要特征。同类型的遗存在牡丹江中游两岸、穆棱河上游地区及俄罗斯远东滨海地区多有分布 ②。

通过文化因素分析，发掘者认为二百户遗存的年代与宁安莺歌岭遗址上层、石灰

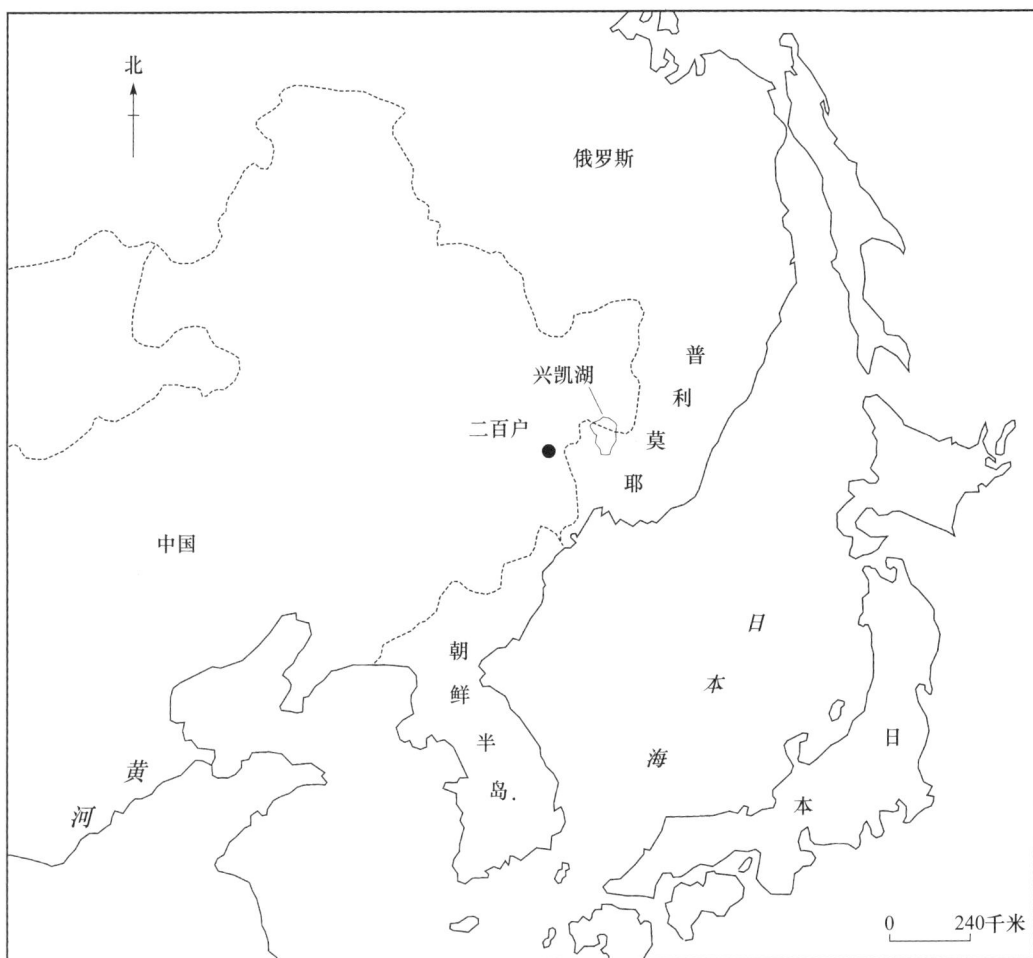

图一　二百户遗址位置示意图

① 陶刚、倪春野：《黑龙江省穆棱河上游考古调查简报》，《北方文物》2003 年 3 期，1～14 页。
② 同①；赵宾福：《牡丹江流域新石器文化序列与编年》，《华夏考古》2011 年 1 期，58～66 页。

场遗址下层、海林振兴一期乙类等遗存相当①。其中的石灰场遗址下层遗存被赵宾福命名为石灰场下层文化，年代大约在公元前 2500～前 2000 年②。杨占风对乌苏里江流域中俄边境地区的相同文化进行了整合，认为二百户遗址归属龙庙山遗存，并与俄罗斯境内锡霍特山脉西部山地与兴凯湖平原交界处的青树林遗址 I 期遗存属于同一考古学文化类型③。上述中国境内的遗址均缺乏 ¹⁴C 测年数据。根据俄罗斯境内同时代遗址的测年数据，研究者推测该遗址年代为公元前 2300～前 2000 年④。综合分析，我们认为二百户遗存的年代应不会晚于公元前 2000 年。

三、二百户遗址的磨盘

　　二百户遗址出土有 1 件磨盘、1 件磨棒和 1 个研磨器，目前只有磨盘方便取样。该磨盘编号为 MME：19，系浅黄色砂岩，平面呈长方形，长 49 厘米、宽 36 厘米、高 9 厘米。如前所述，二百户的这件磨盘非常特殊，具有两个各自独立的使用区域（图二）。其中一个区的截面呈马鞍形（称为前区），长 24 厘米，中间薄两边厚，最薄处厚 3 厘米，表面较光滑；如果将前区单独来看，其形态与东北、内蒙古和西北地区所习见之马鞍形磨盘相类⑤。而另一个区则呈圆三角形凹坑状（称为后区），长 17.5 厘米、宽 23.5 厘米、深 4 厘米，坑的底部和侧部都比前区粗糙，密布"米点式"小凹坑⑥。基于该磨盘前后两个区的不同形态特征，樊万象⑦推测前区用于加工粟等小粒谷物，而后区用于加工稻等大粒谷物；并且认为它是磨盘向石臼过渡的一种中间形态。这些认识固然具有一定的合理性，但有待更多证据的支持。

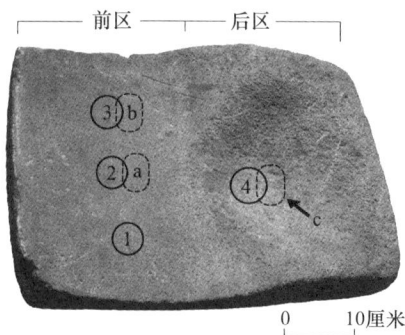

图二　二百户双区石磨盘取样示意图
1～4. 残留物取样点　a～c. 微痕取样点

四、残留物分析

　　二百户磨盘保存在穆棱市文物管理所的库房中。由于各种原因，磨盘在出土后经历过至少 3 次以上的清洗，表面已经不见任何泥土。通常不提倡出土后对器物进行彻

① 陶刚、倪春野：《黑龙江省穆棱河上游考古调查简报》，《北方文物》2003 年 3 期，1～14 页。
② 赵宾福：《牡丹江流域新石器文化序列与编年》，《华夏考古》2011 年 1 期，58～66 页；赵宾福：《东北石器时代考古》，吉林大学出版社，2004 年，367～370 页。
③ 杨占风：《鸭绿江、图们江及乌苏里江流域的新石器文化研究》，吉林大学博士研究生学位论文，2009 年，125～147 页。
④ 同③，149～150 页。
⑤ 宋兆麟：《史前食物的加工技术——论磨具与杵臼的起源》，《农业考古》1997 年 3 期，187～195 页。
⑥ 樊万象：《试谈东山双区石磨盘》，《农业考古》1991 年 1 期，283、299 页。
⑦ 同⑥。

底的清洗，以防止将可能携带重要考古学信息的残留物洗去。但是，也有研究表明，石器在经过若干次清洗后其表面仍然存留有足够分析的残留物[①]。

参照 Loy 和 Fullagar 的方法[②]，使用水洗法对二百户磨盘进行了残留物的提取。共从两个区收集了 4 个样本，其中前区 3 个，后区 1 个（图二）。这些残留物溶液先是保存在 1.5 毫升的离心管中，然后使用密度为 2.4 的多钨酸钠重液进行分离。多钨酸钠经过 3 次洗脱而去除。最后，将分离所得可能含淀粉粒的溶液滴到载玻片上，晾干后用 50% 甘油制样。使用 Zeiss Scope A1 型显微镜对样本玻片进行镜检。观察到的淀粉粒通过连接了计算机的 AxioCAM MRc 数码相机拍照，并在 Zeiss Axiovision 软件中进行记录和测量。

从 4 个样本中共观察和记录了 794 个淀粉颗粒，其中前区的 3 个样本 EBH01～03 共发现淀粉粒 266 个，后区 1 个样本 EBH04 发现淀粉粒 528 个。不同样本中淀粉粒的长度分布情况见表一。经过与现代标本的形貌特征进行比较分析，将观察到的淀粉粒分成了 I～VI 六种类型，其中有的被鉴定到了种一级，有的鉴定到属，还有的仅鉴定到族，另有一些无法鉴定（表二）。

表一　二百户磨盘各样品中发现淀粉粒的个数与长度分布

样品号	取样区	个数	淀粉粒长度（微米）		
			最小值	最大值	平均值
EBH01		47	3.56	29.65	13.81
EBH02	前区	189	3.09	34.7	12.47
EBH03		30	3.55	33.93	15.90
EBH04	后区	528	2.02	38.24	11.08

表二　二百户磨盘样品所见六种类型淀粉粒特征及鉴定情况

类型	数量	形态特征	长度分布/微米	鉴定结果	备注
I	203	近圆形或梭形；完整颗粒表面光滑，轮纹不明显；脐点位于中心；消光十字在中心处较强烈而细，越向边缘处越弥散	2.02～38.24	小麦族（Triticeae spp.）	其中有 6 组聚集态
II	355	多边形或近圆形；表面光滑，有的在脐点处有"一"字形或多条放射状裂隙。轮纹不明显；脐点大多位于中心；消光十字清晰，消光臂大多垂直，也有的呈"Z"形弯折	6.16～25.7	薏米（Coix lacryma-jobi）、粟（Setaria italica）和黍（Panicum miliaceum）	其中有 5 组聚集态
III	69	多边形或带弧边的多边形，有的有小平面。消光臂清晰、较细	2.33～9.91	稻族（Oryzeae spp.）	其中有 1 组聚集态

① Shanks O C, Kornfeld M and Ream W. DNA and protein recovery from washed experimental stone tools. *Archaeometry*, 2004, 46(4): 663～672.

② Loy T and Fullagar R. Residue extraction. In: Robin T and Huw B (eds.), *Ancient Starch Research*. Walnut Creek: Left Coast Press, 2006: 197～198.

续表

类型	数量	形态特征	长度分布/微米	鉴定结果	备注
IV	3	扇形，由两个直边和一个弧形边组成。脐点位于中心，并有多条从脐点发出的放射形裂隙	16.63～21.67	大黄（*Rheum* sp.）	复粒
V	1	椭圆形，表面光滑，轮纹可见；脐点偏离中心明显；消光十字清晰，呈圆弧形弯曲	19.15	根茎类（USO）	分散单粒
VI	163	形体较小，或者严重变形、模糊不清	2.23～29.65	未知	—

（一）Ⅰ型淀粉粒

这类淀粉粒的特点是呈近圆形或梭形（图三），使用小塑料棒轻轻敲击盖玻片，会发现敲击所产生的振动可以使这两种形状相互变换，表明它们的三维形状实际是中间厚边缘薄的双凸透镜状。在较为完整的颗粒中，其偏光下可见强烈消光现象，从消光十字的交点判断，脐点位于中心。对比现代淀粉粒标本，我们将这样的淀粉粒归为一类并鉴定为来源于小麦族（Triticeae tribe）。

小麦族（包括大麦、小麦、黑麦、冰草、山羊草及披碱草等属）的种子淀粉粒因为形貌相近，很难进行区分。最近，杨晓燕和佩里（Linda Perry）[1]发表了一个用于区分小麦族淀粉粒的检索表。可是，当我们试图使用它来鉴定本文所发现的古代淀粉粒时，却遇到了困惑。要运用杨和佩里的检索表进行淀粉粒的区分，一个非常重要的指标是群体（assemblage）中长度＞20微米的个体所占的比例。问题是，如何确定哪些淀粉粒是属于一个群体的，或者说哪些淀粉粒是同一来源的？分析古代淀粉粒时，显微镜下所观察到的淀粉粒有两种存在形式：分散态和聚集态。分散态是指所观察到的淀粉粒一个一个单独存在，彼此之间不接触，这是绝大多数淀粉粒的存在方式。而聚集态是指淀粉粒以2个或更多颗粒聚集存在，彼此接触。这些淀粉粒因为聚集在一起而通常被认为来源于一次加工中的同一物种，对于鉴定非常有帮助。从逻辑上讲，只有聚集态的淀粉粒才可以确切地认定来源于同一种植物；而分散态的淀粉粒，即使形态相近，可以划为一类，却很有可能不是同一来源。这是因为，虽然淀粉粒的形态具有一定的种属特异性，但并

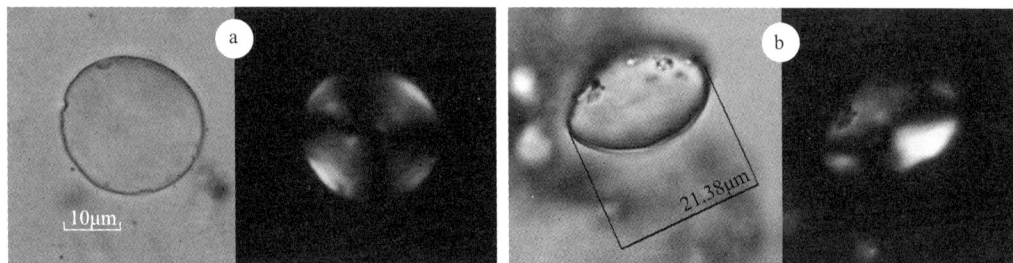

图三　二百户磨盘上发现的Ⅰ型淀粉粒

a. 近圆形　b. 梭形

① Yang X and Perry L. Identification of ancient starch grains from the tribe Triticeae in the North China Plain. *Journal of Archaeological Science*, 2013, 40(8): 3170～3177.

不是完全一一对应的，不同来源的淀粉粒存在着形态交叠（overlap）的现象。也就是说，要对古代淀粉粒进行上述统计分析，只有聚集态的淀粉粒才符合条件。

另外一个需要考虑的因素是收割期。已经有研究表明，大麦和小麦中的大型和小型淀粉粒在造粉体内形成的时期是不同的[①]，这也就意味着不同时期收获的小麦族种子，其淀粉粒中大型和小型的比例必然存在相当大的差别。针对现代标本的研究，往往使用的都是成熟的小麦族种子，显然不能代表不同成熟期的情况。而人们未必都待到种子完全成熟才进行收割。以小麦为例，在饥荒之年青黄不接的时候，人们往往等不到小麦完全成熟就割下青麦来，揉出麦粒，在"石臼上舂成麦片"救饥[②]。由此看来，将群体中大小淀粉粒比例作为一种鉴定的指标存在相当的不确定性。为此，我们认为杨和佩里文章中所提供的检索表虽然有一定参考价值，但该表的可操作性仍然有待检验。

在本研究中，被我们归到 I 型淀粉粒的有 203 个颗粒，它们的长度范围在 2.02～38.24 微米之间。其中有 6 组淀粉粒是以聚集态出现的。统计分析需要一定的样本量，样本量越大越有代表性。在 6 组聚集态淀粉粒团块中有 4 组的淀粉粒数量大于 10，相对于另外 2 个较小的团块更具代表性（图四）。其中前区 2 号样品中发现的一组编号为 2A-127 的聚集体包括了 17 个淀粉粒，长度在 3.09～34.7 微米；后区编号为 4B-36

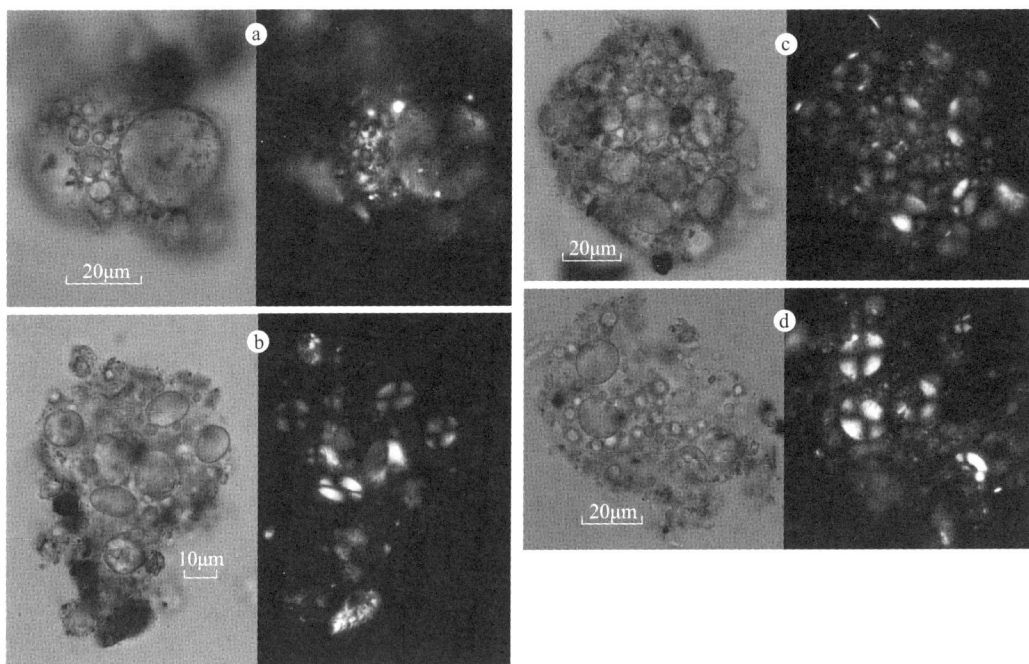

图四　二百户磨盘上发现的以聚集态存在的 I 型淀粉粒

a. 2A-127　b. 4B-36　c. 4B-58　d. 4B-78

---

① Bechtel D B, Zayas I, Kaleikau L, *et al*. Size-distribution of wheat starch granules during endosperm development. *Cereal Chemistry*, 1990, 67(1): 59～63；韦存虚、张军、周卫东等：《大麦胚乳小淀粉粒的发育》，《作物学报》2008 年 10 期，1788～1796 页。

② 邱向峰：《张爱玲与徽派美食》，《美食》2011 年 4 期，55 页。

的聚集体包括了 14 个淀粉粒，大小在 2.51～15.65 微米；而同为后区的 4B-58 号聚集团中 25 个颗粒的长度则在 3.74～19.55 微米。另有后区编号为 4B-78 中的 15 个颗粒长度在 2.02～15.59 微米。根据已经发表的小麦族淀粉粒数据[①]，并对比我们收集的现代标本，我们发现这些淀粉粒的形态和大小至少和 5 个属（包括小麦属、大麦属、黑麦属、山羊草属及冰草属）的淀粉粒都相似，很难再做进一步的区分（图五；表三）。

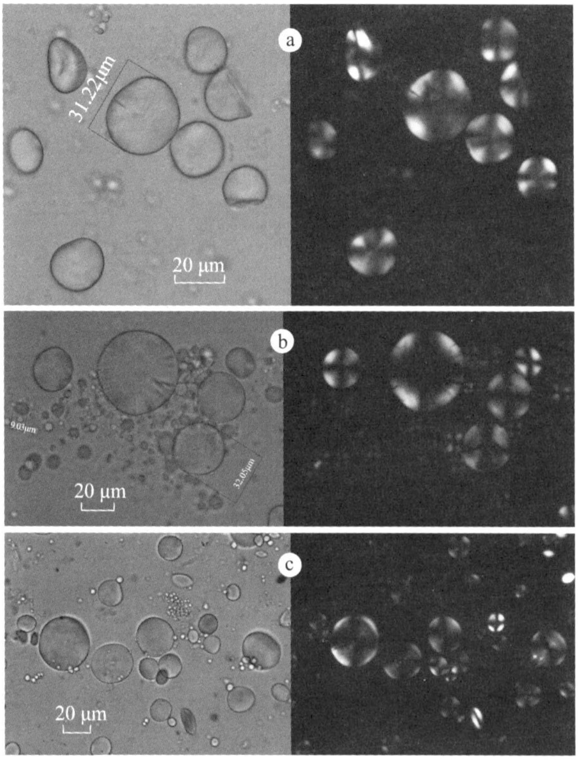

图五　几种小麦族种子的淀粉粒（右为偏光下图像）
a. 大麦　b. 黑麦　c. 三芒山羊草

表三　二百户磨盘样本 I 型淀粉粒聚集体与几种现代小麦族标本淀粉粒长度分布比较

	淀粉粒来源	长度范围（微米）	统计颗粒数
磨盘样本聚集体	2A-127	3.09～34.7	17
	4B-36	2.51～15.65	14
	4B-58	3.74～19.55	25
	4B-78	2.02～15.59	15

[①] Yang X and Perry L. Identification of ancient starch grains from the tribe Triticeae in the North China Plain. *Journal of Archaeological Science*, 2013, 40(8): 3170～3177; Piperno D R, Weiss E, Holst I, *et al*. Processing of wild cereal grains in the Upper Palaeolithic revealed by starch grain analysis. *Nature*, 2004, 430: 670～673; Liu L, Bestel S, Shi J, *et al*. Paleolithic human exploitation of plant foods during the last glacial maximum in North China. *Proceedings of the National Academy of Sciences*, 2013, 110(14): 5380～5385.

淀粉粒来源	长度范围（微米）	统计颗粒数
小麦（*Triticum aestivum*）	2.98～37.31	102
大麦（*Hordeum vulgare*）	1.74～35.49	166
黑麦（*Secale cereale*）	3.8～50.98	102
三芒山羊草（*Aegilops truncialis*）	2.88～40.98	127

（现代标本）

另外，这些淀粉粒中有很多都呈现不同程度的损伤特征，包括断裂、脐点附近有裂纹（图六，a、b）以及局部轮纹清晰化（图六，c、d）等。根据我们以前所进行的模拟实验，碾磨所产生的机械力会产生这些损伤模式。最近，我们在处理现代样本时发现，其中的断裂和裂纹特征在未经碾磨的现代标本中也有发现。这意味着，在这些损伤模式中可能只有局部的轮纹清晰化才可以作为碾磨行为的确切表征。需要指出的是，我们在制备现代样本时，会将切成片的种子泡在水中进行简单的捣碎，以使淀粉粒释放出来。是否这个过程中的切割和捣碎动作造成了淀粉粒的断裂，或者浸泡过程造成了裂纹的产生，尚待进一步研究。但无论如何，局部轮纹的清晰化现象还是可以反映碾磨或其他机械力的作用。而且制备古代样本的程序并没有涉及任何切割和捣碎过程，古代淀粉粒所呈现的损伤特征应该是埋藏前过程使然。

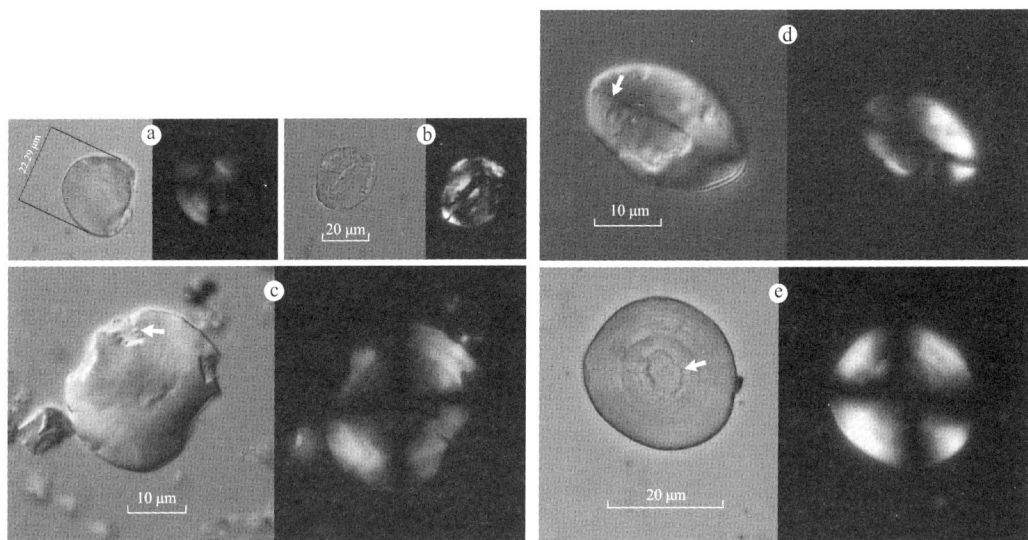

图六　二百户磨盘上发现的呈现损伤特征的 I 型淀粉粒

a. 呈现断裂损伤特征的淀粉粒　b. 表面呈现裂隙特征的淀粉粒　c～d. 呈现局部轮纹清晰化特征的淀粉粒，箭头示清晰化的轮纹　e. 呈现冻伤特征的淀粉粒，箭头示冷冻造成的空洞

值得注意的是，二百户遗址属寒冷地区，其所在穆棱市年最低温度为 –18.3℃ [1]，极

① 周志强、刘彤、胡林林等：《穆棱东北红豆杉年轮—气候关系及其濒危机制》，《生态学报》2010 年 9 期，2304～2310 页。

端最低温度可达 –40℃左右 [1]。根据 Babot [2] 的研究，低温也会给淀粉粒造成损伤，主要的表现包括消光特性的改变、形状改变以及脐点处形成的空洞等。在我们所发现的麦类淀粉粒中，有一个在脐点处出现非常明显的空洞（图六，e），有可能就是低温环境造成的结果。

（二）Ⅱ型淀粉粒

这类淀粉粒呈近圆形或多边形，消光十字清晰，有的表面存在发自脐点的裂隙。消光臂大多数相垂直，个别呈"Z"字形弯折。经与现代标本对比，它们的形貌特征与薏苡（*Coix lacryma-jobi*）、黍（*Panicum miliaceum*）、粟（*Setaria italica*）及狗尾草（*Setaria viridis*）都有相似之处。它们的数量达到 355 个，其中前区的 3 个样品总和为 129 个，后区 226 个。长度分布范围在 6.16～25.7 微米。

1. 薏苡的鉴定

虽然薏苡与粟黍的淀粉粒相似，但薏苡的某些特征不见于粟黍。基于对现代标本的形态分析，薏苡区别于粟、黍的特征为：淀粉粒最大长度大于 21.17 微米，消光十字臂上有"Z"形弯折，脐点位置在淀粉粒中的偏心率大于 1.47（测量十字消光在同一直线上长臂与短臂的比值）。根据这些标准，我们可以首先将类似于薏苡的单个和全体淀粉粒区分出来。由于薏苡中的大部分淀粉粒仍与粟、黍具有相互重叠的特征，并不容易将它们全部区分开。但是，当淀粉粒以群体出现时，使用形态特征及长度标准，它们之间的区分还是可以实现的。在我们的 4 号样品中有 5 个大的淀粉粒聚集团块（表四；图七～图九），其中的淀粉粒数目都在 10 以上，提供了非常具有鉴定意义的统计学信息。我们将这 5 个团块中的淀粉粒长度数据及形态特征分别与现代薏苡、粟、黍和狗尾草的淀粉粒进行比较，结果表明每一个团块中的长度最大值都超出了狗尾草的数据，有两组（4b-17 和 4b-31）包含有类似薏苡特征的淀粉粒。在 4b-17 一组中有至少一颗淀粉粒的十字消光臂呈现"Z"形（图七，a），而 4b-31 一组中既有大于 21.17微米的淀粉粒，也有"Z"形消光十字臂（表四；图七，b）。

表四　二百户磨盘样品Ⅱ型淀粉粒聚集体与有关现代标本淀粉粒长度分布及形态特征比较

聚集体编号	颗粒数	长度范围（微米）	鉴定形态特征	鉴定
4b-17	24	9.25～19.66	"Z"形消光十字臂	薏米
4b-31	15	8.61～25.7	"Z"形消光十字臂、长度 >21.17*	薏米
4b-62	25	6.26～14.48		黍
4b-64	21	6.9～15.83		粟
4b-5b-01	＞ 49	7.3～18.24		粟

[1]　闫洪文、王松筠：《球墨铸铁自来水管道浅埋的可能性》，《水利天地》2005 年 12 期，34 页。
[2]　Babot M D P. Starch grain damage as an indicator of food processing. In: Hart D M and Wallis L A (eds.), *Phytolith and Starch Research in the Australian-Pacific-Asian Regions: The State of the Art*. Canberra: Pandanus Books, 2003: 69～81.

聚集体编号	颗粒数	长度范围（微米）	鉴定形态特征	鉴定
	＞ 400	5.72～29.2	"Z"形消光十字臂、偏心率 >1.47	薏米
现代标本 **	363	2.77～18.4	偏心率≤ 1.44	粟
	549	3.93～12.85	偏心率≤ 1.47	黍
	207	2.19～11.9		青狗尾草

注：* 长度 21.17 微米来自于作者所做实验中碾磨后的粟淀粉粒最大长度；** 现代淀粉粒数据中薏米来自本文第二作者的未发表资料，其他来自文献

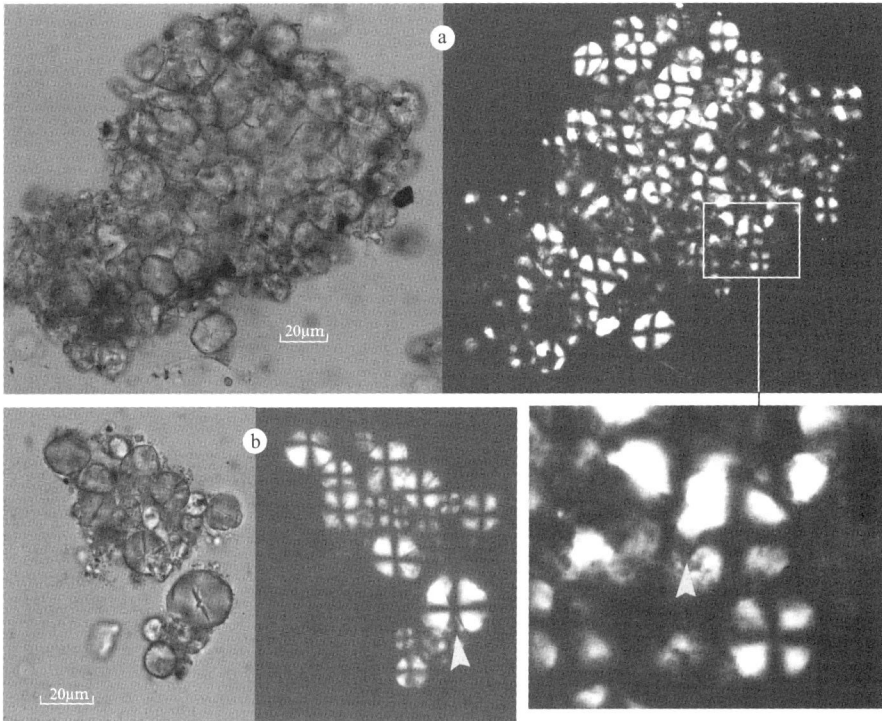

图七　二百户磨盘上发现的被鉴定为薏米的聚集态 II 型淀粉粒
（箭头表示 Z 形弯折的消光臂）
a. 4b-17　b. 4b-31

2. 粟的鉴定

在 4b-64 及 4b-5b-01 两个聚集团块中，淀粉粒形状包括多边形和近圆形，表面多有发自脐点的裂隙，其形貌特征与粟的较为接近，长度落在现代粟标本的范围内，且不显示薏苡的形态特征，故此将它们鉴定为粟（图八）。需要指出的是，我们以前所报

道的粟最大值 18.4 微米 [①] 是未经碾磨的现代标本。其他研究者报道的粟的长度数据可达到 25 微米 [②]。研究表明，种子淀粉粒的尺寸受品种、生长环境以及收获期等多种因素的影响 [③]。粟的品种众多，地域分布广，加上测量者在显微镜下选择测量对象时总会存在一定的主观性差别，其长度数据存在一定的变化也是可以理解的。此外，根据模拟实验，淀粉粒的尺寸在碾磨后有增大的趋势（增幅可达 27%～56%），也是造成古代淀

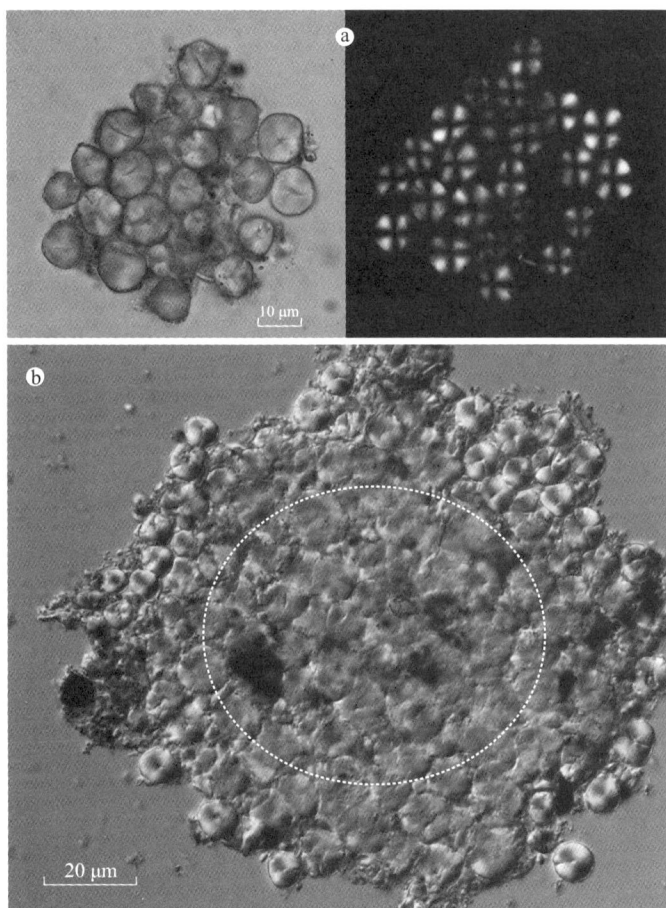

图八　二百户磨盘上发现的被鉴定为粟的聚集态 II 型淀粉粒

（虚线区域表示被压扁的淀粉粒）

a. 4b-64　b. 4b-5b-01

① 葛威、刘莉、金正耀：《几种禾本科植物淀粉粒形态比较及其考古学意义》，《第四纪研究》2010 年 2 期，377～384 页。

② Malleshi N G, Desikachar H S R and Tharanathan R N. Physico-chemical properties of native and malted finger millet, pearl millet and foxtail millet starches. *Starch*, 1986, 38(6): 202～205; Wankhede D B, Shehnaz A and Rao M R R. Preparation and physicochemical properties of starches and their fractions from finger millet (*Eleusine coracana*) and foxtail millet (*Setaria italica*). *Starch*, 1979, 31: 153～159.

③ Raeker M Ö, Gaines C S, Finney P L, *et al*. Granule Size Distribution and Chemical Composition of Starches from 12 Soft Wheat Cultivars. *Cereal Chemistry*, 1998, 75(5): 721～728; Peterson D G and Fulcher R G. Variation in Minnesota HRS wheats: Starch granule size distribution. *Food research International*, 2001, 34(4): 357～363.

粉粒偏大的原因[①]。

还有一个现象需要说明，就是在聚集体 4b-5b-01 的中央区域的淀粉粒呈现扁平状态，边界也不清楚，这些颗粒没有纳入测量范围。根据第一作者的模拟实验，这种现象系由制样过程导致，并非古代淀粉粒所固有。实验者在滴加 50% 甘油溶液后，需要按压盖玻片以使甘油溶液分散。由于载玻片和盖玻片中间本来就存在一定空隙，一般情况下，这种压力并不会导致淀粉粒的变形，但是该聚集体数量众多，中央有好几层淀粉粒，在载玻片和盖玻片中间形成了较厚的堆积，聚集紧密，在经受外界压力时不能及时分散开，所以造成中央有一部分淀粉粒被压扁（图八，b 虚线内区域）。

3. 黍的鉴定

在聚集体 4b-62 中，淀粉粒以多边形居多，且形状更为规则，较少或不见裂隙，明显与前 4 组不同（图九），而与黍的形貌特征相近。其长度范围为 6.26～14.48 微米，略大于我们所测现代黍的最大径 12.85 微米，相差 1.63 微米。正如前文所述，碾磨后的谷物淀粉粒有长度增大的趋势，我们认为这组聚集体可鉴定为黍。

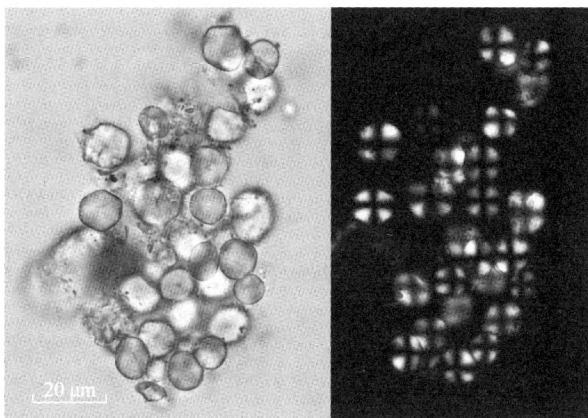

图九　二百户磨盘上发现的被鉴定为黍的聚集态 Ⅱ 型淀粉粒

总之，根据群组颗粒的分析，Ⅱ 型淀粉粒应包括三种谷物：薏苡、粟和黍。使用上述区别三者的形态标准，我们还可以将一些具有薏苡特征的个体淀粉粒区分出来。但目前使用的方法无法把所有的 Ⅱ 型淀粉粒鉴定到属。

（三）Ⅲ 型淀粉粒

这类淀粉粒形体较小，长度分布范围在 10 微米以下，呈多边形或带弧边的多边形，有的有小平面。消光臂清晰、较细。总共 69 个，其中 64 个存在于后区的 4 号样品一个聚集的团块中。此聚集态的淀粉粒长度在 2.33～4.91 微米，完全落在现代稻（*Oryza*

① Liu L, Bestel S, Shi J, *et al*. Paleolithic human exploitation of plant foods during the last glacial maximum in North China. *Proceedings of the National Academy of Sciences*, 2013, 110(14): 5380～5385.

sativa）的分布范围之内[①]，同时其中还保留了完整的淀粉粒在造粉体中致密的形状，与现代水稻的非常相似（图一○），但颗粒较小。对比我们收集的几种产自中国的稻族种子的淀粉粒（包括稻属的 2 种和菰属的 1 种），发现它们在尺寸和形貌上存在很大的相似性，目前还很难进行区分（图一○；表五）。为谨慎起见，我们暂时将该型淀粉粒鉴定为稻族（Oryzeae tribe）。

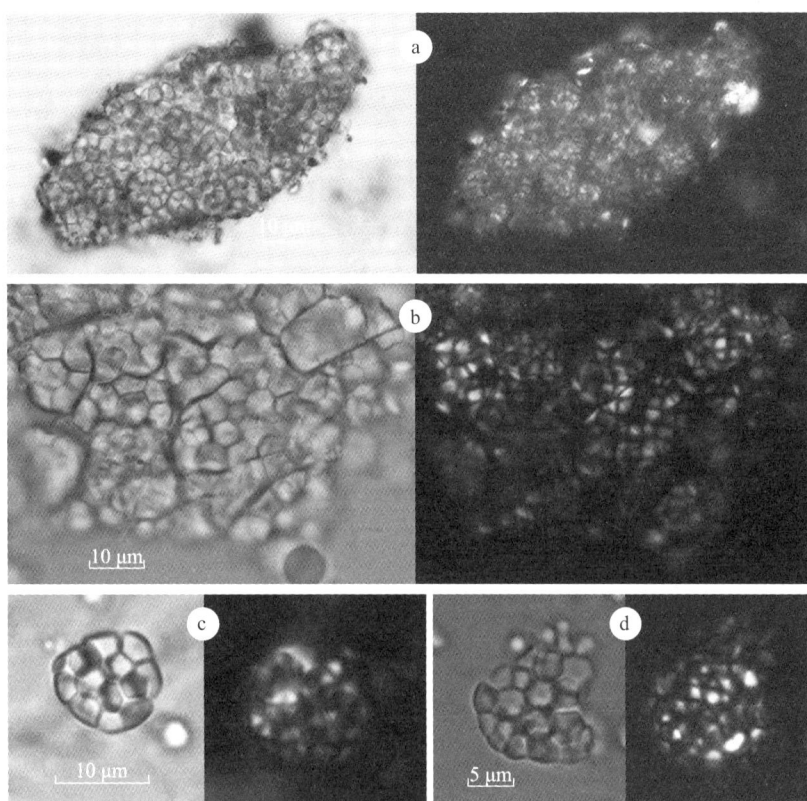

图一○　二百户磨盘上发现的Ⅲ型淀粉粒与几种现代稻族淀粉粒形态对比

a. Ⅲ型淀粉粒　b. 稻（*Oryza sativa*）　c. 普通野生稻（*Oryza rufipogon*）　d. 菰（*Zizania latifolia*）

表五　二百户磨盘样品Ⅲ型淀粉粒聚集体与几种现代稻族淀粉粒长度分布比较

样本来源	颗粒数	长度范围（微米）
二百户Ⅲ型聚集体	64	2.33～4.91
栽培稻	116	2.71～11.65
普通野生稻	102	1.64～5.36
菰	112	2.58～8.32

---

① 葛威：《淀粉粒分析在考古学中的应用》，中国科学技术大学博士研究生学位论文，2010 年，25 页；杨晓燕、蒋乐平：《淀粉粒分析揭示浙江跨湖桥遗址人类的食物构成》，《科学通报》2010 年 7 期，596～602 页。

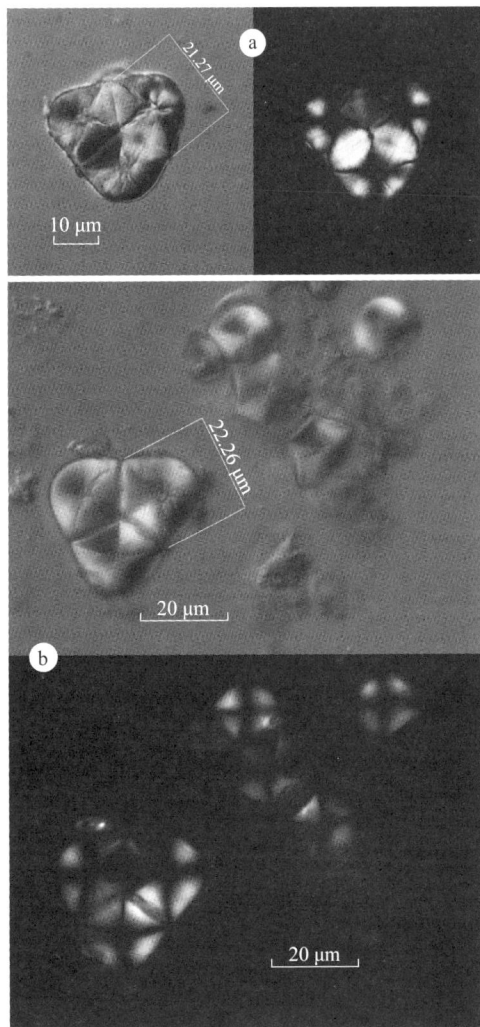

图一一　二百户磨盘上发现的大黄淀粉粒
a. 与现代掌叶大黄淀粉粒　b. 形态对比

（四）Ⅳ型淀粉粒（大黄）

这类淀粉粒只有 3 个，包含在一个大的复合淀粉粒中。复粒整体呈圆三角形，其中的每个单粒呈扇形，由两个直边和一条弧形边围成。3 个淀粉粒各自以两个边两两紧密结合，长度分别为 21.27、19.58 和 21.67 微米。每个淀粉粒的脐点均位于中心，并有多条从脐点发出的放射形裂隙。从大小和表面特征综合分析，其与我们现代标本库中的掌叶大黄（*Rheum palmatum*）根或根状茎的淀粉粒最为相似（图一一）。

（五）Ⅴ型淀粉粒

这类淀粉粒只有 1 个（图一二），为近圆形，长 19.15 微米，表面较光滑，可见层纹，脐点偏离中心。初步判断为来源于根茎类地下贮藏器官（USO, underground storage organ），但由于形态不是很典型，难做更进一步的鉴定。

（六）Ⅵ型淀粉粒

我们将无法鉴定的淀粉粒都归为第Ⅵ类型，数量总共为 163 个。这些颗粒要么是非常小，不具备鉴定所需的差异性特征；要么是破损或变形严重，或因与周围的沉积物混在一起无法看清特征。其中的大部分，我们判断它们的种属应该不超出上述已经鉴定的种类。

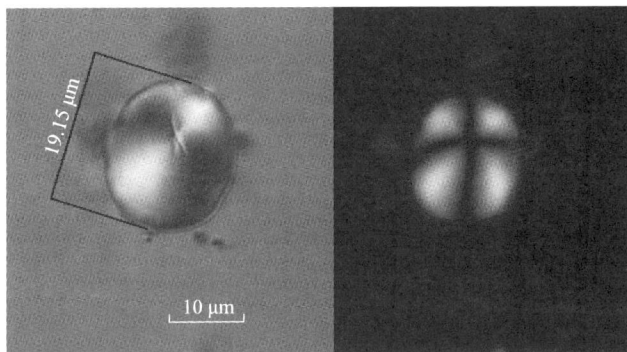

图一二　二百户磨盘上发现的Ⅴ型淀粉粒

五、微痕分析

石器微痕分析通过考察石器表面的微观使用痕迹来识别器物功能，进而了解古人类的行为。研究者需要针对特定的器物类型开展模拟实验，设计特定的加工对象和加工方式，并对产生的微痕进行分析，从而为识别古代微痕提供参考。由于各种原因，研究者往往不能将考古器物直接放在显微镜下来观察微痕。近年来，人们正越来越多地使用牙科印模材料聚乙烯硅氧烷（polyvinyl siloxane）来获取器物表面微痕的负相，从而使问题得以解决[①]。我们用聚乙烯硅氧烷在二百户磨盘上 3 个位点进行取样，制得可长期保存的聚乙烯硅氧烷印模（以下简称 PVS 印模或印模），其中前区 2 个，后区 1个，均靠近残留物取样的位点（图二，a～c）。使用 Zeiss Scope A1 反射光显微镜对印模进行微痕观察（放大倍数分别为 200 倍和 500 倍）。对微痕的分析参考了前人发表的资料[②] 和我们的模拟实验标本。

（一）EBH-M-1

编号为 EBH-M-1 的 PVS 印模取自磨盘后区低洼处（图二，c）。显微镜检发现该印模上黏附较多岩石颗粒，一定程度上妨碍了对微痕的观察。在可以识别的微痕中，呈现伴随啄痕的粗糙表面以及高度光泽（图一三，a、b）。这些特征表明磨盘的凹坑处经受过臼捣和研磨。印模上所发现的岩石颗粒应为石器表面受到垂直作用力破裂后产生的碎屑，这从一个侧面验证了臼捣动作的存在。

（二）EBH-M-2 和 EBH-M-3

这两个印模都取自前区的中央低洼处（图二，a、b）。为了观察可能的碾磨方向，我们对印模的方向进行了记录。两个印模上都没有发现黏着物，且微痕模式非常相似。它们都可见较多网状分布的光泽区，在磨光的高处平面常见平行线状痕。磨光的石英颗粒的边缘比较圆滑。大多数线状痕是细微而圆滑的，也有少量在高倍显微观察时可见较深的沟状痕（图一三，f）。部分微痕模式与模拟实验中加工带壳的谷物和植物块根所产生的微痕具有可比性，都表现为高度光泽和细线状痕。但另一些沟状痕与加工谷物的微痕不同，应是加工较硬物质的痕迹。

微痕模式同时提供了有关磨盘前区加工方式的信息。两个印模在磨盘上是平行方

[①] Liu L, Ge W, Bestel S, *et al*. Plant exploitation of the last foragers at Shizitan in the Middle Yellow River Valley China: Evidence from grinding stones. *Journal of Archaeological Science*, 2011, 38(12): 3524～3532; Dubreuil L. Long-term trends in Natufian subsistence: A use-wear analysis of ground stone tools. *Journal of Archaeological Science*, 2004, 31(11): 1613～1629.

[②] Liu L, Field J, Fullagar R, *et al*. A functional analysis of grinding stones from an early Holocene site at Donghulin, North China. *Journal of Archaeological Science*, 2010, 37(10): 2630～2639; Dubreuil L. Long-term trends in Natufian subsistence: A use-wear analysis of ground stone tools. *Journal of Archaeological Science*, 2004, 31(11): 1613～1629; Liu L, Field J, Fullagar R, *et al*. What did grinding stones grind? New light on Early Neolithic subsistence economy in the Middle Yellow River Valley, China. *Antiquity*, 2010, 84: 816～833.

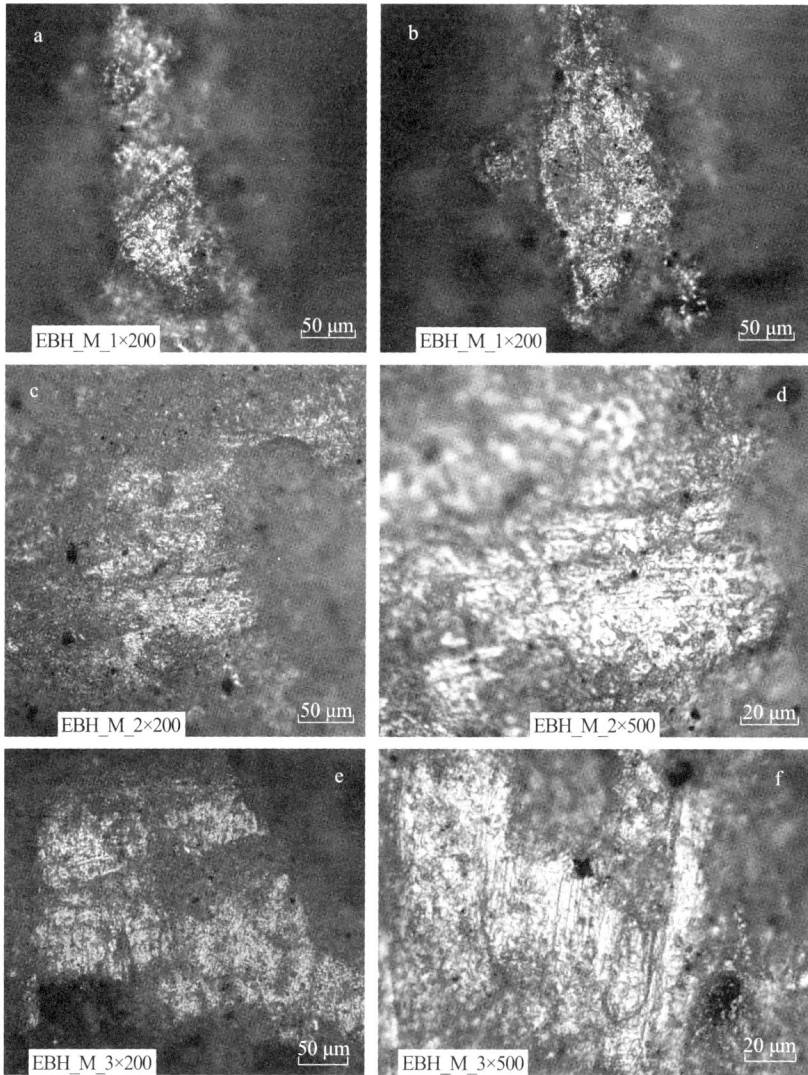

图一三　二百户磨盘上不同区域微痕特征

向的，但是它们上面的线状痕却呈现不同的方向，其中 EBH-M-2 上的线状痕与印痕长轴平行，而 EBH-M-3 上的线状痕却与印痕长轴相垂直（图一三，c～f）。这暗示磨盘前区在使用时的动作是多方向的，包括与磨盘长轴相平行和垂直。

六、讨　论

（一）污染的排除

由于淀粉粒不能像炭化种子那样通过 ^{14}C 年代测定来确定其是否来自古代，对污染的排除是必要的。磨盘出土后一直存放在库房里，保存过程中被污染的可能性基本可以排除。同时，如前文所提到的，二百户磨盘曾经在出土后经过 3 次以上的清洗，这虽然在一定程度上会减少提取淀粉粒的量，却对排除污染非常有益。清洗过的器物，总是会比没有清洗的污染少，除非清洗所使用的水中含有淀粉粒：这似乎不是个问题。在实验室，我们将分析古代与现代标本的实验台完全隔开，使用两套实验设备，这都大大降低了产生污染的可能性。

　　另一个让我们相信所提取的淀粉粒来自磨盘使用过程的理由，是这些淀粉粒中有相当一部分呈现损伤的特征。淀粉粒的形态变化并不一定都来自加工过程。正如 Lindeboom[①] 已经指出的那样，提取过程也可能造成淀粉粒的损伤。我们已经注意到，没有经过任何碾磨或加热过程的淀粉粒也会裂开；有的是制片后很快裂开，有的是在装片保存一段时间之后。裂开，甚至是断裂都可以因为吸水而自然地产生。所以，有必要区分自然的损伤（如来自吸水膨胀，寒冷的气候环境或气温的变化等）以及人为的损伤。尽管这方面的研究还很缺乏，但我们已经做过的模拟实验表明，那些在淀粉粒局部出现轮纹清晰化的现象仅与碾磨一类加工过程有关。

　　在我们所提取的淀粉粒中，存在上述特征的不在少数，似乎只能将这种损伤模式归因为器物的使用。如果在一件磨盘上发现的淀粉粒恰恰呈现被碾磨的特征，而这件磨盘又是古代遗址出土的，我们有理由推断这些淀粉粒来自古代，而非现代样品的污染。

　　（二）磨盘的功能

　　二百户磨盘的微痕模式和其表面沉积的淀粉粒所呈现的损伤模式显示它曾用于加工植物，而非用于磨制石器。前区和后区微痕模式的显著差异进一步揭示了两区加工方式和加工对象的不同。从所发现的淀粉粒数量来看，薏苡、粟黍、小麦族和稻族都以后区为多（表六）。究其原因，一方面可能与加工方式有关：后区的加工方式为臼捣，较之前区的碾磨会产生更大冲击力，从而在石器表面留下了较多凹坑，有利于淀粉粒的沉积与保存；另一方面可能与加工目的有关：前区主要用于碾磨带壳种子，如脱壳，这一过程不致太多损伤种皮，淀粉粒释放得不多，而后区以捣碎种子为目的，从而使淀粉粒更多地从种子中释放出来，残留在石器上的机会增大。

表六　二百户磨盘不同取样区所发现薏苡、小米（包括粟和黍）、小麦族及稻族淀粉粒数量统计

淀粉粒种类	每区所发现颗粒数	
	前区	后区
薏苡	14	42
小米	115	184
小麦族	53	150
稻族	3	66

　　根据以上分析，二百户磨盘后区的凹坑显然已经具备后世石臼的功能。从形制来

① Lindeboom N, Chang P R and Tyler R T. Analytical, biochemical and physicochemical aspects of starch granule size, with emphasis on small granule starches: A review. *Starch*, 2004, 56: 89～99.

看，其窝径与高句丽时期的石臼接近，都在 20 厘米左右，但深度远小于后者[1]。虽然受资料所限，目前还无法判断后世石臼是否受其影响或源于这种双区磨盘，但是无论从形制上还是功能上，其后区都无疑堪称石臼的雏形。

值得一提的是，带有类似凹坑的新石器时代磨盘也见于贾湖、兴隆沟和白音长汗等遗址[2]。但是，这几个凹坑与二百户磨盘上的凹坑存在着明显的不同。二百户磨盘后区的凹坑基本上占据整个磨盘的一半，而贾湖等遗址出土磨盘上的凹坑在整个磨盘上占据的比例很小（图一四）。其中，贾湖石臼系由废弃磨盘改制而成。同时，这些凹坑均小而浅，赵世纲[3]认为不是用作舂捣谷物。比如，贾湖石臼的凹窝边缘规整、"研磨光滑"，更像是研磨器。另有临潼姜寨遗址出土石臼与上述臼窝的大小和形制相似，仍残留有红色颜料[4]，提供了有关这类臼坑用途的直接线索。当然，贾湖等遗址出土小型臼窝是否都和姜寨石臼一样用于研磨颜料，或者有没有多种用途，还是需要系统而科学的检测才能定论。

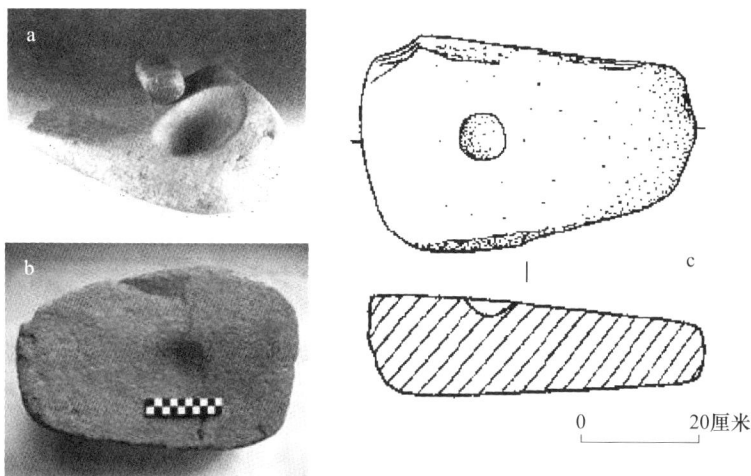

图一四　几个带有臼坑的新石器时代磨盘

a. 贾湖（M482：2）　b. 兴隆沟（出土于 F4）　c. 白音长汗（AF20②：5）

（三）二百户人的经济策略

从我们所发现的淀粉粒种属来看，粟和黍应该是二百户先民主要的两种农作物。由于区分小麦族淀粉粒存在困难，我们无法确定所发现的Ⅰ型淀粉粒究竟是栽培的小麦、大麦还是小麦族中的其他野生种。但不管这些麦类的性质如何，它们都是二百户先民重要的食物来源。据《魏书》记载，当时包括契丹在内的东北各国"颇有粟麦"。《新

① 樊万象：《吉林省集安博物馆馆藏石臼》，《北方文物》2008 年 4 期，16～17 页。
② 中国科学技术大学科技史与科技考古系、河南省文物考古研究所、舞阳县博物馆：《河南舞阳贾湖遗址 2001 年春发掘简报》，《华夏考古》2002 年 2 期，14～30 页；内蒙古自治区文物考古研究所：《白音长汗——新石器时代遗址发掘报告》，科学出版社，2004 年，304～305 页。
③ 赵世纲：《石磨盘、磨棒是谷物加工工具吗？》，《农业考古》2005 年 3 期，134～147 页。
④ 半坡博物馆、陕西省考古研究所、临潼县博物馆：《姜寨——新石器时代遗址发掘报告》，文物出版社，1988 年，85～86 页。

唐书》载"黑水靺鞨……田耦以耕……有粟麦"。这些文献表明，生活在大约 1600 年前的东北各民族所从事的农业以粟和麦这两种农作物为主。本文的研究提示我们，东北的这种粟麦二元农业结构可能在新石器时代晚期已经萌芽。

薏苡广泛分布于我国各省及东南亚和太平洋岛屿地区，以栽培和野生两种状态存在[1]。薏苡的种子在考古遗存中很少发现，目前报道出土薏苡的新石器时代遗址只有浙江河姆渡、澧县城头山和四川宝墩[2]。但是薏苡淀粉粒近年来越来越多地发现于新石器时代的磨盘、磨棒上，最早见于河南裴李岗文化的若干遗址和浙江跨湖桥遗址[3]。二百户磨盘上发现的薏苡淀粉粒是迄今所知分布最北的古代薏苡遗存。这一发现丰富了我们对东北地区古人类植物利用情况的认识。现代的野生薏苡多生长于热带和亚热带地区，不见于我国东北。二百户的薏米遗存很可能属于栽培种。但由于淀粉粒分析尚无法区分野生和栽培薏苡，二百户发现的薏苡是否栽培还需要更多的分析研究。

由于稻族现代标本的研究还很欠缺，我们尚不能将所发现的 III 型淀粉粒鉴定到更小的分类单元。但是，栽培稻在新石器时代晚期出现在此地并非完全不可能。黑龙江省东部河网密布，是我国东北重要的水稻产区。二百户村紧靠穆棱河（该河是乌苏里江左岸最大的支流），灌溉条件较好，现在仍盛产水稻。据《新唐书》记载，"卢城之稻"是渤海国的著名物产，表明至迟在唐代，二百户所在的牡丹江地区已经有了相当发达的水稻农业，但究竟水稻种植何时传播至此并不清楚。很有可能，水稻早在新石器时代晚期就已经传到了东北。这需要更多考古学证据的支持，特别是有待于炭化种子遗存的发现。

大黄系蓼科大黄属植物，其根和茎的药用价值见于《神农本草经·草目》，有散结泻下、调中化食之效。本文第二作者在内蒙古的调查显示，赤峰地区有食用大黄幼嫩茎叶的习俗。但其地下根味苦而微涩，并不适于充饥，在二百户人的生活中可能是作为药用。

赵宾福根据出土器物类型将东北的史前经济形态分为南部的农业经济和北部的渔猎经济两种类型[4]。其中，二百户遗址所处三江平原被划为渔猎经济为主地区。本文在二百户磨盘上发现了来源于小麦族、薏苡、粟、黍、稻族等谷物的淀粉粒，揭示了该遗址先民曾经种植和采集多种植物为食。虽然我们尚不能根据淀粉粒的发现推断农业在其经济生活中所占的地位，但二百户先民显然不是单纯的渔猎经济。我们推测，在黑龙江北部和南部的过渡地带存在着农业和渔猎的混合经济类型。

① 陈守良：《中国植物志·禾本科 5》（第 10 卷第 2 册），科学出版社，1997 年，293 页。
② 俞为洁、徐耀良：《河姆渡文化植物遗存的研究》，《东南文化》2000 年 7 期，24～32 页；刘长江、顾海滨：《城头山遗址的植物遗存》，《中日合作澧阳平原环境考古与有关综合研究》，文物出版社，2007 年，98～106 页；Guedes J D, Jiang M, He K, et al. Site of Baodun yields earliest evidence for the spread of rice and foxtail millet agriculture to south-west China. Antiquity, 2013, 87(337): 758～771.
③ 杨晓燕、蒋乐平：《淀粉粒分析揭示浙江跨湖桥遗址人类的食物构成》，《科学通报》2010 年 7 期，596～602 页；张永辉、翁屹、姚凌等：《裴李岗遗址出土石磨盘表面淀粉粒的鉴定与分析》，《第四纪研究》2011 年 5 期，891～899 页；刘莉、陈星灿、赵昊：《河南孟津寨根、班沟出土裴李岗晚期石磨盘功能分析》，《中原文物》2013 年 5 期，76～86 页；董珍、张居中、杨玉璋：《安徽濉溪石山子遗址古人类植物性食物资源利用情况的淀粉粒分析》，《第四纪研究》2014 年 1 期，114～125 页。
④ 赵宾福：《东北新石器文化格局及其与周边文化的关系》，《中国边疆史地研究》2006 年 2 期，88～97 页。

需要特别指出的是，由于人类所利用的植物种类多样，并不一定都需要使用磨盘加工，我们通过磨盘表面淀粉残留物分析未必能够揭示二百户先民植物利用的全部情况。即使那些使用磨盘加工的植物，也不是都含有淀粉粒，能够留下淀粉残留的可能只是其中的一部分。比如紫苏种子（*Perilla frutescens*），虽然在相距不远的俄罗斯远东普利莫耶地区的新石器时代晚期遗址中屡有发现[①]，但因其成分以油脂为主[②]，几乎不含淀粉粒，故不能通过本文的方法判断其存在与否。

（四）淀粉食物的加工方式

本文所揭示的二百户磨盘的加工对象和加工方式还传递了有关二百户人对淀粉类种子食用方法的信息。通常，薏苡、粟和黍一类谷物都是脱壳后即可煮食，称为粒食。而二百户先民在臼坑中加工谷物，显然不是简单地为了脱粒，而是为了制粉，用作面食。同样的推断也适用于所发现的小麦族和稻族谷物，尽管后两种也可能是在后区进行脱壳。粒食方法一般就是煮粥或干饭，总之要用碗一类容器盛食，不利于携带和贮存；而面食可以制成含水量较少且有一定形状的饼、馒头，不仅方便携带，还适于短期保存。相比粒食，显然面食与游猎民族的生活更为契合。

（五）栽培作物的传播

1. 粟和黍

中国是粟和黍的起源地。有研究表明，大约在距今 6000 年后，中国北方已经确立了以粟和黍在内的旱作农业，其中粟占主导地位[③]。在这以后，可能是由于气候变化导致的人口迁移，粟黍农业开始向东亚其他地区快速传播。盖瑞·克劳福德（Gary Crawford）在 1986 年对白金宝遗址（距今 3000 年）的浮选工作中发现了 3 粒黍的炭化种子[④]。牡丹江中游宁安东康遗址陶瓮中曾发现炭化粟，^{14}C 校正年代为公元前 70 年 ± 105 年[⑤]。除此之外，粟黍种子遗存还见于黑龙江魏晋时期友谊凤林城址以及吉林辽金时期孙长青、李春江等遗址[⑥]。目前我国东北地区报道的粟黍作物遗存都比较晚，这应该与植物考古工作欠缺有关。

根据 Sergusheva 在俄罗斯远东普里莫耶地区开展的浮选工作，最早出现在该地的农作物是黍和紫苏，见于扎伊桑诺夫卡文化早期遗址 Krounovka1（约距今 4800~4600

① Sergusheva E. *Dynamics of Plant Exploitation of Zaisanovsky Populations in Primorye Region, in Prehistoric and Ancient Cultigens in the Far East.* University of Kumamoto, 2008: 327~333; Kuzmin Y V. Geoarchaeology of prehistoric cultural complexes in the Russian Far East: Recent progress and problems. *IPPA Bulletin*, 2008, 28: 3~10.
② 张卫明、刘月秀、王红：《紫苏子的化学成分研究》，《中国野生植物资源》1998 年 1 期，42~44 页。
③ 秦岭：《中国农业起源的植物考古研究与展望》，《考古学研究》（九），文物出版社，2012 年，260~315 页。
④ Jia W. *Transition from Foraging to Farming in Northeast China.* The University of Sydney, 2005: 161.
⑤ 赵永军：《黑龙江东部地区汉魏时期文化遗存研究》，《边疆考古研究》（第 3 辑），科学出版社，2004 年，1~13 页。
⑥ 李延铁：《黑龙江地区史前社会经济与农业生产的发展》，《农业考古》2010 年 1 期，25~33 页；杨春、梁会丽、孙东文等：《吉林省德惠市李春江遗址浮选结果分析报告》，《北方文物》2010 年 4 期，52~53 页；杨春、徐坤、赵志军：《吉林省白城市孙长青遗址浮选结果分析报告》，《北方文物》2010 年 4 期，48~51 页。

年）①。之后粟也出现在稍晚的扎伊桑诺夫卡 1 遗址（约距今 4000 年）和 Rettikhovka-Geologicheskaya 遗址（约距今 3400～3300 年）中，并且在数量上远远超过了黍②。二百户遗存年代与这些遗址接近，其磨盘上发现了较多粟的和较少黍的淀粉粒，这在一定程度上或许也能反映当时黍的重要性已经退居次要地位。

2. 麦类

现有的植物考古工作表明，小麦大约于 1 万年前起源于西亚，后向欧洲和亚洲传播③，并于大约 4500 年前传入中国④。但是，有关小麦东传的路线尚无定论。东北系统开展植物考古工作的遗址非常有限，最早的麦类遗存见于魏晋时期的友谊县凤林古城，该遗址同时还出土有粟和大豆⑤。杨春等⑥在吉林北部白城孙长青辽金时期遗址浮选出较多的粟、黍和一定量的麦类，包括大麦和小麦。从现有的资料看，似乎东北的麦类晚至历史时期才出现。

然而，在差不多同纬度的乌苏里江对岸俄罗斯境内，却发现了公元前 1 千纪的麦类遗存，包括青稞（*Hordeum vulgare* var. *coeleste*）和密穗小麦（*Triticum compactum* Host.）⑦。这表明至迟在早期铁器时代，麦类农业已经传播到东北亚地区。鉴于俄罗斯远东地区所见麦类均晚于二百户遗址，不能排除麦类在东北亚传播的途径是由中国北方经二百户向俄罗斯远东传播的可能性。尽管，限于当前淀粉粒分析方法的局限性（无法在小麦族内部进行准确区分，也不能区分野生种和栽培种），本文有关二百户存在麦类农业的论据不足，但小麦族淀粉粒的发现提醒我们东北地区的植物考古工作值得进一步深入。

七、结　语

本文对黑龙江省牡丹江市二百户遗址出土的一件特殊形态石磨盘进行了淀粉残留物和微痕分析。结果显示该磨盘曾用于加工多种植物，包括小麦族、薏苡、粟、黍、稻族以及大黄等。分析表明，该双区石磨盘的两个区不仅在形态上存在区别，功能上也产生了分化。其前区配合磨棒使用，通过接触摩擦的方式对谷物种子进行脱壳处

---

① Sergusheva E. *Dynamics of Plant Exploitation of Zaisanovsky Populations in Primorye Region, in Prehistoric and Ancient Cultigens in the Far East*. University of Kumamoto, 2008: 327～333; Kuzmin Y V. Geoarchaeology of prehistoric cultural complexes in the Russian Far East: Recent progress and problems. *IPPA Bulletin*, 2008, 28: 3～10.

② Kuzmin Y V. Geoarchaeology of prehistoric cultural complexes in the Russian Far East: Recent progress and problems. *IPPA Bulletin*, 2008, 28: 3～10; Sergusheva E A. Archaeobotanical studies of late-neolithic sites in Primorye. In: Buzhilova A (ed.), *Interdisciplinary Investigation in Archaeology*. Moscow: Institute of Archaeology of RAS-Parallely, 2008: 180～195.

③ Tanno K-i and Willcox G. How fast was wild wheat domesticated? *Science*, 2006, 311: 1886.

④ 赵志军：《小麦东传与欧亚草原通道》，《三代考古》（三），科学出版社，2009 年，456～459 页。

⑤ 李延铁：《黑龙江地区史前社会经济与农业生产的发展》，《农业考古》2010 年 1 期，25～33 页。

⑥ 杨春、徐坤、赵志军：《吉林省白城市孙长青遗址浮选结果分析报告》，《北方文物》2010 年 4 期，48～51 页。

⑦ Kuzmin Y V and Chernuk A V. Human impact on environment in the Neolithic-Bronze Age in Southern Primorye (far eastern Russia). *The Holocene*, 1995, 5(4): 479～484.

理；而后区凹坑则可能是配合木杵一类工具通过臼捣的方式进一步加工种子，应当是为了获取面粉。二百户磨盘的形制在全国绝无仅有，可能只是某个石匠偶一为之，很难分析它与后世石臼的关系。但是，该磨盘携带了丰富的考古学信息，其加工对象和加工方式的多样性反映了二百户先民的勤劳和智慧，应该得到更好的保存。

近年来，残留物分析方法被大量应用于中国新石器时代磨盘的功能研究。从已经发表的资料来看，证据普遍支持磨盘作为植物或谷物加工工具的观点。显然，本研究也支持这种观点。但是，需要反思的是，现有的残留物分析都着眼于淀粉粒、植硅体等植物性残留物的提取与识别，而缺乏脂肪酸、蛋白质等动物性残留物的测试。所以，就目前的情况而言，尚不能完全排除有些石磨盘具有其他用途的可能性。

致谢：本研究受到厦门大学基础创新科研基金资助（项目编号：2011221001）。所使用普通野生稻现代标本承蒙加拿大多伦多大学 Sheahan Bestel 博士惠赠；厦门大学人文学院硕士生吴梦洋协助收集现代菰米标本。在此一并致谢。

Functional Analysis and Related Studies on a Double-area Grinding Stone from Erbaihu Site in Heilongjiang Province

Ge Wei[1]   Liu Li[2]   Ni Chunye[3]

(1. School of Humanities, Xiamen University 2. Department of East Asian Languages and Cultures, Stanford University, USA; 3. Administrative Office of Cultural Relics of Muling City)

A grinding slab with a special shape was found at the Erbaihu site, Heilongjiang Province, showing two use areas on the surface. To clarify the function of this special tool, starch residue and use-wear analysis were carried out. Starch residues indicate that the grinding stone was used for processing various plants, including Triticeae tribe grasses, millets (*Panicum miliaceum* and *Setaria italica*), Job's tears (*Coix lacryma-jobi*), Oryzeae tribe grass, and Rhubarb (*Rheum* sp.). The use-wear patterns show pitting, striations, and high polish, suggesting that the tool was used as a mortar in one area and a grinding slab in the other. The results suggest that the stone was a multifunctional implement; it was likely used for dehusking cereals, grinding and pounding seeds into flours, and processing tubers. The study also provides evidence for an agricultural economy in Northeast China about 4000 BP.

河南省淅川市王庄汉墓群M7
彩绘颜料分析[*]

屈亚婷 [1、2、3]　　宋国定 [2、3]　　罗武干 [2、3]　　明朝方 [2、3]
杨益民 [2、3]　　王昌燧 [2、3]

（1.陕西师范大学西北历史环境与经济社会发展研究院；2.中国科学院古脊椎动物与古
人类研究所，脊椎动物演化与人类起源重点实验室；3.中国科学院大学人文学院科技
史与科技考古系）

一、引　　言

　　1994年，河南省文物考古研究所会同南阳市文物考古研究所、淅川县文化局等单位对丹江库区进行文物普查时首次发现王庄汉墓群，2003、2004年又两次对该墓地进行了复查。2009年9月，受河南省文物管理局南水北调文物保护办公室委托，中国科学院古脊椎动物与古人类研究所和中国科学院大学科技史与科技考古系联合对该墓地进行文物勘探和抢救性考古发掘。

　　王庄汉墓群位于河南省淅川县仓房乡党子口村王庄组东侧一南北向岗地上，中心地理坐标为东经 111° 29′ 29″，北纬32° 42′ 33″，海拔151～165米，墓地总面积约为30600平方米。墓地北依丘陵，东、西、南三面环水，地势北高南低，东西两坡局部有陡坎。墓葬多分布在岗地中部的岗脊部分及南侧的缓坡地带。M7的地理位置如图一所示。该墓为竖穴土坑墓，年代约为西汉中期，葬具为一棺。棺内有1具男性人骨，年龄不详。随葬有陶瓮、陶釜、陶甑、陶鼎、陶钵、铜带钩各1件（图二）[①]。在棺的右侧发现一片彩绘，彩绘图案无法辨认，只残存有部分颜料，包括银灰色、白色、黑色、粉红色、大红色颜料（图三，1）；另外，在陶瓮中也发现大红色颜料（图三，2）。M7墓葬中发现的彩绘颜料，其质地、功能及用途尚不明确。

　　为了解决这一考古疑问，我们利用体视显微镜、X射线荧光光谱、拉曼光谱以及

---

*　本文研究得到教育部人文社会科学青年基金项目（编号：15YJCZH132）；国家社科基金重大项目（编号：14ZDB031）；中国科学院—德国马普学会伙伴小组项目（编号：KACX1-YW-0830）；中科院知识创新工程方向项目（编号：KZCX2-YW-Q1-04）；中国科学院战略性先导科技专项（编号：XDA05130303，XDA05130501）和国家科技支撑计划课题（编号：2010BAK67B03）资助。

①　明朝方、宋国定、罗武干等：《河南淅川王庄汉墓群发掘简报》，《华夏考古》2015年2期，26～43页。

红外光谱，对颜料成分以及胶结材料进行了分析，从而判断彩绘区的颜料种类、制作工艺及用途。

二、实验方法

（一）体式显微镜观察

利用 Nikon MODEL C-DSS230 型体式显微镜对颜料层结构进行观察，结果见图四。

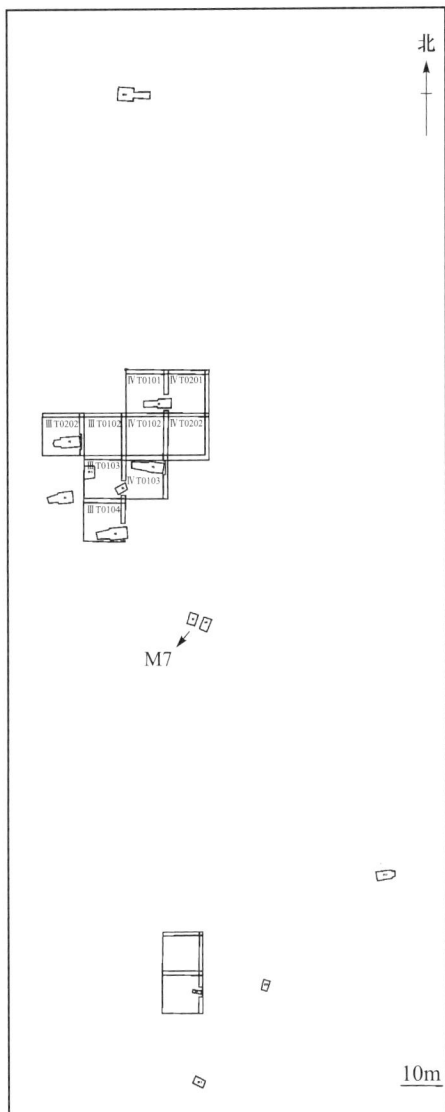

图一　M7 地理位置图

（二）X 射线荧光光谱分析

首先将样品阴干，然后利用美国 EDAX 公司生产的 Eagle-3 型能量色散荧光分析仪进行原位成分分析。该仪器配有直径为 300μm 的铑靶 X 光管，铍窗型探测器，工作电压和电流分别为 40kV 和 150μa，真空光路。数据处理采用的是 Vi-sion32 软件系统。XRF 分析结果见表一。

（三）拉曼光谱分析

在室温、暗室条件下，利用 Horiba Jobin Yvon Xplora 显微共聚焦拉曼光谱仪对颜料进行微区无损分析。可利用集成的 Olympus BX51 显微镜选定样品测试部位，物镜为 50×，光斑尺寸为 1μm，激发光波长为 514.5nm，能量为 1mW。拉曼光谱图见图五。

（四）红外光谱分析

将土壤表面的颜料轻轻刮取下来，烘干，制成 KBr 压片（样品：KBr = 1∶100），然后利用 Thermo Scientific 公司生产的 NICOLET 6700 型脉冲傅里叶变换红外光谱仪（FTIR）进行红外光谱分析，分辨率 4cm⁻¹，扫描信号累加次数 32 次，光谱范围 4000～400cm⁻¹。红外光谱图见图六。

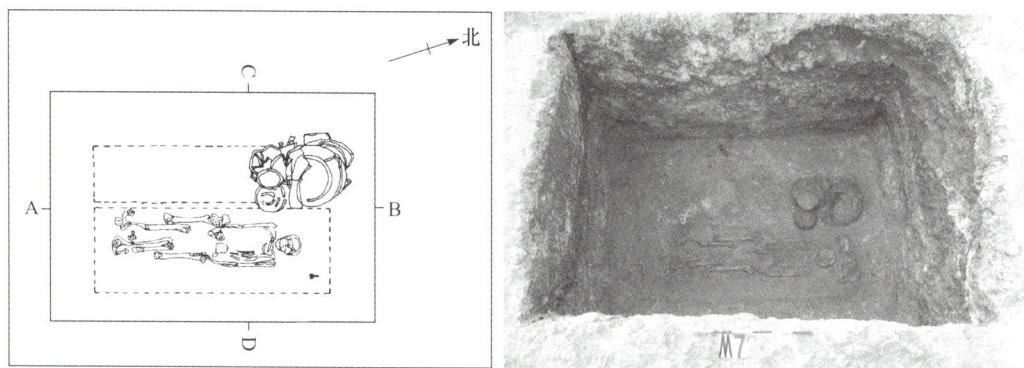

图二　M7 示意图

图三　M7 棺右侧彩绘及陶瓮中颜料
（1）大红色（彩绘区）（2）大红色（陶瓮）

银灰色　　　　　　　　白色　　　　　　　　黑色

粉红色　　　　　大红色（陶瓮）　　　　大红色（彩绘区）

图四　各颜料的体式显微照片（放大倍数：80×）

表一　王庄汉墓群 M7 颜料的 XRF 分析结果（Wt%）

样品编号	Na	Mg	Al	Si	P	S	K	Sn	Ca	Ba	Ti	V
银灰色	1.57	0.13	0.43	0.7	0.36	0.1	0.32	1.49	93.39	0.02	0.14	0.02
白色	1.24	0.15	0.41	0.93	0.38	0.08	0.39	1.39	91.5	0.32	0.23	0.04
黑色	0.4	1.04	9.79	27.54	1.14	0.47	3.06	0.71	38.62	0.37	1.64	0.1
粉红色	1.74	0.32	1.44	3.58	0.34	0.45	0.58	1.18	86.1	0.03	0.19	0.02
大红色（陶瓷）	0.26	0.76	6.87	19.74	0.41	9.96	5.52	0	10.2	0	0.66	0.11
大红色（彩绘区）	0.14	0.2	2.15	6.65	0.33	5.16	1.32	0.78	62.39	0.52	0.31	0.1

样品编号	Cr	Mn	Fe	Co	Ni	Cu	Zn	Hg	As	Pb	Sr
银灰色	0.03	0.11	0.71	0.04	0.05	0.03	0.05	0.15	0.01	0.08	0.08
白色	0.02	0.05	2.48	0.06	0.06	0.06	0.04	0.08	0	0.08	0.07
黑色	0.06	0.09	13.12	0.08	0.03	0.17	0.05	1.45	0.01	0.05	0.08
粉红色	0.04	0.1	2.21	0.06	0.08	0.06	0.06	1.31	0	0.06	0.09
大红色（陶瓷）	0.03	0.11	8.84	0.08	0.02	0.03	0.08	39.07	0.07	0	0.23
大红色（彩绘区）	0.03	0.22	3.85	0.06	0.03	0.1	0.09	15.46	0.02	0.04	0.13

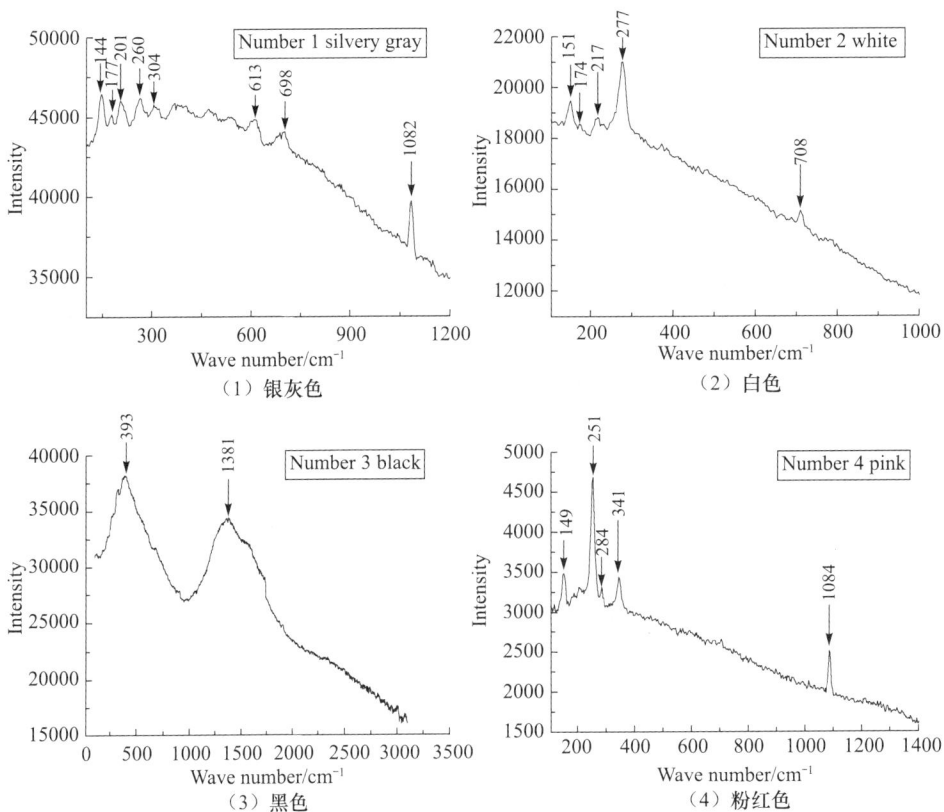

（1）银灰色

（2）白色

（3）黑色

（4）粉红色

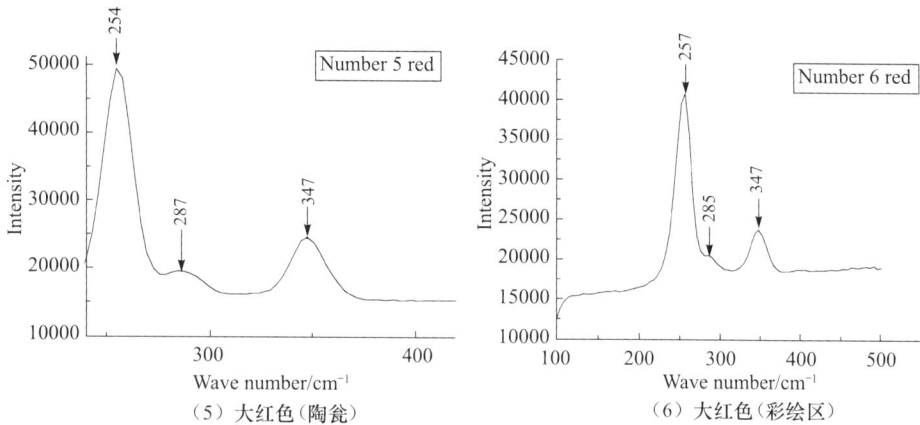

（5）大红色（陶瓮） （6）大红色（彩绘区）

图五　各颜料拉曼光谱分析结果

三、结果与讨论

（一）体式显微镜观察结果

通过体式显微观察可知（如图四），陶瓮中大红色颜料呈现出单层较均匀地分布于土壤表面。另外，可明显看到颜料内部夹杂着大小不一、棱角分明的石英颗粒，且部分

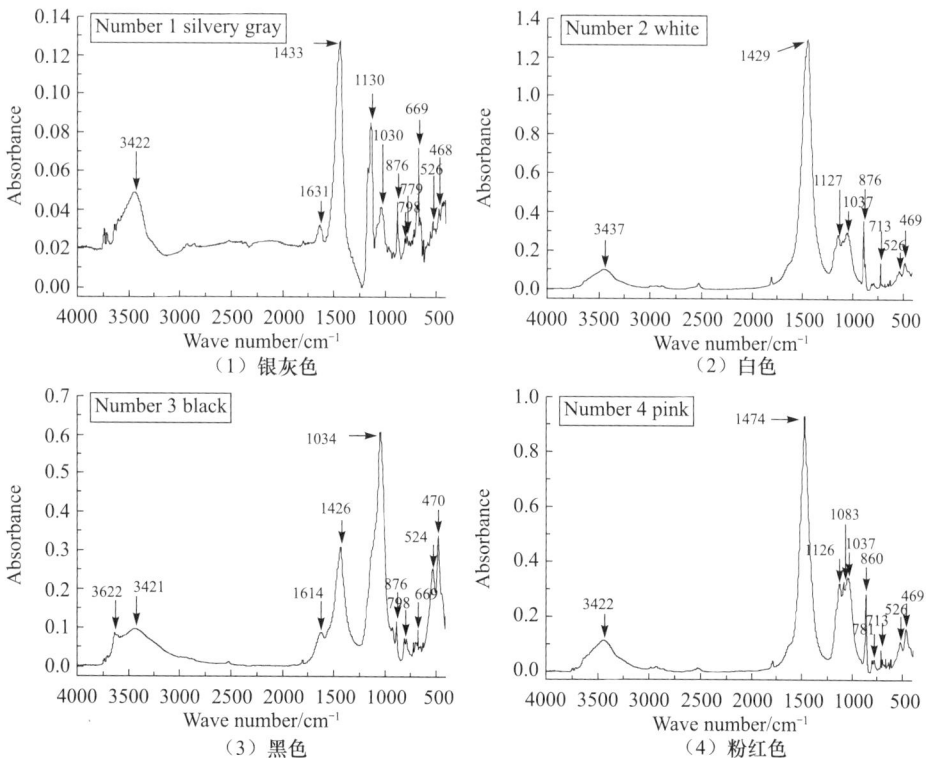

（1）银灰色 （2）白色

（3）黑色 （4）粉红色

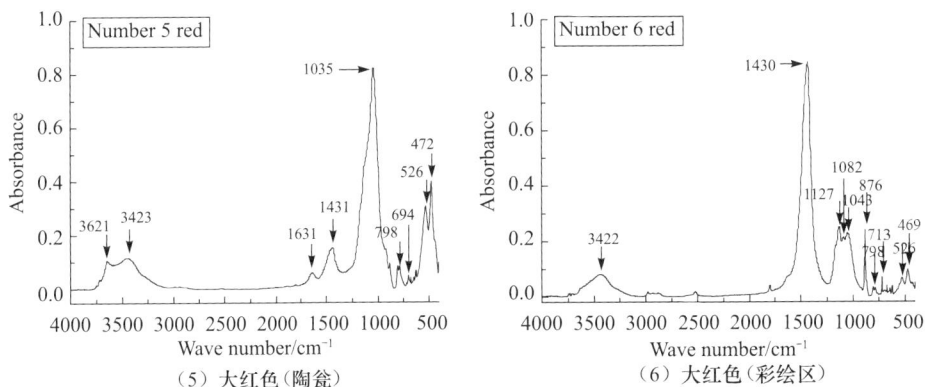

图六　各颜料的红外光谱分析结果

石英颗粒的粒径较大。相较而言，彩绘区颜料则颗粒细腻，均一。同时可见，彩绘区银灰色、白色和粉色颜料也为单层分布，而黑色与大红色颜料下面则存在白色颜料底层。

（二）X 射线荧光分析结果

从表一可得知，银灰色的主要成分是 Ca，含量高达 93.39%；白色主要成分也为 Ca，含量高达 91.5%，但其含 Fe 量高于银灰色；黑色颜料的主要成分为 Ca、Si、Fe、Al，含量分别为 38.62%、27.54%、13.12%、9.79%；粉红色的主要成分是 Ca、Si、Fe、Hg，含量分别为 86.1%、3.58%、2.21%、1.31%；陶瓷中红色颜料的主要成分是 Hg、Si、S、Fe、Ca，含量分别为 39.07%、19.74%、9.96%、8.84%、10.2%；彩绘区红色颜料主要成分是 Ca、Hg、Si、S、Fe、Al，含量分别为 62.39%、15.46%、6.65%、5.16%、3.85%、2.15%。从成分上判断，银灰色与白色颜料的显色成分为 Ca，黑色颜料的显色成分为 Fe，粉红色颜料的显色成分可能为 Hg 与 Ca，陶瓷中与彩绘区的红色颜料的显色成分为 Hg。为了进一步确定以上颜料的种类，我们对其进行了进一步的拉曼光谱分析。

（三）拉曼光谱分析结果

在图五（1）银灰色颜料拉曼光谱图中，拉曼峰 144、201、698、1082cm^{-1} 为碳酸钙特征峰，拉曼峰 177、613cm^{-1} 为二水合硫酸钙（$CaSO_4 \cdot 2H_2O$）特征峰；在图五（2）白色颜料拉曼光谱图中，拉曼峰 151、217、277、708cm^{-1} 为碳酸钙特征峰，拉曼峰 174cm^{-1} 为二水合硫酸钙特征峰，再结合成分分析中高钙含量判断，这两种颜料显色成分均为碳酸钙与二水合硫酸钙的混合物[①]。在图五（3）黑色颜料拉曼光谱图中，拉曼

---

① Hild S, *et al*. Spatial distribution of calcite and amorphous calcium carbonate in the cuticle of the terrestrial crustaceans Porcellio scaber and Armadillidium vulgare. *Journal of Structural Biology*, 2008, 163:100～108; Depaula S M, *et al*. Confocal Raman and electronic microscopy studies on the topotactic conversion of calcium carbonate from Pomacea lineate shells into hydroxyapatite bioceramic materials in phosphate media. *Micron*, 2010, 41: 983～989; 张刚生、谢先德：《贝壳的显微激光拉曼光谱研究》，《分析科学学报》2003 年 1 期，27～29 页；Burgio L, *et al*. Library of FT-Raman spectra of pigments, minerals, pigment media and varnishes, and supplement to existing library of Raman spectra of pigments with visible excitation. *Spectrochimica Acta Part A*, 2001, 57: 1491～1521.

峰 393、1381cm^{-1} 与磁铁矿的特征拉曼峰相似[1]，再结合成分分析判断，黑色颜料的显色成分应为磁铁矿。在图五（4）粉红色拉曼光谱图中，拉曼峰 251、284、341cm^{-1} 与朱砂的拉曼特征峰值非常吻合[2]；拉曼峰 149、1084cm^{-1} 为碳酸钙的特征拉曼峰[3]，再结合成分分析，表明粉红色颜料为朱砂与碳酸钙的混合颜料。另外，在图五（5）和（6）红色颜料拉曼光谱图中，均有明显的朱砂（硫化汞 HgS）特征拉曼峰[4]，分别为 254、287、347cm^{-1} 和 257、285、347cm^{-1}；再结合 X 射线荧光光谱分析，可以确定这两种红色颜料均为朱砂。

通过以上分析，我们已经确认了各种颜料的材质，为了揭示彩绘区的制作工艺，我们对其进行了红外光谱分析，以探讨各种颜料的施绘方法。

（四）红外光谱分析结果

如图六所示，红外光谱图中，红外峰 1433（或 1429、1426、1430、1431）、876cm^{-1} 为方解石（$CaCO_3$）的特征峰；1474、1083（或 1082）和 860 和 713cm^{-1} 为文石（$CaCO_3$）的特征峰；红外峰 1130（或 1127、1126）、1030（或 1034、1035、1037、1043）和 669cm^{-1} 为石膏（$CaSO_4 \cdot 2H_2O$）特征峰；红外峰 3622（或 3621）、3422（或 3421、3423、3437）和 1631cm^{-1}、1614cm^{-1} 为水分子（H_2O）特征峰；红外峰 798、781、779、694、526（524）和 468（或 469、470、472）cm^{-1} 为石英特征峰[5]。

通过红外光谱分析，进一步证实银灰色颜料和白色颜料由方解石和石膏混合而成，粉红色颜料中混有文石，黑色与两种大红色颜料中均混有方解石和石膏。在所有的颜料中均发现石英成分，尤其在陶瓮中大红色颜料和黑色颜料中。另外，在红外谱图中未发现有机类物质的官能团。

通过以上综合分析，王庄汉墓群西汉中期 M7 棺右侧彩绘，银灰色颜料和白色颜料由方解石和石膏混合而成，单层分布；黑色颜料与彩绘区大红色颜料分别为磁铁矿和朱砂，该颜料层下面存在白色底层，其高 Ca 含量与红外分析显示，其彩绘层底层为方解石和石膏的混合物。陶瓮中大红色颜料为朱砂，单层分布，其 Ca 含量远低于其他颜料，且显微观察、成分分析和红外分析显示颜料中含一定量石英，从石英颗粒的形

---

[1]　Slavov L, *et al.* Raman spectroscopy investigation of magnetite nanoparticles in ferrofluids. *Journal of Magnetism and Magnetic Materials*, 2010, 322: 1904～1911; van der Weerd J, *et al.* Identification of black pigments on prehistoric Southwest American potsherds by infrared and Raman microscopy. *Journal of Archaeological Science*, 2004, 31: 1429～1437.

[2]　Pérez-Alonso M, *et al.* Analysis of Bulk and Inorganic Degradation Products of Stones, Mortars and Wall Paintings by Portable Raman Microprobe Spectroscopy. *Analytical and Bioanalytical Chemistry*, 2004, 379: 42～50.

[3]　Hild S, *et al.* Spatial distribution of calcite and amorphous calcium carbonate in the cuticle of the terrestrial crustaceans Porcellio scaber and Armadillidium vulgare. *Journal of Structural Biology*, 2008, 163: 100～108; Depaula S M, *et al.* Confocal Raman and electronic microscopy studies on the topotactic conversion of calcium carbonate from Pomacea lineate shells into hydroxyapatite bioceramic materials in phosphate media. *Micron*, 2010, 41: 983～989; 张刚生、谢先德：《贝壳的显微激光拉曼光谱研究》，《分析科学学报》2003 年 1 期，27～29 页。

[4]　同[2]。

[5]　彭文世、刘高魁：《矿物红外光谱图集》，科学出版社，1982 年，1～500 页；宋功保、张建洪、郭颖等：《海泡石中水的红外光谱及其结构稳定性的指示作用》，《岩石矿物学杂志》1999 年 1 期，80～94 页。

态、尺寸与分布特征判断，并非人为添加，应为天然矿物朱砂的伴生矿物[1]，因此推测陶瓮中的朱砂，可能为使用过程中残留的天然朱砂[2]。粉红色颜料由朱砂和碳酸钙混合而成，单层分布，其中碳酸钙以文石的形式存在。生物成因文石 ν_2 带频率平均值为 863.4cm^{-1}，而无机成因文石 ν_2 带的平均值 855.5cm^{-1}，两者频率位移达 7.9cm^{-1}[3]。依此判断，粉红色颜料中的文石（ν_2 带频率为 860cm^{-1}）应为生物成因，普遍存在于无脊椎动物骨骼，可能源于常见种类的贝壳。

已有考古资料显示，墓葬中颜料主要用在彩绘陶器、服饰、壁画、漆器、宗教信仰等。例如在距今 7000 年左右的甘肃秦安大地湾彩绘陶器上发现朱砂[4]；在长沙马王堆 1 号汉墓出土的彩纱中发现了黑辰砂、辰砂、绢云母、硫化铅、墨[5]；在甘肃河西地区墓葬壁画中发现赭石或红土、铁棕、辰砂、石青、磷氯铅矿、石绿、炭黑等[6]；在曲阜柴峪汉墓出土漆棺画上检测出辰砂、高岭土[7]；在新石器中晚期的青海乐都柳湾原始社会墓群中，发现在一具男尸下撒有朱砂[8]，等等。王庄汉墓 M7 彩绘区分布于尸体右侧，图案无法辨别，且未发现木质或纤维类残留痕迹，据此推测，可能为类似于壁画的彩绘图案。

四、结　论

河南淅川王庄汉墓 M7 彩绘颜料综合分析显示，银灰色颜料和白色颜料由方解石和石膏混合而成；黑色颜料与彩绘区大红色颜料分别为磁铁矿和朱砂；陶瓮中大红色颜料含有一定量石英，根据石英颗粒的形态、尺寸、分布以及含量判断，其应为残留的部分天然朱砂。粉红色颜料由朱砂和碳酸钙混合而成，碳酸钙以生物成因文石的形式存在，推测可能源于常见种类贝壳。彩绘颜料层制作工艺简单，无有机胶结材料，黑色和大红色底层为方解石和石膏的混合物，银灰色、白色和粉色颜料无底层。根据彩绘颜料的质地、分布及绘制工艺初步推断其应为类似于壁画的彩绘图案。

致谢：感谢印刷学院施继龙老师，中国科学院大学穆艺博士在实验中给予的帮助。

① 李铁朝、向晓梅：《敦煌壁画中部分红色颜料的变色及其稳定性》，《敦煌研究文集》（上册），甘肃民族出版社，1993 年，276 页。
② 左健、赵西晨、吴若等：《汉阳陵陶俑彩绘颜料的拉曼光谱分析》，《光散射学报》2002 年 3 期，162～165 页。
③ 张刚生、李浩璇：《生物成因与无机成因文石的 FTIR 光谱区别》，《矿物岩石》2006 年 1 期，1～4 页。
④ 马清林、胡之德、李最雄等：《甘肃秦安大地湾遗址出土（彩陶颜）料以及块状颜料分析研究》，《文物》2001 年 8 期，84～92 页。
⑤ 王守道：《马王堆 1 号汉墓印花敷彩纱（N-5）颜料的 X 射线物相分析》，《化学通报》1975 年 4 期，54～57 页。
⑥ 卢燕玲、田小龙、韩鉴卿：《甘肃河西地区墓葬壁画与砖画颜料分析比较》，《敦煌研究》2002 年 4 期，29～32 页。
⑦ 吴双成、李振光、王磊：《曲阜柴峪汉墓出土漆棺画的分析保护研究》，《中国文物保护技术协会第三次学术年会论文集》，2004 年，71～77 页。
⑧ 青海省文物管理处考古队、北京大学历史系考古专业：《青海乐都柳湾原始社会墓葬第一次发掘的初步收获》，《文物》1976 年 1 期，67～74 页。

Analysis on the Pigments in M7 from Wangzhuang Cemetery of Han Dynasties, Xichuan City, Henan Province, China

Qu Yating[1,2,3]　　Song Guoding[2,3]　Luo Wugan[2,3]　Ming Chaofang[2,3]
Yang Yimin[2,3]　　Wang Changsui[2,3]

(1. Northwest Institute of Historical Environment and Socio-Economic Development, Shaanxi Normal University; 2.Key Laboratory of Vertebrate Evolution and Human Origin , Institute of Vertebrate Paleontology and Paleoanthropology, CAS; 3. Department of Scientific History and Archaeometry, School of Humanities, University of Chinese Academy of Sciences)

Stereomicroscope, X-ray fluorescence, Raman Microscopy and Fourier transform infrared spectroscopy are used for analyzing the pigments from Wangzhuang cemetery of Han dynasties, Xichuan, Henan, China. The results indicate the silvery gray and white pigments are the mixture of calcite and gypsum, the black pigment is magnetite, pink pigment is cinnabar mixed with biogenic aragonite, and two kinds of red pigments definitely are cinnabar. Based on the content of Si element, the peak of quartz grains found in FTIR, and the shape, size and distribution of quartz grains, the red pigment from pottery Weng is considered from native cinnabar. The technology of painting, without the cementing material, is simple. There was a layer coated with the mixture of calcite and gypsum just under the bottom of black and red pigments. According to the pigments and manufacture, the pigments from Wangzhuang cemetery of Han dynasties possibly belong to a painting, similarity to wall painting.

诠释变化中的博物馆

沈　辰

（加拿大皇家安大略博物馆）

说到博物馆，大家都会认为自己是熟知的，可是在不断变化的社会中博物馆的定位也在随之发生变化。只有根据社会变化的需求对博物馆的战略性宗旨（mission statements）进行更新，适时改变博物馆运作的方针政策，才能更好地去实现博物馆的功能和运营。目前学生们在课堂上学习的几乎都是 20 世纪博物馆学的理论，实际接触到的却是当代博物馆的实践，其间的理论与实践存在脱节，而且当他们走出校园走向社会时，面临的又是未来的博物馆。想跟上时代的脚步，就应该对博物馆产生新的认识，用发展的眼光去正确认识不断变化中的博物馆，明确在变化中重新定位的博物馆。

同时，在这个不断变化的世界里，博物馆不应该仅仅是高高在上的展览和华丽的展厅陈设，而应该用馆藏的艺术文物为观众呈现惊喜，给观众带来不同的体验。博物馆的馆藏文物是博物馆的核心所在，它们应当在多层平台上得到展示。只有从观众的角度出发，设身处地地为观众营造一个体验和感知博物馆的空间，才能向社会传达博物馆存在的真正意义与核心价值。想揭开博物馆的神秘面纱，就应该让公众看懂博物馆的展览和藏品，让公众发自内心地体验到博物馆的神秘和神奇。

一、公众眼里的博物馆

公众眼里的博物馆是见仁见智的。因为文化背景和兴趣的不同，不同的人在博物馆里看到的、想到的便存在一定的差异。这里提到的"公众"是指和博物馆几乎没有交集的群体，比如一对为生计奔波的父母，他们也许一辈子都没有去过博物馆，而且也不在乎去没去博物馆。但是正是这样一对不把博物馆放心上的父母，当他们上中小学的孩子问他们要钱去参加一些博物馆组织的活动时，他们肯定会给予支持。那么，试想在他们心中博物馆到底意味着什么。让孩子开眼界、受教育、看国宝？还是咬紧牙关让孩子去享受人家有我也有的平等感？可以说在很多街头巷尾的老百姓心中，博物馆就意味着宝藏和古物。正如我们平常说的"老得可以进博物馆了"，在我们的传统认识中，"老的"就应该进博物馆。因此，博物馆与公众之间就产生了距离。老百姓说，这是我们不要的，好了，可以进博物馆了。但他们不知道，现在开放性博物馆并不仅是为了让老东西被收藏进去的地方，而是为了让老百姓进博物馆来看他们自己的老东西。虽然现在有的博物馆会根据公众的兴趣点来办展览，但是在公众看来，不管展览和特展是什么，与他们的日常生活的关系寥寥无几。所以，现在博物馆最大的挑战就是怎么去吸引公众，怎么让公众第一次走进博物馆就爱上博物馆。因此，现在的博物馆要让公众在展览中有新的感知、新的认识、新的体验，就是让公众能够了解并希望有一个钥匙来解开博物馆的神秘。

参观博物馆的费用，从公众的角度来讲是需要考虑的。如果一张门票20块钱（以加拿大皇家安大略博物馆为例），那么一家四口来参观博物馆就相当于100~150元（加币）一天，包括吃顿午饭、买个小纪念品、来回的交通费，这笔费用是不可小觑的。就算是免费开放的博物馆，一家四口的交通费、餐饮费、购物费等也是一本账。如果除掉费用的问题，公众的时间投入和精力消耗仍是实实在在的付出。所以，博物馆能否体现出合理的、吸引人的"性价比"就是关键所在。当博物馆能让老百姓得到、体验到的超过他们付出的这150元钱时，他们就愿意来。但对很多公众来讲，博物馆是"乏味的"，因为他们看不懂，觉得博物馆不过如此，根本没有看第二遍的必要，"我知道博物馆就那个样儿，第一遍第二遍也都那么个样儿"。况且现在获取信息的途径有很多，博物馆里的藏品在网上、电视上都能找到相关的信息，有的3D模型展示甚至比在博物馆里看到的更清楚。

总体而言，目前大多数公众并没有认可博物馆给他们提供的价值。因此，怎么让公众进博物馆，怎么让公众有意识地再次走进博物馆，怎么让公众觉得参观博物馆物有所值，这是博物馆人需要考虑的。

二、博物馆人心里的博物馆

博物馆人指的博物馆工作者、热爱博物馆的志愿者、博物馆之友以及文博爱好者等。在这个群体的心里博物馆是一个神圣的地方，是一个能和历史对话的场所。对这些人而言，博物馆的功能为：藏品征集、研究、展览、教育宣传和公众服务。

博物馆几百年来都在收藏，不收藏就没有生命力。博物馆用纳税人的钱，在经过博物馆专家的审定之后，用几万、几十万、几百万来购买文物，但这个过程公众有多少知情权和参与权呢？实际上，大多数公众对博物馆购买什么文物并不关心，相比较而言，其中的一部分人更关心的是博物馆能否对他们的私人藏品有所认可。在经由博物馆权威性的鉴定之后，这部分人更希望博物馆能收藏他们所拥有的藏品。既然公众如此支持博物馆的收藏工作，那么，在经过严苛的鉴别和评判之后，博物馆自然会有选择地入藏传世作品。随着社会的发展，这种与公众的互动也逐渐成为博物馆藏品征集的一个方面。

收藏之后，博物馆要对藏品进行研究，研究的一个可视性成果便是展览！通过出版图录、办讲座和科普活动，把研究成果反馈到社会。问题是博物馆能否找到与公众之间的交集？收集到的藏品和馆内所做的研究，跟老百姓的关系怎样？可以说，在博物馆发展的一百多年来，虽然做了很多工作，办了很多展览，但大多数情况都是在自娱自乐，自我感觉非常崇高、非常好。博物馆人将珍贵的文物展示出来，写个学术报告，然后发现在学术界内评价很高，便开始自我沉醉，可是公众对这一切浑然不知，对公众而言 who cares？（谁在乎呢？）

展览、宣传教育和公众服务是博物馆的核心。博物馆虽然很努力地去做一些事情来改进，但它高高在上的形象依旧存在。博物馆依旧是为少数人服务，为有知识的、喜欢文物的、喜欢搞收藏的知识分子服务。而且，对老百姓来讲，最反感的就是说你来博物馆是来"受教育"的，可我们的博物馆却总要把自己搞成什么"教育基地"。就博物馆而言，我们安排讲解、提供互动，公众来看看展览，我们让志愿者给你讲一讲相关的知识，除此之外，还有什么可以让博物馆做得更好的途径吗？这是我们博物馆人需要再想一想的。

三、博物馆应该为公众做什么

问题的关键不在于要做什么，而在于怎么做。现在的博物馆能够为公众做些什么？除了宣传、教育、展览这些以前做过的之外，还能做些什么？审美，给公众一种视觉的冲击；提高纪念品的质量并且降低开销成本；更高质量、更生动的讲解，让老百姓听得懂；了解公众的需求，了解公众想看什么、想怎么看……博物馆首先要了解公众的兴趣在什么地方，才能让公众更好地去认识博物馆。

以加拿大皇家安大略博物馆（简称 ROM）为例，我们用三个英语单词来规划博物馆如何去与公众更贴近：Accessibility，Relevance，Engagement。

"Accessibility"，就是要让公众能够感受到——可以走进博物馆、接近文物和相关研究，让公众感受到他们和博物馆人对馆藏文物有同样的知情权。博物馆的神秘感并不仅仅来源于藏在后面库房的东西，更来源于隐含在文物背后的故事。比如说，一件文物它是不是发掘出土的时候就是现在在展厅的样子，难道它一出土就这么漂亮这么干净吗？是洗过了、擦过了、装饰过了，或者做了别的什么工作？文物从发掘到展览又是怎样的过程？……这些背后的故事让公众对文物本身有更直观的认识，比起一个不明白名称、不清楚时期的标签来讲，这些信息才是公众更喜欢的。比如，当公众在博物馆见到一件叫"爵"的青铜器时，他们也许会好奇它为什么叫"爵"，但是现在的很多博物馆都没有对此进行过解释。为了让公众能更好地了解这件器物，我们在做标签时可不可以注明：酒器，古代人在当时使用的，如同现在的酒杯；这种青铜酒杯多用在祭祖祭神时装酒给祖先、神祇喝，在日常生活中不用，且 2500 年前已不再生产使用；如今我们在《大秦帝国》之类的电视剧里仍能看到这种酒器，全都是导演编剧在扯淡。我想告诉老百姓的，是一些对他们有用的信息，这和他们看到说明牌上"爵，殷墟二期，安阳出土"的时候的感受是不一样的。为了做到 Accessibility，博物馆还需要完善其他各方面，让公众能够通过别的途径得到他们从展览中没有得到的东西。比如，公众在展览上看到的文物能否在网上看到更多的信息？能否通过"爱疯"（iPhone）、Google glass（谷歌眼镜）等多样化的社交媒体、交友网站进入博物馆的后台……

"Relevance"，就是尽可能地让博物馆展出的东西、做的研究、出台的活动跟老百姓的生活息息相关。给公众做的报告应该结合当前社会和网络上的热点，以自身的学术研究为基础，讲出老百姓关注的问题，在条件允许的前提下，最好能让公众深入到博物馆的陈列中找到相关的文物。比如，有个陨石掉到了西伯利亚，紧接着就是各种媒体热火朝天的宣传和报道，社会各界与研究员们也开始认定陨石、猜想判断陨石是怎么掉下来的、联想过去什么时候掉过陨石、在考古学领域里怎么用陨石来做地层断代……作为自然历史和世界文化综合性的博物馆，ROM 有大量的陨石标本，而且这些问题博物馆内的地质学家们和考古学家都能够解答，如果在世界新闻媒体做焦点访谈的时候，博物馆能推出一些活动，办一个特殊的"博物馆的陨石"小展览，便能与当时的老百姓们关注的焦点产生共鸣了。再比如中国三千年前的一件提梁卣，如果讲解员告诉你："这件盛酒器物的盖子能取下来，然后当杯子用来喝酒，这与大家平常用的保温杯差不多。虽然这件提梁卣并不用于保温，但便捷式的创意早在三千年前我们的老祖宗就想到了。"这样的讲解将博物馆内的藏品与老百姓的日常生活联系在一起，不仅让参观者更好地理解了三千年前的物件，而且拉近了博物馆与老百姓的距离。

"Engagement"，就是让公众知道博物馆并不是站在一个高高在上的位置，而是希望通过公众平台与博物馆交流，让博物馆知道公众希望博物馆能做点什么。博物馆只有了解了公众的兴趣和关注点之后，才能办一个与某一阶段、某一群体的大众形成互动关系的展览。与此同时，博物馆人要走出去，参与到社区去。每一位博物馆人都是博物馆的代表，要让公众知道博物馆正在做的和想要做的都是与大众有相关性、有交集的事情。比如，某个社区或者某某学校在做什么活动，他们的某个主题恰好与我们博物馆的某些藏品相关，博物馆的某些研究正好可以辅助他们的活动。那么博物馆与社区、学校的活动相结合，这些群体便会觉得博物馆已经走出来了，不仅解除了博物馆"高冷范儿"的误解，并且能够帮助他们更高质量地完成活动，从而更好地实现博物馆与公众的交流。

四、公众可以为博物馆做什么

只有当公众知道了博物馆可以为他们做什么之后，公众才可能知道自己应该怎么帮博物馆做得更好。"博物馆应该做谦逊的平民"，现在的博物馆不再是以前巴洛克传统建筑里面对贵族性的文物孤独性、研究性的欣赏，而是接地气的面向公众的博物馆。同时，公众也应该跳出博物馆鉴宝寻宝的思维，用心去了解文物与日常生活的关联。

参与不仅仅是博物馆有免费的、收费的活动，希望公众来参与，而是希望参与活动的公众能真正理解博物馆。天下没有免费的午餐，就算免费的活动也是需要公众投入时间和兴趣的，所以博物馆做的活动应该是公众所关注的、所需要的。只有知道了公众的兴趣和关注点，再去做这件事情才能帮助博物馆发展得更好。换句话说，如果学校让学生来参观博物馆，那么，博物馆必须要让学生积极参与到其中，通过他们在博物馆的体验影响到他们的父母。让他们真正理解现在的博物馆，并让他们发现现在的博物馆与他们所知道的以前的博物馆是不一样的。现在的博物馆是让公众更好地理解生活、享受生活，并提供着物有所值的文化和社交体验的全新的博物馆。

五、博物馆应该怎么做

经过二三百年的发展变化，博物馆终于开始从精英文化走向大众文化。尽管"开放博物馆"已经说了很多年，但是博物馆该怎么做才算是真正对公众开放？答案并不是"免费开放"那么简单。因为即使在国内博物馆免费开放三四年后的今天，我身边的一个朋友，即我定义"公众"群的一员，还是认为博物馆是小众文化。"真懒得去博物馆看看。看了，不就是那么回事吗？"香港的一个出租司机告诉去一个公立博物馆参加展览开幕式的吕烈丹教授说："博物馆是为你们这些能够读'番'书的人开的，不是为我们这些人开的。"那时是公元 2010 年。

如今，全国 4000 多座博物馆都在说我们要贴近公众、走近公众。但是博物馆做的展览和研究老百姓们到底买账不买账，愿不愿意花时间来看、来学习、来"受教育"？博物馆到底能不能让公众体验到参观博物馆的真正意义？这是一个对公众负责的博物馆需要考虑的问题。21 世纪的西方博物馆面临着一系列的挑战：除了经济疲软，还有全球化、城市化、人口多元化、数字化。这些"化"对我们生活的各个方面都产生了影响，包括在网络信息环境中长大的新的一代对博物馆的认识和需求。可幸的是，博物馆特有的神秘和神奇会牢牢吸引住成长于科技化的数字时代的年轻一代，观众所需即博物馆所为，因此博物馆应当将这份神秘与神奇继续发扬光大。

众所周知，博物馆是神秘的，里面有古物、宝物之类的，但是公众到博物馆到底会不会有走进探索神秘世界的体验呢？孩子们到博物馆自然总是感到神秘的，可成年人、老年人去博物馆还能有这样的刺激感么？当然，博物馆不是让小孩儿们在游戏中感觉到 adventure（探险）的场所，更不是儿童游乐园、大妈跳舞场、退休干部俱乐部。现代博物馆应该是 turn the museum into the magic（化博物馆为神奇）的场所。

（一）博物馆：探索神秘、体验神奇

体验博物馆，实际上应该是从博物馆外面开始。对博物馆概念的改变，也应该是从博物馆的整体形象开始。从糜华奢侈的巴洛克文化时代的博物馆建筑，到现在以多伦多皇家安大略博物馆为例的后现代博物馆建筑，博物馆已经从外观上做了一些改变。如今，ROM 已经在微信上被评价为世界上最美的 20 座博物馆之一。多伦多的孩子还将 ROM 的建筑体描绘成"好像是天上掉下的一个水晶体正好砸在了博物馆上面"。我们博物馆的建筑外观上可以称得上是诱人的，再加上周边的灯光和绿化，让我们博物馆的整体景观给人一种欢迎式的、拥抱式场景。同时，也让公众产生想要进去探秘的冲动。相反，当公众看到过去那种巴洛克文化的奢侈、豪华、精英文化的博物馆建筑时，便会有一种望而却步的感觉。所以，你要先从外面就打破这个隔阂，让大家有想要进到博物馆的欲望。

ROM 在 2010 年办了一个兵马俑的展览。这个展览在西方国家轰动很大，因为大家都知道兵马俑，也喜欢看兵马俑。它作为一个古物，具有名牌效应，吸引了大批量的公众前来观赏，其中大部分观众都是洋人，很多中国观众可能会觉得："我在西安遗址现场看过兵马俑，那多宏伟，何必到博物馆再看一遍呢？"如果我们考虑到中国观众的这种体验和心理，在做这个展览的宣传广告时就应该告诉大家："你在博物馆看兵马俑和你在西安看兵马俑会有不一样的感受；在西安你不能这样近距离地观赏裸展形式的兵马俑。"那么，你想要有这种观看裸展、360° 全方位展示兵马俑的体验，就得到我们多伦多来。虽然很多公众都认为自己对兵马俑有所了解，也认为自己知道木乃伊、知道金字塔、知道文物背后的故事，但是，如果公众相信这些他们原本熟悉的文物到了博物馆之后，博物馆能够给他们一种全新的体验，那么，他们就会很愿意到博物馆来重新看一看、重新认识一下他们所喜爱的文物。

（二）博物馆的宗旨：是一流博物馆还是文化目的地？

我们知道很多博物馆都有像"将博物馆办成世界一流博物馆"之类的办馆宗旨。但是，不管是现在还是将来，博物馆都没有必要非要去建成"世界一流"。这个概念其实是一个伪概念，有什么固定标准去评判博物馆是否达到世界一流博物馆的么？是拥有很多一流的藏品，举办了很多一流的展览，或者是做了很多一流的研究？即便如此，这些"一流的"又该怎么去评判呢？说实在的，这种将博物馆分出三六九等的做法本身就是在隔断博物馆与公众的交流，使博物馆不可能以公众的兴趣为出发点来办展览，也就更不可能给公众带来新奇的体验！

经过一年反复的斟酌，皇家安大略博物馆在 2012 年修改了办馆宗旨，英文原文是"to be recognized globally as an essential destination for making sense of the changing natural and cultural worlds"（将我们博物馆办成"成为受到全球公众关注的并能理解瞬息万变的自然世界与文化世界的必要的参观目的地"）。"To be recognized"是把博物馆放在客位，让公众去决定、让参观者去认可，而不是博物馆想怎么样就怎么样。"Essential destination"是希望皇家安大略博物馆能成为博物馆人到多伦多时必要参观的目的地。在这里，观众可以对变化中的世界，对变化中的自然世界和文化世界都有所了解。换句话理解就是，世界在变化我们博物馆也在变化，今年你看到的博物馆展览和你明年后年看到的博物馆展览不会一样。

有了办馆宗旨就会有办馆目标：① "to inspire wonder and promote learning"，学习与教育依旧是博物馆里不可或缺的部分，因为博物馆里始终是有藏品、有展览的，而且博物馆特有的神秘气息能激起学习的欲望；② "by sharing the stories of the unique collections"，这句话里最重要的信息就是分享故事，即让我们分享皇家安大略博物馆为当地人民收藏的特色藏品背后的故事；③ "to be a champion for the natural and cultural worlds"，让博物馆本身的藏品、研究、展览和活动做得更好、更高质量，用句网络上时髦的话说，没有最好，只有更好；④ "to serve as a forum for our diverse communities"，成为多元化社区的讨论平台，这个是多伦多博物馆的文化特点，因为加拿大的多伦多就是一个多元文化的汇集地；⑤ "to create knowledge that contributes to a better future"，为了更好的未来而创造知识，希望博物馆的后台研究人员在今后的探索中可以做一些更贴近公众关注和生活的研究。

介绍博物馆的宗旨和目的，是想强调每一个博物馆都应该成为自己的博物馆，拥有自己的观众群，因为每一个博物馆都有自己的独特性、专业性和区域性。因此，必须先对博物馆有明确的认识，知道博物馆应该怎么改变、为了什么东西改变，才能给观众带来一些特有的体验。

（三）公众怎么能看懂展览和藏品？

公众怎么能看懂博物馆展品，其实是"博物馆怎么做才能让公众看懂展览和藏品"。公众能看懂展览，是因为展览中有故事、有新意、有惊奇，展览中能看出重点，能看出关联！能吸引观众的，是故事，是藏品的故事，是展览的故事。展览中的文物不一定要价值连城的国宝，但是一定要有在展览中讲得出故事的文物。文物的组合，可以让故事一环扣一环，一波接一波地演绎出来。而不是文物中不同类型、不同排列的堆砌。

能让观众每次都能来看展览，是因为他们相信博物馆为公众办的展览是有新意，是能让他们看到过去没有看到的，没有想到的内容。让同一件文物展示出不同的视觉效果、讲出不同的故事、表达不同的含义。这会让我们的观众从不同的角度欣赏到他们所熟悉的藏品，发现和体验到"原来他们是这么的不一样"，进而期待下一次。能让观众看完展览还能津津乐道、口耳相传的，是因为展览能让他们看出惊奇、惊讶、惊叹。用英文的一句话，要让观众看出"WOW"的效果。这可以从展品本身的故事、展览的陈列设计来展现，也可以是灯光、布景、视觉、字体等常规中的出乎意料的创意。这些创意必须是符合展览的故事线的发展，就像电影情节一样，引人入胜。

但是展览就是展览，不是电影、电视剧。所以，观众体检是在展品中，不是在电影院。但是，展览必须和电影一样，让观众同样能看出重点，看出关联。我们的策展人应该能让观众从挑选出的上百件、几百件文物中看出什么是文物的重点、主次，也就是文物故事的重点、主次，以及展览推波助澜式故事线的重点。这样观众就知道看什么，以及更重要的怎么看。同样，策展人应该让展览文物的组合有关联，因为展览故事必须由文物关联来体现，几件不同的展览文物放在相邻相近的位置是有原因的。这原因不应该是类型学、年代学，而应该是能讲故事。如果观众能看出我们策展人挑选相关联文物的原因和苦心，他们就能更好地欣赏藏品和展览，更好地理解研究人员的研究成果。他们就会更信任、更信赖、更加依靠我们博物馆的专家学者给予他们的文化信息，激发他们到博物馆学习"受"教育的激情。

六、案例：体验展览"紫垣撷珍"

"紫垣撷珍"，是 2014 年 ROM 完成的与故宫博物院合作的大型故宫明清宫廷生活的展览。国内的精英文化人群自然可以理解"紫垣撷珍"的内涵，但对于老百姓而言，这个题目就显得过于高精尖了，不一定能吸引到他们。同样的，因为对象不同，多伦多的观众对中国文化的了解程度参差不齐，因此宣传和展览的题目都有所改变。展示时采用的英文标题为"The Forbidden City：Inside the Court of Chinese Emperor"（紫禁城：中国帝王的宫廷生活展），这个标题是通过社交网站，以公众投票的方式征得的（3800 人次点击投票），这既符合了大众的意愿，又为展览做了宣传。

整个展览主要是讲宫廷的生活故事，就得以人物、地点、事件为主线，我们的策展人就需要像拍电影一样，有故事、有新意、有惊奇地来办展览。首先，一定要突出里面的主人公，不能一会儿是洪武的釉里红、一会儿乾隆的玉器。我的选择是以雍正为重心，兼及康熙、乾隆。因为这几年通俗文化中以《步步惊心》《甄嬛传》中的"四爷"最为吸引中国观众。但也要照顾洋人的知识面，所以带出慈禧和溥仪的故事。其次，需要构建一个场景，让观众能走进古人的世界里去。最后，还得用文字和视觉来描绘一个个的故事，使观众打心眼里融入到博物馆的展览之中，获得一种神奇的体验。

办展览讲究一个层次问题。设计师认为紫禁城的展览应该先给观众一个很大很空旷的空间，让观众有一种严肃感，仿佛真正站在故宫里面。但到了后宫之后，展厅就可以用比较柔和、比较家庭式、比较场景式的灯光和布景，使前朝和后宫形成一个鲜明的对比。当来到皇帝的书斋时，就可以用比较程式化的方式为观众展示精美的文物，比如宋汝窑、元青花、成化鸡缸杯以及其他宫廷珍藏和文房四宝等。这样有层次、有故事的陈设将会给观众带来前所未有的新奇体验。

展览必须和电影故事一样，有高潮有转折。比如前半段就是以"大气、大场面"为主，有皇帝的宝座和大型的编钟编磬，讲的是宫中的大型礼仪活动。从第一部分的外朝故事到第二部分的内廷故事，中间有一个挺大的过渡空间，这里文物不多，主要想通过它的颜色变换和背景布局，让观众感受到故事正在慢慢从硬到软、从外朝走向内廷。这样温馨的铺垫，会让公众跟看戏看电影一样，渐入佳境，这就是一种很好的体验。

讲后宫故事的时候，强调中国后宫嫔妃的生活是什么样、她们长什么样子、她们使用什么东西：暖手的、袜子、帽子以及服饰……其中有一组嫔妃冬天用的靴子，加拿大的观众在冬天也喜欢穿大靴子，这就巧妙地和公众的生活联系了起来。另外，还有一组文物是特意为儿童观众考虑的，有皇帝玩过的蛐蛐罐、6岁小皇帝同治登基时穿的礼服和用盒子装着的36块法国生产的积木。积木虽然很简单，在文物上也许根本排不上号，但它在展览中的作用非常大。它不仅说明皇子皇孙在19世纪前后用外国的玩具来开发智力，而且西方观众看到他们儿时玩的玩具，会感到十分亲切，让西方观众与中国文化展览的距离一下子就被拉近了，甚至他们还会很自然地认为东西方的文化差异并没有想象中那么大。同时，还有一组关于慈禧的文物，有她的大雅斋瓷器、她的第一幅肖像油画、她的服饰……其中还有一份不起眼但珍贵的大雅斋瓷器的小样。当时，先由宫里的画师画了小样给慈禧看，慈禧喜欢了，造办处批了，这上面就有了两三个黄条。黄条上面写着按此样、多少多少寸、做几件、方的还是圆的之类的话，也就是相当于给景德镇下的订单。当观众看着这件大雅斋的瓷器和它的小样时，讲解人员就能很生动形象地将这个故事与观众分享。

还有一件非常精彩的文物——狗衣。这件狗衣相当漂亮，是丝制品，纹饰、制作都十分的精致，而且狗衣上还绣着狗狗的名字。看到这个才知道原来宫里人养狗的兴趣比老百姓浓厚，养狗的装备也比老百姓高大上！这件文物是展览期间最受欢迎的展品，因为它和观众最接近，最接地气。为了更好地为公众讲解这件文物，我们研究了相关文献，发现宫里竟然有很系统的养狗机构。但是中国的学者根本不会花很大精力去研究这一小事，由此可见，学者的兴趣和公众的兴趣仍存在很大的差异，需要沟通。希望通过这次的展览搭起一座桥梁，让公众知道当年古代人使用的东西其实跟我们现在使用的东西很贴近、很相关，比如宫廷里的轿子、冰箱、洗澡用的澡盆……

我们的展览花了两年多的时间去准备，但最后却没有出学术图录，只出了一本很小的小书，就卖五块钱（加币），不厚，没有很多的学术分量在里面，就讲了很多文物和宫廷生活的故事。我们的研究员因此感到很委屈，做了这么多年的策展工作竟然没有一个像样的学术成果。但大多数老百姓会觉得这五块钱花得挺值，能从这本小书里面学到很多东西。而且通过这本小书，能让更多的观众看懂我们的展览。所以，我个人认为，虽然没能出版学术图录，但是通过这本小书我们又向博物馆的办馆宗旨迈进了一步，值！

在这个急剧转型的社会中，博物馆肩负着保护人类自然和文化遗产的重要使命！要想将博物馆办得更好，只有用魔幻般的展示，将博物馆的神秘通过新时代所喜闻乐见的形式展现给公众，让公众对博物馆持续以来的收藏、藏品研究的意义性和相关性，有实际性和参与性的体验。让我们在了解丰富多彩的现实生活的前提下，保存过去，品味过去，揭开博物馆的神秘面纱，理解博物馆对我们的日常生活而言意味着什么！

附记：本文是沈辰教授 2014 年 12 月在山东大学文化遗产研究院的讲座报告，龙佳漪整理。

Understanding Museums in Transformation

Shen Chen

(Royal Ontari Museum)

This essay addresses changing museums in the twenty-first century, which are no long represented by its prestigious image through elaborative design of galleries; instead provide unique experiences to visitors with their surprising collections. Museums continue to care for their collections as the backbone of the institute but need to present untold stories of collection in multi-platforms including exhibition, programs, and social media. Museums are the key to understand the preservation of our past for the future. Mysterious and myth of collections and exhibitions are be windows to engaging visitors who would enjoy various programs and communications through which cultural heritage can become relevant in the contemporary societies. Therefore, understanding museums in transformation is the key to making sense of our life in changing natural and cultural worlds.

山东地区古建筑壁画保存分布
特点调查报告

仝艳锋

（山东艺术学院艺术管理学院）

山东地区现存的古建筑壁画分布不均，与历史上宗教信仰的分布区域相吻合，遗存至今的壁画多分布于中部和南部地区，而东部胶东半岛地区相对较少。在经济迅速发展的当代，很多古建筑由于经济建设活动被拆除而没有能够完整地保存下来，因此对山东地区现存的古建筑壁画进行分布情况的研究能够为抢救保护古建筑壁画提供最原始的信息记录。本文通过收集相关文献和实地调查，论述山东地区古建筑壁画的保存分布情况，并对其分布特点进行深入分析。

一、山东地区古建筑壁画的保存分布情况

根据实地调查结合收集相关的文献资料，目前山东地区保存古建筑壁画较多的地方是济南，其次是泰安，聊城、济宁、淄博、枣庄、临沂、滨州、烟台、青岛和菏泽等地区，德州、莱芜、潍坊、日照、威海、东营等地尚未发现有古建筑壁画实物遗存，也没有发现于相关的文献资料中。

（一）济南市

济南市保存壁画的古建筑数量较多与济南市长期作为山东省的政治、经济、文化中心密切相关，而且与济南历史上各种宗教类型分布较普遍、宗教建筑数量较多、当代经济发展不平衡、山区保留古建筑较多有关。长清区保留壁画的建筑数量较多，而且保存状况较好，其次是章丘市，市中区、历城区、平阴县保存数量较少，而槐荫区、天桥区和历下区目前各仅存一处古建筑壁画，而商河县、济阳县并未发现古建筑壁画遗存。

1. 市中区

市中区大部分位于济南市的中心地区，近年来经济发展较快，城乡建设过程中许多古建筑快速消失，因而保留下来的古建筑越来越少。相应保留的古建筑壁画也是数量有限，而且这些壁画基本上都位于比较偏远的城市边缘地带。市中区现存古建筑壁

画至少有 6 处（表一），其中：兴隆街道办事处涝坡村龙神庙清代壁画比较完整，内容为龙神、钟馗等故事；白马山街道办事处韩家庄关帝庙清代壁画残缺不全，内容为西游记故事（图一）；七贤街道办事处双龙庄关帝庙清代壁画已经于四年前重修过程中被毁，画面内容为花卉水墨画；白马山街道办事处尹家堂观音堂清代壁画残缺不全，内容为花卉；党家庄镇西渴马村七圣神祠清代壁画比较完整，可见内容有花卉、几何图案等，而同村的泰山行宫清代壁画内容有植物图案等。

表一　市中区现存古建筑壁画的保存情况

	建筑保存地点	壁画时代	壁画内容
1	兴隆街道办事处涝坡村龙神庙	清代	龙神、钟馗等故事，完整画面
2	白马山街道办事处韩家庄关帝庙	清代	西游记故事
3	七贤街道办事处双龙庄关帝庙	清代	水墨画花卉
4	白马山街道办事处尹家堂观音堂	清代	花卉
5	党家庄镇西渴马村七圣神祠	清代	花卉、几何图案
6	党家庄镇西渴马村泰山行宫	清代	植物图案

图一　济南市市中区白马山街道办事处韩家庄关帝庙壁画

2. 历城区

历城区有很大区域位于济南市的城区位置，城区中的许多古建筑随着城乡建设而快速消失，因而保留下来的古建筑多是位于城市偏远地区和农村，遗存数量也是越来越少。保留下来的古建筑壁画数量有限，而且这些壁画基本都位于比较偏远的南部山区中，只有华山镇华阳宫古建筑群由于近十多年来为文物部门管理而且建筑规模体量大而得以较好的保存。历城区现存古建筑壁画至少有 10 处（表二），其中：华山镇华阳宫古建筑群明代至民国时期壁画规模宏大，内容繁多，有花卉、观音、佛、碧霞元君、八仙故事等；孙村镇辛庄村讲书院明代壁画被覆盖，内容不详；仲宫镇北高而关帝庙清代壁画比较完整，内容为花卉、建筑、器物等；仲宫镇高而办事处出泉沟村庙清代壁画比较完整，内容为花卉、宗教故事等；港沟镇东港沟村关帝庙清代壁画分辨不清；柳埠镇窝铺村真武庙清代壁画内容为真武帝本生故事（图二）；董家镇西折腰柳树村三教堂清代壁画相对完整，内容被覆盖不确定；仲宫镇南高而三官庙清代壁画相对完整，画面内容有春夏秋冬山水画、春夏秋冬四季花等；柳埠镇九顶塔清代至民国时期壁画，内容为天王、佛像等；仲宫镇左而村开元寺清代晚期壁画，内容为佛本生故事传说等。

表二　历城区现存古建筑壁画的保存情况

	建筑保存地点	壁画时代	壁画内容
1	仲宫镇北高而关帝庙	清代	花卉，建筑，器物
2	仲宫镇高而办事处出泉沟村庙	清代	宗教故事，花卉
3	仲宫镇南高而三官庙	清代	春夏秋冬山水画，春夏秋冬四季花
4	仲宫镇左而村开元寺	清代晚期	佛本生故事传说
5	港沟镇东港沟村关帝庙	清代	分辨不清
6	柳埠镇窝铺村真武庙	清代	本生故事
7	柳埠镇灵鹫山九顶塔	清代至民国	天王、佛像
8	董家镇西折腰柳树村三教堂	清代	山墙上完整画面，不确定
9	华山镇华阳宫古建筑群	明代至民国	花卉，观音、佛、碧霞元君故事等
10	孙村镇辛庄村讲书院	明代	被覆盖，内容不详

以华阳宫古建筑群壁画[①]为例，分析济南市现存古建筑壁画的保存分布情况。华阳宫古建筑群位于济南市城区的东北部，具体中心城区约 10 千米，周边为城郊农村建筑和大片的农田，环境相对比较偏僻，加之新中国成立后一直由军事部门和文物部门使用，所以这一建筑群能够较完整地保存下来，其中留存至今的 300 多平方米壁画[②]（表三）成为这一建筑群中极具特色和重要价值的组成部分。壁画内容不仅有中国传统的

图二　济南市历城区柳埠镇窝铺村真武庙壁画

---

①　李立：《山东济南华阳宫古建筑壁画病害及其治理对策研究》，西北大学硕士研究生学位论文，2013 年，13 页。

②　仝艳锋、罗茂斌：《济南华阳宫壁画生物损害防治研究》，《齐鲁艺苑》2011 年 2 期，61～67 页。

道教、佛教和儒家的故事内容，还有一些济南当地的生活场景和传说。

表三　济南市历城区华阳宫古建筑群壁画分布统计表

建筑名称	分布位置	壁画内容	面积（平方米）
四季殿	抱厦东西两壁	各绘四扇屏风画和一方格人物故事画	17.29
泰山行宫山门	人字梁下，枋间	水墨山水画	0.96
十王殿东殿	东壁、南北山墙	多为水墨，少量水彩故事画	11.8
十王殿西殿	西壁、南北山墙	彩绘背景、故事画，山墙上部绘制水墨画	6.88
元君殿	北壁、东西山墙	彩绘故事画，山墙上部绘制水墨画	47.13
观音殿	北壁、东西山墙	彩绘故事画，山墙上部绘制水墨画	14.64
三教堂	北壁、东西山墙、前廊东西两侧	彩绘故事画，山墙上部及前廊东西两侧绘制水墨画	37.88
关帝庙前殿	北壁	门两侧绘制屏风山水画，门额田园人物画	6.82
关帝庙后殿	东西南北四墙满绘	内容繁复，水彩故事画，少量水墨画	78.42
棉花殿	东西南北四墙满绘	东西北墙彩绘故事画，南墙绘水墨画	28.36
三皇殿	北壁、东西山墙、前廊东西两侧	北墙绘制三幅吉祥花鸟图，山墙绘制水墨画，前廊两侧绘制水墨花鸟画	21.95
三官殿	东西山墙	东西山墙彩绘故事画，山墙上部绘水墨画	36.80

资料来源：李立：《山东济南华阳宫古建筑壁画病害及其治理对策研究》，西北大学硕士研究生学位论文，2013 年，13 页

3. 历下区

历下区有很大区域位于济南市的中心城区位置，城区中的许多古建筑和近现代建筑随着城市建设而快速消失，因此历下区保存的古建筑数量相对较少。目前已知的只有一处留存壁画的明代古建筑，为姚家镇刘智远村三圣庙。这是一处十年前位于城市近郊而现在由于城市扩张被现代城市建筑包围的古建筑，虽然能够比较完整保存下来，但是里面的明代壁画却已损毁比较严重，被大面积刻划，依稀还能分辨具体的壁画内容。西面墙上一幅松树的画面已经很模糊，只能隐约看出大体轮廓和斑驳的墨迹。北面墙上的壁画已经无法辨识内容，表层有泥浆刷过的痕迹。

4. 槐荫区

槐荫区有很大区域位于济南市的城区位置，城区中的许多古建筑随着城乡建设而快速消失，又因为槐荫区位于黄河附近，整体地势较低，历史上的黄河泛滥也毁坏了很多位于地势较低处的古建筑，因此槐荫区保存的古建筑数量相对很少。目前只发现一处留存壁画的古建筑，但时代较晚，为民国十二年（1923 年）建造的刘家庄三教堂。这是一处石砌墙体的建筑，由于墙体坚固而能够比较完整保存下来，但是里面的壁画却是模糊不清、大面积缺失，很难分辨具体内容。

5. 天桥区

天桥区有少部分区域位于现在的城区中心区，大部分区域位于市区的西部和北部，

整体地势较低，新中国成立前这一区域村庄和古建筑相对数量少，历史上的黄河泛滥和夏季城市南部高地势处暴发的洪水毁坏了很多的古建筑，因此天桥区保存的古建筑数量相对很少。而当代城市中心区的许多古建筑随着城乡建设而消失，目前发现的唯一一处留存古建筑壁画的筐市街关帝庙就位于济南城市中心五龙潭公园的南侧，由于被公布为济南市文物保护单位，目前整体保存情况较好，而且在 2004 年 5 月也经过了一次修缮。关帝庙正殿内壁画形成于明末清初，画面已模糊不清、损毁严重，内容为关公的生平故事。为了保护壁画，原画面表面离开 10 厘米距离用铁板已经完全封存，现在基本上看不到原有的壁画。在壁画南侧的空白墙壁上按照原有画面格局、内容重新绘制了关公生平画面，方便了解关公生平，以利于今人瞻仰祭拜。

6. 长清区

长清区历史悠久，历史遗迹、遗存非常丰富，是古建筑保留较多的地区。长清区的大部分区域位于济南市的偏远位置，许多农村位于偏僻的山区，交通不便受到外界的影响较少，又因为长清区城乡建设的速度相对缓慢而使许多古建筑能够比较好地保留下来，因此长清区现存的古建筑数量相对较多，相应的保存下来的古建筑壁画也相对较多。

长清区现存古建筑壁画至少有 21 处（表四），其中：文昌街道东苏村观音堂明代壁画的内容为祥云图案；归德镇麒麟村关帝庙明清时期壁画的内容为三国历史故事连环画；杨土庄清水观清代壁画的内容为花卉、建筑、器物；五峰山街道办事处三官庙村三官庙清代壁画的内容为花卉、建筑、神话故事；五峰山街道办事处东菜园村土地庙清代壁画的内容为人物、建筑、神话故事；归德镇坟台村官王庙清代壁画的内容为宗教故事连环画（图三）；五峰山街道办事处讲书院村土地庙清代壁画的内容为韩湘子、八仙故事、二十四孝故事（图四）；张夏镇靳庄真武阁清代壁画的内容为成道故事连环画；张夏镇井字村关帝庙清代壁画的内容为三国历史故事连环画；崮山镇来佛山玉皇殿清代壁画的内容为仙鹤、祥云；万德镇坡里庄村龙居寺清代壁画的内容为龙、故事连环画（图五）；平安店大刘庄九圣堂清代壁画的内容为三国历史故事；张夏镇青杨南村泰山行宫清代壁画的内容为植物、祥云纹、神话故事；万德镇北纸房村观音堂清代壁画的内容为植物、建筑、神话故事；归德镇永平村神山玉皇庙清代壁画的内容为山水人物；双泉乡大张庄上水庵清代壁画的内容为植物、花卉、竹子；双泉乡黄鹂泉村圣水寺三教堂清代壁画的内容为植物、花卉；双泉乡尹庄关帝庙清代壁画的内容为三国故事；张夏镇小寺村玉皇庙清代壁画的内容为植物图案，故事传说；崮山镇大崮山小学古庙清代壁画被覆盖，内容不详；万德镇史庄村三皇庙清代壁画被覆盖，内容不详。

表四 长清区现存古建筑壁画的保存情况

	建筑保存地点	壁画时代	壁画内容
1	杨土庄清水观	清代	花卉，建筑，器物
2	五峰山街道办事处三官庙村三官庙	清代	花卉，建筑，神话故事
3	五峰山街道办事处东菜园村土地庙	清代	人物，建筑，神话故事
4	五峰山街道办事处讲书院村土地庙	清代	韩湘子、八仙故事，二十四孝故事

	建筑保存地点	壁画时代	壁画内容
5	归德镇坟台村官王庙	清代	宗教故事连环画
6	归德镇麒麟村关帝庙	明代、清代	三国历史故事连环画
7	归德镇永平村神山玉皇庙	清代	山水人物
8	张夏镇靳庄真武阁	清代	成道故事连环画
9	张夏镇井字村关帝庙	清代	三国故事连环画
10	张夏镇青杨南村泰山行宫	清代	植物，祥云纹，神话故事
11	张夏镇小寺村玉皇庙	清代	植物图案，故事传说
12	崮山镇来佛山玉皇殿	清代	仙鹤、祥云
13	崮山镇大崮山小学古庙	清代	内容不详
14	万德镇坡里庄村龙居寺	清代	龙、故事连环画
15	万德镇北纸房村观音堂	明代	植物，建筑，神话故事
16	万德镇史庄村三皇庙	清代	内容不详
17	平安街道办事处大刘庄九圣堂	清代	三国历史故事
18	双泉乡大张庄上水庵	清代	植物、花卉、竹子
19	双泉乡黄鹂泉村圣水寺三教堂	清代	植物、花卉
20	双泉乡尹庄关帝庙	清代	三国故事，人物
21	文昌街道东苏村观音堂	明代	祥云图案

7. 章丘市

　　章丘市历史悠久，历史遗迹遗存特别丰富，历史上曾经是济南的政治、经济、文化中心，是古建筑保留较多的地区。章丘市的大部分区域远离济南市的中心，因为经

图三　济南市长清区归德镇坟台村官王庙壁画

图四　济南市长清区五峰山街道办事处讲书院村土地庙壁画

图五　济南市长清区万德镇坡里庄村龙居寺壁画

济发展相对较快，城乡建设速度也相对较快，许多古建筑在经济建设过程没有保留下来。只是由于部分农村处于山区，经济建设相对滞后才没有破坏掉更多的古建筑。因此章丘市现存的古建筑数量不多，保存的古建筑壁画也相对较少。章丘市现存古建筑壁画至少有 9 处（表五），其中：相公庄镇梭庄李氏宗祠南阁明代万历年间壁画的内容为山水、植物；垛庄镇西庵村文昌阁清代壁画的内容为诗配画、人物、建筑、神话故事等；相公庄镇姜家套村圣泉寺清代壁画部分被覆盖，可见人物形象，具体内容不详；文祖镇三德范村禹王庙清代壁画的内容为大禹治水故事传说（图六）；圣井镇张乙郎村大圣寺清代壁画的内容为西游记故事传说（图七）；文祖镇西田广村龙神庙清代壁画的内容为龙神出行故事传说（图八）；普集镇窝陀村古庙清代壁画的内容为故事传说；曹范镇叶亭山村兴国寺清代壁画的内容为花卉、植物；埠村办事处埠东村三清观清代壁画的内容为植物、山水画。

表五　章丘市现存古建筑壁画的保存情况

	建筑保存地点	壁画时代	壁画内容
1	垛庄镇西庵村文昌阁	清代	诗配画，人物，建筑，神话故事
2	相公庄镇姜家套村圣泉寺	清代	人物，内容不详
3	相公庄镇梭庄李氏宗祠南阁	明代万历	山水，植物
4	文祖镇三德范村禹王庙	清代	大禹治水故事传说
5	圣井镇张乙郎村大圣寺	清代	西游记故事传说
6	文祖镇西田广村龙神庙	清代	龙神出行故事传说
7	普集镇窝陀村古庙	清代	故事传说
8	曹范镇叶亭山村兴国寺	清代	花卉，植物
9	埠村办事处埠东村三清观	清代	植物，山水画

图六　济南市章丘文祖镇三德范村禹王庙壁画

8. 平阴县

平阴县历史悠久，历史遗迹遗存比较丰富，是古建筑保留较多的地区。平阴县远离济南市中心，许多农村位于偏僻的山区，基本建设工程相对较少，许多古建筑有较好保留下来的可能，但是由于古建筑的建造质量相对较差，年久失修的建筑也不能完好地保留下来。因此平阴县现存古建筑数量不多，而且保存下来的古建筑壁画也相对较少。平阴县现存古建筑壁画至少有 4 处，包括平阴镇后寨村古庙壁画被覆盖，内容及时代不确定；东阿镇西山村土地祠清代壁画的内容为植物和土地神神话故事；玫瑰镇焦庄观音庙清代壁画被覆盖，内容不确定；安城乡兴隆镇村关帝庙清代壁画被覆盖，内容不确定。

（二）泰安市

总体上来看，泰安地区保留壁画的古建筑数量还是较多的，在现存的古建筑壁画中，岱庙天贶殿壁画作为全省价值最高、最为珍贵的壁画在全国乃至世界范围内也是

图七　济南市章丘圣井镇张乙郎村大圣寺壁画

图八　济南市章丘文祖镇西田广村龙神庙壁画

闻名于世的。受岱庙天贶殿壁画的影响，加之泰山作为道教中心的区位优势，本地区的古建筑壁画数量保存较多。

泰安市现存古建筑壁画至少有 20 处（表六），其中：岱庙天贶殿规模宏大的宋代和清代壁画为山东地区价值最珍贵的壁画，其内容为泰山神启跸回銮图（图九）；新泰市青云街道金斗社区菩萨殿元末明初时期壁画的内容为八仙传说、西游记故事；岱岳区夏张镇朱家庄全真观明代壁画的内容为经变故事连环画；岱岳区祝阳镇祝阳村总司庙明代壁画的内容为十殿阎君审判图；泰山区上高办事处杨家庄村七圣堂明代壁画的内容为观音经变故事；肥城市湖屯镇陶山幽栖寺韦驮殿明代壁画的内容为建筑、树木等；岱岳区大汶口镇山西会馆明代壁画的内容为山水人物、花草鸟兽；新泰市祖徕山光化寺明清时期壁画的内容为西游记故事；肥城市湖屯镇张店村天齐庙明清时期壁画的内容为小鬼推磨、黑狗舔血等；肥城市桃园镇鲍家塘子村碧霞元君祠清代壁画的内

表六　泰安市现存古建筑壁画的保存情况

	建筑保存地点	壁画时代	壁画内容
1	泰山岱庙天贶殿	宋代、清代	泰山神启跸回銮图
2	肥城市桃园镇鲍家塘子村碧霞元君祠	清代	孟姜女哭长城等民间故事
3	肥城市安驾庄镇大龙岗石村关帝庙	清代	被覆盖，内容不确定
4	肥城市边院镇东向村北极阁	清代	被覆盖，内容不确定
5	肥城市王庄镇魏家坊村关帝庙	清代	三国历史故事连环画
6	肥城市王瓜店镇云山回佛寺	清代	三国历史故事，十八罗汉、水漫金山寺、小鬼推磨、黑狗舔血等
7	肥城市湖屯镇小店村碧霞元君庙	清代	碧霞元君故事
8	肥城市王庄镇中于村三官庙	清代	被覆盖，内容不详
9	肥城市王瓜店镇邓李付村关帝庙	清代	三国历史故事
10	肥城市边院镇西北部宝金山泰山行宫	清代	碧霞元君生平故事
11	肥城市湖屯镇陶山幽栖寺韦驮殿	明代	建筑，树木
12	肥城市王瓜店镇曹杭村天齐庙	清代	水墨画，植物
13	肥城市湖屯镇张店村天齐庙	明代、清代	小鬼推磨、黑狗舔血等
14	岱岳区良庄镇梁宣洛村河神庙	清代	神话故事
15	岱岳区夏张镇朱家庄全真观	明代	经变故事连环画
16	岱岳区祝阳镇祝阳村总司庙	明代	十殿阎君审判图
17	岱岳区大汶口镇山西会馆	明代	山水人物，花草鸟兽
18	泰山区上高办事处杨家庄村七圣堂	明代	观音经变故事
19	新泰市徂徕山光化寺	明代、清代	西游记故事
20	新泰市青云街道金斗社区菩萨殿	元末明初	八仙、西游记故事

图九　泰山岱庙天贶殿壁画

容为孟姜女哭长城等民间故事；肥城市安驾庄镇大龙岗石村关帝庙清代壁画被覆盖，内容不确定；肥城市边院镇东向村北极阁清代壁画被覆盖，内容不确定；肥城市王庄镇魏家坊村关帝庙清代壁画的内容为三国历史故事连环画；肥城市王瓜店镇云山回佛寺清代壁画的内容为三国历史故事、十八罗汉、水漫金山寺等；肥城市湖屯镇小店村碧霞元君庙清代壁画的内容为碧霞元君故事；肥城市王庄镇中于村三官庙清代壁画被覆盖，内容不详；肥城市王瓜店镇邓李付村关帝庙清代壁画的内容为三国历史故事；岱岳区良庄镇梁宣洛村河神庙清代壁画的内容为神话故事；肥城市边院镇西北部宝金山泰山行宫清代壁画的内容为碧霞元君生平故事；肥城市王瓜店镇曹杭村天齐庙清代壁画的内容为植物水墨画。

以岱庙天贶殿壁画[①]为例来分析泰安地区古建筑壁画的题材内容特征。泰安市岱庙天贶殿内的《泰山神启跸回銮图》壁画位于天贶殿内东、西、北三壁。北壁中间辟有后门，将画分为两大部分，东为《启跸图》，西为《回銮图》。前者起于后门东侧，止于东南墙角；后者起于西南墙角，止于后门西侧。壁画描绘了泰山神出巡和返回的壮观场面。《启跸图》中泰山神端坐于四轮六马大辇之上，旒冕龙袍，端庄威严。前有泰山三郎与延禧真人，各乘轿侍行。大辇四周文武百官，前簇后拥。《回銮图》所绘场景与《启跸图》相似，仅增加二夜叉抬虎和骆驼驮卷宗，以示出巡圆满成功。泰山神在道教诸神中居于崇高的中心地位，被供奉为神灵界的王者。对于国家的统治，泰山神能通达天庭、固国安民，"泰山安则四海皆安"的观念深入人心，凡改朝换代王者易姓、天降祥瑞国家升平、自然灾害发生、局势动荡不安等情况，帝王必定或巡狩、或封禅、或祭祀、或褒封，以期沟通神意、上承天命、固国安民。岱庙天贶殿《泰山神启跸回銮图》壁画适应了阶级统治者的需要，借道教主神——泰山神的启跸回銮场面加强了国家统治强盛、四方安宁稳定的愿望。

（三）聊城市

目前聊城市已经发现的古建筑壁画保存较少，已知仅存于世的只有聊城临清市清真北寺的伊斯兰教壁画和东昌府区新区办事处王屯玉皇庙壁画。根据壁画艺术的保存分布和历史传播途径来看，聊城市保存壁画的古建筑数量也不会太多。

聊城临清市清真北寺伊斯兰教壁画是目前全国75家省级伊斯兰建筑中唯一保存的明代绵纸壁画，迄今已有500多年的历史。整个清真北寺大殿内，除后殿（窑殿）西墙外，其余两山墙、三联拱墙、拱间壁等墙上均有壁画，共计30幅。壁画与其他寺庙单线平涂技法明显不同，具有宣纸洇润的艺术效果。壁画中没有人物、走兽、鱼、虫之类，内容全是桃子、石榴、葡萄、青松、藤萝之类，也有太湖石纹样和花木等，这符合伊斯兰教反对描绘偶像的要求，也符合《古兰经》中对天园的描述。在技法上并非写意夸张，而是写实白描，虽然运笔工整，可又不同于中国传统的工笔画。画面用淡墨轻彩，则体现了伊斯兰教崇尚绿色、白色的传统。

东昌府区新区办事处王屯玉皇庙初建于明朝前期，根据碑刻记载曾于康熙二十一

---

① 刘慧：《泰山岱庙考》，齐鲁书社，2003年，211～243页。

年（1682 年）和咸丰元年（1851 年）两次重修。20 世纪 50 年代，玉皇庙被改造成王屯完小的教室，一直用到 20 世纪 70 年代末。当时，老师担心这些壁画和彩绘会分散学生注意力，就用泥浆覆盖住壁画。后来泥浆脱落，壁画再次露出来，颜色仍然非常鲜艳。壁画和彩绘图案内容主要是有关《封神演义》里面诸位神仙的故事。

（四）济宁市

目前济宁市发现的古建筑壁画数量保存较少，现今存留于世的只有兖州区玄帝庙大殿的明代壁画。根据壁画艺术形式在山东地区的保存分布和历史传播途径来看，济宁市保存壁画的古建筑数量应该不会太少。兖州区玄帝庙大殿位于颜店镇颜店村，建于明代，清代重修。1985 年被公布为济宁市文物保护单位。因年久失修，破损严重，2009 年实施了抢救性维修保护。大殿建造在 1 米高的砖石砌台基上，为砖木结构，硬山顶，前后设廊，内有明代壁画，但是内容模糊不清，很难辨认。

（五）淄博市

目前淄博市发现的古建筑壁画数量保存较少，能够实地调查到的目前只有沂源县鲁村镇安平村栖真观内的元代壁画（图一〇）和博山区石马镇颜文姜祠内的明代壁画。根据壁画艺术形式在山东地区的保存分布和历史传播途径来看，淄博市保存壁画的古建筑数量应该不会太少。

沂源县鲁村镇安平村的栖真观是全真龙门派祖师丘处机西行会见成吉思汗前夕，指派弟子张志顺修建起来的，至今已有 780 多年的历史。栖真观内的壁画保存相对较好，画面颜色丰富，色彩鲜艳，画面被一层白灰覆盖，清理后可见画面的内容为道教故事场面。

颜文姜祠在"文革"期间被石马粮管所利用，大殿用作仓库，内墙涂刷一层白灰泥，无意中将壁画保护了起来。1996 年 8 月，在整修时壁画被重新发现。东西墙画面由山水、人物、楼阁组成，北面墙壁画面为条幅，内容为孝妇颜文姜民间传说故事。

图一〇　淄博市沂源县鲁村镇安平村栖真观壁画

（六）菏泽市

菏泽市发现的古建筑壁画数量保存较少，现今存留于世的只有巨野县陶庙镇陶庙村东岳天齐庙壁画[①]和成武县汶上集镇汶西村真武庙壁画。根据壁画艺术形式在山东地区的保存分布和传播范围来看，菏泽市保存壁画的古建筑数量应该不少。但由于菏泽地区地势较低，位于黄河边的黄泛区，因此许多古建筑受到雨水、洪水的影响非常严重，因此实际上菏泽市保存壁画的古建筑数量很少。

巨野县陶庙镇陶庙村东岳天齐庙始建于唐代，明代重修，现仅存天齐殿、文王殿、三皇殿、三教堂、白衣阁五座殿阁，三皇殿内原尚存少量壁画。2014 年 5 月，文王殿重修时，覆盖在壁画表面的一层石灰分离脱落，壁画得以重见天日。新发现的三幅壁画分别在文王殿内的南北墙，三幅壁画均呈长方形，其中南墙的两幅画面内容为大禹治水的传说故事。北墙壁画几乎覆盖整个墙面，画面已残缺不全，部分已经被损坏，其余被石灰、黄泥层、涂料覆盖，只有屋子左上角 4~5 平方米的一小块裸露出来。

成武县汶上集镇汶西村真武庙为鲁西南仅有的两座绘制壁画的古建筑之一，被列为县级文物保护单位。正西山墙绘制四幅壁画，上部为猛虎下山图。西山墙下部三幅，中间一幅较大，为官员归家图；左侧的壁画较清晰，为官员进城图；右侧的一幅模糊不清。东山墙也有壁画四幅，上部为龙凤呈祥图，山墙下部有左右中三幅，因雨水冲蚀被严重污染，有点模糊不清，中间一幅可辨认内容为喜迎十二帅图。这些壁画描绘了成武城内的繁荣景象，可以了解明清时期鲁西南地区的城镇面貌和官场及各阶层民众的生活。

（七）青岛市

目前青岛市已经发现的古建筑壁画数量保存很少，现今存留于世的仅有崂山关帝庙壁画。根据壁画艺术形式在山东地区的保存分布和传播范围来看，青岛市保存壁画的古建筑数量不多。崂山关帝庙奉全真道华山派，为二进式院落。后院大殿三间内墙壁四周绘关羽生平故事的壁画，如"桃园结义""刀挑红袍""华容挡曹""单刀赴会"等，画工细腻工整，比例匀称。

（八）烟台市

目前烟台市已经发现的古建筑壁画遗存数量很少，已知的只有牟平养马岛上张氏家庙壁画。根据壁画艺术形式在山东地区的保存分布和传播范围推断，烟台市保存壁画的古建筑数量不多。牟平养马岛上张氏家庙是胶东地区建造最为精美的家庙建筑，为清末至民国年间张氏族人在外经商富贵后回乡所建。壁画位于两侧耳房内。左侧耳房约 3 米高、6 米宽的墙面上绘制着站在巨石上惟妙惟肖的五只燕子；数株坚韧的树木长于嶙峋怪石间；红花绿叶可依稀辨认出颜色。右侧耳房的壁画，画面已被破坏仅残存一棵松树。

---

① 张建丽、孔祥铭：《巨野又现三幅古代壁画》，《齐鲁晚报》2014 年 5 月 6 日第 8 版。

（九）临沂市

临沂市的古建筑壁画数量保存很少，目前还可以见到的存留于世的壁画仅有沂水龙家圈镇柴山村玄天上帝阁壁画。根据壁画艺术形式在山东地区的保存分布和传播范围来看，临沂市保存壁画的古建筑数量不多。玄天上帝阁二层阁室墙上仅剩几条粗直线还能让人猜出墙上曾绘有壁画，因为被雨水冲刷下来的泥渍覆盖加之地仗层、颜料层严重脱落，具体内容很难分辨。

（十）滨州市

滨州市的古建筑壁画数量保存很少，已知仅存于世的古建筑壁画只有邹平县邹平镇唐李庵壁画。根据壁画艺术形式在山东地区的保存分布和传播范围来看，滨州市保存壁画的古建筑数量不多。唐李庵大殿内部装饰大量壁画，大殿北墙绘有彩色云海，为佛像之衬托。西墙绘制四幅山水画。东西两侧山墙上，彩绘的征战图隐约可辨，依然能看清人物、战马等图案。大殿廊檐上方有九幅彩画，内容有钟馗捉鬼、菩萨像、唐三藏取经、八仙人物等。廊檐两侧绘有哪吒闹海、托塔李天王等图案。西偏殿壁上，绘有墨色老虎、彩色神仙飞升图。东偏殿壁上，绘有墨色老虎、竹子和彩色三国演义故事。山门内两侧也绘有墨色山水、人物画等内容。

（十一）枣庄市

枣庄市已经发现的古建筑壁画数量保存很少，目前还可以见到的存留于世的壁画只有滕州市官桥镇前管庄村三圣阁壁画[①]。根据壁画艺术形式在山东地区的保存分布和传播范围来看，枣庄市保存壁画的古建筑数量较多。三圣阁大殿内东西两面山墙上各保存有较为完好的四幅壁画。东面山墙上中间绘有八仙过海人物图；左右两边各有一幅图画，左幅为花开富贵的牡丹，右幅为长者钓鱼图。西面山墙上位居中央的是一幅展现古代达官贵人生活的场景，画面左侧为两男子饮茶聊天，右下角为提着灯笼玩耍的顽童；此幅图左右两边还各有一幅图画，左幅为莲花，右幅为女子背负花篮图。这些壁画大部分保存完好，局部有脱落现象。

二、山东地区古建筑壁画的保存分布特点

综合济南、泰安、聊城、济宁、淄博、菏泽、青岛、烟台、临沂、滨州、枣庄等地古建筑壁画的保存分布情况来看，它们多分布于山东中部、南部的偏僻地区，尤其是广大的山区、农村地区。壁画的画面以宗教内容、传说故事居多，其次是一些花卉、山水等装饰性图案，这些内容应是与建筑的宗教功能和使用性质相联系的。就壁画的时代来看，绘制年代从宋代延续至民国时期，但是早期壁画数量极少，大部分壁画绘制年代较晚，集中于明清时期。

---

① 侯志龙、郭帅、马恪：《滕州市官桥古庙三圣阁惊现古代彩绘》，《枣庄晚报》2013 年 5 月 28 日第 5 版。

（一）宗教内容居多

山东地区现存古建筑壁画的画面内容有民间故事、神话传说、宗教经典、历史传说、花鸟风景等，其中以宗教内容居多，其次是一些花卉、山水等图案。山东地区历史上佛教、道教和儒家等思想已经广泛传播深入普通民众的信仰中，因此大部分古建筑是作为佛教、道家和儒家的祭祀、纪念、教育、传播的场所而建造起来的，建筑中的壁画作为宗教装饰的重要组成部分，承载了宗教的传播教义、教化教众的功能。因此，古建筑壁画的内容大多与建筑的使用功能相适应，而以宗教内容居多，装饰性的内容相对较少。

在调查的所有 81 处古建筑壁画中，属于宗教功能的古建筑有 69 处，占壁画总体数量的 85%，比较典型的宗教建筑类型有泰山行宫、关帝庙、三官庙、碧霞元君祠、三齐庙、土地庙等，这些古建筑分布于山东地区的各个区域，甚至一个村庄就有两处或更多的宗教建筑。其中，道教和佛教壁画有将近 60 处，伊斯兰教的清真寺壁画只有 1 处，其余为本地宗教壁画。壁画记载内容中，宗教故事画面至少 47 处，占所有宗教壁画的68%，可见传播宗教人物故事、宣扬宗教教化思想是这些壁画的主要功能。宗教故事典型的代表有碧霞元君生平故事、佛本生故事、八仙故事、三国历史故事、龙王故事等。

（二）分散于偏僻地区

山东地区现存的古建筑壁画大多分布于历史悠久、传统文化保留比较完整、历史遗迹遗存比较丰富、古建筑保留较多的地区。这些古建筑所在的地区大多远离城市的繁华区域，经济发展相对缓慢，城乡建设的发展进程相对滞后，古建筑才没有在大拆大建的现代化建设中被毁掉，因此许多古建筑能够比较好地保留下来，而且保存的古建筑壁画也相对较多。

历史上交通闭塞、战乱较少、衣食相对富足的半山区和丘陵区域是古建筑和壁画保存较多的地区。山东地区中部、南部多为山区，这一地区包括济南、泰安、临沂、潍坊、淄博、枣庄和济宁等，其中除了济南市城市区域的经济发展较快之外，其余地区经济发展缓慢，人员的流动性相对较少，相应的外来经济势力和文化的影响也较小，尤其是与外界交流较少的山区和偏远农村地区，本土的文化氛围尚能完整地保留下来，因此这些偏僻地区的古建筑及其壁画一般都能比较完整地保存。

在山东现存的遗留壁画的古建筑中，除了泰山岱庙天贶殿之外，其余的古建筑都位于城市中心区域之外，其中 80% 以上的古建筑现在位于偏僻山区和农村，而部分现在位于城市边缘的古建筑在建造之初也是处于城市的外围区域。道教和佛教常将幽静之处作为修炼成仙、成佛的归宿，且宗教信徒多信奉归隐思想，欲修成正果，必先离世绝俗进行修炼与祀神。偏僻的山川不但风景优美，且一般远离都市，所以名山大川就往往成为道士、僧尼修炼的首选之地。在农村地区，普通百姓相信佛、道宗教人物无所不能，往往具有保佑众生、消灾除害、祈福发财的效力，因此在村落中建立寺观供奉宗教人物的塑像，墙壁上绘制宗教故事、神话传说与之对应，把拜神求佛当作解脱厄运的精神寄托。村落中宗教建筑的布局一般比较简单，多为村民集资兴建，所供奉的神像五花八门，只要是神通广大、关系自己切身利益的神都会来奉祀，具有很强的目的性、功利性，最常见的有玉皇大帝、关帝、龙王、三官，还有土地、棉花神和当地比较有名的人物等。

（三）集中于鲁中南地区

山东地区现存古建筑壁画的总体分布格局较明显地呈现中部、南部多，西部平原、东部沿海地区少的特点，这与古建筑的分布情况也是完全一致的。壁画保存的首要因素是古建筑的存在，同时与各地的历史传统、风俗信仰、经济状况及文化底蕴密切相关，尤其是与宗教信仰联系更为紧密。山东地区现存的古建筑壁画中，济南、泰安两地占据了壁画总数的2/3。历史上，山东的中部、南部地区就是道教、佛教、伊斯兰教和儒家思想的集中地域，同时也是宗教建筑分布的密集区。

隋唐时期，山东地区佛教与道教的发展都达到了鼎盛。从此之后，佛教建筑主要分布在济南、泰安、青州、郓州、兖州等处；道教建筑的主要分布则集中在泰山和烟台地区。宋元之后，伊斯兰教传入，清真寺在济宁、济南地区较为集中。因此，宗教建筑大部分密集分布在鲁中南地区是可以肯定的。另外，山东地区的地理环境影响了宗教建筑的区域性分布，从整体来看，鲁中南地区山地丘陵与胶莱平原的分界线成为山东地区宗教建筑分布的分水岭，总体呈现出西多东少、东西分布不平衡的特点。

山东地区宗教建筑的分布状况是与佛教、伊斯兰教、道教在山东地区的传播与发展是相吻合的。佛教在魏晋南北朝时期的传播以泰山为中心，随着信徒越来越多，佛寺作为礼佛、讲经、聚集的场所，必须通过新建寺院或扩建寺院来满足人数增加的需求，因此泰山地区兴建了大量的佛教寺院来适应佛教的大力发展。道教的传播与山有不解之缘，从崂山、沂山、泰山到各地不知名的小山都遍布道士的足迹，因此这些山区也成为道教建筑遗存的集中区域。伊斯兰教进入山东是伴随着穆斯林的活动逐渐传播开来的，因此，伊斯兰信众通过对清真寺的扩建来适应自身文化的发展，只要有穆斯林定居的村落就会有清真寺的建立。

宗教建筑在山东的分布呈现出各自不同的特点。佛教建筑[①]呈现出西部多东部少、东西不平衡的分布格局，可能与佛教由西向东的传播方式有着一定的关系，根据传播发向，佛教沿着河流与地势走向从鲁西北向鲁中南地区传播，由于山川阻隔减少了向山东半岛东部的传播，因此呈现出东西发展不平衡的特点。道教建筑主要分布在山地丘陵地带，这一特点与道教对天地、山川、祖先与鬼神的崇拜以及追求长寿永生的特点相符合，因此泰山、崂山、沂山一带都有道教建筑广泛分布。伊斯兰教建筑绝大部分集中在运河一线的鲁西、鲁西南、鲁中和鲁北一带，大概与穆斯林商人通过中西部的交通大道和京杭大运河不断涌入山东地区开展商业活动并在山东聚居有直接关系，也与伊斯兰教信仰强烈的排他性有关。

（四）时代集中于明清时期

山东地区现存的81处古建筑壁画中，就时代来看，绘制年代从宋代、元代延续至

① 吴鹏：《山东宗教建筑区域分布及地域化进程研究》，青岛理工大学建筑学院硕士研究生学位论文，2011年，33~34页。

民国时期，时间跨度大，形成年代久远。早期壁画数量少，大部分壁画绘制年代较晚，集中于明清时期。时代较早的壁画数量很少，宋代的壁画仅有 1 处，即泰安岱庙天贶殿壁画。元代的壁画仅有 2 处，即淄博沂源县鲁村镇安平村栖真观内的元代壁画和新泰市青云街道金斗社区菩萨殿的元末明初壁画。明代的壁画较多，有 20 处，分别是济南长清万德镇北纸房村观音堂壁画、归德镇麒麟村关帝庙壁画、文昌街道东苏村观音堂壁画，章丘相公庄镇梭庄李氏宗祠南阁壁画，历城区华山镇华阳宫古建筑群壁画、孙村镇辛庄村讲书院壁画，天桥区筐市街关帝庙壁画，历下区姚家镇刘智远村三圣庙壁画；泰安岱岳区夏张镇朱家庄全真观壁画，岱岳区大汶口镇山西会馆壁画和祝阳镇祝阳村总司庙壁画，泰山区上高办事处杨家庄村七圣堂壁画，新泰市徂徕山光化寺壁画，肥城市湖屯镇陶山幽栖寺韦驮殿壁画和湖屯镇张店村天齐庙壁画；聊城临清市清真北寺伊斯兰教壁画；济宁兖州区玄帝庙大殿壁画；淄博博山区石马镇颜文姜祠壁画；菏泽巨野县陶庙镇陶庙村东岳天齐庙壁画；滨州邹平县邹平镇唐李庵壁画。在此之后，其余 50 余处壁画的年代都是清代或民国时期的，大多数壁画的绘制年代相对较晚。有些古建筑的壁画还经过多次绘制，重层壁画同时叠存在同一面墙壁上，比如历城区华山镇华阳宫古建筑群中元君殿的壁画就有三层，依据碑刻记载的历史上元君殿建筑的修缮年代来推断，这三层壁画的制作年代分别是明崇祯二年的创建年代（1629 年）、清康熙二十六年（1687 年）和光绪二十三年（1896 年）的修缮年代。

Regional Survey of the Characteristic about the Mural Preserve of Ancient Buildings in Shandong Province

Tong Yanfeng

(College of Art Management, Shandong College of Arts)

The murals of ancient buildings locate in remote areas of central, southern, especially vast areas of mountain and countryside in Shandong province. The pictures content of mural are majority religious and legends, minority flowers, landscapes and other decorative patterns, therefore the picture content should be linked to the religious nature of the function and use of the building. The mural eras are from Song Dynasty to Republic of China, but there are few early paintings and most of the murals are drawn lately, focusing on Ming and Qing Dynasties.